JN021116

2024年版　　オフィス海 著

史上最強の

宅建士

問題集

ナツメ社

本書は、令和6年の宅建試験に確実に合格するための最新版の問題集です。

●施行されている法令については、令和5年10月末現在の情報に基づいて制作されています。

●宅建試験の法令基準日である令和6年4月1日の「宅建士法改正情報」及び「統計問題に出題されるデータ」が、ナツメ社Webサイトからダウンロードできます（令和6年8月掲載予定）。

本書とあわせて、姉妹版『史上最強の宅建士テキスト』をご利用いただけますと、宅建士に必要な知識をより**体系的**に身に付けることができます。『史上最強の宅建士テキスト』は、本書と同じく、カバー率を実測した、圧倒的に学習効率が高い宅建士参考書です。

※本書の項目分類・見出しは、『史上最強の宅建士テキスト』と対応しています。

【カバー率】
単語集や問題集の信頼性を表す指標の1つで、試験の単語や問題などを、その本でどの程度カバー（正解・的中）しているかを示す割合のこと。

宅建試験合格の新基準!

史上最強のカバー率測定問題集

「平成10年〜令和5年の宅建試験の過去問題」を
選択肢ごとに切り分けてデータベース化したうえで
過去問題の95％以上が確実に解けるように
問題（選択肢）を精選し、項目ごとに配列しました。
令和2年〜5年の試験に対するカバー率は、
97.0％（別冊だけでも96.3％）です！

※宅建試験の合格ラインは、平均35点/50点満点（70％）です。

▼ **本書の特長**

● 日本初 !! カバー率を測定した史上最強の「宅建士問題集」

● 過去問を選択肢ごとに分解して、項目別にデータベース化。

● カバー率は、「本冊＋別冊」で類書ダントツの97.0％
（別冊だけでも96.3％）。合格ライン70％をラクラク突破 !!

● 出題される知識だけを抽出してあるので、無駄な勉強なし。

● 赤シートで、覚えるべき知識だけをピンポイントで暗記 !!

● 試験直前でも大丈夫。効率的な学習で確実に合格 !!

本書に掲載した内容の約75％を覚えていただければ、宅建試験の合格点
に届きます。本書によって、あなたが合格されることを心より信じ、願
っております。
オフィス海【kai】

確実に合格点が取れる問題

見出し★

見出しは『史上最強の宅建士テキスト』に対応しています。

★は、平成10年以降の出題回数を表しています。

★なし	出題5回未満
★	出題5回以上
★★	出題10回以上
★★★	出題15回以上
★★★★	出題20回以上
★★★★★	出題25回以上

問題

平成10年以降に出題された問題の選択肢を、論点ごとに分類して、**本試験の95%以上が確実に解ける**ように、代表的な質問を精選しました。

[ ] には出題年(平成はH、令和はR)と問題番号・選択肢の記号を入れてあります。「改」は法改正等で改題した問題、[予想問題]は出題が予想されるオリジナル問題です。

---

01 宅建業

❶ 宅地建物取引業とは何か／❷「宅地」とは何か ★★★／❸「建物」とは何か

問題 宅地建物取引業法(宅建業法)に関する次の記述の正誤を○×で答えなさい。

☐ **1** 宅地建物取引業(宅建業)とは、宅地又は建物の売買等をする行為で業として行うものをいうが、建物の一部の売買の代理を業として行う行為は、宅建業に当たらない。[R01.問26.2]

☐ **2** 宅地には、現に建物の敷地に供されている土地に限らず、将来的に建物の敷地に供する目的で取引の対象とされる土地も含まれる。[R02-12月.問44.ア]

☐ **3** 都市計画法に規定する用途地域外の土地で、倉庫の用に供されているものは、宅建業法第2条第1号に規定する宅地に該当しない。[H27.問.26.ウ]

☐ **4** 農地は、都市計画法に規定する用途地域内に存するものであっても、宅地には該当しない。[R02-12月.問44.イ]

☐ **5** 道路、公園、河川等の公共施設の用に供せられている土地は、都市計画法に規定する用途地域内に存するものであれば宅地に該当する。[R02-12月.問44.エ]

☐ **6** Aが共有会員制のリゾートクラブ会員権(宿泊施設等のリゾート施設の全部又は一部の所有権を会員が共有するもの)の売買の媒介を不特定多数の者に反復継続して行う場合、Aは免許を受ける必要はない。[H17.問30.3]

❹「取引」とは何か ★★★★★／❺「業」とは何か ★★★★

問題 宅建業の免許(免許)に関する次の記述の正誤を○×で答えなさい。

☐ **1** Aが、自己所有の宅地に自ら貸主となる賃貸マンションを建設し、借主の募集及び契約をBに、当該マンションの管理業務をCに委託する場合、Bは免許を受ける必要があるが、AとCは免許を受ける必要はない。[H19.問32.2]

2 (対応) 別冊『頻出TOP90 ▶宅建暗記カード』4ページ

↑本冊の紙面

(対応)

別冊「**頻出TOP90 ▶宅建暗記カード**」の対応ページです。別冊を学習してから、問題を解くことを繰り返すことによって、学習効果がいっそうアップします。

初学者は別冊、または『史上最強の宅建士テキスト』から読み始める方が効率的な学習ができます。反復学習を心掛けましょう。

＋ 赤シートでチェック‼

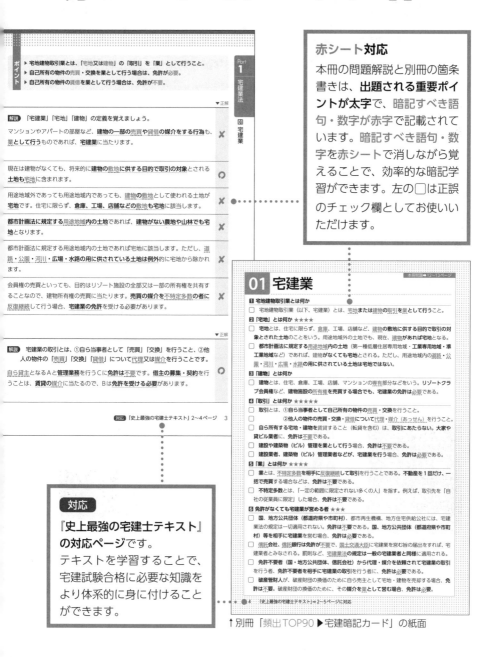

赤シート対応

本冊の問題解説と別冊の箇条書きは、**出題される重要ポイントが太字**で、暗記すべき語句・数字が赤字で記載されています。暗記すべき語句・数字を赤シートで消しながら覚えることで、効率的な暗記学習ができます。左の○は正誤のチェック欄としてお使いいただけます。

ポイント
- 宅地建物取引業とは、「宅地又は建物」の「取引」を「業」として行うこと。
- 自己所有の物件の売買・交換を業として行う場合は、免許が必要。
- 自己所有の物件の賃貸を業として行う場合は、免許が不要。

Part 1 宅建業法
01 宅建業

▼正誤

解説 「宅建業」「宅地」「建物」の定義を覚えましょう。

マンションやアパートの部屋など、建物の一部の売買や賃借の媒介をする行為も、業として行うものであれば、宅建業に当たります。　✕

現在は建物がなくても、将来的に建物の敷地に供する目的で取引の対象とされる土地も宅地に含まれます。　○

用途地域外であっても用途地域内であっても、建物の敷地として使われる土地が宅地です。住宅に限らず、倉庫、工場、店舗などの敷地も宅地に該当します。　✕

都市計画法に規定する用途地域内の土地であれば、建物がない農地や山林でも宅地となります。　✕

都市計画法に規定する用途地域内の土地であれば宅地に該当します。ただし、道路・公園・河川・広場・水路の用に供されている土地は例外的に宅地から除かれます。　✕

会員権の売買といっても、目的はリゾート施設の全部又は一部の所有権を共有することなので、建物所有権の売買に当たります。売買の媒介を不特定多数の者に反復継続して行う場合、宅建業の免許を受ける必要があります。　✕

▼正誤

解説 宅建業の取引とは、①自ら当事者として「売買」「交換」を行うこと、②他人の物件の「売買」「交換」「賃借」について代理又は媒介を行うことです。

自ら貸主となるＡや管理業務を行うＣに免許は不要です。借主の募集・契約をすることは、賃貸の媒介に当たるので、Ｂは免許を受ける必要があります。　○

対応 『史上最強の宅建士テキスト』2〜4ページ　3

対応

『**史上最強の宅建士テキスト**』の対応ページです。
テキストを学習することで、宅建試験合格に必要な知識をより体系的に身に付けることができます。

---

01 宅建業
本冊解説→12〜13ページ

1 宅地建物取引業とは何か
- [ ] 宅地建物取引業（以下、宅建業）とは、宅地または建物の取引を業として行うこと。

2 「宅地」とは何か ★★★
- [ ] 宅地とは、住宅に限らず、倉庫、工場、店舗など、建物の敷地に供する目的で取引の対象とされた土地のことをいう。用途地域外の土地でも、現在、建物があれば宅地となる。
- [ ] 都市計画法に規定する用途地域内の土地（第一種低層住居専用地域・工業専用地域・準工業地域など）であれば、建物がなくても宅地とされる。ただし、用途地域内の道路・公園・河川・広場・水路の用に供されている土地は宅地ではない。

3 「建物」とは何か
- [ ] 建物とは、住宅、倉庫、工場、店舗、マンションの専有部分などをいう。リゾートクラブ会員権など、建物施設の所有権を売買する場合でも、宅建業の免許は必要である。

4 「取引」とは何か ★★★★★
- [ ] 取引とは、①自ら当事者として自己所有の物件の売買・交換を行うこと。
- [ ] ②他人の物件の売買・交換・賃借について代理・媒介（あっせん）を行うこと。
- [ ] 自ら所有する宅地・建物を賃貸すること（転貸を含む）は、取引にあたらない。大家や貸ビル業者に、免許は不要である。
- [ ] 建設や建築物（ビル）管理を業として行う場合、免許は不要である。
- [ ] 建設業者、建築物（ビル）管理業者などが、宅建業を行う場合、免許は必要である。

5 「業」とは何か
- [ ] 業とは、不特定多数を相手に反復継続して取引を行うことである。不動産を1回だけ、一括で売買する場合などは、免許は不要である。
- [ ] 不特定多数とは、「一定の範囲に限定されない多くの人」を指す。例えば、取引先を「自社の従業員に限定」した場合、免許は不要である。

6 免許がなくても宅建業が営める者 ★★★
- [ ] 国、地方公共団体（都道府県や市町村）、都市再生機構、地方住宅供給公社には、宅建業法の規定は一切適用されない。免許は不要である。国、地方公共団体（都道府県や市町村）等を相手に宅建業を営む場合、免許は必要である。
- [ ] 信託会社、信託銀行は免許が不要で、国土交通大臣に宅建業を営む旨の届出をすれば、宅建業者とみなされる。罰則など、宅地建物取引業法の規定は一般の宅建業者と同様に適用される。
- [ ] 免許不要者（国・地方公共団体、信託会社）から代理・媒介を依頼され宅建業の取引を行う者、免許不要者を相手に宅建業の取引を行う者に、免許は必要である。
- [ ] 破産管財人が、破産財団の換価のために自ら売主となり宅地・建物を売却する場合、免許は不要である。破産財団の換価のために、媒介を業として営む場合、免許は必要。

4　『史上最強の宅建士テキスト』→2〜5ページに対応

↑別冊「頻出TOP90 ▶宅建暗記カード」の紙面

v

本書で合格できる理由!!

　宅建試験の全過去問を解ける実力があれば、宅建試験に確実に合格できることがわかっています。つまり、**いちばん確実な試験対策**は、**過去問の学習**といえます。ただし、すべての過去問の文章、解説を丸暗記して覚えることは、あまりにたいへんで、効率的な学習とはいえません。

◉…本書は、**過去問の論点（正誤の判断基準となる問題点）**を明確にしながら、**平成10年〜令和5年の全選択肢**の中から、**過去問の95％以上が確実に正解できる**ように、出題率の高い重要問題を精選した問題集です。

◉…平成20年以降の**宅建試験の合格ラインは、31〜38点（平均 約70％）**ですが、本書を習得することで**47.5〜50点（平均 97.0％）**を得点できます。

◉…別冊**「頻出TOP90 ▶宅建暗記カード」**は、項目ごとに**出題知識の要点**をまとめたチェックカードです。別冊を習得するだけで、**出題知識の96.3％を獲得**。「合格ライン」を確実に突破できるように設計されています！

◉…本冊の問題解説と別冊のチェック項目は、**出題される重要ポイントが太字**で、**暗記すべき語句や数字が赤シートで隠れる赤字**で記載されています。

　本書は、ダントツのカバー率と効率的な赤シート学習で、**短期間で非常に高い学習効果**が得られる問題集といえます。

▼ 本書の知識（本冊＋別冊）で獲得できる宅建試験の得点〔カバー率〕

令和２年	**50**点【**100**％】	
令和３年	**48**点【**96.0**％】	**本書** 確実に合格
令和４年	**47.5**点【**95.0**％】	合格点に到達する知識量
令和５年	**48.5**点【**97.0**％】	

正誤判定の基準：選択問題では、正誤の判定に必要な情報が掲載されていれば1点（正解）、計算問題では必要な式、計算手順が掲載されていれば1点としました。正誤判定に必要な情報について、表現が違うなどの理由から、正誤判断が確実でない問題は0.5点として集計しました。
※統計問題は、ナツメ社Webサイト「統計問題に出題されるデータ」で正誤を判定してあります。
なお、今後の宅建試験でも同様の得点が獲得できることを約束するものではありません。

試験ガイド

▼試験実施日程

試験案内配布	7月上旬～7月下旬
申込み期間	**インターネット申込み…7月1日～7月31日（予定）** ※複数の試験会場がある都道府県の場合、申込み時に試験会場を選択可能（先着順）。 **郵送申込み…7月1日～7月16日（予定）** ※試験会場を選択可能な都道府県もある（郵便到着順）。 ▲確定期間は令和6年6月7日に官報にて公告及び不動産適正取引推進機構ホームページに掲載
試 験 日 時	**10月20日（予定）**原則として10月の第3日曜日13時～15時
合 格 発 表	**11月26日（予定）**

▼試験概要

受 験 資 格	**誰でも受験できます。** ※宅地建物取引業に従事していて、国土交通大臣から登録を受けた機関が実施する講習を受講・修了した人に対して、修了後3年以内に行われる試験問題のうち問46～問50の5問が免除される「登録講習」制度があります。
試 験 地	原則として、受験申込時に住所のある都道府県での受験。
受験手数料	8,200円
試 験 方 法	**50問・四肢択一式による筆記試験（マークシート方式）。** ※ただし、登録講習修了者は45問。
試 験 内 容	<table><tr><td>科　　目</td><td>計50問</td></tr><tr><td>宅 建 業 法</td><td>20問</td></tr><tr><td>権 利 関 係</td><td>14問</td></tr><tr><td>法令上の制限</td><td>8問</td></tr><tr><td>税・その他</td><td>8問</td></tr></table> ※本書では、左の4科目に分類しています。 ※登録講習修了者は、「その他」のうち、5問が免除されます。
法令基準日	試験のある年の4月1日
試験実施機関	**（一財）不動産適正取引推進機構** 〒 105-0001　東京都港区虎ノ門3丁目8番21号第33森ビル3階 代表 03-3435-8111　試験部（宅建試験）03-3435-8181

注意：上記は、例年のケースです。試験案内配布期間、試験申込み期間、受験手続き等については、（一財）不動産適正取引推進機構のホームページにて最新情報をご確認ください。

CONTENTS

Part 2 権利関係

CONTENTS

Part **3** 法令上の制限

CONTENTS

CONTENTS

Part4 税・その他

宅地建物取引業に従事している方（従業者証明書をお持ちの方）は、「登録講習」を受講し「登録講習修了試験」に合格すると、【免除科目】から出題される５問が免除される試験を申し込むことができます。

CONTENTS

宅建業法 ▶ 出題回数ベスト30

順位	項目	見出し	回数
1	11 重要事項の説明	2 35条書面の記載事項	183
2	12 37条書面（契約書面）	2 37条書面の記載事項	96
3	09 業務に関する規制	5 業務に関する諸規定	95
4	13 8種制限	1 クーリング・オフ制度	89
5	10 媒介契約の規制	3 専任媒介契約の規制	79
6	11 重要事項の説明	1 重要事項の説明義務	75
7	03 免許の欠格要件	1 免許申請者の欠格要件	68
8	12 37条書面（契約書面）	1 37条書面の交付	67
9	13 8種制限	3 手付金等の保全措置	64
10	03 免許の欠格要件	2 免許申請者の関係者の欠格要件	57
11	08 業務場所ごとの規制	5 事務所に関する規制	56
12	04 宅建士	6 宅地建物取引士証	55
13	01 宅建業	4 「取引」とは何か	47
13	14 報酬の制限	2 消費税等相当額の取扱い	47
15	13 8種制限	2 手付の性質と額の制限	46
16	06 営業保証金	2 営業保証金の供託	42
17	14 報酬の制限	7 貸借の媒介・代理の報酬限度額	40
18	13 8種制限	5 担保責任についての特約の制限	39
19	09 業務に関する規制	2 広告開始時期の制限	37
20	08 業務場所ごとの規制	3 専任の宅建士の設置	32
21	10 媒介契約の規制	5 媒介契約書の記載事項	31
21	13 8種制限	6 損害賠償額の予定等の制限	31
23	04 宅建士	8 登録の移転	30
23	15 監督処分・罰則	3 宅建業者に対する業務停止処分	30
25	08 業務場所ごとの規制	4 標識の掲示	29
26	14 報酬の制限	3 報酬額の基本計算式	28
27	02 免許	7 廃業等の届出	27
27	13 8種制限	● 8種制限とは	27
29	09 業務に関する規制	1 誇大広告の禁止	26
30	15 監督処分・罰則	1 宅建業者に対する監督処分	25

©オフィス海調べ（対象：平成10年～令和4年の宅建試験）

Part 1

宅建業法

見出しの★は、平成10年以降の
出題回数を表しています。

★なし	出題　5回未満
★	出題　5回以上
★★	出題10回以上
★★★	出題15回以上
★★★★	出題20回以上
★★★★★	出題25回以上

❶ 宅地建物取引業とは何か／❷「宅地」とは何か ★★★／❸「建物」とは何か

問題 宅地建物取引業法（宅建業法）に関する次の記述の正誤を○×で答えなさい。

1 宅地建物取引業（宅建業）とは、宅地又は建物の売買等をする行為で業として行うものをいうが、建物の一部の売買の代理を業として行う行為は、宅建業に当たらない。 [R01.問26.2]

2 宅地には、現に建物の敷地に供されている土地に限らず、将来的に建物の敷地に供する目的で取引の対象とされる土地も含まれる。[R02-12月.問44.ア]

3 都市計画法に規定する用途地域外の土地で、倉庫の用に供されているものは、宅建業法第2条第1号に規定する宅地に該当しない。 [H27.問26.ウ]

4 農地は、都市計画法に規定する用途地域内に存するものであっても、宅地には該当しない。 [R02-12月.問44.イ]

5 道路、公園、河川等の公共施設の用に供せられている土地は、都市計画法に規定する用途地域内に存するものであれば宅地に該当する。 [R02-12月.問44.エ]

6 Aが共有会員制のリゾートクラブ会員権（宿泊施設等のリゾート施設の全部又は一部の所有権を会員が共有するもの）の売買の媒介を不特定多数の者に反復継続して行う場合、Aは免許を受ける必要はない。 [H17.問30.3]

❹「取引」とは何か ★★★★★／❺「業」とは何か ★★★★

問題 宅建業の免許に関する次の記述の正誤を○×で答えなさい。

1 Aが、自己所有の宅地に自ら貸主となる賃貸マンションを建設し、借主の募集及び契約をBに、当該マンションの管理業務をCに委託する場合、Bは免許を受ける必要があるが、AとCは免許を受ける必要はない。 [H19.問32.2]

ポイント
- 宅地建物取引業とは、「宅地又は建物」の「取引」を「業」として行うこと。
- 自己所有の物件の売買・交換を業として行う場合は、免許が必要。
- 自己所有の物件の賃借を業として行う場合は、免許が不要。

▼正解

解説 「宅建業」「宅地」「建物」の定義を覚えましょう。

マンションやアパートの部屋など、建物の一部の売買や貸借の媒介・代理をする行為も、業として行うものであれば、宅建業に当たります。 ✗

現在は建物がなくても、将来的に建物の敷地に供する目的で取引の対象とされる土地も宅地に含まれます。 ○

用途地域外であっても用途地域内であっても、建物の敷地として使われる土地が宅地です。住宅に限らず、倉庫、工場、店舗などの敷地も宅地に該当します。 ✗

都市計画法に規定する用途地域内の土地であれば、建物がない農地や山林でも宅地となります。 ✗

用途地域内の土地は宅地に該当します。しかし、用途地域内でも、道路、公園、河川、広場及び水路に供されているものは、宅地に該当しません。 ✗

会員権の売買といっても、目的はリゾート施設の全部又は一部の所有権を共有することなので、建物所有権の売買に当たります。売買の媒介を不特定多数の者に反復継続して行う場合、宅建業の免許を受ける必要があります。 ✗

▼正解

解説 宅建業の取引とは、①自ら当事者として「売買」「交換」を行うこと、②他人の物件の「売買」「交換」「貸借」について代理又は媒介を行うことです。

自ら貸主となるAと管理業務を行うCには、免許は不要です。Bは、他人の賃貸物件の媒介を反復継続して行うので、免許が必要です。 ○

☐ **2** Aが所有するビルを賃借しているBが、不特定多数の者に反復継続して転貸する場合、Aは免許を受ける必要はないが、Bは免許を受けなければならない。 [H24.問27.3]

☐ **3** 賃貸住宅の管理業者が、貸主から管理業務とあわせて入居者募集の依頼を受けて、貸借の媒介を反復継続して営む場合は、免許を必要としない。 [H27.問26.エ]

☐ **4** 個人が、転売目的で競売により取得した宅地を多数の区画に分割し、宅建業者に販売代理を依頼して、不特定多数の者に分譲する事業を行おうとする場合は、免許を受けなければならない。 [R02-10月.問26.3]

6 免許がなくても宅建業が営める者 ★★★

問題 宅建業法に関する次の記述の正誤を○×で答えなさい。

☐ **1** A社が、地方公共団体が定住促進策としてその所有する土地について住宅を建築しようとする個人に売却する取引の媒介を業としてしようとする場合、免許は必要ない。 [R03-10月.問32.4]

☐ **2** 信託業法第3条の免許を受けた信託会社が宅建業を営もうとする場合、免許を取得する必要はないが、その旨を国土交通大臣に届け出ることが必要である。 [H22.問26.4]

☐ **3** 国土交通大臣に宅建業を営む旨の届出をしている信託業法第3条の免許を受けた信託会社は、宅建業の業務に関し取引の関係者に損害を与えたときは、指示処分を受けることがある。 [H21.問45.1]

☐ **4** 破産管財人が、破産財団の換価のために自ら売主となって、宅地又は建物の売却を反復継続して行い、その媒介をAに依頼する場合、Aは免許を受ける必要はない。 [H19.問32.3]

☐ **5** 農地所有者が、その所有する農地を宅地に転用して売却しようとするときに、その販売代理の依頼を受ける農業協同組合は、これを業として営む場合であっても、免許を必要としない。 [H22.問26.1]

自ら**貸主**のAにも、自ら**転貸主**のBにも、宅建業の**免許**は不要です。　✕

①**自ら当事者として**「**売買**」「**交換**」、②他人の物件の「**売買**」「**交換**」「貸借」について代理又は媒介をすることが**宅建業の**「**取引**」です。**管理業に免許は不要**ですが、**貸借の媒介を反復継続して営む**場合は、**免許が**必要です。　✕

宅建業における「**業**」とは、**不特定多数を相手に反復継続して取引を行うこと**なので、**免許が**必要です。競売で取得したかどうかは無関係です。また宅建業者に販売代理を依頼しても、**自らが売主なので宅建業の免許は**必要です。　〇

解説　国、地方公共団体（都道府県、市町村等）、都市再生機構、地方住宅供給公社には、宅建業法の規定は一切適用されません。従って、免許は不要です。**国や地方公共団体等から代理・媒介の依頼を受けて取引をする者**、国や地方公共団体等を相手に宅建業の取引をする者には**免許が**必要です。　✕

信託会社や信託銀行（信託業務を兼営する銀行）は、**国土交通大臣に宅建業を営む旨の届出**をすることによって、**国土交通大臣の免許を受けた宅建業者**とみなされます。　〇

信託会社は免許が不要ですが、宅建業者と同じく、業務に関して違反があれば、**監督処分や罰則を受ける**ことがあります。免許は受けていないので、免許取消処分はありません。また、**営業保証金の供託又は保証協会への加入も**必要です。　〇

破産管財人が、破産財団の換価のために「**自ら売主**」となる場合、**宅建業の免許は不要**です。破産管財人からの依頼で、宅地・建物の売却に関する媒介行為を反復継続して行う者には、**免許が**必要です。　✕

宅建業の免許が不要なのは、国・地方公共団体、信託会社、破産財団の換価のために「**自ら売主**」となる**破産管財人**です。農業協同組合は免許が必要です。　✕

■1 事務所の定義 ★／■2 免許の種類と申請 ★★

問題 宅建業法に関する次の記述の正誤を○×で答えなさい。

1 宅建業を営まず他の兼業業務のみを営んでいる支店は、宅建業法第3条第1項に規定する事務所には該当しない。　　　　　　　　　[R04.問26.2]

2 契約締結権限を有する者を置き、継続的に業務を行う場所であっても、商業登記簿に登載されていない事務所は、宅建業法第3条第1項に規定する事務所には該当しない。　　　　　　　　　　　　　　　　[H26.問27.1]

3 宅建業の免許を受けていない者が営む宅建業の取引に、宅建業者が代理又は媒介として関与していれば、当該取引は無免許事業に当たらない。
　　　　　　　　　　　　　　　　　　　　　　　　　　　　[R01.問26.3]

4 甲県に事務所を設置する宅建業者A（甲県知事免許）が、乙県所在の宅地の売買の媒介をする場合、Aは国土交通大臣に免許換えの申請をしなければならない。　　　　　　　　　　　　　　　　　　　　　　[H30.問36.2]

5 宅建業者（甲県知事免許）は、甲県内に2以上の事務所を設置してその事業を営もうとする場合には、国土交通大臣に免許換えの申請をしなければならない。　　　　　　　　　　　　　　　　　　　　　[R02-10月.問26.4]

6 宅建業者（甲県知事免許）は、乙県内で一団の建物の分譲を行う案内所を設置し、当該案内所において建物の売買の契約を締結し、又は契約の申込みを受ける場合、国土交通大臣に免許換えの申請をしなければならない。
　　　　　　　　　　　　　　　　　　　　　　　　　[R02-12月.問29.エ]

7 免許権者は、免許に条件を付することができ、免許の更新に当たっても条件を付することができる。　　　　　　　　　　　　[R02-12月.問31.3]

ポイント

▶ 支店（従たる事務所）は、宅建業を営む支店のみが宅建業法上の事務所。

▶ 事務所が1つの都道府県内にある場合には、都道府県知事免許。

▶ 事務所が2つ以上の都道府県にある場合、国土交通大臣免許。

▼ 正解

解説 本店（主たる事務所）は、宅建業を営まない場合でも宅建業法上の事務所とされます。支店（従たる事務所）は、宅建業を営む支店のみが宅建業法上の事務所とされます。

○

宅建業以外の兼業業務のみを行っている支店は、事務所に該当しません。

契約締結権限を有する者を置いて、継続的に業務を行う場所は、事務所とされます。商業登記簿の登載の有無は関係がありません。

✗

宅建業の免許を受けていない者が宅建業を営んでいれば、宅建業者が代理又は媒介として関与していても、無免許事業となります。なお、宅建士であっても、免許なく宅建業を営むことは無免許営業となります。

✗

都道府県知事免許と国土交通大臣免許のどちらの免許でも、全国の物件を取引することができます。本問のA（甲県知事免許）は、乙県内に事務所を設置するわけではないので、国土交通大臣に免許換えの申請をする必要はありません。

✗

同じ1つの県内であればいくつ事務所を設置しても、都道府県知事免許となります。2つ以上の都道府県に事務所を設置した場合に、国土交通大臣免許となります。なお、国土交通大臣への免許の申請は、本店（主たる事務所）の所在地を管轄する都道府県知事を経由して行います。

✗

事務所が2つ以上の都道府県にある場合に、国土交通大臣免許が必要となります。宅建業者（甲県知事免許）は、乙県内に案内所を設置して業務を行うだけなので、免許換えの必要はありません。

✗

免許権者は、申請を受けた宅建業の免許に条件を付すことができます。また、免許の更新に当たっても条件を付すことができます。宅建業者が免許の条件に違反した場合、免許権者は、免許を取り消すことができます。

○

3 免許の有効期間と更新 ★

問題 宅建業の免許に関する次の記述の正誤を○×で答えなさい。

☐ **1** 宅建業を営もうとする者が、国土交通大臣又は都道府県知事から免許を受けた場合、その有効期間は、国土交通大臣から免許を受けたときは5年、都道府県知事から免許を受けたときは3年である。　　　　　　[H23.問26.4]

☐ **2** 免許の更新を受けようとする宅建業者Aは、免許の有効期間満了の日の2週間前までに、免許申請書を提出しなければならない。　　[H21.問26.2]

☐ **3** 宅建業者Aは、免許の更新を申請したが、免許権者である甲県知事の申請に対する処分がなされないまま、免許の有効期間が満了した。この場合、Aは、当該処分がなされるまで、宅建業を営むことができない。[H29.問36.1]

☐ **4** 法人である宅建業者A（甲県知事免許）が、甲県知事から業務の停止を命じられた場合、Aは、免許の更新の申請を行っても、その業務の停止の期間中は免許の更新を受けることができない。　　　　　　　[H28.問35.2]

4 宅地建物取引業者名簿 ★★★★／5 宅地建物取引業者免許証 ★

問題 宅建業法に関する次の記述の正誤を○×で答えなさい。

☐ **1** 宅建業者A（甲県知事免許）は、その事務所において、成年者である宅建士Bを新たに専任の宅建士として置いた。この場合、Aは、30日以内に、その旨を甲県知事に届け出なければならない。　　　　　　　　[H19.問30.2]

☐ **2** 宅建業者の役員の住所に変更があったときは、30日以内に免許権者に変更を届け出なければならない。　　　　　　　　　[R02-12月.問31.4]

解説 免許の有効期間満了日以後も宅建業を続ける場合には、免許の更新申請が必要となります。

免許の有効期間は、**国土交通大臣免許**も**都道府県知事免許**も**5年**です。

✗

更新の申請は、**有効期間満了日**の**90日前**から**30日前**までの間に行わなければなりません。

✗

申請期間内に手続きをしたのに、従前の免許の満了日が来てもその申請について処分がなされない場合、**新しい免許が出る**までの間は、**従前の免許が効力**を有します。更新後の免許の有効期間は、従前の免許の満了日の翌日から**5年**です。

✗

業務停止期間中に、**免許の更新**はできます。

✗

解説 国土交通大臣や都道府県知事は、宅地建物取引業者名簿（宅建業者名簿）を閲覧所に備えて、**一般**の**閲覧**に供しなければなりません。

宅建業者名簿の登載事項のうち、次の事項に変更があった場合、**宅建業者は30日以内**に免許権者に**変更**の届出をする必要があります。

- 商号・名称
- 法人の場合…**役員（取締役・顧問・監査役・相談役など）**及び**政令で定める使用人（本店・支店の代表者など）**の氏名
- 個人の場合…その者及び政令で定める使用人の氏名
- 事務所（**新たに設置した支店含む**）の名称・所在地
- **事務所ごとに置かれる**専任の宅建士の氏名

本問では、**事務所ごとに置かれる**専任の宅建士の氏名に変更があったので、**30日以内**に、その旨を甲県知事に届け出なければなりません。

◯

宅建業者名簿に登載されるのは役員の「氏名」です。**役員の「住所」の変更**について、**免許権者への届出**は不要です。

✗

☐ **3** 宅建業者A（甲県知事免許）は、建設業の許可を受けて新たに建設業を営むこととなった場合、Aは当該許可を受けた日から30日以内に、その旨を甲県知事に届け出なければならない。 ［H21.問28.4］

☐ **4** 甲県知事は、宅建業者A社（乙県知事免許）の甲県の区域内における業務に関し、A社に対して業務停止処分をした場合は、甲県に備えるA社に関する宅建業者名簿へ、その処分に係る年月日と内容を記載しなければならない。 ［H24.問44.3］

☐ **5** 個人である宅建業者A（甲県知事免許）が、免許の更新の申請を怠り、その有効期間が満了した場合、Aは、遅滞なく、甲県知事に免許証を返納しなければならない。 ［H28.問35.1］

6 免許換え ★

問題 宅建業法に関する次の記述の正誤を○×で答えなさい。

☐ **1** 宅建業者（甲県知事免許）が、乙県内に新たに事務所を設置して宅建業を営むため、国土交通大臣に免許換えの申請を行い、その免許を受けたときは、国土交通大臣から、免許換え前の免許（甲県知事）の有効期間が経過するまでの期間を有効期間とする免許証の交付を受けることとなる。 ［R02-12月.問29.1］

☐ **2** A社（国土交通大臣免許）は、甲県に本店、乙県に支店を設置しているが、乙県の支店を廃止し、本店を含むすべての事務所を甲県内にのみ設置して事業を営むこととし、甲県知事へ免許換えの申請を行った。 ［H20.問30.3］

☐ **3** 宅建業者A（甲県知事免許）が乙県内に新たに支店を設置して宅建業を営んでいる場合において、免許換えの申請を怠っていることが判明したときは、Aは、甲県知事から業務停止の処分を受けることがある。 ［H28.問37.ア］

☐ **4** A社（甲県知事免許）は、甲県の事務所を廃止し、乙県内で新たに事務所を設置して宅建業を営むため、甲県知事へ廃業の届けを行うとともに、乙県知事へ免許換えの申請を行った。 ［H20.問30.4］

宅建業者名簿には、**既に行っている宅建業以外の事業の種類を登載**しなければなりません。しかし、免許の有効期間中に**新たに始めた事業の種類**についての変更の届出は不要です。　✕

宅建業者名簿には、指示処分・業務停止処分の年月日と内容を登載しなければなりません。Ａ社の**免許権者は乙県知事**なので、Ａ社が登載されている**宅建業者名簿は乙県**に備えられています。甲県知事ではなく、名簿を管理している乙県知事が登載の義務を負っています。　✕

免許証を返納しなければならないのは、以下の４つのケースです。
①免許換えにより免許が効力を失った。　②免許の取消処分を受けた。
③亡失した免許証を発見した。　　　　　④廃業等の届出をする。
免許の更新を怠って有効期間が満了した場合、**免許証の返納は不要**です。　✕

解説　事務所の新設、廃止、移転による免許換えについて学びましょう。

免許換え後の免許の有効期間は、新免許の交付日から5年です。免許換え前の免許（甲県知事）の有効期間が経過するまでの期間を有効期間とするのではありません。　✕

国土交通大臣免許のＡ社が**乙県の支店を廃止**し、**本店を含むすべての事務所を甲県内にのみ設置**して事業を営むこととしたので、甲県知事へ免許換えの申請が必要となります。　○

甲県知事免許のＡが乙県内に新たに支店を設置した場合、国土交通大臣へ免許換えの申請が必要です。Ａは、**免許換えの申請を怠っていた**ので、甲県知事は業務停止の処分を行うのではなく、**免許を取り消さなければなりません**。　✕

Ａ社は乙県内で**宅建業を続ける**ので、**廃業届は不要**です。乙県知事に免許換えの申請をすればよいだけです。　✕

☐ **5** 　宅建業者A（甲県知事免許）が乙県内に新たに支店を設置して宅建業を営むため、国土交通大臣に免許換えの申請を行っているときは、Aは、甲県知事免許業者として、取引の相手方等に対し、宅建業法第35条に規定する重要事項を記載した書面及び宅建業法第37条の規定により交付すべき書面を交付することができない。　　　　　　　　　　　　　　　[H28.問37.エ]

7 廃業等の届出 ★★★★★

問題 　宅建業法に関する次の記述の正誤を○×で答えなさい。

☐ **1** 　個人である宅建業者A（甲県知事免許）が死亡した場合、Aの相続人は、Aの死亡の日から30日以内に、その旨を甲県知事に届け出なければならない。　　　　　　　　　　　　　　　　　　　　　　　　　　[R03-12月.問29.3]

☐ **2** 　宅建業者A社（甲県知事免許）が宅建業者ではないB社との合併により消滅した場合には、B社は、A社が消滅した日から30日以内にA社を合併した旨を甲県知事に届け出れば、A社が受けていた免許を承継することができる。　　　　　　　　　　　　　　　　　　　　　　　　　　　[R02-10月.問26.1]

☐ **3** 　宅建業者A社について破産手続開始の決定があった場合、A社を代表する役員は廃業を届け出なければならない。また、廃業が届け出られた日にかかわらず、破産手続開始の決定の日に免許の効力が失われる。　　[R02-10月.問43.3]

☐ **4** 　宅建業者A社（甲県知事免許）が株主総会の決議により解散することとなった場合、その清算人は、当該解散の日から30日以内に、その旨を甲県知事に届け出なければならない。　　　　　　　　　　　　　　　　　　　[H29.問44.4]

☐ **5** 　宅建業者である法人Aが、宅建業者でない法人Bに吸収合併されたことにより消滅した場合、一般承継人であるBは、Aが締結した宅地又は建物の契約に基づく取引を結了する目的の範囲内において宅建業者とみなされる。　　　　　　　　　　　　　　　　　　　　　　　　　　　　[H29.問36.4]

☐ **6** 　宅建業者が廃業届を提出し、免許の効力を失った場合であっても、その者は、廃業前に締結した契約に基づく取引を結了する目的の範囲内においては、なお宅建業者とみなされる。　　　　　　　　　　　　　　　[H14.問44.2]

▼正解

免許換えでは、新たな免許を受けた**時点**で、**従前の免許が失効**します。つまり、新たな免許を受けるまでの期間は、従前の免許によって書面の交付などの通常業務を行うことができます。

✗

▼正解

解説 廃業等の届出が必要なケースを覚えておきましょう。

宅建業者が死亡した場合、相続人は、**死亡の事実を知った日から30日以内**に、**免許権者に廃業等の届出**をしなければなりません。死亡の日から30日以内ではありません。このとき、免許は宅建業者が死亡した時点で失効します。

✗

法人が吸収合併によって消滅した場合、消滅法人の元代表役員は廃業等の届出をしなければなりません。届出期限は、**廃業等の原因が発生した日から30日以内**です。このとき免許は合併時に失効します。B社がA社の免許を承継することはできません。

✗

宅建業者に破産手続開始の決定があった場合、破産管財人は、**30日以内に免許権者に届け出**なければなりません。**免許は届出時に失効**します。破産手続開始の決定の日に失効するのではありません。

✗

法人が解散によって消滅した場合、清算人は廃業等の届出をしなければなりません。届出期限は、**廃業等の原因が発生した日から30日以内**です。**免許は届出時に失効**します。

○

合併により消滅した宅建業者また**死亡した宅建業者が締結した契約に基づく取引を結了する目的の範囲内**においては、一般承継人（合併後の法人・相続人）が宅建業者とみなされます。

○

宅建業者は、廃業したり免許を失効したりしても、**既に締結していた契約に基づく取引を結了する目的の範囲内**においては、**なお宅建業者**とみなされます。

○

❶ 免許申請者の欠格要件 ★★★★★／**❷ 免許申請者の関係者の欠格要件** ★★★★★

問題 宅建業法に関する次の記述の正誤を○×で答えなさい。

☐ **1** 破産手続開始の決定を受けた個人Aは、復権を得てから5年を経過しなければ、免許を受けることができない。 [H21.問27.ア.改]

☐ **2** 宅建業者A社の使用人であって、A社の宅建業を行う支店の代表者が、刑法第222条（脅迫）の罪により罰金の刑に処せられたとしても、A社の免許は取り消されることはない。 [H25.問26.2]

☐ **3** 免許を受けようとする法人の代表取締役が、刑法第231条（侮辱）の罪により拘留の刑に処せられ、その刑の執行が終わった日から5年を経過していない場合、当該法人は免許を受けることができない。 [R01.問43.4]

☐ **4** A社の取締役が、刑法第159条（私文書偽造）の罪を犯し、地方裁判所で懲役2年の判決を言い渡されたが、この判決に対して高等裁判所に控訴して現在裁判が係属中である。この場合、A社は免許を受けることができない。 [H18.問30.3]

☐ **5** 営業に関し成年者と同一の行為能力を有しない未成年者であるAの法定代理人であるBが、刑法第247条（背任）の罪により罰金の刑に処せられていた場合、その刑の執行が終わった日から5年を経過していなければ、Aは免許を受けることができない。 [H27.問27.3]

☐ **6** 宅建業に関し不正又は不誠実な行為をするおそれが明らかな者は、宅建業法の規定に違反し罰金の刑に処せられていなくても、免許を受けることができない。 [H25.問43.4]

ポイント

▶ 破産手続開始の決定を受けて復権を得ない者は、免許不可。

▶ 執行猶予期間が満了、控訴中・上告中は、免許可。

▶ 一定事由による免許取消処分の日から5年を経過しない者は、免許不可。

▼ 正解

解説 免許の欠格要件となる一定の事由を覚えましょう。

破産手続開始の決定を受けて復権を得ない者は、免許を受けることはできません。しかし、破産者が復権を得たときは、直ちに免許を受けることができます。

✗

死刑・懲役・禁錮、一定の犯罪により罰金刑に処せられて、刑の執行が終わり、又は執行を受けることがなくなった日から5年を経過しない者は、免許を受けることはできません。一定の犯罪とは、①宅建業法違反、②傷害罪、③傷害現場助勢罪、④暴行罪、⑤凶器準備集合・結集罪、⑥脅迫罪、⑦背任罪、⑧暴力団対策法違反、⑨暴力行為処罰法違反です。宅建業法違反、背任罪のほかは、暴力的な犯罪だと覚えておきましょう。また、代表取締役などの役員や政令で定める使用人（本店・支店の代表者など）も、法人業者の欠格要件を判断する対象者になります。

✗

科料、拘留は免許の欠格要件ではありません。

✗

控訴中・上告中で刑が確定しない間は、免許を受けることができます。ただし、免許を受けた後で、欠格要件に該当する刑が確定すれば、免許は取り消されます。なお、執行猶予期間が満了したときは、直ちに免許を受けることができます。

✗

営業に関し成年者と同一の行為能力を有しない未成年者が免許を申請する場合、本人だけでなくその法定代理人も欠格要件の対象となります。法定代理人が背任罪で罰金刑を受けた場合、執行が終わってから5年を経過しなければ未成年者は免許を受けることができません。

◯

宅建業に関し不正又は不誠実な行為をするおそれが明らかな者は、免許を受けることはできません。

◯

☐ **7** A社の取締役Bが、暴力団員による不当な行為の防止等に関する法律に規定する暴力団員に該当することが判明し、宅建業法第66条第1項第3号の規定に該当することにより、A社の免許は取り消された。その後、Bは退任したが、当該取消しの日から5年を経過しなければ、A社は免許を受けることができない。 [H27.問27.4]

☐ **8** Aが免許の申請前5年以内に宅建業に関し不正又は著しく不当な行為をした場合には、その行為について刑に処せられていなかったとしても、Aは免許を受けることができない。 [H28.問37.ウ]

☐ **9** 宅建業者A社が業務停止処分に違反したとして、免許を取り消され、その取消しの日から5年を経過していない場合、A社は免許を受けることができない。 [H19.問33.3]

☐ **10** 個人Aは、かつて免許を受けていたとき、自己の名義をもって他人に宅建業を営ませ、その情状が特に重いとして免許を取り消されたが、免許取消しの日から5年を経過していないので、Aは免許を受けることができない。 [H16.問31.3]

☐ **11** A社は不正の手段により免許を取得したとして甲県知事から免許を取り消されたが、A社の取締役Bは、当該取消に係る聴聞の期日及び場所の公示の日の30日前にA社の取締役を退任した。A社の免許取消しの日から5年を経過していない場合、Bは免許を受けることができない。 [H18.問30.2]

☐ **12** 宅建業者Aは、業務停止処分の聴聞の期日及び場所が公示された日から当該処分をする日又は当該処分をしないことを決定する日までの間に、相当の理由なく廃業の届出を行った。この場合、Aは、当該届出の日から5年を経過しなければ、免許を受けることができない。 [H21.問27.ウ]

法人の役員に暴力団員等がいれば免許は取り消されますが、**暴力団員等である役員が退任**すれば、**免許を受ける**ことができます。なお、個人業者が暴力団員に該当することが判明した場合、免許は取り消され、**暴力団員でなくなった日から5年が経過**しなければ、再度免許を受けることはできません。　✗

免許申請前5年以内に、宅建業に関して不正又は著しく不当な行為をした者は、その行為について**刑罰を受けていない場合**でも免許を受けることはできません。　○

次の【一定の事由】によって免許を取り消され、その**免許取消処分の日から5年**を経過しない者は、免許を受けることはできません。
【一定の事由】
　①**不正の手段**により免許を取得した。
　②**業務停止**処分事由に該当し情状が特に重い。
　③**業務停止**処分に違反した。　○

本問のような**名義貸しは禁止**されており、これに違反した場合には**業務停止**処分事由に該当します。さらに**情状が特に重いときには免許を取り消される**ことがあります。このようにして、**免許の取消処分を受けた場合**には、**その後5年間は免許を受けることができません**。　○

免許取消処分を受けた法人において、**聴聞の公示の日前60日以内**にその法人の**役員であった者**は、**取消処分の日から5年を経過しなければ免許を受けることはできません**。Bは**聴聞の公示の日前60日以内（30日前）**に取締役を退任したので、免許取消しの日から**5年**を経過するまで免許を受けることができません。　○

免許取消処分の聴聞の期日・場所の公示日から処分決定日までの間に廃業の届出をした場合、**届出の日から5年を経過しなければ免許を受けることができません**。しかし、本問は、「業務停止処分の聴聞」で「免許取消処分の聴聞」ではないので、免許の欠格要件にはなりません。廃業の届出から5年を経過しなくても、Aは免許を受けることができます。　✗

1 宅地建物取引士になるまで ／2 宅地建物取引士資格試験 ／

問題 宅地建物取引士（宅建士）に関する次の記述の正誤を○×で答えなさい。

☐ **1** 宅建試験に合格した者は、合格した日から10年以内に登録の申請をしなければ、その合格は無効となる。

[R02-10月.問28.1]

☐ **2** 都道府県知事は、不正の手段によって宅建試験を受けようとした者に対しては、その試験を受けることを禁止することができ、また、その禁止処分を受けた者に対し2年を上限とする期間を定めて受験を禁止することができる。

[H21.問29.1]

☐ **3** 宅建士の登録を受けるには、宅建試験に合格した者で、2年以上の実務の経験を有するもの又は国土交通大臣がその実務の経験を有するものと同等以上の能力を有すると認めたものであり、法で定める事由に該当しないことが必要である。

[H29.問37.3]

☐ **4** Xは、甲県で行われた宅建試験に合格した後、乙県に転居した。その後、登録実務講習を修了したので、乙県知事に対し宅建業法第18条第1項の登録を申請した。

[H20.問30.1]

☐ **5** 宅建士は、従事先として登録している宅建業者の事務所の所在地に変更があったときは、登録を受けている都道府県知事に変更の登録を申請しなければならない。

[R02-10月.問34.3]

☐ **6** 甲県知事登録を受けている者が、甲県から乙県に住所を変更した場合は、宅建士証の交付を受けていなくても、甲県知事に対して、遅滞なく住所の変更の登録を申請しなければならない。

[R01.問44.3]

☐ **7** 宅建士が、事務禁止の処分を受けている間は、従事している宅建業者の商号に変更があった場合でも、変更の登録の申請を行うことはできない。

[H11.問45.2]

ポ
イ
ン
ト ▶ 宅地建物取引士資格試験（宅建試験）の合格は、取り消されない限り一生有効。
▶ 宅地建物取引士資格登録（登録）は、消除されない限り一生有効。
▶ 宅地建物取引士証（宅建士証）は、5年間有効。

3 宅地建物取引士資格登録 ★／4 宅地建物取引士資格登録簿 ★★★ ▼正解

解説 宅建試験の受験資格には制限がありません。未成年者でも受験ができます。

宅建試験は、都道府県知事が行う試験で、**一度合格すれば取り消されない限り一生有効**です。10年以内に登録の申請をしないと無効になるという規定はありません。 ✕

都道府県知事は、不正の手段による受験者の合格を取り消し、その者の受験を3年を上限とする期間を定めて禁止することができます。 ✕

問題文の記述の通りです。**宅建士の登録**を受けるには、①**宅建試験に合格**したうえで、②**2年以上の実務経験**を持つ、又は**国土交通大臣**指定の登録実務講習を受講することが必要です。この**登録は、消除されない限り一生有効**です。 〇

宅建試験の合格者が登録を受けることができるのは、宅建試験を行った受験地の知事に限られます。Xは甲県知事に申請をしなければなりません。 ✕

宅建士が従事している事務所の所在地は、**宅地建物取引士資格登録簿（資格登録簿）の登載事項ではありません**。従って、従事先の事務所の所在地に変更があったとき、変更の登録を申請する必要はありません。 ✕

資格登録簿の登載事項である、「**氏名・住所・本籍・性別**」、「**勤務先宅建業者の商号又は名称・免許証番号**」に**変更**があった場合、**登録をしている都道府県知事**に遅滞なく変更の登録を申請しなければなりません。 〇

事務禁止の処分を受けていても、変更の登録の申請は行わなければなりません。また、宅建士証の交付を受けていなくても、変更の登録の申請は行わなければなりません。 ✕

☐ **8** 宅建士の氏名等が登載されている宅建士資格登録簿は一般の閲覧に供されることはないが、専任の宅建士は、その氏名が宅建業者名簿に登載され、当該名簿が一般の閲覧に供される。 [H28.問38.エ]

5 死亡等の届出 ★

問題 宅建士の死亡等の届出に関する次の記述の正誤を○×で答えなさい。

☐ **1** 宅建士が死亡した場合、その相続人は、死亡した日から30日以内に、その旨を当該宅建士の登録をしている都道府県知事に届け出なければならない。 [H30.問42.1]

☐ **2** 甲県知事の登録を受けている宅建士Aが破産手続開始の決定を受けて復権を得ない者に該当することとなったときは、破産手続開始の決定があった日から30日以内にAの破産管財人が甲県知事にその旨を届け出なければならない。 [H15.問33.1.改]

☐ **3** 登録を受けている者が精神の機能の障害により宅建士の事務を適正に行うに当たって必要な認知、判断及び意思疎通を適切に行うことができない者となった場合、本人がその旨を登録をしている都道府県知事に届け出ることはできない。 [R02-12月.問43.1]

6 宅地建物取引士証 ★★★★★／7 宅建士の事務 ★

問題 宅地建物取引士証（宅建士証）に関する次の記述の正誤を○×で答えなさい。

☐ **1** 宅建試験に合格した日から1年以内に宅建士証の交付を受けようとする者は、登録をしている都道府県知事の指定する講習を受講する必要はない。 [H23.問28.4]

☐ **2** 宅建試験合格後18月を経過したA（甲県知事登録）が、甲県知事から宅建士証の交付を受けようとする場合は、甲県知事が指定する講習を交付の申請前6月以内に受講しなければならない。 [H29.問30.3]

資格登録簿は、**都道府県知事が作成・管理**しますが一般の閲覧に供されることはありません。専任の宅建士の氏名等が登載される宅建業者名簿は、**免許権者**が閲覧所に備えて、請求があったときは一般の閲覧に供しなければなりません。

○

解説 死亡等の届出が必要な場合と届出義務者を覚えます。

宅建士が死亡した場合、**相続人**は、死亡を知った日から30日以内に届出をする必要があります。死亡した日からではありません。

✕

破産手続開始の決定など、登録の欠格要件に該当するようになった場合、**本人が30日以内に都道府県知事に届出**をする必要があります。破産管財人が届け出るのではありません。

✕

心身の故障により宅建業を適正に営むことができない者（＝精神の機能の障害により宅建士の事務を適正に行うに当たって必要な認知、判断及び意思疎通を適切に行うことができない者）となった場合には、**本人又はその法定代理人若しくは同居の親族が届出**をする必要があります。

✕

解説 宅建士の登録を完了した後は、登録先の都道府県知事に宅建士証の交付を申請することができます。

宅建試験の合格日から1年以内に宅建士証の交付を申請する場合には、**法定講習の受講が免除**されます。

○

宅建試験の合格日から1年を超えてから宅建士証の交付申請をする場合には、**交付の申請前6か月以内**に、登録先の都道府県知事が指定する法定講習を受ける必要があります。なお、登録の移転に伴う交付の際は、有効期間が延びるわけではないので、法定講習を受講する必要はありません。

○

☐ **3** 宅建士Aが、甲県知事から宅建士証の交付を受けた際に付された条件に違反したときは、甲県知事は、Aの登録を消除しなければならない。

[H12.問32.1]

☐ **4** 宅建士は、有効期間の満了日が到来する宅建士証を更新する場合、国土交通大臣が指定する講習を受講しなければならず、また、当該宅建士証の有効期間は5年である。

[R04.問29.3]

☐ **5** 甲県知事の登録を受け、乙県内の宅建業者の事務所に勤務している宅建士Aは、禁錮以上の刑に処せられ登録が消除された場合は、速やかに、宅建士証を甲県知事に返納しなければならない。

[H18.問32.4]

☐ **6** 宅建士は、事務禁止の処分を受けたときは宅建士証をその交付を受けた都道府県知事に提出しなくてよいが、登録消除の処分を受けたときは返納しなければならない。

[H30.問42.3]

☐ **7** 甲県知事から宅建士証の交付を受けている宅建士が、宅建士証の亡失によりその再交付を受けた後において、亡失した宅建士証を発見したときは、速やかに、再交付された宅建士証をその交付を受けた甲県知事に返納しなければならない。

[H19.問31.4]

☐ **8** 宅建士Aは、甲県知事から事務の禁止の処分を受け、宅建士証を甲県知事に提出したが、禁止処分の期間が満了した場合は、返還の請求がなくても、甲県知事は、直ちに宅建士証をAに返還しなければならない。 [H17.問32.4]

☐ **9** 甲県知事から宅建士証の交付を受けている宅建士は、その住所を変更したときは、遅滞なく、変更の登録の申請をするとともに、宅建士証の書換え交付の申請を甲県知事に対してしなければならない。

[H20.問33.3]

☐ **10** 宅建士証を亡失し、その再交付を申請している者は、再交付を受けるまでの間、宅建業法第35条に規定する重要事項の説明をする時は、宅建士証に代えて、再交付申請書の写しを提示すればよい。

[H22.問30.3]

宅建士証交付の際に知事が条件を付けることはできません。従って、登録消除の原因となることもありえません。条件を付けることができるのは、宅建業者の免許についてです。 ✗

宅建士証の有効期間は、宅建業の免許と同じく5年で、5年ごとに更新が必要です。宅建士証の交付や更新では、申請前6か月以内に、登録先の都道府県知事が指定する法定講習を受講する必要があります。「国土交通大臣」ではありません。 ✗

登録消除処分を受けたときは、速やかに、宅建士証を返納しなければなりません。ちなみに、宅建士証が有効期間満了により効力を失ったときは返納が必要ですが、免許証が有効期間満了により効力を失ったときは返納は不要です。 ○

宅建士が事務禁止処分を受けたときは、速やかに、交付を受けた都道府県知事に宅建士証を提出しなければなりません。提出する義務を怠った場合、10万円以下の過料に処せられることがあります。 ✗

宅建士証の再交付の後で古い宅建士証を発見したときは、速やかに、発見した古い宅建士証をその交付を受けた都道府県知事に返納しなければなりません。再交付された宅建士証を返納するのではありません。 ✗

事務禁止処分の期間満了後、宅建士が宅建士証の返還を請求した場合には、都道府県知事は、直ちに宅建士証を返還する義務を負います。「事務の禁止の処分」という語句で出題されていますが、「事務禁止処分」のことです。 ✗

宅建士が氏名又は住所を変更したときには、遅滞なく、変更の登録と宅建士証の書換え交付を申請しなければなりません。 ○

宅建士証を亡失、滅失、汚損、破損したり、盗難にあったりした場合、再交付の申請が必要です。再交付されるまでは「宅建士の事務」をすることはできません。

【宅建士の事務】

①重要事項の説明

②35条書面（重要事項説明書）への記名

③37条書面（契約書面）への記名 ✗

8 登録の移転 ★★★★★

問題 宅建士の登録の移転に関する次の記述の正誤を○×で答えなさい。

□ **1** 甲県知事の登録を受けて、甲県に所在する宅建業者Aの事務所の業務に従事する者が、乙県に所在するAの事務所の業務に従事することとなったときは、速やかに、甲県知事を経由して、乙県知事に対して登録の移転の申請をしなければならない。　　　　　　　　　　　　　　　　　　　　　[H19.問31.1]

□ **2** 甲県知事の宅建士の登録を受けている者が、その住所を乙県に変更した場合、甲県知事を経由して乙県知事に対し登録の移転を申請することができる。
　　　　　　　　　　　　　　　　　　　　　　　　　　　　　　　[H21.問29.4]

□ **3** 宅建士（甲県知事登録）が、乙県に所在する宅建業者の事務所の業務に従事することとなったため、乙県知事に登録の移転の申請とともに宅建士証の交付の申請をしたときは、乙県知事から、有効期間を5年とする宅建士証の交付を受けることとなる。　　　　　　　　　　　　　　　　[R02-12月.問29.イ]

□ **4** 甲県知事の登録を受け、乙県内の宅建業者の事務所に勤務している宅建士Aが甲県知事から事務の禁止の処分を受け、その禁止の期間が満了していないときは、Aは宅建士としてすべき事務を行うことはできないが、Aは乙県知事に対して、甲県知事を経由して登録の移転の申請をすることができる。
　　　　　　　　　　　　　　　　　　　　　　　　　　　　　　　[H18.問32.2]

解説 登録の移転ができるのは、勤務先の都道府県が登録先と異なった場合です。登録の移転は任意です。勤務地と近い場所で更新の法定講習を受けたい場合などに、登録している都道府県知事を経由して、移転先の都道府県知事に登録の移転を申請することができます。

自宅の転居では、登録の移転はできません。登録先の都道府県以外の事務所に勤務することになったときに、登録の移転ができます。

登録の移転の際は、移転先で有効な宅建士証の交付を申請しなければなりません。新しい宅建士証は、古い宅建士証と引き替えで交付されます。移転後の新しい宅建士証の有効期間は、古い宅建士証の有効期間を引き継ぎます。

事務禁止期間中は、登録の移転を申請することはできません。事務禁止の期間が満了すれば登録の移転が可能になります。

登録の欠格要件

① 登録の欠格要件（免許の欠格要件と同じ要件）★★★

問題 宅建士の登録に関する次の記述の正誤を○×で答えなさい。

☐ **1** 宅建士が破産手続開始の決定を受け、自ら登録の消除を申請した場合、復権を得てから5年を経過しなければ、新たに登録をすることはできない。
[H14.問35.4.改]

☐ **2** 成年被後見人又は被保佐人は、宅建士として都道府県知事の登録を受けることができない。
[R02-12月.問38.エ]

☐ **3** 宅建士が、刑法第204条の傷害罪により罰金の刑に処せられ、登録が消除された場合は、当該登録が消除された日から5年を経過するまでは、新たな登録を受けることができない。
[H23.問29.2]

☐ **4** 宅建士が無免許営業等の禁止に関する宅建業法に違反して宅建業を営み、懲役1年、執行猶予3年及び罰金10万円の刑に処せられ、登録を消除されたとき、執行猶予期間が満了すれば、その翌日から登録を受けることができる。
[H15.問33.3]

☐ **5** 業務停止の処分に違反したとして宅建業の免許の取消しを受けた法人の政令で定める使用人であった者は、当該免許取消しの日から5年を経過しなければ、登録を受けることができない。
[R01.問44.1]

ポイント
▶ 破産手続開始の決定を受けて復権を得ない者は、登録不可。
▶ 心身の故障により宅建士の事務を適正に行うことができない者は、登録不可。
▶ 一定の事由による免許取消処分の日から5年を経過しない者は、登録不可。

▼正解

解説 破産手続開始の決定を受けて復権を得ない者は、登録を受けることはできません。

破産者手続き開始の決定を受けた者が復権を得たときは、直ちに登録を受けることができます。

✗

成年被後見人又は被保佐人であることは、登録欠格とはなりません。個別に審査して、「心身の故障により宅建士の事務を適正に営むことができない者」と認められる場合に登録欠格となります。

✗

死刑・懲役・禁錮、一定の犯罪による罰金刑（傷害罪、背任罪等）に処せられて、刑の執行を終わり、又は執行を受けることがなくなった日から5年を経過しない者は、登録を受けることができません。「登録が消除された日から」が間違いです。

✗

宅建業法違反、傷害罪などの暴力的犯罪、背任罪で罰金以上の刑に処せられると登録を消除されます。また、執行猶予期間が満了したときは直ちに登録を受けることができます。問題文では、懲役刑に執行猶予が付されていますが、罰金刑には付されていないので、罰金刑の執行を終わってから5年を経過するまでは登録を受けることはできません。

✗

次の理由で免許を取り消された宅建業者は、免許取消処分の日から5年を経過しないと、登録を受けることができません。
　①不正の手段により免許を取得した
　②業務停止処分事由に該当し情状が特に重い
　③業務停止処分に違反した
免許取消処分の聴聞の公示の日前60日以内に役員であった者等も登録を受けることはできません。問題文の「政令で定める使用人」は役員ではないので、登録を受けることができます。

✗

問題 宅建士の登録に関する次の記述の正誤を○×で答えなさい。

☐ **1** 　登録を受けている者で宅建士証の交付を受けていない者が重要事項説明を行い、その情状が特に重いと認められる場合は、当該登録の消除の処分を受け、その処分の日から5年を経過するまでは、再び登録を受けることができない。　　　　　　　　　　　　　　　　　　　　　　　　　　　　［H19.問31.2］

☐ **2** 　宅建士Aは、不正の手段により登録を受けたとして、登録の消除の処分の聴聞の期日及び場所が公示された後、自らの申請によりその登録が消除された場合、当該申請に相当の理由がなくとも、登録が消除された日から5年を経ずに新たに登録を受けることができる。　　　　　　　　　　　　　［H18.問32.1］

☐ **3** 　甲県知事から宅建士証の交付を受けている者が、宅建士としての事務を禁止する処分を受け、その禁止の期間中に本人の申請により登録が消除された場合は、その者が乙県で宅建試験に合格したとしても、当該期間が満了しないときは、乙県知事の登録を受けることができない。　　　　　　　　［H22.問30.4］

☐ **4** 　宅建試験は未成年者でも受験することができるが、宅建士の登録は成年に達するまでいかなる場合にも受けることができない。　　　　　　［R04.問33.ア］

☐ **5** 　宅建業法には「宅地建物取引士は、宅地建物取引業の業務に従事するときは、宅地建物取引士の信用又は品位を害するような行為をしてはならない」との規定がある。　　　　　　　　　　　　　　　　　　　　　　　　　　［H27.問35.2］

解説 「免許の欠格要件」とは異なる「登録の欠格要件」を覚えておきましょう。

次の理由で登録消除処分を受け、**登録消除処分の日から5年を経過しない者は登録を受けることができません。**

①**不正の手段**により登録を受けた

②**不正の手段**により宅建士証の交付を受けた

③**事務禁止**処分事由に該当し情状が特に重い

④**事務禁止**処分に違反した

⑤宅建士証の**交付**を受けていない者が、宅建士の**事務**を行い、情状が特に重い

問題文は⑤に該当します。　○

①～⑤による登録消除処分の聴聞の期日及び場所が<u>公示</u>された後に、自ら消除の**申請をした者**は、消除の申請について相当の理由がある場合を除いて、**登録消除の日から5年経過しない限り、宅建士の登録を受けることができません。**　✕

<u>事務禁止</u>処分を受け、その禁止期間中に<u>本人</u>の申請により**登録消除**された者は、事務禁止期間が満了するまでは、**宅建士の登録を受けることができません。**　○

宅建試験は未成年者でも受験することができます。また、**宅建業に係る営業に関し成年者と同一の**<u>行為能力</u>を有していれば、**未成年者でも宅建士の登録を受けることができます。**「宅建士の登録は成年に達するまでいかなる場合にも受けることができない」とする点が誤りです。　✕

宅建業法には「**宅地建物取引士は、宅地建物取引士の**<u>信用</u>**又は**<u>品位</u>**を害するような行為をしてはならない**」という規定がありますが、この規定に「宅地建物取引業の業務に従事するときは」という限定はありません。　✕

06 営業保証金

1 営業保証金制度 ★★／2 営業保証金の供託 ★★★★★

問題 宅建業者Aの営業保証金に関する次の記述の正誤を○×で答えなさい。

☐ **1** Aから建設工事を請け負った建設業者は、Aに対する請負代金債権について、営業継続中のAが供託している営業保証金から弁済を受ける権利を有する。　　　　　　　　　　　　　　　　　　　　　　　　［R02-10月.問35.1］

☐ **2** 新たに宅建業を営もうとする者は、営業保証金を金銭又は国土交通省令で定める有価証券により、主たる事務所の最寄りの供託所に供託した後に、国土交通大臣又は都道府県知事の免許を受けなければならない。［H26.問29.1］

☐ **3** 営業保証金を供託しているA（国土交通大臣免許）は、甲県内にある主たる事務所とは別に、乙県内に新たに従たる事務所を設置したときは、営業保証金をその従たる事務所の最寄りの供託所に供託しなければならない。　　　　　　　　　　　　　　　　　　　　　　　　　　　　　　［H29.問39.ア］

☐ **4** A（甲県知事免許）は、甲県内に本店Xと支店Yを設置して、額面金額1,000万円の国債証券と500万円の金銭を営業保証金として供託して営業している。Aが新たに支店Zを甲県内に設置したときは、本店Xの最寄りの供託所に政令で定める額の営業保証金を供託すれば、支店Zでの事業を開始することができる。　　　　　　　　　　　　　　　　　　　　　　　　　［H20.問34.1］

ポイント
▶ 免許権者に供託した旨の届出をするまでは、事業を開始することができない。
▶ 営業保証金は、主たる事務所1,000万円、従たる事務所1か所につき500万円。
▶ 営業保証金を金銭のみで供託している場合、保管替え請求ができる。

▼正解

解説 営業保証金は、宅建業に関する取引で損害を被った者（宅建業者を除く）に還付する制度です。

営業保証金から還付を受けることができるのは、宅建業に関する取引で損害を被った者（宅建業者を除く）に限られます。建設工事の請負代金は、宅建業に関する取引ではないので、弁済を受けることはできません。

✕

宅建業者は、①免許を取得した後、②営業保証金を供託して、③免許権者に供託した旨の届出をしてから、事業を開始できます。問題文では、営業保証金を供託した後に免許を受けるとなっているので、順序が間違っています。なお、免許権者への届出は、供託所ではなく宅建業者が行います。

✕

宅建業者が、従たる事務所を設置した場合、営業保証金（事務所ごとに500万円）は「主たる事務所」の最寄りの供託所に供託しなければなりません。「従たる事務所」の最寄りの供託所に供託することはありません。

✕

営業保証金は、主たる事務所（本店）の最寄りの供託所に、主たる事務所（本店）1,000万円、従たる事務所（支店）1か所につき500万円を供託します。事業開始後は、新設した事務所1か所につき500万円を主たる事務所の最寄りの供託所に供託して供託した旨を免許権者に届け出ます。新設した事務所で事業を開始できるのは、届出の後です。問題文は「営業保証金を供託すれば、支店Zでの事業を開始することができる」とする点が間違っています。

✕

☐ **5** Aは、新たに事務所を2か所増設するための営業保証金の供託について国債証券と地方債証券を充てる場合、地方債証券の額面金額が800万円であるときは、額面金額が200万円の国債証券が必要となる。　　　[H30.問43.4]

☐ **6** Aは、既に供託した額面金額1,000万円の国債証券と変換するため1,000万円の金銭を新たに供託した場合、遅滞なく、その旨を免許を受けた国土交通大臣又は都道府県知事に届け出なければならない。　　　[H26.問29.2]

③ 供託の届出と事業開始 ★／④ 主たる事務所の移転 ★

問題　宅建業法に規定する営業保証金に関する次の記述の正誤を○×で答えなさい。

☐ **1** 免許権者は、宅建業者が宅建業の免許を受けた日から3月以内に営業保証金を供託した旨の届出をしないときは、その届出をすべき旨の催告をしなければならず、その催告が到達した日から1月以内に届出がないときは、当該宅建業者の免許を取り消すことができる。　　　[R02-12月.問33.4]

☐ **2** 宅建業者は、主たる事務所を移転したことにより、その最寄りの供託所が変更となった場合において、金銭のみをもって営業保証金を供託しているときは、従前の供託所から営業保証金を取り戻した後、移転後の最寄りの供託所に供託しなければならない。　　　[H29.問32.1]

☐ **3** 宅建業者A（甲県知事免許）は、甲県に本店と支店を設け、営業保証金として1,000万円の金銭と額面金額500万円の国債証券を供託し、営業している。Aは、本店を移転したため、その最寄りの供託所が変更した場合は、遅滞なく、移転後の本店の最寄りの供託所に新たに営業保証金を供託しなければならない。　　　[H28.問40.1]

新たに事務所を2か所増設するので、<u>500</u>万円×2＝<u>1,000</u>万円の営業保証金となります。金銭のほか、国債、地方債などの有価証券でも供託でき（金銭と有価証券とを併用する供託も可）、有価証券によって評価額の割合が異なります。

国債	額面金額の100%
地方債・政府保証債	額面金額の90%
その他の有価証券	額面金額の80%

地方債証券は**800**万×<u>90</u>%＝<u>720</u>万円分の評価額なので、**額面金額が280万円の国債証券が必要**となります。

なお、株券や小切手では供託はできません。

✕

有価証券を金銭に換えるなど、供託物を同じ評価額の別の物に差し替えることを**営業保証金の<u>変換</u>**といいます。**変換**した際は、遅滞なく、<u>免許権者</u>に届出をする必要があります。

◯

解説 営業保証金の供託をするだけでなく、届出をすることが大切です。

問題文の通りです。**免許権者**は、**免許取得の日から<u>3か月</u>以内**に宅建業者より**供託した旨の届出がない場合、届出をすべき旨の催告**をしなければなりません。その**催告が到達した日から<u>1か月</u>以内**に宅建業者より**供託した旨の届出がない場合**、免許権者は**免許を取り消す**ことができます。

◯

営業保証金を金銭のみで供託している場合は、供託している供託所に対し、**移転後の主たる事務所の最寄りの供託所への営業保証金の<u>保管替え</u>を請求**しなければなりません。従前の供託所から営業保証金を取り戻した後、移転後の最寄りの供託所に供託するのではありません。

✕

営業保証金を有価証券のみ又は有価証券＋金銭で供託している場合には、遅滞なく、**移転後の最寄りの供託所へ**<u>営業保証金</u>を新たに供託しなければなりません。これを<u>二重供託</u>といいます。その後、従来の供託所から営業保証金を取り戻します。なお、金銭の部分だけの保管替えはできません。

◯

問題 宅建業者A（甲県知事免許）は、甲県に本店と支店を設け、営業保証金として1,000万円の金銭と額面金額500万円の国債証券を供託し、営業している。Aの営業保証金に関する次の記述の正誤を○×で答えなさい。

☐ **1** 本店でAと宅建業に関する取引をした者は、その取引により生じた債権に関し、1,000万円を限度としてAからその債権の弁済を受ける権利を有する。
[H28.問40.3]

☐ **2** Aに委託している家賃収納代行業務により生じた債権を有する者は、Aが供託した営業保証金について、その債権の弁済を受けることができる。
[H30.問43.2]

☐ **3** Aは、営業保証金の還付により、営業保証金の額が政令で定める額に不足することとなったときは、甲県知事から不足額を供託すべき旨の通知書の送付を受けた日から2週間以内にその不足額を供託しなければならない。
[R02-10月.問35.3]

☐ **4** Aは、営業保証金が還付され、営業保証金の不足額を供託したときは、供託書の写しを添付して、30日以内にその旨を甲県知事に届け出なければならない。
[H28.問40.2]

7 営業保証金の取戻し ★★★

問題 宅建業法に規定する営業保証金に関する次の記述の正誤を○×で答えなさい。

☐ **1** 宅建業者は、免許の有効期間満了に伴い営業保証金を取り戻す場合は、還付請求権者に対する公告をすることなく、営業保証金を取り戻すことができる。
[R02-12月.問33.3]

☐ **2** 宅建業者は、宅建業の廃業により営業保証金を取り戻すときは、還付請求権者に対して公告しなければならないが、支店の廃止により営業保証金を取り戻すときは、還付請求権者に対して公告する必要はない。
[H23.問30.3]

▼正解

解説 営業保証金の還付と不足額の供託について覚えておきましょう。

還付の対象となる営業保証金は、その宅建業者が供託している<u>すべての営業保証金</u>です。Aは1,500万円を供託していますから、本店で取引しても、支店で取引しても、1,500万円を限度として弁済を受けることができます。 ✕

家賃収納代行業務は、**宅建業に関する取引ではないので、弁済は受けられません**。同様に「**工事代金**」「**広告代金**」「**印刷代金**」「**管理委託代金**」も弁済は受けられません（過去に出題あり）。 ✕

還付請求権を持つ者に還付が行われて供託していた営業保証金に不足が生じると、免許権者から**宅建業者に不足の通知**がなされます。**宅建業者は不足の通知を受けた日から**<u>2週間</u>以内に、**不足額を供託**しなければなりません。供託を怠ると、指示処分、業務停止処分、免許取消処分を受けることがあります。 ◯

宅建業者は営業保証金の不足額を供託した日から<u>2週間</u>以内に、**供託書の写しを添付**して、<u>免許権者</u>に**不足額を供託した旨の届出**をしなければなりません。「30日以内」ではありません。 ✕

▼正解

解説 宅建業者が営業保証金を供託所から返還してもらうことを取戻しといいます。

営業保証金の取戻しには、公告が必要な場合と不要な場合があります。**免許の有効期間が満了**した場合、宅建業者は、**還付請求権を持つ者**に対して、<u>6か月</u>を下らない（＝<u>6か月</u>以上の）一定期間内に申し出るべき旨の公告をしなければなりません。その期間内に申出がなかったときに、取戻しができます。

免許有効期限の満了、<u>免許取消</u>処分、<u>廃業</u>による免許の失効により営業保証金を取り戻すときは、**還付請求権を持つ者**に<u>公告</u>する必要があります。**支店の<u>廃止</u>により営業保証金が法定額を上回った場合**に営業保証金を取り戻すときにも<u>公告</u>が必要で、その期間内に申出がなかったときに、取戻しができます。

3 宅建業者は、本店を移転したため、その最寄りの供託所が変更した場合において、従前の営業保証金を取り戻すときは、還付請求権者に対し、一定期間内に申し出るべき旨の公告をしなければならない。　　　　　　[H28.問40.4]

4 保証協会の社員となった宅建業者が、保証協会に加入する前に供託していた営業保証金を取り戻すときは、還付請求権者に対する公告をしなければならない。　　　　　　[R01.問33.2]

5 宅建業者は、宅建業の廃業によりその免許が効力を失い、その後に自らを売主とする取引が結了した場合、廃業の日から10年経過していれば、還付請求権者に対して公告することなく営業保証金を取り戻すことができる。　　　　　　[H23.問30.4]

主たる事務所（本店）の移転による供託所の変更によって従前の営業保証金を取り戻す場合は、公告なしで営業保証金を取り戻すことができます。

保証協会に加入する前に供託していた営業保証金を取り戻す場合は、公告なしで営業保証金を取り戻すことができます。

取戻し事由が発生してから10年が経過した場合、公告は不要です。本問では「廃業によりその免許が効力を失い、その後に自らを売主とする取引が結了した」ので、廃業の日ではなく、取引が結了したときから10年が経過しなければ、公告不要とはなりません。

【公告不要の取戻し】

次の場合、公告しないで取戻しができます。

（1）主たる事務所の移転による供託所変更で二重供託した

（2）保証協会の社員となった

（3）取戻し事由が発生してから10年が経過した

1 弁済業務保証金制度 ★★／2 保証協会の業務 ★★

問題 宅地建物取引業保証協会（保証協会）に関する次の記述の正誤を○×で答えなさい。

☐ **1** 保証協会は、一般財団法人でなければならない。 ［H18.問44.1］

☐ **2** 営業保証金を供託している宅建業者Aは、保証協会の社員である宅建業者Bに手付金500万円を支払い、宅地の売買契約を締結した。宅地の引渡しの前にBが失踪し、宅地の引渡しを受けることができなくなったときは、Aは、手付金について、弁済業務保証金から弁済を受けることができる。 ［H29.問39.イ］

☐ **3** 保証協会に加入している宅建業者は、保証を手厚くするため、更に別の保証協会に加入することができる。 ［R02-12月.問30.3］

☐ **4** 保証協会は、宅建業者の相手方から社員である宅建業者の取り扱った宅建業に係る取引に関する苦情について解決の申出があったときは、その申出及びその解決の結果について社員に周知することが義務付けられている。 ［H21.問44.1］

☐ **5** 保証協会は、そのすべての社員に対して、当該社員が受領した支払金や預り金の返還債務を負うことになったときに、その債務を連帯して保証する業務及び手付金等保管事業を実施することが義務付けられている。 ［H21.問44.4］

☐ **6** 保証協会に加入した宅建業者は、直ちに、その旨を免許を受けた国土交通大臣又は都道府県知事に報告しなければならない。 ［H25.問39.2］

ポイント
▶ 保証協会の社員になると営業保証金の供託が免除される。
▶ 保証協会に義務付けられている業務は、①弁済業務、②社員への研修、③苦情の解決。
▶ 弁済業務保証金分担金は、主たる事務所60万円、従たる事務所が1か所30万円。

▼ 正解

解説 宅建業者が保証協会の社員になると営業保証金の供託が免除されます。**保証協会**は、**宅建業者だけ**が加入できる「**一般社団法人**」です。「一般財団法人」ではありません。

✕

保証協会に加入した宅建業者のことを社員といいます。保証協会の社員と宅建業に関する取引をして生じた損害は、**弁済業務保証金から弁済を受ける**ことができます。ただし、**損害を受けた者が宅建業者**の場合、**弁済を要求できません**。Aは宅建業者なので、弁済業務保証金から弁済を受けることはできません。

✕

1つの保証協会の社員である宅建業者は、**他の保証協会**の社員になることはできません。

✕

保証協会が義務付けられている業務（必須業務）は、①**弁済業務**、②**社員への研修**、③**苦情の解決**です。苦情を受けた場合は、社員に対し文書又は口頭による説明を求めることができ、解決の申出及びその解決の結果について**社員に周知**する**義務**を負います。

○

保証協会の次の業務は任意業務です。義務付けられていません。
- **一般保証業務**……社員が受領した支払金又は預り金の返還債務等を負うこととなった場合に、それを**連帯して保証**する業務
- **手付金等保管事業**…宅建業者自らが売主となる完成物件の売買（未完成物件は不可）に関し、保全措置が必要とされる**手付金等を代理受領し、かつ保管する業務**
- **研修費用の助成**……全国の宅建業者を直接又は間接の社員とする一般社団法人による宅建士等に対する**研修の実施に要する費用の助成**

✕

新たに社員が加入した場合、又は社員がその地位を失った場合には、**保証協会**は、直ちにその**社員の免許権者に報告**しなければなりません。**免許権者に報告**をするのは、宅建業者ではありません。

✕

3 弁済業務保証金分担金の納付 ★★★

問題 保証協会に関する次の記述の正誤を○×で答えなさい。

☐ **1** 宅建業者で保証協会に加入しようとする者は、その加入した日から1週間以内に、政令で定める額の弁済業務保証金分担金を当該保証協会に納付しなければならない。 ［R03-12月.問39.3］

☐ **2** 本店と3つの支店を有する宅建業者が保証協会に加入しようとする場合、当該保証協会に、110万円の弁済業務保証金分担金を納付しなければならない。 ［R02-12月.問30.1］

☐ **3** 保証協会の社員は、新たに事務所を設置したにもかかわらずその日から2週間以内に弁済業務保証金分担金を納付しなかったときは、保証協会の社員の地位を失う。 ［R01.問33.3］

4 弁済業務保証金の供託 ★／5 弁済業務保証金の還付 ★★★★

問題 保証協会に関する次の記述の正誤を○×で答えなさい。

☐ **1** 保証協会は、その社員である宅建業者から弁済業務保証金分担金の納付を受けたときは、その納付を受けた日から2週間以内に、その納付を受けた額に相当する額の弁済業務保証金を供託しなければならない。 ［H26.問39.2］

☐ **2** 宅建業者が保証協会に加入しようとするときは、当該保証協会に弁済業務保証金分担金を金銭又は有価証券で納付することができるが、保証協会が弁済業務保証金を供託所に供託するときは、金銭でしなければならない。［H23.問43.1］

☐ **3** 宅建業者と宅地の売買契約を締結した買主（宅建業者ではない。）は、当該宅建業者が保証協会の社員となる前にその取引により生じた債権に関し、当該保証協会が供託した弁済業務保証金について弁済を受ける権利を有する。 ［R04.問39.4］

☐ **4** 宅建業者で保証協会に加入しようとする者は、その加入に際して、加入前の宅建業に関する取引により生じたその者の債務に関し、保証協会から担保の提供を求められることはない。 ［H19.問44.3］

解説 弁済業務保証金分担金は、現金で納付しなければなりません。

保証協会に加入しようとする宅建業者は、加入する日までに、弁済業務保証金分担金を金銭で納付しなければなりません。「加入した日から1週間以内」ではありません。　　✗

弁済業務保証金分担金の額は、主たる事務所（本店）が60万円、従たる事務所（支店）が1か所につき30万円です。問題文では、本店と3つの支店なので「60万円＋30万円×3＝150万円」となります。　　✗

保証協会加入後に、新たに支店を設置した場合は、設置した日から2週間以内に、1支店当たり30万円の分担金を納付しなければなりません。2週間以内に納付しない場合、保証協会の社員たる地位を失います。　　〇

解説 弁済業務保証金は、弁済業務保証金分担金とは異なり、現金又は有価証券（国債、地方債など）で供託できます。

保証協会は、社員から弁済業務保証金分担金の納付を受けた日から1週間以内に、納付相当額の弁済業務保証金を供託所に供託しなければなりません。「2週間以内」ではありません。　　✗

宅建業者が納付する弁済業務保証金分担金は金銭のみですが、保証協会が供託所に供託する弁済業務保証金には金銭又は有価証券を用いることができます。問題文の記述は逆になっています。　　✗

宅建業に関して取引した者（宅建業者を除く）は、宅建業者が保証協会に加入する前に行われた取引により生じた債権であっても、弁済業務保証金について弁済を受けることができます。　　〇

社員は、加入前の取引から生じた債務に関して、保証協会から担保の提供を求められることがあります。　　✗

□ **5** 保証協会の社員と宅建業に関し取引をした者が、その取引により生じた債権に関し、弁済業務保証金について弁済を受ける権利を実行するときは、当該保証協会の認証を受けるとともに、当該保証協会に対し還付請求をしなければならない。　　　　　　　　　　　　　　　　　　[R02-10月.問36.2]

□ **6** 150万円の弁済業務保証金分担金を保証協会に納付して当該保証協会の社員となった者と宅建業に関し取引をした者は、その取引により生じた債権に関し、2,500万円を限度として、当該保証協会が供託した弁済業務保証金から弁済を受ける権利を有する。　　　　　　　　　　　　　[H28.問31.4]

6 還付充当金の納付 ★★★／7 弁済業務保証金の取戻し ★

問題　保証協会に関する次の記述の正誤を○×で答えなさい。

□ **1** 保証協会は、弁済業務保証金の還付があったときは、当該還付額に相当する額の弁済業務保証金を供託しなければならない。　　　　[R02-10月.問36.4]

□ **2** 保証協会の社員又は社員であった者が、当該保証協会から、弁済業務保証金の還付額に相当する還付充当金を当該保証協会に納付すべき旨の通知を受けたときは、その通知を受けた日から2週間以内に、その通知された額の還付充当金を当該保証協会に納付しなければならない。　　　[R02-12月.問30.2]

□ **3** 宅建業者Aは、保証協会の社員の地位を失った場合、Aとの宅建業に関する取引により生じた債権に関し権利を有する者に対し、6月以内に申し出るべき旨の公告をしなければならない。　　　　　　　　　　　　[H30.問44.1]

□ **4** 保証協会は、社員に対して債権を有する場合は、当該社員が社員の地位を失ったときでも、その債権に関し弁済が完了するまで弁済業務保証金分担金をその者に返還する必要はない。　　　　　　　　　　　　[H11.問44.4]

　債権者は、弁済額について保証協会の認証を受けてから、供託所に対し還付請求をします。

×

　保証協会に納付すべき弁済業務保証金分担金は、本店60万円、1支店30万円です。問題文の社員は、150万円−本店60万円＝90万円、90万円÷30万円＝3支店だとわかります。
　弁済額は、社員が保証協会の社員でなかった場合に供託しているはずの営業保証金の額の範囲内です。営業保証金は、本店1,000万円、1支店500万円です。問題文の社員の場合、1,000万円＋（500万円×3支店）＝2,500万円が限度となります。

◯

▼正解

解説　宅建業に関する取引で損害を被った者（債権者）への還付が行われた後の弁済業務保証金の不足を補う手続きを覚えましょう。

　還付が行われると、供託している弁済業務保証金に不足が生じます。保証協会は、還付額に相当する額（不足額）の弁済業務保証金を供託所に供託しなければなりません。

◯

　保証協会は、還付に係る社員又は社員であった者に、還付額に相当する額の還付充当金を保証協会に納付すべきことを通知します。社員又は社員であった者は、通知を受けた日から2週間以内に、保証協会に還付充当金を納付しなければなりません。期限までに納付しない社員は、保証協会の社員たる地位を失います。

◯

　社員が社員たる地位を失った場合、保証協会が、還付請求権者に対して、6か月を下らない（＝6か月以上の）一定期間内に申し出るべき旨の公告を行います。社員の地位を失った者が公告を行うのではありません。

×

　保証協会は、弁済業務保証金の取戻しを受けた後、社員であった者に分担金の返還をします。保証協会が社員であった者に対して債権を有するときは、その債権に関し弁済が完了した後に分担金を返還します。

◯

☐ **5** 保証協会の社員である宅建業者は、その一部の事務所を廃止したときは、保証協会が弁済業務保証金の還付請求権者に対し、一定期間内に申し出るべき旨の公告をした後でなければ、弁済業務保証金分担金の返還を受けることができない。　　　　　　　　　　　　　　　　　　　　　　　　　　[H30.問44.4]

8 弁済業務保証金準備金／9 社員たる地位を失った場合 ★

問題 保証協会に関する次の記述の正誤を○×で答えなさい。

☐ **1** 保証協会は、弁済業務保証金から生ずる利息又は配当金、及び、弁済業務保証金準備金を弁済業務保証金の供託に充てた後に社員から納付された還付充当金は、いずれも弁済業務保証金準備金に繰り入れなければならない。　　　　　　　　　　　　　　　　　　　　　　　　　　　　　[H23.問43.4]

☐ **2** 保証協会の社員は、保証協会から特別弁済業務保証金分担金を納付すべき旨の通知を受けた場合で、その通知を受けた日から1か月以内にその通知された額の特別弁済業務保証金分担金を保証協会に納付しないときは、当該保証協会の社員の地位を失う。　　　　　　　　　　　　　　　　　[H20.問44.3]

☐ **3** 保証協会の社員が、保証協会の社員の地位を失ったときは、その地位を失った日から1週間以内に、営業保証金を供託しなければならない。　　　　　　　　　　　　　　　　　　　　　　　　　　　　　　　[H29.問39.ウ]

☐ **4** 還付充当金の未納により保証協会の社員の地位を失った宅建業者は、その地位を失った日から1週間以内に弁済業務保証金分担金を納付すれば、その地位を回復する。　　　　　　　　　　　　　　　　　　　　　[H18.問44.4]

社員が一部の事務所を廃止して分担金の額が法定額を超えることになった場合には、保証協会による公告なしで直ちに分担金の返還を受けることができます。

✗

解説 弁済業務保証金準備金は、弁済業務保証金の枯渇を防止するための制度です。

問題文の通りです。**保証協会**は、弁済業務保証金準備金を積み立てる義務を負います。**弁済業務保証金から生ずる利息・配当金**や、弁済業務保証金準備金を弁済業務保証金の供託に充てた後に社員から納付された還付充当金を弁済業務保証金準備金に繰り入れなければなりません。

○

問題文の通りです。**弁済業務保証金準備金が不足しそう**なとき、**保証協会**は、全社員に対し、特別弁済業務保証金分担金の納付を通知しなければなりません。通知を受けた社員は、通知日から1か月以内に特別弁済業務保証金分担金を納付しなければなりません。納付しない場合、社員の地位を失うことになります。

○

問題文の通りです。**保証協会の社員の地位を失った宅建業者**は、**その地位を失った日から1週間以内に営業保証金を供託**しなければなりません。1週間以内に供託しない場合は、監督処分を受ける場合があります。

○

保証協会の社員の地位を失った宅建業者は、**その地位を失った日から1週間以内に営業保証金を供託しなければ、宅建業を続けることはできません**。弁済業務保証金分担金を納付すれば、社員の地位を回復するということはありません。

✗

業務場所ごとの規制

1 業務を行う場所 ★★／**2** 案内所等の届出 ★★／**3** 専任の宅建士の設置 ★★★★★

問題 宅建業の規制に関する次の記述の正誤を○×で答えなさい。

☐ **1** 宅建業者A（甲県知事免許）が甲県に建築した一棟100戸建てのマンションを、宅建業者B（国土交通大臣免許）に販売代理を依頼し、Bが当該マンションの隣地（甲県内）に案内所を設置して契約を締結する場合、Bは宅建業法第50条第2項で定める届出を、その案内所の所在地を管轄する甲県知事及び甲県知事を経由して国土交通大臣に、業務を開始する10日前までにしなければならない。 [H16.問43.4]

☐ **2** 宅建業者A（甲県知事免許）が乙県内に建設したマンション（100戸）の販売について、宅建業者B（国土交通大臣免許）及び宅建業者C（甲県知事免許）に媒介を依頼し、Bが当該マンションの所在する場所の隣接地（乙県内）に、Cが甲県内にそれぞれ案内所を設置し、売買契約の申込みを受ける業務を行う場合、Bは国土交通大臣及び乙県知事に、Cは甲県知事に、業務を開始する日の10日前までに宅建業法第50条第2項に定める届出をしなければならない。 [H26.問28.1]

☐ **3** 未成年者も、法定代理人の同意があれば、宅建業者の事務所に置かれる専任の宅建士となることができる。 [R02-12月.問38.2]

☐ **4** 法人である宅建業者A社の従業者であり、宅建業に係る営業に関し成年者と同一の行為能力を有する18歳未満の宅建士Bは、A社の役員であるときを除き、A社の専任の宅建士となることができない。 [R03-12月.問41.4]

☐ **5** 甲県内に所在する宅建業者の事務所の専任の宅建士は、甲県知事による宅建業法第18条第1項の登録を受けている者でなければならない。 [H13.問31.3]

▼正解

ポイント
▶「契約締結」、又は「契約申込み」を「契約行為等」という。
▶ 事務所設置時は変更の届出、契約行為等を行う案内所等の設置時は案内所等の届出。
▶ 事務所、案内所等、物件所在地には、標識を掲示する義務がある。

解説 業務場所に関する規制は、「事務所」「契約行為等を行う案内所等」「契約行為等を行わない案内所等」という場所ごとに異なります。

「契約行為等を行う案内所等」を設置する宅建業者は、業務を開始する日の10日前までに、免許権者と案内所等の所在地を管轄する都道府県知事に案内所等を設置した旨の届出（宅建業法第50条第2項の規定に基づく届出）をしなければなりません。国土交通大臣に対する届出は、案内所等の所在地を管轄する知事を経由して行います。

〇

「契約行為等を行う案内所」等を設置する宅建業者は、免許権者と案内所等の所在地を管轄する知事に届出を行う必要があります。本問では、Bは国土交通大臣と乙県知事に、Cは甲県知事に、業務を開始する日の10日前までに届出をしなければなりません。

〇

専任の宅建士は成年者（18歳以上）でなければなりません。法定代理人の同意があっても、未成年者が専任の宅建士となることはできません。

✗

未成年の宅建士は、原則として、専任の宅建士になることができません。ただし特例として、未成年の宅建士が、宅建業者（個人業者）である場合、あるいは法人業者の役員である場合は、成年者である専任の宅建士とみなされます。従って、宅建業者A社の従業者Bは、A社の役員であるときを除き、A社の専任の宅建士となることはできません。

〇

宅建士が、宅建士の登録を受けていない都道府県に所在する事務所で、専任の宅建士になることはできます。

✗

☐ **6** 宅建業者は、10戸の一団の建物の分譲の代理を案内所を設置して行う場合、当該案内所に従事する者が6名であるときは、当該案内所に少なくとも2名の専任の宅建士を設置しなければならない。　　　　　　　　　　[H24.問36.2]

☐ **7** 宅建業者が、20戸の一団の分譲建物の売買契約の申込みのみを受ける案内所甲を設置した場合、売買契約の締結は事務所乙で行うとしても、甲にも専任の宅建士を置かなければならない。　　　　　　　　　　[R03-12月.問41.3]

☐ **8** 宅建業者A（甲県知事免許）は、乙県内に建設したマンション（100戸）の販売について、宅建業者B（甲県知事免許）が甲県内に設置した案内所において Bと共同して契約を締結する業務を行うこととなった。この場合、Aが当該案内所に専任の宅建士を設置すれば、Bは専任の宅建士を設置する必要はない。　　　　　　　　　　[H26.問28.4]

☐ **9** 宅建業者Aは、その主たる事務所に従事する唯一の専任の宅建士が5月15日に退職したため、同年6月10日に新たな専任の宅建士を置いた。
　　　　　　　　　　[R01.問35.2]

【専任の宅建士の必要人数】

- 事務所→業務に従事する者の5分の1以上（5名に1名以上の割合）
- 契約行為等を行う案内所等→1名以上

「契約行為等を行う案内所等」とは、契約締結又は契約申込みの受付をする次の場所を指します。

①継続的に業務を行う場所で、事務所以外のもの

②分譲を行う案内所

③分譲の代理・媒介を行う案内所

④展示会その他の催しをする場所

10戸の一団の建物の分譲を行う案内所は、「契約行為等を行う案内所等」に該当します。**必要な専任の宅建士の人数は1名以上**です。少なくとも2名ではありません。

✗

「契約の申込みのみを受ける案内所甲」は、**「契約行為等を行う案内所等」に該当**します。売買契約の締結は事務所乙で行うとしても、甲にも**専任の宅建士（1人以上）を設置する必要**があります。

◯

契約行為等を行う案内所等には、**専任の宅建士を1名以上設置**します。**設置する義務を負う**のは、**案内所を設置した宅建業者**ですが、**複数の宅建業者が共同して契約を締結する業務を行う場合**には、**いずれかの宅建業者から専任の宅建士を出せばよい**ことになっています。

◯

専任の宅建士の人数が不足した場合、**2週間以内に必要な措置を執ら**なければなりません。唯一の専任の宅建士が5月15日に退職した場合、**5月29日**までに新たな専任宅建士を置くなどの措置を執らなければなりません。これを怠った場合には、指示処分だけでなく、業務停止処分や罰則の対象ともなります。

✗

4 標識の掲示 ★★★★★

問題 宅建業の規制に関する次の記述の正誤を○×で答えなさい。

☐ **1** 宅建業者Aは、マンションを分譲するに際して案内所を設置したが、売買契約の締結をせず、かつ、契約の申込みの受付も行わない案内所であったので、当該案内所に宅建業法第50条第1項に規定する標識を掲示しなかった。
[H28.問29.ア]

☐ **2** 宅建業者は、事務所以外の継続的に業務を行うことができる施設を有する場所においては、契約行為等を行わない場合であっても、専任の宅建士を1人以上置くとともに国土交通省令で定める標識を掲示しなければならない。
[H21.問42.3]

☐ **3** 宅建業者A（甲県知事免許）が乙県内に所在するマンション（100戸）を分譲する場合、Aが宅建業者Bに販売の代理を依頼し、Bが乙県内に案内所を設置する場合、Aは、その案内所に、宅建業法第50条第1項の規定に基づく標識を掲げなければならない。
[H27.問44.1]

☐ **4** 宅建業者A社（国土交通大臣免許）が行う宅建業者B社（甲県知事免許）を売主とする分譲マンション（100戸）に係る販売代理について、A社が単独で当該マンションの所在する場所の隣地に案内所を設けて売買契約の締結をしようとする場合、A社は、マンションの所在する場所に宅建業法第50条第1項の規定に基づく標識を掲げなければならないが、B社は、その必要がない。
[H24.問42.ア]

☐ **5** 他の宅建業者が行う一団の建物の分譲の媒介を行うために、案内所を設置する宅建業者は、当該案内所に、売主の商号又は名称、免許証番号等を記載した国土交通省令で定める標識を掲示しなければならない。[H21.問42.2]

☐ **6** 宅建業者は、その主たる事務所に免許証を掲げなくとも、国土交通省令に定める標識を掲げればよい。
[H15.問40.4]

解説 事務所、案内所等、物件所在地には、公衆の見やすい場所に「宅建業法第50条第1項に規定する標識」を掲示する義務があります。

「契約行為等を行わない案内所等」であっても、標識は掲示しなければなりません。

継続的に業務を行うことができる施設を有する場所には、標識を掲示する必要があります。しかし、契約行為等（契約締結・契約申込み）を行わない案内所には、専任の宅建士を置く必要はありません。

	設置時の届出	専任宅建士の設置	標識の掲示
1 事務所	変更の届出	従事者の5分の1以上	必要
2 契約行為等を行う案内所等	案内所等の届出	1人以上	必要
3 契約行為等を行わない案内所等	不要	不要	必要

案内所に標識の掲示義務がある者は、案内所を設置した宅建業者です。

代理をするA社は、隣地に設けた案内所に標識を掲示しなければなりません。一方、売主のB社は、物件所在地（宅地又は建物の所在する場所）に標識を掲示しなければなりません。

案内所等に掲示する標識には、案内所を設置する宅建業者の商号又は名称と免許証番号などに加えて、売主の商号又は名称と免許証番号を記載しなければなりません。

事務所には国土交通省令に定める標識を掲示する義務があります。免許証を掲示する義務はありません。

5 事務所に関する規制 ★★★★★

問題 宅建業の規制に関する次の記述の正誤を○×で答えなさい。

☐ **1** 宅建業者が、事務所の公衆の見やすい場所に国土交通大臣が定めた報酬の額を掲示しなかった場合、指示処分を受けることはあるが、罰則の適用を受けることはない。　　　　　　　　　　　　　　　　　[R03-12月.問28.ウ]

☐ **2** 宅建業者は、各事務所の業務に関する帳簿を主たる事務所に備え、取引のあったつど、その年月日、その取引に係る宅地又は建物の所在及び面積等の事項を記載しなければならない。　　　　　　　　　　　　[H22.問29.3]

☐ **3** 宅建業者は、その事務所ごとに、その業務に関する帳簿を備えなければならず、帳簿の閉鎖後5年間（当該宅建業者が自ら売主となる新築住宅に係るものにあっては10年間）当該帳簿を保存しなければならない。　[H24.問40.エ]

☐ **4** 宅建業者は、帳簿の記載事項を、事務所のパソコンのハードディスクに記録し、必要に応じ当該事務所においてパソコンやプリンターを用いて明確に紙面に表示する場合でも、当該記録をもって帳簿への記載に代えることができない。　　　　　　　　　　　　　　　　　　　　[R02-12月.問41.4]

☐ **5** 宅建業者は、その事務所ごとに従業者名簿を備えなければならないが、退職した従業者に関する事項は、個人情報保護の観点から従業者名簿から消去しなければならない。　　　　　　　　　　　　　　　　　[R02-10月.問39.3]

☐ **6** 宅建業者は、その業務に従事する者であっても、一時的に事務の補助のために雇用した者については、従業者名簿に記載する必要がない。
　　　　　　　　　　　　　　　　　　　　　　　　　　　　[H29.問35.4]

☐ **7** 宅建業者は、従業者名簿の閲覧の請求があったときは、取引の関係者か否かを問わず、請求した者の閲覧に供しなければならない。
　　　　　　　　　　　　　　　　　　　　　　　　　　[R02-10月.問39.1]

☐ **8** 宅建業者は、その事務所ごとに、従業者名簿を備えなければならず、当該名簿については最終の記載をした日から10年間保存しなければならない。
　　　　　　　　　　　　　　　　　　　　　　　　　　　　[H24.問40.ウ]

解説 事務所には、報酬額の掲示、帳簿、従業者名簿、従業者証明書の携帯に関する規制があります。

宅建業者は、その**事務所ごとに、公衆の見やすい場所に、国土交通大臣が定めた報酬の額を掲示**しなければなりません。掲示しなかった場合は**宅建業法違反に該当**し、指示**処分の対象**となります。また、行為者や宅建業者には、罰則が科されることがあります。なお、案内所には報酬の額を掲示する必要はありません。

✗

業務に関する帳簿は、事務所ごとに備え付けて、**取引のあったつど、その年月日、宅地又は建物の所在及び面積、報酬の額**など一定の事項を記載しなければなりません。各事務所の帳簿を主たる事務所に一括して備えるのではありません。

✗

宅建業者は、**帳簿を各事業年度の末日**をもつて**閉鎖**するものとし、**閉鎖後5年間**（当該宅建業者が自ら売主となる新築住宅に係るものにあっては10年間）当該帳簿を保存しなければなりません。

◯

帳簿は、紙面に印刷することが可能な環境ならば、**パソコンのハードディスク等の記録に代えることができます。**

✗

従業者名簿の記載事項に「従業者でなくなった年月日」があります。退職した従業者に関する事項は消去しないで保存しなければなりません。

✗

一時的に業務に従事する者や非常勤の役員についても、**従業者証明書を発行**して、**従業者証明書番号を従業者名簿に記載**する必要があります。

✗

宅建業者は、取引の関係者から請求があったときは、**各事務所に備えた従業者名簿を閲覧に供する義務**があります。「取引の関係者か否かを問わず」閲覧に供するわけではありません。

✗

事務所ごとに備えた**従業者名簿**は、**最終の記載をした日から10年間保存**しなければなりません。

◯

9 宅建業者がその事務所ごとに備える従業者名簿には、従業者の氏名、生年月日、当該事務所の従業者となった年月日及び当該事務所の従業者でなくなった年月日を記載することで足りる。 [H21.問43.2]

10 宅建業者は、その業務に従事させる者に従業者証明書を携帯させなければならないが、その者が非常勤の役員や単に一時的に事務の補助をする者である場合には携帯させなくてもよい。 [R02-10月.問39.4]

11 宅建業者は、その業務に従事させる者に、従業者証明書を携帯させなければならないが、その者が宅建士で宅建士証を携帯していれば、従業者証明書は携帯させなくてもよい。 [H25.問41.4]

宅建業者は、**事務所**ごとに**従業者名簿**を備え付ける義務があります。

従業者名簿の記載事項は、以下の通りです。

・従業者（非常勤の役員や単に一時的に事務の補助をする者も含む）の氏名・性別・生年月日

※住所の記載は不要

・従業者証明書番号

・主たる職務内容

・宅建士であるか否かの別

・当該事務所の**従業者**となった年月日

・当該事務所の**従業者**でなくなった年月日

宅建業者は、**従業者**に**従業者証明書**を携帯させなければなりません。**従業者**には、一時的に事務の補助をする者、非常勤の役員、代表取締役を含みます。

宅建業者の従業者は、従業者証明書を常に携帯し、取引の関係者から請求があったときは、**従業者証明書**を**提示する必要**があります。従業者証明書を宅建士証で代替することは**できません**。

×

❶ 誇大広告の禁止 ★★★★★／❷ 広告開始時期の制限 ★★★★★

問題 宅建業者が行う広告に関する次の記述の正誤を○×で答えなさい。

□ **1** 宅建業者がその業務に関して広告をするときは、実際のものより著しく優良又は有利であると人を誤認させるような表示をしてはならないが、宅地又は建物に係る現在又は将来の利用の制限の一部を表示しないことによりそのような誤認をさせる場合は、宅建業法第32条に規定する誇大広告等の禁止に違反しない。 ［H30.問26.4］

□ **2** 宅建業者は、宅地の売買に関する広告をするに当たり、当該宅地の形質について、実際のものよりも著しく優良であると人を誤認させる表示をした場合、当該宅地に関する注文がなく、売買が成立しなかったときであっても、監督処分及び罰則の対象となる。 ［H26.問30.2］

□ **3** 宅地の販売広告において、宅地に対する将来の利用の制限について、著しく事実に相違する表示をしてはならない。 ［R03-10月.問30.ア］

□ **4** 宅地の売買に関する広告をインターネットで行った場合において、当該宅地の売買契約成立後に継続して広告を掲載していたとしても、当該広告の掲載を始めた時点で当該宅地に関する売買契約が成立していなかったときは、宅建業法第32条に規定する誇大広告等の禁止に違反しない。 ［H30.問26.1］

□ **5** 宅建業者は、実在しない宅地について広告又は虚偽の表示を行ってはならないが、実在する宅地については、実際に販売する意思がなくても、当該宅地の広告の表示に誤りがなければ、その広告を行うことができる。 ［H19.問38.1］

ポイント

▶ 契約の成立や損害の有無にかかわらず、誇大広告は、それ自体が監督処分の対象。

▶ 初回だけでなく、各回ごとの広告に取引態様の明示が必要。

▶ 手付金の貸付け、立替え、分割払い・後払いの承認は禁止行為。

▼ 正解

解説 広告に関する規制を覚えておきましょう。

誇大広告とは、著しく事実に相違する表示、実際のものよりも著しく優良・有利であると誤認させるような表示です。事実を表示しないことで消極的に誤認させるような場合も、誇大広告等の禁止に違反します。

誇大広告をすることは、それ自体が禁止されています。契約が成立しなくても、損害が発生していなくても、監督処分及び罰則の対象となります。

誇大広告が禁止されている事項は、以下の通りです。
(1) 物件の「所在」「規模（面積や間取り）」「形質（地目、構造、新築・中古の別）」
(2) 現在又は将来の「利用の制限」「環境」「交通その他の利便」
(3) 代金又は借賃等の対価の額や支払方法
(4) 代金又は交換差金に関する金銭の貸借のあっせん
将来の利用の制限について、著しく事実に相違する表示をしてはなりません。

インターネットの広告も宅建業法の規制を受けます。取引対象となり得ない物件、取引する意思のない物件、存在しない物件の広告、契約成立後の物件の広告などは、誇大広告に該当します。広告の掲載を始めた時点では契約が成立していなかった物件でも、契約が成立したら広告の掲載を取りやめなければなりません。

存在しない物件の広告は虚偽広告、実際に販売する意思がない物件の広告はおとり広告に該当します。その広告の表示に誤りがなくても誇大広告として禁止されています。

☐ **6** 宅建業者は、販売する宅地又は建物の広告に著しく事実に相違する表示をした場合、監督処分の対象となるほか、6月以下の懲役及び100万円以下の罰金を併科されることがある。 [H30.問26.2]

☐ **7** 宅建業者は、宅地の造成工事の完了前においては、当該造成工事に必要とされる許可等の処分があった後であれば、当該宅地の販売に関する広告をすることができる。 [R02-12月.問27.3]

☐ **8** 宅建業者は、自ら売主として新築マンションを分譲するに当たり、建築基準法第6条第1項の確認の申請中であったため、「建築確認申請済」と明示して、当該建物の販売に関する広告を行い、建築確認を受けた後に売買契約を締結した。 [H28.問32.2]

☐ **9** 宅建業者は、宅地の売買に係る広告において、当該宅地に関する都市計画法第29条の許可を受けていれば、当該造成工事に係る検査済証の交付を受けていなくても、当該広告を行うことができる。 [H16.問36.1]

☐ **10** 宅建業者（甲県知事免許）は、甲県知事から業務の全部の停止を命じられ、その停止の期間中に未完成の土地付建物の販売に関する広告を行ったが、当該土地付建物の売買の契約は当該期間の経過後に締結した。 [H28.問32.4]

❸ 契約締結時期の制限 ★★／❹ 取引態様の明示 ★★★★

問題 宅建業法の規定に関する次の記述の正誤を○×で答えなさい。

☐ **1** 宅建業者Aは、都市計画法第29条第1項の許可を必要とする宅地について開発行為を行いBに売却する場合、Bが宅建業者であれば、その許可を受ける前であっても当該宅地の売買の予約を締結することができる。 [H19.問38.4]

☐ **2** 売買予定の建物が、建築工事完了前の建物である場合には、宅建業者Aは、建築基準法第6条第1項の確認の申請をすれば、宅建業者Bと売買契約を締結することができる。 [H13.問42.3]

誇大広告等の禁止に違反した場合、**監督処分の対象**となるほか、6月以下の懲役及び100万円以下の罰金を併科されることがあります。

宅地の造成、建物の建築に関する工事の完了前でも、都市計画法の開発行為の許可、建築基準法の建築確認など、工事に必要とされる**許可等の処分**があった後であれば、**売買その他の業務に関する広告**をすることができます。

宅地の造成、建物の建築に関する工事の完了前は、工事に必要とされる許可等の処分があった後でなければ、**売買その他の業務（貸借の代理・媒介を含む）**に関する広告をすることはできません。「建築確認申請済」と明示しても、**建築確認を受ける前に広告を行うことはできません。**建築確認の後、**変更の確認の申請中**は、申請中の旨と当初の確認内容を合わせて表示すれば広告ができます。

✗

未完成物件の広告は、土地であれば開発許可が出た後、建物であれば建築確認が出た後に行うことができます。**工事完了の検査済証は不要**です。

業務停止処分の期間中は、広告業務をすることはできません。業務停止期間の後に売買契約を締結するものであっても、**広告業務をすることはできません。**

✗

▼正解

解説 工事に必要な許可等の処分前における契約の制限を押さえておきましょう。

宅地の造成、建物の建築に関する**工事の完了前**においては、工事に必要とされる**許可等の処分**（都市計画法の開発行為の許可、建築基準法の建築確認など）があった後でなければ、**自ら当事者**として又は**当事者の代理・媒介**として、宅地・建物の売買・交換の契約（予約を含む）を締結することはできません。これは、**相手方が宅建業者**である契約でも同様です。

✗

本問では、確認の申請をしていますが、確認の申請だけでは**契約（予約を含む）を締結することはできません。**あくまで処分があった後でないと契約は行えません。これは、**買主が宅建業者**である契約でも同様です。

✗

☐ **3** 宅建業者Aは、宅地の貸借の媒介に際し、当該宅地が都市計画法第29条の許可の申請中であることを知りつつ、賃貸借契約を成立させた。

[R01.問35.4]

☐ **4** 宅建業者は、建物の売却について代理を依頼されて広告を行う場合、取引態様として、代理であることを明示しなければならないが、その後、当該物件の購入の注文を受けたときは、広告を行った時点と取引態様に変更がない場合を除き、遅滞なく、その注文者に対し取引態様を明らかにしなければならない。

[R02-10月.問27.ア]

☐ **5** 宅建業者は、複数の区画がある宅地の売買について、数回に分けて広告をする場合は、広告のつど取引態様の別を明示しなければならない。

[R02-10月.問27.ウ]

5 業務に関する諸規定 ★★★★★

問題 宅建業法の規定に関する次の記述の正誤を○×で答えなさい。

☐ **1** 宅建業法には、「宅地建物取引業者は、その従業者に対し、その業務を適正に実施させるため、必要な教育を行うよう努めなければならない」との規定があり、「宅地建物取引士は、宅地又は建物の取引に係る事務に必要な知識及び能力の維持向上に努めなければならない」との規定がある。[H27.問35.4]

☐ **2** 不当な履行遅延の禁止（宅建業法第44条）は、宅地若しくは建物の登記若しくは引渡し又は取引に係る対価の支払を対象とするのみである。

[H24.問40.ア]

☐ **3** 宅建業者が、自ら売主となる宅地建物売買契約成立後、媒介を依頼した他の宅建業者へ報酬を支払うことを拒む行為は、不当な履行遅延（宅建業法第44条）に該当する。[H26.問41.3]

☐ **4** 宅建業者は、いかなる理由があっても、その業務上取り扱ったことについて知り得た秘密を他に漏らしてはならない。[R01.問27.ウ]

宅地の造成、建物の建築に関する工事の完了前においては、工事に必要とされる許可等の処分がある前に売買・交換の契約をすることはできません。しかし、**貸借契約の代理・媒介をすることはできます**（宅建業ではない**自ら賃貸**も契約可）。　○

取引態様には、①自己が契約の当事者となる（自ら当事者）、②代理人として契約交渉等に当たる（代理）、③媒介して契約を成立させる（媒介）があります。宅建業者は、**広告時に取引態様の別を明示**し、**注文を受けた**ときも遅滞なく、**改めて口頭や文書で取引態様の明示**が必要です。**広告**を行った時点と**注文を受けた時点**で**取引態様に変更がない**場合でも、**取引態様の明示を省略することはできません**。　✗

宅建業者が宅地・建物の売買等の広告をするときは、**取引態様の別を明示**しなければなりません。**一団の宅地・建物の販売**について、**数回に分けて広告をすると**きは、**初回**だけでなく、**各回ごとの広告に取引態様の明示が必要**です。　○

▼ 正解

解説　業務に関する諸規定は、細かい点まで出題されます。

問題文の通りの規定があります。
宅建業法第31条の2：宅地建物取引業者は、その従業者に対し、その業務を適正に実施させるため、**必要な教育**を行うよう努めなければならない。
宅建業法第15条の3：宅地建物取引士は、宅地又は建物の取引に係る事務に必要な**知識及び能力の維持向上**に努めなければならない。　○

宅建業者は、**宅地・建物の「登記」、「引渡し」、「取引に係る対価の支払」を不当**に遅延してはなりません。　○

不当な履行遅延の禁止の対象は、「登記」、「引渡し」、「取引に係る対価の支払」の3つだけです。**宅建業者への報酬を支払うことを拒む行為**は、**規制されていません**。　✗

宅建業者は、業務上で知り得た秘密を正当な理由なく、他に漏らしてはなりません。**正当な理由**があれば、**秘密を開示**することが許されます。問題文の「いかなる理由があっても」とする点が間違っています。　✗

☐ **5** 宅建業者は、裁判の証人として、その取り扱った宅地建物取引に関して証言を求められた場合、秘密に係る事項を証言することができる。

[R02-12月.問36.3]

☐ **6** 宅地の売買の媒介において、当該宅地の周辺環境について買主の判断に重要な影響を及ぼす事実があったため、買主を現地に案内した際に、宅建士でない宅建業者の従業者が当該事実について説明した。　　[H20.問38.1]

☐ **7** 宅建業者Aは、土地の売買の媒介に際し重要事項の説明の前に、宅建士ではないAの従業者をして媒介の相手方に対し、当該土地の交通等の利便の状況について説明させた。　　　　　　　　　　　　　　　[H30.問40.ウ]

☐ **8** 宅建業者は、その業務に関し、相手方に不当に高額の報酬を要求した場合、たとえ受領していなくても宅建業法違反となる。　　[R02-12月.問34.2]

☐ **9** 宅建業者は、契約の相手方に対して資金不足を理由に手付の貸付けを行ったが、契約締結後償還された場合は法に違反しない。　　[R02-12月.問40.2]

☐ **10** 宅建業者は、建物の売買に際し、買主に対して売買代金の貸借のあっせんをすることにより、契約の締結を誘引してはならない。　　[R02-12月.問26.1]

☐ **11** 宅建業者は、宅建業に係る契約の締結の勧誘をするに際し、その相手方に対し、利益を生ずることが確実であると誤解させるべき断定的判断を提供する行為をしてはならない。　　　　　　　　　　　　　　　[R01.問27.エ]

☐ **12** 宅建業者の従業者は、宅地の販売の勧誘に際し、買主に対して「この付近に鉄道の新駅ができる」と説明したが、実際には新駅設置計画は存在せず、当該従業者の思い込みであったことが判明し、契約の締結には至らなかった。この場合、宅建業法違反とはならない。　　　　　　　　　[H20.問38.3]

☐ **13** 宅建業者は、契約の締結の勧誘をするに際し、理由の如何を問わず、相手方に対して当該契約を締結するかどうかを判断するために必要な時間を与えることを拒んではならない。　　　　　　　　　　　　　[R02-12月.問40.3]

宅建業者が、業務上で知り得た秘密を漏らしてもよい場合は以下の通りです。
　①**依頼者本人の承諾**がある場合
　②**裁判の証人**となったときなど、**法律上秘密事項を告げる義務がある**場合
　③**取引の相手方に真実（物件の不具合等）を告げなければならない**場合

〇

宅建業者は、取引の相手方の判断に**重要な影響を及ぼすこととなる事項**について、故意に事実を告げなかったり、不実のこと（事実でないこと）を告げたりしてはなりません。問題文では、この事実について買主に説明しているので宅建業法に違反しません。**重要事項説明ではないので**宅建士でない従業者の説明でかまいません。

〇

宅建業者は、取引の相手方の判断に重要な影響を及ぼすこととなる事項について、説明しなければなりません。これには、**物権の所在、規模、形質、利用制限、環境、交通等の利便、取引条件**などがあります。**この説明は、重要事項の説明とは別のもので、宅建士が説明する必要はありません。**

〇

宅建業者は、**不当に高額の報酬を要求することを禁止**されています。**実際には受領していなくても、要求した時点で宅建業法に違反**します。

〇

手付の貸付けや手付の分割払い、後払いを持ちかけることで契約の締結を誘引する行為は、実際に契約を締結したか否かに関係なく、**宅建業法に違反**します。

✗

手付金の減額、代金の減額、手付金の借入について金融機関をあっせんすることは、**禁止されていません。**

✗

問題文の通りです。契約の締結を勧誘するに際し、**相手方に利益が生ずることが確実であると誤解させるような断定的判断**、取引物件の将来の環境・交通等の利便について誤解を生じるような**断定的判断を提供**することは**禁じられています**。

〇

断定的判断を提供することは、**故意ではなく、過失によるものであっても違反**となります。

✗

正当な理由なく、当該契約を締結するかどうかを判断するために必要な時間を与えることを拒むことは**禁止**されています。「理由の如何を問わず」ではありません。

✗

☐ **14** 宅建業者が、その従業者をして宅地の売買の勧誘を行わせたが、相手方が明確に買う意思がない旨を表明した場合、別の従業者をして、再度同じ相手方に勧誘を行わせることは法に違反しない。 [H26.問41.2]

☐ **15** 宅建業者がマンション販売の勧誘を電話で行った際に、勧誘に先立って電話口で宅建業者の商号又は名称を名乗らずに勧誘を行った。 [R03-10月.問43.ウ]

☐ **16** 宅建業者A（甲県知事免許）は、乙県内に所在する土地の売買の媒介業務に関し、契約の相手方の自宅において相手を威迫し、契約締結を強要していたことが判明した。この場合、甲県知事は、情状が特に重いと判断したときは、Aの宅建業の免許を取り消さなければならない。 [H27.問43.3]

☐ **17** 建物の貸借の媒介において、申込者が自己都合で申込みを撤回し賃貸借契約が成立しなかったため、宅建業者は、既に受領していた預り金から媒介報酬に相当する金額を差し引いて、申込者に返還した。 [H20.問38.2]

☐ **18** 建物の売買の媒介に際し、買主から売買契約の申込みを撤回する旨の申出があったが、宅建業者は、申込みの際に受領した預り金を既に売主に交付していたため、買主に返還しなかった。 [H21.問40.2]

☐ **19** 宅建業者は、建売住宅の売買の相手方である買主から手付放棄による契約の解除の通知を受けたとしても、既に所有権の移転登記を行い引渡しも済んでいる場合は、そのことを理由に当該契約の解除を拒むことができる。 [H28.問34.3]

☐ **20** 犯罪による収益の移転防止に関する法律において、宅建業のうち、宅地若しくは建物の売買契約の締結又はその代理若しくは媒介が特定取引として規定されている。 [R04.問30.イ]

相手方等が**契約する意思がないこと**を表示したにもかかわらず、**勧誘を継続する**ことは禁止されています。このとき別の従業者に指示して同じ相手方に**勧誘を行うことも禁止**されています。　✗

宅建業者の**商号又は名称**、当該勧誘を行う者の氏名、勧誘をする**目的**を告げずに、勧誘を行うことは禁じられています。また**アンケート調査**と偽って勧誘することも禁じられています。　✗

契約を締結させるために、また**契約の解除や申込みの撤回を妨げる**ために、**相手方を威迫**することは**禁止**されています。**威迫行為**は、指示処分、業務停止処分の**対象**であり、**情状が特に重い場合、免許権者**（甲県知事）は、免許を取り消さなければなりません。　○

相手方等が契約の**申込みの撤回**を行うに際し、**既に受領した預り金を返還する**ことを拒むことは**禁止**されています。預り金の一部を申込書の処分手数料、解約手数料、**媒介報酬**などの名目で返還しないことも**禁止**されています。　✗

預り金を売主・貸主に交付していることを**理由**にして、**買主・借主からの預り金の返還の申出を拒否することも禁止**されています。　✗

相手方等が手付を放棄して**契約の解除**を行うに際し、**正当な理由なく、契約の解除を拒んだり、妨げたりすることは禁止**されています。しかし、**契約の履行に着手**（売主からは売買物件の引渡し、所有権移転登記の完了など。買主からは手付以外の中間金の支払など）している場合には、相手側からの契約の解除を拒むことができます。　○

犯罪による収益の移転防止に関する法律において、宅地・建物の**売買契約の締結**、その**代理・媒介が特定取引として規定**されていて、特定取引を行う場合、①本人確認、②本人確認記録の作成と保存、③取引記録の作成と保存、④疑わしい取引の届出、という義務を負います。　○

10 媒介契約の規制

1 媒介と代理 ★／2 媒介契約の種類

問題 宅建業者Aが行う業務に関する次の記述の正誤を○×で答えなさい。

☐ **1** Aは、宅建業者Bから宅地の売却についての依頼を受けた場合、媒介契約を締結したときは媒介契約の内容を記載した書面を交付しなければならないが、代理契約を締結したときは代理契約の内容を記載した書面を交付する必要はない。 [H28.問41.1]

☐ **2** Aが、B所有建物の売買の媒介の依頼を受け、Bと一般媒介契約（専任媒介契約でない媒介契約）を締結した。「Bが、A以外の宅建業者に重ねて売買の媒介の依頼をする際は、Aに通知しなければならない」旨の定めをしたときは、その定めは無効である。 [H12.問36.2]

☐ **3** Aが、B所有の宅地の売却の媒介依頼を受け、Bと専属専任媒介契約を締結した場合、Bは、Aが探索した相手方以外の者と売買契約を締結することができない。 [H17.問36.ウ]

3 専任媒介契約の規制 ★★★★★

問題 宅建業者Aが、BからB所有の物件の売買の媒介を依頼された場合における当該媒介に係る契約に関する次の記述の正誤を○×で答えなさい。

☐ **1** Aは、Bと一般媒介契約（専任媒介契約でない媒介契約）を締結する際、Bから媒介契約の有効期間を6月とする旨の申出があったとしても、当該媒介契約において3月を超える有効期間を定めてはならない。 [H22.問33.3]

☐ **2** AがBとの間で有効期間を6月とする専任媒介契約を締結した場合、その媒介契約は無効となる。 [R01.問31.イ]

解説 一般媒介、専任媒介、専属専任媒介の違いを覚えましょう。

媒介契約書の交付は、宅建業者間の契約でも行う必要があります。また、代理の場合も、媒介契約の規定が準用されるので、代理契約の内容を記載した書面を交付する必要があります。なお、この書面は、依頼者の承諾があれば、電磁的方法で提供することもできます。

✕

一般媒介契約は、宅建業者Aに依頼した依頼者Bが、他の宅建業者Cに重ねて依頼できる契約です。依頼者がAに対して、Cに依頼したことを明示する義務がある明示型の契約と、明示しなくてもよい非明示型の契約があります。本問の定めは、明示型の媒介契約を定めており、有効です。

✕

専任媒介契約は、Aと契約した依頼者Bが、他の宅建業者Cに重ねて依頼できない契約です。一般媒介契約と専任媒介契約では依頼者の自己発見取引を認めていますが、専属専任媒介契約では依頼者の自己発見取引を認めていません。従って、問題文は正しいことになります。

◯

解説 専任媒介契約（専属専任媒介契約を含む）には、「有効期間」「業務報告」「指定流通機構」に関する規制があります。

一般媒介契約は、専任媒介契約と違って有効期間の制限がありません。有効期間を6月とする契約も締結することができます。

✕

専任媒介契約の有効期間は、3か月以内に限定されています。3か月より長い契約を結んだとしても、3か月を超える部分の契約が無効になります。媒介契約自体が無効になるわけではありません。

✕

☐ **3** Aは、Bとの間で専任媒介契約を締結するときは、Bの要望に基づく場合を除き、当該契約の有効期間について、有効期間満了時に自動的に更新する旨の特約をすることはできない。 [R02-10月.問29.ウ]

☐ **4** Aは、Bとの間で専属専任媒介契約を締結したときは、Bに対し、当該契約に係る業務の処理状況を1週間に1回以上報告しなければならない。 [R02-10月.問29.エ]

☐ **5** Aが、Bと専任媒介契約（専属専任媒介契約ではない媒介契約）を締結した場合、Aは、2週間に1回以上当該専任媒介契約に係る業務の処理状況をBに報告しなければならないが、これに加え、当該中古マンションについて購入の申込みがあったときは、遅滞なく、その旨をBに報告しなければならない。 [H29.問43.ア]

☐ **6** Aが、Bと専任媒介契約を締結するに当たって、業務処理状況を5日に1回報告するという特約は無効である。 [H16.問39.4]

☐ **7** AがBと専属専任媒介契約を締結した場合、Aは、Bに当該媒介業務の処理状況の報告を電子メールで行うことはできない。 [H24.問29.2]

☐ **8** AがBとの間で専任媒介契約を締結した場合、Bの要望により当該宅地を指定流通機構に登録しない旨の特約をしているときを除き、Aは、当該契約締結日から7日以内（Aの休業日を含まない。）に、当該宅地の所在等を指定流通機構に登録しなければならない。 [R02-12月.問28.ア]

☐ **9** Aは、Bとの間で専属専任媒介契約を締結した場合、当該媒介契約締結日から7日以内（休業日を含まない。）に、指定流通機構に甲住宅の所在等を登録しなければならない。 [H30.問33.2]

☐ **10** Aは、Bと専任媒介契約を締結した。このとき、Aは、甲アパートの所在、規模、形質、売買すべき価額、依頼者の氏名、都市計画法その他の法令に基づく制限で主要なものを指定流通機構に登録しなければならない。 [H27.問28.イ]

専任媒介契約の有効期間は、3か月を超えることができません。更新には契約終了時に依頼者からの申出が必要で更新後の期間も3か月以内です。依頼者Bの要望であっても、契約時に自動的に更新する旨の特約をすることはできません。　✗

専属専任媒介契約では、依頼者に業務の処理状況を1週間（休業日含む）に1回以上報告しなければなりません。　○

専任媒介契約では、依頼者に業務の処理状況を2週間（休業日含む）に1回以上報告しなければなりません。これに加え、売買の申込みがあったときは、遅滞なく、その旨を依頼者に報告しなければなりません。　○

専任媒介契約は、2週間に1回以上、依頼者に業務状況を報告しなければなりません。5日に1回とする特約は、2週間に1回以上の範囲内ですから有効です。　✗

業務の処理状況の報告は、電子メールや口頭でもかまいません。　✗

専任媒介契約では、国土交通省令で定める指定流通機構への登録が義務付けられています。これに反する特約は無効となります。　✗

指定流通機構への登録は、専属専任媒介契約では契約日から5日以内（休業日を含まない）です。専任媒介契約では、契約日から7日以内です。　✗

指定流通機構への登録事項は以下の通りです。
- 物件の所在、規模、形質
- 物件の売買すべき価額、交換契約の場合の評価額
- 都市計画法その他の法令に基づく制限で主要なもの
- 専属専任媒介契約である場合は、その旨

「依頼者の氏名」は、登録事項ではありません。　✗

☐ **11** Aが、Bと専任媒介契約（専属専任媒介契約ではない媒介契約）を締結した。Aは、当該専任媒介契約の締結の日から7日（ただし、Aの休業日は含まない。）以内に所定の事項を指定流通機構に登録しなければならず、また、宅建業法第50条の6に規定する登録を証する書面を遅滞なくBに提示しなければならない。 [H29.問43.ウ]

☐ **12** AがBと専任媒介契約を締結した場合、当該土地付建物の売買契約が成立したときは、Aは、遅滞なく、登録番号、取引価格及び売買契約の成立した年月日を指定流通機構に通知しなければならない。 [H24.問29.1]

---

4 媒介契約書の作成 ★★★

問題 宅建業者Aが、BからB所有の物件について媒介を依頼された場合、次の記述の正誤を○×で答えなさい。

☐ **1** Aが、Bから宅地の売却に係る媒介を依頼され、Bと一般媒介契約を締結した場合、当該宅地の売買の媒介を担当するAの宅建士は、宅建業法第34条の2第1項に規定する書面に記名押印する必要はない。 [H28.問27.3]

☐ **2** Aは、Bが所有する丙宅地の貸借に係る媒介の依頼を受け、Bと専任媒介契約を締結した。このとき、Aは、Bに法第34条の2第1項に規定する書面を交付しなければならない。 [H27.問28.ウ]

☐ **3** 宅建業者Aは、Bが所有する宅地の売却を依頼され、専任媒介契約を締結した。Bが宅建業者であったので、宅建業法第34条の2第1項に規定する書面を作成しなかった。 [H27.問30.ア]

☐ **4** Aは、Bが所有する甲宅地の売却に係る媒介の依頼を受け、Bと専任媒介契約を締結した。このとき、Aは、法第34条の2第1項に規定する書面に記名押印し、Bに交付のうえ、宅建士をしてその内容を説明させなければならない。 [H27.問28.ア]

指定流通機構に登録をした宅建業者は、**指定流通機構から発行される登録を証する書面を遅滞なく依頼者に引き渡さ**なければなりません。「提示」では不十分です。

✗

物件について売買・交換契約が成立した場合には、**遅滞なく「登録番号」「取引価格又は評価額」「契約成立年月日」を指定流通機構に通知**しなければなりません。

○

解説 宅建業者が、売買・交換の媒介契約を締結したときは、遅滞なく媒介契約書を作成しなければなりません。

媒介契約書には、宅建業者が記名押印して依頼者に交付します。記名押印は宅建士がする必要はありません。なお、35条書面（重要事項説明書）と37条書面（契約書面）には、宅建士による記名が必要ですが押印は不要です。

○

媒介契約書を交付しなければならないのは、売買・交換の場合です。貸借の場合は、媒介契約書の作成・交付の義務は負いません。

✗

媒介契約書は、依頼者が宅建業者の場合でも、作成・交付しなければなりません。

✗

媒介契約書の内容を宅建士に説明させる義務はありません。宅建士による説明が必要なのは、35条書面のみです。

✗

5 媒介契約書の記載事項 ★★★★★

問題 宅建業者Aは、Bから、Bが所有している既存の甲住宅の売却について媒介の依頼を受けた。この場合における次の記述の正誤を○×で答えなさい。

□ **1** Aは、甲住宅の評価額についての根拠を明らかにするため周辺の取引事例の調査をした場合、当該調査の実施についてBの承諾を得ていなくても、同調査に要した費用をBに請求することができる。　　　　　　[H30.問33.3]

□ **2** Aが、Bと一般媒介契約を締結する場合、Aは、媒介契約の有効期間及び解除に関する事項を、宅建業法第34条の2第1項の規定に基づき交付すべき書面に記載しなければならない。　　　　　　　　　[R02-10月.問38.4]

□ **3** Aが、Bと一般媒介契約を締結する場合、Aは、媒介契約を締結したときにBに対し交付すべき書面に、甲住宅の指定流通機構への登録に関する事項を記載する必要はない。　　　　　　　　　　　　　　　　[H10.問45.1]

□ **4** Aが、Bと一般媒介契約を締結した場合、BがAに対して支払う報酬に関する事項については、必ずしも宅建業法第34条の2の規定により依頼者に交付すべき書面に記載する必要はない。　　　　　　　　　[H12.問36.4]

□ **5** AがBとの間で一般媒介契約を締結し、当該契約において、Bが他の宅建業者に重ねて依頼するときは当該他の宅建業者を明示する義務がある旨を定める場合、Aは、Bが明示していない他の宅建業者の媒介又は代理によって売買の契約を成立させたときの措置を宅建業法第34条の2第1項の規定に基づき交付すべき書面に記載しなければならない。　　　[R02-12月.問28.3]

□ **6** Aが、Bとの間で専属専任媒介契約を締結した場合、Aが探索した相手方以外の者とBとの間で売買契約を締結したときの措置について、AとBとの間で取り決めがなければ、Aは宅建業法第34条の2第1項の規定に基づき交付すべき書面に記載する必要はない。　　　　　　　　　　　[H22.問34.4]

解説 媒介契約書に記載する事項を覚えましょう。

媒介の依頼を受けた宅建業者は、**依頼者に価額について意見**を述べるとき、その根拠を明らかにする義務を負います。根拠に関する明示方法は、口頭でも書面でもかまいません。また、**宅建業者**は、依頼者の依頼による費用を除き、**国土交通大臣の定めた限度額を超えて報酬を受領することができません**。宅建業者が依頼者の承諾を得ていなければ、調査費用を請求することはできません。

✗

一般媒介契約でも専任媒介契約でも、**媒介契約書**には、**契約の有効期間・解除に関する事項を記載**しなければなりません。

◯

一般媒介契約では、「有効期間」「指定流通機構への登録」に関する規制はありません。しかし、一般媒介契約であっても、媒介契約書においては「有効期間」「指定流通機構への登録（の有無等）」を明示する必要があります。

✗

媒介契約書には、「報酬に関する事項」を記載しなければなりません。

✗

媒介契約書には、**依頼者の契約違反に対する措置を記載**しなけばなりません。依頼者が依頼した他の業者を明示する義務がある一般媒介の明示型の契約の場合には、明示していない宅建業者との間で契約を成立したときの措置を媒介契約書に記載します。

◯

媒介契約書には、**次にあげる依頼者の契約違反に対する措置を記載**しなければなりません。

- 明示型一般媒介契約…明示していない業者の媒介で契約した場合の措置
- 専任媒介契約…………他の業者の媒介で契約した場合の措置
- 専属専任媒介契約……宅建業者が探索した相手方以外と契約した場合の措置

問題文では、専属専任媒介契約を締結しているので、Aが探索した相手方以外の者と売買契約を締結したときの措置について、媒介契約書に記載する必要があります。

✗

☐ **7**　Aは、Bとの間で媒介契約を締結したときは、当該契約が国土交通大臣が定める標準媒介契約約款に基づくものであるか否かの別を、宅建業法第34条の2第1項の規定に基づき交付すべき書面に記載しなければならない。

［R02-10月.問29.イ］

☐ **8**　Aが甲住宅について、宅建業法第34条の2第1項第4号に規定する建物状況調査の制度概要を紹介し、Bが同調査を実施する者のあっせんを希望しなかった場合、Aは、同項の規定に基づき交付すべき書面に同調査を実施する者のあっせんに関する事項を記載する必要はない。　［H30.問33.1］

☐ **9**　AがBに対して建物状況調査を実施する者のあっせんを行う場合、建物状況調査を実施する者は建築士法第2条第1項に規定する建築士であって国土交通大臣が定める講習を修了した者でなければならない。　［R01.問31.エ］

問題文の通りです。**媒介契約書**には、**国土交通大臣が定める**標準媒介**契約約款に基づくものであるか否かの別を記載**しなければなりません。

既存**住宅（**中古**住宅）である場合、媒介契約書には**建物状況**調査を実施する者のあっせんに関する事項（あっせんをするかしないか）を記載**しなければなりません。**依頼者が**建物状況**調査のあっせんを希望しなくても、記載を省略することはできません。**

問題文の通りです。**建物状況調査を実施する者**は、**建築士法第2条第1項に規定する**建築士**であって**国土交通大臣**が定める講習を修了した者**でなければなりません。

11 重要事項の説明

1 重要事項の説明義務 ★★★★★

問題 宅建業者が行う宅建業法第35条に規定する重要事項の説明に関する次の記述の正誤を○×で答えなさい。なお、特に断りのない限り、説明の相手方は宅建業者ではないものとする。

☐ **1** 宅建業者である売主は、他の宅建業者に媒介を依頼して宅地の売買契約を締結する場合、重要事項説明の義務を負わない。 [R01.問41.2]

☐ **2** 宅建業者が、宅建業者ではない個人から媒介業者の仲介なしに土地付建物を購入する場合、買主である宅建業者は重要事項説明書を作成しなくても宅建業法違反とはならない。 [R04.問28.1]

☐ **3** 重要事項説明書には、代表者の記名があれば宅建士の記名は必要がない。 [R02-10月.問41.1.改]

☐ **4** 宅建業者は、重要事項説明書の交付に当たり、専任の宅建士をして当該書面に記名させるとともに、売買契約の各当事者にも当該書面に記名させなければならない。 [R03-12月.問35.3.改]

☐ **5** 宅建業者は、宅地又は建物の売買について売主となる場合、買主が宅建業者であっても、重要事項説明は行わなければならないが、35条書面の交付は省略してよい。 [H25.問30.1]

☐ **6** 重要事項の説明及び書面の交付は、取引の相手方の自宅又は勤務する場所等、宅建業者の事務所以外の場所において行うことができる。 [H27.問29.2]

☐ **7** 宅建士は、テレビ会議等のITを活用して重要事項の説明を行うときは、相手方の承諾があれば宅建士証の提示を省略することができる。 [R03-12月.問35.1]

ポイント

▶ 宅建業者は、買主・借主に対して契約締結前に35条書面を作成・交付する義務がある。

▶ 宅建士が重要事項を説明し、35条書面に記名しなければならない。

▶ IT重説（テレビ会議等のITを活用した重要事項説明）をすることもできる。

▼正解

解説 宅建業者は、契約締結前に35条書面（重要事項説明書）を作成・交付する義務があります。35条書面も37条書面（契約書面）も、相手方の承諾があれば、書面の交付に代えて、電磁的方法により提供することができます。

取引にかかわるすべての宅建業者は、重要事項説明の義務を負います。他の宅建業者に媒介を依頼していても変わりません。

✕

重要事項を説明する目的は、契約を検討している人に対し、物件に関する重要事項を示すことです。従って、説明する相手は買主・借主です。買主である宅建業者が売主に対して重要事項説明をする必要はありません。

◯

35条書面には、代表者の記名ではなく、宅建士の記名が必要です。なお、宅建士の押印は不要です。

✕

重要事項の説明と、35条書面への記名は、宅建士が行います。宅建士であれば、専任や成年者である必要はありません。説明する宅建士と記名する宅建士が異なってもかまいません。また、売買契約の各当事者による記名は不要です。

✕

買主・借主が宅建業者のときには、重要事項説明は行う必要はありません。ただし、35条書面の交付は省略できません。問題文は逆になっています。

✕

問題文の通りです。喫茶店、買主の自宅・勤務先など、事務所以外の場所でも重要事項の説明を行うことができます。また、IT重説（テレビ会議等のITを活用した重要事項説明）もできます。

◯

宅建士は重要事項の説明をする際、相手方の請求がなくても、宅建士証を提示しなければなりません。相手方の承諾があっても、宅建士証の提示義務が免除されることはありません。ただし、相手方が宅建業者である場合、相手方から宅建士証の提示を求められない限り、提示する必要はありません。

✕

☐ **8** 宅建業者であるA及びBは、共同で宅地の売買の媒介をするため、協力して一の重要事項説明書を作成し、Aの宅建士 a 一人を代表として、宅地の買主に対し重要事項説明書を交付して重要事項について説明させることができる。 [H10.問39.1]

② 35条書面の記載事項〈1 取引物件に関する事項〉★★★★★

問題 宅建業者が行う宅建業法第35条に規定する重要事項の説明に関する次の記述の正誤を○×で答えなさい。なお、特に断りのない限り、説明の相手方は宅建業者ではないものとする。

☐ **1** 建物の売買の媒介において、登記された権利の種類及び内容については説明したが、移転登記の申請の時期については説明しなかった。 [H22.問36.4]

☐ **2** 宅地の売買の媒介を行う場合、登記された抵当権について、引渡しまでに抹消される場合は説明しなくてよい。 [R01.問39.2]

☐ **3** 建物の売買の媒介の場合は、建築基準法に規定する建蔽率及び容積率に関する制限があるときはその概要を説明しなければならないが、建物の貸借の媒介の場合は説明する必要はない。 [H22.問35.1]

☐ **4** 宅地の売買の媒介の場合は、私道に関する負担について説明しなければならないが、建物の貸借の媒介の場合は説明する必要はない。 [H22.問35.4]

☐ **5** 地域における歴史的風致の維持及び向上に関する法律第12条第1項により指定された歴史的風致形成建造物である建物の売買の媒介を行う場合、その増築をするときは市町村長への届出が必要である旨を説明しなくてもよい。 [R02-12月.問42.1]

☐ **6** 建物の貸借の媒介において、水道、電気及び下水道は完備、都市ガスは未整備である旨説明したが、その整備の見通しまでは説明しなかった。 [H18.問35.2]

▼正解

取引に関与する**すべての宅建業者の宅建士**が、**35条書面**に<u>記名</u>しなければなりません。ただし、**35条書面の**<u>作成・交付</u>は、**いずれかの宅建業者が代表**で行い、<u>口頭での説明</u>もいずれかの宅建業者の宅建士が**代表**で行ってかまいません。

○

▼正解

解説 35条書面の記載事項は、「取引物件に関する事項」「取引条件に関する事項」「区分所有建物に関する追加事項」「貸借に関する追加事項」に分類できます。

<u>登記された権利</u>の種類・内容は、**説明すべき重要事項**です。しかし、重要事項の説明時点では契約するかどうかが決まっていませんから、**移転登記の申請の**<u>時期</u>**も不明**で説明のしようがありませんし、説明する必要もありません。**37条書面（契約書面）**では、**移転登記の申請の**<u>時期</u>が売買に関する必要的記載事項です。

○

売主・貸主から告げられていない<u>権利</u>であっても、**物件引渡しまでに抹消される予定の**<u>権利</u>であっても、<u>登記された権利</u>について**すべて説明義務**があります。

✗

売買では、<u>建築</u>にかかわる制限（容積率及び建蔽率に関する制限、準防火地域内の建築物の制限など）の説明が必要です。建物の<u>貸借</u>の場合、**説明は**<u>不要</u>です。

○

<u>私道</u>負担の有無、<u>私道</u>の面積、通行使用料等の負担金等、<u>私道</u>に関する負担を説明します。建物の<u>貸借</u>の場合のみ、この**説明は不要**です。

○

<u>歴史的風致形成建造物</u>の売買では、**増改築等の市町村長への届出が必要である旨の説明は**<u>必要</u>です。

✗

飲用水・電気・ガス等の供給施設の整備状況、排水施設の整備状況の説明をします。<u>未整備</u>の場合、<u>整備</u>の見通しや整備に関する負担金の説明は<u>必要</u>です。

✗

☐ **7** 住宅の売買の媒介を行う場合、宅地内のガス配管設備等に関して、当該住宅の売買後においても当該ガス配管設備等の所有権が家庭用プロパンガス販売業者にあるものとするときは、その旨を説明する必要がある。

[H29.問41.3]

☐ **8** 宅地の売買の媒介において、当該宅地が造成に関する工事の完了前のものであるときは、その完了時における形状、構造並びに宅地に接する道路の構造及び幅員を説明しなければならない。 [H17.問37.2]

☐ **9** 自ら売主として、マンション（建築工事完了前）の分譲を行うに当たり、建物の完成時における当該マンションの外壁の塗装については説明しなくてもよいが、建物の形状や構造については平面図を交付して説明しなければならない。 [H16.問38.1]

☐ **10** 建物の貸借の媒介において、当該建物が宅地造成及び特定盛土等規制法の規定により指定された造成宅地防災区域内にあるときは、その旨を借主に説明しなければならない。 [H19.問35.2]

☐ **11** 建物の貸借の媒介を行う場合、当該建物が土砂災害警戒区域等における土砂災害防止対策の推進に関する法律第7条第1項により指定された土砂災害警戒区域内にあるときは、その旨を説明しなければならない。[R02-12月.問32.イ]

☐ **12** 建物の売買又は貸借の媒介を行う場合、当該建物が津波防災地域づくりに関する法律第53条第1項により指定された津波災害警戒区域内にあるときは、その旨を、売買の場合は説明しなければならないが、貸借の場合は説明しなくてよい。 [R01.問39.4]

☐ **13** 宅建業者は、市町村が取引の対象となる宅地又は建物の位置を含む水害ハザードマップを作成している場合、重要事項説明書に水害ハザードマップを添付すれば足りる。 [R03-10月.問33.4]

☐ **14** 建物の売買の媒介を行う場合、当該建物について、石綿の使用の有無の調査の結果が記録されているか照会を行ったにもかかわらず、その存在の有無が分からないときは、宅建業者自らが石綿の使用の有無の調査を実施し、その結果を説明しなければならない。 [R02-10月.問31.2]

ガス配管設備等に関しては、**住宅の売買後に配管設備等の所有権が家庭用プロパンガス販売業者**に属する場合には、**その旨の説明は**必要です。

○

造成工事完了前の宅地では、工事完了時の形状・構造、宅地に接する道路の構造・幅員を説明しなければなりません。必要に応じて図面を交付して説明をします。

○

建築工事完了前の建物では、工事完了時の形状・構造、主要構造部と内装及び外装の構造・仕上げ、設備の設置・構造について説明しなければなりません。必要に応じて図面を交付して説明をします。

✕

建物の貸借の媒介において、当該建物が造成宅地防災区域内にあるときは、**その旨を借主に説明**しなければなりません。

○

土砂災害警戒区域内や土砂災害特別警戒区域内にあるときは、**その旨を説明**しなければなりません。

○

津波災害警戒区域内にあるときは、**その旨を説明**しなければなりません。これは**宅地又は建物の**売買・交換・貸借すべて**に関する重要事項**ですから、「貸借の場合は説明しなくてよい」とする点が誤りです。

✕

宅地又は建物が水防法施行規則第11条第1号の規定により市町村長が提供する図面（水害ハザードマップ：洪水、雨水出水〈内水〉、高潮）に表示されているときは、**すべての図面における宅地又は建物の**所在地を説明しなければなりません。

✕

石綿（アスベスト）の使用の調査結果が記録されているときは、その内容を説明しなければなりませんが、**調査結果の記録がない場合、宅建業者が調査すること**は不要です。

✕

□ **15** 建物の売買の媒介の際に当該建物（昭和56年5月31日以前に新築の工事に着手したもの）が指定確認検査機関、建築士、登録住宅性能評価機関又は地方公共団体による耐震診断を受けたものであるときは、その旨を説明しなければならない。 [R04.問34.4]

□ **16** 建物の売買の媒介の場合、住宅の品質確保の促進等に関する法律第5条第1項に規定する住宅性能評価を受けた新築住宅であるときはその旨を説明しなければならないが、建物の貸借の媒介の場合は説明する必要はない。[H22.問35.3]

□ **17** 建物の売買の媒介を行う場合、当該建物が既存の住宅であるときは、建物状況調査を実施しているかどうかを説明しなければならないが、実施している場合その結果の概要を説明する必要はない。 [R02-10月.問31.3]

□ **18** 既存住宅の貸借の媒介を行う場合、建物の建築及び維持保全の状況に関する書類の保存状況について説明しなければならない。 [R01.問39.1]

② 35条書面の記載事項 〈2 取引条件に関する事項〉★★★★★

問題 宅建業者が行う宅建業法第35条に規定する重要事項の説明に関する次の記述の正誤を○×で答えなさい。なお、特に断りのない限り、説明の相手方は宅建業者ではないものとする。

□ **1** 重要事項説明では、代金、交換差金又は借賃の額を説明しなければならないが、それ以外に授受される金銭の額については説明しなくてよい。[R01.問41.4]

□ **2** 建物の売買の媒介だけでなく建物の貸借の媒介を行う場合においても、損害賠償額の予定又は違約金に関する事項について、説明しなければならない。 [R02-10月.問31.1]

□ **3** 宅建業者Aが、自ら売主となって宅建業者でない買主Bに建築工事完了前のマンションを1億円で販売する。AがBから手付金として1,500万円を受領するに当たって保全措置を講ずる場合、Aは、当該マンションの売買契約を締結するまでの間に、Bに対して、当該保全措置の概要を説明しなければならない。 [H19.問34.2]

昭和56年5月31日以前に着工した建物について、「耐震診断を受けたものであるときには、その内容」を説明しなければなりません。「その旨を説明」では不十分です。なお、耐震診断を受けていない場合、耐震診断を行う義務はありません。 **✗**

問題文の通りです。住宅の品質確保の促進等に関する法律に規定する住宅性能評価を受けた新築住宅であるときは、その旨を説明しなければなりません。建物の貸借の場合、説明は不要です。 **○**

既存住宅の売買・交換・貸借では、過去1年以内に建物状況調査を実施しているかどうか、実施している場合はその結果の概要を説明しなければなりません。 **✗**

既存住宅の売買・交換の場合は、建物の建築及び維持保全の状況に関する書類の保存の状況について説明しなければなりません。既存住宅の貸借の場合、説明は不要です。 **✗**

解説 取引の条件に関する重要事項を覚えます。

売買代金・交換差金・借賃の額は説明が不要です。代金・交換差金・借賃以外に授受される金銭の額・授受の目的は説明が必要です。 **✗**

宅地・建物の売買・交換・貸借では、損害賠償額の予定・違約金に関する事項について説明しなければなりません。 **○**

宅建業者が自ら売主となる場合、手付金等の保全措置を講じておく必要があります。その場合の手付金等の保全措置の概要を契約締結前に重要事項として説明しなければなりません。なお、この保全措置の概要を37条書面に記載する必要はありません。 **○**

☐ **4** 宅地の交換において交換契約に先立って交換差金の一部として30万円の預り金の授受がある場合、その預り金を受領しようとする者は、保全措置を講ずるかどうか、及びその措置を講ずる場合はその概要を重要事項説明書に記載しなければならない。　　　　　　　　　　　　　　　　[H30.問35.4]

☐ **5** 宅地の売買の媒介を行う場合、代金に関する金銭の貸借のあっせんの内容及び当該あっせんに係る金銭の貸借が成立しないときの措置について、説明しなければならない。　　　　　　　　　　　　　　　　　　　　　　[H29.問33.2]

☐ **6** 建物の売買において、その建物の種類又は品質に関して契約の内容に適合しない場合におけるその不適合を担保すべき責任の履行に関し保証保険契約の締結などの措置を講ずるかどうか、また、講ずる場合はその措置の概要を説明しなければならない。　　　　　　　　　　　　　　[R03-12月.問44.ウ]

☐ **7** 宅建業者は、土地の割賦販売の媒介を行う場合、割賦販売価格のみならず、現金販売価格についても説明しなければならない。　　　　[H26.問35.4]

② 35条書面の記載事項 〈3 区分所有建物に関する追加事項〉★★★★★

問題 宅建業者が行う宅建業法第35条に規定する重要事項の説明に関する次の記述の正誤を○×で答えなさい。なお、特に断りのない限り、説明の相手方は宅建業者ではないものとする。

☐ **1** 区分所有権の目的である建物の売買の媒介を行う場合、当該建物が借地借家法第22条に規定する定期借地権の設定された土地の上に存するときは、当該定期借地権が登記されたものであるか否かにかかわらず、当該定期借地権の内容について説明しなければならない。　　　　　　　　　[H28.問36.ア]

☐ **2** マンションの分譲に際して、建物の区分所有等に関する法律第2条第4項に規定する共用部分に関する規約がまだ案の段階である場合、宅建業者は、規約の設定を待ってから、その内容を説明しなければならない。[H20.問37.2]

☐ **3** 区分所有建物の売買の媒介を行う場合、建物の区分所有等に関する法律第2条第3項に規定する専有部分の用途その他の利用の制限に関する規約の定めがあるときは、その内容を説明しなければならないが、区分所有建物の貸借の媒介を行う場合は、説明しなくてよい。　　　　　[R02-10月.問31.4]

宅建業者は、受領する支払金・預り金の保全措置を講ずるかどうか、及び措置を講ずる場合の措置の概要を説明しなければなりません。保全措置自体は、講じても講じなくてもかまいません。ただし、本問のように、受領する額が50万円未満の場合は、支払金・預り金に該当しないので、説明は不要です。　✕

代金・交換差金に関する金銭の貸借のあっせんの内容、それが成立しないときの措置について説明しなければなりません。貸借の場合、説明は不要です。　○

売買・交換では、宅地・建物の契約不適合を担保すべき責任（担保責任・契約不適合責任）の履行に関して、保証保険契約の締結その他の措置を講ずるかどうか、及びその措置を講ずる場合におけるその措置の概要を説明しなければなりません。貸借の場合には、この説明は不要です。　○

割賦販売の場合には、分割での割賦販売価格、一括で支払う場合の現金販売価格、賦払金の額等を説明しなければなりません。　○

解説 区分所有建物に関する追加事項を覚えます。

区分所有建物の売買・交換を行う場合、敷地に関する権利の種類・内容を説明しなければなりません。貸借の場合、説明は不要です。　○

区分所有建物の売買・交換を行う場合、共用部分に関する規約（その案を含む）があるときは、その内容を説明しなければなりません。規約の設定を待ってから、その内容を説明するのではありません。貸借の場合、説明は不要です。　✕

区分所有建物の売買・交換を行う場合、「事業用としての利用の禁止等の制限」、「ペット飼育禁止」、「ピアノ使用禁止」など、専有部分の用途その他の利用の制限に関する規約の定め（その案を含む）があるときは、その内容を説明しなければなりません。貸借の媒介を行う場合も説明は必要です。　✕

☐ **4** 分譲するマンションの建物又はその敷地の一部を特定の者にのみ使用を許す旨の規約の定めがある場合、宅建業者は、その内容だけでなく、その使用者の氏名及び住所について説明しなければならない。 ［H20.問37.1］

☐ **5** 分譲するマンションの建物の計画的な維持修繕のための費用を特定の者にのみ減免する旨の規約の定めがある場合、宅建業者は、買主が当該減免対象者であるか否かにかかわらず、その内容を説明しなければならない。 ［H20.問37.4］

☐ **6** 区分所有建物の売買の媒介を行う場合、一棟の建物の計画的な維持修繕のための費用の積立てを行う旨の規約の定めがあるときは、その内容を説明しなければならないが、既に積み立てられている額について説明する必要はない。 ［R02-10月.問44.4］

☐ **7** 建物管理が管理会社に委託されている建物の貸借の媒介をする宅建業者は、当該建物が区分所有建物であるか否かにかかわらず、その管理会社の商号及びその主たる事務所の所在地について、借主に説明しなければならない。 ［R01.問41.1］

☐ **8** 区分所有建物の売買の媒介を行う場合、一棟の建物の維持修繕の実施状況が記録されているときは、その内容を説明しなければならない。 ［R02-12月.問42.3］

2 35条書面の記載事項 〈4 貸借に関する追加事項〉★★★★★

問題 宅建業者が宅地又は建物の貸借の媒介を行う場合における宅建業法第35条に規定する重要事項の説明に関する次の記述の正誤を○×で答えなさい。なお、説明の相手方は宅建業者ではないものとする。

☐ **1** 台所、浴室、便所その他の当該建物の設備の整備の状況について、説明しなければならない。 ［R02-12月.問42.4］

区分所有建物の売買・交換を行う場合、**一棟の建物又はその敷地の一部の**専用使用権に関する規約（その案を含む）があるときは、**その内容を説明**しなければなりませんが、**使用者の**氏名・住所についての説明は不要です。貸借の場合、**専用使用**権に関する規約（その案を含む）の内容の説明は、不要です。

✗

区分所有建物の売買・交換を行う場合、建物の所有者が負担しなければならない費用（修繕積立金、通常の管理費用など）を特定の者にのみ減免する旨の規約の定め（その案を含む）があるときは、買主が当該減免対象者であるか否かにかかわらず、**その内容を説明**しなければなりません。また建物の所有者が負担することになる通常の管理費用の額も説明が必要です。貸借の場合、説明は不要です。

○

区分所有建物の売買・交換を行う場合、計画的な維持修繕のための費用の積立てを行う旨の規約の定め（その案を含む）があるときは、**その内容を説明**する必要があります。また、既に積み立てられている額・滞納額があるときは、**その額を説明**しなければなりません。貸借の場合、説明は不要です。

✗

管理が委託されているときは、**委託先の氏名と**住所（法人にあっては、**商号又は名称・主たる事務所の**所在地）を説明しなければなりません。これらは、**区分所有建物以外の建物の**貸借に関しても説明が必要です。なお、**委託業務の内容は説明不要**です。

○

区分所有建物の売買・交換を行う場合、**一棟の建物の**維持修繕の実施状況が記録されているときは、**その内容を説明**しなければなりません。記録されていない場合には、説明は不要です。貸借の場合、**説明は**不要です。

○

解説 貸借契約に関する追加事項を覚えましょう。

○

台所、浴室、便所その他の建物の設備の整備状況を説明しなければなりません。居住用建物だけでなく事業用建物の場合でも、**説明が**必要です。

◻ **2** 当該建物の貸借について、契約期間及び契約の更新に関する事項の定めがないときは、その旨説明しなければならない。　　　　　　　　　[H10.問41.3]

◻ **3** 建物の貸借の媒介を行う場合、当該貸借の契約が借地借家法第38条第1項の規定に基づく定期建物賃貸借契約であるときは、宅建業者は、その旨を説明しなければならない。　　　　　　　　　　　　　　　　　[H21.問33.3]

◻ **4** 宅地の貸借の媒介を行う場合、借地権の存続期間を50年とする賃貸借契約において、契約終了時における当該宅地の上の建物の取壊しに関する事項を定めようとするときは、その内容を説明しなければならない。　[R01.問39.3]

⑤ 供託所等に関する説明 ★

問題　「供託所等に関する説明」に関する次の記述の正誤を○×で答えなさい。

◻ **1** 営業保証金を供託している宅建業者が、売主として、宅建業者との間で宅地の売買契約を締結しようとする場合、営業保証金を供託した供託所及びその所在地について、買主に対し説明をしなければならない。　　[H30.問28.ウ]

◻ **2** 宅建業者Aが、自ら売主として宅地の売買契約を締結した場合、Aは、供託所等に関する事項を37条書面に記載しなければならない。
　　　　　　　　　　　　　　　　　　　　　　　　　　　　　[R02-10月.問37.イ]

◻ **3** 宅建業者A社は、自ら所有する宅地を売却するに当たっては、当該売却に係る売買契約が成立するまでの間に、その買主に対して、供託している営業保証金の額を説明しなければならない。　　　　　　　　　[H24.問33.4]

◻ **4** 宅建業者が保証協会の社員であるときは、宅建業法第37条の規定による書面交付後は遅滞なく、社員である旨、当該協会の名称、住所及び事務所の所在地並びに宅建業法第64条の7第2項の供託所及びその所在地について説明をするようにしなければならない。　　　　　　　　　　　　[H21.問34.3]

▼ 正解

契約期間や契約の更新に関する事項を説明しなければなりません。定めがない場合には、「定めなし」という説明が必要です。

○

定期借地権・定期建物賃貸借・終身建物賃貸借といった、更新がない賃貸借契約をしようとするときは、その旨を説明しなければなりません。

○

契約終了時における宅地上の建物の取壊しに関する事項を定めようとするときは、その内容を説明しなければなりません。

○

▼ 正解

解説 宅建業者は、営業保証金を供託した供託所、又はどこの保証協会の社員であるのかなどについて説明する必要があります。

宅建業者は、契約が成立するまでに、取引の相手方等に供託所等の説明をしなければなりません。しかし、**相手方等が宅建業者**の場合、説明は不要となります。なお、供託所等の説明に書面の作成・交付は不要です。

✗

供託所等に関する説明は、35条書面・37条書面の記載事項ではありません。ただし、『宅地建物取引業法の解釈・運用の考え方』では、供託所等の事項は「法律上は書面を交付して説明することを要求されていないが、この事項を重要事項説明書に記載して説明することが望ましい」とされています。

✗

営業保証金を供託している宅建業者は、売買・交換又は貸借の契約が成立するまでの間に、営業保証金を供託している主たる事務所の最寄りの供託所、その供託所の所在地を説明しなければなりません。しかし、営業保証金の額は説明不要です。

✗

保証協会の社員である旨等の事項、売買、交換又は貸借の契約が成立するまでの間に、説明をするようにしなければなりません。契約成立後に交付される37条書面での説明では遅すぎます。

✗

37条書面（契約書面）

① 37条書面の交付 ★★★★★

問題 宅建業者Aが、宅建業法第37条の規定により交付すべき書面に関する次の記述の正誤を○×で答えなさい。

1 Aは、売主を代理して宅地の売買契約を締結した際、買主にのみ37条書面を交付した。 ［H29.問38.1］

2 Aが、自ら売主として宅地の売買契約を締結した場合、Aは、専任の宅建士をして、37条書面の内容を当該契約の買主に説明させなければならない。 ［R02-10月.問37.ア］

3 宅建業者である売主Aは、宅建業者であるBの媒介により、宅建業者ではないCと宅地の売買契約を締結した。AとBが共同で作成した37条書面にBの宅建士の記名がなされていれば、Aは37条書面にAの宅建士をして記名をさせる必要はない。 ［R04.問32.1.改］

4 Aが行う媒介業務により、建物の売買契約を成立させた場合においては、37条書面を買主に交付するに当たり、37条書面に記名した宅建士ではないAの従業者が当該書面を交付することができる。 ［R02-12月.問35.ア.改］

5 Aが、自ら売主として宅地の売買契約を締結した場合、Aは、買主が宅建業者であっても、37条書面を遅滞なく交付しなければならない。 ［R02-10月.問37.ウ］

6 居住用建物の賃貸借契約において、貸主には代理のAが、借主には媒介の依頼を受けた宅建業者Bがおり、Bが契約書面を作成したときは、借主及びAに契約書面を交付すればよい。 ［H17.問40.3］

▼正解

解説 取引にかかわるすべての宅建業者（代理・媒介を含む）は、契約当事者に対して、37条書面（契約書面）を作成・交付する義務があります。

37条書面は、当事者に契約内容について示す書類です。**売買では売主・買主の双方**に、**賃貸借では貸主・借主の双方**に交付しなければなりません。なお、交換の場合には双方の当事者に交付します。

✗

37条書面は、宅建業者による**作成・交付の義務**がありますが、説明義務はありません。書面は、**相手方の承諾**があれば、**電磁的方法**（電子メールなど、①〜③の要件を満たす電子書面）での提供ができます。①相手方が**出力することにより書面（紙）を作成**できる。②電子書面が**改変されていないかどうかを確認することができる措置**を講じている。③書類の交付に係る宅建士が**明示**されている。

✗

37条書面の**作成・交付**は、**A、Bどちらかの宅建業者が代表**で行っても、**共同で**行っても、どちらでもかまいません。ただし、**37条書面への記名**は、**取引にかかわるすべての宅建業者の宅建士**が行う必要があります。「Aは37条書面にAの宅建士をして記名をさせる必要はない」とする点が誤りです。なお、37条書面への**押印は不要**です。

✗

37条書面への記名は、宅建士でなければ行えませんが、**作成・交付の義務は宅建業者**にあります。従って、**記名した宅建士以外の従業者に交付**を行わせてもかまいません。

○

宅建業者は、**自ら当事者として宅地・建物の売買・交換の契約を締結**したときに、**相手方に37条書面を交付する義務**を負います。これは**宅建業者間の取引**でも同様です。

○

取引にかかわるすべての宅建業者が、**契約当事者すべてに37条書面を交付する義務**を負います。従って、**AとBは借主と貸主に契約書面を交付**しなければなりません。なお、37条書面の作成・交付は、いずれかの宅建業者が代表で行ってもかまいません。

✗

❷ 37条書面の記載事項 〈1 必要的記載事項：必ず記載〉★★★★★

問題 宅建業者Aが交付すべき37条書面に関する次の記述の正誤を○×で答えなさい。

☐ **1** Aは、自ら売主として宅建業者でない法人との間で建物の売買契約を締結した場合、当該法人において当該契約の任に当たっている者の氏名を、37条書面に記載しなければならない。　　　　　　　　　　　[H21.問35.3]

☐ **2** Aは、その媒介により建築工事完了前の建物の売買契約を成立させ、当該建物を特定するために必要な表示について37条書面で交付する際、宅建業法第35条の規定に基づく重要事項の説明において使用した図書の交付により行った。　　　　　　　　　　　　　　　　　　　　　　　　[R01.問36.ア]

☐ **3** Aが媒介により建物の貸借の契約を成立させたときは、37条書面に借賃の額並びにその支払の時期及び方法を記載しなければならず、また、当該書面を契約の各当事者に交付しなければならない。　　　[R02-10月.問33.1]

☐ **4** Aは、自ら売主として工事完了前の土地付建物の売買契約を締結するとき、契約書面の記載事項のうち、当該物件の引渡時期が確定しないので、その記載を省略した。　　　　　　　　　　　　　　　　　　　　　[H18.問41.4]

☐ **5** Aは、甲建物の売買の媒介を行う場合において、37条書面に甲建物の所在、代金の額及び引渡しの時期は記載したが、移転登記の申請の時期は記載しなかった。　　　　　　　　　　　　　　　　　　　　　　　[H21.問36.3]

☐ **6** 既存の建物の構造耐力上主要な部分等の状況について当事者の双方が確認した事項がない場合、確認した事項がない旨を37条書面に記載しなければならない。　　　　　　　　　　　　　　　　　　　　　[R02-12月.問37.1]

❷ 37条書面の記載事項 〈2 任意的記載事項：定めがあるときに限り、記載〉★★★★★

問題 宅建業者Aが交付すべき37条書面に関する次の記述の正誤を○×で答えなさい。

☐ **1** Aは、宅地の売買を媒介し、契約が成立した場合、代金以外の金銭の授受に関する定めがあるときは、その額並びに当該金銭の授受の時期及び目的は、37条書面に記載しなくてもよい。　　　　　　　　　　　[H13.問35.1]

解説 必要的記載事項は、必ず記載しなければならない事項です。定めがないときでも、「定めなし」と記載する必要があります。

契約する当事者の氏名（法人にあっては、その名称）及び住所は、37条書面の必要的記載事項ですが、契約担当者の氏名の記載は不要です。

×

宅地・建物を特定するために必要な表示は、37条書面の必要的記載事項です。工事完了前の建物では、重要事項の説明のときに使用した図書を交付することにより行うものとされています。

○

売買代金・交換差金・借賃の額（及び消費税等相当額）・支払時期・支払方法は、37条書面の必要的記載事項です。また、媒介した宅建業者は、貸主と借主に37条書面を交付する義務を負います。

○

宅地・建物の引渡しの時期は、必要的記載事項です。引渡しの時期が確定できなければ、契約はできません。なお、引渡しの時期は重要事項ではないので35条書面への記載は不要です。

×

売買・交換に関し、移転登記の申請の時期は、建物の所在、代金の額・支払時期・支払方法、及び引渡しの時期と同じく、必要的記載事項です。

×

既存の建物の売買・交換に関し、建物の構造耐力上主要な部分等の状況について当事者の双方が確認した事項（建物状況調査の調査結果の概要など）は必要的記載事項です。当事者の双方が確認した事項がない場合は、「ない」旨を記載します。

○

▼正解

解説 任意的記載事項は、その定めがあるときに限り、記載が必要な事項です。

代金・交換差金・借賃以外の金銭の授受に関する定めがあるときは、その額・授受の目的・授受の時期を記載しなければなりません。なお、35条書面では、代金・交換差金・借賃以外の金銭の額と授受の目的は必要、授受の時期は不要です。

×

☐ **2** Aが媒介により区分所有建物の貸借の契約を成立させた場合、契約の解除について定めがあるときは、重要事項説明書にその旨記載し内容を説明したときも、37条書面に記載しなければならない。　　　　　　　　[H28.問39.2]

☐ **3** Aが宅地の売買を媒介し、契約が成立した場合、損害賠償額の予定又は違約金に関する定めがあるとき、37条書面にその内容を記載しなくてもよい。
　　　　　　　　　　　　　　　　　　　　　　　　　　　　　　[H13.問35.3]

☐ **4** 代金又は交換差金についての金銭の貸借のあっせんに関する定めがない場合、定めがない旨を37条書面に記載しなければならない。
　　　　　　　　　　　　　　　　　　　　　　　　　　　[R02-12月.問37.2]

☐ **5** Aは、その媒介により建物の貸借の契約が成立した場合、天災その他不可抗力による損害の負担に関する定めがあるときには、その内容を37条書面に記載しなければならない。　　　　　　　　　　　　　　　　　[H23.問34.3]

☐ **6** Aは、自ら売主となる宅地の売買契約において、その目的物が契約の内容に適合しない場合におけるその不適合を担保すべき責任に関する特約を定めたが、買主が宅建業者であり、売主の担保責任に関する特約を自由に定めることができるため、37条書面にその内容を記載しなかった。[H29.問38.4.改]

☐ **7** Aは、自ら売主として宅建業者ではない買主との間で新築分譲住宅の売買契約を締結した場合において、当該住宅が契約の内容に適合しない際にその不適合を担保すべき責任の履行に関して講ずべき保証保険契約の締結その他の措置について定めがあるときは、当該措置についても37条書面に記載しなければならない。　　　　　　　　　　　　　　　　　　　[H26.問40.ア.改]

☐ **8** 宅地又は建物に係る租税その他の公課の負担に関する定めがない場合、定めがない旨を37条書面に記載しなければならない。　　　　[R02-12月.問37.4]

契約の解除に関する事項は**35条書面の記載事項**です。また**37条書面の任意**的記載事項（定めがあるときに限り、記載しなければならない事項）でもあります。　○

損害賠償額の予定又は違約金に関する定めがあるときは、**37条書面にその内容を記載**しなければなりません。　✕

代金又は交換差金についての金銭の貸借（ローン）のあっせんに関する定めがあるときは、あっせんに係る金銭の貸借が成立しないときの措置（契約解除ができる期限等）を記載します。定めがない場合の記載は不要です。　✕

天災その他不可抗力による損害の負担に関する定めがあるときは、その内容を37条書面に記載しなければなりません。　○

宅地・建物の契約不適合を担保すべき責任（担保責任・契約不適合責任）に関する定め（特約）があるときは、その内容を記載しなければなりません。契約不適合を担保すべき責任に関する特約の制限は、業者間取引には適用されませんから、特約は自由に定めることができます。しかし、そのことと特約の内容を37条書面に記載する義務との間には何の関係もありません。　✕

売買・交換に関し、宅地・建物の契約不適合を担保すべき責任の履行に関して講ずべき保証保険契約の締結その他の措置についての定めがあるときは、その内容を記載しなければなりません。　○

売買・交換に関し、宅地・建物に係る租税その他の公課の負担に関する定めがあるときは、その内容を記載しなければなりません。定めがない場合の記載は不要です。　✕

● 8種制限とは ★★★★★

問題 宅建業者Aが、自ら売主として行う物件の売買に関する次の記述の正誤を○×で答えなさい。

☐ **1** Aは、宅建業者であるBとの間で建築工事完了前の建物を5,000万円で売買する契約をし、宅建業法第41条第1項に規定する手付金等の保全措置を講じずに、Bから手付金として1,000万円を受領した。 ［H26.問33.1］

☐ **2** Aが自ら売主として締結した建物の売買契約について、宅建業者である買主Bは、建物の物件の説明をAの事務所で受けた。後日、Aの事務所近くの喫茶店で買受けを申し込むとともに売買契約を締結した場合、宅建業法第37条の2の規定に基づきBは売買契約の解除はできる。 ［H14.問45.3］

1 クーリング・オフ制度 ★★★★★

問題 宅建業者Aが、自ら売主として、宅建業者でないBとの間で宅地又は建物の売買契約を締結する場合における次の記述の正誤を○×で答えなさい。

☐ **1** Bは、Aの事務所において買受けの申込みをし、後日、レストランにおいてAからクーリング・オフについて何も告げられずに売買契約を締結した。この場合、Bは、当該契約締結日から起算して10日目において、契約の解除をすることができる。 ［H24.問37.4］

ポイント
▶ 8種制限は、「宅建業者が自ら売主、宅建業者以外が買主」である場合にだけ適用。
▶ 宅建業者の事務所・現地案内所での申込み・契約は、クーリング・オフ不可。
▶ 手付の額は、代金の額の10分の2（20%）を超えることができない。

▼ 正解

解説　8種制限は、宅建業者以外を保護することを目的とした規制です。

8種制限には、次の8つがあります。

1. クーリング・オフ制度
2. 手付の性質と額の制限
3. 手付金等の保全措置
4. 自己の所有に属しない物件の
　 売買契約の制限

5. 担保責任についての特約の制限
6. 損害賠償額の予定等の制限
7. 割賦販売契約の解除等の制限
8. 所有権留保等の禁止

8つの制限は、「**宅建業者が自ら売主、宅建業者以外が買主**」である場合の取引にだけ適用されます。宅建業者が買主である場合、また宅建業者が媒介・代理業者として取引にかかわる場合には適用されません。本問は買主Bが宅建業者なので、手付金等の保全措置は不要で、手付金の額の制限もありません。

クーリング・オフの適用は、「**宅建業者が自ら売主、宅建業者以外が買主**」の場合に限られるので、宅建業者である買主Bは、クーリング・オフはできません。ちなみに、買主Bが宅建業者でなかった場合、買受けを申し込んだ「喫茶店」は、宅建業者の「事務所等」には当たらないので、クーリング・オフができます。

✗

▼ 正解

解説　宅建業者の「事務所等」以外の場所で買受けの申込みや売買契約の締結をした場合、一定期間内ならば、申込みの撤回や売買契約の解除ができます。これをクーリング・オフ制度といいます。

宅建業者の事務所で買受けの申込みをした場合には、**クーリング・オフの対象になりません**。契約の解除をすることはできません。「事務所等」以外の場所で買受けの申込みをしている場合に、**クーリング・オフ**ができます。

☐ **2** Bは、Aの仮設テント張りの案内所で買受けの申込みをし、その3日後にAの事務所でクーリング・オフについて書面で告げられた上で契約を締結した。この場合、Aの事務所で契約を締結しているので、Bは、契約の解除をすることができない。 [H26.問38.3]

☐ **3** Bは自ら指定した自宅においてマンションの買受けの申込みをした場合においても、宅建業法第37条の2の規定に基づき、書面により買受けの申込みの撤回を行うことができる。 [H29.問31.ア]

☐ **4** Bは、モデルルームにおいて買受けの申込みをし、後日、Aの事務所において売買契約を締結した。この場合、Bは、既に当該建物の引渡しを受け、かつ、その代金の全部を支払ったときであっても、Aからクーリング・オフについて何も告げられていなければ、契約の解除をすることができる。
[H24.問37.1]

☐ **5** Aが、一団の宅地建物の分譲を案内所を設置して行う場合、その案内所が一時的かつ移動が容易な施設であるときは、当該案内所には、クーリング・オフ制度の適用がある旨等所定の事項を表示した標識を掲げなければならない。
[R01.問40.3]

☐ **6** Aは、Bの指定した喫茶店で買受けの申込みを受けたが、その際クーリング・オフについて何も告げず、その3日後に、クーリング・オフについて書面で告げた上で売買契約を締結した。この契約において、クーリング・オフにより契約を解除できる期間について買受けの申込みをした日から起算して10日間とする旨の特約を定めた場合、当該特約は無効となる。
[R01.問38.イ]

☐ **7** Aが、Bと売買契約を締結した場合、宅建業法第37条の2の規定に基づくいわゆるクーリング・オフについて交付すべき書面には、Aについては、その商号又は名称及び住所並びに免許証番号、Bについては、その氏名（法人の場合、その商号又は名称）及び住所が記載されていなければならない。
[H28.問44.1]

買受けの申込みをした場所と契約の締結をした場所が異なる場合、**クーリング・オフができるかできないか**は、**買受けの申込み**をした場所を基準に判断します。Bが申込みをした**テント張りの案内所**は、**土地に定着**していないので「**事務所等**」に該当しませんから、**クーリング・オフができます**。

✕

買主が自ら申し出た場合の**買主の自宅又は勤務先**は、「事務所等」に該当し、**クーリング・オフはできません**。

✕

契約締結のできる**モデルルーム**など、**土地に定着する建物内**に設けられる案内所で**申込み**を行った場合、**クーリング・オフはできません**。
クーリング・オフができない「事務所等」とは、①売主の宅建業者の**事務所**、②その売主から依頼を受けた**媒介・代理**業者の事務所、③**土地に定着する案内所**や**継続的に業務を行うことができる施設**を有する場所、④買主が自ら申し出た場合の買主の**自宅・勤務先**となっています。

✕

テント張りの案内所など、**土地に定着**していない施設での**申込み**の場合は、**クーリング・オフができます**。**クーリング・オフ制度の適用がある施設**には、その旨を表示した**標識の掲示が必要**です。

○

喫茶店やホテルのロビーでの申込みは、**クーリング・オフができます**。また、**クーリング・オフについて書面で告知された日から起算して8日間以内**であれば、クーリング・オフができます。さらに、**クーリング・オフに関する特約**は、**申込者等に不利な特約であれば無効**です。問題文では、クーリング・オフにより契約を解除できる期間を「申込みをした日から起算して10日間」としていますが、これでは、書面で告知された日から起算して7日間になってしまい、**買主に不利な特約になるために無効**となります。

○

クーリング・オフ告知書面には、**クーリング・オフの要件や効果**のほか、**売主**については商号又は名称・住所・**免許証番号**、**買主**については氏名（商号又は名称）・**住所を記載**しなければなりません。なお、クーリング・オフについて交付すべき**書面による告知がない**場合には、**8日間以内**というクーリング・オフ期間のカウントは始まりませんから、**9日目以後でもクーリング・オフができます**。

○

☐ **8** Aは、喫茶店でBから買受けの申込みを受け、その際にクーリング・オフについて書面で告げた上で契約を締結した。その7日後にBから契約の解除の書面を受けた場合、Aは、代金全部の支払を受け、当該宅地をBに引き渡していても契約の解除を拒むことができない。 [H26.問38.1]

☐ **9** Bから宅建業法第37条の2の規定に基づくいわゆるクーリング・オフによる売買契約の解除があった場合でも、Aが契約の履行に着手していれば、AはBに対して、それに伴う損害賠償を請求することができる。[H20.問40.3]

☐ **10** AB間の建物の売買契約における「宅建業法第37条の2の規定に基づくクーリング・オフによる契約の解除の際に、AからBに対して損害賠償を請求することができる」旨の特約は有効である。 [H27.問34.4]

② 手付の性質と額の制限 ★★★★★

問題 宅建業者Aが、自ら売主として、宅建業者でないBとの間で建物の売買契約を締結する場合における次の記述の正誤を○×で答えなさい。

☐ **1** Aが手付金を受領する場合において、その手付金が解約手付である旨の定めがないときは、Aが契約の履行に着手していなくても、Bは手付金を放棄して契約の解除をすることができない。 [H19.問43.4]

☐ **2** AB間の建物の売買契約において、Bが当該契約の履行に着手した後においては、Aは、契約の締結に際してBから受領した手付金の倍額をBに現実に提供したとしても、契約を解除することはできない。 [R02-10月.問32.1]

☐ **3** Bが手付を交付し、履行期の到来後に代金支払の準備をしてAに履行の催告をした場合、Aは、手付の倍額を現実に提供して契約の解除をすることができる。 [R02-10月.問09.1]

クーリング・オフができなくなるのは、以下のいずれかに該当する場合です。

①**事務所等で申込み**を行った場合

②**書面による告知日から起算して、8日間を経過**した場合

③**物件の引渡しを受け、かつ、代金全額を支払った**場合

問題文は③に該当するので、Aは、契約の解除を拒むことができます。

✕

クーリング・オフがされた場合、宅建業者は、**既に支払われている手付金や中間金の全額を速やかに返還**しなければなりません。また、**クーリング・オフに伴う損害賠償や違約金の支払を請求することはできません**。クーリング・オフの場合、手付解除と違って**契約の履行に着手しているかどうかは無関係**です。

✕

宅建業法で定められている**クーリング・オフ制度の規定に反する**ような、**申込者等に不利な特約**は、**申込者等が承諾した特約であっても無効**です。逆に、**申込者等に有利な特約は有効**です。問題文の特約は、申込者等に不利なものなので、無効です。

✕

解説 宅建業者が自ら売主となる宅地・建物の売買契約について受領した手付は、解約手付の定めがない場合でも、すべてが解約手付とされます。

Aが契約の履行に着手していなければ、Bは手付金を放棄して契約の解除をすることができます。

✕

買主はその手付を放棄することで、**売主はその手付の倍額を現実に提供すること（口頭の提供では足りない）**で、**違約金を支払うことなく契約の解除**ができます。ただし、**相手方が履行に着手した後**においては、**契約を解除することはできません**。

○

買主Bは、**代金支払の準備をしてAに履行の催告をすることで履行に着手**しています。売主Aは、**手付の倍額を現実に提供しても、売買契約を解除することはできません**。履行の着手には、

• **売主が売買物件の一部を引き渡した、所有権移転登記を済ませた。**

• **買主が手付以外に中間金（代金の一部）を支払った、新居入居のため引越し業者と契約した。**

などがあります。

✕

☐ **4** 当該契約の締結に際し、BがAに手付金を支払い、さらに中間金を支払った場合、Bは、Aが契約の履行に着手しないときであっても、支払った手付金を放棄して契約の解除をすることができない。 [H23.問37.1]

☐ **5** Aは、Bとの間で建築工事完了後の建物に係る売買契約（代金3,000万円）を締結し、「Aが契約の履行に着手するまでは、Bは、売買代金の1割を支払うことで契約の解除ができる」とする特約を定め、Bから手付金10万円を受領した。この場合、この特約は有効である。 [H27.問40.ア]

☐ **6** Aが、Bとの間で建物（代金2,400万円）の売買契約を締結する場合、原則として480万円を超える手付金を受領することができない。ただし、あらかじめBの承諾を得た場合に限り、720万円を限度として、480万円を超える手付金を受領することができる。 [H27.問36.イ]

☐ **7** Aは、Bとの間で、Aが所有する建物を代金2,000万円で売却する売買契約の締結に際して、500万円の手付を受領した。 [H30.問29.3]

3 手付金等の保全措置 ★★★★★

問題 宅建業者Aが、自ら売主として、宅建業者でないBとの間で建物の売買契約を締結する場合における次の記述の正誤を○×で答えなさい。

☐ **1** AB間で建築工事完了前の建物の売買契約を締結する場合において、売買代金の10分の2の額を手付金として定めた場合、Aが手付金の保全措置を講じていないときは、Bは手付金の支払を拒否することができる。
[R03年-12月.問27.4]

☐ **2** Aが、Bと建築工事完了前のマンション（代金3,000万円）の売買契約を締結し、Bから手付金200万円を受領した。Bが売買契約締結前に申込証拠金5万円を支払っている場合で、当該契約締結後、当該申込証拠金が代金に充当されるときは、Aは、その申込証拠金に相当する額についても保全措置を講ずる必要がある。 [H23.問38.3]

Bは、<u>中間金</u>を支払うことで<u>履行に着手</u>しています。Aは、<u>履行に着手していま
せん</u>。契約解除ができるのは、<u>相手方</u>が履行に着手するまでなので、<u>B</u>からは手
付金を放棄して契約の解除をすることができます。

✕

買主Bは手付金**10万円**を放棄すれば**契約の解除**ができますが、特約では、**契約解
除**のために売買代金3,000万円の1割**300万円を支払うこと**になっています。こ
れは、**買主**に**不利**な特約なので**無効**です。

✕

買主の承諾があったとしても、**手付金等の保全措置**を講じたとしても、**代金の額**
の<u>10分の2</u>（代金2,400万円× <u>0.2</u> ＝ <u>480</u>万円）を超える手付を受領すること
はできません。

✕

宅建業者が売主で、**宅建業者でないBが買主**なので、**手付の額**は、**代金の額**の<u>10
分の2</u>（代金2,000万円× 0.2 ＝ <u>400</u>万円）を超えることができません。

✕

解説 宅建業者は、買主から金銭を受け取る前にあらかじめ保全措置を講じるこ
とが義務付けられています。

建築工事完了前の未成物件なので、**手付金等**の額が代金の<u>5％</u>を超える場合に
<u>保全措置</u>が必要になります。本問は10分の2（20％）なので、<u>保全措置</u>が必要
です。売主である宅建業者が<u>保全措置</u>を講じない場合、買主は<u>手付金</u>等の支払を
拒否することができます。この場合、買主の債務不履行にはなりません。

◯

契約締結前に支払った<u>申込証拠</u>金も、手付金や代金に**充当**される場合には、**保全
措置の対象**となる「**手付金等**」に**該当**します。従って、<u>申込証拠金5万円</u>を含ん
だ<u>205</u>万円について保全措置を講ずる**必要**があります。

◯

3 AがBに売却した戸建住宅が建築工事の完了前で、売買代金が2,500万円であった場合、Aは、当該住宅を引き渡す前に買主から保全措置を講じないで手付金150万円を受領することができる。　　　　　　　　　　[H30.問38.2]

4 Aが、建築工事完了前の建物を5,000万円で売買する契約を締結したBから手付金100万円と中間金500万円を受領したが、既に当該建物についてAからBへの所有権移転の登記を完了していたため、保全措置を講じなかった。　　　　　　　　　　　　　　　　　　　　　　　　　　[H26.問33.4]

5 AとBが売買契約を結んだ戸建住宅が建築工事の完了後で、売買代金が3,000万円であった場合、Aは、Bから手付金200万円を受領した後、当該住宅を引き渡す前に中間金300万円を受領するためには、手付金200万円と合わせて保全措置を講じた後でなければ、その中間金を受領することができない。　　　　　　　　　　　　　　　　　　　　　　　　　　[H30.問38.1]

6 Aが受領した手付金の返還債務のうち、保全措置を講じる必要があるとされた額を超えた部分についてのみ保証することを内容とする保証委託契約をAと銀行との間であらかじめ締結したときは、Aは、この額を超える額の手付金を受領することができる。　　　　　　　　　　　　[H22.問41.ウ]

7 Aが保険事業者との間で保証保険契約を締結することにより保全措置を講じている場合、当該措置内容は、少なくとも当該保証保険契約が成立したときから建築工事の完了までの期間を保険期間とするものでなければならない。　　　　　　　　　　　　　　　　　　　　　　　　　[H23.問38.2]

8 AがBに売却した戸建住宅が建築工事の完了前で、売主が買主から保全措置が必要となる額の手付金を受領する場合、Aは、事前に、国土交通大臣が指定する指定保管機関と手付金等寄託契約を締結し、かつ、当該契約を証する書面をBに交付した後でなければ、Bからその手付金を受領することができない。　　　　　　　　　　　　　　　　　　　　　　　　　　[H30.問38.3]

未完成物件なので、**手付金等の額が代金の**5%**を超える場合に保全措置が必要**になります。**手付金150万円**は、**代金2,500万円×**5%**＝**125万円**を超えています。売主は、保全措置を講じた後でなければ手付金150万円を受領することはできません。　✕

買主への所有権移転**の登記**がされたとき、又は**買主が**所有権**の登記**をしたとき、**手付金等の保全措置は不要**になります。Aが保全措置を講じる必要はありません。　◯

完成物件なので、**手付金等の額が代金の**10%**を超える場合に保全措置が必要**になります。**手付金200万円**は、**代金3,000万円×**10%**＝**300万円以下なので保全措置を講じる必要はありません**。ここに中間金300万円を加えると、**手付金等が合計500万円になり、ここで保全措置を講じる義務**が生じます。売主は、500万円全額について保全措置を講じた後でなければ、中間金を受領することができません。　◯

手付金等の保全措置の対象は、**受領する手付金等の**全額です。「保全措置を講じる必要があるとされた額を超えた部分についてのみ」だけが対象となるのではありません。　✕

未完成物件の場合、**手付金等の保全措置**には、
　① 保証委託**契約により銀行等を連帯保証人とする**方法
　② 保険事業者と保証保険**契約を締結する**方法
の2つがあります。これらの契約の保証期間は、少なくとも**契約成立時から宅地・建物の引渡しまでの期間**であることが必要です。建築工事の完了までの期間ではありません。　✕

保証協会などの指定保管機関に預かってもらう手付金等の保全措置は、完成物件の場合に限られます。問題文は、建築工事の完了前なので、指定保管機関による保全措置はできません。　✕

4 自己の所有に属しない物件の売買契約の制限 ★★★★

問題 宅建業者Aが、自ら売主として、宅建業者でないBとの間で宅地又は建物の売買契約を締結する場合における次の記述の正誤を○×で答えなさい。

☐ **1** Aは、自己の所有に属しない宅地又は建物についての自ら売主となる売買契約を締結してはならないが、当該売買契約の予約を行うことはできる。

[R01.問27.ア]

☐ **2** Aは、Cの所有する宅地について、Cと売買契約の予約をし、当該宅地をBに転売した。 [H17.問35.3]

☐ **3** Aは、Cが所有する宅地について、Cとの間で確定測量図の交付を停止条件とする売買契約を締結した。その後、停止条件が成就する前に、Aは自ら売主として、Bとの間で当該宅地の売買契約を締結した。

[R01.問35.1]

☐ **4** Aは、C所有の甲宅地をBに売却する。この売買が宅建業法第41条第1項に規定する手付金等の保全措置が必要な売買に該当するとき、買主Bから受け取る手付金について当該保全措置を講じておけば、Bとの間で売買契約を締結することができる。 [H21.問31.ウ]

5 担保責任についての特約の制限 ★★★★★

問題 宅建業者Aが、自ら売主として、宅建業者ではないBとの間で締結する宅地又は建物の売買契約に関する次の記述の正誤を○×で答えなさい。

☐ **1** AがBとの間で締結する建物の売買契約において、Aは当該建物の種類又は品質に関して契約の内容に適合しない場合におけるその不適合を担保すべき責任を一切負わないとする特約を定めた場合、この特約は無効となり、Aが当該責任を負う期間は当該建物の引渡日から2年となる。[R02-10月.問42.4]

解説 民法では、他人物売買は有効ですが、宅建業法では、原則として、宅建業者が自ら売主として、自己の所有に属さない宅地・建物を売買することは禁止されています。

自己の所有に属しない物件の場合、売買契約の予約を行うこともできません。

✗

宅建業者は、自ら売主となる他人物売買は原則としてできません。ただし、**現在の所有者との間で宅地・建物を取得する契約（予約を含む）を締結**している場合など、**売主の宅建業者が取得することが確実**な場合には、**例外として他人物売買**が認められています。

↻

宅建業者は、取得することが確実な場合には、例外として他人物売買が認められています。しかし、停止条件付契約など、その効力の発生が条件に係る場合は、**取得が確実とはいえないため売買はできません。**

✗

宅建業者は自ら売主として他人物売買をすることはできません。ただし、**未完成物件で手付金等の保全措置が講じられている場合**には、**例外として他人物売買が認められています。**

↻

解説 宅建業法では、宅建業者が自ら売主として締結する売買契約において、契約不適合を担保すべき責任（担保責任）について民法の規定と比べて買主に不利となる特約は、原則として無効となります。

当然、「不適合を担保すべき責任を一切負わない」とする特約は無効となり、民法の規定が適用されます。民法の規定では、**売主Aが責任を負う期間（買主が売主の責任を追及することができる期間）は、債権の消滅時効期間内（買主が不適合を知ったときから5年間又は引渡日から10年間のいずれか早い方）**なので、引渡日から2年とする問題文は間違っています。また、**種類・品質に関する契約不適合**では、買主が売主の担保責任を追及するためには、買主が**契約不適合を知った時から1年以内にその旨を売主に「通知」する必要がある**とされています。

✗

☐ **2** Aが、土地付建物の売買契約を締結する場合において、買主Bとの間で、「売主は、売買物件の引渡しの日から1年間に限り当該物件の種類又は品質に関して契約の内容に適合しない場合におけるその不適合を担保する責任を負う」とする旨の特約を設けることができる。 [R04.問43.2]

☐ **3** Aが、Bとの間で締結した宅地の売買契約において、当該宅地の種類又は品質に関して契約の内容に適合しない場合にその不適合について買主が売主に通知すべき期間を引渡しの日から2年間とする特約を定めた場合、その特約は無効となる。 [H29.問27.ア.改]

☐ **4** AはBと新築戸建住宅の売買契約を締結した。Bを代理する宅建業者C社との間で当該契約締結を行うに際して、Aは当該住宅の種類又は品質に関して契約の内容に適合しない場合におけるその不適合を担保すべき責任を負う期間についての特約を定めなかった。 [H24.問39.1.改]

⑥ 損害賠償額の予定等の制限 ★★★★★

問題 宅建業者Aが、自ら売主として、宅建業者でないBとの間で宅地又は建物の売買契約を締結する場合における次の記述の正誤を○×で答えなさい。

☐ **1** 当事者の債務不履行を理由とする契約の解除に伴う損害賠償の予定額を定めていない場合、損害賠償の請求額は売買代金の額を超えてはならない。 [H22.問39.1]

☐ **2** AがBと建物（代金2,400万円）の売買契約を締結する場合、当事者の債務の不履行を理由とする契約の解除に伴う損害賠償の予定額を480万円とし、かつ、違約金の額を240万円とする特約を定めた。この場合、当該特約は全体として無効となる。 [H27.問36.ア]

☐ **3** AがBとマンション（代金4,000万円）の売買契約を締結した。Aは、建築工事完了後のマンションの売買契約を締結する際に、当事者の債務の不履行を理由とする契約の解除に伴う損害賠償の予定を1,000万円とする特約を定めた。 [H28.問28.エ]

宅建業法は、民法と比べて買主に不利となる特約を禁止しています。本問は、「不適合を担保すべき責任を負う期間」を「引渡しの日から1年間」としていますが、民法の消滅時効期間内（**買主が不適合を知ったときから5年間又は引渡日から10年間のいずれか早い方**）より、**買主に不利な特約になるので無効**となります。 ✗

宅建業法は、担保責任について民法と比べて買主に不利となる特約を禁止していますが、例外的に「**通知期間を引渡しの日から2年以上**」とする特約だけは認めています。従って、「**2年間**」とする本問の特約は**有効**です。なお、「通知」をしておけば、**責任追及は消滅時効が成立するまで**（買主が不適合を知ったときから5年間又は引渡日から10年間のいずれか早い方）に行うことができます。 ✗

特約を定めるか定めないかは自由であり、宅建業者が**特約を定めることが義務付けられているわけではありません**。特約がない場合、民法の規定が適用されます。 ○

解説 損害賠償の予定額を定めていない場合、原則として、実際に発生した損害額を損害賠償額とすることができます。

損害賠償額が、**売買代金の額を超えてはならない**とする制限は**ありません**。 ✗

損害賠償の予定額と違約金の合計が代金額の10分の2を超える特約をした場合は、**10分の2を超える部分が無効**となります。本問では、**代金2,400万円×0.2＝480万円を超える部分が無効**となるわけです。「全体として無効となる」わけではありません。 ✗

宅建業者が自ら売主となる場合、**当事者の債務不履行を理由とする契約の解除に伴う損害賠償額の予定又は違約金を定めるときは**、これらを**合算した額が代金の10分の2を超えることはできません**。**代金4,000万円×0.2＝800万円**なので、1,000万円とする特約を定めることはできません。 ✗

問題 宅建業者Aが、自ら売主として、宅建業者でないBとの間で宅地又は建物の売買契約を締結する場合における次の記述の正誤を○×で答えなさい。

☐ **1** 宅建業法第35条第2項の規定による割賦販売とは、代金の全部又は一部について、目的物の引渡し後6か月以上の期間にわたり、かつ、2回以上に分割して受領することを条件として販売することをいう。 [R04.問30.ア]

☐ **2** AB間の建物の割賦販売の契約において、Bからの賦払金が当初設定していた支払期日までに支払われなかった場合、Aは直ちに賦払金の支払の遅滞を理由として当該契約を解除することができる。 [R02-10月.問32.3]

☐ **3** Aは、Bとの間で、宅地（代金3,000万円）の割賦販売の契約をしたが、Bが賦払金の支払を遅延した。Aは20日の期間を定めて書面にて支払を催告したが、Bがその期間内に賦払金を支払わなかったため、契約を解除した。 [H23.問39.2]

☐ **4** Bとの割賦販売契約において、「Bが割賦金の支払を40日以上遅延した場合は、催告なしに契約の解除又は支払時期の到来していない割賦金の支払を請求することができる」と定めた契約書の条項は有効である。 [H14.問41.4]

☐ **5** Aは、Bとの間で、宅地（代金3,000万円）の割賦販売の契約を締結し、引渡しを終えたが、Bは300万円しか支払わなかったため、宅地の所有権の登記をA名義のままにしておいた。 [H23.問39.3]

解説 割賦販売とは、売買代金を分割して一定の期間内に定期的に支払う販売方法です。

宅建業法でいう割賦販売とは、代金の全部又は一部について、**目的物の引渡し後1年以上の期間**にわたり、かつ、**2回以上に分割して受領**することを条件として販売することをいいます。「引渡し後6か月以上の期間」ではありません。　✗

宅建業者が自ら売主となる宅地・建物の<u>割賦販売</u>契約について、**買主からの賦払金の支払が遅延した**場合、**直ちに契約を<u>解除</u>**することはできません。　✗

賦払金の支払が遅延した場合は、<u>30日</u>**以上の相当の期間**を定めて、**支払を<u>書面</u>で催告**しなければなりません。その期間内に支払われない場合に限り、契約を解除することができます。「20日の期間」では短すぎます。なお、これに反する特約を定めた場合は無効となります。　✗

宅建業者が自ら売主となる宅地・建物の割賦販売契約で、**買主の割賦金の支払義務が履行されない**場合、<u>30日</u>**以上の期間を定めてその支払いを書面で<u>催告</u>**し、その期間内に買主の義務が履行されない場合でなければ、**契約を解除**したり、**弁済期未到来の割賦金の支払を請求することができません**。これに**反する特約は無効**です。「催告なしに解除や弁済期未到来の割賦金の支払を請求できる」という特約は無効となります。　✗

宅建業者は、自ら売主として割賦販売を行った場合、**その目的物を引き渡すまでに登記の移転等**をしなければなりません。ただし、以下の場合には、例外として**所有権留保**が認められます。

　① **受領した額が代金の**<u>10分の3</u>**以下**である場合
　② **代金の**<u>10分の3</u>**を超える額を受領していても、残金を担保する**<u>抵当権</u>、保証人**等の措置を講じる見込みがない**場合

本問では、買主が代金3,000万円の10%に当たる300万円しか支払っていないため、宅地の所有権の登記をA社名義のままにしておいても違反とはなりません。　○

1 報酬額に関する規定 ★／**2 消費税等相当額の取扱い** ★★★★★／

問題 宅建業者（消費税課税事業者）が受けることができる報酬に関する次の記述の正誤を○×で答えなさい。

☐ **1** 宅建業者が受けることのできる報酬は、依頼者が承諾していたとしても、国土交通大臣の定める報酬額の上限を超えてはならない。 ［R02-12月.問34.1］

☐ **2** 宅建業者が媒介する物件の売買について、売主があらかじめ受取額を定め、実際の売却額との差額を当該宅建業者が受け取る場合は、媒介に係る報酬の限度額の適用を受けない。 ［H28.問33.ア］

☐ **3** 依頼者と宅建業者との間であらかじめ報酬の額を定めていなかったときは、当該依頼者は宅建業者に対して国土交通大臣が定めた報酬の限度額を報酬として支払わなければならない。 ［H22.問42.1］

☐ **4** 宅建業者Aが売主B（消費税課税事業者）からB所有の土地付建物の媒介の依頼を受け、買主Cとの間で売買契約を成立させた場合、AがBから受領できる報酬の上限額は、2,046,000円である。なお、土地付建物の代金は6,200万円（うち、土地代金は4,000万円）で、消費税額及び地方消費税額を含むものとする。 ［H21.問41.改］

3 報酬額の基本計算式 ★★★★★

▼正解

解説 宅建業者は、国土交通大臣の定める額（報酬限度額）を超えて報酬を受け取ることはできません。

依頼者の承諾を得ても、**報酬限度額を超えて受け取ることはできません**。

宅建業者は、**報酬限度額を超えて報酬を受け取ることはできません**。問題文のようなことは、違法行為に該当します。

✗

宅建業法は、報酬限度額を定めているだけです。報酬の額を定めていなかった場合に、報酬限度額を支払わなければならないと決められているのではありません。**報酬額**は、**報酬限度額以下の範囲で決める**ことになります。

✗

報酬限度額の基本計算式は以下の通りです。

物件価格（税抜き）	基本計算式
400万円超	価格の3%（価格×0.03）＋6万円
200万円超〜400万円以下	価格の4%（価格×0.04）＋2万円
200万円以下	価格の5%（価格×0.05）

- **媒介**の場合 ➡ 基本計算式の**報酬額**
- **代理**の場合 ➡ 基本計算式の**報酬額の**2倍

最初に、物件価格（税抜き）を求めます。土地は消費税の課税対象ではないので、代金4,000万円が税抜き価格です。建物の代金は、消費税を含んでいるので、

6,200万円－4,000万円＝2,200万円（消費税込みの建物の価格）

2,200万円÷1.1＝2,000万円（消費税抜きの建物の価格）

土地付建物の価格（税抜き）は、**4,000万円＋2,000万円＝6,000万円**です。

400万円超なので、報酬額の基本計算式より、

6,000万円×0.03＋6万円＝186万円

消費税課税業者なので、ここに消費税分が上乗せされます。

186万円×1.1＝204.6万円

報酬の上限額は、**2,046,000円**です。

問題 宅建業者A（消費税課税事業者）が受けることができる報酬に関する次の記述の正誤を○×で答えなさい。

☐ **1** Aは売主から代理の依頼を、宅建業者B（消費税課税事業者）は買主から媒介の依頼を、それぞれ受けて、代金5,000万円の宅地の売買契約を成立させた場合、Aは売主から343万2,000円、Bは買主から171万6,000円、合計で514万8,000円の報酬を受けることができる。　　　［R02-10月.問30.1］

☐ **2** Aは、BからB所有の宅地の売却について代理の依頼を受け、Cを買主として代金3,000万円で売買契約を成立させた。その際、Bから報酬として、126万円を受領した。　　　　　　　　　　　　　　　　　　　　［H18.問43.ア］

☐ **3** Aは売主Bから土地付中古別荘の売却の代理の依頼を受け、宅建業者C（消費税課税事業者）は買主Dから別荘用物件の購入に係る媒介の依頼を受け、BとDの間で当該土地付中古別荘の売買契約を成立させた。なお、当該土地付中古別荘の売買代金は298万円（うち、土地代金は100万円）で、消費税額及び地方消費税額を含むものとする。A社はBから、少なくとも14万5,200円を上限とする報酬を受領することができる。　　　　　［H24.問35.イ.改］

6 交換の媒介・代理の報酬限度額

▼正解

解説 売買の媒介・代理の報酬限度額を覚えましょう。

土地代金は消費税の課税対象ではないので、代金5,000万円が税抜き価格です。

- 媒介業者Bの報酬限度額

  5,000万円×0.03＋6万円＝156万円（消費税抜き）

  156万円×1.1＝171.6万円（消費税込み）

- 代理業者Aの報酬限度額

  代理では、媒介の場合の2倍を受領することができます。

  171.6万円×2＝343.2万円

- 1件の取引について受領できる報酬限度額の合計は、基本計算式の報酬額の2倍までです。合計で514万8,000円の報酬を受け取ると、報酬額の2倍である**343万2,000**円を超えてしまうため、問題文の記述は誤りです。

✗

代理なので、基本計算式の報酬額の2倍が限度額です。

  3,000万円×0.03＋6万円＝96万円

  96万円×2＝192万円

消費税10%が加算されるので、報酬限度額は、

  192万円×1.1＝211.2万円

126万円は報酬限度額以内なので、宅建業法に違反しません。

◯

最初に、物件価格（税抜き）を求めます。土地は消費税の課税対象ではないので、代金100万円がそのまま税抜き価格です。建物は、消費税を含んでいるので、

  298万円－100万円＝198万円（消費税込みの建物の価格）

  198万円÷1.1＝180万円（消費税抜きの建物の価格）

土地付建物の取引価格（税抜き）は、100万円＋180万＝280万円です。

報酬額の基本計算式より、媒介業者Cの報酬限度額を求めます。

  280万円×0.04＋2万円＝13.2万円（消費税抜き）

  13.2万×1.1＝14.52万円（消費税込み）

代理業者Aは、媒介の額の2倍の金額が上限です。

  14.52万円×2＝29.04万円

1件の取引について受領できる報酬限度額の合計は、基本計算式の報酬額の2倍までです。Cが上限の14.52万円を受領した場合でも、Aは少なくとも**29.04万円－14.52万円＝14.52万円**を上限として報酬を受領することができます。

◯

☐ **4** Aが、甲及び乙から依頼を受け、甲所有の価額2,400万円の宅地と乙所有の価額2,000万円の宅地を交換する契約を媒介して成立させ、甲及び乙からそれぞれ85万円の報酬を受領した。 [H10.問40.ア.改]

7 貸借の媒介・代理の報酬限度額 ★★★★★

問題 宅建業者A（消費税課税事業者）が受けることができる報酬に関する次の記述の正誤を○×で答えなさい。

☐ **1** Aが、事業用建物の貸借（権利金の授受はないものとする。）の媒介に関する報酬について、依頼者の双方から受けることのできる報酬の合計額は、借賃（消費税等相当額を含まない。）1か月分の1.1倍に相当する金額が上限であり、貸主と借主の負担の割合については特段の規制はない。

[R02-12月.問34.3]

☐ **2** Aは貸主Bから建物の貸借の代理の依頼を受け、宅建業者C（消費税課税事業者）は借主Dから媒介の依頼を受け、BとDとの間で賃貸借契約を成立させた。建物を店舗として貸借する場合、AがBから110,000円の報酬を受領するときは、CはDから報酬を受領することはできない。なお1か月分の借賃は10万円（消費税等相当額を含まない。）である。 [H23.問40.2.改]

☐ **3** Aは、Bが所有する建物について、B及びCから媒介の依頼を受け、Bを貸主、Cを借主とし、1か月分の借賃を10万円（消費税等相当額を含まない。）、CからBに支払われる権利金（権利設定の対価として支払われる金銭であって返還されないものであり、消費税等相当額を含まない。）を150万円とする定期建物賃貸借契約を成立させた。建物が居住用である場合、Aが受け取ることができる報酬の額は、CからBに支払われる権利金の額を売買に係る代金の額とみなして算出される16万5,000円が上限となる。 [H30.問30.2.改]

交換する物件の高い方の税抜き価格をもとに、売買の場合と同様に報酬額を計算します。宅地は消費税の課税対象外ですからそのまま2,400万円で計算できます。

$$2,400万円 \times 0.03 + 6万円 = 78万円（消費税抜き）$$

報酬に消費税10％を加算して、報酬限度額は、

$$78万円 \times 1.1 = 85.8万円（消費税込み）$$

85万円は、限度額の範囲内です。

解説 宅地建物の貸借では、1件の取引について受領できる報酬限度額の合計額の上限は、**借賃の1か月分＋消費税等相当額**です。

事業用建物など、居住用建物以外の貸借では、**報酬限度額の合計額が、借賃の1か月分＋消費税等相当額の範囲内であれば、貸主と借主からどのような割合で報酬を受け取ってもかまいません**。また、居住用建物以外の貸借では、権利金の額を物件価格とみなして報酬額を計算することもできます。

居住用建物以外の賃貸借を媒介・代理する場合、貸主と借主の双方からの報酬を**合わせて借賃の1か月分＋消費税等相当額が上限**です。Aが報酬上限額（10万円×1.1＝11万円）を受領しているとき、Cは報酬を受領することはできません。

居住用建物では、権利金の額をもとにして報酬計算することはできません。**居住用建物の貸借の媒介での報酬限度額は、原則として、貸主・借主から、それぞれ借賃の0.5か月分＋消費税等相当額**です。受領できる報酬額の上限は、BとCから（借賃10万円×0.5＝）5万円＋5,000円（消費税10％）ずつなので、合計で11万円となります。

☐ **4** Aが単独で行う居住用建物の貸借の媒介に関して、Aが依頼者の一方から受けることができる報酬の上限額は、当該媒介の依頼者から報酬請求時までに承諾を得ている場合には、借賃の1.1か月分である。　　［R02-10月.問30.2］

☐ **5** Aは貸主Bから建物の貸借の媒介の依頼を受け、宅建業者C（消費税課税事業者）は借主Dから建物の貸借の媒介の依頼を受け、BとDの間での賃貸借契約を成立させた。建物を店舗として貸借する場合、当該賃貸借契約において200万円の権利金（権利設定の対価として支払われる金銭であって返還されないものをいい、消費税等相当額を含まない。）の授受があるときは、A及びCが受領できる報酬の限度額の合計は220,000円である。なお、1か月分の借賃は9万円（消費税等相当額を含まない。）である。　　［H29.問26.1.改］

⑧ 報酬の範囲 ★★★★／⑨ 空家等の売買に関する費用 ★

問題 宅建業者A（消費税課税事業者）が受け取ることのできる報酬額に関する次の記述の正誤を○×で答えなさい。

☐ **1** Aが、BからB所有の中古マンションの売却の依頼を受け、Bと専任媒介契約を締結した。当該専任媒介契約に係る通常の広告費用はAの負担であるが、指定流通機構への情報登録及びBがAに特別に依頼した広告に係る費用については、成約したか否かにかかわらず、国土交通大臣の定める報酬の限度額を超えてその費用をBに請求することができる。　　［H29.問43.エ］

☐ **2** Aが、Bから売買の媒介を依頼され、Bからの特別の依頼に基づき、遠隔地への現地調査を実施した。その際、当該調査に要する特別の費用について、Bが負担することを事前に承諾していたので、Aは媒介報酬とは別に、当該調査に要した特別の費用相当額を受領することができる。　　［R04.問27.1］

居住用建物の貸借の媒介での報酬限度額は、**貸主と借主からそれぞれ借賃の0.5か月分＋消費税等相当額**です。ただし、「**媒介契約締結時**」に依頼者から承諾を得ている場合は、**依頼者から借賃の1か月分以内（＋消費税等相当額）の額を受け取る**ことができます。「報酬請求時」の承諾ではありません。

✕

居住用建物以外の賃貸借において、権利金（賃借人に返還されないもの）の授受がある場合は、**権利金を売買代金の額とみなして報酬額を計算**し、借賃の1か月分と比べて高い方を報酬限度額の合計とします。
権利金200万円（税抜き）以下の場合、**報酬は物件価格の5％**です（⇨p.113）。
　　200万×0.05 = 10万円
AとCは消費税課税事業者なので、消費税を上乗せします。
　　10万×1.1 = 11万円
受領できる報酬限度額のAとCの合計額は、
　　11万円×2 = 22万円
借賃をベースにした場合、AとCの受領できる報酬限度額の合計は、9万円×1.1 = 9.9万円なので、高い方の22万円が報酬の限度額の合計となります。

◯

▼正解

解説　宅建業者は、媒介や代理で成約に至った場合に報酬を受領できます。

成約に至らなかった場合は、報酬のみならず、かかった必要経費等も請求できません。ただし、依頼者の依頼によって行った広告料金等は、報酬とは別に受領できます。指定流通機構への情報登録料、売主があらかじめ受取額を定めた場合の実際の売却額との差額、価額について意見を述べるために行った価額の査定に要した費用、建物状況調査を実施する者のあっせんを行った場合のあっせんに係る料金などを別途請求することはできません。

✕

依頼者の依頼による広告の料金と、依頼者の特別の依頼によって行う遠隔地における現地調査や空家の特別な調査等に要する費用は、報酬限度額を超えて別途受領することができます。

◯

□ **3** 宅建業者は、国土交通大臣の定める限度額を超えて報酬を受領してはならないが、相手方が好意で支払う謝金は、この限度額とは別に受領することができる。 ［H22.問42.2］

□ **4** Aは貸主Bから建物の貸借の媒介の依頼を受け、宅建業者C（消費税課税事業者）は借主Dから建物の貸借の媒介の依頼を受け、BとDの間での賃貸借契約を成立させた。AがBから49,500円の報酬を受領し、CがDから49,500円の報酬を受領した場合、AはBの依頼によって行った広告の料金に相当する額を別途受領することができない。なお、1か月分の借賃は9万円（消費税等相当額を含まない。）である。 ［H29.問26.2］

□ **5** 土地（代金350万円。消費税等相当額を含まない。）の売買について、Aが売主Bから媒介を依頼され、現地調査等の費用が通常の売買の媒介に比べ2万円（消費税等相当額を含まない。）多く要する場合、その旨をBに対し説明した上で、Aが売主から受け取ることができる報酬の上限額は198,000円である。 ［H30.問31.3］

□ **6** 宅地（代金200万円。消費税等相当額を含まない。）の売買の代理について、通常の売買の代理と比較して現地調査等の費用が8万円（消費税等相当額を含まない。）多く要した場合、売主と合意していた場合には、Aは売主から308,000円を上限として報酬を受領することができる。 ［R01.問32.1.改］

報酬限度額と別に、**相手方が好意で支払う謝金を受領することは**できません。 ✗

貸借では、１件の取引について受領できる報酬限度額の合計は、**借賃の１か月分＋消費税等相当額**です。１か月分の借賃は９万円なので、消費税を加算して、

9万円× 1.1 ＝ 9.9 **万円**

本問では、これを折半しており、

9.9万円÷ 2 ＝ 4.95 **万円**

となり、報酬限度額に収まっています。そして、依頼者からの依頼に基づく以下の①②については、**報酬の限度額とは別に、実費を別途受領**することができます。
①**依頼者の依頼による**広告料金
②**依頼者の特別の依頼による**現地調査や出張等の費用 ✗

低廉な空家等（400万円以下の宅地・建物）の売買の媒介・代理で、現地調査等の費用を多く要した場合、宅建業者は売主に、**通常の報酬額に現地調査等の費用を上乗せして請求**できます（**事前合意が**必要です）。このとき、**媒介報酬の上限額は、報酬額と現地調査等の費用を合わせて**18**万円＋消費税（計**19.8**万円）**です。本問では、通常の報酬額が、**350万円**× 0.04 ＋ **2万円**＝ 16 **万円**。調査費用が2万円なので、**合計**18**万円**。ここに消費税を上乗せして $18 × 1.1 = 19.8$ **万円**となり、上限額ピッタリとなっています。なお、調査費用を請求できるのは売主に対してのみで、買主に請求することはできません。また賃貸の場合も請求できません。 ○

代理の報酬上限額は媒介の報酬上限額である200万円× 0.05 ＝ 10 **万円の2倍で**20**万円**です。本問は、低廉な空家等（400万円以下の宅地・建物）の売買の媒介・代理で、現地調査等の費用を多く要した場合に該当するので、現地調査の費用8万円を加えて 28 **万円**。消費税を加算して、28 **万円**× 1.1 ＝ 30.8 **万円**となります。AはBから $308{,}000$ **円を上限として報酬を受領**することができます。 ○

15

監督処分・罰則

1 宅建業者に対する監督処分 ★★★★★／**2 宅建業者に対する指示処分** ★★★

問題 宅建業者Ａ（甲県知事免許）に対する監督処分に関する次の記述の正誤を○×で答えなさい。

☐ **1** Ａは、乙県内で宅建業に関する業務において、著しく不当な行為を行った。この場合、乙県知事は、Ａに対し、業務停止を命ずることはできない。
[H28.問26.2]

☐ **2** Ａが、甲県の区域内の業務に関し甲県知事から指示を受け、その指示に従わなかった場合で、情状が特に重いときであっても、国土交通大臣は、Ａの免許を取り消すことはできない。
[H18.問45.3]

☐ **3** Ａが、乙県内で行う建物の売買に関し、取引の関係者に損害を与えるおそれが大であるときは、Ａは、甲県知事から指示処分を受けることはあるが、乙県知事から指示処分を受けることはない。
[H19.問36.2]

☐ **4** Ａの取締役が宅建業の業務に関し、建築基準法の規定に違反したとして罰金刑に処せられた場合、甲県知事は、Ａに対して必要な指示をすることができる。
[H18.問45.4]

☐ **5** Ａの専任の宅建士が事務禁止処分を受けた場合において、Ａの責めに帰すべき理由があるときは、甲県知事は、Ａに対して指示処分をすることができる。
[H20.問45.1]

☐ **6** Ａは、マンション管理業に関し、不正又は著しく不当な行為をしたとして、マンションの管理の適正化の推進に関する法律に基づき、国土交通大臣から業務の停止を命じられた。この場合、Ａは、甲県知事から法に基づく指示処分を受けることがある。
[H29.問29.1]

ポイント
- ▶ 宅建業者への監督処分は、処分が軽い順に指示処分・業務停止処分・免許取消処分。
- ▶ 指示処分・業務停止処分を行うのは、免許権者又は業務地を管轄する都道府県知事。
- ▶ 宅建士への監督処分は、処分が軽い順に指示処分・事務禁止処分・登録消除処分。

解説 宅建業者に対する監督処分には、軽い順に「指示処分→業務停止処分→免許取消処分」の3種類があります。

免許権者（甲県知事）又は業務地を管轄する都道府県知事（乙県知事）は、Aに対し、指示処分と業務停止処分を行うことができます。　✗

免許取消処分は、免許権者（甲県知事）だけが行うことができます。免許権者ではない国土交通大臣は、Aの免許を取り消すことはできません。　◯

業務に関し取引関係者に損害を与えたとき、又は損害を与えるおそれが大であるとき、免許権者（甲県知事）又は業務地を管轄する都道府県知事（乙県知事）は、指示処分をすることができます。　✗

宅建業者が業務に関し宅建業法以外の法令に違反し、宅建業者として不適当であると認められるとき、免許権者（甲県知事）は必要な指示をすることができます。　◯

宅建士が監督処分（指示処分・事務禁止処分・登録消除処分）を受けた場合に、宅建業者の責めに帰すべき理由があるとき、免許権者又は業務地を管轄する都道府県知事は、宅建業者に指示処分をすることができます。　◯

宅建業者に対する監督処分は、宅建業の業務に関する法令違反が対象です。マンション管理業は宅建業法上の業務に該当しないので、処分を受けることはありません。　✗

---

3 宅建業者に対する業務停止処分 ★★★★★

問題 宅建業者A（甲県知事免許）に対する監督処分に関する次の記述の正誤を○×で答えなさい。

☐ **1** Aは、甲県知事から指示処分を受けたが、その指示処分に従わなかった。この場合、甲県知事は、Aに対し、1年を超える期間を定めて、業務停止を命ずることができる。　　　　　　　　　　　　　　　　　　　　[H28.問26.3]

☐ **2** Aが、宅建業の業務に関して、建築基準法の規定に違反して罰金に処せられた場合、これをもって業務停止処分を受けることはない。　　[H14.問39.1]

☐ **3** Aが、自己の名義をもって、他人に、宅建業を営む旨の表示をさせた場合、これをもって業務停止処分を受けることがある。　　　　　　　　[予想問題]

☐ **4** Aは、自らが売主となった分譲マンションの売買において、宅建業法第35条に規定する重要事項の説明を行わなかった。この場合、Aは、甲県知事から業務停止を命じられることがある。　　　　　　　　　　　　[H28.問26.1]

☐ **5** Aは、B所有建物の売買の媒介の依頼を受け、Bと一般媒介契約を締結した。Aが、建物を売買すべき価額について意見を述べる場合に、その根拠を明らかにしなかったとき、Aは、そのことを理由に業務停止の処分を受けることがある。　　　　　　　　　　　　　　　　　　　　　　　[H12.問36.3]

☐ **6** Aが宅建業法の規定に違反したとして甲県知事から指示処分を受け、その指示に従わなかった場合、甲県知事は、Aの免許を取り消さなければならない。　　　　　　　　　　　　　　　　　　　　　　　　　　[H20.問45.3]

4 宅建業者に対する免許取消処分 ★★★★

問題 宅建業者A（甲県知事免許）に対する監督処分に関する次の記述の正誤を○×で答えなさい。

☐ **1** Aは、乙県知事から業務停止の処分を受けた。この場合、Aが当該処分に違反したとしても、甲県知事から免許を取り消されることはない。

[H26.問44.エ]

解説 免許権者又は業務地を管轄する都道府県知事は、任意で指示処分・業務停止処分を行うことができます。

宅建業者が指示処分に従わなかった場合、業務停止処分を命ずることができます。ただし、業務停止処分は、1年以内の期間を定めて業務の一部又は全部の停止を命ずることですから、1年を超える期間を定めることはできません。 ✕

業務に関し宅建業法以外の法令（建築基準法など）に違反し、宅建業者として不適当であると認められるときは、業務停止処分を受けることがあります。 ✕

宅建業の免許を受けている者が、自己の名義をもって他人に宅建業を営ませたり、営む旨の表示をさせたり、宅建業を営む目的をもって広告をさせたりすることはできません（名義貸しの禁止）。これに違反すると、業務停止処分となります。 ◯

重要事項の説明を行わなかったり、重要事項の説明を宅建士でない者にさせたりした場合、免許権者（甲県知事）は業務停止を命じることができます。 ◯

媒介契約において、建物を売買すべき価額について意見を述べる場合、その根拠を明らかにしなかったときには、業務停止処分を受けることがあります。 ◯

指示処分に従わないと業務停止処分、業務停止処分に従わないと免許取消処分の対象となります。指示処分に従わなかっただけでは免許を取り消されることはありません。 ✕

解説 免許取消処分には、免許権者が免許を取り消さなければならない事由（必要的免許取消事由）と、免許権者の判断で免許を取り消すことができる事由（任意的免許取消事由）とがあります。

宅建業者が業務停止処分に違反したときには、免許権者（甲県知事）は免許を取り消さなければなりません。このほか、免許の欠格要件に該当する場合に、必要的免許取消事由に該当します。 ✕

☐ **2** 甲県知事は、Aが免許を受けてから1年以内に事業を開始しないときは、免許を取り消さなければならない。 [R01.問29.ウ]

☐ **3** Aの事務所の所在地を確知できないため、甲県知事は確知できない旨を公告した。この場合、その公告の日から30日以内にAから申出がなければ、甲県知事は宅建業法第67条第1項により免許を取り消すことができる。 [H26.問44.ウ]

5 宅建業者に対する監督処分の手続き ★★★／6 指導・立入検査等 ★

問題 宅建業者に対する監督処分に関する次の記述の正誤を○×で答えなさい。

☐ **1** 甲県知事は、宅建業者（甲県知事免許）に対して指示処分をしようとするときは、聴聞を行わなければならず、聴聞の期日における審理は、公開により行わなければならない。 [R01.問29.イ]

☐ **2** 宅建業者A（国土交通大臣免許）が甲県内における業務に関し、宅建業法第37条に規定する書面を交付していなかったことを理由に、甲県知事がAに対して業務停止処分をしようとするときは、あらかじめ、内閣総理大臣に協議しなければならない。 [R01.問29.ア]

☐ **3** 甲県知事は、宅建業者A（国土交通大臣免許）に対し、甲県の区域内における業務に関し取引の関係者に損害を与えたことを理由として指示処分をしたときは、その旨を甲県の公報又はウェブサイトへの掲載その他の適切な方法により公告しなければならない。 [H22.問44.4.改]

☐ **4** 国土交通大臣は、すべての宅建業者に対して、宅建業の適正な運営を確保するため必要な指導、助言及び勧告をすることができる。 [H23.問44.1]

▼正解

免許を受けてから1年以内に事業を開始しないとき、又は引き続いて1年以上事業を休止したとき、免許権者（甲県知事）は、免許を取り消さなければなりません（必要的免許取消事由）。

○

任意的免許取消事由には、①〜③があります。
① 営業保証金を供託した旨の届出がないとき
② 免許を受けた宅建業者の事務所の所在地を確知できないとき、又は所在を確知できないときに公告し、その公告の日から30日を経過しても申出がないとき
③ 免許に付された条件に違反したとき
問題文は②に該当します。

○

▼正解

解説 監督処分を行うに当たって内閣総理大臣に協議しなければならないのは、国土交通大臣です。

○

処分権者（甲県知事）は、監督処分を行う前に宅建業者に通知、公示をして、公開による聴聞を行わなければなりません。

37条書面を交付しなかったことは、業務停止処分の事由になりますが、**内閣総理大臣に協議**しなければならないのは、**国土交通大臣が監督処分を行う場合**です。都道府県知事は内閣総理大臣に協議する必要はありません。

✗

業務停止処分又は免許取消処分をしたときは、**官報・公報等による公告**をしなければなりません。指示処分については、公告の必要はありません。

✗

国土交通大臣はすべての宅建業者に、また都道府県知事はその管轄区域内で宅建業を営む宅建業者に、必要な指導・助言・勧告をすることができます。このとき免許権者に通知する必要はありません。なお、宅建士に対して指導・助言・勧告をすることはできません。

○

☐ **5** 宅建業者（甲県知事免許）が、乙県内で宅建業を営んでいる場合、乙県知事は、取引の業務について必要な報告を求めることができるが、当該宅建業者の事務所に立ち入り、帳簿の検査をすることはできない。　[H14.問44.4]

⑦ 宅建士に対する監督処分 ★★★

問題　甲県知事の宅建士資格登録（登録）を受けている宅建士Aへの監督処分に関する次の記述の正誤を○×で答えなさい。

☐ **1**　甲県知事は、Aが、他人に自己の名義の使用を許し、その他人がその名義を使用して宅建士である旨の表示をしたとき、当該宅建士に対し、必要な指示をすることができる。　[H17.問32.1]

☐ **2**　Aは、乙県内の業務に関し、他人に自己の名義の使用を許し、当該他人がその名義を使用して宅建士である旨の表示をした場合、乙県知事から必要な指示を受けることはあるが、宅建士として行う事務の禁止の処分を受けることはない。　[H25.問42.1]

☐ **3**　Aが、乙県に所在する建物の売買に関する取引において宅建士として行う事務に関し不正な行為をし、乙県知事により事務禁止処分を受けたときは、宅建士証を甲県知事に提出しなければならない。　[R02-12月.問29.3]

☐ **4**　都道府県知事は、宅建士に対して登録消除処分を行ったときは、適切な方法で公告しなければならない。　[R05.問41.4]

▼正解

都道府県知事はその管轄区域内で宅建業を営む宅建業者に、**報告を求め、**立入検査を行うことができます。

✗

▼正解

解説 宅建士に対する監督処分には、処分が軽い順に、指示処分・事務禁止処分・登録消除処分があります。

【指示処分の事由】
① **自分が**専任の宅建士として従事している**事務所以外の宅建業者の事務所で、**専任の宅建士である旨の表示**を許し、宅建業者がその旨の表示をしたとき
② **他人に**自己の名義**の使用を許し、当該他人がその**名義**を使用して宅建士である旨の表示**をしたとき
③ 宅建士としてすべき事務**に関し不正又は著しく不当な行為**をしたとき

問題文のケースは、②に該当しているので、都道府県知事は指示処分を行うことができます。

【事務禁止処分の事由】
• 「指示処分の事由」①②③に該当するとき
• 指示処分に従わなかったとき

従って、問題文の事由で事務禁止処分を受けることはあります。

✗

登録地の都道府県知事又は業務地を管轄する都道府県知事は、**宅建士に指示**処分又は事務禁止**処分（**1年以内の期間**）を行うことができます。事務禁止処分を受けた宅建士は、速やかに、宅建士証をその交付を受けた都道府県知事に提出しなければなりません。

処分権者が宅建業者に対して業務停止処分または免許取消処分をしたときには、官報・公報等による公告**をしなければなりません。しかし、宅建士に対する監督処分については、公告する必要はありません。**

✗

☐ **5** Aは、宅建士証の有効期間の更新を受けなかったときは、宅建士証を甲県知事に返納しなければならず、甲県知事は、Aの登録を消除しなければならない。 ［H12.問32.2］

☐ **6** Aは、乙県内において業務を行う際に提示した宅建士証が、不正の手段により交付を受けたものであるとしても、乙県知事から登録を消除されることはない。 ［H25.問42.2］

☐ **7** Aは、乙県内の業務に関し、甲県知事又は乙県知事から報告を求められることはあるが、乙県知事から必要な指示を受けることはない。 ［H25.問42.4］

8 罰則 ★★★

問題 宅建業法の規定に関する次の記述の正誤を○×で答えなさい。

☐ **1** 宅建士は、事務禁止処分を受けた場合、宅建士証をその交付を受けた都道府県知事に速やかに提出しなければならないが、提出しなかったときは10万円以下の過料に処せられることがある。 ［H25.問44.エ］

【宅建士の登録消除処分の事由】

① 登録の欠格要件に該当することとなったとき

② 不正の手段により宅建士の登録を受けたとき

③ 不正の手段により宅建士証の交付を受けたとき

④ 事務禁止処分事由に該当し、情状が特に重いとき

⑤ 事務禁止処分に違反したとき

問題文の事由は、登録消除処分に該当しません。**宅建士証の更新を受けなかった**場合、**宅建士証を返納**しなければなりませんが、登録が消除されることはありません。

✕

宅建士に対する監督処分の処分権者は以下の通りです。

監督処分	処分権者（処分を行う権限を有する者）
指示処分・事務禁止処分	登録地の知事・業務地の知事
登録消除処分	登録地の知事

不正の手段により宅建士証の交付を受けたとき、登録消除処分になります。登録を消除することができるのは、登録地の都道府県知事（甲県知事）に限られます。

◯

国土交通大臣はすべての宅建士に対して、また都道府県知事は登録をした宅建士及びその管轄区域内で事務を行う宅建士に対して、報告を求めることができます。また登録地の都道府県知事（甲県知事）も、業務地の都道府県知事（乙県知事）も、指示処分や事務禁止処分を行うことができます。

✕

解説 宅建業法に違反した場合の罰則には、懲役・罰金・過料という3種類があります。

宅建士が事務禁止処分を受けたときは、宅建士証をその交付を受けた都道府県知事に速やかに提出しなければなりません。提出しなかったときは10万円以下の過料に処せられることがあります。10万円以下の過料に該当する事由には、このほかに、

• 登録消除等による宅建士証の返納義務に違反した

• 重要事項の説明の際に、宅建士証の提示義務に違反した

などがあります。

◯

☐ **2** 宅建業者は、その事務所ごとに従業者名簿を備える義務を怠った場合、監督処分を受けることはあっても罰則の適用を受けることはない。

[H22. 問 29.2]

☐ **3** 宅建業者は、販売する宅地又は建物の広告に著しく事実に相違する表示をした場合、監督処分の対象となるほか、6月以下の懲役又は100万円以下の罰金に処せられることがある。

[H20. 問 32.4]

☐ **4** 法人である宅建業者Aの従業者Bが、建物の売買の契約の締結について勧誘をするに際し、当該建物の利用の制限に関する事項で買主の判断に重要な影響を及ぼすものを故意に告げなかった場合、Aに対して1億円以下の罰金刑が科せられることがある。

[H19. 問 36.4]

 対応 別冊「頻出TOP90▶宅建暗記カード」33ページ

事務所ごとに従業者名簿を備える義務を怠った場合、監督処分だけでなく、罰則（50万円以下の罰金）の適用を受けることがあります。

50万円以下の過料に該当する事由には、このほかに、

- 宅建業者名簿の変更の届出義務に違反した
- 37条書面の宅建士による記名義務に違反した
- 報酬額の掲示義務に違反した
- 業務に関する帳簿の備付け義務に違反した
- 守秘義務に違反した（相手方等からの告訴が必要）
- 国土交通大臣又は知事から求められた報告を怠った
- 国土交通大臣又は知事の検査を拒み、妨げ、忌避した

などがあります。

✕

誇大広告等の禁止に違反した場合、6か月以下の懲役若しくは100万円以下の罰金又はこれらの併科となります。手付貸与等により契約締結を誘引した場合にも、同様の罰則となります。

重要な事実（相手方の判断に重要な影響を及ぼすこととなる事項）の告知義務に違反した場合、従業者Bに2年以下の懲役若しくは300万円以下の罰金又はこれらの併科が科されるほか、法人業者Aに1億円以下の罰金が科されることがあります。法人業者に1億円以下の罰金が科される事由には、このほかに、

- 不正の手段によって免許を取得した
- 免許を受けずに宅建業を営んだ
- 名義貸しをして他人に営業させた
- 業務停止処分に違反して業務を行った

があります。

16 住宅瑕疵担保履行法

1 住宅品質確保法 ★／2 住宅瑕疵担保履行法 ★★

問題 特定住宅瑕疵担保責任の履行の確保等に関する法律（住宅瑕疵担保履行法）に基づく住宅販売瑕疵担保保証金の供託又は住宅販売瑕疵担保責任保険契約の締結（資力確保措置）に関する次の記述の正誤を○×で答えなさい。

☐ **1** 住宅販売瑕疵担保責任保険契約の締結を締結している宅建業者は、当該住宅を引き渡した時から10年間、住宅の構造耐力上主要な部分の瑕疵によって生じた損害についてのみ保険金を請求することができる。 ［H30.問45.4］

☐ **2** 宅建業者Aが、自ら売主として宅建業者である買主Bに新築住宅を販売する場合、Aは、Bに引き渡した新築住宅について、住宅販売瑕疵担保保証金の供託又は住宅販売瑕疵担保責任保険契約の締結を行う義務を負う。 ［R02-10月.問45.4］

☐ **3** 宅建業者は、自ら売主として新築住宅を販売する場合だけでなく、新築住宅の売買の媒介をする場合においても、住宅販売瑕疵担保保証金の供託又は住宅販売瑕疵担保責任保険契約の締結を行う義務を負う。 ［R01.問45.1］

3 住宅販売瑕疵担保保証金 ★★★／4 住宅販売瑕疵担保責任保険 ★★／

問題 宅建業者A（甲県知事免許）が、自ら売主として宅建業者ではない買主Bに新築住宅を販売する場合における住宅瑕疵担保履行法の規定に関する次の記述の正誤を○×で答えなさい。

☐ **1** Aが、住宅販売瑕疵担保保証金を供託する場合、当該住宅の床面積が100m²以下であるときは、新築住宅の合計戸数の算定に当たって、2戸をもって1戸と数えることになる。 ［R02-12月.問45.1］

ポイント

▶ 新築住宅の売主には、引渡しの時から10年間の瑕疵担保責任がある。

▶ 宅建業者が自ら売主となる新築住宅の売買契約について、資力確保措置が必要。

▶ 宅建業者は、基準日から3週間以内に、資力確保措置の状況を免許権者に届け出る。

▼正解

解説 住宅瑕疵担保履行法は、宅建業者が自ら売主となる新築住宅の売買契約について、住宅品質確保法（品確法）に規定されている瑕疵担保責任を果たすための資力確保を目的としています。

品確法の規定による瑕疵担保責任とは、

- **構造耐力上主要な部分**（基礎、壁、柱、はり等）
- **雨水の浸入を防止する部分**（屋根、外壁等）

に隠れた瑕疵があるとき、**新築住宅の売主は引渡しの時から10年間、担保責任を負う**というものです。問題文は、「構造耐力上主要な部分の瑕疵によって生じた損害についてのみ」とする点が間違っています。

✕

買主が宅建業者の場合は、**売主の宅建業者に資力確保措置を講ずる必要はありません**。なお、買主が建設業者など、宅建業者以外の場合には資力確保措置を講じなければなりません。

✕

資力確保措置が義務付けられているのは、**宅建業者が新築住宅の売主となる場合**に限られます。**売買の代理・媒介**を行う宅建業者は、**資力確保措置を講ずる必要はありません**。

✕

5 資力確保措置に関する届出義務 ★★

▼正解

解説 住宅販売瑕疵担保保証金は、宅建業者が、主たる事務所の最寄りの供託所へ保証金を供託し、瑕疵によって損害を被った買主に保証金から還付する仕組みです。

販売した住宅の床面積が55㎡以下であるときは、新築住宅の合計戸数の算定に当たって、**住宅2戸をもって1戸**と数えます。

□ **2** Aが住宅販売瑕疵担保保証金の供託をし、その額が、基準日において、販売新築住宅の合計戸数を基礎として算定する基準額を超えることとなった場合、甲県知事の承認を受けた上で、その超過額を取り戻すことができる。

[R02-10月.問45.2]

□ **3** Aは、住宅販売瑕疵担保保証金の供託をしている場合、当該住宅の売買契約を締結するまでに、当該住宅の買主Bに対し、供託所の所在地等について、それらの事項を記載した書面を交付（又は電磁的方法により提供）して説明しなければならない。

[R01.問45.2.改]

□ **4** 住宅販売瑕疵担保責任保険契約は、新築住宅の買主が保険料を支払うことを約し、住宅瑕疵担保責任保険法人と締結する保険契約であり、当該住宅の引渡しを受けた時から10年間、当該住宅の瑕疵によって生じた損害について保険金が支払われる。

[H23.問45.4]

□ **5** Aは、住宅瑕疵担保責任保険法人と住宅販売瑕疵担保責任保険契約の締結をした場合、Bが住宅の引渡しを受けた時から10年以内に当該住宅を転売したときは、住宅瑕疵担保責任保険法人にその旨を申し出て、当該保険契約の解除をしなければならない。

[H28.問45.4]

□ **6** Aが住宅販売瑕疵担保責任保険契約を締結した場合、住宅の構造耐力上主要な部分又は雨水の浸入を防止する部分の瑕疵があり、Aが相当の期間を経過してもなお特定住宅販売瑕疵担保責任を履行しないときは、Bは住宅販売瑕疵担保責任保険契約の有効期間内であれば、その瑕疵によって生じた損害について保険金を請求することができる。

[R03-12月.問45.4]

□ **7** 新築住宅をBに引き渡したAは、基準日ごとに基準日から50日以内に、当該基準日に係る住宅販売瑕疵担保保証金の供託及び住宅販売瑕疵担保責任保険契約の締結の状況について、甲県知事に届け出なければならない。

[R02-10月.問45.3]

□ **8** Aは、基準日に係る資力確保措置の状況の届出をしなければ、当該基準日の翌日から起算して50日を経過した日以後においては、新たに自ら売主となる新築住宅の売買契約を締結してはならない。

[H24.問45.2]

住宅販売瑕疵担保保証金の額は、**過去10年間に引き渡した**新築**住宅の合計戸数**を基準として決定されます。必要な基準額より供託した金額の方が多くなった場合、免許権者（甲県知事）の承認を受けた上で**超過額を取り戻す**ことができます。 〇

宅建業者は、**住宅販売瑕疵担保保証金の供託**をする場合、**買主に対し、**供託所の**所在地等について、書面を交付**（又は電磁的方法により提供）**し、説明**しなければなりません。書面の交付及び説明は、売買契約の締結までにする必要があります。 〇

住宅販売瑕疵担保責任保険契約は、**新築住宅の**売主**である**宅建業者**が保険料を支払う**ことを約し、住宅瑕疵担保責任保険法人と締結する保険契約で、当該住宅の**引渡しを受けた時から**10**年間**、宅建業者が担保責任を履行した上で、それによって生じた損害について宅建業者が保険法人に保険金を請求するものです。 ✕

住宅販売瑕疵担保責任保険は、住宅の引渡しから10**年間有効**なものでなければなりません。**住宅が転売されても、**10**年間は保険契約を変更・解除**することができません。 ✕

住宅販売瑕疵担保責任保険では、住宅の構造耐力上主要な部分又は雨水の浸入を防止する部分の瑕疵について、**保険金を請求**することができます。原則としては、宅建業者が瑕疵を修補した上で、保険会社に保険金を請求します。しかし、**宅建業者が相当の期間を経過してもなお住宅販売瑕疵担保責任を履行しないとき**は、保険の有効期間内であれば、買主が保険金を請求することができます。 〇

宅建業者は、**基準日（毎年3月31日）ごとに、基準日から**3週間**以内に、資力確保措置の状況について免許権者に届け出**なければなりません。 ✕

問題文の通りです。**宅建業者が資力確保措置を講じず、又は届出をしなかった場合、基準日の翌日から起算して**50**日を経過した日から、**自ら売主となる新築住宅の売買契約を締結することができなくなります。 〇

順位	項目	見出し	回数
1	17 借地借家法：借家	6 定期建物賃貸借	37
2	15 賃貸借	5 賃借権の譲渡と転貸	34
3	07 債務不履行と解除	6 契約の解除	31
3	08 売買	2 契約不適合を担保すべき責任	31
3	19 不法行為	1 不法行為とは	31
6	05 時効	1 取得時効	27
7	01 意思表示	5 錯誤	26
8	07 債務不履行と解除	2 同時履行の抗弁権	25
8	23 権利関係・その他	1 用益物権と担保物権	25
10	23 権利関係・その他	2 相隣関係	24
11	15 賃貸借	3 賃貸人と賃借人の関係	23
11	16 借地借家法：借地	8 借地権の対抗力	23
13	15 賃貸借	7 敷金	22
14	11 抵当権	3 物上代位性	21
15	15 賃貸借	8 使用貸借契約	20
15	16 借地借家法：借地	10 定期借地権等	20
15	18 請負と委任	2 委任契約	20
15	20 相続	3 相続の承認と放棄	20
19	06 契約	4 条件・期限	19
19	09 物権変動と対抗関係	3 詐欺、強迫と対抗関係	19
19	10 不動産登記法	5 不動産登記の共同申請	19
19	18 請負と委任	1 請負契約	19
19	20 相続	4 相続分	19
24	01 意思表示	4 虚偽表示	18
24	02 制限行為能力者	3 未成年者	18
24	11 抵当権	13 根抵当権	18
24	17 借地借家法：借家	1 建物賃貸借の存続期間と更新	18
28	05 時効	3 時効の完成猶予と更新	17
28	07 債務不履行と解除	4 損害賠償	17
28	09 物権変動と対抗関係	7 第三者に当たらない者	17

©オフィス海調べ（対象：平成10年〜令和4年の宅建試験）

Part 2

権利関係

Contents

見出しの★は、平成10年以降の
出題回数を表しています。

★なし	出題 5回未満
★	出題 5回以上
★★	出題10回以上
★★★	出題15回以上
★★★★	出題20回以上
★★★★★	出題25回以上

1 意思表示と契約 ／**2** 意思の不存在 ／**3** 心裡留保 ／**4** 虚偽表示 ★★★

問題 　A所有の甲土地についてのAB間の契約に関する次の記述の正誤を○×で答えなさい。以下、Part2において、特に断りがない場合、正誤は、民法の規定及び判例によるものとする。

☐ **1** 　Aは甲土地を「1,000万円で売却する」という意思表示を行ったが当該意思表示はAの真意ではなく、Bもその旨を知っていた。この場合、Bが「1,000万円で購入する」という意思表示をすれば、AB間の売買契約は有効に成立する。
[H19.問01.1]

☐ **2** 　Aが、債権者の差押えを免れるため、Bと通謀して、A所有地をBに仮装譲渡する契約をした。BがAから所有権移転登記を受けていた場合でも、Aは、Bに対して、AB間の契約の無効を主張することができる。　[H12.問04.1]

☐ **3** 　AB間の売買契約が仮装譲渡であり、その後BがCに甲土地を転売した場合、Cが仮装譲渡の事実を知らなければ、Aは、Cに虚偽表示による無効を対抗することができない。　[H30.問01.3]

☐ **4** 　Aが所有する甲土地につき、AとBの間には債権債務関係がないにもかかわらず、両者が通謀の上でBのために抵当権を設定し、その旨の登記がなされた場合に、Bに対する貸付債権を担保するためにBから転抵当権の設定を受けた債権者Cは「善意の第三者」に該当する。　[H24.問01.2]

☐ **5** 　Aは、その所有する甲土地を譲渡する意思がないのに、Bと通謀して、Aを売主、Bを買主とする甲土地の仮装の売買契約を締結した。Bの債権者である善意のCが、甲土地を差し押さえた場合、AはAB間の売買契約の無効をCに主張することができない。　[H27.問02.3]

ポイント

▶ 心裡留保による意思表示は、相手方が**善意無過失**ならば有効である。

▶ 虚偽表示による意思表示は、当事者間（売主と買主との間）では常に**無効**である。

▶ 詐欺と強迫による意思表示（瑕疵ある意思表示）は、**取り消す**ことができる。

▼正解

解説 真意と表示が一致しないことを意思の不存在といいます。民法では、心裡留保と虚偽表示の2つを規定しています。

表意者が自分の真意ではないと知りながら行う意思表示のことを**心裡留保**といいます。**心裡留保による意思表示**は、**原則として**有効です。ただし、**相手方が表意者の真意でないことを知っていた場合（悪意）**、又は**知らなかったが知ることができた場合（善意有過失）**には無効となります。BはAの真意を知っていたので、この契約は無効となります。　　　　　　　　　　　　　　　　✕

虚偽表示（通謀虚偽表示）による契約は、**当事者間（AB間）では常に無効**です。**登記の有無は無関係**です。　　　　　　　　　　　　　　　　　　○

虚偽表示による契約は、**当事者間（AB間）では常に無効**ですが、その**事実を知らなかった、善意の第三者（譲受人C）に無効を対抗することはできません。**　　　○

虚偽表示における**第三者**とは、「**当事者・一般承継人以外の者で、その表示の目的につき法律上の利害関係を有するに至った者**」を指します。債権者Cは、甲土地に転抵当権の設定をしており、**利害関係**を有しているので、**第三者に該当**します。　　○

以下の者も**虚偽表示の第三者**に当たります。

　①不動産の仮装譲受人から目的物につき**抵当権の設定を受けた者**

　②虚偽表示の目的物を差し押さえた**債権者**

　③仮装債権が譲渡され仮装債務者に**債権譲渡の通知**がなされた場合の**譲受人**

本問は②に該当しますから、Aは無効をCに主張することができません。　　　　　○

---

5 錯誤 ★★★★★

問題 Aを売主、Bを買主として、売買契約（以下この問において「本件契約」という。）が締結された場合における次の記述の正誤を○×で答えなさい。

☐ **1** AがBに甲土地を売却し、Bが所有権移転登記を備えた。Aの売却の意思表示に重要な錯誤がある場合、Aの錯誤について悪意のCが、Bから甲土地を買い受けたとき、Aに重大な過失がなければ、AはBに対する意思表示を錯誤を理由に取り消し、Cに対して、その取消しを主張して、甲土地の返還を請求することができる。　　　　　　　　　　　　　　　　　　　　　[R01.問02.3.改]

☐ **2** 本件契約が、Aの重大な過失による錯誤に基づくものであり、その錯誤が重要なものであるときは、Aは本件契約の無効を主張することができる。
　　　　　　　　　　　　　　　　　　　　　　　　　　　　[R02-12月.問07.4]

☐ **3** Aは、自己所有の自動車を100万円で売却するつもりであったが、重大な過失によりBに対し「10万円で売却する」と言ってしまい、Bが過失なく「Aは本当に10万円で売るつもりだ」と信じて購入を申し込み、AB間に売買契約が成立した場合、AはBに対し、錯誤による取消しができる。
　　　　　　　　　　　　　　　　　　　　　　　　　　　　[R02-10月.問06.1]

☐ **4** Aは、自己所有の時価100万円の壺を10万円程度であると思い込み、Bに対し「手元にお金がないので、10万円で売却したい」と言ったところ、BはAの言葉を信じ「それなら10万円で購入する」と言って、AB間に売買契約が成立した場合、AはBに対し、錯誤による取消しができる。
　　　　　　　　　　　　　　　　　　　　　　　　　　　　[R02-10月.問06.2]

☐ **5** Aは、自己所有の時価100万円の名匠の絵画を贋作だと思い込み、Bに対し「贋作であるので、10万円で売却する」と言ったところ、Bも同様に贋作だと思い込み「贋作なら10万円で購入する」と言って、AB間に売買契約が成立した場合、AはBに対し、錯誤による取消しができる。　　[R02-10月.問06.3]

解説 錯誤とは、表意者が自分の真意と表示が違っていることを知らずに行う意思表示のことです。法律行為の目的及び取引上の社会通念に照らして重要な錯誤による意思表示や契約は、有効ですが取り消すことができます。

意思表示は、**表意者に重要な錯誤がある場合に取り消す**ことができますから、AはBに対する意思表示を錯誤を理由に取り消すことができます。次に、Cは、Aから見て錯誤による取消前の第三者にあたります。**錯誤による取消しは、善意無過失の第三者に対抗することができません**が、CはAの錯誤について**悪意**なので、AはCに対して取消しを主張して、甲土地の返還を請求することができます。 ◯

錯誤による意思表示は**無効ではなく有効で、取り消す**ことができます。ただし、**表意者の重大な過失（重過失）による錯誤**については、原則として**取り消すことはできません**。Aは本件契約の無効を主張することができません。 ✗

表意者の重大な過失（重過失）による錯誤でも、次の場合は取消しができます。
①表意者の錯誤について**相手方が悪意（表意者の錯誤を知っていた）又は善意重過失である（表意者の錯誤を知らなかったことについて重大な過失がある）**とき
②**相手方が表意者と同一の錯誤に陥っていたとき**
本問のAの錯誤は**重大な過失**によるものです。また、Bには**過失**もなく、Aと**同一の錯誤**に陥っていたわけでもないので、**錯誤による取消しはできません**。 ✗

法律行為の基礎とした事情（動機）についての認識が真実に反する錯誤を**動機の錯誤**といいます。Aは100万円の壺を10万円程度と思い込んでいるので、動機の錯誤があります。**動機の錯誤を理由に意思表示を取り消す**ことができるのは、**動機となった、法律行為の基礎とされている事情が表示**されていたときに限られます。本問ではAの**動機が表示**されているとはいえないため、**取消しはできません**。 ✗

Aは100万円の絵画を贋作と思い込んでいるので、**動機の錯誤**があります。「贋作であるので、10万円で売却する」という**Aの動機となった事情が表示**されていますから、AはBに対し、**錯誤による取消しができます**。なお、Aに**重大な過失**があった場合、意思表示を取り消すことはできませんが、この場合でも、**相手方Bが表意者Aと同一の錯誤**に陥っていたときは、Aは意思表示を取り消すことができます。いずれにしても、AはBに対し、**錯誤による取消しができます**。 ◯

Part **2** 権利関係

01 意思表示

6 瑕疵ある意思表示 ／ 7 詐欺 ★★

問題 AがBに甲土地を売却し、Bが所有権移転登記を備えた場合に関する次の記述の正誤を○×で答えなさい。

☐ **1** AがBとの売買契約をBの詐欺を理由に取り消す前に、Bの詐欺について悪意のCが、Bから甲土地を買い受けて所有権移転登記を備えていた場合、AはCに対して、甲土地の返還を請求することができる。 ［R01.問02.2］

☐ **2** AがBとの売買契約をBの詐欺を理由に取り消した後、CがBから甲土地を買い受けて所有権移転登記を備えた場合、AC間の関係は対抗問題となり、Aは、いわゆる背信的悪意者ではないCに対して、登記なくして甲土地の返還を請求することができない。 ［R01.問02.1］

☐ **3** Aが第三者の詐欺によってBに甲土地を売却し、その後BがCに甲土地を転売した場合、Bが第三者の詐欺の事実を知らず、かつ、知ることができなかったとしても、Cが第三者の詐欺の事実を知っていれば、Aは詐欺を理由にAB間の売買契約を取り消すことができる。 ［H30.問01.4.改］

8 強迫 ★

問題 A所有の甲土地につき、AとBとの間で売買契約が締結された場合における次の記述の正誤を○×で答えなさい。

☐ **1** AがBの強迫を理由に売買契約を取り消した場合、甲土地の所有権はAに復帰し、初めからBに移転しなかったことになる。 ［H29.問02.4］

☐ **2** BがCに甲土地を転売した後に、AがBの強迫を理由にAB間の売買契約を取り消した場合には、CがBによる強迫につき知らず、かつ、知ることができなかったときであっても、AはCから甲土地を取り戻すことができる。［H23.問01.4.改］

☐ **3** CはBとの間で売買契約を締結して所有権移転登記をしたが、その後AはBの強迫を理由にAB間の売買契約を取り消した場合、CがBによる強迫を知っていたときに限り、Aは所有者であることをCに対して主張できる。 ［H20.問02.4］

☐ **4** Aが、Cの強迫によってBとの間で売買契約を締結した場合、Cの強迫をBが知らず、かつ、知ることができなかったときでなければ、Aは売買契約を取り消すことができない。 ［H16.問01.4.改］

解説 詐欺によってなされた意思表示は、有効ですが<u>取り消す</u>ことができます。**第三者が詐欺について<u>悪意</u>又は<u>善意有過失</u>であれば、売主は詐欺による取消しをもって対抗**できます。**第三者が詐欺について<u>善意無過失</u>であれば、詐欺による取消しをもって対抗できません**。本問では、CはBの詐欺について<u>悪意</u>ですから、Aは、Cに甲土地の**返還を請求すること**が<u>できます</u>。

問題文の通りです。売主Aが買主Bの詐欺を理由に契約を取り消した後、第三者Cが買主Bから買い受けた場合、売主と第三者の関係は対抗問題となるので、**先に登記をした方がもう一方に対して所有権を主張**できます。Aは背信的悪意者ではないCに対して、<u>登記</u>なくして**甲土地の返還を請求すること**が<u>できません</u>。

第三者の詐欺による契約は、**契約の相手方が詐欺について<u>悪意</u>又は<u>善意有過失</u>なら取り消す**ことができます。Bのように**<u>善意無過失</u>なら取り消すことはできません**ん。AがBに取消しを対抗することができない場合、その後の転得者であるCには、その善意悪意や過失の有無を問わず、取消しを対抗することができません。

解説 強迫によってなされた意思表示は、有効ですが<u>取り消す</u>ことができます。**取消し**は、一応は<u>有効</u>とされる意思表示や契約を、当初にさかのぼって<u>無効</u>とすることです。AがBの強迫を理由に売買契約を取り消した場合、甲土地の所有権はAに復帰し、初めからBに移転しなかったことになります。

売主Aが、**買主Bからの強迫によって契約**を締結し、Aが**契約を取り消す前**に、Bから**第三者Cに転売**された場合、**Cが強迫について<u>善意無過失</u>であっても、Aは強迫による<u>取消し</u>をもって対抗**できます。

売主Aが、**買主Bからの強迫によって契約**を締結し、Aが**契約を取り消す前**に、Bから**第三者Cに転売**された場合、**Aは、Cの善悪や<u>過失</u>の有無にかかわらず、強迫による取消しをもって対抗**できます。**悪意の場合に限るわけではありません**。

売主Aが**第三者からの強迫によって契約**を締結した場合、買主Bが**強迫の事実**をについて<u>善意無過失</u>でも、Aは**強迫による取消しをもって所有権を主張**できます。

02 制限行為能力者

1 民法上の能力 ★

問題　民法上の能力に関する次の記述の正誤を○×で答えなさい。

☐ **1** 父母とまだ意思疎通することができない乳児は、不動産を所有することができない。 [H25.問02.1]

☐ **2** 意思能力を有しないときに行った不動産の売買契約は、後見開始の審判を受けているか否かにかかわらず効力を有しない。 [R03-10月.問05.4]

☐ **3** AとBとの間で、5か月後に実施される試験にBが合格したときにはA所有の甲建物をBに贈与する旨を書面で約した。本件約定の時点でAに意思能力がなかった場合、Bは、本件試験に合格しても、本件約定に基づき甲建物の所有権を取得することはできない。 [H30.問03.4]

2 制限行為能力者とは ／ 3 未成年者 ★★★

問題　制限行為能力者に関する次の記述の正誤を○×で答えなさい。

☐ **1** 成年後見人は家庭裁判所が選任する者であるが、未成年後見人は必ずしも家庭裁判所が選任する者とは限らない。 [H26.問09.4]

☐ **2** 未成年者が土地を売却する意思表示を行った場合、親権者が当該意思表示を取り消せば、意思表示の時点にさかのぼって無効となる。[H15.問01.2.改]

☐ **3** 未成年者Aが、法定代理人Bの同意を得ずに行った売買契約につき、取消しがなされないままAが成年に達した場合、本件売買契約についてBが反対していたとしても、自らが取消権を有すると知ったAは、本件売買契約を追認することができ、追認後は本件売買契約を取り消すことはできなくなる。 [R05.問8.3]

<table>
<tr><td rowspan="3">ポイント</td><td>▶ 制限行為能力者が単独で行った法律行為は、取り消すことができる。</td></tr>
<tr><td>▶ 未成年者は法定代理人の同意がなければ、単独で法律行為をすることはできない。</td></tr>
<tr><td>▶ 成年被後見人が成年後見人の同意を得て行った法律行為は、取り消すことができる。</td></tr>
</table>

▼正解

解説 民法上の能力に、権利能力、意思能力、行為能力があります。

人は出生すれば**権利**能力を取得します。**乳児でも、権利能力を有している**ため、不動産を所有することができます。 ✗

意思能力は、自分のした法律行為の結果を判断できる能力のことです。法律行為の当事者が意思表示をしたときに、精神上の障害や泥酔などによって、**意思能力を有しなかった場合、その法律行為は無効**となります。 ○

意思能力を欠く状態でなされた意思表示は無効なので、AB間の贈与契約は、当初から何の効力も生じていません。Bは、甲建物の所有権を取得することはできません。 ○

▼正解

解説 制限行為能力者（未成年者…18歳未満の者・成年被後見人・被保佐人・被補助人）が単独で行った法律行為は、取り消すことができます。

成年後見人は、家庭裁判所が職権で選任します。一方、**未成年後見人は、最後の親権者が遺言で指定**します。この**指定未成年後見人がないときには、家庭裁判所が選任**します。従って、未成年後見人は家庭裁判所が選任する者とは限りません。 ○

未成年者が単独で行った意思表示は、取り消すことができます。**取消し**とは、**有効とされる意思表示や契約を当初にさかのぼって無効と扱う**ことです。 ○

制限行為能力者が単独で行った法律行為は、**制限行為能力者又はその代理人、承継人若しくは同意をすることができる者**に限り、取り消すことができます。また、取り消すことができる行為は、追認（後で認めること）することができ、追認後は取り消すことができなくなります。追認は、取消しの原因となっていた状況が消滅し、取消権を有すると知った後にしなければ効力を生じません。 ○

☐ **4** 土地を売却すると、土地の管理義務を免れることになるので、未成年者が土地を売却するに当たっては、その法定代理人の同意は必要ない。

[H22.問01.1.改]

☐ **5** 古着の仕入販売に関する営業を許された未成年者は、成年者と同一の行為能力を有するので、法定代理人の同意を得ないで、自己が居住するために建物を第三者から購入したとしても、その法定代理人は当該売買契約を取り消すことができない。

[H28.問02.1]

☐ **6** 後見人は、正当な事由があるときは、後見監督人の許可を得て、その任務を辞することができる。

[R04.問09.ウ]

4 成年被後見人 ★★／5 被保佐人 ★／6 被補助人 ／

問題 制限行為能力者に関する次の記述の正誤を○×で答えなさい。

☐ **1** 成年Aには将来相続人となるB及びC（いずれも法定相続分は2分の1）がいる。Aが精神上の障害により事理を弁識する能力を欠く常況になった場合、B及びCはAの法定代理人となりAが所有している甲土地を第三者に売却することができる。

[H18.問12.1]

☐ **2** 成年後見人が、成年被後見人に代わって、成年被後見人が居住している建物を売却する際、後見監督人がいる場合には、後見監督人の許可があれば足り、家庭裁判所の許可は不要である。

[H28.問02.3]

☐ **3** 成年被後見人が成年後見人の事前の同意を得て土地を売却する意思表示を行った場合、成年被後見人は、当該意思表示を取り消すことができる。

[H15.問01.3]

未成年者であっても、「単に権利を得、又は義務を免れる法律行為」については、法定代理人の同意なしで有効に行うことができます。土地を売却することは、土地の所有権を失うことなので、「単に権利を得、又は義務を免れる法律行為」ではありません。未成年者の土地の売却には、法定代理人の同意が必要です。ちなみに「単に権利を得る行為」とは、ただで何かをもらうことなどで、「義務を免れる法律行為」とは、借金をなくしてもらうことなどです。

✕

未成年者が法定代理人から営業の許可を受けた場合、その営業に関する行為の範囲内であれば単独で有効に行うことができます。しかし、その営業とは無関係の売買契約等については、法定代理人の同意を必要とします。自己が居住するために建物を第三者から購入することは、古着の仕入販売に関する営業とは無関係ですから、法定代理人は当該売買契約を取り消すことができます。

✕

後見人、保佐人、補助人が辞任をするには、正当な事由に加えて、家庭裁判所の許可が必要となります。後見監督人の許可は不要です。また、親権者が親権を辞するには、やむを得ない事由に加えて、家庭裁判所の許可が必要となります。

✕

7 制限行為能力者の相手方の保護

解説 「成年被後見人」は事理弁識能力を欠き、「被保佐人」は事理弁識能力が著しく不十分で、「被補助人」は事理弁識能力が不十分な者をいいます。

成年被後見人とは、精神上の障害により事理を弁識する能力を欠く常況にある者で、本人、配偶者などの請求により家庭裁判所から後見開始の審判を受けた者をいいます。問題文には、Aが後見開始の審判を受けているという条件が書かれていないので、B及びCはAの法定代理人となることはできません。

✕

成年後見人が、成年被後見人に代わって、成年被後見人が居住の用に供する建物又はその敷地を売却・賃貸などする場合は、家庭裁判所の許可が必要です。成年後見人が行う、これ以外の法律行為には、家庭裁判所の許可は必要ありません。

✕

成年被後見人が成年後見人の事前の同意を得て意思表示を行った場合でも取り消すことができます。成年被後見人は、成年後見人の同意の内容を忘れたりして、同意の通りに契約できないことがあるからです。つまり、成年後見人には同意権（本人が法律行為を行う前に同意を与える権限）がありません。

○

☐ **4** 成年被後見人が第三者との間で建物の贈与を受ける契約をした場合には、成年後見人は、当該法律行為を取り消すことができない。 ［H26. 問09.1］

☐ **5** 被保佐人については、不動産を売却する場合だけではなく、日用品を購入する場合も、保佐人の同意が必要である。 ［H22. 問01.3］

☐ **6** 被保佐人が、不動産を売却する場合には、保佐人の同意が必要であるが、贈与の申し出を拒絶する場合には、保佐人の同意は不要である。 ［H28. 問02.2］

☐ **7** 被保佐人が保佐人の事前の同意を得て土地を売却する意思表示を行った場合、保佐人は、当該意思表示を取り消すことができる。 ［H15. 問01.4］

☐ **8** 精神上の障害により事理を弁識する能力が不十分である者につき、4親等内の親族から補助開始の審判の請求があった場合、家庭裁判所はその事実が認められるときは、本人の同意がないときであっても同審判をすることができる。 ［H20. 問01.3］

☐ **9** 被補助人が法律行為を行うためには、常に補助人の同意が必要である。 ［H22. 問01.4］

☐ **10** 被補助人が、補助人の同意を得なければならない行為について、同意を得ていないにもかかわらず、詐術を用いて相手方に補助人の同意を得たと信じさせていたときは、被補助人は当該行為を取り消すことができない。 ［H28. 問02.4］

成年被後見人であっても、日用品の購入その他<u>日常生活</u>に関する行為は<u>自由</u>にできます。つまり、取り消すことはできません。しかし、**「贈与を受ける契約」**は、<u>日常生活</u>に関する行為ではないので、**成年後見人が取り消すことが**<u>できます</u>。「単に権利を得、又は義務を免れる法律行為」の取消しができないのは、<u>未成年者</u>の場合です。

✗

被保佐人は単独で法律行為を行うことができます。ただし、<u>重要な財産上</u>の行為を行う場合のみ**保佐人の同意が必要**です。日用品を購入する行為には保佐人の同意は不要です。

✗

被保佐人が、民法が定める重要行為を行う場合には、**保佐人の同意が必要**です。**重要行為には、不動産の売却や贈与の申出の**<u>拒絶</u>が含まれています。

✗

保佐人の同意がない<u>重要な財産上</u>の行為は、**取り消す**ことができます。**保佐人の同意を得た法律行為は、取り消すことができません。**

✗

補助開始の審判を本人以外が請求した場合には、<u>本人</u>の同意が必要となります。

✗

被補助人は、<u>特定</u>**の法律行為のみ補助人の同意**を要します。それ以外の場合、**補助人の同意は不要**です。

✗

制限行為能力者が、自分は制限行為能力者ではないとウソをつく、保護者の同意書を偽造するなど、**詐術を用いて法律行為**を行った場合には、それらの**行為を取り消すことは**<u>できません</u>。

〇

03 代理制度

◼ 代理とは ／◼ 有効な代理行為の要件

問題 代理に関する次の記述の正誤を○×で答えなさい。

☐ **1** 売買契約を締結する権限を与えられた代理人は、特段の事情がない限り、相手方からその売買契約を取り消す旨の意思表示を受領する権限を有する。
[H29.問01.1]

☐ **2** 買主Aが、Bの代理人Cとの間でB所有の甲土地の売買契約を締結する場合、CがBの代理人であることをAに告げていなくても、Aがその旨を知っていれば、当該売買契約によりAは甲土地を取得することができる。[H17.問03.ア]

☐ **3** AがA所有の土地の売却に関する代理権をBに与え、Bが自らを「売主Aの代理人B」ではなく、「売主B」と表示して、買主Cとの間で売買契約を締結した場合には、Bは売主Aの代理人として契約しているとCが知っていても、売買契約はBC間に成立する。 [H21.問02.1]

◼ 代理行為の瑕疵 ／◼ 代理人の行為能力 ★

問題 代理に関する次の記述の正誤を○×で答えなさい。

☐ **1** 代理人が相手方に対してした意思表示の効力が意思の不存在、錯誤、詐欺、強迫又はある事情を知っていたこと若しくは知らなかったことにつき過失があったことによって影響を受けるべき場合には、その事実の有無は、本人の選択に従い、本人又は代理人のいずれかについて決する。 [H26.問02.エ.改]

ポイント	▶ **本人**に代わって契約などの法律行為を相手方と行う者を**代理人**という。
	▶ 代理には、本人の意思による**任意代理**と法律の定めによる**法定代理**がある。
	▶ **自己契約**と**双方代理**は、どちらも原則として無権代理行為とみなされる。

▼正解

解説 代理とは、本人に代わって契約などの法律行為を行うことです。代理人が行った法律行為の効果は、**本人**に帰属します。

代理人が売買契約を締結する権限を与えられているということは、売買の可否についての判断を任されているということなので、相手方からの**売買契約を取り消すという意思表示**を**受領**する権限を持っています。

代理人が**顕名**（代理人である旨を表示）**しないで代理行為**を行った場合は、**原則として代理人自身**が契約したものとみなされます。ただし、**相手方が、代理人が**「本人の代理人」**だと知っていた場合、又は知ることができた場合**には、**顕名がなくても法律行為の効果は**（代理人ではなく）**本人に帰属し、有効な代理行為**とされます。Aは甲土地を取得することができます。

買主Cは、BがAの代理人として契約していることを知っているのですから、**売買契約はAC**間に成立します。

▼正解

解説 代理人が相手方に対してした意思表示の効力について、次の①と②の場合、事実の有無は**代理人**について（代理人を基準にして）決定されます。

①意思表示の効力が、**意思の不存在**（心裡留保、虚偽表示）**、錯誤、詐欺、強迫によって影響を受ける**べき場合
②ある事情を知っていたこと又は知らなかったことにつき過失があったことによって影響を受けるべき場合

本人の選択に従い、本人又は代理人のいずれかについて決するのではありません。

Part **2** 権利関係

03 代理制度

対応『史上最強の宅建士テキスト』168〜171ページ   153

☐ **2** Bは、A所有の建物の売却（それに伴う保存行為を含む。）についてAから代理権を授与されている。Bが、買主Cから虚偽の事実を告げられて売買契約をした場合でも、Aがその事情を知りつつBに対してCとの契約を委託したものであるときには、AからCに対する詐欺による取消はできない。

[H13.問08.2.改]

☐ **3** 16歳であるBがAの代理人として甲土地をCに売却した後で、Bが16歳であることをCが知った場合には、CはBが未成年者であることを理由に売買契約を取り消すことができる。 [H22.問02.3.改]

☐ **4** 未成年者が代理人となって締結した契約の効果は、当該行為を行うにつき当該未成年者の法定代理人による同意がなければ、有効に本人に帰属しない。

[H24.問02.1]

☐ **5** AがBに、Aが所有する甲土地の売却に関する代理権を授与するより前にBが補助開始の審判を受けていた場合、Bは有効に代理権を取得することができない。 [H30.問02.2]

5 任意代理と法定代理 ／ **6** 代理権の消滅事由 ★／ **7** 代理権の濫用

問題 Aが、所有する甲土地の売却に関する代理権をBに授与し、BがCとの間で、Aを売主、Cを買主とする甲土地の売買契約（以下この問において「本件契約」という。）を締結する場合における次の記述の正誤を○×で答えなさい。

☐ **1** AがBに代理権を授与した後にBが後見開始の審判を受け、その後に本件契約が締結された場合、Bによる本件契約の締結は無権代理行為となる。

[H30.問02.4]

☐ **2** Aが死亡した後であっても、BがAの死亡の事実を知らず、かつ、知らないことにつき過失がない場合には、BはAの代理人として有効に甲土地を売却することができる。 [H22.問02.1]

契約の相手方（買主Ｃ）が代理人（Ｂ）に対してした意思表示の効力が、ある事情に関する善意・悪意や過失の有無によって影響を受ける場合、その事実の有無は、代理人を基準にして決定されます。しかし、本問の売主Ａは、買主Ｃが告げた虚偽の事実について知りつつ代理人Ｂに対してＣとの契約を委託しています。本人は自ら知っていた事情について代理人が知らなかったことを主張することはできません。従って、ＡはＣに対して詐欺による取消しをすることはできません。これは、本人が過失によって知らなかった事情についても同様です。 〇

代理人が未成年などの制限行為能力者であることを理由に、契約を取り消すことはできません。なお、制限行為能力者が、自分とは別の制限行為能力者の法定代理人としてした行為については、取り消すことができます。 ✗

代理人となるに当たって、行為能力は要求されません。未成年者などの制限行為能力者であっても、代理人となって法律行為を行うことができます。本問の契約の効果は、法定代理人による同意がなくても、有効に本人に帰属します。 ✗

制限行為能力者が代理人としてした行為は、行為能力の制限によっては取り消すことができません。つまり、制限行為能力者でも代理人にすることができます。従って、被補助人のＢは有効に代理権を取得することができます。 ✗

解説 本人の意思により代理権が与えられることを任意代理、法律の定めによって代理権が与えられることを法定代理といいます。

任意代理人の代理権は、本人の死亡又は破産手続開始の決定、代理人の死亡又は代理人が破産手続開始の決定若しくは後見開始の審判を受けたことによって消滅します。Ｂの代理権は、Ｂが後見開始の審判を受けた時点で消滅しています。従って、Ｂによる本件契約の締結は無権代理行為となります。 〇

本人Ａが死亡した時点で、代理人Ｂの代理権は消滅します。ＢがＡの死亡について善意無過失であっても、代理人として甲土地を売却することはできません。 ✗

☐ **3** Bが死亡しても、Bの相続人はAの代理人として有効に甲土地を売却することができる。 [H22.問02.2]

☐ **4** Bが売買代金を着服する意図で本件契約を締結し、買主Cが本件契約の締結時点でこのことを知っていた場合であっても、本件契約の効果は当然にAに帰属する。 [H30.問02.1]

8 自己契約と双方代理 ★

問題 AがBの代理人としてB所有の甲土地について売買契約を締結した場合に関する次の記述の正誤を○×で答えなさい。

☐ **1** Aが甲土地の売却を代理する権限をBから書面で与えられている場合、A自らが買主となって売買契約を締結したときは、Aは甲土地の所有権を当然に取得する。 [H20.問03.1]

☐ **2** Aは、Bの同意がなければ、この土地の買主になることができない。 [H12.問01.3]

☐ **3** Aが売主Bの代理人であると同時に買主Cの代理人としてAC間で売買契約を締結しても、あらかじめ、B及びCの承諾を受けていれば、この売買契約は有効である。 [H22.問02.4]

☐ **4** AがCの代理人も引き受け、BC双方の代理人として甲土地に係るBC間の売買契約を締結した場合、Bに損害が発生しなければ、Aの代理行為は無権代理とはみなされない。 [R02-12月.問02.2]

代理人Bが**死亡した**時点で、**Bの代理権は消滅**します。代理権は相続できません。

代理人が代理権の範囲内の行為を<u>自己又は</u><u>第三者</u>の利益を図る目的で行うことを**代理権の濫用**といいます。代理人が**代理権を濫用した場合、相手方が**<u>悪意・善意</u><u>有過失</u>であれば、**無権代理行為**とみなされます。本人が<u>追認</u>しない限りは、その効果は本人に帰属しません。

Part
2
権利関係

03
代理制度

解説 <u>自己契約</u>は、本人の代理人が売買契約などの相手方になって本人と契約すること、<u>双方代理</u>は、同じ人が本人と相手方双方の代理人になることです。

自己契約と双方代理は、どちらも原則として<u>無権代理</u>**行為**とみなされます。書面で代理権を与えられていても、Aは甲土地の所有権を当然に取得することはできま**せん。**

自己契約は、原則として無権代理行為とみなされますが、**本人が代理人に自己契約を**<u>許諾</u>**している場合は、自己契約が許されます。**代理人Aは、本人Bの同意があれば買主になることができます。同意がなければ買主になることはできません。

双方代理は、原則として無権代理行為とみなされますが、**当事者の双方が双方代理を**<u>許諾</u>**している場合には、双方代理が許されます。**Aが売主B及び買主Cの承諾を受けていれば、この売買契約は有効です。また、本人と相手方が所有権移転の登記申請をしないといけないという債務を**司法書士が双方の代理で履行**する行為なども、**双方代理が有効**になるケースです。

双方代理は、無権代理行為とみなされます。このとき、<u>損害</u>の有無は問いません。

9 復代理 ★★

問題 代理に関する次の記述の正誤を○×で答えなさい。

☐ **1** 委任による代理人は、本人の許諾を得たときのほか、やむを得ない事由があるときにも、復代理人を選任することができる。　　　　　　　[H29.問01.2]

☐ **2** 法定代理人は、やむを得ない事由がなくとも、復代理人を選任することができる。　　　　　　　　　　　　　　　　　　　　　　　　　[H24.問02.4]

☐ **3** 代理人が復代理人を適法に選任したときは、復代理人は本人に対して、代理人と同一の権利を有し、義務を負うため、代理人の代理権は消滅する。　　　　　　　　　　　　　　　　　　　　　　　　　　[H19.問02.4]

☐ **4** 代理人が、代理人の友人を復代理人として選任することにつき、本人の許諾を得たときは、代理人はその選任に関し過失があったとしても、本人に対し責任を負わない。　　　　　　　　　　　　　　　　　[H19.問02.2]

解説　代理人が代理権の範囲内の行為を行わせるために、さらに代理人を選任することを復代理といいます。

委任による**代理人**は、**本人の許諾を得たときのほかに、やむを得ない事由がある**ときに、**復代理人を選任**することができます。

○

法定**代理人**は、**本人の許諾を得なくても、またやむを得ない事由がなくても、自**己の責任で、**復代理人を選任**することができます。

○

復代理人は、あくまで本人の代理人で、復代理人の行為は本人に帰属します。復代理人を選任した代理人の代理権は消滅しません。

✗

代理人は、復代理人の行為について、代理権授与を定める委任契約等に基づく**債務不履行責任**を負います。**代理人が復代理人の選任に関し過失**があった場合、**本人に対し責任**を負います。

✗

04 無権代理と表見代理

1 無権代理 ★★

問題 Aが、Bに無断でB所有の甲土地をCに売り渡す売買契約をCと締結した場合における次の記述の正誤を○×で答えなさい。なお、表見代理は成立しないものとする。

☐ **1** Bは、意外に高価に売れたのでCから代金を貰いたいという場合、直接Cに対して追認することができる。 [H11.問07.1]

☐ **2** BがCに対して追認の意思表示をすれば、Aの代理行為は追認の時からBに対して効力を生ずる。 [R02-12月.問02.4]

☐ **3** AがBに無断でCと売買契約をしたが、Bがそれを知らないでDに売却して移転登記をした後でも、BがAの行為を追認すれば、DはCに所有権取得を対抗できなくなる。 [H14.問02.4]

☐ **4** CはBに対して相当の期間を定めて、その期間内に追認するか否かを催告することができ、Bが期間内に確答をしない場合には、追認とみなされ本件売買契約は有効となる。 [H16.問02.2]

☐ **5** Bが本件売買契約を追認しない間は、Cはこの契約を取り消すことができる。ただし、Cが契約の時において、Aに甲土地を売り渡す具体的な代理権がないことを知っていた場合は取り消せない。 [H18.問02.3]

☐ **6** Bが本件売買契約を追認しない場合、Aは、Cの選択に従い、Cに対して契約履行又は損害賠償の責任を負う。ただし、Cが契約の時において、Aに甲土地を売り渡す具体的な代理権はないことを知っていた場合は責任を負わない。 [H18.問02.4]

▶ 代理権を有しない者が代理人として法律行為をすることを無権代理という。

▶ 無権代理人が行った法律行為は無効。本人が追認すれば契約締結時にさかのぼって有効。

▶ 表見代理が成立するためには、相手方が善意無過失であることが必要。

▼ 正解

解説 代理権を有しない者が代理人として法律行為をすることを無権代理といいます。

無権代理行為は原則として無効です。ただし、**本人Bは相手方Cに対してAの無権代理行為を追認する**ことができます。

○

本人が無権代理人が行った法律行為を追認した場合には、契約締結時にさかのぼって有効となります。**追認をした時から有効**になるのではありません。

✕

売主BからDへの売却は有効です。また、BはAによる無権代理行為を追認すれば、こちらも売買契約は当初から有効だったことになります。この場合、CとDは二重譲渡で対抗関係となりますから、**先に移転登記を受けているD**が、Cに所有権取得を対抗することができます。

✕

相手方Cは、本人Bに対して相当の期間を定めて、その期間内に契約を追認するかどうか確答を求める催告をすることができます。**本人Bがその期間内に確答しないときは、追認を拒絶したものとみなされ、契約は無効**となります。

✕

相手方が →	悪意	善意有過失	善意無過失
本人への催告	○	○	○本人から確答がなければ追認拒絶とみなす
契約の取消し	✕	○	○本人が追認をしない間、取消しができる
代理人への責任追及	✕	✕	○契約の履行又は損害賠償の請求ができる

無権代理行為による契約は、本人が追認しない間、相手方から取り消すことができます。**相手方が無権代理だったことを知っていた**場合には、取り消すことができません。

○

本人Bが無権代理行為を追認しない場合、相手方Cは無権代理人Aに対して契約の履行又は損害賠償の請求をすることができます。ただし、**相手方Cが無権代理について悪意又は善意有過失**だった場合には、**無権代理人Aに対して責任の追及はできません**。なお、**Aが自己に代理権がないことを知っていた場合**は、相手方Cが無権代理について善意有過失であってもAに対して責任の追及ができます。

○

2 表見代理 ★

問題 AはBの代理人として、B所有の甲土地をCに売り渡す売買契約をCと締結した。しかし、Aは甲土地を売り渡す代理権は有していなかった。この場合に関する次の記述の正誤を○×で答えなさい。

☐ **1** BがCに対し、Aは甲土地の売却に関する代理人であると表示していた場合、Aに甲土地を売り渡す具体的な代理権はないことをCが過失により知らなかったときは、BC間の本件売買契約は有効となる。　　　　　[H18.問02.1]

☐ **2** BがAに対し、甲土地に抵当権を設定する代理権を与えているが、Aの売買契約締結行為は権限外の行為となる場合、甲土地を売り渡す具体的な代理権がAにあるとCが信ずべき正当な理由があるときは、BC間の本件売買契約は有効となる。　　　　　[H18.問02.2]

☐ **3** BがAに与えた代理権が消滅した後にAが行った代理権の範囲内の行為について、相手方Cが過失によって代理権消滅の事実を知らなかった場合でも、Bはその責任を負わなければならない。　　　　　[R03-12月.問05.4]

3 無権代理と相続 ★★

問題 無権代理と相続に関する次の記述の正誤を○×で答えなさい。

☐ **1** 無権代理人が本人に無断で本人の不動産を売却した後に、単独で本人を相続した場合、本人が自ら当該不動産を売却したのと同様な法律上の効果が生じる。　　　　　[H30.問10.1]

☐ **2** B所有の土地をAがBの代理人として、Cとの間で売買契約を締結した。Aが無権代理人であって、Aの死亡によりBが単独でAを相続した場合には、Bは追認を拒絶できるが、CがAの無権代理につき善意無過失であれば、CはBに対して損害賠償を請求することができる。　　　　　[H16.問02.4]

☐ **3** A所有の甲土地につき、Aから売却に関する代理権を与えられていないBが、Aの代理人として、Cとの間で売買契約を締結した。Aの死亡により、BがDとともにAを相続した場合、DがBの無権代理行為を追認しない限り、Bの相続分に相当する部分においても、AC間の売買契約が当然に有効になるわけではない。　　　　　[H24.問04.4]

解説 相手方が「代理権がある」と信ずべき正当な理由があり、本人に帰責事由（責任）がある場合、無権代理行為であっても有効と扱うことがあります。これを<u>表見代理</u>といいます。

代理権を与えていないのに、「代理権を与えた」と<u>本人</u>が相手方に表示していた場合、**表見代理が成立**します。ただし、**表見代理の成立には、相手方が<u>善意無過失</u>であることが必要**です。本問では、Cは「過失により知らなかった」とあるので、Cは有過失であり、表見代理は成立しません。本件売買契約は<u>無効</u>です。 **✗**

代理人がその代理権の範囲を超えた代理行為をし、相手方に「代理権がある」と信ずべき<u>正当な理由がある</u>場合は、**表見代理が<u>成立</u>**します。本件売買契約は有効です。 **○**

代理権が消滅した代理人が行った代理行為の場合、**代理権の消滅について相手方が<u>善意無過失</u>であれば表見代理が<u>成立</u>**します。しかし、本問の相手方Cには<u>過失</u>があるので、本人Bがその責任を負うことはありません。 **✗**

解説 無権代理行為の後で、本人又は無権代理人が死亡した場合の問題です。

問題文の通りです。**本人が死亡し、無権代理人が単独相続**した場合は、その**無権代理行為は相続によって当然に<u>有効</u>**となります。無権代理人は、自らの無権代理行為の追認を拒絶することはできません。 **○**

土地を所有するBは、**本人の権利として追認を<u>拒絶</u>**できます。一方、Bは、**無権代理人Aの地位を相続**しています。CがAの無権代理について善意無過失であれば、**Cは、Bに対して損害賠償請求を行う**ことができます。 **○**

本人が死亡し、無権代理人が他の相続人と共同で相続した場合、無権代理行為は、**無権代理人を除く<u>共同相続人全員</u>の追認がなければ、無権代理人の相続分についても有効になりません**。問題文の通り、Dが追認しない限り、Bの相続分に相当する部分においても、売買契約が有効となるわけではありません。 **○**

Part **2** 権利関係

04 無権代理と表見代理

05 時効

1 取得時効 ★★★★★

問題　所有権及びそれ以外の財産権の取得時効に関する次の記述の正誤を○×で答えなさい。

☐ **1**　土地の賃借権は、物権ではなく、契約に基づく債権であるので、土地の継続的な用益という外形的かつ客観的事実が存在したとしても、時効によって取得することはできない。　　　　　　　　　　　　　　　[H22.問03.1]

☐ **2**　A所有の農地を占有しているBがAと当該農地につき賃貸借契約を締結して20年以上にわたって賃料を支払って継続的に耕作していても、農地法の許可がなければ、Bは、時効によって当該農地の賃借権を取得することはできない。　　　　　　　　　　　　　　　　　　　　　　　　[H27.問04.4]

☐ **3**　20年間、平穏に、かつ、公然と他人が所有する土地を占有した者は、占有取得の原因たる事実のいかんにかかわらず、当該土地の所有権を取得する。　　　　　　　　　　　　　　　　　　　　　　　　　　　　　[H26.問03.4]

☐ **4**　Aから土地を借りていたBが死亡し、借地であることを知らない相続人Cがその土地を相続により取得したと考えて利用していたとしても、CはBの借地人の地位を相続するだけなので、土地の所有権を時効で取得することはない。　　　　　　　　　　　　　　　　　　　　　　　　　　[H16.問05.3]

☐ **5**　Bは、所有の意思をもって、平穏かつ公然にA所有の甲土地を占有している。Bが2年間自己占有し、引き続き18年間Cに賃貸していた場合には、Bに所有の意思があっても、Bは、時効によって甲土地の所有権を取得することができない。　　　　　　　　　　　　　　　　　　　　　　　　[H10.問02.2]

☐ **6**　Aの所有である甲土地をBが所有の意思をもって平穏かつ公然に17年間占有した後、CがBを相続し甲土地を所有の意思をもって平穏かつ公然に3年間占有した場合、Cは甲土地の所有権を時効取得することができる。　　　　　　　　　　　　　　　　　　　　　　　　[R02-10月.問10.1]

ポイント

▶ 所有権の取得時効は、所有の意思をもって、平穏に、かつ、公然と他人の物を占有して、一定期間（10年間又は20年間）が経過することで成立する。

▶ 所有権が時効で消滅することはない。

▼正解

解説 時効とは、一定期間ある状態が継続したことにより、権利を<u>取得</u>したり、権利が<u>消滅</u>したりする制度です。

時効によって取得できる権利には、**所有権、地上権、賃借権、地役権など**があります。

✕

他人の土地の継続的な用益という外形的事実が存在し、それが**賃借の意思**に基づくものであることが客観的に表現されているときは、**土地の賃借権を時効取得**することができます。この場合、**農地法の許可は**<u>不要</u>です。

✕

所有権の取得時効は、<u>所有の意思</u>をもって、平穏に、かつ、公然と他人の物を占有して、一定期間が経過することで成立します。「<u>所有の意思</u>をもって」が要件ですから、「占有取得の原因たる事実のいかんにかかわらず」所有権を取得できるわけではありません。**取得時効は、次の期間で完成**します。

- **占有開始時点で善意無過失なら10年間**
- **占有開始時点で善意有過失又は悪意なら20年間**

✕

借地人の占有は<u>所有の意思</u>に基づくものではないので、所有権を時効取得することはできません。しかし、相続人が**借地であること**を知らずに相続した場合などは、所有の意思をもった占有を開始することがあります。このような場合は、**時効により所有権を取得する**ことができます。

✕

当事者が直接に物を占有（自己占有）しなくても、<u>占有代理人</u>を介して占有（代理占有）することが可能です。Bは、「自身の占有期間（2年間）＋Cの占有期間（18年間）＝20年間」占有していたことになるので、**所有権を時効取得する**ことができます。

✕

占有者の承継人は、**自分の占有のみを主張**するか、又は**前の占有者の占有を合わせて主張**するかを選ぶことが<u>できます</u>。Bの占有を合わせて主張すれば、Cは、「Bの占有期間（17年間）＋C自身の占有期間（3年間）＝20年間」占有していたことになるので、**所有権を時効取得することができます**。

○

☐ **7** A所有の土地をBが平穏・公然・善意・無過失に所有の意思をもって8年間占有し、CがBから土地の譲渡を受けて2年間占有した場合、当該土地の真の所有者はBではなかったとCが知っていたとしても、Cは10年の取得時効を主張できる。 [H16.問05.1]

② 消滅時効 ★★

問題 時効に関する次の記述の正誤を○×で答えなさい。

☐ **1** Aが所有している甲土地を使用しないで20年以上放置していたとしても、Aの有する甲土地の所有権が消滅時効にかかることはない。[R02-10月.問10.4]

☐ **2** 買主の売主に対する契約不適合を担保すべき責任による損害賠償請求権には消滅時効の規定の適用があり、この消滅時効は、買主が売買の目的物の引渡しを受けた時から進行する。 [H26.問03.3.改]

☐ **3** 債務の不履行に基づく人の生命又は身体の侵害による損害賠償請求権は、権利を行使することができる時から20年間行使しないときは、時効によって消滅する。 [H27.問01.ア.改]

③ 時効の完成猶予と更新 ★★★／④ 時効の援用 ★／⑤ 時効の利益の放棄

問題 時効に関する次の記述の正誤を○×で答えなさい。

☐ **1** 裁判上の請求をした場合、裁判が終了するまでの間は時効が完成しないが、当該請求を途中で取り下げて権利が確定することなく当該請求が終了した場合には、その終了した時から新たに時効の進行が始まる。[R02-12月.問5.2]

占有者の承継人が、前の占有者の占有を合わせて主張する場合は、**前の占有者の**「**善意**」「**悪意**」「**過失の有無**」**も承継**します。**占有者の善意無過失は占有開始時だけで判定**され、以後の占有者の善意無過失は問われません。**C は B の善意無過失を承継して、10 年の取得時効を主張できます。**

▼正解

解説 消滅時効とは、一定期間、権利を行使しないでいると、その権利が失われる制度のことです。

所有権は、時効で消滅することはありません。

契約不適合を担保すべき責任による損害賠償請求権は債権です。**債権の消滅時効**は、①か②の早い時点で時効消滅します。

①**債権者が権利を行使することができると知った時（契約不適合を知った時）から 5 年間行使しない**とき

②**債権者が権利を行使することができる時（売買契約では、買主が売買の目的物の引渡しを受けた時）から 10 年間行使しない**とき

人の生命又は身体の侵害による損害賠償請求権は、①か②の早い時点で時効消滅します。

①**債権者が権利を行使することができると知った時から 5 年間行使しない**とき

②**債権者が権利を行使することができる時から 20 年間行使しない**とき

▼正解

解説 時効の完成猶予は、一定期間、時効の完成を先延ばしにすることです。時効の更新は、時効期間をリセットしてゼロから再スタートさせることです。

裁判上の請求をすると、時効の完成が猶予されます。請求の取下げ、却下、棄却の判決があった場合など、原告（訴えた人）の**権利が確定することなく請求が終了**すると、そこから **6 か月が経過するまでの間は時効の完成が猶予**されますが、時効の更新はありません。**判決や裁判上の和解で原告の権利が確定**した場合に、時効が更新されます。

Part 2 権利関係 05 時効

対応 『史上最強の宅建士テキスト』184〜189 ページ　167

☐ **2** Aは、Bに対し建物を賃貸し、月額10万円の賃料債権を有している。Aが、Bに対する賃料債権につき内容証明郵便により支払を請求したときは、その請求により消滅時効は更新される。　　　　　　　　　　［H21.問03.3］

☐ **3** 権利についての協議を行う旨の合意が書面でされたときは、その合意があった時から1年を経過した時までは、時効は完成しない。　　　［H29.問04.1.改］

☐ **4** 消滅時効の援用権者である「当事者」とは、権利の消滅について正当な利益を有する者であり、債務者のほか、保証人、物上保証人、第三取得者も含まれる。　　　　　　　　　　　　　　　　　　　　　　［R02-12月.問05.1］

☐ **5** 債務者が時効の完成の事実を知らずに債務の承認をした場合、その後、債務者はその完成した消滅時効を援用することはできない。　　　［H30.問04.4］

☐ **6** Aは、Bに対し建物を賃貸し、月額10万円の賃料債権を有している。Bが、Aとの建物賃貸借契約締結時に、賃料債権につき消滅時効の利益はあらかじめ放棄する旨約定したとしても、その約定に法的効力は認められない。　　　　　　　　　　　　　　　　　　　　　　　　　　　［H21.問03.2］

☐ **7** 消滅時効完成後に主たる債務者が時効の利益を放棄した場合であっても、保証人は時効を援用することができる。　　　　　　　　　　　［H30.問04.1］

内容証明郵便による支払い請求は、**催告に該当**します。催告をすると、**催告時から6か月**が経過するまでの間は時効の完成が猶予されます。ここから時効を更新するためには、**この6か月の間にもっと強力な手段（裁判上の請求等）をとる必要**があります。

✗

債権者と債務者が権利についての協議を行う旨を書面で合意した場合、①②のいずれか早い時点まで時効の完成が猶予されます。

　①合意から1年を経過した時。1年未満の協議期間を定めたときは、その期間を経過した時。
　②当事者の一方が相手方に協議の続行を拒絶する旨の書面による通知をした時から6か月を経過した時。

時効の完成が猶予されている間に、再び協議について合意すれば、猶予期間が延長されます。延長は、本来時効が完成するはずだった時から**最長5年間**です。

○

時効は当事者が援用することによって、起算日にさかのぼって効力を生じます。消滅時効に関する当事者とは、債務者、保証人、抵当権を設定した物上保証人、第三取得者など「権利の消滅について正当な利益を有する者」をいいます。

○

債務者が債権者の債権を認めることを承認といいます。**債務者が支払期限の猶予を求めたり、一部を返済したり、利息を支払ったりすれば、債務の存在を承認**したとみなされて、**時効が更新**されます。消滅時効の完成後に債務者が債権を承認した場合には、**時効の完成を知らなかったとしても、時効の援用は許されなくなります。**

○

時効の利益の放棄とは、当事者が時効による利益を受けないという意思表示をすることです。**時効の完成前に時効の利益を放棄することはできません。**

○

保証人は、「権利の消滅について正当な利益を有する者」なので、**時効を援用する**ことができます。**消滅時効完成後に主たる債務者が時効の利益を放棄した場合であっても、保証人が時効を援用することはできます。**時効を援用するかどうかは、当事者それぞれについて相対的に判断されるからです。

○

1 契約の分類 ★★／2 主な契約の種類

問題　契約に関する次の記述の正誤を○×で答えなさい。

☐ **1**　甲土地の賃貸借契約が専ら事業の用に供する建物の所有を目的とする場合には、公正証書によらなければ無効となる。　　　　　　　　[H30.問11.1]

☐ **2**　保証人となるべき者が、口頭で明確に特定の債務につき保証する旨の意思表示を債権者に対してすれば、その保証契約は有効に成立する。[H22.問08.2]

☐ **3**　AからBに対する無償かつ負担なしの甲建物の贈与契約が、書面によらないでなされた場合、Aが履行するのは自由であるが、その贈与契約は法的な効力を生じない。　　　　　　　　　　　　　　　　　　　　　　[H21.問09.2]

3 無効と取消し ／4 条件・期限 ★★★／5 期間の計算

問題　契約に関する次の記述の正誤を○×で答えなさい。

☐ **1**　買主が意思無能力者であった場合、買主は、売主との間で締結した売買契約を取り消せば、当該契約を無効にできる。　　　　　　　　　[H17.問01.2]

☐ **2**　AとBとの間で、5か月後に実施される試験にBが合格したときにはA所有の甲建物をBに贈与する旨を書面で約した。本件約定は、停止条件付贈与契約である。　　　　　　　　　　　　　　　　　　　　　　　　　[H30.問03.1]

ポイント
▶ 諾成契約は、当事者の意思表示が合致するだけで成立する契約である。
▶ 「契約が無効である」とは、契約に当初から効力がないこと。
▶ 「取消し」とは、有効とされる意思表示や契約を当初にさかのぼって無効と扱うこと。

▼正解

解説 諾成契約は、当事者の意思表示が合致するだけで成立する契約、**要物**契約は、当事者の意思表示の合致に加えて、目的物の引渡し、その他の給付によって成立する契約です。**要式**契約は、契約書面の作成など、一定の方式に従って行う必要がある契約です。

賃貸借契約は、原則として**諾成契約**です。**書面で契約する必要はありません**。例外として、**定期借地権は書面**で、そのうちの**事業用定期借地権は公正証書**で締結する必要があります。本問は期間の記述がないので、定期借地ではありません。

保証契約は要式契約です。**書面**でしなければ、その効力を生じません。

贈与契約は諾成契約です。**書面によらないでなされた場合**でも、**その贈与契約は法的な効力を生じます**。なお、使用貸借契約（タダで貸し借りする契約）も諾成契約です。

▼正解

解説 停止条件付法律行為は、**停止**条件が成就した時から効力が発生します。解除条件付法律行為は、**解除**条件が成就した時から効力が失われます。

意思無能力者の意思表示による法律行為は、当初から無効です。初めから**無効**である契約ですから、取消しの対象とはなりません。

問題文の契約は、**「合格したら贈与する」**という**停止条件付贈与契約**です。**停止条件が成就した時（合格した時）から、贈与するという契約が効力を発生します**。

☐ **3** Aは、Bとの間で、A所有の山林の売却について買主のあっせんを依頼し、その売買契約が締結され履行に至ったとき、売買代金の2%の報酬を支払う旨の停止条件付きの報酬契約を締結した。この契約締結の時点で、既にAが第三者Cとの間で当該山林の売買契約を締結して履行も完了していた場合には、Bの報酬請求権が効力を生ずることはない。　　　　　　　　[H18.問03.3]

問題 Aは、自己所有の甲不動産を3か月以内に、1,500万円以上で第三者に売却でき、その代金全額を受領することを停止条件として、Bとの間でB所有の乙不動産を2,000万円で購入する売買契約を締結した。条件成就に関する特段の定めはしなかった。この場合に関する次の記述の正誤を○×で答えなさい。

☐ **4** 乙不動産が値上がりしたために、Aに乙不動産を契約どおり売却したくなくなったBが、甲不動産の売却を故意に妨げたときは、Aは停止条件が成就したものとみなしてBにAB間の売買契約の履行を求めることができる。
　　　　　　　　　　　　　　　　　　　　　　　　　　　　　[H23.問02.1]

☐ **5** 停止条件付法律行為は、停止条件が成就した時から効力が生ずるだけで、停止条件の成否が未定である間は、相続することはできない。　　[H23.問02.2]

☐ **6** 停止条件の成否が未定である間に、Bが乙不動産を第三者に売却し移転登記を行い、Aに対する売主としての債務を履行不能とした場合でも、停止条件が成就する前の時点の行為であれば、BはAに対し損害賠償責任を負わない。
　　　　　　　　　　　　　　　　　　　　　　　　　　　　　[H23.問02.3]

☐ **7** 停止条件が成就しなかった場合で、かつ、そのことにつきAの責に帰すべき事由がないときでも、AはBに対し売買契約に基づき買主としての債務不履行による損害賠償責任を負う。　　　　　　　　　　　　　[H23.問02.4]

☐ **8** 5月30日午前10時に、代金の支払期限を契約締結日から1か月後とする動産の売買契約を締結した場合、同年7月1日の終了をもって支払期限となる。なお、明記された日付は、日曜日、国民の祝日に関する法律に規定する休日その他の休日には当たらないものとする。　　　　　　　[R04.問05.4]

本問は「Bのあっせんにより売買契約が締結され履行に至ること」が停止条件です。契約時点で山林の所有権はCに移っていたのですから、付された停止条件が成就することはありません。**条件が成就しないことが契約時に確定**している場合、**停止条件付契約は**無効となります。**契約が**無効なので、Bの報酬請求権が効力を生ずることはありません。

○

解説 停止条件付法律行為は、停止条件が成就した時から効力が発生します。本問では、Aが甲不動産を問題文の条件で売却し代金全額を受領できた場合に、Bとの売買契約の効力が発生します。

条件が成就することによって不利益を受ける当事者が、故意にその条件の成就を妨げた場合、相手方は、その条件が成就したものとみなすことができます。従って、AはBにAB間の売買契約の履行を求めることができます。

○

条件の成否が未定である間における当事者の権利義務は、一般の規定に従い、**処分し、**相続し、**若しくは保存し、又はそのために担保を供する**ことができます。**停止条件の成否が未定である間であっても、**相続することはできます。

✕

各当事者は、**条件の成否が未定である間は、相手方の**期待**権を害することができません。**期待**権を侵害した場合には、損害賠償義務を負う**ことになります。従って、BはAに対し損害賠償責任を負います。

✕

債務不履行による損害賠償責任を負うのは、停止条件が成就しなかったことについて帰責事由**がある当事者**です。停止条件が成就しなかったことについて、Aには**帰責事由**がないので、損害賠償責任を負うことはありません。

✕

民法では、時間によって期間を定めた契約は即時から起算し、それ以外は翌日から起算（初日不算入）するとしています。5月30日午前10時に「支払期限を契約締結日から1か月後」とする売買契約を締結したので、**初日不算入により起算日は**5月31日となります。その起算日に応当する日は6月31日ですが、6月31日はないので、月の末日である6月30日の終了をもって支払期限となります。

✕

07 債務不履行と解除

1 債権と債務 ／ 2 同時履行の抗弁権 ★★★★★

問題 同時履行の関係に関する次の記述の正誤を○×で答えなさい。

☐ **1** Aを売主、Bを買主として甲建物の売買契約が締結された。Bは、本件代金債務の履行期が過ぎた場合であっても、特段の事情がない限り、甲建物の引渡しに係る履行の提供を受けていないことを理由として、Aに対して代金の支払を拒むことができる。 [R01.問07.4]

☐ **2** Aは、中古自動車を売却するため、Bに売買の媒介を依頼し、報酬として売買代金の3%を支払うことを約した。Bの媒介によりAは当該自動車をCに100万円で売却した。Bが報酬を得て売買の媒介を行っているので、CはAから当該自動車の引渡しを受ける前に、100万円をAに支払わなければならない。 [H29.問05.1]

☐ **3** AがBに甲土地を売却し、甲土地につき売買代金の支払と登記の移転がなされた後、第三者の詐欺を理由に売買契約が取り消された場合、原状回復のため、BはAに登記を移転する義務を、AはBに代金を返還する義務を負い、各義務は同時履行の関係となる。 [H30.問01.1]

☐ **4** マンションの賃貸借契約終了に伴う賃貸人の敷金返還債務と、賃借人の明渡債務は、特別の約定のない限り、同時履行の関係に立つ。 [H27.問08.ア]

☐ **5** 貸金債務の弁済と当該債務の担保のために経由された抵当権設定登記の抹消登記手続とは、同時履行の関係に立つ。 [H15.問09.3]

☐ **6** 建物の賃借人が賃貸人に対して造作買取代金債権を有している場合には、造作買取代金債権は建物に関して生じた債権であるので、賃借人はその債権の弁済を受けるまで、建物を留置することができる。 [H19.問07.2]

ポイント

▶ 買主が売買代金を支払う債務と売主が目的物を引渡す債務は、同時履行の関係にある。

▶ 債務不履行とは、債務者が契約で約した債務の本旨に従った履行をしないこと。

▶ 債権者は、債務者に帰責事由のある債務不履行の場合に損害賠償請求ができる。

▼ 正解

解説 　売買契約は双務契約であり、買主が売買代金を支払う債務と売主が目的物を引き渡す債務は、同時履行の関係に立ちます。

売買契約では、**相手方がその債務の履行を提供するまでは、自己の債務の履行を拒む**ことができます。これを**同時履行の抗弁権**といいます。買主Bは、売主Aから**甲建物の引渡しを受けていないので、Aに代金の支払を拒む**ことができます。なお、Bの代金債務の履行期が9月1日で、Aの引渡し日が9月15日などという**定め（特段の事情）がある場合**は、この限りではありません。

◯

双務契約から生じた債務の履行は、同時履行が原則です。買主Cは売主Aから自動車の引渡しを受けるまでは、Aに**代金を支払う義務を負いません。媒介業者が報酬を得ているかどうかは無関係**です。

✗

売買契約が取り消された場合における**当事者双方の原状回復義務**は、**同時履行の関係に立ちます。**Aには**代金を返還する義務**が、Bには**登記を移転する義務**が生じ、双方の義務は**同時履行の関係に立ちます。**

◯

賃貸人は明け渡された物件を確認してから、敷金を返還します。賃借人の明渡債務が先、敷金返還債務が後です。**同時履行の関係に立ちません。**

✗

債務者は貸金債務を弁済してから、抵当権の抹消登記を要求することができます。**貸金債務の弁済が先、抹消登記手続が後**です。**同時履行の関係に立ちません。**

✗

建物賃借人の建物明渡し義務と賃貸人の造作代金支払義務は、同時履行の関係に立ちません。造作買取代金債権は、建物ではなく造作に関して生じた債権ですから、それを理由に**建物を留置することはできません。**

✗

❸ 債務不履行 ★★

問題 債務不履行に関する次の記述の正誤を○×で答えなさい。

☐ **1** AがBと契約を締結する前に、信義則上の説明義務に違反して契約締結の判断に重要な影響を与える情報をBに提供しなかった場合、Bが契約を締結したことにより被った損害につき、Aは、不法行為による賠償責任を負うことはあっても、債務不履行による賠償責任を負うことはない。　　[H24.問08.1]

☐ **2** 債務の履行について不確定期限があるときは、債務者は、その期限が到来したことを知らなくても、期限到来後に履行の請求を受けた時から遅滞の責任を負う。　　[R02-12月.問04.1]

☐ **3** 令和6年6月1日にA所有の甲建物につきAB間で売買契約が成立し、当該売買契約において同年6月30日をもってBの代金支払と引換えにAは甲建物をBに引き渡す旨合意されていた。甲建物が同年6月15日時点でAの責に帰すべき火災により滅失した場合、有効に成立していた売買契約は、Aの債務不履行によって無効となる。　　[H19.問10.2]

❹ 損害賠償 ★★★／❺ 金銭債務の特則 ★

問題 債務不履行に基づく損害賠償請求権に関する次の記述の正誤を○×で答えなさい。

☐ **1** AB間でB所有の甲不動産の売買契約を締結した後、Bが甲不動産をCに二重譲渡してCが登記を具備した場合、AはBに対して債務不履行に基づく損害賠償請求をすることができる。　　[H24.問08.3]

☐ **2** 契約に基づく債務の履行が契約の成立時に不能であったとしても、その不能が債務者の責めに帰することができない事由によるものでない限り、債権者は、履行不能によって生じた損害について、債務不履行による損害の賠償を請求することができる。　　[R02-12月.問04.4]

解説 債務不履行とは、債務者が債務（契約によって約束した義務）の本旨に従った履行をしないことです。債務不履行には、履行遅滞・履行不能・不完全履行の3種類があります。

契約締結前の段階での説明義務違反は、契約上の債務不履行に該当しません。Aは、不法行為による賠償責任を負うことはあっても、契約上の債務不履行による賠償責任を負うことはありません。

「確定期限」は、「〇日までに」など、確定した期限を定めていることで、「不確定期限」は、「祖父が死んだら」など、期限が不確定なことです。**不確定期限の債権**では、**債務者が期限の到来後に履行の請求を受けた時**、又は**期限到来を知った時**のいずれか早い時が履行期となります。債務者は、その期限が到来したことを知らなくても、期限到来後に履行の請求を受けた時から遅滞の責任を負います。

本問の契約は、6月1日に成立しています。その後に建物が滅失したので、契約は**履行不能**となりますが、無効になるわけではありません。**滅失について、売主Aに帰責事由があるので、買主Bは損害賠償**を請求できます。また、Bに帰責事由がない債務不履行なので、Bは契約を解除することもできます。

解説 債務者に帰責事由のある債務不履行（履行遅滞・履行不能・不完全履行）の場合、債権者は債務者に対して損害賠償請求をすることができます。

二重譲渡の場合は、先に登記を備えた方が所有権を主張できます。Cが登記を備えたので、BのAに対する引渡義務が履行不能となっています。従って、AはBに対して**債務不履行に基づく損害賠償請求をする**ことができます。

債務が履行不能であるときは、**債務者に帰責事由がない場合を除いて、債権者は、債務不履行責任に基づく損害賠償を請求**することができます。債務の履行が契約の成立時に不能である、「原始的不能」の契約でも損害賠償を請求することができます。

☐ **3** 債務不履行によって生じた特別の損害のうち、当事者がその事情を予見すべきであったときは、債権者は、その賠償を請求することができる。

[H26.問01.4.改]

☐ **4** 債務の不履行に関して債権者に過失があったときでも、債務者から過失相殺する旨の主張がなければ、裁判所は、損害賠償の責任及びその額を定めるに当たり、債権者の過失を考慮することはできない。 [H22.問06.4]

☐ **5** AB間の土地売買契約中の履行遅滞の賠償額の予定の条項によって、AがBに対して、損害賠償請求をする場合、Aは、賠償請求に際して、Bの履行遅滞があったことを主張・立証すれば足り、損害の発生や損害額の主張・立証をする必要はない。 [H14.問07.4]

☐ **6** Aを売主、Bを買主として、甲土地の売買契約が締結された。Bが売買契約で定めた売買代金の支払期日までに代金を支払わなかった場合、売買契約に特段の定めがない限り、AはBに対して、年5%の割合による遅延損害金を請求することができる。 [R02-12月.問07.3]

☐ **7** AB間の金銭消費貸借契約において、借主Bは当該契約に基づく金銭の返済をCからBに支払われる売掛代金で予定していたが、その入金がなかった（Bの責めに帰すべき事由はない。）ため、返済期限が経過してしまった場合、Bは債務不履行には陥らず、Aに対して遅延損害金の支払義務を負わない。

[H24.問08.4]

6 契約の解除 ★★★★★

問題 Aは、自己所有の甲土地をBに売却し、代金を受領して引渡しを終えたが、AからBに対する所有権移転登記はまだ行われていない。この場合に関する次の記述の正誤を○×で答えなさい。

☐ **1** AB間の売買契約をBから解除できる事由があるときで、Bが死亡し、CとDが2分の1ずつ共同相続した場合、C単独ではこの契約を解除することはできず、Dと共同で行わなければならない。 [H17.問08.3]

債務不履行による損害賠償では、通常生ずべき損害に加えて、**特別の事情によって生じた損害**も、**当事者が規範的・客観的判断によって**予見**すべきであった場合には請求をする**ことができます。「通常生ずべき損害」とは、例えば、買主が目的物を使用して得ることが確実であった営業利益等など、「特別の事情によって生じた損害」とは、例えば不履行後の目的物の価格の高騰分などです。

〇

債務不履行に関して、債権者にも過失があった場合には、債務者からの主張がなくても、裁判所が職権で債権者の過失に応じて損害賠償責任の有無や額を考慮します。これを過失相殺といいます。

✕

損害賠償額の予定（損害賠償額を決めておくこと）があった場合、債権者は債務不履行があったことを主張・立証すれば、損害の有無・多少を問わず、予定の賠償額を受け取ることができます。また実際の損害額が予定の賠償額より大きいことを証明しても、予定の賠償額を超えて請求することはできません。なお、**裁判所は、不当な賠償額の予定については全部又は一部を無効**にすることができます。

〇

金銭債務の支払が遅滞した場合（履行遅滞）の遅延損害金（遅延利息）の率は、契約等で特段の定めのない限り、**一律に年**3**％の法定利率が適用**されます。

✕

金銭債務については、**債務者は、**不可抗力**をもって抗弁とすることができません。**つまり、**債務者は、自分の**責めに帰すべき**事由がなくても、返済を拒むことはできません。**Bは、Aに対して**遅延損害金の支払義務を負います。**

✕

解説 契約の解除とは、契約が成立した後に、当事者の一方（解除権者）の意思表示によって、契約を解消し、初めから契約がなかった状態にすることです。一度解除権を行使すると、撤回することはできません。

〇

解除権者が複数人いる場合には、解除権者全員の意思表示で解除を行わなければなりません。

2 AB間の売買契約をAから解除できる事由があるときで、Bが死亡し、CとDが2分の1ずつ共同相続した場合、Aがこの契約を解除するには、CとDの全員に対して行わなければならない。 [H17.問08.4]

問題 売主Aは、買主Bとの間で甲土地の売買契約を締結し、代金の3分の2の支払と引換えに所有権移転登記手続と引渡しを行った。その後、Bが残代金を支払わないので、Aは適法に甲土地の売買契約を解除した。この場合に関する次の記述の正誤を○×で答えなさい。

3 Bは、甲土地を現状有姿の状態でAに返還し、かつ、移転登記を抹消すれば、引渡しを受けていた間に甲土地を貸駐車場として収益を上げていたときでも、Aに対してその利益を償還すべき義務はない。 [H21.問08.2]

4 Aは、Bが契約解除後遅滞なく原状回復義務を履行すれば、契約締結後原状回復義務履行時までの間に甲土地の価格が下落して損害を被った場合でも、Bに対して損害賠償を請求することはできない。 [H21.問08.4]

問題 契約の解除に関する次の記述の正誤を○×で答えなさい。

5 債権者は、債務不履行について債務者に帰責事由がない場合には、契約の解除をすることができない。 [予想問題]

6 債務不履行に対して債権者が相当の期間を定めて履行を催告してその期間内に履行がなされない場合であっても、催告期間が経過した時における債務不履行がその契約及び取引上の社会通念に照らして軽微であるときは、債権者は契約の解除をすることができない。 [R02-10月.問03.3]

7 AはBとの間で、土地の売買契約を締結し、Aの所有権移転登記手続とBの代金の支払を同時に履行することとした。決済約定日に、Aは所有権移転登記手続を行う債務の履行の提供をしたが、Bが代金債務につき弁済の提供をしなかったので、Aは履行を拒否した。Aは、一旦履行の提供をしているので、これを継続しなくても、相当の期間を定めて履行を催告し、その期間内にBが履行しないときは土地の売買契約を解除できる。 [H18.問08.2]

解除の相手方が**複数人**いる場合には、相手方全員に対して解除の意思表示を行わなければなりません。

⭕

解説 契約が解除された場合、履行済みの部分については、各当事者が原状回復義務を負います。

売主Aは、受領済み代金に、利息**をつけて返還**しなければなりません。**買主Bは、土地の返還に加えて、甲土地を使用して得た**利益**も返還**しなければなりません。甲土地を貸駐車場として収益を上げていたときは、Aに対してその利益を償還すべき義務があります。

✖

債権者は、債務者に帰責事由**があるときには、契約解除に加えて、**損害賠償**請求**もできます。Aは、Bが残代金を支払わなかったために契約を解除し、その間に甲土地の価格が下落して損害を被ったので、損害賠償を請求することができます。

✖

解説 債権者が損害賠償請求をするためには債務者の帰責事由が必要ですが、契約解除には、債務者の帰責事由は不要です。

契約解除をするに当たって、**債務者の**帰責事由**は要求されていません。債務不履行について債務者に**帰責事由**がない場合**であっても、債権者は、**契約を解除**することができます。

✖

債権者に債務不履行があった場合、債権者は相当の期間を定めた催告**を経て、契約を**解除**することができます。ただし、債務不履行が契約及び取引上の社会通念に照らして**軽微**であるときは、契約を解除することはできません。

⭕

自らが債務を履行したにもかかわらず、相手方が期限までに債務を履行しない場合、**相当の期間を定めて履行の**催告**をし、その期間内に相手方の**履行**がなければ、契約を**解除**できます。一旦履行の提供をしている場合には、履行の提供を継続しなくとも構いません。

⭕

8 債務者が債務を履行しない場合であって、債務者がその債務の全部の履行を拒絶する意思を明確に表示したときは、債権者は、相当の期間を定めてその履行を催告することなく、直ちに契約の解除をすることができる。　　［R02-10月.問03.4］

7 危険負担 ★

問題　令和6年4月1日にA所有の甲建物につきAB間で売買契約が成立し、当該売買契約において同年4月30日をもってBの代金支払と引換えにAは甲建物をBに引き渡す旨合意されていた。この場合に関する次の記述の正誤を○×で答えなさい。

1　甲建物が同年3月31日時点でAB両者の責に帰すことができない火災により滅失していた場合、甲建物の売買契約は有効に成立するが、Aは甲建物を引き渡す債務を負わず、Bは代金の支払いを拒むことができる。　［H19.問10.1.改］

2　甲建物が同年4月15日時点でBの責に帰すべき火災により滅失した場合、Aは甲建物を引き渡す債務を負わず、Bは代金の支払いを拒むことができる。
［H19.問10.3.改］

3　甲建物が同年4月15日時点で自然災害により滅失しても、AB間に「自然災害による建物滅失の危険は、建物引渡しまでは売主が負担する」との特約がある場合、Aの甲建物引渡し債務も、Bの代金支払債務も共に消滅する。
［H19.問10.4.改］

問題　債務不履行に関する次の記述の正誤を○×で答えなさい。

4　債務者がその債務について遅滞の責任を負っている間に、当事者双方の責めに帰することができない事由によってその債務の履行が不能となったときは、その履行不能は債務者の責めに帰すべき事由によるものとみなされる。［R02-12月.問04.3］

以下の場合、債権者は、**事前に催告することなく、直ちに契約を解除**できます。

①債務の全部が履行不能であるとき。

②**債務者が債務全部の履行を拒絶する意思を明確に表示**したとき。←問題文

③**債務の一部が履行不能**又は**債務者が履行拒絶の意思を明確に表示**した場合で、**残存部分のみでは契約目的を達成できない**とき。

④**定期行為**（特定の日時又は一定の期間内に履行をしなければ契約をした目的を達することができない行為）について、**債務者が履行をしないでその時期を経過した**とき。

⑤**催告をしても契約目的を達成できる履行がされる見込みがないことが明らか**であるとき。

○

解説 民法では、当事者双方の帰責事由なく履行不能となった場合、履行不能となった債務の債務者が、その危険（履行不能となった場合のリスク）を負担するとしています。

契約締結前に、甲建物が滅失しているので原始的不能となります。原始的不能の場合でも、契約は成立します。AB両者の責に帰すことができない滅失なので、A は甲建物を引き渡す債務を負わず、Bは代金の支払いを拒むことができます。

○

買主Bの帰責事由によって甲建物が滅失・損傷して、売主Aの引渡し債務が履行不能となったので、Bは代金支払債務の履行を拒絶できません。

✗

「自然災害による建物滅失の危険は、建物引渡しまでは売主が負担する」という特約は、民法の原則通りですから有効です。従って、Aは甲建物の引渡し債務を負わず、Bは代金の支払いを拒むことができます。

○

解説 売買契約では、引渡しの時をもって危険が移転します。

債務者がその債務について遅滞の責任を負っている間に、その債務が当事者双方の責めに帰することができない事由によって履行不能になった場合、その履行不能は債務者の責めに帰すべき事由によるものとされます。

○

08 売買

1 売主の義務 ★／**2** 契約不適合を担保すべき責任 ★★★★★／**3** 契約不適合とは ★★

問題 Aを売主、Bを買主とする甲土地の売買契約が締結された場合に関する次の記述の正誤を○×で答えなさい。

☐ **1** Aは、Bに対し、登記を備えさせる義務を負う。 ［H29.問04.3.改］

☐ **2** Bが、甲土地がCの所有物であることを知りながら本件契約を締結した場合、Aが甲土地の所有権を取得してBに移転することができないときは、Bは、本件契約を解除することができる。 ［H28.問06.2］

☐ **3** Bが購入した甲土地の一部を第三者Cが所有していた場合、Bがそのことを知っていたとしても、Bは売主Aに対して代金減額請求をすることができる。 ［H16.問10.3］

☐ **4** Bが、甲土地が抵当権の目的となっていることを知りながら本件契約を締結した場合、当該抵当権の実行によってBが甲土地の所有権を失い損害を受けたとしても、BはAに対して、損害賠償を請求することができない。 ［H28.問06.3］

4 買主の権利① 追完請求権 ／**5** 買主の権利② 代金減額請求権 ／

問題 売買契約に基づき引き渡された目的物が契約の内容に適合しないものであった場合の買主の権利に関する次の記述の正誤を○×で答えなさい。

☐ **1** 売主は、目的物の修補、代替物の引渡し、不足分の引渡しのいずれかから、履行の追完の方法を選択することができる。 ［予想問題］

ポイント

▶ 売主は、売買の目的である権利の移転について買主に対抗要件を備えさせる義務を負う。

▶ 契約不適合で生じる買主の権利は追完請求・代金減額請求・契約の解除・損害賠償請求。

▶ 買主は、売主に帰責事由がある場合に、債務不履行から生じた損害賠償請求ができる。

▼正解

解説 売主は、売買契約の内容に適合する目的物を引き渡す義務を負います。売買の目的物が契約内容に適合しない場合、売主の債務不履行となります。このとき売主が負う責任のことを契約不適合を担保すべき責任（担保責任・契約不適合責任）といいます。

売主は、登記、登録その他の売買の目的である権利の移転について、買主に対抗要件（土地の売買契約では登記）を備えさせる義務を負います。

○

全部他人物売買契約も、契約としては有効です。売主Aは、Cの権利を取得して買主Bに移転する義務を負います。Bに所有権を移転できない場合、Bは債務不履行を理由に本件契約を解除することができます。また、Aに対して損害賠償を請求することもできます。なお、Aの方から契約を解除することはできません。

○

一部他人物売買の場合も、売主Aは、Cの権利を取得して買主Bに移転する義務を負います。Bに所有権を移転できない場合、Bは債務不履行を理由にAに対して代金減額請求をすることができます。また、契約解除や損害賠償請求をすることもできます。Bの善意・悪意は無関係です。

○

抵当権が実行されて、買主Bが甲土地の所有権を失ったことで、売主AがBに対して甲土地の所有権を移転する義務が債務不履行になりました。BはAに対して、損害賠償を請求することができます。Bの善意・悪意は無関係です。

✕

6 買主の権利③ 解除権・損害賠償請求権 ★

▼正解

解説 追完請求、代金減額請求、契約解除、損害賠償請求という買主の権利について学習します。

買主は、売主に契約内容に適合するものを要求できます。これを追完請求といい、目的物の修補、代替物の引渡し、不足分の引渡しという3種類から買主が選ぶことができます。売主は、買主に不相当な負担を課するものでないときには、買主が請求した方法と異なる方法による履行の追完をすることができます。

✕

☐ **2** 買主は、売主が履行の追完を拒絶する意思を明確に表示したときは、買主は履行の追完の催告をすることなく、直ちに代金の減額を請求することができる。 [予想問題]

☐ **3** 買主は、売主の帰責事由の有無にかかわらず、債務不履行があれば、契約を解除できるが、債務不履行が契約・取引上の社会通念に照らして軽微であるときは、契約を解除することはできない。 [予想問題]

☐ **4** 売主が、買主に建物を売却し、代金受領と引換えに建物を引き渡した後に、買主がこの建物に欠陥があることを発見した。この欠陥について売主に帰責事由がある場合、買主は契約を解除した上で、損害賠償請求をすることができる。 [予想問題]

7 担保責任の期間の制限 ★／**8** 目的物の滅失・損傷に関する危険の移転 ／

問題 担保責任に関する次の記述の正誤を○×で答えなさい。

☐ **1** Aが、自らが所有している甲土地をBに売却した。Bが、甲土地が種類又は品質に関して契約の内容に適合しないため、Aの担保責任を追及する場合には、Bは、その不適合を知った時から1年以内にその旨をAに通知すればよく、1年以内に担保責任を追及する必要はない。 [H20.問09.3.改]

買主が相当の期間を定めて履行の追完の催告をし、その期間内に追完がないとき、買主は、契約不適合の程度に応じて代金減額を請求することができます。ただし、次の場合は、追完の催告をすることなく、代金減額請求をすることができます。

①履行の追完が不能であるとき

②売主が履行の追完を拒絶する意思を明確に表示したとき

③定期行為について、売主が履行の追完をしないでその時期を経過したとき

④催告をしても履行の追完を受ける見込みがないことが明らかであるとき

問題文は、②に該当します。

問題文の通りです。**債務不履行が契約・取引上の社会通念に照らして軽微であるときは、買主は契約を解除することはできません。**

買主は、**売主に帰責事由**がある場合に、債務不履行から生じた損害賠償請求をすることができます。**契約を解除した場合でも、それに加えて**損害賠償請求ができます。

【契約不適合の場合の買主の4つの権利】

追完請求	引き渡された目的物が契約不適合だった場合、売主に対し、目的物の修補、代替物の引渡し、不足分の引渡しを請求できる
代金減額請求	催告後に履行の追完がない場合、不適合の程度に応じて代金の減額を請求できる。履行の追完が不能な場合などは催告不要
契約解除	売主の帰責事由の有無にかかわらず、売買契約の拘束から逃れるため契約解除ができる。不履行が軽微である場合は不可
損害賠償請求	売主に帰責事由がある場合に限り、損害賠償請求できる

9 担保責任を負わない旨の特約

解説 目的物の種類又は品質に関する契約不適合については、買主は契約不適合の事実を知った時から1年以内に売主にその旨を通知する必要があります。

買主が契約不適合の事実を知った時から1年以内の通知を怠った場合、その契約不適合を理由に売主に対して責任追及をすることはできなくなります。1年以内に「通知」さえしておけば、実際の責任追及は消滅時効が成立するまでに行えばよいことになっています。

☐ **2** いずれも宅建業者ではない売主Aと買主Bとの間で売買契約を締結した。目的物の引渡しの時点で目的物が品質に関して契約の内容に適合しないことをAが知っていた場合には、当該不適合に関する請求権が消滅時効にかかっていない限り、BはAの担保責任を追及することができる。

[R03-12月.問04.4]

☐ **3** 事業者ではないAが所有し居住している建物につきAB間で売買契約を締結するに当たり、Aは建物引渡しから3か月に限り当該建物が契約の内容に適合しない場合の担保責任を負う旨の特約を付けたが、売買契約締結時点において当該建物の構造耐力上主要な部分に契約の内容との不適合が存在しており、Aはそのことを知っていたがBに告げず、Bはそのことを知らなかった。Bが当該不適合を建物引渡しから1年が経過した時に知ったとしても、当該不適合を知った時から5年以内であれば、BはAに対して担保責任を追及することができる。

[R01.問03.1.改]

☐ **4** Aを売主、Bを買主として、甲土地の売買契約が締結された。甲土地の実際の面積が本件契約の売買代金の基礎とした面積より少なかった場合、Bはそのことを知った時から2年以内にその旨をAに通知しなければ、代金の減額を請求することができない。

[R02-12月.問07.1]

☐ **5** 売主が買主に目的物を引き渡した後で、目的物が当事者双方の帰責事由によらず滅失・損傷した場合、買主は、代金の支払いを拒むことができない。

[予想問題]

目的物の<u>種類</u>又は<u>品質</u>に関する契約不適合については、買主は契約不適合の事実を知った時から<u>1</u>年以内に売主にその旨を<u>通知</u>しなければ、売主の責任を追及する権利が失われます。しかし、**売主が<u>引渡し</u>の時点でその不適合を知り、又は重大な過失によって知らなかったときには、この<u>通知</u>は不要**です。本問の売主Aは、目的物の<u>引渡し</u>の時点で契約不適合を<u>知って</u>いたので、当該不適合に関する請求権が消滅時効にかかっていない限り、買主Bは売主Aの担保責任を追及することができます。

◯

民法では、**契約不適合を担保すべき責任に関する特約について、制限はありません**。しかし、**引渡しの時点で、売主が<u>知りながら</u>買主に告げなかった事実については、特約があっても責任を免れることができません**。また、**売主Aは<u>引渡し</u>の時に不適合を知っていたので、前問同様、Bによる<u>通知</u>も不要**です。従って、買主Bは債権の**消滅時効期間内**であれば、担保責任を追及できます。買主が売主の責任を追及できる権利は、以下の**いずれか<u>早い</u>時点で時効消滅**します。

- 買主が契約不適合の事実を知った時から、<u>5</u>年間行使しないとき
- 引渡しから、<u>10</u>年間行使しないとき

つまり、Bが契約不適合を知った時から<u>5</u>年以内であれば、BはAに対して担保責任を追及することができます。

◯

買主が、**契約不適合の事実を知った時から1年以内に売主にその旨を通知する必要がある**のは、**目的物の「<u>種類</u>又は<u>品質</u>」に関する契約不適合**についてです。本問のような**「<u>数量</u>」に関する契約不適合では通知は不要**で、民法の消滅時効に関する規定が適用されます。本問では、2年以内に通知が必要としている点が間違いです。

✗

目的物が買主に引き渡されてから、**当事者双方の帰責事由によらず滅失・損傷した場合**には、**買主は、その滅失・損傷を理由に売主の<u>責任</u>を追及することはできません**。もちろん、**買主は、<u>代金の支払い</u>を拒むことはできません**。

◯

09 物権変動と対抗関係

① 物権変動／② 二重譲渡と対抗関係 ★

問題 Aは、Aが所有している甲土地をBに売却した。この場合に関する次の記述の正誤を○×で答えなさい。

☐ **1** Bが甲土地の所有権移転登記を備えないまま甲土地をCに売却した場合、Cは、甲土地の所有権移転登記なくして、Aに対して甲土地の所有権を主張することができる。　　　　　　　　　　　　　　　　　　　　[R01.問01.3]

☐ **2** 代金の完済までは甲土地の所有権は移転しないとの特約が付された場合であっても、当該売買契約締結の時点で甲土地の所有権はBに移転する。　　　　　　　　　　　　　　　　　　　　　　　　　　　　　　　[H29.問02.3]

☐ **3** 甲土地にA所有の住宅が建っているとき、BがAに対してこれを除却するよう求めるためには、民法の規定によると、Bは、甲土地の所有権移転登記を完了していなければならない。　　　　　　　　　　　　　　　　　[H13.問25.3]

☐ **4** Aが甲土地をBに売却する前にCにも売却していた場合、Cは所有権移転登記を備えていなくても、Bに対して甲土地の所有権を主張することができる。　　　　　　　　　　　　　　　　　　　　　　　　　　　[H28.問03.1]

③ 詐欺、強迫と対抗関係 ★★★／④ 取得時効と対抗関係 ★／⑤ 解除と対抗関係 ★

問題 対抗関係に関する次の記述の正誤を○×で答えなさい。

☐ **1** AがA所有の甲土地をBに売却した。AがBの詐欺を理由に甲土地の売却の意思表示を取り消しても、取消しより前にBが甲土地をCに売却し、Cが所有権移転登記を備えた場合には、CがBの詐欺の事実を知っていたか否かにかかわらず、AはCに対して甲土地の所有権を主張することができない。　　　　　　　　　　　　　　　　　　　　　　　　　　　　　　[H28.問03.2]

ポイント
- ▶ 売買契約の当事者同士では登記がなくても買主が所有権を主張できる。
- ▶ 二重譲渡の買主同士は対抗関係となり、先に登記をした方が所有権を主張できる。
- ▶ 第三者に当たらない者に対しては、登記なしで対抗できる。

▼正解

解説 当事者間では、売買契約によって物権変動が生じますが、その物権変動を第三者に対して主張する（対抗する）には、対抗要件が必要です。不動産に関する物権変動では、原則として、登記が対抗要件となります。

甲土地の所有権は、売買契約によってAからBへ、BからCへと当事者間で移転しています。対抗関係が生じていないので、**Cは、所有権移転登記なくして、Aに甲土地の所有権を主張することが**できます。　〇

所有権は、原則として、売買契約締結時に移転します。ただし、**当事者間に特約がある場合は、その特約が優先**します。**Bに所有権が移転するのは、特約通り、代金完済時**となります。　✕

AとBは**売買契約の当事者**です。両者の関係は対抗関係ではないので、**Bが、Aの建物の除却（取り除くこと）を求める**ために、**甲土地の所有権移転登記を完了している必要はありません**。　✕

二重譲渡の買主同士は対抗関係となり、**先に登記をした方が所有権を主張**できます。このとき、**契約締結日時の先後は関係ありません**。Cは、登記を備えなければ、Bに対して甲土地の所有権を主張することはできません。　✕

▼正解

解説 不動産が転売された場合の対抗関係について学習します。時系列で考えることが大切です。

第三者に転売された後で、詐欺による契約の取消しが行われていますから、Cは取消し前の第三者です。この場合、**売主Aは悪意又は善意有過失の第三者Cには所有権を対抗できますが、善意無過失の第三者Cには所有権を対抗（主張）できません**。従って、「CがBの詐欺の事実を知っていたか否かにかかわらず、AはCに対して甲土地の所有権を主張することができない」とする点が間違っています。　✕

☐ **2** BがAから甲土地を購入したところ、甲土地の所有者を名のるCがBに対して連絡してきた。甲土地はCからA、AからBと売却されており、CA間の売買契約がAの強迫により締結されたことを理由として取り消された場合には、AB間の売買契約締結の時期にかかわらず、Cは登記がなくてもBに対して所有権を主張することができる。 [H22.問04.2]

☐ **3** Aは、Aが所有している甲土地をBに売却した。Bが甲土地の所有権移転登記を備えた後に甲土地につき取得時効が完成したCは、甲土地の所有権移転登記を備えていなくても、Bに対して甲土地の所有権を主張することができる。 [R01.問01.4]

☐ **4** 取得時効の完成により甲不動産の所有権を適法に取得した者は、その旨を登記しなければ、時効完成後に甲不動産を旧所有者から取得して所有権移転登記を経た第三者に所有権を対抗できない。 [H19.問06.4]

☐ **5** 甲土地については、所有権がAからBに移転している旨が登記されている。CはBとの間で、甲土地の売買契約を締結したが、BC間の売買契約締結の前にAがBの債務不履行を理由にAB間の売買契約を解除していた場合、Aが解除した旨の登記をしたか否かにかかわらず、Aは所有者であることをCに対して主張できる。 [H20.問02.3]

6 相続と対抗関係 ★

問題 Aが死亡し、それぞれ3分の1の相続分を持つAの子B、C及びD（他に相続人はいない。）が、全員、単純承認し、これを共同相続した。この場合に関する次の記述の正誤を○×で答えなさい。

☐ **1** 相続財産である土地につき、B、C及びDが持分各3分の1の共有相続登記をした後、遺産分割協議によりBが単独所有権を取得した場合、その後にCが登記上の持分3分の1を第三者に譲渡し、所有権移転登記をしても、Bは、単独所有権を登記なくして、その第三者に対抗できる。 [H15.問12.2]

AB間の売買契約が、Cが契約を<u>取り消すより前</u>に締結されていた場合、Cは、<u>登記</u>がなくてもBに所有権を主張することができます。一方、**AB間の売買契約がCが契約を<u>取り消した後</u>で締結**された場合、**AとCとは対抗関係となり、Cは登記がなければBに所有権を主張することができません**。従って、「AB間の売買契約締結の時期にかかわらず」とする点が間違っています。

※詐欺、強迫と対抗関係については、「瑕疵ある意思表示（⇨p.144）」で学習済みです。

✗

時系列で見ると、Aが所有している甲土地をBに売却し、Bが所有権移転登記を備えた後で、甲土地に関するCの取得時効が完成しています。A→B→Cと所有権が移転しているだけなので、<u>対抗関係</u>は生じません。Cは、登記を備えていなくても、Bに所有権を主張できます。

○

時系列で見ると、時効取得者の取得時効が完成した後で、旧所有者から第三者が取得しています。この場合には、**時効取得者と第三者に<u>対抗関係</u>が生じます**。**時効取得者は、<u>登記</u>を備えなければ、第三者に所有権を対抗できません**。

○

債務不履行による契約解除の場合、**Bとの契約を解除した旧所有者Aと、Bと契約した第三者Cでは、先に<u>登記</u>をした方が他方に対して所有権を主張**できます。従って、「Aが解除した旨の登記をしたか否かにかかわらず」という点が間違っています。

✗

解説 時系列で考えてみましょう。

相続財産である土地について、①B、C、Dが持分各3分の1の共有相続登記をし、②遺産分割協議によりBが単独所有権を取得した後で、③Cが登記上の持分3分の1を第三者に譲渡しています。従って、Cは自分の持分をBに譲渡し、さらに第三者に譲渡しています。この場合、**二重譲渡と同じく、Bと第三者は<u>対抗関係</u>となり、先に<u>登記</u>をした方が所有権を主張**できます。Bは、<u>登記</u>がなければその第三者に対抗できません。

✗

問題 Aは、自己所有の甲土地をBに売却し、代金を受領して引渡しを終えたが、AからBに対する所有権移転登記はまだ行われていない。この場合に関する次の記述の正誤を○×で答えなさい。

☐ **2** Aの死亡によりCが単独相続し、甲土地について相続を原因とするAからCへの所有権移転登記がなされた場合、Bは、自らへの登記をしていないので、甲土地の所有権をCに対抗できない。 [H17.問08.1]

☐ **3** Aの死亡によりCが単独相続し、甲土地について相続を原因とするAからCへの所有権移転登記がなされた後、CがDに対して甲土地を売却しその旨の所有権移転登記がなされた場合、Bは、自らへの登記をしていないので、甲土地の所有権をDに対抗できない。 [H17.問08.2]

7 第三者に当たらない者 ★★★

問題 Aが所有する甲土地の売買契約に関する次の記述の正誤を○×で答えなさい。

☐ **1** 所有権がAからBに移転している旨が登記されている甲土地について、CはBとの間で売買契約を締結して所有権移転登記をしたが、甲土地の真の所有者はAであって、Bが各種の書類を偽造して自らに登記を移していた場合、Aは所有者であることをCに対して主張できる。 [H20.問02.1]

☐ **2** 相続財産に属する不動産について、遺産分割前に単独の所有権移転登記をした共同相続人から移転登記を受けた第三取得者に対し、他の共同相続人は、自己の持分を登記なくして対抗することができる。 [H30.問10.2]

☐ **3** Aから甲土地を購入したBは、所有権移転登記を備えていなかった。Cがこれに乗じてBに高値で売りつけて利益を得る目的でAから甲土地を購入し所有権移転登記を備えた場合、CはBに対して甲土地の所有権を主張することができない。 [H28.問03.3]

解説 相続・登記・譲渡の順番を考えてみましょう。

甲土地について、①AがBに売却し、②Aの死亡によりCが単独相続しています。単独で相続したCはAの権利義務をすべて承継しますから、**(A=) CとBとは対抗関係ではなく、売買契約の当事者同士の関係**となります。**Bは、登記がなくてもCに所有権を主張**できます。

✗

甲土地について、①AがBに売却し、②Aの死亡によりCが単独相続した後で、③CがDに売却しています。この場合、(A=) Cを起点として、甲土地がBとDに二重譲渡されています。**BとDは対抗関係**となり、**先に登記をした方が、他方に対し所有権を主張**できます。**Bは、自らへの登記をしていないので、甲土地の所有権をDに対抗できません。**

○

解説 第三者とは、登記がないことを主張する正当な利益を有する者です。第三者には登記がなければ対抗できませんが、第三者に当たらない者に対しては、登記なくして対抗できます。

○

Bは無権利者です。**本来の所有者であるAは、無権利者Bからの譲受人Cに対して、登記なくして所有権を主張**できます。

遺産分割前に単独の所有権移転登記をした共同相続人は無権利者です。他の共同相続人は、**無権利者から移転登記を受けた第三取得者に対して、登記なくして対抗することができます。**

○

単に事情を知っていただけでなく、相手に積極的に損害を与えるためや自分が利益を得るために、故意に悪だくみをする者を背信的**悪意者**といいます。Cは、背信的**悪意者**です。背信的**悪意者**は第三者に当たりません。従って、**Cは、登記を備えていても、Bに対して甲土地の所有権を主張することができません。**

○

☐ **4** Aが甲土地をBとCとに対して二重に譲渡した場合において、Bが所有権移転登記を備えない間にCが甲土地を善意のDに譲渡してDが所有権移転登記を備えたときは、Cがいわゆる背信的悪意者であっても、Bは、Dに対して自らが所有者であることを主張することができない。　　　　　［H24.問06.4］

☐ **5** Aは、甲土地をBに売却した。甲土地を何らの権原なく不法占有しているCがいる場合、BがCに対して甲土地の所有権を主張して明渡請求をするには、甲土地の所有権移転登記を備えなければならない。　　　　　　　［R01.問01.1］

8 賃借人と賃貸人 ★

問題　賃借人と賃貸人に関する次の記述の正誤を○×で答えなさい。

☐ **1** AはBに甲建物を売却し、AからBに対する所有権移転登記がなされた。AがAB間の売買契約を適法に解除したが、AからBに対する甲建物の所有権移転登記を抹消する前に、Bが甲建物をCに賃貸し引渡しも終えた場合、Aは、適法な解除後に設定されたこの賃借権の消滅をCに主張できる。
　　　　　　　　　　　　　　　　　　　　　　　　　　　　　　［H16.問09.4］

☐ **2** Aは、Aが所有している甲土地をBに売却した。Bが甲土地の所有権移転登記を備えていない場合には、Aから建物所有目的で甲土地を賃借して甲土地上にC名義の登記ある建物を有するCに対して、Bは自らが甲土地の所有者であることを主張することができない。　　　　　　［R01.問01.2］

☐ **3** 土地の賃借人として当該土地上に登記ある建物を所有する者は、当該土地の所有権を新たに取得した者と対抗関係にある第三者に該当する。
　　　　　　　　　　　　　　　　　　　　　　　　　　　　［R03-12月.問06.2］

背信的悪意者Cからの譲受人Dは第三者に当たり、他方当事者Bと対抗関係となります。Dが所有権移転登記を備えたときは、Bは、Dに自らが所有者であることを主張することができません。例外として、Dも背信的悪意者である場合は、Bは、Dに自らが所有者であることを主張することができます。

何らの権原なく甲土地を占有している不法占拠者Cは、Bに登記がないことを主張する正当な利益がないため、第三者に当たりません。従って、Bは、所有権移転登記がなくても、Cに対して甲土地の所有権を主張し、明渡請求をすることができます。同様に、賃借人が賃借権の対抗要件を備えていない場合でも、不法占拠者に対しては賃借権を対抗することができます。

✕

解説 建物の引渡しが建物賃借権の対抗要件です。

Cは甲建物の引渡しを受けているので、借地借家法上の対抗要件を備えています。この引渡しは、AからBに対する甲建物の所有権移転登記を抹消する前に行われているので、Aは、賃借権の消滅をCに主張できません。

Cは借地上に登記ある建物を所有しているので、これをもって第三者に対抗できます。土地の譲受人Bは、所有権移転登記を備えていないので、土地の賃借人Cに対して自らが甲土地の所有者であることを主張できません。

借地上に登記ある建物を所有している者は、当該土地の所有権を新たに取得した者と対抗関係にある第三者に該当します。この場合、対抗要件を先に備えた方が自らの権利を主張できますから、借地権が所有権に優先し、土地の賃借人が使用を継続することができます。

10 不動産登記法

1 登記記録 ★★

問題 不動産の登記に関する次の記述の正誤を○×で答えなさい。正誤は、不動産登記法の規定によるものとする。

☐ **1** 登記することができる権利には、抵当権及び賃借権が含まれる。

[H28.問14.2]

☐ **2** 建物の名称があるときは、その名称も当該建物の表示に関する登記の登記事項となる。 [H29.問14.1]

☐ **3** 登記は、法令に別段の定めがある場合を除き、当事者の申請又は官庁若しくは公署の嘱託がなければ、することができない。 [H30.問14.1]

☐ **4** 登記事項証明書の交付の請求は、利害関係を有することを明らかにすることなく、することができる。 [H27.問14.1]

☐ **5** 表示に関する登記は、登記官が、職権ですることができる。 [H30.問14.2]

☐ **6** 登記事項証明書の交付の請求は、請求情報を電子情報処理組織を使用して登記所に提供する方法によりすることができる。 [H27.問14.3]

☐ **7** 登記事項証明書の交付を請求する場合は、登記記録に記録されている事項の全部が記載されたもののほか、登記記録に記録されている事項のうち、現に効力を有するもののみが記載されたものを請求することもできる。

[H22.問14.3]

☐ **8** 登記事項証明書の交付を請求する場合は、書面をもって作成された登記事項証明書の交付のほか、電磁的記録をもって作成された登記事項証明書の交付を請求することもできる。 [H22.問14.1]

▶ 表題部には不動産の表示に関する登記、権利部には権利に関する登記が記載される。
▶ 表題部には土地・建物の所在、名称、地目（用途）、面積など、物理的な状況を記録。
▶ 所有権の保存の登記など、権利部（権利に関する登記）には申請義務がない。

解説 登記記録（登記簿）は、一筆の土地、一個の建物ごとに、表題部と権利部に区分して作成されます。表題部は、不動産の表示に関する登記で、所在、名称、地目、面積など、物理的な状況が記録されます。

登記できる権利は、①所有権、②地上権、③永小作権、④地役権、⑤先取特権、⑥質権、⑦抵当権、⑧賃借権、⑨配偶者居住権、⑩採石権という10種類です。

○

建物の名称があるときは、その名称が表示に関する登記の登記事項となります。

○

問題文の通りです。登記は、法令に別段の定めがある場合を除き、**当事者の申請又は官庁若しくは公署の嘱託**がなければ、することができません。

○

手数料を納付すれば、誰でも利害関係を有することを明らかにすることなく、登記事項証明書（書面）の交付を請求できます。

○

表示に関する登記は、登記官の職権によってすることができます。

○

登記事項証明書の交付の請求には、次の方法があります。
①登記所での窓口請求
②郵送による請求
③インターネットでのオンライン請求（電子情報処理組織を使用した請求）

○

誰でも、登記記録に記録されている事項の全部が記載、又は現に効力を有するもののみが記載された登記事項証明書を請求することができます。

○

交付を請求できる登記事項証明書は、書面によるものです。電磁的記録をもって作成された登記事項証明書はありません。

✕

② 表題部（表示に関する登記）★★

問題 不動産の登記に関する次の記述の正誤を○×で答えなさい。

□ **1** 表題登記がない土地の所有権を取得した者は、その所有権の取得の日から1月以内に、表題登記を申請しなければならない。

[R03-12月.問14.1]

□ **2** 表題登記がない建物（区分建物を除く。）の所有権を取得した者は、その所有権の取得の日から1月以内に、表題登記を申請しなければならない。

[H21.問14.3]

□ **3** 所有権の登記名義人は、建物の床面積に変更があったときは、当該変更のあった日から1月以内に、変更の登記を申請しなければならない。

[H30.問14.3]

□ **4** 建物が滅失したときは、表題部所有者又は所有権の登記名義人は、その滅失の日から1月以内に、当該建物の滅失の登記を申請しなければならない。

[H28.問14.3]

□ **5** 建築工事中の建物については、切組みを済ませ、降雨をしのぐことができる程度の屋根をふいたものであれば、周壁を有しなくても、建物の表題登記をすることができる。 [H11.問12.4.改]

□ **6** 地表面が水で覆われている土地であっても、私権の客体となり得る池沼・ため池は、土地の表題登記をすることができる。 [H11.問12.1.改]

□ **7** 区分建物の床面積は、壁その他の内側線で囲まれた部分の水平投影面積により算出される。 [H13.問14.2]

解説 登記官が初めて作成する登記のことを「表題登記」といいます。表題登記をはじめ、表題部の登記事項の変更、分筆・合筆の登記など、表題部に記録される登記を「表示に関する登記」といいます。

新たに生じた土地又は表題登記がない土地の所有権を取得した者は、その所有権の取得の日から1か月以内に表題登記を申請する義務があります。

問題文の通りです。次の表題登記は、**事実の発生から1か月以内に申請**しなければなりません。

- **新たに生じた土地**を取得
- 表題**登記がない土地**を取得
- **新築した建物**を取得
- 表題**登記がない建物（区分建物を除く）**を取得

表題部所有者又は所有権の登記名義人は、**土地の地目・地積、建物の所在・名称・種類・構造・床面積**に変更があったときは、1か月以内に変更の登記を申請しなければなりません。

問題文の通りです。**建物が滅失**したときは、表題部所有者又は所有権の登記名義人は、**1か月以内に当該建物の滅失の登記を申請**しなければなりません。

土地に定着していない建物、屋根・周壁がない建物は、表題登記ができません。

池沼・ため池は、土地の表題登記をすることができます。満潮時に海に没する土地は、表題登記をすることができません。

マンションなど、**区分建物の床面積**は、内法面積（壁その他の内側線で囲まれた部分の水平投影面積）で算出されます。区分建物以外の建物の床面積は、壁芯面積（壁その他の区画の中心線で囲まれた部分の水平投影面積）で算出されます。

3 分筆・合筆の登記 ★★★

問題 土地の分筆・合筆の登記に関する次の記述の正誤を○×で答えなさい。

☐ **1** 土地の分筆の登記の申請人は、所有権の登記名義人でなければならない。

[H12.問15.1.改]

☐ **2** 登記官は、一筆の土地の一部が別の地目となったときであっても、職権で当該土地の分筆の登記をすることはできない。 [R01.問14.3]

☐ **3** 土地の分筆の登記の申請書に記載する分割前の土地の地積は、登記簿上の地積と一致していなければならない。 [H12.問15.2]

☐ **4** 二筆の土地の表題部所有者又は所有権の登記名義人が同じであっても、地目が相互に異なる土地の合筆の登記は、申請することができない。

[H20.問16.4]

☐ **5** 所有権の登記以外の権利に関する登記がある土地については、分筆の登記をすることができない。 [R02-12月.問14.2]

☐ **6** 二筆の土地の表題部所有者又は所有権の登記名義人が同じであっても、持分が相互に異なる土地の合筆の登記は、申請することができない。

[H20.問16.3]

解説 一筆の土地を二筆以上の土地に分割して登記し直すことを<u>分筆</u>、二筆以上の土地を一筆の土地にまとめて登記し直すことを<u>合筆</u>といいます。

分筆・合筆の登記は、原則として、<u>表題部所有</u>者又は所有権の<u>登記名義人</u>**が申請**できます。

✗

分筆・合筆の登記は、原則として、<u>表題部所有</u>者又は所有権の<u>登記名義人</u>でなければ申請できません。ただし、

①一筆の土地の一部が別の<u>地目</u>となったとき

②一筆の土地の一部が<u>地番区域</u>を異にするに至ったとき

には、**登記官が職権で分筆の登記**をしなければなりません。

✗

分筆する前の土地の地積（面積）は、<u>登記簿</u>上の地積と一致していなければなりません。

○

<u>地目</u>又は<u>地番区域</u>が相互に異なる土地の合筆の登記をすることは<u>できません</u>。例えば、地目が田である土地と宅地である土地の合筆はできません。

○

所有権以外の権利に関する登記がある土地について、<u>分筆</u>の登記はできます。逆に、<u>合筆</u>の登記はできません。

✗

<u>表題部所有</u>者又は所有権の<u>登記名義</u>人が同じでも、相互に<u>持分</u>を異にする土地の合筆の登記をすることはできません。

また、次に掲げる合筆の登記をすることはできません。

① **相互に**<u>接続</u>していない土地

② <u>地目</u>又は<u>地番区域</u>が相互に異なる土地

③ <u>表題部所有者又は所有権の登記名義人</u>が相互に異なる土地

④ **表題部所有者又は所有権の登記名義人が相互に**<u>持分</u>を異にする土地

⑤ <u>所有権の登記がない土地と所有権の登記がある土地</u>

⑥ <u>所有権の登記以外の権利（地役権を除く）に関する登記がある</u>土地

○

Part **2** 権利関係

⑩ 不動産登記法

4 権利部（権利に関する登記）／5 不動産登記の共同申請 ★★★

問題 不動産の登記に関する次の記述の正誤を○×で答えなさい。

☐ **1** 所有権の登記名義人は、その住所について変更があったときは、当該変更のあった日から1月以内に、変更の登記を申請しなければならない。

[H30.問14.4]

☐ **2** 相続登記には申請義務があり、期限内に相続登記を行わなかった場合には10万円以下の過料となる。 ［予想問題］

☐ **3** 法人の合併による権利の移転の登記は、登記権利者が単独で申請することができる。 [R03年-10月.問14.3]

☐ **4** 所有権の登記の抹消は、所有権の移転の登記の有無にかかわらず、現在の所有権の登記名義人が単独で申請することができる。 [H17.問16.4]

☐ **5** 登記の申請を共同してしなければならない者の一方に登記手続をすべきことを命ずる確定判決による登記は、当該申請を共同してしなければならない者の他方が単独で申請することができる。 [H17.問16.1]

☐ **6** 不動産の収用による所有権の移転の登記は、起業者が単独で申請することができる。 [H24.問14.4]

☐ **7** 信託の登記は、受託者が単独で申請することができない。

[R03年-10月.問14.4]

☐ **8** 共有物分割禁止の定めに係る権利の変更の登記の申請は、当該権利の共有者であるすべての登記名義人が共同してしなければならない。[H25.問14.2]

解説 所有権の保存の登記（所有権保存登記）など、権利に関する登記には、相続登記を除いて<u>申請義務</u>はありません。 ✗

登記名義人の氏名・名称・<u>住所</u>の<u>変更</u>の登記・<u>更正</u>の登記に、申請義務はありません。**1か月以内に申請しなければならない**ということもありません。

相続によって不動産を取得した相続人は所有権を取得したことを知った日から<u>3年以内</u>に、遺産分割で不動産を取得した相続人は遺産分割が成立した日から<u>3年以内</u>に相続登記を申請する**義務**を負います。期限内（令和6年4月1日に相続登記未了の場合には、相続登記の義務化が施行された令和6年4月1日から3年以内）に相続登記をしなかった場合、<u>10万円以下の過料</u>となります。 〇

<u>相続</u>又は法人の<u>合併</u>による権利の移転の登記は**登記権利者が単独で申請**することができます。当事者の一方が死亡あるいは合併前の法人が消滅しているためです。 〇

所有権の登記の抹消は、所有権の移転の登記が<u>ない</u>場合に限り、所有権の登記名義人が<u>単独</u>で**申請**することができます。「所有権の移転の登記の有無にかかわらず」とする点が間違いです。 ✗

権利に関する登記は、登記義務者と登記権利者が共同で申請しますが、一方が登記に協力してくれない場合、他方が裁判所に訴えることができます。**「登記手続をすべきことを命ずる確定判決」**は、他方が<u>単独</u>で登記を申請するための判決ですから、問題文は正しいことになります。 〇

不動産の収用による所有権の移転の登記は、**起業者が単独で申請**することができます。「収用」は、公共の利益となる事業のために、私有財産を強制的に取得する措置です。事業のために土地を収用する者のことを「起業者」といいます。 〇

信託の登記の申請は<u>受託者</u>が単独ですることも、**受益者又は委託者が、受託者に代わってすることもできます**。又、**信託の登記の申請は、当該信託に係る権利の**<u>保存</u>、設定、<u>移転</u>又は変更の登記の申請と同時にしなければなりません。 ✗

問題文の通りです。**共有物分割禁止の定めに係る権利の変更の登記の申請は、当該権利の共有者である**<u>すべて</u>**の登記名義人が共同**で行います。このように、**関係する登記名義人が**<u>全員</u>で申請することを<u>合同</u>申請といいます。**抵当権の**<u>順位</u>の変更も、順位を<u>変更</u>する抵当権の登記名義人が<u>全員</u>で申請する<u>合同</u>申請です。 〇

Part **2** 権利関係

10 不動産登記法

6 所有権の保存の登記 ★

問題 不動産の登記に関する次の記述の正誤を○×で答えなさい。

☐ **1** 新築した建物又は区分建物以外の表題登記がない建物の所有権を取得した者は、その所有権の取得の日から1月以内に、所有権の保存の登記を申請しなければならない。 [H28.問14.1]

☐ **2** 表題部に所有者として記録されている者の相続人は、所有権の保存の登記を申請することができる。 [H18.問15.3]

☐ **3** 表題部所有者であるAから土地を買い受けたBは、Aと共同してBを登記名義人とする所有権の保存の登記の申請をすることができる。 [H19.問16.1]

☐ **4** 所有権の登記がされていない建物について、その所有権が自己にあることが確定判決によって確認された者は、当該建物の所有権の保存の登記を申請することができる。 [H12.問14.1.改]

☐ **5** 土地収用法による収用によって、土地の所有権を取得した者は、直接自己名義に当該土地の所有権の保存の登記を申請することができる。 [H12.問14.3.改]

☐ **6** 土地の登記簿の表題部に被相続人が所有者として記載されている場合において、その相続人が複数あるときは、共同相続人の1人は、自己の持分についてのみ所有権の保存の登記を申請することができる。 [H12.問14.2.改]

7 区分建物と登記 ★／8 その他の登記事項

問題 不動産の登記に関する次の記述の正誤を○×で答えなさい。

☐ **1** 区分建物が属する一棟の建物が新築された場合における当該区分建物についての表題登記の申請は、当該新築された一棟の建物についての表題登記の申請と併せてしなければならない。 [R02-12月.問14.3]

解説 所有権の登記（権利部甲区）のない不動産について初めてされる所有権の登記を所有権の保存の登記（所有権保存登記）といいます。

所有権の保存の登記は、権利に関する登記なので申請する義務はありません。問題文中の「所有権の保存の登記」を「**表題登記**」とすれば、正しい文になります。

✕

表題部所有者又はその相続人その他の一般承継人は、所有権の保存の登記を申請することができます。

◯

文中の「所有権の保存の登記」は、正しくは「**所有権の移転の登記**」です。**所有権の保存の登記は、売主（表題部所有者）が行います。**

✕

問題文の通りです。**所有権を有することが確定判決によって確認された者は、所有権の保存の登記を申請する**ことができます。

◯

収用によって所有権を取得した者は、所有権の保存の登記を申請することができます。

◯

表題部所有者の共同相続人が複数あるとき、自己の持分のみについて所有権の保存の登記をすることはできません。一筆の土地につき、保存登記がある部分とない部分に分かれてしまうからです。所有権の保存の登記は、共同相続人全員の名前で登記されることになります。その申請については、共有財産の保存行為に当たるため、単独で行うことができます。

✕

解説 マンションなど、一棟の建物を区分した各部分（専有部分など）のことを区分建物といいます。最初にマンションなどを新築した原始取得者（デベロッパーなど、最初の所有者）が、一棟の建物について表題登記する義務を負います。

◯

マンションなど**一棟の建物の表題登記をするときには、各区分建物の表題登記を併せて申請**しなければなりません（一括申請方式）。

☐ **2** 区分建物である建物を新築した場合において、その所有者について相続その他の一般承継があったときは、相続人その他の一般承継人も、被承継人を表題部所有者とする当該建物についての表題登記を申請することができる。

[R03-12月.問14.4]

☐ **3** 表題登記がされていない区分建物を建築者から取得した者は、当該区分建物の表題登記を申請する義務はない。 [H13.問14.1.改]

☐ **4** 区分建物の敷地権について表題部に最初に登記するときは、敷地権の目的たる土地の登記記録の表題部に敷地権である旨の登記がされる。

[H13.問14.4.改]

☐ **5** 区分建物が規約による共用部分である旨の登記は、当該区分建物の登記記録の表題部にされる。 [H13.問14.3.改]

☐ **6** 敷地権付き区分建物の表題部所有者から所有権を取得した者は、当該敷地権の登記名義人の承諾を得なければ、当該区分建物に係る所有権の保存の登記を申請することができない。 [R02-10月.問14.1]

☐ **7** 賃借権の設定の登記をする場合において、敷金があるときであっても、その旨は登記事項とならない。 [H29.問14.3]

☐ **8** 地上権の設定の登記をする場合において、地上権の存続期間の定めがあるときは、その定めも登記事項となる。 [H29.問14.2]

区分建物である建物を**新築**した場合、その所有者について相続その他の一般承継があったときは、**相続人その他の一般承継人も、被承継人を**表題**部所有者とする**表題**登記を申請**することができます。

○

表題登記がされていない区分建物を建築者から取得した者は、**当該区分建物の**表題登記**を申請する義務はありません。**　一方、**区分建物以外の表題登記がない建物の所有権を取得した者**は、その所有権の取得の日から1か月以内に表題登記を申請しなければなりません。

○

敷地権について表題部に最初に登記がなされると、**登記官は職権で、敷地権の目的たる土地の登記記録の**権利**部の相当区に、敷地権である旨の登記**をしなければなりません。表題部に登記がされるのではありません。

✗

規約による共用部分（集会室など）については、**当該区分建物の登記記録の**表題部に規約による共用部分である旨が登記されます。

○

区分建物の所有権の保存の登記は、**表題部所有者から所有権を取得した者も、申請することができます。**ただし、**当該建物が敷地権付き区分建物**である場合は、当該敷地権の登記名義人の承諾**を得なければ、所有権の保存の登記を申請することはできません。

○

賃借権の設定の登記では、賃料、存続期間と賃料の支払時期、敷金があるときはその旨、定期借地権や定期建物賃貸借の定めがあるときはその定めが主な登記事項となります。

✗

地上権の設定の登記では、地代と支払時期、存続期間の定めがあるときはその定め、事業用定期借地権に基づく建物の所有である時はその旨が主な登記事項となります。

○

9 仮登記 ★★★

問題 不動産の登記に関する次の記述の正誤を○×で答えなさい。

☐ **1** 仮登記は、仮登記の登記義務者の承諾があるときは、当該仮登記の登記権利者が単独で申請することができる。 [H26.問14.4]

☐ **2** 所有権に関する仮登記に基づく本登記は、登記上の利害関係を有する第三者がある場合には、当該第三者の承諾があるときに限り、申請することができる。 [H25.問14.4]

☐ **3** 仮登記の抹消の申請は、仮登記名義人の承諾があれば、登記上の利害関係人が単独ですることができる。 [H16.問15.4]

10 登記申請で必要な情報 ★★★

問題 不動産登記の申請に関する次の記述の正誤を○×で答えなさい。

☐ **1** 所有権の移転の登記の申請をする場合には、申請人は、法令に別段の定めがある場合を除き、その申請情報と併せて登記原因を証する情報を提供しなければならない。 [R04.問14.1]

☐ **2** 所有権の登記がある二筆の土地の合筆登記を申請する場合には、申請情報と併せて合併前のいずれか一筆の土地の所有権の登記の登記識別情報を添付しなければならない。 [H10.問14.3.改]

> **解説** 仮登記とは、本登記をするための要件が完備しないときに、登記簿上の順位を確保するためになされるものです。

仮登記の申請は、原則として、**仮登記権利者と仮登記義務者が共同**でしなければなりません。ただし、
- (1) **仮登記義務者**の承諾があるとき
- (2) **裁判所による仮登記を命ずる処分**があるとき

は、仮登記権利者が単独で申請することができます。

問題文の通りです。所有権に関する仮登記に基づく本登記は、**登記上の利害関係を有する第三者がある場合、その第三者の承諾があるときに限り、申請**することができます。抵当権など所有権以外の権利に関する仮登記に基づく本登記では、利害関係者の承諾は**不要**です。

仮登記の抹消は、原則として、仮登記権利者と仮登記義務者が共同で申請します。ただし、
- (1) **仮登記名義人（仮登記権利者）が申請**する場合
- (2) **仮登記上の利害関係人（仮登記義務者を含む）が仮登記名義人の承諾を得て申請**する場合

には、**単独で申請**することができます。

> **解説** 登記の申請情報は、登記の目的や登記の原因に応じて、一つの不動産ごとに作成しなければなりません。

所有権の移転の登記など、権利に関する登記の申請に当たっては、**登記原因を証する情報を登記所に提供**しなければなりません。表示に関する登記については、原則として、**登記原因証明情報の提出は不要**です。

合筆登記は、二筆以上の土地を一筆の土地に合併することです。形式的な登記であり、登記官は土地の所有者に間違いないことを確認するだけなので、**合併前のいずれか一筆の土地の所有権の登記の登記識別情報の添付**で構いません。

☐ **3** 所有権の保存の登記の抹消をその所有権の登記名義人が申請する場合には、申請情報と併せてその登記の登記識別情報を添付しなければならない。

[H10.問14.2.改]

☐ **4** 所有権の移転の登記の申請をする場合において、当該申請を登記の申請の代理を業とすることができる代理人によってするときは、登記識別情報を提供することができないことにつき正当な理由があるとみなされるため、登記義務者の登記識別情報を提供することを要しない。 [R04.問14.2]

☐ **5** 不動産の登記申請において、申請情報の内容が登記原因を証する情報の内容と合致していない場合には、申請人が即日にこれを補正したときでも、登記官は、理由を付した決定をもって、当該申請を却下しなければならない。

[H15.問15.1.改]

☐ **6** 登記の申請書の閲覧は、請求人が利害関係を有する部分に限り、することができる。 [R02-12月.問14.4]

本問は、所有権保存登記の抹消なので、所有権の移転の登記がありません。**所有権移転登記がない場合における所有権の登記の抹消は、所有権の登記名義人が単独で申請**することができ、その際、**登記識別情報を提供**しなければなりません。

次の場合には、**登記識別情報の提供が必要**です。

(1) **登記権利者・登記義務者（または司法書士など資格者代理人）が共同で権利に関する登記を申請する**場合

(2) 登記名義人が以下の登記を申請する場合

　①**土地の合筆、建物の合体・合併**の登記

　②**抵当権の順位の変更**の登記

　③**所有権移転登記がない場合における所有権の登記（保存登記）の抹消**

　④**仮登記の登記名義人が単独で申請する仮登記の抹消**

本問は、（1）に該当しています。「登記の申請の代理を業とすることができる代理人（司法書士など資格者代理人）によってする」というだけで、登記識別情報を提供できない正当な理由があるとみなされることはありません。

登記官は、補正できない不備の場合は、当該申請を却下しなければなりません。**補正できる不備の場合**には、**登記官が定めた期間内に、申請人が補正**すれば、申請ができます。「申請を却下しなければならない」わけではありません。

登記官が保存した登記簿の附属書類のうち、**土地所在図、地積測量図など、一定の図面に関しては誰でも閲覧を請求**できます。しかし、**登記の申請書を含む図面以外の書類**については、**請求人が利害関係を有する部分に限り、閲覧を請求**することができます。

抵当権

1 抵当権とは ★／2 抵当権の性質 ／3 物上代位性 ★★★★

問題 抵当権に関する次の記述の正誤を○×で答えなさい。

☐ **1** 不動産質権は、目的物の引渡しが効力の発生要件であるのに対し、抵当権は、目的物の引渡しは効力の発生要件ではない。　　　　　[H29.問10.3]

☐ **2** Aは、Bから借り入れた2,400万円の担保として第一順位の抵当権が設定されている甲土地を所有している。Aは、さらにCから1,600万円の金銭を借り入れ、その借入金全額の担保として甲土地に第二順位の抵当権を設定した。Aが抵当権によって担保されている2,400万円の借入金全額をBに返済しても、第一順位の抵当権を抹消する前であれば、Cの同意の有無にかかわらず、AはBから新たに2,400万円を借り入れて、第一順位の抵当権を設定することができる。　　　　　[H18.問05.2]

☐ **3** AのBに対する債権を被担保債権として、AがB所有の土地に抵当権を有している場合、被担保債権が時効により消滅するか否かにかかわらず、設定時から10年が経過すれば、抵当権はBに対しては時効により消滅する。　　　　　[H17.問04.2]

☐ **4** Aの抵当権設定登記があるB所有の建物が火災によって焼失してしまった場合、Aは、当該建物に掛けられた火災保険契約に基づく損害保険金請求権に物上代位することができる。　　　　　[H24.問07.3]

> ▶ 抵当権には、付従性、随伴性、不可分性、物上代位性が認められている。
> ▶ 抵当権者は、抵当物件に関する保険金請求権に物上代位することができる。
> ▶ 抵当権の順位の変更は、各抵当権者の合意で行うことができる。

▼正解

解説 抵当権には、付従性、随伴性、不可分性、物上代位性が認められています。これらは、他の担保物権の一般的な性質でもあります。不動産以外に、地上権、永小作権も、抵当権の目的とすることができます。

不動産に抵当権を設定しても、抵当権者に引き渡す必要はありません。自分がそのまま使用したり、賃貸したり、売却したりすることができます。つまり、**抵当権では、目的物の引渡しを効力の発生要件としません**。これに対して、**質権では目的物の引渡しが効力発生の要件とされています**。

○

抵当権には付従性があります。付従性は、**被担保債権があって初めて抵当権が成立し、弁済や時効によって被担保債権が消滅すれば、抵当権は当然に消滅する**ということです。AがBに借入金全額を返済したとき、抵当権の登記を抹消しないままでも、Aの抵当権は当然に消滅しています。従って、Cの抵当権が第一順位へと上昇します。Cの同意の有無にかかわらず、AはBから新たに2,400万円を借り入れて、第一順位の抵当権を設定することはできません。

✗

被担保債権が消滅した場合に、**抵当権は当然に消滅**します。被担保債権が消滅するか否かにかかわらず、抵当権が設定時から10年が経過すれば消滅するということはありえません。

✗

物上代位性とは、抵当権の目的である不動産が売却、賃貸、滅失又は損傷し、その代わりに**抵当権設定者が金銭その他の物を受ける請求権を取得**した場合、**抵当権者がこの請求権に対しても抵当権を行使できる**というものです。抵当権を設定した建物が火災で滅失し、**抵当権設定者が火災保険金請求権を取得**した場合、**抵当権者は、この保険金請求権に物上代位**することができます。なお、**物上代位するのは保険金請求権であって、既に受領された保険金からは弁済してもらえません**。

○

□ **5** Aは、A所有の甲土地にBから借り入れた3,000万円の担保として抵当権を設定した。甲土地上の建物が火災によって焼失してしまったが、当該建物に火災保険が付されていた場合、Bは、甲土地の抵当権に基づき、この火災保険契約に基づく損害保険金を請求することができる。　　　　　[H28.問04.2]

□ **6** Aは、Bから借り入れた2,000万円の担保として抵当権が設定されている甲建物を所有しており、抵当権設定の後に、甲建物を賃借人Cに対して賃貸した。Cは甲建物に住んでいるが、賃借権の登記はされていない。AがBに対する借入金の返済につき債務不履行となった場合、Bは抵当権の実行を申し立てて、AのCに対する賃料債権に物上代位することも、AC間の建物賃貸借契約を解除することもできる。　　　　　[H20.問04.1]

□ **7** Aは、自己所有の甲建物（居住用）をBに賃貸し、引渡しも終わり、敷金50万円を受領した。甲建物の抵当権者がAのBに対する賃料債権につき物上代位権を行使してこれを差し押さえた場合においても、その賃料が支払われないまま賃貸借契約が終了し、甲建物がBからAに明け渡されたときは、その未払賃料債権は敷金の充当により、その限度で消滅する。　　[H20.問10.4]

---

4 妨害排除請求権 ／5 抵当権の効力の及ぶ範囲 ／6 被担保債権の範囲

問題 抵当権に関する次の記述の正誤を○×で答えなさい。

□ **1** 抵当不動産について第三者が不法に占有している場合、抵当権は、抵当権設定者から抵当権者に対して占有を移転させるものではないので、事情にかかわらず抵当権者が当該占有者に対して妨害排除請求をすることはできない。　　　　　[H25.問05.3]

□ **2** 借地人が所有するガソリンスタンド用店舗建物に抵当権を設定した場合、当該建物の従物である地下のタンクや洗車機が抵当権設定当時に存在していれば、抵当権の効力はこれらの従物に及ぶ。　　　　　[H19.問07.4]

□ **3** 賃借地上の建物が抵当権の目的となっているときは、一定の場合を除き、敷地の賃借権にも抵当権の効力が及ぶ。　　　　　[H27.問06.1]

Bは甲土地に**抵当権**を有しています。**甲土地上の建物について権利を有していま
せん**。甲土地上の建物が焼失して火災保険に基づく損害保険金が発生したとして
も、**Bはこの保険金を請求することは**できません。

X

被担保債権につき債務不履行があった場合には、**抵当権者は**賃料債権**に対して物上
代位**することができます。つまり、Bは、AのCに対する賃料債権を差押え、C
に対して賃料をAではなくBに支払うよう要求できます。しかし、**抵当権者であ
るBが、AC間の賃貸借契約を解除することは**できません。

X

賃貸借契約が終わった時に残っている未払の賃料債務は敷金から弁済されるので、
抵当権者が賃料債権を差し押さえても、**権利を行使できるのは残っている**敷金の
範囲に限られます。つまり、甲建物がBからAに明け渡されたときは、その**未払
賃料債権は**敷金の充当により、その限度で消滅します。

O

> **解説** 物権者がその権利を侵害された場合、侵害者に対して侵害の排除を請求で
> きます。この権利を妨害排除請求権といいます。

第三者が抵当不動産を不法占拠している場合、競売が妨害されたり、競売価格が
下落したりするリスクが出てきます。このような場合には、抵当権者は、「所有者
の不法占有者に対する妨害排除請求権」を代位行使できます。また、抵当権に基
づく妨害排除請求権を行使することもできます。

X

抵当権は、原則として抵当権を設定した当時に存在した従物に対しても効力が及
びます。従って、**ガソリンスタンドの地下タンクや洗車機等の設備にも抵当権の
効力は**及びます。

賃借地上の建物に抵当権を設定した場合、その土地の賃借権（借地権）に抵当権
が及びます。

いてのみ担保されるが、抵当権では、設定行為に別段の定めがない限り、被担保債権の利息は担保されない。 ［H29.問10.1］

⑦ 抵当権の順位 ★／⑧ 抵当権の処分 ★

問題 抵当権に関する次の記述の正誤を○×で答えなさい。

□ **1** 抵当権について登記がされた後は、抵当権の順位を変更することはできない。 ［H25.問05.4］

□ **2** Aは、A所有の甲土地にBから借り入れた3,000万円の担保として抵当権を設定した。AがCから500万円を借り入れ、これを担保するために甲土地にCを抵当権者とする第2順位の抵当権を設定した場合、BとCが抵当権の順位を変更することに合意すれば、Aの同意がなくても、甲土地の抵当権の順位を変更することができる。 ［H28.問04.3］

□ **3** AはBから2,000万円を借り入れて土地とその上の建物を購入し、Bを抵当権者として当該土地及び建物に2,000万円を被担保債権とする抵当権を設定し、登記した。AがBとは別に事業資金としてCから500万円を借り入れる場合、当該土地及び建物の購入代金が2,000万円であったときには、Bに対して500万円以上の返済をした後でなければ、当該土地及び建物にCのために二番抵当権を設定することはできない。 ［H22.問05.4］

□ **4** Aは、Bから借金をし、Bの債権を担保するためにA所有の土地及びその上の建物に抵当権を設定した。Bは、第三者Cから借金をした場合、Aに対する抵当権をもって、さらにCの債権のための担保とすることができる。 ［H10.問05.3］

不動産質権では、設定行為に別段の定めがない限り、**被担保債権の利息を請求する**ことはできません。一方、**抵当権**では、利息その他の定期金、遅延損害金については、**最後の2年分についてのみ抵当権を行使する**ことができます。問題文の説明は逆になっています。

解説 抵当権の順位は登記の順序で決まります。

抵当権の順位は、抵当権について登記がされた後でも**各抵当権者の合意によって変更**できます。この**順位の変更**は、**登記**をしなければ効力が生じません。

抵当権の順位の変更には、**利害関係者の承諾が必要**です。この**利害関係者**には、**債務者や抵当権設定者は含まれません**。Aの同意がなくても、抵当権の順位を変更することができます。

不動産の担保価値を決めるのは、債権者です。不動産の購入金額に制限されるわけではありません。当該土地及び建物の購入代金が2,000万円であっても、合計2,500万円の抵当権を設定することができます。

抵当権者は、その抵当権を他の債権の担保とすることができます。これを**転抵当**といいます。

□ **5** 債務者Aが所有する甲土地には、債権者Bが一番抵当権（債権額2,000万円）、債権者Cが二番抵当権（債権額2,400万円）、債権者Dが三番抵当権（債権額3,000万円）をそれぞれ有しているが、BはDの利益のために抵当権の順位を譲渡した。甲土地の競売に基づく売却代金が6,000万円であった場合、Bの受ける配当額は600万円である。　　　　　　　　　　　　[R01.問10.1.改]

□ **6** 債務者Aが所有する甲土地には、債権者Bが一番抵当権（債権額2,000万円）、債権者Cが二番抵当権（債権額2,400万円）、債権者Dが三番抵当権（債権額4,000万円）をそれぞれ有しており、Aにはその他に担保権を有しない債権者E（債権額2,000万円）がいるが、BはEの利益のため、抵当権を放棄した。甲土地の競売に基づく売却代金5,400万円を配当する場合、Bの受ける配当は1,000万円である。　　　　　　　　　　　[H27.問07.3]

9 抵当不動産の第三取得者の保護 ★★

問題 抵当権に関する次の記述の正誤を○×で答えなさい。

□ **1** A所有の甲土地にBのCに対する債務を担保するためにCの抵当権（以下この問において「本件抵当権」という。）が設定され、その旨の登記がなされた。Aから甲土地を買い受けたDが、Cの請求に応じてその代価を弁済したときは、本件抵当権はDのために消滅する。　　　　　　　　[R04.問04.1]

□ **2** 抵当不動産の第三取得者が抵当権消滅請求をするときは、登記をした各債権者に民法第383条所定の書面を送付すれば足り、その送付書面につき事前に裁判所の許可を受ける必要はない。　　　　　　　　　　　[H21.問06.3]

□ **3** 抵当不動産の第三取得者から抵当権消滅請求に係る民法第383条所定の書面の送付を受けた抵当権者が、同書面の送付を受けた後2か月以内に、承諾できない旨を確定日付のある書面にて第三取得者に通知すれば、同請求に基づく抵当権消滅の効果は生じない。　　　　　　　　　　[H21.問06.4]

先に、抵当権の処分がなかった場合の配当額を確認します。一番抵当権者の**B**には**2,000万円**、二番抵当権者の**C**には**2,400万円**、三番抵当権者の**D**には6,000－2,000－2,400=**1,600万円**が配当されます。**BがDの利益のために抵当権の順位を譲渡**すると、BD間では**D→B**の優先順位となります。この場合、BとDの元の**配当額合計（2,000+1,600＝3,600万円）**から、まず**D**に**3,000万円**が配当され、**残りの600万円がB**に配当されます。

○

抵当権の放棄がなかった場合、一番抵当権者の**B**には**2,000万円**、二番抵当権者の**C**には**2,400万円**、三番抵当権者の**D**には5,400－2,000－2,400=**1,000万円**が配当されます。**債権者Eには配当されません**。**BがEの利益のために抵当権を放棄**すると、**BとEの配当額合計（2,000+0＝2,000万円）**をBとEの**債権額の割合（2,000万円：2,000万円＝1：1）**に応じて配分することになります。従って、**B**に**1,000万円**、**E**に**1,000万円**が配当されます。相手方（本問の**E**）が抵当権者でない場合に、「抵当権の譲渡・放棄」という言葉を使いますが、計算方法は「抵当権の順位の譲渡・放棄」と同じです。

○

解説 抵当権設定者から抵当不動産を譲り受けた者のことを、第三取得者といいます。民法では、第三取得者の保護を図るために、「代価弁済」と「抵当権消滅請求」という仕組みを用意しています。

○

第三取得者Dが、抵当権者Cの請求に応じて、その代価を弁済すれば抵当権が消滅します。これを代価弁済といいます。

○

抵当不動産の第三取得者は、**抵当権者に一定の代価を支払うことで抵当権を消滅するよう書面を送付して請求**できます。これを抵当権消滅請求といいます。送付書面について、事前に裁判所の許可を受ける必要はありません。

○

抵当権消滅請求に係る書面の送付を受けた抵当権者は、**2か**月間の熟慮期間内に、**抵当権消滅請求を承諾**するか、それとも**競売の申立て**をするか、を判断しなければなりません。競売の申立てがない場合、抵当権消滅請求を承諾したものとみなされます。「承諾できない旨」を通知しても、抵当権消滅の効力を打ち消すことはできません。

✗

☐ **4** Aを売主、Bを買主として甲土地の売買契約を締結した。甲土地に契約の内容に適合しない抵当権の登記があり、Bが当該土地の抵当権消滅請求をした場合には、Bは当該請求の手続が終わるまで、Aに対して売買代金の支払を拒むことができる。 [H21.問10.4.改]

☐ **5** 抵当不動産の第三取得者は、当該抵当権の実行としての競売による差押えの効力が発生した後でも、売却の許可の決定が確定するまでは、抵当権消滅請求をすることができる。 [H21.問06.2]

☐ **6** 抵当不動産の被担保債権の主債務者は、抵当権消滅請求をすることはできないが、その債務について連帯保証をした者は、抵当権消滅請求をすることができる。 [H27.問06.2]

⑩ 抵当権と賃借権の関係 ★

問題 抵当権に関する次の記述の正誤を○×で答えなさい。

☐ **1** BはAに対して自己所有の甲建物に令和6年4月1日に抵当権を設定し、Aは同日付でその旨の登記をした。Bは、同年2月1日に甲建物をCに期間4年の約定で賃貸し、同日付で引き渡していた。Cは、この賃貸借をAに対抗できる。 [H17.問06.1]

☐ **2** Aは、Bから借り入れた2,400万円の担保として第一順位の抵当権が設定されている甲土地を所有している。Aは、さらにCから1,600万円の金銭を借り入れ、その借入金全額の担保として甲土地に第二順位の抵当権を設定した。Bの抵当権設定後、Cの抵当権設定前にAとの間で期間を2年とする甲土地の賃貸借契約を締結した借主Dは、Bの同意の有無にかかわらず、2年間の範囲で、Bに対しても賃借権を対抗することができる。 [H18.問05.4]

☐ **3** Aは、Bから借り入れた2,000万円の担保として抵当権が設定されている甲建物を所有しており、抵当権設定の後である令和6年4月1日に、甲建物を賃借人Cに対して賃貸した。Cは甲建物に住んでいるが、賃借権の登記はされていない。抵当権が実行されて、Dが甲建物の新たな所有者となった場合であっても、Cは、Dに対して甲建物を賃借する権利があると主張することができる。[H20.問04.2.改]

買い受けた不動産について契約の内容に適合しない抵当権の登記があるときは、買主は、抵当権消滅請求の手続が終わるまで、その代金の支払を拒むことができます。

○

抵当不動産の第三取得者は、抵当権の実行としての競売による差押えの効力が発生する前に、抵当権消滅請求をしなければなりません。

✕

主たる債務者や保証人・連帯保証人、及びこれらの者の承継人は、第三取得者になった場合でも、抵当権消滅請求をすることができません。主たる債務者や保証人・連帯保証人は、被担保債務を全額弁済すべき立場にあるからです。

✕

解説 賃借人と抵当権者の対抗関係の優劣は、抵当権設定が先か、賃借人の対抗要件具備が先かによって異なります。

抵当権設定前に賃貸借契約が締結されていた場合、賃借人は、対抗要件を備えていれば抵当権者に賃借権を対抗できます。建物の賃貸借では、建物賃借権の登記又は建物の引渡しが対抗要件なので、Cは、賃貸借をAに対抗できます。

○

借主Dは、Bの抵当権設定後に甲土地の賃貸借契約を締結しています。抵当権設定後に賃貸借契約が締結された場合、賃借人は、対抗要件を備えていても、原則として抵当権者に対抗できません。ただし、賃借権を登記して、賃借権の登記前に登記をしたすべての抵当権者が同意をし、その同意の登記がある場合には対抗できます。借主Dは、Bの同意の登記がなければ賃借権を対抗することができません。

✕

賃借人Cは、甲建物の抵当権設定後に甲建物に入居しているので、原則として抵当権者Bに対抗できません。新たな所有者であるDに対しても賃借する権利があると主張できません。

✕

☐ **4** AはBから2,000万円を借り入れて土地とその上の建物を購入し、Bを抵当権者として当該土地及び建物に2,000万円を被担保債権とする抵当権を設定し、登記した。Bの抵当権設定登記後にAがDに対して当該建物を賃貸し、当該建物をDが使用している状態で抵当権が実行され当該建物が競売された場合、Dは競落人に対して直ちに当該建物を明け渡す必要はない。

[H22.問05.3]

Ⅲ 法定地上権 ★★／Ⅲ 抵当地の上の建物の一括競売

問題 Aが所有する甲土地上にBが乙建物を建築して所有権を登記していたところ、AがBから乙建物を買い取り、その後、Aが甲土地にCのために抵当権を設定し登記した。この場合の法定地上権に関する次の記述の正誤を○×で答えなさい。

☐ **1** Aが甲土地に抵当権を設定登記した後、乙建物をDに譲渡した場合、甲土地の抵当権が実行されると、乙建物のために法定地上権が成立する。

[H30.問06.4]

☐ **2** Aが乙建物を取り壊して更地にしてから甲土地に抵当権を設定登記し、その後にAが甲土地上に丙建物を建築していた場合、甲土地の抵当権が実行されたとしても、丙建物のために法定地上権は成立しない。 [H30.問06.2]

問題 抵当権に関する次の記述の正誤を○×で答えなさい。

☐ **3** Aは、Bから借り入れた2,400万円の担保として第一順位の抵当権が設定されている甲土地を所有している。Aは、さらにCから1,600万円の金銭を借り入れ、その借入金全額の担保として甲土地に第二順位の抵当権を設定した。Bの抵当権設定後、Cの抵当権設定前に甲土地上に乙建物が建築され、Cが抵当権を実行した場合には、乙建物について法定地上権が成立する。

[H18.問05.3]

抵当権者に対抗できない賃貸借によって、競売手続きの開始前から建物を使用収益する者等は、原則として、建物が競売された場合、直ちに当該建物を引き渡す必要はありません。**明け渡しまで6か月の猶予が与えられます。**

解説 法定地上権とは、土地と土地上の建物が同一の所有者に属する場合、土地又は建物に設定された抵当権が実行されて、土地と建物の所有者が異なることとなったとき、建物について地上権（工作物の所有のために他人の土地を使用する権利）を認める制度です。

法定地上権の成立には、以下の要件をすべて満たすことが必要です。
　① **抵当権設定当時、土地上に建物が存在**していたこと。
　② **抵当権設定当時、土地と建物の所有者が**同一であったこと。
　③ **土地と建物の一方又は双方に**抵当**権が設定**されていること。
　④ **抵当権設定後に、土地と建物の所有者が別々**になったこと。
問題文は、①～④を満たしていますから、乙建物のために法定地上権が成立します。

抵当権設定当時、甲土地は更地で「**土地上の**建物」は存在しませんから、上記の要件①を満たしていません。従って、**法定地上権は成立**しません。

解説 法定地上権の成立要件（上記①～④）は、一番抵当権設定時の状況を基準に判断されます。

甲土地に第一順位**の抵当権が設定されたとき、甲土地に乙建物はありませんから、乙建物について法定地上権は成立しません。**

☐ **4** 土地に抵当権が設定された後に抵当地に建物が築造されたときは、一定の場合を除き、抵当権者は土地とともに建物を競売することができるが、その優先権は土地の代価についてのみ行使することができる。 [H27.問06.4]

13 根抵当権 ★★★

問題 根抵当権に関する次の記述の正誤を○×で答えなさい。

☐ **1** 抵当権を設定する場合には、被担保債権を特定しなければならないが、根抵当権を設定する場合には、根抵当権者と根抵当権設定者とのあらゆる範囲の不特定の債権を極度額の限度で被担保債権とすることができる。 [H26.問04.1]

☐ **2** 普通抵当権でも、根抵当権でも、現在は発生しておらず、将来発生する可能性がある債権を被担保債権とすることができる。 [H15.問06.2]

☐ **3** 元本の確定前に根抵当権者から被担保債権の範囲に属する債権を取得した者は、その債権について根抵当権を行使することはできない。 [H23.問04.2]

☐ **4** 元本の確定前に、被担保債権の範囲を変更するには後順位の抵当権者がいる場合は、その者の承諾を得なければならない。 [H19.問08.1]

☐ **5** 根抵当権者は、総額が極度額の範囲内であっても、被担保債権の範囲に属する利息の請求権については、その満期となった最後の2年分についてのみ、その根抵当権を行使することができる。 [H23.問04.1]

☐ **6** AがBとの間で、CのBに対する債務を担保するためにA所有の甲土地に抵当権を設定する場合、BはCに対する他の債権者の利益のために抵当権の順位を譲渡することができる。しかし、元本の確定前の根抵当権の場合には、Bは根抵当権の順位を譲渡することができない。 [H26.問04.4]

☐ **7** 根抵当権設定者は、担保すべき元本の確定すべき期日の定めがないときは、一定期間が経過した後であっても、担保すべき元本の確定を請求することはできない。 [H23.問04.3]

☐ **8** 根抵当権設定者は、元本の確定後であっても、その根抵当権の極度額を、減額することを請求することはできない。 [H23.問04.4]

抵当権が設定された土地に後から建物が建てられた場合、**土地の抵当権者は、土地と建物を一括して競売**することができます。このとき、**抵当権者の優先権は土地の代価についてのみ行使する**ことができます。

◯

解説 根抵当権（ねていとうけん）は、**一定範囲内の不特定**の債権を極度額の限度内で担保するために不動産に設定される権利です。

根抵当権は、一定の範囲に属する不特定の債権を被担保債権とします。「あらゆる範囲」の不特定の債権を被担保債権とすることはできません。

✗

将来発生する可能性がある債権を被担保債権にすることは、根抵当権では当然可能です。**普通抵当権でも、一定の要件のもとで可能**とされています。

◯

元本の確定前に被担保債権の範囲に属する債権を譲渡されても、**根抵当権は随伴（移転）しません。**

◯

元本の確定前であれば、根抵当権者と根抵当権設定者は**根抵当権の被担保債権の範囲と債務者の変更を**することができます。**後順位の抵当権者の承諾は不要**です。利害関係者の承諾が必要になるのは、**極度額を変更する場合**です。

✗

極度額の範囲内であれば、「元本や利息等の全部」が担保されます。逆に、**極度額を超えた部分**については「最後の2年分の金利」であっても担保されません。

✗

普通抵当権の処分方法には、①転抵当、②**抵当権の譲渡**、③**抵当権の放棄**、④**抵当権の順位の譲渡**、⑤**抵当権の順位の放棄**の5つがあります。しかし、**元本確定前の根抵当権**については、①転抵当しか認められていません。根抵当権の順位を譲渡することはできません。

◯

担保すべき元本の確定すべき期日の定めがない場合、**根抵当権設定時から3年を経過すると、根抵当権設定者は元本確定を請求でき、その請求時から2週間後に担保すべき元本が確定**します。

✗

根抵当権設定者は、元本の確定後はその根抵当権の極度額について減額請求することができます。

✗

12 保証と連帯債務

1 保証と保証人 ／ 2 保証債務の成立 ★★／ 3 保証債務の性質 ★★

問題 保証に関する次の記述の正誤を○×で答えなさい。

□ **1** 保証人となるべき者が、主たる債務者と連絡を取らず、同人からの委託を受けないまま債権者に対して保証したとしても、その保証契約は有効に成立する。　　　　　　　　　　　　　　　　　　　　　　　[H22.問08.1]

□ **2** Aは、Aの所有する土地をBに売却し、Bの売買代金の支払債務についてCがAとの間で保証契約を締結した。Cの保証債務にBと連帯して債務を負担する特約がない場合、Bに対する履行の請求その他の事由による時効の完成猶予及び更新は、Cに対してもその効力を生ずる。　　[H15.問07.4.改]

問題 下記ケース①及びケース②の保証契約を締結した場合に関する次の記述の正誤を○×で答えなさい。

（ケース①）個人Aが金融機関Bから事業資金として1,000万円を借り入れ、CがBとの間で当該債務に係る保証契約を締結した場合

（ケース②）個人Aが建物所有者Dと居住目的の建物賃貸借契約を締結し、EがDとの間で当該賃貸借契約に基づくAの一切の債務に係る保証契約を締結した場合

□ **3** ケース①の保証契約は、口頭による合意でも有効であるが、ケース②の保証契約は、書面でしなければ効力を生じない。　　　　　　[R02-10月.問02.1]

□ **4** ケース①及びケース②の保証契約がいずれも連帯保証契約である場合、BがCに債務の履行を請求したときはCは催告の抗弁を主張することができるが、DがEに債務の履行を請求したときはEは催告の抗弁を主張することができない。　　　　　　　　　　　　　　　　　　　　　[R02-10月.問02.3]

ポイント
▶ 保証債務は、債権者と保証人との保証契約によって成立する。
▶ 主たる債務者が債務を承認した場合、保証人の保証債務の消滅時効も更新される。
▶ 保証人（連帯保証人を除く）には、催告の抗弁権と検索の抗弁権が認められている。

▼正解

解説 保証人は、主たる債務者がその債務を履行しないときに、その履行をする責任を負います。

保証債務は、債権者と保証人との保証契約によって成立します。保証人になる人が、主たる債務者の委託を受けないまま債権者に対して保証しても、その保証契約は有効に成立します。

○

主たる債務者に履行の請求、時効完成猶予・更新があった場合、その効力は、保証債務の付従性により、保証人に対しても生じます。このことは、通常の保証でも、連帯保証でも共通です。

○

解説 根保証契約とは、賃貸借、売買取引、貸金などの関係が継続する場合に、保証人が、それによって生じる一切の債務を保証する契約のことです。ケース②のED間の契約は、「Aの一切の債務に係る保証契約」なので、根保証契約です。

保証契約は要式契約であり、書面（その内容を記録した電磁的記録を含む）でしなければ、その効力を生じません。このルールは、ケース①の事業資金の保証契約でもケース②の根保証契約でも適用されます。

✕

保証人には、催告の抗弁権と検索の抗弁権が認められています。催告の抗弁権とは、保証人が債権者から債務の履行を請求されたとき、まず先に主たる債務者に催告するよう主張できる権利です。検索の抗弁権とは、保証人が主たる債務者に弁済する資力があり、かつ執行が容易なことを証明すれば、まず先に主たる債務者の財産から執行するように主張することができる権利です。催告の抗弁権と検索の抗弁権は、連帯保証人、物上保証人には認められていません。

✕

❹ 保証債務の範囲 ／ ❺ 求償権 ★

問題 保証に関する次の記述の正誤を○×で答えなさい。

☐ **1** 個人Aが金融機関Bから事業資金として1,000万円を借り入れ、CがBとの間で当該債務に係る保証契約を締結した場合の保証契約は、Cが個人でも法人でも極度額を定める必要はない。個人Aが建物所有者Dと居住目的の建物賃貸借契約を締結し、EがDとの間で当該賃貸借契約に基づくAの一切の債務に係る保証契約を締結した場合の保証契約は、Eが個人でも法人でも極度額を定めなければ効力を生じない。　　　　　　　　　　　　[R02-10月.問02.2]

☐ **2** A銀行のB社に対する貸付債権につき、Cは、B社の委託を受けその全額につき連帯保証するとともに、物上保証人として自己の所有する土地に担保設定している。Cが、A銀行に対して債権全額につき保証債務を履行した場合、その全額につきB社に対する求償権を取得する。　　　　　[H18.問07.1]

❻ 分別の利益 ★／❼ 連帯保証 ★★

問題 保証に関する次の記述の正誤を○×で答えなさい。

☐ **1** Aは、Aの所有する土地をBに売却し、Bの売買代金の支払債務についてCがAとの間で保証契約を締結した。Cの保証債務がBとの連帯保証債務である場合、Cに対する履行の請求その他の事由による時効の完成猶予及び更新は、Bに対してもその効力を生じる。　　　　　　　　　　　　　[H15.問07.3.改]

☐ **2** Aは、Aの所有する土地をBに売却し、Bの売買代金の支払債務についてCがAとの間で保証契約を締結した。Cの保証債務がBとの連帯保証債務である場合、AがCに対して保証債務の履行を請求してきても、CはAに対して、まずBに請求するよう主張できる。　　　　　　　　　　　　　　[H15.問07.1]

解説 保証人が責任を負う範囲は、保証契約締結当時の主たる債務と利息、違約金、損害賠償、既払代金の返還、その他その債務に従たるすべてのものです。

根保証契約とは、**一定範囲に属する不特定の債務について保証する契約**のことをいいます。個人が保証人である根保証契約では、**極度額の定めのない契約は無効**となります。CB間の契約は、根保証契約ではないので、極度額を定める必要はありません。この点では正しい記述となっています。ED間の根保証契約では、**E が個人**なら極度額を定める必要がありますが、**法人**なら極度額の設定は**不要**です。本問では「Eが個人でも法人でも」とする点が、間違っています。

✗

保証人が債権者に弁済したときは、**保証人は主たる債務者に対して求償権**を有します。保証人Cは、B社の委託を受けて保証人となり、B社の債務を全額返済したのですから、当然、B社に**全額の求償**ができます。

◯

解説 連帯保証契約とは、主たる債務者に財産があるかどうかにかかわらず、債権者が保証人に支払を求めたり、保証人の財産の差押えをしたりすることができるという契約です。

連帯保証人について生じた事由は、原則として主たる債務者に効力が及びません。例外は、「弁済」「更改」「相殺」「混同」の４つです。連帯保証人Cに対する履行の請求その他の事由による時効の完成猶予及び更新は、債権者Bに対してその**効力を生じません**。

✗

連帯保証人には、**催告の抗弁権がありません**から、Cは、先に主たる債務者Bに請求するよう主張することができません。なお、**連帯保証人**には、**検索の抗弁権もありません**。

□ **3** 連帯保証人が2人いる場合、連帯保証人間に連帯の特約がなくとも、連帯保証人は各自全額につき保証責任を負う。　　　　　　　　　　[H22.問08.4]

□ **4** A銀行のBに対する貸付債権1,500万円につき、CがBの委託を受けて全額について連帯保証をし、D及びEは物上保証人として自己の所有する不動産にそれぞれ抵当権を設定していた。CがA銀行に対して債権全額について保証債務を履行した場合、Cは、D及びEの各不動産に対する抵当権を実行して1,500万円を回収することができる。　　　　　　　　　　[H25.問06.1]

8 連帯債務 ★

問題 連帯債務に関する次の記述の正誤を○×で答えなさい。

□ **1** AとBとが共同で、Cから、C所有の土地を2,000万円で購入し、代金を連帯して負担する（連帯債務）と定め、CはA・Bに登記、引渡しをしたのに、A・Bが支払をしなかった。AとBとが、代金の負担部分を1,000万円ずつと定めていた場合、AはCから2,000万円請求されても、1,000万円を支払えばよい。　　　　　　　　　　[H13.問04.2]

□ **2** AとBとが共同で、Cから、C所有の土地を2,000万円で購入し、代金を連帯して負担する（連帯債務）と定め、BがCに2,000万円支払った場合、Bは、Aの負担部分と定めていた1,000万円及びその支払った日以後の法定利息をAに求償することができる。　　　　　　　　　　[H13.問04.3]

□ **3** A、B、Cの3人がDに対して900万円の連帯債務を負っている。なお、A、B、Cの負担部分は等しいものとする。CがDに対して100万円を弁済した場合は、Cの負担部分の範囲内であるから、Cは、A及びBに対して求償することはできない。　　　　　　　　　　[H29.問08.4]

同一の債務について、**2人以上が保証人**となることを**共同保証**といいます。共同保証の各保証人は、**主たる債務の額を保証人の数で割った額**についてのみ保証責任を負います。これを**分別の利益**といいます。一方、**連帯保証人には分別の利益がありません**。連帯保証人各自が債務の**全額**について保証責任を負います。

保証人（物上保証人含む）が複数いて、そのうちの1人が債権者に全額弁済した場合には、**他の保証人に対して主たる債務の額を保証人の数で割った額**についてのみ求償することができます。本問では、保証人が1人、物上保証人が2人の合計3人です。債権全額の1,500万円を保証人の数で割ると、**1,500万円÷3人＝500万円**。Cは、DとEに、それぞれ**500万円ずつ求償**できます。1,500万円を回収することはできません。

解説 **連帯債務**とは、複数の債務者が、同一の内容の債務について、独立して全責任を負う債務のことです。

債権者は、連帯債務者の誰に対しても、負担部分にかかわりなく、**同時又は順次**に、**全額又は一部の額について、履行を請求**できます。AはCから2,000万円請求された場合、**2,000万円**を支払わなければなりません。

連帯債務者の1人が弁済したとき、**他の連帯債務者に対し、各自の負担部分について求償権**を有します。このとき、**弁済の日以後の法定利息**、費用、その他の損害賠償も求償できます。

連帯債務者の1人が弁済したときは、**弁済額が自己の負担部分を超えないときでも、他の連帯債務者に対して負担部分の割合に応じて求償**できます。CがDに対して100万円を弁済した場合は、Cは、A及びBに対して、弁済した**100万円の3分の1（33万3,333…円）ずつを求償**することができます。

Part **2** 権利関係

12 保証と連帯債務

問題 A、B、Cの3名が、内部的な負担部分の割合は等しいものとして合意した上で、債権者Dに対して300万円の連帯債務を負った場合に関する次の記述の正誤を○×で答えなさい。

☐ **1** DがAに対して履行の請求をした場合、B及びCがそのことを知っていた場合に限り、B及びCについても、その効力を生じる。　　[H29.問08.1.改]

☐ **2** Aが、Dに対する債務と、Dに対して有する200万円の債権を対当額で相殺する旨の意思表示をDにした場合、B及びCのDに対する連帯債務も200万円が消滅する。　　[H29.問08.2]

☐ **3** Bのために時効が完成した場合、A及びCのDに対する連帯債務も時効によって全部消滅する。　　[H29.問08.3]

☐ **4** BがDに対して自分の債務の承認をすると、Bの消滅時効は更新されるが、A及びCの消滅時効は更新されない。　　[予想問題]

☐ **5** BがDに対して300万円の債権を有している場合、Bが相殺を援用しない間に300万円の支払の請求を受けたCは、BのDに対する債権で相殺する旨の意思表示をすることができる。　　[R03-10月.問02.2]

☐ **6** DがCに対して債務を免除した場合でも、特段の合意がなければ、DはAに対してもBに対しても、弁済期が到来した300万円全額の支払を請求することができる。　　[R03-10月.問02.3]

☐ **7** AとDが婚姻した場合、A、B、CのDに対する借入金債務は混同により消滅する。　　[H23.問10.1.改]

解説 連帯債務者の1人に生じた事由は、原則として、他の連帯債務者に影響を及ぼしません。これを<u>相対効</u>といいます。　　　　　　　　　　　　✗

債権者DがAに対して履行の請求をすると、Aの時効は<u>完成が猶予</u>されます。BとCの時効は<u>完成が猶予</u>されません。BとCが知っていたかどうかは<u>無関係</u>です。

各連帯債務者に生じた事由は原則として<u>相対効</u>ですが、例外として「<u>弁済</u>」、「<u>更改</u>」、「<u>相殺</u>」、「<u>混同</u>」の4つの事由は、<u>絶対効（連帯債務者の1人に生じた事由が他の連帯債務者にも影響を及ぼすこと）</u>になります。連帯債務者の1人が債権者に対して<u>反対債権</u>を有しており、その債権をもって相殺すると、**相殺した範囲で、他の連帯債務者の債務も消滅**します。Aが、200万円の債権を対当額で相殺する旨の意思表示をDにした場合、B・CのDに対する連帯債務200万円も消滅します。　　　　○

Bについて消滅時効が完成すると、**Bの債務は消滅**します。このとき、**A及びCのDに対する連帯債務**は、時効によって全部<u>消滅</u>することはありません。　　✗

Bが債権者に対して自分の債務の<u>承認</u>をすると、**Bの消滅時効は更新**されます。このとき、**A及びCの消滅時効は更新**<u>されません</u>。　　　　　　　　　　　　　　○

連帯債務者の1人が債権者に対して反対債権を有しており、その債権をもって相殺しない間は、**他の連帯債務者は、反対債権を有する連帯債務者の<u>負担</u>部分を限度として、債務の履行（弁済）を拒むことができます**。Cは、Bの負担部分<u>100万円（300万円÷3人）</u>の限度において、**債務の履行を拒むことができます**が、**BのDに対する債権300万円で相殺する旨の意思表示をすることはできません**。　　✗

債権者DがCの債務を<u>免除</u>すると、**Cの債務は消滅**します。A及びBの債務は<u>免除</u>されません。A及びBは依然として300万円の連帯債務を負いますから、DはAに対してもBに対しても、**300万円全額の支払を請求することができます**。　　○

混同とは、相対立する法律的地位が<u>同一人に帰属する</u>ことです。例えば、債務者が債権者を相続した場合、債権者＝債務者となって債権・債務が消滅します。**連帯債務者の1人が債権者を相続**すると、混同が生じて他の連帯債務者の債務が<u>消滅</u>します。AとDが<u>結婚</u>しても<u>同一人</u>にはなりませんから、A、B、CのDに対する借入金債務が**混同により<u>消滅</u>することもありえません**。　　✗

Part **2** 権利関係

12 保証と連帯債務

1 債権譲渡 ／ 2 譲渡制限の意思表示 ★★

問題 債権譲渡に関する次の記述の正誤を○×で答えなさい。

☐ **1** 契約時点ではまだ発生していない将来債権でも、発生原因や金額などで目的債権を具体的に特定することができれば、譲渡することができ、譲渡時点でその債権発生の可能性が低かったことは譲渡の効力を直ちに否定するものではない。　　　　　　　　　　　　　　　　　　　　　　[H19.問09.3]

☐ **2** 譲渡禁止特約のある債権の譲渡を受けた第三者は、その特約の存在を知らなかったことにつき重大な過失があっても、当該債権を取得することができる。　　　　　　　　　　　　　　　　　　　　　　　　　　[H30.問07.1.改]

☐ **3** 債権の譲受人が譲渡禁止特約の存在を知っていれば、さらにその債権を譲り受けた転得者がその特約の存在を知らなかったことにつき重大な過失がなかったとしても、債務者はその転得者に対して、その債務の履行を拒むことができる。　　　　　　　　　　　　　　　　　　　　　　　　　[H30.問07.2.改]

☐ **4** 債権の譲受人は、債務者が債務を履行しない場合、相当の期間を定めて、債務者に対し譲渡人への債務の履行を催告することができる。この期間内に債務者が譲渡人に対して異議を申し立てない場合は、債務者は、譲受人に対する債務の履行を拒むことができない。　　　　　　　　　　　　　　　[予想問題]

ポイント
▶ 債権者と債務者との間で譲渡制限の意思表示をした場合でも債権譲渡は有効である。
▶ 債権譲渡を対抗するには、譲渡人から債務者への通知、又は債務者の承諾が必要。
▶ 債務引受には、併存的債務引受と免責的債務引受がある。

▼正解

解説 債権者は、債務者の意向にかかわらず、債権者の意思によって債権を第三者に有償・無償で譲渡できます。

問題文の通りです。将来債権の譲渡は、その取引の種類、金額、期間などにより当該債権が特定されていたときは、特段の事情がない限り、有効です。　**◯**

譲渡制限の意思表示（例：譲渡禁止特約）がある場合でも、**譲渡人から譲受人への債権譲渡は**有効です。譲受人が、譲渡制限の意思表示の存在について知っていた（悪意）か知らなかった（善意）か、重過失があったかなかったかは問われません。　**◯**

譲受人が譲渡制限の意思表示の存在について善意無重過失の場合、債務者は、譲受人に対して**債務の履行を拒むことができません。譲受人が**悪意又は善意重過失の場合、債務者は、譲受人に対して**債務の履行を拒むことができます。**譲受人がさらに債権を譲渡した場合、**善意悪意、重過失の有無は、**転得者自身を基準に判断されます。本問の転得者は善意無重過失なので、債務者はその転得者に対して、その債務の履行を拒むことができません。　**✕**

譲受人は、債務者が債務を履行しない場合、**相当の期間を定めて、債務者に対し譲渡人への債務の履行を**催告することができます。この期間内に債務者が譲渡人に対して債務を履行しない場合は、**債務者の履行拒絶権が**消滅します。つまり、**譲受人に対して債務を履行する義務**が生じます。問題文の「異議を申し立てない場合」という点が間違っています。　**✕**

3 債権譲渡の対抗要件 ★★★

問題 Aが、Bに対する債権をCに譲渡した場合に関する次の記述の正誤を○×で答えなさい。

☐ **1** AがBに債権譲渡の通知を発送し、その通知がBに到達していなかった場合でも、Bが債権譲渡を承諾していれば、BはCに対して当該債権に係る債務の弁済を拒否することができない。　　　　　　　　　　[H28.問05.2.改]

☐ **2** Bが譲渡を承諾する相手方は、A又はCのいずれでも差し支えない。
　　　　　　　　　　　　　　　　　　　　　　　　　　　　[H12.問06.2]

☐ **3** AがBに対する代金債権をDに対しても譲渡し、Cに対する債権譲渡もDに対する債権譲渡も確定日付のある証書でBに通知した場合には、CとDの優劣は、確定日付の先後ではなく、確定日付のある通知がBに到着した日時の先後で決まる。　　　　　　　　　　　　　　　　　　　　[H23.問05.4]

☐ **4** Aに対し弁済期が到来した貸金債権を有していたBは、Aから債権譲渡の通知を受けるまでに、相殺の意思表示をしていなかった。その後、Bは、Cから支払請求を受けた際に、Aに対する貸金債権との相殺の意思表示をしたとしても、Cに対抗することはできない。　　　　　　　　　　　[H28.問05.4.改]

4 債務引受

問題 債務引受に関する次の記述の正誤を○×で答えなさい。

☐ **1** 併存的債務引受は、債権者と引受人となる者との契約によってすることができる。　　　　　　　　　　　　　　　　　　　　　　[H27.問01.ウ.改]

解説 債権者が、債権を譲渡した場合、譲受人が債務者に自らに弁済するように主張するためには、債務者に対する対抗要件を備える必要があります。

債権の譲渡（現に発生していない債権の譲渡を含む）は、**譲渡人が債務者に通知**をするか、又は**債務者が承諾**をしなければ、債務者その他の第三者に対抗することができません。債務者Bが債権譲渡を承諾していれば、Bは譲受人Cに対して当該債権に係る債務の弁済を拒否することができません。

○

債権譲渡を主張するためには、譲渡人から債務者への通知、又は債務者の承諾が必要です。この**承諾**は、**譲渡人A、譲受人Cのいずれに対してしてもよい**ことになっています。

○

債権者Aが二重譲渡を行い、両方の譲渡を確定日付のある証書で債務者に通知した場合、債務者に通知が到達した日時の早い方が優先されます。確定日付の日時の早い方ではありません。

○

債務者は、対抗要件具備時より前に取得した譲渡人に対する債権による相殺をもって譲受人に対抗することができます。対抗要件具備時より前に相殺の意思表示をしていなかった場合も同様です。Aに対し弁済期が到来した貸金債権を有していたBは、Aに対する相殺の意思表示をCに対抗することができます。

✗

解説 債務者が変更されることを債務引受といいます。

それまでの債務者に加えて、**債務者（引受人）が追加**され、両者が連帯債務者となることを**併存的債務引受**といいます。**併存的債務引受が成立**するのは、以下の3つのケースです。

①**債権者・債務者・引受人の3者が合意**した場合

②**債権者と引受人が契約**した場合

③**債務者と引受人が契約**し、**債権者が引受人に対して承諾**した場合

問題文は、②に該当します。

○

対応 『史上最強の宅建士テキスト』270～271ページ　239

□ **2** 債務者と引受人が契約し、債権者が引受人に対して承諾した場合、免責的債務引受が成立する。 ［**予想問題**］

それまでの債務者が債権債務関係から離脱し、以降は**引受人のみが債務者となる**
ことを<u>免責的</u>**債務引受**といいます。免責的債務引受が成立するのは、以下の3つ
のケースです。

  ①**債権者・債務者・引受人の3者が合意**した場合

  ②<u>債権</u>**者と引受人が契約し、債権者が**<u>債務</u>**者に通知**した場合

  ③<u>債務</u>**者と引受人が契約し、**<u>債権</u>**者が引受人に対して承諾**した場合

問題文は、③に該当します。

14 弁済と相殺

① 弁済 ★／② 供託 ／③ 第三者弁済 ★

問題 AB間でA所有の土地について、令和6年4月1日に売買代金3,000万円（うち、手付金200万円は同年4月1日に、残代金は同年5月31日に支払う。）とする売買契約を締結した場合に関する次の記述の正誤を○×で答えなさい。

☐ **1** Aが残代金の受領を拒絶することを明確にしている場合であっても、Bは同年5月31日には2,800万円をAに対して現実に提供しなければ、Bも履行遅滞の責任を負わなければならない。 [H16.問04.4]

☐ **2** 本件売買契約に基づく債務の弁済をするについて正当な利益を有する者でない第三者Cが、Bの意思に反して残代金をAに対して支払った。Bの意思に反することをAが知らなかったとき、この弁済は有効となる。 [H16.問04.1.改]

問題 弁済に関する次の記述の正誤を○×で答えなさい。

☐ **3** Aが、Bに対して不動産を売却し、所有権移転登記及び引渡しをした。Aが、Bに対し代金債権より先に弁済期の到来した別口の貸金債権を有する場合に、Bから代金債権の弁済として代金額の支払いを受けたとき、Aは、Bの意思に反しても、代金債権より先にその貸金債権に充当することができる。 [H11.問05.2]

☐ **4** AはBとの間で、土地の売買契約を締結し、Aの所有権移転登記手続とBの代金の支払を同時に履行することとした。決済約定日に、Aは所有権移転登記手続を行う債務の履行の提供をしたが、Bが代金債務につき弁済の提供をしなかったので、Aは履行を拒否した。Bが、改めて代金債務を履行するとして、自分振出しの小切手をAの所に持参しても、債務の本旨に従った弁済の提供とはならない。 [H18.問08.4]

> ポイント
>
> ▶ 債務者が、債務を履行して債権を消滅させることを弁済という。
> ▶ 債務者が金銭や有価証券を供託所に差し出し、保管してもらうことを供託という。
> ▶ 相殺適状であれば、債権者の意思表示によって、一方的に相殺することができる。

解説 弁済とは、債務者が、債務を履行して債権を消滅させることです。債務者は、弁済の提供さえ行っておけば、債務不履行責任を負いません。

債権者があらかじめ受領を拒んだとき、又は債務の履行について債権者の行為を要するときは、口頭の提供（弁済の準備をしたことを債権者に通知して、受領を催告すること）で足ります。Bは現実に提供する必要はありません。

✕

弁済をするについて正当な利益を有しない第三者Cは、債務者Bの意思に反して弁済をすることができません。ただし、**債務者Bの意思に反することを債権者Aが知らなかった**場合は、その弁済は有効です。正当な利益を有しない第三者とは、例えば、その債務にかかわりのない債務者の**親兄弟や友人**のことです。

◯

解説 借りていた金銭を返す代わりに不動産や動産で弁済するなど、本来の給付の代わりに別の給付をすることができます。これを代物弁済といいます。

債務者が弁済として提供した給付がすべての債務を消滅させるのに足りない場合、その弁済をどの債務に充当するかは、弁済者が指定することができます。Aは、Bの意思に反して、代金債権より先に別口の貸金債権に充当することはできません。

✕

金銭債務では、現金ではなく、銀行の自己宛小切手や銀行の支払保証のある小切手でも弁済できます。しかし、自分振出しの小切手は、現金化できるかどうか不確実であるため、**債務の本旨に従った弁済の提供にはなりません。**

◯

□ **5** Aが、Bに対する金銭債務について、不動産の所有権をもって代物弁済の目的とする場合、Bへの所有権移転登記その他第三者に対する対抗要件を具備するため必要な行為を完了しなければ、弁済としての効力は生じない。

[H12.問09.1]

□ **6** Aは、土地所有者Bから土地を賃借している。Aは、特段の理由がなくとも、借賃の支払債務の弁済に代えて、Bのために弁済の目的物を供託し、その債務を免れることができる。

[H17.問07.4]

□ **7** 借地人が地代の支払を怠っている場合、借地上の建物の賃借人は、借地人の意思に反しても、地代を弁済することができる。 [H20.問08.1]

４ 弁済の受領者 ★／５ 弁済による代位 ★

問題 Aを売主、Bを買主として甲建物の売買契約が締結された場合に関する次の記述の正誤を○×で答えなさい。

□ **1** Bが、本件代金債務につき受領権限のないCに対して弁済した場合、Cに受領権限がないことを知らないことにつきBに過失があれば、Cが受領した代金をAに引き渡したとしても、Bの弁済は有効にならない。 [R01.問07.1]

□ **2** Bが、Aの代理人と称するCに対して本件代金債務を弁済した場合、Cに受領権限がないことにつきBが善意かつ無過失であれば、Bの弁済は有効となる。

[R01.問07.2]

□ **3** Bの友人Cが、代金債務を連帯保証していたためAに全額弁済した場合、Cは、Aの承諾がないときでも、Aに代位する。 [H11.問05.4]

不動産を代物弁済の目的物とする場合は、原則として<u>登記</u>**その他の**<u>引渡</u>**行為の完了**によって、**弁済の効力**が生じます。

○

<u>供託</u>ができるのは、次の場合に限ります。
① **弁済の提供をしたのに、債権者が**<u>受領</u>**を拒んだとき**
② **債権者が弁済を受領することができないとき**
③ **弁済者が過失なく**<u>債権者</u>**を確知できないとき**
特段の理由なく弁済の目的物を供託することは<u>できません</u>。

✗

弁済をするについて正当な利益を有する第三者は、<u>債務者の意思</u>に反しても弁済をすることができます。正当な利益を有する第三者には、<u>物上保証人</u>、抵当不動産の第三取得者、借地上の建物の<u>賃借</u>人等が含まれます。借地上の建物の<u>賃借</u>人は、借地人の意思に反しても、地代を**弁済**することができます。

○

解説 受領する権限のない者に対して行われた弁済は、原則として<u>無効</u>ですが、債権者がこれによって<u>利益</u>を受けた限度においては、その効力を有します。
Bの弁済は、Aが<u>利益を受けた限度</u>**において有効**です。Cが受領した代金をAに引き渡した場合、Aが利益を受けますから、本問の「有効にならない」とする点が間違っています。

✗

<u>受領権</u>者としての外観を有する者に対して行った弁済は、弁済者がその者の無権限について<u>善意無過失</u>であれば、有効となります。債権者の代理人・相続人と称する者は、<u>受領権</u>者としての外観を有する者に該当します。Bの弁済は有効となります。

○

連帯保証人であるCは、自らの保証債務の履行としてAに弁済しています。しかし、これは主たる債務者Bのための弁済なので、当然に**債権者に**<u>代位</u>します。このとき、**債権者Aの承諾**は<u>不要</u>です。

○

☐ **4** Bの友人Cが、Aの承諾を受けて、本件代金債務につき全額を弁済した。A
はこの弁済がBの意思に反することを知らなかった。このとき、Cが当該弁済
による代位をBに対抗するためには、債権譲渡の対抗要件である、AからBへ
の通知、又はBからの承諾のいずれかを備えておく必要がある。　[予想問題]

6 相殺 ★★

問題　Aは、令和5年10月1日、A所有の甲土地につき、Bとの間で、代金1,000万円、
支払期日を同年12月1日とする売買契約を締結した。この場合の相殺に関する次の
記述の正誤を○×で答えなさい。

☐ **1** BがAに対して同年12月31日を支払期日とする貸金債権を有している場合
には、Bは同年12月1日に売買代金債務と当該貸金債権を対当額で相殺する
ことができる。　[H30.問09.1]

☐ **2** 同年11月1日にAの売買代金債権がAの債権者Cにより差し押さえられて
も、Bは、同年11月2日から12月1日までの間にAに対する別の債権を取得
した場合には、同年12月1日に売買代金債務と当該債権を対当額で相殺する
ことができる。　[H30.問09.2]

☐ **3** 同年10月10日、BがAの自動車事故によって重傷を負い、Aに対して不法
行為に基づく損害賠償債権を取得した場合には、Bは売買代金債務と当該損害
賠償債権を対当額で相殺することができる。　[H30.問09.3]

☐ **4** BがAに対し同年9月30日に消滅時効の期限が到来する貸金債権を有して
いた場合には、Aが当該消滅時効を援用したとしても、Bは売買代金債務と当
該貸金債権を対当額で相殺することができる。　[H30.問09.4]

弁済をするについて正当な利益を有しない第三者であるCは、**債務者Bの意思に反して弁済をすることができません**が、**債務者Bの意思に反することを債権者A が知らなかった場合**には、その**弁済は有効**です。そして、**正当な利益を有しない第三者C**が、弁済による代位を債務者Bその他の第三者に対抗するためには、「**債権者Aから債務者Bへの通知**」又は「**債務者Bからの承諾**」の**いずれか**を備えておく必要があります。

○

解説　相殺とは、一方当事者の意思表示により、互いに持っている同種の債権を対当額だけ消滅させることです。「相殺しよう」と働きかけた側の債権を**自働債権**、働きかけられた側の債権を**受働債権**といいます。

×

Bの支払期日は12月1日、Aの支払期日は12月31日です。12月1日に相殺すると、**Aは本来の支払期限より前に支払うことになり、期限の利益を失ってしまいます**。**Aからは相殺することができます**が、**Bから相殺することはできません**。

受働債権の差押え後に取得した債権を自働債権とすることはできません。本問では、債権者CがAの売買代金債権を差し押さえてから、Bが別の債権を取得しているので、**Bから相殺するということはできません**。Bの債権取得がCの差押えより前であれば、Bはその債権の期限が到来した時点以降で相殺をすることができます。

×

受働債権が、①**悪意**（積極的に他人を害する意思）による**不法行為**、②**生命又は身体の侵害**（交通事故、医療事故、労災事故など）から生じた**損害賠償請求権**である場合は、**相殺できません**。逆に、それらを**自働債権**とする場合は**相殺できます**。つまり、加害者からは相殺できないことがありますが、被害者からは相殺できるわけです。被害者Bからであれば、売買代金債務と当該損害賠償債権を対当額で相殺することができます。

○

時効完成前に相殺適状に達していた債権を自働債権として、時効消滅後に相殺することはできます。本問では、9月30日に消滅時効の期限が到来していて、10月1日に、売買契約を締結されています。従って、2つの債権が相殺適状に達した時期はありません。Bは売買代金債務と貸金債権を対当額で相殺することはできません。

×

15 賃貸借

1 賃貸借とは ／ 2 賃貸借の存続期間と解約 ★★

問題 賃貸借に関する次の記述の正誤を○×で答えなさい。

☐ **1** 賃貸人Aから賃借人Bが借りたA所有の甲土地の上に、Bが乙建物を所有している。AB間で賃料の支払時期について特約がない場合、Bは、当月末日までに、翌月分の賃料を支払わなければならない。 ［H26.問07.4］

☐ **2** 建物を所有する目的ではなく、資材置場とする目的で甲土地についての賃貸借契約を締結したい。期間を50年と定めて賃貸借契約を締結しようとする場合は期間の定めのない契約になり、期間を15年と定めて賃貸借契約を締結しようとする場合では期間は15年となる。 ［R01.問11.1］

3 賃貸人と賃借人の関係 ★★★★

問題 賃貸借契約に関する記述の正誤を○×で答えなさい。

☐ **1** 賃貸人と賃借人との間で別段の合意をしない限り、動産の賃貸借契約の賃貸人は、賃貸物の使用収益に必要な修繕を行う義務を負うが、建物の賃貸借契約の賃貸人は、そのような修繕を行う義務を負わない。 ［H17.問15.2］

☐ **2** 建物の賃貸人が賃貸物の保存に必要な修繕をする場合、賃借人は修繕工事のため使用収益に支障が生じても、これを拒むことはできない。 ［H25.問08.4］

> **ポイント**
> ▶ 民法の賃貸借の存続期間は最長50年。50年より短い存続期間を定めた契約は有効。
> ▶ 期間を定めた賃貸借では、双方の合意がなければ契約期間内に中途解約ができない。
> ▶ 民法での不動産の賃借権の対抗要件は、賃借権の登記である。

▼正解

> **解説** 民法での賃貸借契約の目的物は、不動産（土地や建物）と動産（CD、DVD、車など）です。借地借家法の対象は、建物の所有を目的とする地上権又は土地賃借権と一時使用目的以外の建物賃借権に限られます。

民法では、動産、建物・宅地の賃料については**毎月末に後払いが原則**です。ただし、実際の賃貸借契約では、先払いとする特約を付けるのが一般的です。

建物の所有を目的としない土地の賃貸借なので、民法のみが適用されます。民法では、賃貸借の存続期間は最長50年です。50年を超える存続期間を定めた場合には、50年とされます。最短限度の定めはないので、50年より短い存続期間を定めた契約は有効です。賃貸借契約を更新する場合の期間も最長50年となります。問題文では、「期間を50年と定めて賃貸借契約を締結しようとする場合は期間の定めのない契約になり」の部分が間違っています。

※賃貸借契約の解約については、借地借家法と比較する出題が多いため、「**16**借地借家法：借地」「**17**借地借家法：借家」に掲載してあります。

▼正解

> **解説** 賃貸物の修繕、必要費、有益費、滅失、原状回復義務などに関する問題です。

動産でも不動産でも、**賃貸人は、賃貸物の使用収益に必要な修繕を行う義務**を負います。**賃貸人が修繕義務を履行せず、賃借人が賃借物の使用収益を妨げられた**場合、その部分の**割合に応じて賃料が減額**されます。

賃貸人が賃貸物の保存に必要な修繕をしようとするとき、修繕工事のため使用収益に支障が生じても、賃借人は拒むことはできません。

☐ **3** 賃貸人Aから賃借人Bが賃借している建物の修繕が必要である場合において、BがAに修繕が必要である旨を通知したにもかかわらずAが相当の期間内に必要な修繕をしないときは、Bは自ら修繕をすることができる。

[R02-12月.問12.1]

☐ **4** 建物の賃借人が建物に関して必要費を支出した場合、賃借人は、建物所有者ではない第三者が所有する敷地を留置することはできない。 [H25.問04.4]

☐ **5** 建物の賃貸借契約が賃借人の債務不履行により解除された後に、賃借人が建物に関して有益費を支出した場合、賃借人は、有益費の償還を受けるまで当該建物を留置することができる。

[H25.問04.3]

☐ **6** AがBから賃借する甲建物に、運送会社Cに雇用されているDが居眠り運転するトラックが突っ込んで甲建物の一部が損壊した場合、AがBに支払う賃料は、甲建物の滅失した部分の割合に応じ、賃料は当然に減額される。

[H28.問07.ア.改]

☐ **7** AはBにA所有の甲建物を賃貸し、BはAの承諾を得てCに適法に甲建物を転貸した。Cの用法違反によって甲建物に損害が生じた場合、AはBに対して、甲建物の返還を受けた時から1年以内に損害賠償を請求しなければならない。

[R02-12月.問06.2]

☐ **8** 建物の賃貸借契約が期間満了により終了した時、賃借人は、賃貸物を受け取った後にこれに生じた損傷がある場合、通常の使用及び収益によって生じた損耗も含めてその損傷を原状に復する義務を負う。 [R02-10月.問04.1]

賃貸物の使用収益に必要な修繕は貸主の義務ですが、以下の2つの場合には賃借人が自ら修繕をすることができます。

①賃借人が賃貸人に修繕が必要である旨を通知し、又は賃貸人がその旨を知ったにもかかわらず、賃貸人が相当の期間内に必要な修繕をしないとき。（本問）

②急迫の事情があるとき

○

必要費とは、賃貸物を保存・管理するための費用のことです。賃借人が必要費を支出したときは、賃貸人に対し、直ちにその償還を請求することができます。また、必要費の償還を受けるまで、留置権に基づいて建物などの返還を拒否できます。問題文では、建物の所有者と敷地の所有者が異なるので、賃借人は敷地を留置することはできません。

○

有益費とは、賃貸物の価値を増加させる費用のことです。賃借人が有益費を支出したときは、賃貸借契約の終了時に賃貸物の価格の増加が現存する場合に限り、「有益費として支出した金額」又は「価値の増加額」を賃貸人に償還請求することができます。しかし、問題文では「賃貸借契約が賃借人の債務不履行により解除された後」とあるので、そもそも不法占拠の状態です。賃借人は、留置権を行使することはできません。

✗

賃借人の帰責事由によらないで賃貸物の一部が滅失その他の事由によって使用収益ができなくなった場合、建物の使用収益ができなくなった部分の割合に応じて、賃料は当然に減額されます。また、残りの部分だけでは賃借した目的を達することができない場合には、賃借人は賃貸借契約を解除することができます。

○

契約の本旨に反する使用収益によって賃貸物に損害が生じた場合、貸主が損害賠償請求をするときは、貸主が返還を受けた時から1年以内にしなければなりません。この場合、転借人Cの用法違反であっても、賃借人Bに請求することになります。

○

賃借人は、賃借物を受け取った後に生じた損傷がある場合には、賃貸借終了時にその損傷を原状に回復させる義務を負います。ただし、

①賃借物の通常損耗や経年変化による損傷の場合

②損傷について賃借人の帰責事由がない場合

には、その損傷を原状に復する義務を負いません。

✗

Part **2** 権利関係

⑮ 賃貸借

問題 賃貸借契約に関する次の記述の正誤を○×で答えなさい。

□ **1** A所有の甲土地につき、令和6年4月1日にBとの間で賃貸借契約が締結された。Aが甲土地につき、本件契約とは別に、同年3月1日にCとの間で建物所有を目的として賃貸借契約を締結していた場合、本件契約が資材置場として更地で利用することを目的とするものであるときは、本件契約よりもCとの契約が優先する。 　　　　　　　　　　　　　　　　　　　　　[H29.問11.1]

□ **2** Aは、B所有の甲建物につき、居住を目的として、期間2年、賃料月額10万円と定めた賃貸借契約をBと締結して建物の引渡しを受けた。本件契約期間中にBが甲建物をCに売却した場合、Aは甲建物に賃借権の登記をしていなくても、Cに対して甲建物の賃借権があることを主張することができる。 　　　　　　　　　　　　　　　　　　　　　[H22.問12.1]

□ **3** AがB所有の甲土地を建物所有目的でなく利用するための権原が、①地上権である場合と②賃借権である場合、CがBに無断でAから当該権原を譲り受け、甲土地を使用しているときは、①でも②でも、BはCに対して、甲土地の明渡しを請求することができる。 　　　　　　　　　　　　[R04.問08.2]

□ **4** AはBとの間で、BがCから借りている土地上のB所有の建物について賃貸借契約（期間2年）を締結し引渡しを受け、債務不履行をすることなく占有使用を継続している。Bが、Cの承諾を得ることなくAに対して借地上の建物を賃貸し、それに伴い敷地であるその借地の利用を許容している場合でも、Cとの関係において、借地の無断転貸借とはならない。 　　　　　[H18.問14.1]

問題 AがBに甲建物を賃貸し、BがAの承諾を得て甲建物をCに適法に転貸している場合に関する次の記述の正誤を○×で答えなさい。

□ **5** Aは、Bとの間の賃貸借契約を合意解除した場合、解除の当時Bの債務不履行による解除権を有していたとしても、合意解除したことをもってCに対抗することはできない。 　　　　　　　　　　　　　　　[R02-12月.問06.1]

解説 民法は、不動産の賃借権の対抗要件を賃借権の登記と定めています。

Aは、4月1日にBと、3月1日にCと賃貸借契約を締結しているので、二重賃貸借となっています。**土地が二重に賃貸された場合、先に賃借権の登記や借地上の建物の登記などの対抗要件を備えた方が他方に対して賃借権を対抗**できます。問題文では、対抗要件を備えているのかが不明なので、「Cとの契約が優先する」ということはいえません。

✗

建物の賃貸借契約では、**賃借権の登記がなくても、**建物の引渡しがあれば、**その後その建物について権利を取得した者に対し、賃借権の効力を生じます。建物の引渡しを受けたAは、Cに対して甲建物の賃借権があることを主張することができます。**

◯

①の**地上権の場合、地上権者Aは、所有者Bの承諾を得なくても地上権をCに譲渡**したり、地上権を設定した土地を他人に**賃貸**したりすることができます。Bは無断で地上権を譲渡されたCに甲土地の明渡しを請求することはできません。
②の**賃借権の場合、賃貸人の承諾を得なければ、賃借物を譲渡・転貸することはできません**。Bは無断で賃借権を譲渡されたCに甲土地の明渡しを請求することができます。

✗

借地上の建物を賃貸する場合には、**借地の転貸にはならないので賃貸人の承諾は不要**です。借地の無断転貸借とはなりません。

◯

解説 賃貸人Aが賃借人Bとの間で賃貸借契約を合意解除した場合、賃貸人は、原則として、解除の効果を転借人Cに対抗できません。

債務不履行による解除の場合には、**その終了を転借人Cに対抗できます**。同様に、合意解除の当時、AがBの**債務不履行による解除権を有していたときも、解除の効果をCに対抗できます**。従って、賃貸人Aは転借人Cに明渡しを請求することができます。

✗

☐ **6** BがAに約定の賃料を支払わない場合、Cは、Bの債務の範囲を限度として、Aに対して転貸借に基づく債務を直接履行する義務を負い、Bに賃料を前払いしたことをもってAに対抗することはできない。 [R02-12月.問06.4]

☐ **7** AがBの債務不履行を理由に甲建物の賃貸借契約を解除した場合、CのBに対する賃料の不払いがなくても、AはCに対して、甲建物の明渡しを求めることができる。 [H28.問08.3]

6 賃貸人たる地位の移転 ★

問題 賃貸人たる地位に関する次の記述の正誤を○×で答えなさい。

☐ **1** AはBにA所有の甲建物を賃貸し、BはAの承諾を得てCに適法に甲建物を転貸し、Cが甲建物に居住している。AがDに甲建物を売却した場合、AD間で特段の合意をしない限り、賃貸人の地位はDに移転する。 [R02-12月.問06.3]

☐ **2** Aは、自己所有の建物をBに売却したが、Bはまだ所有権移転登記を行っていない。CがAからこの建物を賃借し、引渡しを受けて適法に占有している場合、Bは、Cに対し、この建物の所有権を対抗でき、賃貸人たる地位を主張できる。 [H16.問03.2]

☐ **3** AはBにA所有の甲建物を賃貸し、BはAの承諾を得てCに適法に甲建物を転貸し、Cが甲建物に居住している。AがDに甲建物を売却した場合、AD間で賃貸人たる地位をAに留保する旨の合意をしさえすれば、賃貸人たる地位はDに移転しない。 [予想問題]

賃借人が適法に賃借物を**転貸**したときは、**転借人は、**賃貸人と賃借人との間の賃貸借に基づく**賃借人の債務の範囲を限度**として、**賃貸人に対して転貸借に基づく債務を直接履行する義務**を負います。言い換えると、**賃借人Bが賃料を支払わない場合、転借人Cは、賃貸借契約と転貸借契約の賃料の低い方を限度として賃貸人Aに支払わなければ**いけません。CがBに賃料の前払いをしていた場合でも、それをもって**Aからの賃料支払い請求を拒むことは**できません。

○

賃貸借契約が、**賃借人Bの債務不履行により解除**された場合には、**転貸借契約におけるBの債務も履行不能**となり、**転貸借契約は当然に終了**します。賃貸人Aは転借人Cに対して、解除の効果を対抗して、明渡しを求めることができます。

○

解説 賃借人が賃借権の対抗要件を備えている場合、賃貸人が不動産を譲渡すると、賃貸人たる地位は、原則として、譲受人に移転します。

本問では、**賃借人Cに建物の引渡し**がされているので、Cは対抗要件を備えています。従って、AD間で特段の合意をしない限り、**賃貸人としての地位は譲受人Dに移転**します。

○

譲受人が賃借人に対して賃貸人たる地位を対抗するためには、所有権移転登記をしなければなりません。Bはまだ所有権移転登記を行っていないので、Cに対し賃貸人たる地位を主張することはできません。

✗

賃貸人たる地位を譲渡人のもとに残しておくためには、賃貸人たる地位を譲渡人に留保する旨及び譲受人が譲渡人に当該不動産を賃貸する旨の合意をしなければなりません。Aに留保する旨の合意だけでは足りません。

✗

Part **2** 権利関係

15 賃貸借

7 敷金 ★★★★

問題 建物の賃貸借契約が期間満了により終了した場合における次の記述の正誤を○×で答えなさい。

☐ **1** 賃借人から敷金の返還請求を受けた賃貸人は、賃貸物の返還を受けるまでは、これを拒むことができる。 [R02-10月.問04.3]

☐ **2** 賃借人は、未払賃料債務がある場合、賃貸人に対し、敷金をその債務の弁済に充てるよう請求することができる。 [R02-10月.問04.4]

問題 敷金に関する次の記述の正誤を○×で答えなさい。

☐ **3** 借主Aは、B所有の建物について貸主Bとの間で賃貸借契約を締結し、敷金として賃料2か月分に相当する金額をBに対して支払ったが、当該敷金についてBによる賃料債権への充当はされていない。賃貸借契約期間中にBが建物をCに譲渡した場合で、Cが賃貸人の地位を承継したとき、敷金に関する権利義務は当然にCに承継される。 [H15.問11.2]

☐ **4** Aは、自己所有の甲建物（居住用）をBに賃貸し、引渡しも終わり、敷金50万円を受領した。BがAの承諾を得て賃借権をCに移転する場合、賃借権の移転合意だけでは、敷金返還請求権（敷金が存在する限度に限る。）はBからCに承継されない。 [H20.問10.3]

8 使用貸借契約 ★★★★

問題 AB間で、Aを貸主、Bを借主として、A所有の甲建物につき、①賃貸借契約を締結した場合と、②使用貸借契約を締結した場合に関する次の記述の正誤を○×で答えなさい。

☐ **1** Bが死亡した場合、①では契約は終了しないが、②では契約が終了する。 [H27.問03.1]

解説 敷金は、賃貸借の終了後、賃借人の明渡しが完了するまでの賃貸人の賃借人に対する<u>すべての債権</u>を担保するものです。

賃借人は目的物を明け渡した後に、<u>敷金</u>（<u>未払賃料</u>などを控除した残額）の返還請求をすることができます。**明渡しが<u>先</u>、敷金の返還が<u>後</u>**です。賃貸人は、賃貸物の返還を受けるまでは、敷金の返還を拒むことができます。

○

賃料の未払が生じたとき、<u>賃貸人</u>は賃料を<u>敷金</u>から充当できます。しかし、**<u>賃借人の方からは</u>、未払の賃料を敷金から充当するよう請求することはできません。**

×

解説 <u>敷金</u>契約は賃貸借契約に付随するものですが、賃貸借契約とは別個の契約です。

賃貸借契約中に目的物が譲渡されて、**賃貸人の地位が譲受人（新賃貸人）に承継**されると、<u>敷金</u>に関する権利義務も当然に新賃貸人に承継されます。このとき、<u>賃借人の承諾を得る必要はありません</u>。

○

賃貸人Aの承諾を得て賃借人の賃借権を移転する場合、<u>敷金</u>に関する権利義務は、**特段の事情がない限り、貸主から新賃借人に承継されません**。従って、**敷金返還請求権は、BからCに<u>承継</u>されません**。

○

解説 <u>使用貸借</u>契約は、当事者の一方がある物を引き渡すことを約し、相手方がその受け取った物について無償で使用収益をして契約が終了したときに返還することを約する諾成契約です。

①**<u>賃貸借契約</u>では、貸主・借主が死亡した場合、契約は終了<u>しません</u>。賃借人の地位も、賃貸人の地位も、相続人に承継<u>されます</u>。**

②**使用借契約**では、**<u>借主</u>が死亡した場合に契約は終了**します。使用借権を相続することは<u>できません</u>。一方、<u>貸主</u>が死亡した場合は、貸主の地位は相続人に承継されます。

○

2 Bは、①では、甲建物のAの負担に属する必要費を支出したときは、Aに対しその償還を請求することができるが、②では、甲建物の通常の必要費を負担しなければならない。　　　　　　　　　　　　　　[H27.問03.2]

3 AはBに対して、甲建物が契約の内容に適合しないとき、①では担保責任を負う場合があるが、②では担保責任を負わない。　　　　[H27.問03.4.改]

問題 使用貸借契約に関する次の記述の正誤を○×で答えなさい。

4 Aは、自己所有の建物について、災害により居住建物を失った友人Bと、適当な家屋が見つかるまでの一時的住居とするとの約定のもとに、使用貸借契約を締結した。Aがこの建物をCに売却し、その旨の所有権移転登記を行った場合でも、Aによる売却の前にBがこの建物の引渡しを受けていたときは、Bは使用貸借契約をCに対抗できる。　　　　　　　　[H17.問10.2]

問題 Aを貸主、Bを借主として、A所有の甲土地につき、資材置場とする目的で期間を2年として、AB間で使用貸借契約を締結した場合に関する次の記述の正誤を○×で答えなさい。

5 Aは、甲土地をBに引き渡す前であれば、書面で契約を締結している場合も自由に解除できる。　　　　　　　　　　　　　　　[R04.問06.1.改]

6 Bは、Aの承諾がなくても甲土地を適法に転貸することができる。　　　　　　　　　　　　　　　　　　　　　　　　　　[R04.問06.2.改]

7 Bは、期間内に解除する権利を留保していなくてもいつでも契約を解除することができる。　　　　　　　　　　　　　　　　　[R04.問06.3.改]

8 甲土地について契約の本旨に反するBの使用によって生じた損害がある場合に、Aが損害賠償を請求するときは、甲土地の返還を受けた時から1年以内に請求しなければならない。　　　　　　　　　　　[R04.問06.4.改]

①**賃貸借契約**では、賃借人が必要費（賃貸物を保存・管理するための費用）を支出したとき、**賃貸人に対し直ちに償還を請求**することができます。

②使用貸借契約では、**借主が必要費を負担**しなければなりません。

〇

①**賃貸借契約の担保責任**については、売主の担保責任の規定が準用されます。目的物の契約不適合について、**賃貸人は担保責任を負います**。

②**使用貸借契約の担保責任**については、贈与契約の規定が準用されます。**貸主がまったく担保責任を負わないわけではありません**。ただし、**貸主が使用貸借の目的物を特定したときの状態で引き渡すことを約したものと推定**されます。

✕

解説 建物の賃貸借では、賃借権の登記または引渡しが対抗要件となりますが、使用貸借契約では、使用借権が対抗要件を獲得する方法はありません。

使用借権を第三者に対抗するための対抗要件は存在しませんから、本問のように、**貸主Aが目的物（Bが使用貸借している建物）を第三者Cに譲渡**した場合でも、**借主Bは譲受人Cに対して使用貸借契約を対抗**できません。

✕

解説 書面によらない使用貸借契約では、借主が目的物を受け取っていない段階での貸主の解除権が認められています。

本問のように、**書面による使用貸借契約**では、**借主が目的物を受け取る前であっても貸主の解除権は認められていません**。

✕

借主は、貸主の承諾がなければ、目的物を転貸することはできません。無断転貸があった場合、貸主は契約を解除できます。

✕

使用貸借契約は、借主からであれば、いつでも解除することができます。また、契約期間も使用収益の目的も定めなかった場合には、貸主からもいつでも目的物の返還請求ができます。

〇

貸借契約の本旨に反する借主の使用・収益によって生じた損害があり、貸主が損害賠償を請求する場合には、**返還を受けた時から1年以内に請求**しなければなりません。

〇

1 借地借家法とは ／**2** 借地権 ★★★／**3** 借地権の存続期間 ★★★／

問題 賃貸借契約に関する次の記述の正誤を○×で答えなさい。正誤は、民法及び判例に加えて借地借家法の規定によるものとする。

☐ **1** ゴルフ場経営を目的とする土地賃貸借契約については、対象となるすべての土地について地代等の増減額請求に関する借地借家法第11条の規定が適用される。 [H25.問12.1]

☐ **2** A所有の甲土地につき、Bとの間で賃貸借契約が締結された。賃借権の存続期間を10年と定めた場合、本件契約が居住の用に供する建物を所有することを目的とするものであるときは存続期間が30年となるのに対し、本件契約が資材置場として更地で利用することを目的とするものであるときは存続期間は10年である。 [H29.問11.2]

問題 甲土地の所有者が甲土地につき、建物の所有を目的として賃貸する場合（以下「ケース①」という。）と、建物の所有を目的とせずに資材置場として賃貸する場合（以下「ケース②」という。）に関する次の記述の正誤を○×で答えなさい。

☐ **3** 期間を定めない契約を締結した後に賃貸人が甲土地を使用する事情が生じた場合において、ケース①では賃貸人が解約の申入れをしても合意がなければ契約は終了しないのに対し、ケース②では賃貸人が解約の申入れをすれば契約は申入れの日から1年を経過することによって終了する。 [H26.問11.3]

ポ
イ
ン
ト

▶ 借地権とは、建物の所有を目的とする地上権又は土地の賃借権のことである。

▶ 借地権の存続期間は最短30年。期間を定めなかった場合も30年となる。

▶ 借地権の対抗要件は、借地権又は借地上に所有する建物の登記である。

4 借地契約の更新 ★

▼正解

解説 借地借家法には、民法の規定を補い、賃借人を保護するための規定が定められています。民法と借地借家法では、借地借家法が優先的に適用されます。

借地権とは、建物の所有を目的とする地上権又は土地の賃借権のことです。ゴルフ場経営を目的とする場合、**借地借家法は適用**されません。

✕

借地借家法は、建物の所有を目的とする土地の賃貸借にのみ適用します。資材置場の更地、ゴルフ場経営や庭としての使用を目的とした土地など、**建物の所有を目的としない賃借権**は、民法のみが適用されます。

- **借地借家法**…借地権の存続期間は最短30年です。**期間を定めなかった場合や特約で30年より短い期間を定めた場合でも30年**とされます。

- **民法**…………**賃貸借の存続期間は最長50年**です。50年を超える存続期間を定めた場合には50年とされます。**最短限度の定めはないので、50年より短い存続期間を定めた契約は有効**です。

◯

従って、問題文の記述は正しいものとなります。

解説 建物の所有を目的として土地を賃貸する場合は、借地借家法が適用されます。建物の所有を目的とせずに土地を賃貸する場合は、民法のみが適用されます。

ケース①は借地借家法が適用されます。**期間の定めがない契約や30年より短い期間を定めた契約の期間は30年**とされます。**賃貸人と賃借人の合意（解約権留保特約など）がない限り、中途解約は認められません。**

◯

ケース②は民法が適用されます。**賃貸借の存続期間は最長50年**です。**最短限度の定めはないので、50年より短い存続期間を定めた契約も有効**です。**期間を定めなかった場合**には、賃貸人又は賃借人は、いつでも解約の申入れができ、**解約申入れの日から、建物の所有を目的としない土地の賃貸借なら1年、一時使用目的の建物の賃貸借なら3か月を経過すると賃貸借が終了**します。

☐ **4** 賃貸借の期間を定めた場合であって当事者が期間内に解約する権利を留保していていないとき、ケース①では賃借人側は期間内であっても1年前に予告することによって中途解約することができるのに対し、ケース②では賃貸人も賃借人もいつでも一方的に中途解約することができる。 　　　　　　[H26.問11.4]

問題 借地権に関する次の記述の正誤を○×で答えなさい。

☐ **5** 借地権の当初の存続期間が満了し借地契約を更新する場合において、当事者間でその期間を更新の日から10年と定めたときは、その定めは効力を生じず、更新後の存続期間は更新の日から20年となる。 　　　　　　[H21.問11.4]

☐ **6** 借地権の存続期間が満了する際、借地権者の契約の更新請求に対し、借地権設定者が遅滞なく異議を述べた場合には、借地契約は当然に終了する。

[H25.問12.2]

5 建物の滅失と再築 ★

問題 借地権に関する次の記述の正誤を○×で答えなさい。

☐ **1** 借地権の当初の存続期間中に借地上の建物の滅失があった場合、借地権者は地上権の放棄又は土地の賃貸借の解約の申入れをすることができる。

[H21.問11.3]

ケース①は借地借家法が適用されるので、<u>最短30年の期間</u>になります。借地借家法に問題文のような規定はないので、**1年前に予告することによって中途解約することは**できません。

ケース②は民法が適用されます。民法では、**賃貸借の期間を定めた場合、双方の**<u>合意</u>**がなければ契約期間内に中途解約することはできません。**中途解約できるという特約を設けている場合（期間内に解約する権利を留保した場合）には解約できます。

✕

Part **2** 権利関係 16 借地借家法‥借地

解説 借地権の１回目の契約更新後の存続期間は、<u>最短20年</u>と決められています。

１回目の契約更新後の存続期間を<u>20年</u>**より**<u>長い</u>**期間と定める**ことはできます。一方、**20年より**<u>短い</u>**期間と定めた場合、その定めは無効で契約期間は**<u>20年</u>となります。なお、**2回目以降の更新では、存続期間は**<u>最短10年</u>**と決められています。**

🔄

借地上に建物が存在する場合、**借地権者が契約更新の請求をしたとき**、又は、**借地権者が存続期間満了後も土地の使用を継続するときは、従前の契約と同一の条件で契約を更新したものとみなされます。借地権者の更新請求に対して、借地権設定者が遅滞なく異議を述べたときは、借地契約の更新を拒絶できます。異議には、**<u>正当事由</u>**（土地使用の必要性など）が必要です。正当事由がある異議であると認められなければ、借地契約は**<u>法定更新</u>されます。借地権設定者が遅滞なく異議を述べた場合に、借地契約は当然に終了するわけではありません。

✕

解説 契約の<u>更新後</u>に建物が滅失した場合には、<u>借地権者（借主）</u>は、地上権の放棄又は土地の賃貸借の解約の申入れをすることができます。

借地権の<u>当初の存続期間中</u>**に建物が滅失した場合、借地権者は、地上権の放棄又は土地の解約の申入れをすることは**できません。また、借地権設定者が、建物滅失を理由に地上権の消滅請求や賃貸借の解約の申入れをすることはできません。

✕

☐ **2** 借地権の存続期間が満了する前に建物が滅失し、借地権者が残存期間を超えて存続すべき建物を建築した場合、借地権設定者が異議を述べない限り、借地権は建物が築造された日から当然に20年間存続する。 [H25.問12.4]

☐ **3** 借地権者が、契約の更新後に、現存する建物を取り壊し、残存期間を超えて存続すべき建物を新たに築造した場合で、借地権設定者の承諾もそれに代わる裁判所の許可もないとき、借地権設定者は、地上権の消滅請求又は土地の賃貸借の解約の申入れをすることができる。 [H10.問11.3]

6 借地条件変更等の裁判所の許可 ／ 7 建物買取請求権 ★

問題 借地権に関する次の記述の正誤を○×で答えなさい。

☐ **1** 建物の用途を制限する旨の借地条件がある場合において、法令による土地利用の規制の変更その他の事情の変更により、現に借地権を設定するにおいてはその借地条件と異なる建物の所有を目的とすることが相当であるにもかかわらず、借地条件の変更につき当事者間に協議が調わないときは、裁判所は、当事者の申立てにより、その借地条件を変更することができる。 [H23.問11.1]

☐ **2** Aが、Bに土地を賃貸し、Bがその土地上に建物を所有している場合の契約が終了した。Bが適法にAに建物買取請求権を行使すると、その所有権は直ちにBからAに移転するが、BはAが代金を支払うまで、建物の引渡しを拒むことができる。 [H14.問13.4]

☐ **3** A所有の甲土地につき、Bとの間で居住の用に供する建物の所有を目的として存続期間30年の約定で賃貸借契約が締結された。本件契約で「Bの債務不履行により賃貸借契約が解除された場合には、BはAに対して建物買取請求権を行使することができない」旨を定めても、この合意は無効となる。 [R02-10月.問11.3]

借地権の存続期間が満了する前に建物が滅失した場合、借地権者は、借地権設定者の承諾なく、建物を再築することができます。そして借地権者が再築を通知し、借地権設定者の承諾があった場合、借地権は承諾日又は建物の築造日のいずれか早い日から20年間存続します。借地権者の通知に対し、借地権設定者が2か月以内に異議を述べなかった場合は、承諾があったものとみなされます。従って、借地権は建物が築造された日から当然に20年間存続するわけではありません。
なお、上記の規定に反する特約で借地権者に不利なものは、無効となります。

✗

契約の更新後、借地権者が、借地権設定者の承諾を得ないで無断で残存期間を超えて存続すべき建物を築造した場合、借地権設定者は、地上権の消滅請求又は土地の賃貸借の解約申入れをすることができます。

○

解説 借地条件変更等の裁判所の許可と建物買取請求権について学習しましょう。借地権の存続期間が満了して、契約が更新されない場合、借地権者は借地権設定者に対して、建物などを時価で買い取るよう請求できます。

建物の種類・構造・用途を制限する借地条件があった場合で、借地条件と異なる建物の所有を目的とすることが相当であるにもかかわらず、借地条件の変更について当事者間に協議が調わないときは、当事者の申立てによって、裁判所がその借地条件を変更することができます。

○

建物買取請求権を行使すると、その所有権は直ちに借地権者から借地権設定者に移転します。ただし、代金が支払われるまで、借地権者は建物の引渡しを拒むことができます。

○

建物買取請求権を行使できるのは、借地権の存続期間が満了して契約が更新されない場合です。地代の不払いなど、借地権者の債務不履行を理由として借地契約が解除された場合には、建物買取請求はできません。問題文の特約は、当然のことを定めているだけなので有効です。

✗

問題 AとBとの間で、令和6年7月1日にA所有の甲土地につき建物所有目的で賃貸借契約を締結する場合に関する次の記述の正誤を○×で答えなさい。

☐ **1** Bは、借地権の登記をしていなくても、甲土地の引渡しを受けていれば、甲土地を同年7月2日に購入したCに対して借地権を主張することができる。

[R02-10月.問11.1]

☐ **2** Bは、甲土地につき借地権登記を備えなくても、Bと同姓でかつ同居している未成年の長男名義で保存登記をした建物を甲土地上に所有していれば、甲土地の所有者が替わっても、甲土地の新所有者に対し借地権を対抗することができる。

[H30.問11.4]

☐ **3** Bが甲土地上に建物を所有していても、登記上の建物の所在地番、床面積等が少しでも実際のものと相違している場合には、建物の同一性が否定されるようなものでなくても、Aから甲土地を購入して所有権移転登記を備えたCに対して、Bは借地権を対抗することができない。

[H28.問11.2]

問題 借地借家法に関する次の記述の正誤を○×で答えなさい。

☐ **4** 借地権者が借地権の登記をしておらず、当該土地上に所有権の登記がされている建物を所有しているときは、これをもって借地権を第三者に対抗することができるが、建物の表示の登記によっては対抗することができない。

[R02-12月.問11.1]

☐ **5** 二筆以上ある土地の借地権者が、そのうちの一筆の土地上に登記ある建物を所有し、登記ある建物がない他方の土地は庭として使用するために賃借しているにすぎない場合、登記ある建物がない土地には、借地借家法第10条第1項による対抗力は及ばない。

[H25.問12.3]

☐ **6** 借地権者が所有する数棟の建物が一筆の土地上にある場合は、そのうちの一棟について登記があれば、借地権の対抗力が当該土地全部に及ぶ。

[R02-12月.問11.4]

解説 借地権の対抗要件となるのは、借地権の登記（民法）又は借地上の建物の登記（借地借家法）です。建物の所有を目的とする土地の賃貸借契約では、借地借家法が適用されます。

借地借家法では、**借地上に借地権者が自己を所有者として登記した建物を所有していれば第三者に借地権を対抗**できるとしています。土地の引渡しだけでは借地権を主張することはできません。**引渡しが賃借権の対抗要件になるのは、建物の賃貸借**の場合です。

✗

借地上の建物の登記は、借地権者自身の名義のものでなければ対抗要件になりません。**家族名義で建物を登記した場合、借地権を対抗することは**できません。

✗

登記上の建物の表示と実際の建物が多少違っていても、**建物の同一性が確認できる程度の**軽微な相違**であれば、借地権を対抗**することができます。

✗

解説 借地借家法では、借地上に借地権者が自己を所有者として登記した建物を所有していれば第三者に借地権を対抗できるとしています。

権利に関する登記（所有権の保存登記又は移転登記）はもちろん、**建物の**表示に**関する登記でも、第三者に借地権を対抗**できます。

✗

借地借家法は、建物の所有を目的とする借地に適用**されます。借地権を第三者に対抗することができるのは、当該**建物の敷地の表示として記載されている土地**のみです。「登記ある建物がない他方の土地は庭として使用するために賃借している」にすぎないのですから、第三者に対抗することはできません。

○

借地権者が所有する数棟の建物が一筆の土地上にある場合は、そのうちの一棟について登記があれば、借地権の対抗力が当該土地全部に及びます。

○

☐ **7** 建物の所有を目的とする土地の賃貸借契約において、建物が全焼した場合でも、借地権者は、その土地上に滅失建物を特定するために必要な事項等を掲示すれば、借地権を第三者に対抗することができる場合がある。

[H24.問11.2]

9 借地権の譲渡 ★

問題 借地借家法に関する次の記述の正誤を○×で答えなさい。

☐ **1** 借地人Aが、甲土地所有者Bと締結した建物所有を目的とする甲土地賃貸借契約に基づいてAが甲土地上に所有している建物と甲土地の借地権とを第三者Cに譲渡した。Aが借地上の建物をDに賃貸している場合には、Aはあらかじめ Dの同意を得ておかなければ、借地権を譲渡することはできない。

[H17.問13.3]

☐ **2** 借地権者が賃借権の目的である土地の上の建物を第三者に譲渡しようとする場合において、その第三者が賃借権を取得しても借地権設定者に不利となるおそれがないにもかかわらず、借地権設定者がその賃借権の譲渡を承諾しないときは、裁判所は、その第三者の申立てにより、借地権設定者の承諾に代わる許可を与えることができる。 [H23.問11.3]

☐ **3** 第三者が賃借権の目的である土地の上の建物を競売により取得した場合において、その第三者が賃借権を取得しても借地権設定者に不利となるおそれがないにもかかわらず、借地権設定者がその賃借権の譲渡を承諾しないときは、裁判所は、その第三者の申立てにより、借地権設定者の承諾に代わる許可を与えることができる。 [H23.問11.4]

借地上の建物を登記することで借地権の対抗力を確保していた場合、建物が滅失してしまえば、借地権は対抗力を失います。しかし、**借地上の建物が滅失**した場合、**借地借家法に規定する事項（滅失建物を特定するために必要な事項等）を土地上の見やすい場所に掲示**することで、**滅失日から2年間は第三者に対抗**することができます。**2年を経過**した後は、それ以前に建物を新たに築造し、登記をすれば対抗することができます。

○

解説 借地権者が、借地上の建物を譲渡すると、同時に借地権も譲渡されます。譲渡に関しては、借地権設定者の承諾が必要です。

借地権や借地上の建物の譲渡に当たって、**借地上の建物の賃借人Dの同意は必要ありません**。賃借人Dが**対抗要件（賃借権の登記又は建物の引渡し）**を備えておけば、譲受人Cに対して**賃借権を対抗できる**ので賃借人の立場は十分に保護されるからです。

✕

借地権設定者に不利になるおそれがないにもかかわらず、借地権設定者が第三者への賃借権の譲渡を承諾しない場合、**借地権者の申立てにより、裁判所が借地権設定者の承諾に代わる許可を与える**ことができます。問題文の「その第三者の申立てにより」とする点が間違っています。

✕

借地権設定者に不利になるおそれがないにもかかわらず、借地権設定者がその賃借権の譲渡を承諾しない場合、**競売により借地上の建物を取得した第三者の申立てにより、裁判所が借地権設定者の承諾に代わる許可を与える**ことができます。

○

Part **2** 権利関係

16 借地借家法…借地

問題 甲土地につき、期間を50年と定めて賃貸借契約を締結しようとする場合（以下「ケース①」という。）と、期間を15年と定めて賃貸借契約を締結しようとする場合（以下「ケース②」という。）に関する次の記述の正誤を○×で答えなさい。

☐ **1** 賃貸借契約が居住の用に供する建物の所有を目的とする場合、ケース①では契約の更新がないことを書面で定めればその特約は有効であるが、ケース②では契約の更新がないことを書面で定めても無効であり、期間は30年となる。 [R01.問11.3]

☐ **2** 賃貸借契約が専ら工場の用に供する建物の所有を目的とする場合、ケース①では契約の更新がないことを公正証書で定めた場合に限りその特約は有効であるが、ケース②では契約の更新がないことを公正証書で定めても無効である。 [R01.問11.4]

問題 借地権に関する次の記述の正誤を○×で答えなさい。

☐ **3** 事業の用に供する建物の所有を目的とする場合であれば、従業員の社宅として従業員の居住の用に供するときであっても、事業用定期借地権を設定することができる。 [H22.問11.1]

☐ **4** Aを賃借人、Bを賃貸人としてB所有の土地に建物譲渡特約付借地権を設定する契約（その設定後30年を経過した日に借地上の建物の所有権がAからBに移転する旨の特約が付いているものとする。）を締結した。本件契約における建物譲渡の特約は、必ずしも公正証書によって締結する必要はない。 [H12.問11.1]

☐ **5** 仮設建物を建築するために土地を一時使用として1年間賃借し、借地権の存続期間が満了した場合には、借地権者は、借地権設定者に対し、建物を時価で買い取るように請求することができる。 [H24.問11.4]

解説　定期借地権は、当初定められた契約期間で終了し、更新がない借地権のことです。一般定期借地権、事業用定期借地権、建物譲渡特約付借地権があります。

契約の更新がないので、定期借地権となります。そして「居住の用に供する建物の所有」なので、事業用ではなく、一般定期借地権を設定する必要があります。

期間50年のケース①… 期間50年以上の一般定期借地権なので、契約の更新がないことを書面で定めればその特約は有効となります。

期間15年のケース②… 一般定期借地権を設定することができません。従って、契約の更新がないことを書面で定めても無効で、存続期間が最短30年の普通借地権となります。

○

契約の更新がなく、「専ら工場の用に供する建物の所有」なので、一般定期借地権又は事業用定期借地権となります。

期間50年のケース①… 期間50年以上の一般定期借地権を定める場合には、契約の更新がないことを書面で定めれば、その特約は有効です。書面は、公正証書である必要はありません。

期間15年のケース②… 期間10年以上50年未満の事業用定期借地権とする必要があり、契約の更新がないことを公正証書で定めれば、その特約は有効です。

✕

解説　事業用定期借地権は、専ら事業の用に供する建物の所有を目的としなければなりません。

従業員の居住の用に供する場合には、事業用定期借地権を設定することができません。

✕

建物譲渡特約付借地権を設定する場合、書面による必要はありません。下に、定期借地権の種類と特徴をまとめておきます。

種類	用途	期間	要式性
一般定期借地権	限定なし	50年以上	書面が必要
事業用定期借地権	事業用のみ（居住用不可）	10年以上50年未満	公正証書が必要
建物譲渡特約付借地権	限定なし	30年以上	限定なし

○

一時使用目的の借地権では、借地権者は、借地権設定者に対し、**建物を時価で買い取るように請求することができません。**また、契約の存続期間や更新、建物の築造による存続期間の延長の規定も適用されません。

✕

Part **2** 権利関係

16 借地借家法…借地

1 建物賃貸借の存続期間と更新 ★★★／2 建物賃貸借の解約 ★

> **問題** AがBに対し、A所有の甲建物を3年間賃貸する旨の契約をした場合における次の記述の正誤を○×で答えなさい。正誤は、民法及び判例に加えて借地借家法の規定によるものとする。

☐ **1** AがBに対して、期間満了の3月前までに更新しない旨の通知をしなければ、従前の契約と同一の条件で契約を更新したものとみなされるが、その期間は定めがないものとなる。　　　　　　　　　　　　　　　　　[R01.問12.3]

☐ **2** AがBに対し、本件契約の解約を申し入れる場合、甲建物の明渡しの条件として、一定額以上の財産上の給付を申し出たときは、Aの解約の申入れに正当事由があるとみなされる。　　　　　　　　　　　　　　　　　[H28.問12.2]

☐ **3** BはCに対し甲建物を期間を定めずに転貸し、Aはこれを承諾した。AがBに対する更新拒絶の通知をしたときでも、期間満了後Cが建物の使用を継続し、Aがこれに対して遅滞なく異議を述べないと、AB間の契約は更新される。　　　　　　　　　　　　　　　　　　　　　　　　　　[H10.問12.1]

> **問題** 建物の賃貸借契約に関する次の記述の正誤を○×で答えなさい。

☐ **4** 定期建物賃貸借契約を締結するときは、期間を1年未満としても、期間の定めがない建物の賃貸借契約とはみなされない。　　　　　　[H26.問12.2]

☐ **5** 事業用定期借地権の存続期間の満了によって、その借地上の建物の賃借人が土地を明け渡さなければならないときでも、建物の賃借人がその満了をその1年前までに知らなかったときは、建物の賃借人は土地の明渡しにつき相当の期限を裁判所から許与される場合がある。　　　　　　[H22.問11.4]

▼正解

解説 期間の定めがある建物賃貸借の場合、更新しない旨の通知をしなければ、従前の契約と同一の条件で契約を更新したものとみなされます。

期間の定めがある建物賃貸借では、**賃貸人又は賃借人が期間満了の**1年前から6か月前までの間に、相手方に更新拒絶の通知をしなければ、従前の契約と同一の条件で契約が更新されますが、**契約期間については定めがないもの**となります。「期間満了の3月前まで」ではありません。 ✖

賃貸人から解約を申し入れるには、**正当事由がなければいけません。**正当事由の有無は、建物使用の必要性、賃貸借に関する経過、立退料の支払いなどを総合的に考慮した上で判断されます。立退料の支払いだけで正当事由があるとみなされることはありません。 ✖

賃貸人が期間満了の1年前から6か月前までに賃借人に更新拒絶の通知をした場合でも、**賃貸借期間の満了後、賃借人が使用を継続し、賃貸人が遅滞なく異議を述べなかったときは、契約は更新**されたものとみなされます。また**転借人の使用継続は、賃借人の使用継続**とみなされます。従って、Aが異議を述べないと、AB間の契約は更新されます。 〇

解説 一時使用目的以外の建物の賃貸借については、借地借家法が適用されます。賃貸人から解約・更新拒絶をするには、正当事由が必要となります。

建物賃貸借では、**契約期間を**1年未満と定めた場合、期間の定めのない契約とみなされます。しかし、**定期建物賃貸借の場合には、契約期間を**1年未満とする定めも有効で、期間の定めがない建物の賃貸借契約とはみなされません。 〇

問題文の通りです。**借地上の建物の賃借人**が、**借地権の存続期間が満了することをその**1年前までに知らなかった場合に限り、裁判所は、建物の賃借人の請求により、**建物の賃借人がこれを知った日から**1年を超えない範囲内において、**土地の明渡しにつき相当の期限を許与**することができます。 〇

☐ **6** 賃貸人Aと賃借人Bとの間で締結した一時使用目的ではない建物賃貸借契約に期間の定めがない場合、借地借家法第28条に定める正当事由を備えてAが解約の申入れをしたときには、解約の申入れをした日から6月を経過した日に、本件契約は終了する。 [R03-12月.問12.2]

3 建物賃貸借の対抗力 ★／**4** 造作買取請求権 ★

問題 AとBとの間でA所有の甲建物をBに対して、居住の用を目的として、期間2年で賃貸する旨の賃貸借契約（以下この問において「本件契約」という。）を締結し、Bが甲建物の引渡しを受けた場合に関する次の記述の正誤を○×で答えなさい。

☐ **1** AがCに甲建物を売却した場合、Bは、それまでに契約期間中の賃料全額をAに前払いしていたことを、Cに対抗することができる。 [R02-10月.問12.1]

☐ **2** 本件契約が借地借家法第38条の定期建物賃貸借契約であって、造作買取請求に関する特約がない場合、期間満了で本件契約が終了するときに、Bは、Aの同意を得て甲建物に付加した造作について買取請求をすることができる。 [R02-10月.問12.4]

問題 AとBとの間でA所有の甲建物について賃貸借契約を締結し、Bが引渡しを受けた場合に関する次の記述の正誤を○×で答えなさい。

☐ **3** Bが、建物に自ら居住せず、Aの承諾を得て第三者に転貸し、居住させているときは、Bは、Aからその建物を買い受けた者に対し、賃借権を対抗することができない。 [H12.問12.1]

☐ **4** 普通建物賃貸借契約でも、定期建物賃貸借契約でも、賃借人Bが造作買取請求権を行使できない旨の特約は、有効である。 [H24.問12.1]

☐ **5** AB間の賃貸借契約がBの賃料不払を理由として解除された場合、BはAに対して、Aの同意を得てBが建物に付加した造作の買取りを請求することはできない。 [H27.問11.4]

☐ **6** BがAの承諾を得て建物に付加した造作の買取請求をした場合、Bは、造作買取代金の支払を受けるまで、当該建物を留置することができる。 [H25.問04.1]

期間の定めがない建物賃貸借では、いつでも当事者から解約の申入れをすることができます。**賃貸人から解約申入れをするには、正当事由が必要で、解約申入れの日から6か月後に賃貸借が終了**します。一方、**賃借人から解約をするときは、正当事由は不要で、解約申入れの日から3か月後に賃貸借が終了**します。

解説 借地借家法では、賃借人への建物の引渡しがあれば第三者に対抗することができるとしています。

Bは、甲建物の引渡しを受けているので、Cに賃借権を対抗することができます。対抗できる事由には、BがAに主張することができたすべてが含まれますから、Bは賃料全額をAに前払いしていたことを、Cに対抗することができます。

普通建物賃貸借でも定期建物賃貸借でも、**賃借人が賃貸人の同意を得て付加した造作**については、建物の賃貸借が終了するとき、**賃借人は賃貸人が時価で買い取るよう請求**することができます。

解説 建物賃借権の対抗要件は、建物の引渡しです。

賃借人自らは建物に居住せず、**賃貸人の承諾の上で転貸**して居住させている場合、**賃借人は、第三者に対して賃借権を対抗する**ことができます。

普通建物賃貸借契約でも、定期建物賃貸借契約でも、**賃借人が造作買取請求権を行使できない旨の特約は有効**です。

賃借人の債務不履行（賃料不払など）や背信行為のために、賃貸借契約が解除された場合、賃借人は造作買取請求権を行使することはできません。

賃借人は、契約終了時に**造作買取代金が支払われないことを理由**にして、**建物を留置（建物の返還を拒否）することはできません。**

5 建物賃借権の譲渡と転貸借 ★★

問題 AとBとの間でA所有の甲建物について賃貸借契約を締結し、Bが引渡しを受けた場合に関する次の記述の正誤を○×で答えなさい。

☐ **1** BがCに対して賃借権の譲渡を行う場合のAの承諾は、Bに対するものでも、Cに対するものでも有効である。 [H18.問10.3]

☐ **2** CがBから甲建物を適法に賃貸された転借人で、期間満了によってAB間及びBC間の賃貸借契約が終了する場合、Aの同意を得て甲建物に付加した造作について、BはAに対する買取請求権を有するが、CはAに対する買取請求権を有しない。 [H30.問12.4]

☐ **3** Cが甲建物を適法に転借している場合、AB間の賃貸借契約が期間満了によって終了するときに、Cがその旨をBから聞かされていれば、AはCに対して、賃貸借契約の期間満了による終了を対抗することができる。 [H29.問12.3]

6 定期建物賃貸借 ★★★★★／7 一時使用目的の建物の賃貸借 ★

問題 賃貸人Aと賃借人Bとの間で締結した居住用建物の賃貸借契約（以下この問において「本件契約」という。）に関する次の記述の正誤を○×で答えなさい。

☐ **1** 賃貸借契約に期間を定め、賃貸借契約を書面によって行った場合には、AがBに対しあらかじめ契約の更新がない旨を説明していれば、賃貸借契約は期間満了により終了する。 [R02-12月.問12.3]

解説 建物の賃借人は、賃貸人の承諾を得なければ、賃借権を譲渡したり、転貸したりできません。

賃借権の譲渡を行う場合に必要である**賃貸人の承諾**は、**賃借人に対するものでも譲受人や転借人に対するものでも有効**です。

○

転借人は、**賃貸人の同意を得て建物に付加した造作**について、**賃借人と同様の造作買取請求権を行使**できます。

✕

賃貸人は転借人に契約終了の通知をしなければ、**契約終了を転借人に対抗できません**。本問では、「Bから聞かされていれば」とありますが、**A**からの通知がなければ、**C**に終了を対抗することはできません。

【建物の賃貸借契約の終了と転借人】

期間満了・解約申入れで契約終了	賃貸人は転借人に契約終了の通知をしなければ、その終了を転借人に対抗できない。通知がされた場合、通知日から6か月経過後に転貸借が終了する。
合意解除	賃貸人は原則として転借人に終了を対抗できない。
債務不履行による解除	賃貸人は転借人に終了を対抗できる。

✕

解説 **定期**建物賃貸借は、当初定められた契約期間で終了し、契約の更新がない建物賃貸借のことです。

定期建物賃貸借を締結するためには、①と②両方の要件が必要です。

①**公正証書**などの**書面で契約**すること。

②**賃貸人が、あらかじめ賃借人に対し、契約書とは別に「契約の更新がなく期間満了により賃貸借が終了すること」を記載した書面を交付して説明**すること。

✕

問題文では、書面の交付が不足しているため、更新のないこととする定めは無効となり、Aは期間満了による契約終了をBに対抗することはできません。

契約期間を1年以上とする定期建物賃貸借契約では、賃貸人は賃借人に対し、**期間満了の1年前から6か月前までの間に期間満了で賃貸借が終了する旨の通知**をしなければ、期間満了による終了を賃借人に対抗することができません。

Part **2** 権利関係

⑰ 借地借家法‥借家

☐ **2** 甲建物を3年間賃貸する旨の契約をしたとき、甲建物が居住の用に供する建物である場合には、契約の更新がない旨を定めることはできない。

[R01.問12.2]

☐ **3** 本件契約が5年間賃借する旨の定期建物賃貸借で、契約の更新がない旨を定めた場合には、5年経過をもって当然に、AはBに対して、期間満了による終了を対抗することができる。 [H30.問12.1]

☐ **4** 本件契約が借地借家法第38条の定期建物賃貸借契約である場合、Aは、転勤、療養、親族の介護その他のやむを得ない事情があれば、Bに対し、解約を申し入れ、申入れの日から1月を経過することによって、本件契約を終了させることができる。 [R02-10月.問12.3]

☐ **5** 賃貸人も賃借人も契約期間中の中途解約をすることができない旨の規定は、定期借家契約では有効であるが、普通借家契約では無効である。

[H27.問12.4]

| 問題 | 建物の賃貸借契約に関する次の記述の正誤を○×で答えなさい。

☐ **6** 法令によって建物を2年後には取り壊すことが明らかである場合、取り壊し事由を記載した書面によって契約を締結するのであれば、建物を取り壊すこととなる2年後には更新なく賃貸借契約が終了する旨の特約を有効に定めることができる。 [H23.問12.3]

☐ **7** Aが所有する甲建物をBに対して賃貸する場合、AB間の賃貸借契約が一時使用目的の賃貸借契約であって、賃貸借契約の期間を定めた場合には、Bが賃貸借契約を期間内に解約することができる旨の特約を定めていなければ、Bは賃貸借契約を中途解約することはできない。 [H23.問12.4]

☐ **8** 賃借人が賃借権の登記もなく建物の引渡しも受けていないうちに建物が売却されて所有者が変更すると、定期建物賃貸借契約の借主は賃借権を所有者に主張できないが、一時使用賃貸借の借主は賃借権を所有者に主張できる。

[H19.問14.4]

定期建物賃貸借契約には、**事業用、居住用など、建物の**用途**を限定する規定はありません**。居住の用に供する建物である場合、**契約の**更新**がない旨を定めることはできます。**

✗

契約期間を1年**以上とする定期建物賃貸借契約では、賃貸人は賃借人に対し、期間満了の**1年**前から**6か月**前までの間に期間満了で賃貸借が終了する旨の**通知**をしなければ、期間満了による終了を賃借人に対抗することができません。**

✗

定期建物賃貸借では、**賃借建物の居住部分の床面積**200㎡未満**で、かつ**転勤、療養、親族の介護その他の**やむを得ない事情**により、賃借人**が建物を自己の生活の本拠として使用することが困難となった場合、契約期間の途中でも、賃借人**から解約の申入れをする**ことができます。賃貸**人からの中途解約はできません。**

✗

定期借家契約では、前問の解説の通り、一定要件を満たせば、賃借人から解約の申入れをすることはできます。本問の特約は、この規定よりも賃借人に不利**な条件となるため**無効**となります。普通借家契約**では、中途解約できる旨の留保（解約権留保特約）**がなければ、もともと賃貸人も賃借人も中途解約をすることはできません。**従って、本問の特約は意味がないものですが、有効**です。**

✗

解説 取り壊し予定や一時使用目的の建物の賃貸借について学習しましょう。

法令・契約で建物を取り壊すことが明らかな建物の場合には、取り壊し**事由を記載した**書面**で契約すれば、建物の取り壊し時に更新なく賃貸借契約が終了する旨の特約を有効に定める**ことができます。

◯

一時使用目的**の建物賃貸借契約には、借地借家法の規定は適用されず、民法のみが適用**されます。従って、契約期間を定めた場合、途中解約できる旨の特約をしない限り、途中解約することはできません。

◯

定期建物賃貸借の賃借人の対抗要件は、**賃借権の登記又は**建物の引渡し**です。どちらの対抗要件も備えていない賃借人は、所有者に賃借権を主張できません。一時使用賃貸借の賃借人の対抗要件は、賃借権の登記**です。この対抗要件を備えていない賃借人は、所有者に賃借権を主張できません。

✗

8 賃料増減額請求 ★★

問題 賃貸人Aと賃借人Bとの間で、建物につき期間5年として賃貸借契約（以下この問において「本件契約」という。）を締結した場合に関する次の記述の正誤を○×で答えなさい。

☐ **1** 本件契約が借地借家法第38条の定期建物賃貸借契約であって、賃料改定に関する特約がない場合、経済事情の変動により賃料が不相当となったときは、AはBに対し、賃料増額請求をすることができる。　　　[R02-10月.問12.2]

☐ **2** 賃貸借契約開始から3年間は賃料を増額しない旨の特約を定めた場合、定期借家契約においても、普通借家契約においても、当該特約は無効である。
[H27.問12.2]

☐ **3** 建物が完成した時を始期とする賃貸借契約において、建物建築中に経済事情の変動によってAB間で定めた賃料が不相当になっても、建物の使用収益開始前にBから賃料減額請求を行うことはできない。　　　[H16.問14.1]

☐ **4** Aが賃料増額請求権を行使してAB間に協議が調わない場合、BはAの請求額を支払わなければならないが、賃料増額の裁判で正当とされた賃料額を既払額が超えるときは、Aは超過額に年1割の利息を付してBに返還しなければならない。　　　[H16.問14.4]

☐ **5** Bが賃料減額請求権を行使してAB間に協議が調わない場合、賃料減額の裁判の確定時点から将来に向かって賃料が減額されることになる。
[H16.問14.3]

解説 建物賃貸借契約では、賃料（借賃）が経済事情の変動などにより近隣の建物・土地と比べて不相当になった場合、賃貸人・賃借人は将来に向かって賃料の増額・減額を請求できます。　　　　　　　　　　　　　　　　　○

定期建物賃貸借契約であって、**賃料改定に関する特約がない**場合、経済事情の変動により賃料が不相当となったときは、**賃貸人・賃借人は将来に向かって賃料の増額・減額を請求できます**。

賃料を減額しない旨の特約は、**定期借家契約において**有効ですが、**普通借家契約においては無効**です。一方、**賃料を増額しない旨の特約**は、**定期借家契約においても、普通借家契約においても**有効です。　　　　　　　　　　　　✕

契約に基づく使用収益の開始前の段階では、**賃料減額請求を行うことは**できません。　　　　　　　　　　　　　　　　　　　　　　　　　　　　　　　　○

賃料の増減について当事者間に協議が調わず裁判になった場合、その請求を受けた者は、請求を受けた時点から裁判で賃料額が確定されるまで、自己が相当と認める額の建物の賃料を支払えばよい（又は請求すればよい）ことになっています。借主Bは、Aの請求額を支払わなければならないのではありません。　　　　　✕

賃料減額の意思表示が**相手方に**到達した時点から増減されたことになります。裁判の確定時点からではありません。　　　　　　　　　　　　　　　　　　　　　✕

賃貸人の 増額請求	裁判確定まで	賃借人は相当と認める額の建物の賃料を支払う
	裁判確定後	賃借人は不足額に年1割の利息を付けて支払う
賃借人の 減額請求	裁判確定まで	賃貸人は相当と認める額の建物の賃料を請求できる
	裁判確定後	賃貸人は超過額に年1割の利息を付けて返還する

18 請負と委任

1 請負契約 ★★★

問題 請負契約に関する次の記述の正誤を○×で答えなさい。

☐ **1** 請負契約の目的物に契約不適合があり、それが請負人の責めに帰すべき事由による場合、注文者は、請負人から損害の賠償を受けていなくとも、特別の事情がない限り、報酬全額の支払を拒むことができない。[H29.問07.3.改]

☐ **2** 請負契約が請負人の責めに帰すべき事由によって中途で終了した場合、請負人は、注文者が受ける利益の割合に応じて報酬を請求することができる。
[予想問題]

問題 Aを注文者、Bを請負人とする請負契約（以下「本件契約」という。）に関する次の記述の正誤を○×で答えなさい。

☐ **3** 本件契約の目的物たる建物に契約不適合があり、これを建て替えざるを得ない場合には、注文者Aは請負人Bに対して本件契約を解除することができる。[R01.問08.1.改]

☐ **4** 本件契約が、事務所の用に供する建物の建築を目的とする場合で、当該建物が種類又は品質に関して本件契約の内容に適合しないときは、Aは、当該建物の引渡しを受けた時から1年以内にその旨をBに通知しなければ、本件契約を解除することができない。[R01.問08.2.改]

ポイント

▶ 請負契約の目的物引渡し債務と報酬支払債務は、同時履行の関係に立つ。

▶ 注文者の帰責事由で仕事を完成できない場合、請負人は報酬全額を請求できる。

▶ 無償の委任契約でも、受任者は委任事務のために使った費用とその利息を請求できる。

▼ 正解

解説 請負契約における目的物引渡し債務と報酬支払債務は、同時履行の関係に立ちます。

請負契約の目的物に契約不適合がある場合、**請負人に帰責事由があれば**、**注文者は**損害賠償の請求をすることができます。この場合、**注文者の損害賠償請求権と請負人の報酬請求権との間には**、同時履行の関係があります。注文者は、請負人から損害の賠償を受けるまでは、**報酬全額の支払を拒むことが**できます。

✗

請負人は、次の場合に、注文者が受ける利益の割合に応じて報酬を請求することができます。

　①**注文者の責めに帰することができない事由によって、仕事を完成することができなくなったとき。**

　②**請負が**仕事の完成前**に解除されたとき。**

本問は、①に該当します。**請負人と注文者の双方に帰責事由がない場合や請負人に帰責事由がある場合**でも、**請負人は報酬を請求**できます。

○

解説 請負契約の請負人が負う契約不適合を担保すべき責任については、売買契約に関するルールが準用されます。

本問のように、**請負人が契約の内容に適合しない仕事の目的物を注文者に引き渡したときには**、**注文者は、履行の**追完請求、報酬の減額請求、契約の解除、損害賠償**請求をすることができます。なお、目的物の種類又は品質に関する契約不適合**については、注文者は契約不適合の事実を知った時から1年以内に請負人にその旨を通知しなければその契約不適合を理由に責任追及することはできません。

○

注文者が請負人の担保責任を追及するためには、**注文者が**契約不適合を知った**時から**1年以内にその旨を請負人に通知**する必要があります。「引渡しを受けた時から1年以内」ではありません。

✗

☐ **5** 本件契約の目的が建物の増築である場合、Aの失火により当該建物が焼失し増築できなくなったときは、Bは本件契約に基づく未履行部分の仕事完成債務を免れる。 [R01.問08.3]

☐ **6** Bが仕事を完成しない間は、AはいつでもBに対して損害を賠償して本件契約を解除することができる。 [R01.問08.4]

☐ **7** 本件契約において、請負人の責めに帰すべき事由によって目的物たる建物が契約の内容に適合しない場合、目的物の修補が可能であれば、AはBに対して損害賠償請求を行う前に、目的物の修補を請求しなければならない。 [H18.問06.1.改]

☐ **8** 請負契約の目的物たる建物が契約の内容に適合しない場合にBが担保責任を負わない旨の特約をしたときには、Aはその不適合についてBの責任を一切追及することができなくなる。 [H18.問06.4.改]

2 委任契約 ★★★★

問題 AとBとの間で締結された委任契約において、委任者Aが受任者Bに対して報酬を支払うこととされていた場合に関する次の記述の正誤を○×で答えなさい。

☐ **1** Aの責めに帰すべき事由によって履行の途中で委任が終了した場合、Bは報酬全額をAに対して請求することができるが、自己の債務を免れたことによって得た利益をAに償還しなければならない。 [R02-10月.問05.1]

☐ **2** Bの責めに帰すべき事由によって履行の途中で委任が終了した場合、BはAに対して報酬を請求することができない。 [R02-10月.問05.3]

注文者の帰責事由によって仕事を完成できなくなった場合、**請負人は未履行部分の仕事完成債務を**免れ、**報酬全額を請求**できます。ただし、請負人が自己の債務を免れたことによって得た利益は、注文者に償還する必要があります。

○

請負契約では、**注文者は、請負人が仕事を**完成しない**間であれば、損害を賠償して契約を解除**できます。

○

請負契約の目的物に契約不適合がある場合、注文者は履行の追完（目的物の修補）**を請求**することができます。また、**請負人に帰責事由がある場合には、**損害賠償請求**もできます。「損害賠償請求を行う前に、目的物の修補を請求しなければならない」と定められてはいません。なお、**請負人が追完に応じない場合、注文者は契約不適合の程度に応じて**報酬の減額**を請求**することができます。

✕

契約不適合について担保責任を負わない旨の特約**ができます。この特約がある場合でも、**請負人が**知りながら**注文者に告げなかった事実**については、**その責任を免れることはできません**。従って、Bの責任を一切追及することができなくなるということはありません。

✕

解説 委任契約とは、当事者の一方が法律行為をすることを相手方に委託（依頼）し、相手方がこれを承諾することによって成立する契約です。委任契約は、原則として無償契約ですが、有償の合意（特約）を定めることができます。

委任者の帰責事由によって、委任事務が履行不能になったときには、**受任者は報酬全額を委任者に請求**できます。この場合、受任者は、**自己の債務を免れたことによって得た**利益**を委任者に償還**しなければなりません。

○

受任者は、委任者の責めに帰することができない事由によって委任が終了**した場合、履行の割合に応じて報酬を請求**することができます。本問の「Bの責めに帰すべき事由」は、「委任者の責めに帰することができない事由」に該当します。**BはAに対して履行の割合に応じた報酬を請求することが**できます。

✕

問題 委任契約に関する次の記述の正誤を○×で答えなさい。

3 Aが、A所有の不動産の売買をBに対して委任する場合、Bは、委任契約をする際、有償の合意をしない限り、報酬の請求をすることができないが、委任事務のために使った費用とその利息は、Aに請求することができる。

[H14.問10.2]

4 委託の受任者は、報酬を受けて受任する場合も、無報酬で受任する場合も、善良な管理者の注意をもって委任事務を処理する義務を負う。 [H20.問07.2]

5 委任によって代理権を授与された者は、報酬を受ける約束をしている場合であっても、いつでも委任契約を解除して代理権を消滅させて、代理人を辞することができる。 [R04.問09.ア]

6 委任契約が委任者の死亡により終了した場合、受任者は、委任者の相続人から終了についての承諾を得るときまで、委任事務を処理する義務を負う。

[H18.問09.3]

7 委任契約の終了事由は、これを相手方に通知したとき、又は相手方がこれを知っていたときでなければ、相手方に対抗することができず、そのときまで当事者は委任契約上の義務を負う。 [H18.問09.4]

解説 受任者が委任事務の処理に必要な費用を負担した場合には、委任者にその費用を請求することができます。

無償の委任契約でも、有償の定めをした委任契約でも、**受任者が委任事務の処理に必要な費用を負担**した場合には、**委任事務のために使った費用とその利息**は、**委任者に請求することが**できます。

○

「委託」は、人に依頼して代わりにやってもらうことで、請負も委任も、委託に含まれます。委託の受任者は、報酬の有無にかかわらず、善良な管理者の注意をもって委任事務を処理する義務を負います。受任者のほかにも、「ある物を借り受けた者」「留置権者」「質権者」「有償で寄託（物の保管）を受けた者」などに、善良な管理者の注意が要求されます。

○

委任契約の当事者は、有償・無償に関わらずいつでも契約を解除することができます。ただし、以下の場合には、委任の解除をした者は、やむを得ない事由があったときを除いて、**相手方の損害を賠償**しなければなりません。

- 当事者の一方が、**相手方に不利な時期に委任を解除**したとき。
- **委任者が**受任者の利益（専ら報酬を得ることによるものを除く）を目的とする**委任を解除**したとき。

○

委任契約は、次の場合に**終了**します。

①**委任者又は受任者が**死亡したとき。
②**委任者又は受任者が**破産手続開始の決定を受けたとき。
③受任者が後見開始の審判を受けたとき。

委任者の相続人から承諾を得る必要はありません。

✗

委任契約では、**終了事由を相手方に**通知するまで、又は**相手方が終了事由を**知る時までは、相手方に対抗することができず、当事者は委任契約上の義務を負うことになります。

○

19 不法行為

1 不法行為とは ★★★★★

問題 不法行為に関する次の記述の正誤を○×で答えなさい。

1 Aが、その過失によってB所有の建物を取り壊し、Bに対して不法行為による損害賠償債務を負担した。Aの不法行為に関し、Bにも過失があった場合でも、Aから過失相殺の主張がなければ、裁判所は、賠償額の算定に当たって、賠償金額を減額することができない。　　　　　　　　　　　　[H12.問08.1]

2 名誉を違法に侵害された者は、損害賠償又は名誉回復のための処分を求めることができるほか、人格権としての名誉権に基づき、加害者に対し侵害行為の差止めを求めることができる。　　　　　　　　　　　　[R01.問04.4]

3 不法行為による損害賠償の支払債務は、催告を待たず、損害発生と同時に遅滞に陥るので、その時以降完済に至るまでの遅延損害金を支払わなければならない。　　　　　　　　　　　　　　　　　　　　　　　[H19.問05.1]

4 人の生命又は身体を害する不法行為による損害賠償請求権は、被害者又はその法定代理人が損害及び加害者を知った時から5年間行使しない場合、時効によって消滅する。　　　　　　　　　　　　　　　[R02-12月.問01.4]

5 Aに雇用されているBが、勤務中にA所有の乗用車を運転し、営業活動のため得意先に向かっている途中で交通事故を起こし、歩いていたCに危害を加えた。Cが即死であった場合には、Cには事故による精神的な損害が発生する余地がないので、AはCの相続人に対して慰謝料についての損害賠償責任を負わない。　　　　　　　　　　　　　　　　　　　[H24.問09.2]

ポイント ▶ 不法行為による損害賠償請求権は、損害及び加害者を知った時から3年間（人の生命・身体を害する不法行為は5年間）行使しないとき、不法行為の時から20年経過したときのいずれかに達したとき、時効によって消滅する。

▼正解

解説 不法行為とは、ある者が他人の権利ないし利益を違法に侵害する行為です。故意、又は過失によって他人に損害を与えた者（加害者）は、その他人（被害者）に損害賠償義務を負います。

✗

被害者Bに過失があった場合、加害者Aから過失相殺の主張がなくても、裁判所は被害者側の過失に応じて損害賠償額の減額を考慮できます。

名誉毀損の場合、名誉回復に適当な処分（謝罪広告など）、侵害行為の差止め（記事の掲載取消しなど）を要求することができます。

◯

不法行為による損害賠償の支払債務は、不法行為が行われ損害が発生した時点から履行遅滞になり、遅延損害金が発生します。

◯

不法行為による損害賠償請求権は、
　①被害者又はその法定代理人が、損害及び加害者を知った時から3年間（人の生命・身体を害する不法行為の場合は5年間）行使しないとき
　②不法行為の時から20年経過したとき
のいずれかに達したとき、時効によって消滅します。

◯

被害者が不法行為によって即死した場合でも、慰謝料請求権が発生します。慰謝料請求権は、被害者が生前に意思を表明しなくとも相続人に相続されます。
本問では、使用者Aに雇用されている被用者Bが事業の執行について第三者Cに不法行為による損害を与えたので、Aに使用者責任（291ページ）が生じており、AはCの相続人に対して慰謝料についての損害賠償責任を負います。

✗

2 特殊の不法行為① 使用者責任 ★★★

問題 Aの被用者Bが、Aの事業の執行につきCとの間の取引において不法行為をした場合のAの使用者責任に関する次の記述の正誤を○×で答えなさい。

☐ **1** Bの行為が、Bの職務行為そのものには属しない場合でも、その行為の外形から判断して、Bの職務の範囲内に属するものと認められるとき、Aは、Cに対して使用者責任を負うことがある。　　　　　　　　　　[H11.問09.1]

☐ **2** Bが職務権限なくその行為を行っていることをCが知らなかった場合で、そのことにつきCに重大な過失があるとき、Aは、Cに対して使用者責任を負わない。　　　　　　　　　　　　　　　　　　　　　　　　[H11.問09.2]

☐ **3** BがCに対してその損害を賠償した場合には、Bは、損害の公平な分担という見地から相当と認められる額について、Aに対して求償することができる。　　　　　　　　　　　　　　　　　　　　　　　　　[R02-12月.問01.2]

問題 Aに雇用されているBが、勤務中にA所有の乗用車を運転し、営業活動のため得意先に向かっている途中で交通事故を起こし、歩いていたCに危害を加えた場合における次の記述の正誤を○×で答えなさい。

☐ **4** BのCに対する損害賠償義務が消滅時効にかかったとしても、AのCに対する損害賠償義務が当然に消滅するものではない。　　　　　[H24.問09.1]

☐ **5** Aは、使用者責任に基づき、Cに対して本件事故から生じた損害を賠償した場合、Bに対して求償することができるが、その範囲が信義則上相当と認められる限度に制限される場合がある。　　　　　　　　　[H28.問07.ウ]

3 特殊の不法行為② 土地工作物責任 ★★

問題 Aは、所有する家屋を囲う塀の設置工事を業者Bに請け負わせたが、Bの工事によりこの塀は瑕疵がある状態となった。Aがその後この塀を含む家屋全部をCに賃貸し、Cが占有使用しているときに、この瑕疵により塀が崩れ、脇に駐車中のD所有の車を破損させた。A、B及びCは、この瑕疵があることを過失なく知らない。この場合に関する次の記述の正誤を○×で答えなさい。

☐ **1** Aは、損害の発生を防止するのに必要な注意をしていれば、Dに対する損害賠償責任を免れることができる。　　　　　　　　　　　　[H17.問11.1]

解説 特殊の不法行為は、不法行為者以外の者にも責任を負わせるものです。使用者責任は、使用者に雇用されている被用者が事業の執行について第三者に不法行為による損害を与えた場合、使用者にも責任を負わせるものです。

被用者Bの行為が職務外の行為であっても、**外形から見て職務の範囲内と認められる場合**には、**使用者Aも損害賠償義務を負います**。

被用者Bの職務権限内において適法に行われたものではなく、かつ被害者Cがその事情について知っていたとき（悪意）、又は知らなかったことに重大な過失があるとき（善意重過失）、使用者Aは使用者責任を負いません。

使用者Aの事業の執行についてCに損害を与え損害を賠償した被用者Bは、損害の公平な分担という見地から相当と認められる額について、Aに対して求償することができます。

解説 使用者Aと被用者Bは被害者Cに対し連帯債務を負います。

BのCに対する損害賠償義務が時効で消滅した場合、AのCに対する損害賠償義務は当然に消滅するものではありません。

被害者Cに損害を賠償した使用者Aは、信義則上相当と認められる限度で被用者Bに求償できます。

解説 土地工作物責任（工作物責任）とは、土地の工作物の瑕疵によって他人に損害を与えた場合、工作物の占有者・所有者が負う賠償責任のことです。

工作物の所有者であるAは、過失がなくても責任を免れることはできません。

Part 2 権利関係 ⑲ 不法行為

☐ **2** Bは、瑕疵を作り出したことに故意又は過失がなければ、Dに対する損害賠償責任を免れることができる。 [H17.問11.2]

☐ **3** Cは、損害の発生を防止するのに必要な注意をしていれば、Dに対する損害賠償責任を免れることができる。 [H17.問11.3]

問題 不法行為に関する次の記述の正誤を○×で答えなさい。

☐ **4** 建物の建築に携わる設計者や施工者は、建物としての基本的な安全性が欠ける建物を設計し又は建築した場合、設計契約や建築請負契約の当事者に対しても、また、契約関係にない当該建物の居住者に対しても損害賠償責任を負うことがある。 [R02-12月.問01.1]

4 特殊の不法行為③ 共同不法行為 ★

問題 不法行為に関する次の記述の正誤を○×で答えなさい。

☐ **1** Aに雇用されているBが、勤務中にA所有の乗用車を運転し、営業活動のため顧客Cを同乗させている途中で、Dが運転していたD所有の乗用車と正面衝突した（なお、事故についてはBとDに過失がある。）。事故によって損害を受けたCは、AとBに対して損害賠償を請求することはできるが、Dに対して損害賠償を請求することはできない。 [H25.問09.3]

☐ **2** 加害者数人が、共同不法行為として民法第719条により各自連帯して損害賠償の責任を負う場合、その1人に対する履行の請求は、他の加害者に対してはその効力を有しない。 [H19.問05.3]

☐ **3** 第三者が債務者を教唆して、その債務の全部又は一部の履行を不能にさせたとしても、当該第三者が当該債務の債権者に対して、不法行為責任を負うことはない。 [R01.問04.3]

請負人Bと被害者Dは、契約関係にありません。従って、**DがBに損害賠償責任を追及できるのは不法行為による場合だけ**です。**不法行為の加害者には、故意又は過失が必要**です。Bに故意又は過失がなければDに対する損害賠償責任を免れることができます。

○

工作物責任では、第一次的に、**占有者が損害賠償責任**を負います。**占有者は、損害の発生を防止するのに必要な注意を払っていた場合は責任を免れる**ことができます。この場合、**第二次的に、工作物である塀の所有者が責任**を負うことになります。

○

解説 建物の設計者・施行者・工事監視者は、直接の契約関係にない居住者等（建物利用者、隣人、通行人）に対しても基本的な安全性が欠けることがないように注意すべき義務があるとされます。
この注意義務を怠って居住者等が損害を被った場合、**設計契約や建築請負契約の当事者に対しても**、また、**契約関係にない当該建物の居住者に対しても**損害賠償責任を負います。

○

解説 複数人が共同で不法行為を行うことを共同不法行為といいます。共同不法行為者は、**連帯して損害賠償責任**（不法行為者全員が損害全額を賠償すべき義務）を負います。

✗

BとDの過失による事故なので、**共同不法行為が成り立ちます**。同乗して事故にあった**Cは、BとDに損害賠償を請求することができます**。**Cは使用者責任のあるAに対しても損害賠償を請求することができます**。

共同不法行為の加害者の債務は、使用者責任と同様、連帯債務です。被害者が加害者の1人に履行を請求した場合、**他の加害者に対して履行を請求したことにはなりません**。

○

不法行為者を教唆した者及び幇助した者は、共同不法行為者とみなされます。本問の**債務者と第三者は、債権者に対して不法行為責任を負います**。

✗

☐ **4** Aの被用者Bと、Cの被用者Dが、A及びCの事業の執行につき、共同して
Eに対し不法行為をし、A、B、C及びDが、Eに対し損害賠償債務を負担し
た。Aが、自己の負担部分を超えて、Eに対し損害を賠償したときは、その超
える部分につき、Cに対し、Cの負担部分の限度で求償することができる。

[H14.問11.2]

5 事務管理 ★

問題 事務管理に関する次の記述の正誤を○×で答えなさい。

☐ **1** 倒壊しそうなA所有の建物や工作物について、Aが倒壊防止の措置をとら
ないため、Aの隣に住むBがAのために最小限度の緊急措置をとったとしても、
Aの承諾がなければ、Bはその費用をAに請求することはできない。

[H25.問08.1]

問題 Aは、隣人Bの留守中に台風が接近して、屋根の一部が壊れていたB宅に甚大な
被害が生じる差し迫ったおそれがあったため、Bからの依頼なくB宅の屋根を修理
した。この場合における次の記述の正誤を○×で答えなさい。

☐ **2** Aは、Bに対して、特段の事情がない限り、B宅の屋根を修理したことに
ついて報酬を請求することができない。 [H30.問05.1]

☐ **3** Aは、Bからの請求があったときには、いつでも、本件事務処理の状況を
Bに報告しなければならない。 [H30.問05.2]

☐ **4** Aは、B宅の屋根を善良な管理者の注意をもって修理しなければならない。

[H30.問05.3]

共同不法行為の加害者（BとD）のそれぞれの使用者（AとC）が使用者責任を負い、**使用者の一方（A）が自己の**負担部分**を超えて損害を賠償**したときは、その超える部分につき、**他方の使用者（C）に対して、他方の使用者（C）の**負担部分**の限度で求償**することができます。

○

解説 法律上の義務のない者が、他人の事務を管理する行為を事務管理といいます。

事務管理では、**管理者Bが、本人Aのために有益な費用を支出**したとき、**本人の**承諾**がなくても、本人に対してその費用を請求**することができます。

✗

解説 事務管理は頼まれてもいないのに、他人のために何かをする行為です。

管理者Aは、Bからの依頼なく修理しています。報酬**を請求することはできません**。

○

管理者Aは、**本人Bからの**請求**があったときには、いつでも、本件事務処理の状況をBに報告**しなければなりません。

○

事務管理は、通常時は「善管**注意義務」を負います。**ただし、本問のような**緊急の事務管理では**善管**注意義務は負わない**とされています。

✗

20 相続

1 法定相続人 ★／2 代襲相続 ★★

問題 相続に関する次の記述の正誤を○×で答えなさい。

☐ **1** 被相続人に相続人となる子及びその代襲相続人がおらず、被相続人の直系尊属が相続人となる場合には、被相続人の兄弟姉妹が相続人となることはない。　　　　　　　　　　　　　　　　　　　　　　[RO2-10月.問08.3]

☐ **2** AとBが婚姻中に生まれたAの子Cは、AとBの離婚の際、親権者をBと定められたが、Aがその後再婚して、再婚に係る配偶者がいる状態で死亡したときは、Cには法定相続分はない。　　　　　　　　　　[H13.問11.1]

☐ **3** 被相続人の子が相続開始以前に死亡したときは、その者の子がこれを代襲して相続人となるが、さらに代襲者も死亡していたときは、代襲者の子が相続人となることはない。　　　　　　　　　　　　　[RO2-10月.問08.2]

☐ **4** 被相続人の兄弟姉妹が相続人となるべき場合であっても、相続開始以前に兄弟姉妹及びその子がいずれも死亡していたときは、その者の子（兄弟姉妹の孫）が相続人となることはない。　　　　　　　　[RO2-10月.問08.4]

3 相続の承認と放棄 ★★★★

問題 相続に関する次の記述の正誤を○×で答えなさい。

☐ **1** AがBから事業のために、1,000万円を借り入れている。Aが死亡し、唯一の相続人であるCが相続の単純承認をすると、CがBに対する借入金債務の存在を知らなかったとしても、Cは当該借入金債務を相続する。　　[H23.問10.4]

ポ
イ
ン
ト

▶ 配偶者と、最上位の血族だけ（子→父母→兄弟姉妹）が法定相続人となる。

▶ 相続開始前に、相続人が死亡、欠格、廃除された場合、子や孫が代わって相続できる。

▶ 配偶者と子2人の法定相続分は、配偶者が2分の1、子が4分の1ずつ。

▼ 正解

解説 民法上、被相続人（死亡した人）の財産を相続する権利がある人を法定相続人といいます。配偶者（法律上の婚姻をした者）に加え、第1順位から第3順位のうち、「最上位の血族だけ」が法定相続人となります。

- 第1順位…直系卑属（子）
- 第2順位…直系尊属（父母、祖父母など）
- 第3順位…兄弟姉妹

本問では、直系尊属が相続人となるので、兄弟姉妹が相続人となることはありません。

〇

Cは被相続人Aの嫡出子（婚姻している夫婦の間に生まれた子）で、法定相続人に該当します。Aが再婚に係る配偶者がいる状態で死亡した場合でも、Cに法定相続分はあります。

✕

相続開始前に、相続人の死亡、欠格、廃除によって、相続権がなくなっている場合、その相続人の子や孫が代わって相続できます。これを代襲相続といいます。被相続人Aの子Bが死亡していた場合には、Bの子Cが、Cが死亡していた場合には、Cの子Dが代襲相続をしていきます。

✕

被相続人Aの兄弟姉妹が相続人の場合には、兄弟姉妹の子（被相続人の甥姪）が代襲相続します。兄弟姉妹の子が死亡していたときは、その者の子（兄弟姉妹の孫）は相続人にはなりません。

〇

▼ 正解

解説 単純承認では、相続人の資産及び負債をすべて相続することになります。

相続人が単純承認をすると、存在を知らなかったとしても借入金債務を相続することになります。

〇

☐ **2** Aが相続人B及びCを残して死亡した。B及びCが相続開始の事実を知りながら、Aが所有していた財産の一部を売却した場合には、B及びCは相続の単純承認をしたものとみなされる。 [H19.問12.2]

問題 甲建物を所有するAが死亡し、相続人がそれぞれAの子であるB及びCの2名である場合に関する次の記述の正誤を○×で答えなさい。

☐ **3** Bが甲建物を不法占拠するDに対し明渡しを求めたとしても、Bは単純承認をしたものとはみなされない。 [H28.問10.1]

☐ **4** Cが甲建物の賃借人Dに対し相続財産である未払賃料の支払いを求め、これを収受領得したときは、Cは単純承認をしたものとみなされる。 [H28.問10.2]

☐ **5** Cが単純承認をしたときは、Bは限定承認をすることができない。 [H28.問10.3]

☐ **6** Bが自己のために相続の開始があったことを知らない場合であっても、相続の開始から3か月が経過したときは、Bは単純承認をしたものとみなされる。 [H28.問10.4]

4 相続分 ★★★

問題 相続に関する次の記述の正誤を○×で答えなさい。

☐ **1** Aが死亡し、相続人がBとCの2名であった。①BがAの配偶者でCがAの子である場合と、②BとCがいずれもAの子である場合とでは、Bの法定相続分は①の方が大きい。 [H29.問06.1]

☐ **2** 自己所有の建物に妻Bと同居していたAが、遺言を残さないまま死亡した。Aには先妻との間に子C及びDがいる。A死亡の時点でBがAの子Eを懐胎していた場合、Eは相続人とみなされ、法定相続分は、Bが2分の1、C・D・Eは各6分の1ずつとなる。 [H16.問12.3]

相続財産を<u>処分</u>、隠匿、消費すると、<u>単純</u>承認となります。B及びCが財産の一部を売却したことは、<u>処分</u>に該当するため、相続の単純承認をしたものとみなされます。

○

解説 相続人は、<u>単純</u>承認、<u>限定</u>承認、相続放棄を選ぶことができます。限定承認では、被相続人の資産の範囲内で負債も相続することになります。相続放棄は、被相続人の資産及び負債をすべて相続しないことになります。

○

不法占拠者に対し明渡しを求めることは<u>保存</u>行為です。<u>保存</u>行為をしても、単純承認をしたものとみなされません。

Cが行った未払賃料の支払いの請求、収受領得は、相続財産の処分に該当しますから、Cは<u>単純</u>承認をしたものとみなされます。

○

<u>限定</u>承認は、相続人全員が共同で家庭裁判所に申述する必要があります。従って、Cが単純承認をしたときは、Bは<u>限定</u>承認をすることができません。

○

相続人が、自己のために相続の開始があったことを知った日から、<u>3か月</u>が経過したときに、<u>単純</u>承認をしたものとみなされます。自己のために相続の開始があったことを知らなかったBは、単純承認をしたものとはみなされません。

✕

解説 遺産相続する割合を相続分といいます。相続分には、<u>指定</u>相続分と<u>法定</u>相続分があります。相続人が数人あるとき、遺産分割前の相続財産はその共有に属し、相続分に応じて被相続人の権利義務を承継します。

✕

①配偶者Bと子Cが相続する場合、法定相続分は<u>2分の1</u>ずつ。②子Bと子Cが相続する場合、法定相続分は<u>2分の1</u>ずつ。Bの法定相続分は①も②も同じです。

嫡出子、非嫡出子、養子、胎児は、すべて同じ割合で相続分を計算します。相続分は、配偶者が<u>2分の1</u>、子が<u>2分の1</u>なので、妻のBが<u>2分の1</u>、子のC・D・Eは各<u>6分の1</u>ずつとなります。

○

□ **3** 連帯債務者の一人が死亡し、その相続人が数人ある場合、相続人らは被相続人の債務の分割されたものを承継し、各自その承継した範囲において、本来の債務者とともに連帯債務者となる。 [H30.問10.3]

□ **4** 相続債権者は、各共同相続人に対して、法定相続分と遺言による指定相続分のいずれかに従って相続債務の履行を請求するかを選択できる。[予想問題]

問題 1億2,000万円の財産を有するAが死亡した場合の法定相続分についての次の記述の正誤を○×で答えなさい。

□ **5** Aの長男の子B及びC、Aの次男の子Dのみが相続人になる場合の法定相続分は、B及びCがそれぞれ3,000万円、Dが6,000万円である。
[R02-12月.問08.イ]

□ **6** Aの父方の祖父母B及びC、Aの母方の祖母Dのみが相続人になる場合の法定相続分は、B及びCがそれぞれ3,000万円、Dが6,000万円である。
[R02-12月.問08.エ]

□ **7** Aには、配偶者はなく、子B、C、Dがおり、Bには子Eが、Cには子Fがいる。Bは相続を放棄した。また、Cは生前のAを強迫して遺言作成を妨害したため、相続人となることができない。この場合における法定相続分は、Dが6,000万円、Fが6,000万円となる。 [H29.問09.3]

□ **8** Aには、父のみを同じくする兄Bと、両親を同じくする弟C及び弟Dがいたが、C及びDは、Aより先に死亡した。Aの両親は既に死亡しており、Aには内縁の妻Eがいるが、子はいない。Cには子F及び子Gが、Dには子Hがいる。Aが、遺言を残さずに死亡した場合の相続財産の法定相続分は、Bが5分の1、Fが15分の4、Gが15分の4、Hが15分の4である。
[H26.問10.4]

債務者が死亡して相続人が数人ある場合、被相続人の金銭債務その他の可分債務は、当然分割され、**各共同相続人がその相続分に応じてこれを承継**します。**連帯債務者の一人が死亡した場合、相続人らは**その承継した範囲において、**本来の債務者とともに連帯債務者と**なります。

◯

相続債権者は、遺言による相続分の指定があるとき、**指定相続分ではなく法定相続分に応じて権利を行使することが**できます。相続債権者は、相続分の指定の効力を承認して、指定相続分に応じて権利を行使することができます。

◯

解説 代襲相続人は、被代襲者の相続分を引き継ぎます。

Aの長男の子B・CとAの次男の子Dが相続人なので、代襲相続です。**BとCは長男の相続分を2分の1ずつ引き継ぎ**ます。一方、**Dは次男の相続分である2分の1をそのまま引き継ぎ**ます。従って、**B及びCがそれぞれ3,000万円、Dが6,000万円**となります。

◯

直系尊属の祖父母が法定相続人となるのは、代襲相続ではありません。本問の場合、頭数で均等に配分されます。従って、B、C、Dは全員3分の1で、各自4,000万円となります。

✗

相続放棄をしたBの子Eは、代襲相続はできません。 遺言作成を妨害したCは**相続欠格者**です。**相続欠格者の子Fは、代襲相続ができます。** 以上より、**相続人は、DとFで、それぞれ2分の1の6,000万円を相続**します。

◯

内縁の妻Eは、配偶者（法律上の婚姻をした者）ではないので、相続権はありません。 Aに子はなく、父母が死亡しているので、**兄弟のB・C・Dが法定相続人**ですが、CとDは死亡しているので**子のF・GとHが代襲相続人**です。次に相続分を見ていきます。**父母の一方のみを同じくする兄弟姉妹の相続分は、父母の双方を同じくする兄弟姉妹の相続分の2分の1です。** 従って、**Bの相続分を1とすると、CとDは2、全体で5**となります。つまり、B=1/5、C=2/5、D=2/5です。次にCの代襲相続人F・GはCの2/5を均等に分けるので1/5ずつです。以上より、Bが5分の1、Fが5分の1、Gが5分の1、Hが5分の2となります。

✗

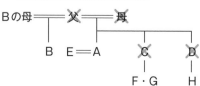

5 遺産分割 ★★

問題 遺産分割に関する次の記述の正誤を○×で答えなさい。

☐ **1** 婚姻中の夫婦AB間には嫡出子CとDがいて、Dは婚姻して嫡出子Eがいたところ、Dは既に死亡している。他方、Aには離婚歴があり、前の配偶者との間の嫡出子Fがいる。Aが死亡し、生前、A所有の全財産のうち甲土地についてCに相続させる旨の遺言をしていた場合には、特段の事情がない限り、遺産分割の方法が指定されたものとして、Cは甲土地の所有権を取得するのが原則である。 [H25.問10.2]

☐ **2** 被相続人は、遺言によって遺産分割を禁止することはできず、共同相続人は、遺産分割協議によって遺産の全部又は一部の分割をすることができる。 [R01.問06.1]

☐ **3** 共同相続人は、既に成立している遺産分割協議につき、その全部又は一部を全員の合意により解除した上、改めて遺産分割協議を成立させることができる。 [R01.問06.2]

☐ **4** 遺産の分割は、共同相続人の遺産分割協議が成立した時から効力を生ずるが、第三者の権利を害することはできない。 [R01.問06.4]

☐ **5** Aが死亡し、相続人は、BとCの2人であった。遺産分割協議が成立するまでの間に遺産である不動産から賃料債権が生じていて、BとCがその相続分に応じて当該賃料債権を分割単独債権として確定的に取得している場合、遺産分割協議で当該不動産をBが取得することになっても、Cが既に取得した賃料債権につき清算する必要はない。 [H29.問06.3]

☐ **6** 夫Aが死亡する5年前に、Aから妻Bに贈与された居住する建物と敷地は、特別受益に該当するので、遺産分割に当たって相続財産に持ち戻す必要がある。なお、Aの死亡時に夫婦ABの婚姻期間は18年間で、遺言などの意思表示はなかったものとする。 [予想問題]

解説 共同相続人間で、相続分に応じて財産を分配することを<u>遺産分割</u>といいます。遺産分割によって不動産を誰の所有にするのかなどが決まります。

特定の遺産を特定の相続人に相続させる内容の遺言は、特段の事情がない限り、**遺産分割方法の指定**とされます。**遺産分割では、**<u>協議</u>**分割よりも**<u>指定</u>**分割が優先**されます。従って、**Aが死亡した場合、Cは甲土地の所有権を取得します。**

〇

被相続人は、遺言によって遺産分割の方法を指定することができ、また、**相続開始の時から**<u>5年</u>**を超えない期間内で遺産の分割を禁ずる**ことができます。

✕

共同相続人全員の合意によって、**一度成立した遺産分割協議を解除して新しい遺産分割協議をすることが**<u>できます</u>。

〇

遺産分割の効力は、**第三者の権利を害しない範囲で**<u>相続開始</u>**の時にさかのぼって生じます**。「遺産分割協議が成立した時から効力を生ずる」のではありません。

✕

遺産である不動産から発生した賃料（賃料債権）については、**遺産分割協議が成立するまでは**<u>法定</u>**相続人が**<u>法定相続分</u>**に従って取得します。遺産分割後はその**<u>不動産を取得した</u>**相続人が取得**します。不動産をBが取得することになったとき、Cが既に取得した**賃料債権につき**<u>清算</u>**する必要はありません。**

〇

被相続人の死亡からさかのぼって<u>10年</u>**間の特別受益は、相続財産に含めて計算**する必要があります。これを**特別受益の持戻し**といいます。被相続人による遺言などの意思表示がない場合でも、「**婚姻期間が**<u>20年以上</u>**あり、かつ居住の用に供する建物又はその敷地の遺贈・贈与を受けた配偶者相続人**」については、**持戻し免除の意思表示があったものと推定**され、持戻しを免除して配偶者相続人が居住建物と敷地を確保できます。本問では、5年前の贈与で、遺言などの意思表示がなく、婚姻期間が18年なので、**遺産分割に当たって相続財産に**<u>持ち戻す</u>**必要があります。**

〇

□ **7** 遺産に属する預貯金債権は、相続開始と同時に当然に相続分に応じて分割され、共同相続人は、その持分に応じて、単独で預貯金債権に関する権利を行使することができる。 [R01.問06.3]

6 遺言 ★★★

問題 遺言に関する次の記述の正誤を○×で答えなさい。

□ **1** 遺贈義務者が、遺贈の義務を履行するため、受遺者に対し、相当の期間を定めて遺贈の承認をすべき旨の催告をした場合、受遺者がその期間内に意思表示をしないときは、遺贈を放棄したものとみなされる。
[R03-12月.問07.4]

□ **2** 適法な遺言をした者が、その後更に適法な遺言をした場合、前の遺言のうち後の遺言と抵触する部分は、後の遺言により取り消したものとみなされる。
[H17.問12.3]

□ **3** 婚姻中の夫婦AB間には嫡出子CとDがいて、Dは婚姻して嫡出子Eがいたところ、Dは既に死亡している。他方、Aには離婚歴があり、前の配偶者との間の嫡出子Fがいる。Dの死亡日の翌日、Aが死亡し、生前、A所有の全財産についてDに相続させる旨の遺言をしていた場合には、特段の事情がない限り、Eは代襲相続により、Aの全財産について相続するのが原則である。 [H25.問10.3]

□ **4** 自筆証書遺言は、その内容をワープロ等で印字していても、日付と氏名を自書し、押印すれば、有効な遺言となる。 [H22.問10.1]

□ **5** 疾病によって死亡の危急に迫った者が遺言する場合には、代理人が2名以上の証人と一緒に公証人役場に行けば、公正証書遺言を有効に作成することができる。 [H22.問10.2]

預貯金は、**相続開始と同時に当然に相続分に応じて分割されるものではなく、遺産分割の対象で相続人全員の合意がなければ引き出すことができません。**ただし、急な支払いなどを考慮して他の相続人の同意を必要としない仮払い制度があります。払戻しできる金額は、**金融機関ごとに1人150万円が限度**で、口座ごとに「**預貯金債権額×1/3×その相続人の法定相続分**」で計算されます。

✗

解説 **15**歳に達すれば遺言をすることができます。遺言は、**遺言者の死亡の時か**らその効力を生じます。死後の財産の行方に関する最終的意思表示を遺言、遺言によって財産を人（相続人を含む）に与えることを**遺贈**といいます。

✗

遺贈義務者（原則として相続人）は、受遺者に対し、相当の期間を定めて、**遺贈の承認又は放棄をすべき旨の催告**ができます。**期間内に受贈者が意思表示をしないときは、遺贈を承認したものとみなされます。**「遺贈を放棄」ではありません。

前の遺言が後の遺言と抵触するときは、その抵触する部分については、**後の遺言で撤回したものとみなされます。**また、**遺言者が、生前に遺言の内容と異なる財産処分をした場合、その遺言を撤回したものと**みなされます。

◯

受遺者が遺言者より先に死亡した場合、特段の事情のない限り、**遺贈の効力は生じません。**本問では、受遺者Dが遺言者Aより先に死亡しているので、全財産についてDに相続させる旨の**遺言の効力は失われています。EはAの全財産を相続**することは**できません。**

✗

自筆証書遺言は、**遺言者が、遺言の全文、日付、氏名を自書し、押印**しなければなりません。ただし、**相続財産の目録については、目録の全ページに署名して印を押せば、自書以外での作成ができる**ことになっています。

✗

死亡の危急に迫った者は、公証役場で公正証書遺言をする時間はありません。その場合は、**証人3人以上の立会いをもって、その1人に遺言の趣旨を口授して、遺言をする**ことができます。なお、**自筆証書遺言では証人は不要、公正証書遺言、秘密証書遺言では証人は2人以上が必要**です。

✗

☐ **6** 遺言執行者が管理する相続財産を相続人が無断で処分した場合、当該処分行為は、遺言執行者に対する関係で無効となるが、第三者に対する関係では無効とならない。 [H27.問10.3]

7 配偶者の居住の権利 ★

問題 甲建物を所有するAが死亡し、Aの配偶者Bが甲建物の配偶者居住権を、Aの子Cが甲建物の所有権をそれぞれ取得する旨の遺産分割協議が成立した。このとき、配偶者居住権に関する次の記述の正誤を○×で答えなさい。

☐ **1** Bが高齢となり、バリアフリーのマンションに転居するための資金が必要になった場合、Bは、Cの承諾を得ずに甲建物を第三者Dに賃貸することができる。 [R05.問7.2]

☐ **2** Cには、Bに対し、配偶者居住権の設定の登記を備えさせる義務がある。 [R05.問7.3]

☐ **3** 遺産分割協議で配偶者居住権の存続期間を20年と定めた場合、存続期間が満了した時点で配偶者居住権は消滅し、配偶者居住権の延長や更新はできない。 [R03-10月.問04.1]

遺言執行者がある場合、相続人は、遺言執行者による相続財産の処分その他遺言の執行を妨げることができません。**相続人が遺言執行者に無断で相続財産を第三者に譲渡**した場合、**その処分行為は**無効です。第三者に対しても無効を主張できます。ただし、**第三者が**善意である場合には、無効を対抗することができません。なお、**遺言執行者が辞任**するには、「正当な事由＋家庭裁判所の許可」が必要です。

解説 配偶者居住権を取得すれば、被相続人の配偶者（以下「配偶者」。事実婚、内縁の配偶者は含まない）は、終身の間、無償で、居住建物を使用収益することができます。なお、固定資産税や通常の修繕費などの通常の必要費は、配偶者（短期居住権者含む）が負担することとなります。

配偶者が、被相続人の単独所有又は配偶者と２人の共有である建物に相続開始時に無償で居住していた場合は、当然に**配偶者**短期**居住権**が認められます。加えて、**配偶者居住権**を取得するには、以下の要件が必要となります。

①相続開始**時に、配偶者が被相続人の建物に居住**していること

②**遺産分割協議・遺贈または死因贈与・家庭裁判所の審判のいずれかで配偶者居住権を取得**していること

配偶者が**第三者に居住建物の使用収益をさせる**にあたっては、居住建物の所有者の承諾が必要です。Bは、Cの承諾を得ずにDに賃貸することはできません。

配偶者居住権が設定された場合、居住建物の所有者は配偶者に登記を備えさせる義務を負います。**配偶者居住権は、登記することで第三者に対抗することができる**ようになります。所有権は「家に住む権利（配偶者居住権）」と「配偶者居住権の負担が付いた所有権（負担付所有権）」に分けられ、**それぞれの権利を別々の相続人（配偶者と子など）に相続させることができる**ようになります。

なお、**配偶者相続人が死亡した場合に配偶者居住権は**消滅します。配偶者の子などの**相続人が配偶者居住権を相続することは**できません。

配偶者居住権の存続期間は、原則として**配偶者の**終身の間です。ただし、遺産分割協議・遺言・家庭裁判所の審判に別段の定めがあるときは、その**定めが優先**します。例えば「存続期間は20年」と定めた場合、20年経過時に配偶者居住権は消滅します。**延長や更新をすることは**できません。

問題 相続登記に関する次の記述の正誤を○×で答えなさい。

☐ **1** 令和6年5月1日にAが死亡し、相続人BがAが所有していた甲土地を相続した。Bは、甲土地の所有権を取得したことを知った日から2年以内に、相続登記の申請を行わなければならない。 ［予想問題］

問題 Aには、相続人となるBとC（いずれも法定相続分は2分の1）がいる。Aは、Cに老後の面倒をみてもらっているので、「甲土地を含む全資産をCに相続させる」旨の有効な遺言をした。この場合の遺留分に関する次の記述の正誤を○×で答えなさい。

☐ **2** Bの遺留分を侵害するAの遺言は、その限度で当然に無効である。 ［H20.問12.1］

☐ **3** Bが、Aの死亡の前に、A及びCに対して直接、書面で遺留分を放棄する意思表示をしたときは、その意思表示は有効である。 ［H20.問12.2］

☐ **4** Aが死亡し、その遺言に基づき甲土地につきAからCに対する所有権移転登記がなされた後でも、Bは遺留分侵害額に相当する金銭の支払を請求することができる。 ［H20.問12.3］

☐ **5** Bは、遺留分侵害額に相当する金銭の請求に代えて、遺留分侵害額の限度で遺贈や贈与の効力を失わせることができる。 ［H20.問12.4.改］

☐ **6** BがAの子でCがAの配偶者であるときはBには相続財産の4分の1の遺留分があるのに対し、B及びCがAの兄弟であるときはBには遺留分がない。 ［H18.問12.2］

問題 Aには、相続人となる子Bがいる場合、次の記述の正誤を○×で答えなさい。

☐ **7** Aが死亡したとき、3年間無償でAを介護してきたAの内縁の妻は、相続人であるBに対して特別寄与料の支払いを請求することができる。 ［予想問題］

解説 被相続人所有の不動産を相続人へ名義変更することを相続登記といいます。

相続で不動産を取得した**相続人は所有権を取得したことを知った日から3年以内**に、遺産分割で不動産を取得した相続人は**遺産分割の成立した日から3年以内に相続登記を申請する義務**があります。「2年以内」ではありません。

✕

解説 遺留分とは、被相続人の遺産のうち、兄弟姉妹を除く法定相続人に対して保障される、最低限の遺産取得分のことです。

遺留分を侵害する遺言でも、**遺言自体が無効**になるわけではありません。遺言は有効なものとして、その上で、遺留分を侵害された者が、遺贈や贈与を受けた者に対し、**遺留分侵害額に相当する金銭の請求をする**ことができるということです。

✕

相続開始前に遺留分の放棄をするには、家庭裁判所の許可を得る必要があります。書面で意思表示をするだけでは足りません。**相続開始後は意思表示を行うだけで放棄する**ことができます。なお、**遺留分を放棄しても、相続権は失いません。**

✕

遺留分侵害額請求の権利は、①相続開始及び遺留分の侵害を知った日から**1年**、②**相続開始を知らなかった場合は相続開始から10年**のいずれかを過ぎると、**時効で消滅**します。所有権移転登記によって権利が消滅することはありません。

○

遺留分権利者は、**遺留分侵害額に相当する金銭の請求**をすることができるだけです。遺留分を侵害している遺贈や贈与の効力を失わせることはできません。

✕

• BがAの子でCがAの配偶者…子である**B**には相続財産の**2分の1**の遺留分が認められます。遺留分は、「ある相続人の遺留分＝相続財産×**遺留分の割合**×法定相続分の割合」で計算します。Bの遺留分の割合は**2分の1**で法定相続分が**2分の1**なので、**相続財産の4分の1**になります。

• B及びCがAの兄弟…兄弟には**遺留分**がありません。「甲土地を含む全資産をCに相続させる」旨の遺言があった場合、**B**には**遺留分**がありません。

○

解説 相続人以外の親族（配偶者、6親等以内の血族、3親等以内の姻族）で、被相続人に対して無償で療養看護などの労務を提供し、それによって被相続人の財産の維持・増加について特別の寄与をした人を特別寄与者といいます。

親族以外の者や内縁の妻は、特別の寄与をしていたとしても、**寄与に応じた額の金銭（特別寄与料）の支払いを請求することはできません。**

✕

1 共有と持分 ／ 2 持分の処分 ／ 3 持分の放棄と共有者の死亡 ★

問題 不動産の共有に関する次の記述の正誤を○×で答えなさい。

☐ **1** 共有物の各共有者の持分が不明な場合、持分は平等と推定される。

[R02-12月.問10.1]

☐ **2** A、B及びCが、建物を共有している場合（持分を各3分の1とする。）、A は、BとCの同意を得なければ、この建物に関するAの共有持分権を売却する ことはできない。 [H15.問04.1]

☐ **3** 共有者の一人が死亡して相続人がないときは、その持分は国庫に帰属する。

[R02-12月.問10.4]

4 共有物の使用と占有 ★／ 5 共有物の管理と変更 ★

問題 不動産の共有に関する次の記述の正誤を○×で答えなさい。

☐ **1** A、B及びCが、持分を各3分の1とする甲土地を共有している。共有者の協 議に基づかないでAから甲土地の占有使用を承認されたDは、Aの持分に基 づくものと認められる限度で甲土地を占有使用することができる。

[H19.問04.1]

☐ **2** 共同相続に基づく共有物の持分価格が過半数を超える相続人は、協議なく して単独で共有物を占有する他の相続人に対して、当然にその共有物の明渡 しを請求することができる。 [H30.問10.4]

ポイント
▶ 各共有者は、自己の持分（共有持分権）を自由に処分できる。
▶ 各共有者は、共有物の全部について、持分に応じた使用をすることができる。
▶ 変更行為には、共有者全員の同意が必要である。

▼正解

解説 共有とは、2人以上が1つの物を共に所有することです。各共有者の共有物に対する所有権の割合を持分といいます。

共有物の各共有者の持分が不明の場合は、各共有者の持分は等しいものと推定されます。

○

各共有者は、自己の持分（共有持分権）を自由に処分できます。他の共有者の同意は不要です。

✗

共有者の一人が、その**持分を放棄**したとき、又は**死亡して相続人がない**ときは、**その持分は、他の共有者に帰属**します。なお、共有者の一人が死亡して相続人がないとき、**特別縁故者**（被相続人と生計を同じくしていた者、被相続人の療養看護に努めた者その他被相続人と特別の縁故があった者）がいる場合には、**特別縁故者に対する財産分与の対象**になります。

✗

▼正解

解説 各共有者は、共有物の全部について、それぞれの持分に応じた使用をすることができます。

共有者の1人から共有物の占有使用を承認された者は、承認した者の持分の限度で占有使用できます。Dは、Aの持分に基づくものと認められる限度で甲土地を占有使用することができます。

○

各共有者は、共有物の全部について、その持分に応じた使用をすることができますから、自己の持分に基づいている限りは、**共有物全部を占有する**ことができます。従って、**単独で共有物を占有する他の相続人に対して、当然にその共有物の明渡しを請求することはできません**。

✗

☐ **3** 各共有者は、他の共有者の同意を得なければ、共有物に形状又は効用の著しい変更を伴う変更を加えることができない。 ［R02-12月.問10.2.改］

☐ **4** 共有物の保存行為については、各共有者が単独ですることができる。
［R02-12月.問10.3］

問題 A、B及びCが、持分を各3分の1とする甲土地を共有している場合に関する記述の正誤を○×で答えなさい。

☐ **5** 甲土地全体がDによって不法に占有されている場合、Aは単独でDに対して、甲土地の明渡しを請求できる。 ［H18.問04.1］

☐ **6** A、B及びCが甲土地について、Dと賃貸借契約を締結している場合、AとBが合意すれば、Cの合意はなくとも、賃貸借契約を解除することができる。
［H19.問04.2］

6 共有物の分割請求 ★

問題 共有に関する次の記述の正誤を○×で答えなさい。

☐ **1** 共有物である現物の分割請求が裁判所になされた場合において、分割によってその価格を著しく減少させるおそれがあるときは、裁判所は共有物の競売を命じることができる。 ［H23.問03.2］

☐ **2** 共有者は、5年を超えない期間内は共有物を分割しない旨の契約を締結することができる。 ［H19.問04.3］

☐ **3** 裁判による共有物の分割では、共有者の1人に建物を取得させ、その他の共有者に対して適正価格で賠償させる方法によることは許されない。
［H13.問01.4］

変更行為とは、**物理的損傷や改変を行う行為**（共有建物の建替えや増改築）、**法律的な処分行為**（売買契約の締結や解除）などです。原則として、**変更行為には、共有者全員の同意が必要**です。ただし、外壁の修繕などの**軽微変更**（形状または効用の著しい変更を伴わない変更）は、**持分価格の過半数の同意**によって行うことができます。

○

保存行為とは、**共有物の修繕や所有権の保存登記など、現状を維持する行為**です。**保存行為は、各共有者が単独で行う**ことができます。

○

解説 共有物の不法占拠者に明渡し請求を行うことは、保存行為に当たります。

○

AはDに対して、**単独で甲土地の明渡しを請求できます**。また、自己の持分割合を限度として、**不法占拠によって生じた損害の賠償請求を行う**こともできます。

共有物の**賃貸借契約の締結又は解除**などは、**管理行為**に当たります。**管理行為は、持分価格の過半数の同意によって行う**ことができます。AとBの持分を合計すると全体の3分の2になり**過半数を超える**ので、AとBは、Cの合意はなくとも、Dとの賃貸借契約を解除することができます。

○

解説 各共有者は、共有物を単独者の所有物とするため、いつでも共有物の分割請求をすることができます。共有者間で分割の協議が調わない場合には、裁判所に分割請求をすることができます。

○

裁判所は、**共有物の現物を分割することができない**とき、又は**分割によってその価格を著しく減少させるおそれがある**ときは、その**競売を命ずる**ことができます。

○

共有者は、**5年を超えない期間内**であれば、**共有物を分割しない旨の特約**（共有物分割禁止の定め）をして、その旨の登記（すべての登記名義人による合同申請）をすることができます。

○

裁判所は、**共有者の1人に共有物全部を取得**させ、**その他の共有者には持分の適正価格で賠償させる**という分割方法を取ることができます。これを**全面的価格賠償**といいます。

✗

22 区分所有法

■ 区分所有法とは ／■ 専有部分と共用部分 ★／■ 共用部分の持分割合

問題 建物の区分所有等に関する法律に関する次の記述の正誤を○×で答えなさい。

□ **1** 構造上区分所有者全員の共用に供されるべき建物の部分であっても、規約で定めることにより、特定の区分所有者の専有部分とすることができる。

[H17.問14.3]

□ **2** 各共有者の共用部分の持分は、規約で別段の定めをしない限り、共有者数で等分することとされている。 [H28.問13.4]

□ **3** 一部共用部分は、これを共用すべき区分所有者の共有に属するが、規約で別段の定めをすることにより、区分所有者全員の共有に属するとすることもできる。 [R02-10月.問13.4]

□ **4** 集会の招集の通知は、会日より少なくとも2週間前に発しなければならないが、この期間は規約で伸縮することができる。 [H27.問13.2]

■ 共用部分の管理と変更 ★／■ 敷地利用権

問題 建物の区分所有等に関する法律（以下、この問において「法」という）に関する次の記述の正誤を○×で答えなさい。

□ **1** 共用部分の保存行為をするには、規約に別段の定めがない限り、集会の決議で決する必要があり、各共有者ですることはできない。 [R02-10月.問13.3]

ポイント

▶ 区分所有権の目的となる専有部分を所有する者を区分所有者という。

▶ 各共有者の共有部分の持分は、原則として、その有する専有部分の床面積の割合による。

▶ 集会の議決権は、原則として、各区分所有者の共用部分の持分割合による。

▼ 正解

解説 区分所有建物は、専有部分と共用部分に分かれます。専有部分は、区分所有権の目的となる独立した各部分（例：マンションの各住戸の内部）を指します。

共用部分は、法定共用部分（構造からみて専有部分になりえない部分）と、規約共用部分（専有部分となりうる部分を規約により共用部分としたもの）に分類できます。規約共用部分は、規約で定めることで、特定の区分所有者の所有とすることができます。本問の「構造上区分所有者全員の共用に供されるべき建物の部分」は法定共用部分のことです。法定共用部分は、規約で定めることにより専有部分とすることはできません。 ✗

共用部分は、原則として区分所有者全員で共有します。各共有者の持分は、規約に別段の定めがない限り、専有部分の床面積（内法面積）の割合によります。 ✗

一部共用部分（一部の区分所有者のみの共用に供されるべきことが明らかな共用部分）は、これを共用すべき区分所有者の共有に属します。規約で定めることで、区分所有者全員の共有に属するとすることもできます。 ○

集会の招集に当たっては、集会の日の少なくとも1週間前までに、会議の目的事項を示して各区分所有者に通知しなければなりません。1週間前という期間は規約によって伸縮できます。 ✗

▼ 正解

解説 共用部分の管理や変更を行うには、集会での決議や専有部分所有者の承諾を必要とするものがあります。

保存行為は、廊下の清掃や電球を取り替えるなど、共用部分の現状を維持する行為です。保存行為は、規約で別段の定めがない限り、各区分所有者が単独で行うことができます。保存行為に集会の決議は不要です。 ✗

☐ **2** 共用部分の管理に係る費用については、規約に別段の定めがない限り、共有者で等分する。 [R02-10月.問13.2]

☐ **3** 形状又は効用の著しい変更を伴わない共用部分の変更については、規約に別段の定めがない場合は、区分所有者及び議決権の各過半数による集会の決議で決することができる。 [H10.問13.2]

☐ **4** 共用部分の変更(その形状又は効用の著しい変更を伴わないものを除く。)は、区分所有者及び議決権の各4分の3以上の多数による集会の決議で決するが、この区分所有者の定数は、規約で2分の1以上の多数まで減ずることができる。 [R02-10月.問13.1]

☐ **5** 専有部分であっても、規約で定めることにより、敷地利用権と分離して処分することができる。 [H17.問14.2]

6 管理組合と管理者 ★★★

問題 建物の区分所有等に関する法律に関する次の記述の正誤を○×で答えなさい。

☐ **1** 区分所有者の団体は、区分所有建物が存在すれば、区分所有者を構成員として当然に成立する団体であるが、管理組合法人になることができるものは、区分所有者の数が30人以上のものに限られる。 [H26.問13.1]

☐ **2** 集会において、管理者の選任を行う場合、規約に別段の定めがない限り、区分所有者及び議決権の各過半数で決する。 [R04.問13.3]

☐ **3** 管理者は、自然人であるか法人であるかを問わないが、区分所有者でなければならない。 [H28.問13.3]

☐ **4** 管理者は、規約に特別の定めがあるときは、共用部分を所有することができる。 [H28.問13.2]

共用部分の負担（電気料金などの管理費用や修繕積立金）及び利益（賃料や自動販売機の収入）は、規約に別段の定めがない限り、**各共有者がその持分に応じて負担すべきもの**とされています。 ✗

形状又は効用の著しい変更を伴わない共用部分の変更（軽微な変更）については、規約に別段の定めがない場合は、**区分所有者及び議決権の各過半数**による集会の決議で決することができます。 ○

共用部分の変更（その形状又は効用の著しい変更を伴わないものを除く。）は、**区分所有者及び議決権の各4分の3以上の多数による集会の決議**で決します。この区分所有者の定数は、規約で過半数まで減ずることができます。「2分の1以上の多数」は、2分の1を含むことになるので間違っています。 ✗

専有部分とその専有部分に係る敷地利用権は、原則として**分離して処分することができません**。ただし、規約で別段の定めをすれば、**分離処分が可能**になります。 ○

解説 区分所有者は、その意思にかかわらず、当然に管理組合の構成員となります。**管理組合は、区分所有者が2人以上であるとき、所定の手続きを経て管理組合法人となる**ことができます。「区分所有者の数が30人以上」ではありません。 ✗

規約に別段の定めがない限り、区分所有者は、**集会の決議（普通決議：区分所有者及び議決権の各過半数）によって、管理者を選任、解任することができます。管理者の任期に制限はありません**。 ○

管理者には、**個人（自然人）でも法人でも、区分所有者でも区分所有者以外の者でもなる**ことができます。 ✗

管理者がより円滑に共用部分を管理できるよう、**規約に特別の定めがあるときは、管理者が共用部分を所有することができます**。これを管理所有といいます。 ○

☐ **5** 管理者は、その職務に関して区分所有者を代理するため、その行為の効果は、規約に別段の定めがない限り、本人である各区分所有者に共用部分の持分の割合に応じて帰属する。　　　　　　　　　　　　　　[H24.問13.3]

7 規約 ★★★

問題 建物の区分所有等に関する法律に関する次の記述の正誤を○×で答えなさい。

☐ **1** 規約の設定、変更又は廃止を行う場合は、区分所有者の過半数による集会の決議によってなされなければならない。　　　　　　　　　[H30.問13.1]

☐ **2** 一部共用部分に関する事項で区分所有者全員の利害に関係しないものは、区分所有者全員の規約に定めることができない。　　　　　　　[H23.問13.3]

☐ **3** 他の区分所有者から区分所有権を譲り受け、建物の専有部分の全部を所有することとなった者は、公正証書による規約の設定を行うことができる。
　　　　　　　　　　　　　　　　　　　　　　　　　　　　　[H21.問13.4]

☐ **4** 最初に建物の専有部分の全部を所有する者は、公正証書により、共用部分（数個の専有部分に通ずる廊下又は階段室その他構造上区分所有者の全員又はその一部の共用に供されるべき建物の部分）の規約を設定することができる。
　　　　　　　　　　　　　　　　　　　　　　　　　　　[R03-12月.問13.2]

☐ **5** 規約は、管理者が保管しなければならない。ただし、管理者がないときは、建物を使用している区分所有者又はその代理人で理事会又は集会の決議で定めるものが保管しなければならない。　　　　　　　　　　　　　[H20.問15.4]

☐ **6** 規約を保管する者は、利害関係人の請求があったときは、正当な理由がある場合を除いて、規約の閲覧を拒んではならず、閲覧を拒絶した場合は20万円以下の過料に処される。　　　　　　　　　　　　　　　　　　[H30.問13.2]

管理者は、区分所有者の代理人として、保存行為、集会の決議の実行、規約で定めた行為を行います。**管理者の行為の効果**は、規約に別段の定めがない限り、**各区分所有者に**共用部分の持分の割合に応じて帰属し、**各区分所有者**は規約に定めがない限り、**管理者の行為について**共用**部分の持分割合に応じて責任を負います。**

解説 区分所有者が区分所有建物の利用や管理について定めるルールを規約といいます。

規約の設定・変更・廃止は、集会の特別**決議（区分所有者及び議決権の各4分の3以上の賛成による集会の決議）で決定**します。加えて、規約の設定・変更・廃止が一部の区分所有者の権利に特別の影響を及ぼすときは、その承諾を得る必要があります。

一部共用部分に関する事項で区分所有者全員の利害に関係しないものは、区分所有者全員の規約に定めがある場合を除いて、**これを共用すべき区分所有者の規約で定める**ことができます。**区分所有者全員の規約に定めること**もできます。

他の区分所有者から区分所有権を譲り受けた者は、公正証書による規約の設定を行うことはできません。

最初に建物の専有部分の全部を所有する者（分譲業者等）は、公正証書によって、①規約共用部分（共用部分を定める規約）②規約敷地、③専有部分と敷地利用権の分離処分、④敷地利用権の割合に関する**規約を設定することができます。**本問のように、法定共用部分（構造上の共用部分）に関する規約は設定できません。

規約は、管理者**が保管しなければなりません。管理者がないときは、建物を使用している区分所有者又はその代理人で、**規約又は集会の決議**で定める者が保管し**なければなりません。保管者を理事会の決議で定めることはできません。

規約を保管する者は、利害関係人の請求があったときは、**正当な理由がある場合を除いて、規約の閲覧を拒んではなりません。閲覧を拒絶した場合は、20万円以下の過料**に処されます。

□ **7** 規約の保管場所は、建物内の見やすい場所に掲示しなければならない。

[R02-12月.問13.1]

8 集会の招集 ★★★

問題 建物の区分所有等に関する法律に関する次の記述の正誤を○×で答えなさい。

□ **1** 集会においては、規約に別段の定めがある場合及び別段の決議をした場合を除いて、管理者又は集会を招集した区分所有者の1人が議長となる。

[R01.問13.3]

□ **2** 管理者は、少なくとも毎年1回集会を招集しなければならない。

[H29.問13.1]

□ **3** 区分所有者の5分の1以上で議決権の5分の1以上を有するものは、管理者に対し、会議の目的たる事項を示して、集会の招集を請求することができるが、この定数は規約で減ずることはできない。 [H29.問13.2]

□ **4** 集会の招集の通知は、区分所有者が管理者に対して通知を受け取る場所をあらかじめ通知した場合には、管理者はその場所にあててすれば足りる。

[H29.問13.3]

9 集会での報告と議事録 ★／10 集会の決議 ★★／

問題 建物の区分所有等に関する法律（以下、この問において「法」という）に関する次の記述の正誤を○×で答えなさい。

□ **1** 集会の議事は、法又は規約に別段の定めがない限り、区分所有者及び議決権の各4分の3以上の多数で決する。 [R01.問13.4]

□ **2** 管理者は、集会において、毎年2回一定の時期に、その事務に関する報告をしなければならない。

[H28.問13.1]

建物内の**見やすい場所**に、**規約を保管している場所を掲示**しなければなりません。

〇

解説 集会は、区分所有者によって構成される管理組合の最高意思決定機関です。**集会**では、規約に別段の定めがある場合及び別段の決議をした場合を除いて、**管理者又は集会を招集した区分所有者の1人が議長**となります。

〇

管理者は、**少なくとも毎年1回は集会を招集**しなければなりません。また、区分所有者全員の同意があるときには、招集手続きを省略して集会を開くことができます。

〇

区分所有者の5分の1以上で議決権の5分の1以上を有するものは、管理者に対し、会議の目的たる事項を示して、**集会の招集を請求する**ことができます。**この定数は、規約で減ずることができます**。

✕

集会の招集の通知は、**区分所有者が管理者に対して通知を受け取る場所をあらかじめ通知した場合**には、**管理者はその場所にあててすればよい**ことになっています。**通知しなかった場合**には、専有部分がある場所に通知します。また、**規約で特別に定めれば、建物内の見やすい場所に掲示して通知**することができます。

〇

11 特別の定数が定められている事項 ★

解説 集会では、原則として招集時に通知した会議の目的たる事項についてのみ、決議することができます。

集会の議事は、区分所有法又は規約に別段の定めがない限り、**区分所有者及び議決権の各過半数**で決します。**区分所有者及び議決権の各4分の3以上の多数で決する**のは、**特別決議**です。

✕

管理者は、集会において、**毎年1回一定の時期に、その事務に関する報告**をしなければなりません。

✕

☐ **3** 集会の議事録が書面で作成されているときは、議長及び集会に出席した区分所有者の1人がこれに署名しなければならない。 [H27.問13.3.改]

☐ **4** 集会においては、法で集会の決議につき特別の定数が定められている事項を除き、規約で別段の定めをすれば、あらかじめ通知した事項以外についても決議することができる。 [H18.問16.2]

☐ **5** 専有部分が数人の共有に属するときは、共有者は、集会においてそれぞれ議決権を行使することができる。 [R01.問13.1]

☐ **6** 区分所有者の承諾を得て専有部分を占有する者は、会議の目的たる事項につき利害関係を有する場合には、集会に出席して議決権を行使することができる。 [R01.問13.2]

☐ **7** 法又は規約により集会において決議すべきとされた事項であっても、区分所有者全員の書面による合意があったときは、書面による決議があったものとみなされる。 [H23.問13.4]

☐ **8** 規約及び集会の決議は、区分所有者の特定承継人に対しては、その効力を生じない。 [R02-12月.問13.3]

☐ **9** 建替え決議を目的とする集会を招集するときは、会日より少なくとも2月前に、招集通知を発しなければならない。ただし、この期間は規約で伸長することができる。 [H21.問13.3]

☐ **10** 建物の価格の2分の1以下に相当する部分が滅失した場合において、滅失した共用部分を復旧するときは、集会の決議の方法で決することが必要で、規約によっても、それ以外の方法による旨定めることはできない。[H12.問13.2]

集会の議事録が書面で作成されているときは、**議長及び集会に出席した区分所有者2人がこれに署名**しなければなりません。 ✗

規約で別段の定めをすれば、区分所有法で集会の決議につき特別の定数が定められている事項を除いて、あらかじめ通知した事項以外についても決議することができます。 ○

議決権は、各区分所有者の共用部分の持分割合（原則として専有部分の床面積の割合）によります。専有部分を数人で共有している場合には、**議決権を行使すべき者1人**を定めなければいけません。 ✗

区分所有者の承諾を得て専有部分を占有する者は、**会議の目的たる事項につき利害関係を有する場合**には、**集会に出席して意見を述べる**ことができます。議決権はありません。 ✗

区分所有法又は規約により**集会において決議すべきとされた事項**であっても、**区分所有者全員の書面又は電磁的方法による合意**があったときは、書面又は電磁的方法による決議があったものとみなされます。 ○

集会の決議の効力は、規約と同様、**区分所有者の特定承継人や賃借人などの占有者に対しても及びます。** ✗

建替え決議を会議の目的とする集会を招集するときは、**当該集会の会日より少なくとも2か月前**に発しなければなりません。ただし、この期間は、規約で伸長することができます。なお、**建替え決議は、区分所有者及び議決権の各5分の4以上の多数**ですることができます。 ○

建物の価格の2分の1以下に相当する部分が滅失（小規模滅失）した場合、復旧する旨の決議・建替え決議がなされる前であれば、**各区分所有者が単独で**自己の専有部分および滅失した共用部分の復旧工事ができます。 ✗

23 権利関係・その他

1 用益物権と担保物権 ★★★★★

問題 用益物権に関する次の記述の正誤を○×で答えなさい。

☐ **1** 承役地についてする地役権の設定の登記は、要役地に所有権の登記がない場合においても、することができる。　　　　　　　[H24.問14.2]

☐ **2** 甲土地の隣接地の所有者が自らが使用するために当該隣接地内に通路を開設し、甲土地の所有者Aもその通路を利用し続けると、甲土地が公道に通じていない場合には、Aは隣接地に関して時効によって通行地役権を取得することがある。　　　　　　　[H25.問03.4]

☐ **3** 担保物権である先取特権と質権は、債権者と債務者との間の契約により成立する。　　　　　　　[H21.問05.2]

2 相隣関係 ★★★★

問題 相隣関係に関する次の記述の正誤を○×で答えなさい。

☐ **1** 複数の筆の他の土地に囲まれて公道に通じない土地の所有者は、公道に至るため、その土地を囲んでいる他の土地を自由に選んで通行することができる。　　　　　　　[H21.問04.2]

> ▶ 地上権の譲渡は地主の承諾なくできるが、賃借権の譲渡には賃貸人の承諾が必要。
> ▶ 要役地に所有権の登記がない場合は、承役地について地役権の設定の登記はできない。
> ▶ 書面による贈与は履行前でも解除できないが、書面による死因贈与は撤回できる。

▼正解

解説 用益物権とは、他人が所有する土地を一定の目的のために使用収益するための権利のことで、地上権、永小作権、地役権、入会権があります。

特定の土地（要役地）の利便性を高めるために、他人の土地（承役地）を利用する権利を地役権といいます。承役地についてする地役権の設定の登記は、要役地に所有権の登記がない場合は、することができません。地役権は、要役地の所有権とともに移転します。地役権を単独で譲渡することはできません。

✕

地役権は、継続的に行使され、かつ外形上認識することができるものに限り、時効によって取得できます。本問では、隣接地の所有者が自分で使用するために通路を開設し、Aはその通路を使用させてもらっているにすぎません。これでは時効で通行地役権を取得することはできません。Aが自分で隣接地に通路を作ったとしたら、時効で通行地役権を取得できる場合もあります。

✕

担保物権とは、債務者や第三者の物を債権の担保とするための物権で、留置権、先取特権、質権、抵当権の4種類があります。留置権と先取特権は、当事者間の契約がなくとも、法律上当然に成立する法定担保物権で、質権と抵当権は、当事者間の契約によって生ずる約定担保物権です。

✕

▼正解

解説 相互に隣接した土地の利用関係を調整するルールを相隣関係といいます。土地の所有者は、隣地の所有者と共同の費用で、境界標を設けることができ、境界線上に設けた境界標・囲障・障壁・溝・堀は、相隣者の共有に属するものと推定します。

袋地（他の土地に囲まれて公道に通じない土地）の所有者は、公道に至るため、囲繞地（袋地を囲んでいる他の土地）を通行できます。ただし、通行の場所及び方法は、通行権を有する者のために必要であり、かつ他の土地のために損害が最も少ないものを選ぶ必要があります。自由に選んで通行することはできません。

✕

☐ **2** Aが購入した甲土地が共有物の分割によって公道に通じない土地となっていた場合には、Aは公道に至るために他の分割者の所有地を、償金を支払うことなく通行することができる。 [R02-10月.問01.1]

☐ **3** 土地の所有者は、隣地から木の枝が境界線を越えて伸びてきたときは、自らこれを切除できる。 [H16.問07.3]

☐ **4** 異なる慣習がある場合を除き、境界線から1m未満の距離において他人の宅地を見通すことができる窓を設ける者は、目隠しを付けなければならない。 [H21.問04.4]

☐ **5** 高地の所有者は、その高地が浸水した場合にこれを乾かすためであっても、公の水流又は下水道に至るまで、低地に水を通過させることはできない。 [R03-12月.問02.3]

3 債権者代位権 ★

問題 民法第423条第1項は、「債権者は、自己の債権を保全するため必要があるときは、債務者に属する権利(以下「被代位権利」という。)を行使することができる。ただし、債務者の一身に専属する権利及び差押えを禁じられた権利は、この限りでない。」と定めている。これに関する次の記述の正誤を○×で答えなさい。

☐ **1** 債務者が既に自ら権利を行使しているときでも、債権者は、自己の債権を保全するため、民法第423条に基づく債権者代位権を行使することができる場合がある。 [H22.問07.1]

☐ **2** 未登記建物の買主は、売主に対する建物の移転登記請求権を保全するため、売主に代位して、当該建物の所有権保存登記手続を行うことができる場合がある。 [H22.問07.2]

共有物分割によって袋地が生じた場合は、**償金を支払**わずに、**他の分割者の土地を通行**できます。 ○

隣地の竹木の**枝**が境界線を越えるときは、その**竹木所有者に、その枝を切除させる**ことができますが、**原則として、竹木所有者の承諾なく自分で枝を切ることはできません**（例外あり⇨別冊 p.88「相隣関係」）。一方、**隣地の竹木の根が境界線を越える**ときは、**竹木所有者の承諾なく自分で根を切る**ことができます。 ✕

境界線から**1m未満の距離において他人の宅地を見通すことのできる窓又は縁側**（ベランダを含む）を設ける者は、**目隠し**を付けなければなりません。ただし、特別の慣習がある地域はこの限りではありません。 ○

高地の所有者は、その高地が浸水した場合にこれを乾かすため、又は自家用若しくは農工業用の余水を排出するため、**公の水流又は下水道に至るまで、低地に水を通過させる**ことができます。 ✕

解説　債権者代位権とは、債権者が自身の債権を保全するために、債務者の第三債務者に対する権利を、債務者に代わって行使（代位行使）することができる権利のことです。

【債権者代位権を行使できる要件】

①**債務者に債務を弁済するだけの財産がない**（無資力要件）。

②**債務者自らがまだ第三債務者に対する債権を行使して**いない。

③**一身専属権**（他人には移らない特定の人だけに専属する権利）でない。

④**差押えを禁じられた債権**でない。

⑤**被保全債権の弁済期**（履行期…返却期限）が到来している。

⑥**強制執行**により実現することのできない債権でない。

本問は、②の要件を満たさないので、債権者代位権を行使することはできません。 ✕

未登記建物の買主は、**売主に対する建物の移転登記請求権を保全**するため、**売主に代位して、当該建物の所有権保存登記手続きを行う**ことができます。 ○

☐ **3** 賃貸人Aから賃借人Bが借りたA所有の甲土地の上に、Bが自己名義で保存登記をしている乙建物を所有している。Cが甲土地を不法占拠してBの土地利用を妨害している場合、Bは、Aの有する甲土地の所有権に基づく妨害排除請求権を代位行使してCの妨害の排除を求めることができるほか、自己の有する甲土地の賃借権に基づいてCの妨害の排除を求めることができる。

[H26.問07.2]

4 贈与契約 ★★

問題 Aがその所有する甲建物について、Bとの間で、①Aを売主、Bを買主とする売買契約を締結した場合と、②Aを贈与者、Bを受贈者とする負担付贈与契約を締結した場合に関する次の記述の正誤を○×で答えなさい。なお、担保責任に関する特約はないものとする。

☐ **1** ②の契約が書面によらずになされた場合、Aは、甲建物の引渡し及び所有権移転登記の両方が終わるまでは、書面によらないことを理由に契約の解除をすることができる。　　　　　　　　　　　　　[R02-10月.問09.2]

☐ **2** ②の契約については、Aは、その負担の限度において、売主と同じく担保責任を負う。　　　　　　　　　　　　　　　　　[R02-10月.問09.3]

☐ **3** ①の契約については、Bの債務不履行を理由としてAに解除権が発生する場合があるが、②の契約については、Bの負担の不履行を理由としてAに解除権が発生することはない。　　　　　　　　　　　[R02-10月.問09.4]

問題 Aは、Bから建物を贈与（負担なし）する旨の意思表示を受け、これを承諾したが、まだBからAに対する建物の引渡し及び所有権移転登記はされていない。この場合における次の記述の正誤を○×で答えなさい。

☐ **4** 贈与が死因贈与であった場合、それが書面によるものであっても、特別の事情がない限り、Bは、後にいつでも贈与を撤回することができる。

[H10.問09.4]

賃借した**土地・建物が不法占拠**されている場合、**賃借人は、賃貸人に**代位して、不法占拠者に対する妨害排除請求権を**行使**できます。さらに、**自己の有する賃借権**に基づいて不法占拠者の妨害の排除を求めることができます。

解説 贈与契約とは、当事者の一方（贈与者）がある財産を無償で相手方（受贈者）に与えるという契約です。書面によらなくても契約自体は有効で、法的な効力を生じます。

書面によらない贈与は、解除することができます。ただし、履行が終わった部分については解除できません。「履行が終わる」とは、原則として現実の引渡し、又は登記名義の移転のいずれかが終わることをいいます。問題文では「引渡し及び所有権移転登記の両方が終わるまで」という点が間違っています。なお、**書面による贈与**は、履行前でも解除できません。

負担付贈与では、**贈与者は、**負担の限度において、売主と同様の担保責任を負います。

①の**売買契約**については、**買主Bに債務不履行があれば、売主Aは契約を解除**することができます。
②の**負担付贈与契約**については、売買契約の規定が準用されます。受贈者Bが負担を履行しないときは、**贈与者Aは契約を解除すること**ができます。

解説 死因贈与とは、贈与者の死亡によって効力を生じる贈与契約のことです。
死因贈与については、遺贈に関する規定が準用されます。遺言がいつでも撤回できるのと同じく、死因贈与はそれが書面によるものであっても、後にいつでも撤回することができます。

法令上の制限 ▶ 出題回数ベスト30

順位	項目	見出し	回数
1	**05** 都市計画法 / 開発許可制度	**3** 開発許可が不要となるケース	63
2	**16** 国土利用計画法 / 事後届出制	**4** 事後届出制の内容	44
3	**18** その他の法律 / 農地法	**3** 権利移動（第3条の許可）	40
4	**08** 建築基準法 / 単体規定・集団規定	**3** 単体規定	36
5	**18** その他の法律 / 農地法	**5** 転用目的の権利移動（第5条の許可）	33
6	**10** 建築基準法 / 用途制限	**1** 用途制限の内容	32
7	**19** その他の法律 / 盛土規制法	**4** 宅地造成等工事の許可	29
8	**01** 都市計画法 / 区域区分・用途地域	**6** 補助的地域地区	28
9	**20** その他の法律 / 土地区画整理法	**2** 土地区画整理事業の施行者	27
10	**15** 建築基準法 / 建築確認	**2** 建築確認の要否	22
10	**20** その他の法律 / 土地区画整理法	**6** 換地処分	22
10	**21** その他の法律 / その他の法令上の制限	**2** その他の法令の「例外」	22
13	**18** その他の法律 / 農地法	**4** 転用（第4条の許可）	21
13	**20** その他の法律 / 土地区画整理法	**5** 仮換地の指定	21
15	**11** 建築基準法 / 建蔽率	**2** 建蔽率の制限	20
15	**16** 国土利用計画法 / 事後届出制	**7** 事後届出の手続きの流れ	20
17	**02** 都市計画法 / 都市計画事業	**5** 都市計画事業にかけられる制限	18
17	**20** その他の法律 / 土地区画整理法	**4** 換地計画	18
19	**07** 都市計画法 / 建築等の制限	**3** 開発区域内の建築等の制限	16
19	**19** その他の法律 / 盛土規制法	**1** 盛土規制法とは	16
21	**06** 都市計画法 / 開発許可の手続き	**4** 開発許可の審査基準	14
21	**12** 建築基準法 / 容積率	**2** 容積率の制限	14
21	**16** 国土利用計画法 / 事後届出制	**3** 土地売買等の契約	14
21	**19** その他の法律 / 盛土規制法	**6** 土地の保全義務・勧告等	14
25	**18** その他の法律 / 農地法	**1** 農地法とは	13
26	**16** 国土利用計画法 / 事後届出制	**5** 事後届出の必要がない取引	11
26	**19** その他の法律 / 盛土規制法	**5** 宅地造成等規制区域内での届出	11
28	**01** 都市計画法 / 区域区分・用途地域	**5** 用途地域	10
28	**15** 建築基準法 / 建築確認	**4** 建築確認手続きの流れ	10
28	**19** その他の法律 / 盛土規制法	**8** 造成宅地防災区域とは	10

©オフィス海調べ（対象：平成10年〜令和4年の宅建試験）

Part 3

法令上の制限

Contents

見出しの★は、平成10年以降の出題回数を表しています。

★なし	出題　5回未満
★	出題　5回以上
★★	出題10回以上
★★★	出題15回以上
★★★★	出題20回以上
★★★★★	出題25回以上

❶ 都市計画法とは／❷ 都市計画区域の指定 ★／❸ 区域区分 ★

問題 都市計画法に関する次の記述の正誤を○×で答えなさい。

☐ **1** 　都市計画区域は、市又は人口、就業者数その他の要件に該当する町村の中心の市街地を含み、かつ、自然的及び社会的条件並びに人口、土地利用、交通量その他の現況及び推移を勘案して、一体の都市として総合的に整備し、開発し、及び保全する必要がある区域を当該市町村の区域の区域内に限り指定するものとされている。　　　　　　　　　　　　　　　　　　　　[H23.問16.1]

☐ **2** 　都市計画区域は、市町村が、市町村都市計画審議会の意見を聴くとともに、都道府県知事に協議し、その同意を得て指定する。　　　　[R02-12月.問15.3]

☐ **3** 　準都市計画区域は、都市計画区域外の区域のうち、新たに住居都市、工業都市その他の都市として開発し、及び保全する必要がある区域に指定するものとされている。　　　　　　　　　　　　　　　　　　　　　　　[H22.問16.2]

☐ **4** 　区域区分は、指定都市、中核市及び施行時特例市の区域の全部又は一部を含む都市計画区域には必ず定めるものとされている。　　　　[H22.問16.3]

☐ **5** 　市街化区域は、既に市街地を形成している区域及びおおむね10年以内に優先的かつ計画的に市街化を図るべき区域であり、市街化調整区域は、市街化を抑制すべき区域である。　　　　　　　　　　　　　　　　　　[H16.問17.4]

☐ **6** 　準都市計画区域については、無秩序な市街化を防止し、計画的な市街化を図るため、都市計画に市街化区域と市街化調整区域との区分を定めなければならない。　　　　　　　　　　　　　　　　　　　　　　　　　　[H30.問16.4]

ポ
イ
ン
ト

▶ 都市計画法では都市計画の一つとして都市計画区域・準都市計画区域を定めている。
▶ 区域区分によって「市街化区域」「市街化調整区域」に分けられる。
▶ 用途地域は、市街化区域には必ず定める。市街化調整区域には原則定めない。

▼正解

解説 都市計画法が定める、土地利用、都市施設の整備及び市街地開発事業についての計画等について覚えておきましょう。

都市計画区域は、**一体の都市として総合的に整備・開発・保全する必要がある区域**として、又は新たに**住居都市、工業都市その他の都市として開発・保全する必要がある区域**として、原則として、**都道府県が指定**します。必要があるときは、1つの市町村内にとどまらず、その市町村の区域外にわたり、**2つ以上の都府県にまたがって指定することができます**。なお、2つ以上の都府県にわたる場合は、国土交通大臣が定めます。

✗

都市計画区域は、**関係市町村及び都道府県都市計画審議会の意見を聴く**とともに、国土交通大臣に協議し、その**同意を得て都道府県が指定**します。

✗

準都市計画区域は、**都市計画区域外での乱開発を防止**するため、一定の区域（土地利用の整序や環境保全をせずに放置すると、将来、**一体の都市としての整備・開発・保全に支障が出ると思われる区域**）に指定されるものです。

✗

区域区分は、都市計画区域について無秩序な市街化を防止し、計画的な市街化を図るため、**市街化区域と市街化調整区域とに区分する**ことで、**必要があるときに、都道府県が定めます**。ただし、**必ず定めなければならないものではありません**。必ず定める必要があるのは、三大都市圏（首都圏・近畿圏・中部圏）と政令指定都市を含む都市計画区域の場合です。

✗

市街化区域と**市街化調整区域**の説明は、問題文の通りです。試験では、市街化区域と市街化調整区域を反対（逆）にした文章にするひっかけ問題が出題されています。きちんと覚えておきましょう。

○

都市計画区域においては、都市計画に市街化区域と市街化調整区域との**区分（区域区分）**を定めることができます。一方、**準都市計画区域**においては、**市街化区域と市街化調整区域との区分を定めることはできません**。

✗

4 地域地区／5 用途地域 ★★

問題 都市計画法に関する次の記述の正誤を○×で答えなさい。

☐ **1** 市街化区域については、少なくとも用途地域を定めるものとし、市街化調整区域については、原則として用途地域を定めないものとする。[H30.問16.3]

☐ **2** 都市計画区域については、区域内のすべての区域において、都市計画に、用途地域を定めるとともに、その他の地域地区で必要なものを定めるものとされている。　　　　　　　　　　　　　　　　　　　　　　　[H23.問16.3]

☐ **3** 第二種住居地域は、中高層住宅に係る良好な住居の環境を保護するため定める地域とされている。　　　　　　　　　　　　　[R02-10月.問15.3]

☐ **4** 近隣商業地域は、主として商業その他の業務の利便の増進を図りつつ、これと調和した住居の環境を保護するため定める地域とする。　　　　　　　　　　　　　　　　　　　　　　　　　　　[R03-12月.問15.1]

☐ **5** 工業専用地域は、工業の利便を増進するため定める地域であり、風致地区に隣接してはならない。　　　　　　　　　　　　　　[H27.問16.3]

6 補助的地域地区 ★★★★★

問題 都市計画法に関する次の記述の正誤を○×で答えなさい。

☐ **1** 高度地区は、用途地域内において市街地の環境を維持し、又は土地利用の増進を図るため、建築物の高さの最高限度又は最低限度を定める地区とされている。　　　　　　　　　　　　　　　　　　　　　　[R01.問15.1]

☐ **2** 高度利用地区は、市街地における土地の合理的かつ健全な高度利用と都市機能の更新とを図るため定められる地区であり、用途地域内において定めることができる。　　　　　　　　　　　　　　　　　　　　[H26.問15.2]

解説 用途地域を定める地域や用途地域の種類を覚えましょう。

地域にふさわしい街並みをつくるために、**建物の用途を統一し、規制等を行う地域を用途地域**といいます。**市街化区域**については、**少なくとも（必ず）用途地域を定めなければなりません。**一方、**市街化調整区域**については、**原則として用途地域を定めません。**「原則として、用途地域を定めない」は、「必要であれば定めてもよい」という意味であることに注意しておきましょう。

○

問1より、**市街化区域**については、**少なくとも用途地域を定めるもの**とし、**市街化調整区域**については、**原則として用途地域を定めないもの**とされています。従って「都市計画区域内のすべての区域において、用途地域を定める」は誤りです。

✕

「**中高層住宅に係る良好な住居の環境を保護するため定める地域**」とは、第一種中高層住宅専用地域です。第二種住居地域は、「**主として住居の環境を保護するため定める地域**」です。

✕

近隣商業地域とは、「**近隣の住宅地の住民に対する日用品の供給を行うことを主たる内容とする商業その他の業務の利便を増進するため定める地域**」をいいます。問題文は、商業地域と準住居地域の定義を混ぜたものになっています。

✕

工業専用地域は、**工業の利便を増進するため定める地域**です。しかし、**工業専用地域が風致地区に隣接してはならないという制限の規定はありません。**

✕

解説 用途地域の規制とは別の規制を定めているのが補助的地域地区です。

高度地区は、市街地の環境維持、又は土地利用の増進を図るため、**建築物の高さの最高限度又は最低限度を定める地区**とされています。高度利用地区と混同しないよう注意しましょう。

○

高度利用地区は、問題文の通りの地区であり、次の①～④について定めるとされています。①建築物の容積率の最高限度・最低限度、②建築物の建蔽率の最高限度、③建築物の建築面積の最低限度、④壁面の位置の制限

○

Part **3** 法令上の制限 **01** 都市計画法／区域区分・用途地域

☐ **3** 高層住居誘導地区は、住居と住居以外の用途とを適正に配分し、利便性の高い高層住宅の建設を誘導するために定められる地区であり、近隣商業地域及び準工業地域においても定めることができる。　[H26.問15.4]

☐ **4** 特別用途地区は、用途地域が定められていない土地の区域（市街化調整区域を除く。）内において、その良好な環境の形成又は保持のため当該地域の特性に応じて合理的な土地利用が行われるよう、制限すべき特定の建築物等の用途の概要を定める地区とされている。　[R01.問15.4]

☐ **5** 特定街区については、都市計画に、建築物の容積率並びに建築物の高さの最高限度及び壁面の位置の制限を定めるものとされている。　[R01.問15.2]

☐ **6** 風致地区内における建築物の建築については、一定の基準に従い、地方公共団体の条例で、都市の風致を維持するため必要な規制をすることができる。　[H30.問16.2]

☐ **7** 準都市計画区域については、都市計画に、高度地区を定めることができないこととされている。　[R02-12月.問15.4]

⑦ 用途地域で都市計画に定める事項 ★

問題 都市計画法に関する次の記述の正誤を○×で答えなさい。

☐ **1** 用途地域に関する都市計画には、容積率を定めることとされている。　[H13.問17.1.改]

☐ **2** 第二種中高層住居専用地域に関する都市計画には、建築物の高さの最高限度及び最低限度を定めることとされている。　[H13.問17.3]

☐ **3** 第一種住居地域内における建築物の外壁又はこれに代わる柱の面から敷地境界線までの距離は、当該地域に関する都市計画においてその限度が定められた場合には、当該限度以上でなければならない。　[H28.問19.4]

高層住居誘導地区は、住居と住居以外の用途とを適正に配分し、利便性の高い高層住宅の建設を誘導する地区です。第一種・第二種住居地域、準住居地域、近隣商業地域又は準工業地域で定めることができます。 〇

問題文は「特定用途制限地域」の説明文であり、不正解です。特別用途地区は用途地域内の一定の地区における当該地区の特性にふさわしい土地利用の増進、環境の保護等の特別の目的の実現を図るため当該用途地域の指定を補完して定める地区です。特別用途地区と特定用途制限地域を混同しないよう注意が必要です。 ✕

特定街区は、市街地の整備改善を図るため街区の整備又は造成が行われる地区について、その街区内における建築物の容積率や建築物の高さの最高限度及び壁面の位置の制限を定める街区です。 〇

風致地区は、都市の風致（自然美）を維持するために定める地区です。建築物の建築について一定の基準に従い、地方公共団体の条例で規制が可能です。 〇

準都市計画区域については、都市計画に、高度地区を定めることができます。定めることができないのは、区域区分、高度利用地区、高層住居誘導地区、特例容積率適用地区、特定街区、防火地域・準防火地域、臨港地区などです。 ✕

解説 すべての用途地域で定めるもの、必要に応じて定めるものがあります。
用途地域に関する都市計画には、①容積率、②敷地面積の最低限度（必要に応じて）を定めることとされています。 〇

第二種中高層住居専用地域に関する都市計画に定めることとされるのは、建蔽率です。従って「建築物の高さの最高限度及び最低限度」は誤りです。建蔽率は、すべての用途地域で必ず定めます。ただし、商業地域の建蔽率は80％と決まっており、都市計画で定める必要はありません。 ✕

外壁の後退距離の限度が定められるのは、低層住居専用地域グループ（第一種低層住居専用地域・第二種低層住居専用地域・田園住居地域）内に限られます。従って、第一種住居地域内で定められることはありません。 ✕

Part **3** 法令上の制限 **01** 都市計画法／区域区分・用途地域

1 都市計画事業とは／2 都市計画施設／3 市街地開発事業／

問題 都市計画法に関する次の記述の正誤を○×で答えなさい。

☐ **1** 都市計画事業については、土地収用法の規定による事業の認定及び当該認定の告示をもって、都市計画法の規定による事業の認可又は承認及び当該認可又は承認の告示とみなすことができる。　　　　　　　　[H18.問18.3]

☐ **2** 都市計画は、都市計画区域内において定められるものであるが、道路や公園などの都市施設については、特に必要があるときは当該都市計画区域外においても定めることができる。　　　　　　　　　　　　　[H14.問17.2]

☐ **3** 市街化区域及び区域区分が定められていない都市計画区域については、少なくとも道路、病院及び下水道を定めるものとされている。[R02-12月.問15.1]

☐ **4** 市街化調整区域内においては、都市計画に、市街地開発事業を定めることができないこととされている。　　　　　　　　　　　[R02-12月.問15.2]

☐ **5** 準都市計画区域においても、用途地域が定められている土地の区域については、市街地開発事業を定めることができる。　　　　　　[H26.問15.3]

☐ **6** 市街地開発事業等予定区域に係る市街地開発事業又は都市施設に関する都市計画には、施行予定者をも定めなければならない。　　　　[H28.問16.1]

5 都市計画事業にかけられる制限 ★★★／6 田園住居地域における建築制限

問題 都市計画法に関する次の記述の正誤を○×で答えなさい。なお、この問において「都道府県知事」とは、市町村の区域内にあってはその長をいうものとし、以下では合わせて「都道府県知事等」という。

☐ **1** 都市計画施設の区域又は市街地開発事業の施行区域内において建築物の建築をしようとする者は、一定の場合を除き、都道府県知事等の許可を受けなければならない。　　　　　　　　　　　　　　　　　　　　　[H29.問16.ア]

ポ
イ
ン
ト

▶ 都市計画事業とは、「都市計画施設の整備に関する事業」及び「市街地開発事業」。
▶ 都市施設は、原則として、都市計画区域内に定める。
▶ 都市計画事業は、計画段階、事業段階、予定段階でそれぞれ許可が必要。

❹ 都市計画事業の流れ

▼正解

解説 都市計画事業の内容と定める地域について覚えましょう。

都市計画事業とは、都市計画施設の整備に関する事業及び市街地開発事業をいいます。都市計画事業については、土地収用法の規定による事業の認定は行わず、都市計画事業の認可をもってこれに代え、告示をもって事業認定の告示とみなします。

✗

都市計画は、都市計画区域内において定められるものです。ただし、都市計画のうち都市施設（道路・公園・河川など）については、特に必要があるときは都市計画区域外でも定めることができます。

○

市街化区域・区域区分が定められていない都市計画区域（以下、非線引き区域）で、少なくとも定めなければならない都市施設は道路・公園・下水道です。

✗

市街化調整区域内では、都市計画に、市街地開発事業を定めることはできません。市街地開発事業は、市街化区域又は非線引き区域内において、一体的に開発又は整備する必要がある土地の区域について定められます。

○

市街地開発事業は、市街化調整区域、準都市計画区域、都市計画区域及び準都市計画区域外の区域には定めることはできません。

✗

問題文の通りです。施行予定者とは、市街地開発事業や都市施設の整備事業を将来的に施行する予定者のことをいいます。

○

Part
3

法令上の制限

02 都市計画法／都市計画事業

▼正解

解説 都市計画事業には、都道府県知事等の許可が必要な行為があります。

○

「都市計画施設の区域又は市街地開発事業の施行区域内」とあるので、計画段階における制限に関する問題です。計画段階では建築物の建築が制限され、その行為を行うには都道府県知事等の許可が必要です。

☐ **2** 都市計画施設の区域又は市街地開発事業の施行区域内において建築物の建築をしようとする者であっても、当該建築行為が都市計画事業の施行として行う行為である場合には都道府県知事等の許可は不要である。　[H25.問15.1]

☐ **3** 都市計画事業の認可の告示があった後、当該認可に係る事業地内において、当該都市計画事業の施行の障害となるおそれがある土地の形質の変更を行おうとする者は、都道府県知事等の許可を受けなければならない。

[H29.問16.ウ]

☐ **4** 市街地開発事業等予定区域に関する都市計画において定められた区域内において、非常災害のため必要な応急措置として行う建築物の建築であれば、都道府県知事等の許可を受ける必要はない。　[H24.問16.1]

☐ **5** 都市計画事業の認可の告示があった後に当該認可に係る事業地内の土地建物等を有償で譲り渡そうとする者は、施行者の許可を受けなければならない。

[R02-10月.問15.2]

☐ **6** 都市計画事業の認可の告示があった後、当該認可に係る事業地内の土地建物等を有償で譲り渡した者は、当該譲渡の後速やかに、譲渡価格、譲渡の相手方その他の事項を当該事業の施行者に届け出なければならない。

[H20.問18.3]

☐ **7** 田園住居地域内の農地の区域内において、土地の形質の変更を行おうとする者は、一定の場合を除き、市町村長の許可を受けなければならない。

[H30.問16.1]

計画段階において建築物の建築をしようとする者は、原則として、都道府県知事等の許可が必要です。例外として、許可が不要となるのは、以下①〜③のケースです。①政令で定める軽易な行為、②非常災害のため必要な応急措置として行う行為、③都市計画事業の施行として行う行為。問題文はこの③に当たるため都道府県知事等の許可は不要となります。 ○

「都市計画事業の認可の告示があった後、当該認可に係る事業地内」とあるので、これは事業段階（都市計画事業の事業地）における制限に関する問題です。この段階では、都市計画事業の施行の障害となるおそれがある以下①〜④の行為について、都道府県知事等の許可が必要です。①建築物の建築、②工作物の建設、③土地の形質の変更、④5トン超の物件の設置・堆積。問題文は③に当たります。なお、この事業段階では許可が不要となる例外はありません。 ○

市街地開発事業等予定区域内で、建築物の建築その他工作物の建設を行い、土地の形質の変更を行おうとする者は、原則として、都道府県知事等の許可が必要です。ただし、例外として次の①〜③については、許可が不要となります。①政令で定める軽易な行為、②非常災害のため必要な応急措置として行う行為、③都市計画事業の施行として行う行為。問題文は②に当たるため、許可は不要です。 ○

「都市計画事業の認可の告示があった後」つまり事業段階で都市計画事業の事業地内の土地建物を有償で譲渡しようとする場合には、事前に、施行者に届け出なければなりません。問題文の「施行者の許可を受けなければならない」が誤りです。 ✗

事業段階で都市計画事業の事業地内の土地建物を有償で譲渡しようとする場合には、事前に、譲渡価格、譲渡の相手方その他の事項を当該事業の施行者に届け出なければなりません。問題文では、この届出について、「事前に」ではなく、「譲渡の後速やかに」としている点が誤りです。 ✗

田園住居地域内の農地で次の行為を行う場合、市町村長の許可が必要です。①建築物の建築、②工作物の建設、③土地の形質の変更、④土石などの堆積（例：資材置き場などに利用）。問題文はこの③に当たるため、許可が必要です。また、例外として許可不要となるのは次の4つの場合です。①通常の管理行為、軽易な行為、②非常災害のため必要な応急措置として行う行為、③都市計画事業の施行として行う行為、④国又は地方公共団体が行う行為。 ○

1 地区計画とは何か／2 地区計画を定めることができる区域／

問題 都市計画法に関する次の記述の正誤を○×で答えなさい。

☐ **1** 地区計画は、建築物の建築形態、公共施設その他の施設の配置等からみて、一体としてそれぞれの区域の特性にふさわしい態様を備えた良好な環境の各街区を整備し、開発し、及び保全するための計画であり、用途地域が定められている土地の区域においてのみ定められる。 [H18.問18.1]

☐ **2** 市街化調整区域における地区計画は、市街化区域における市街化の状況等を勘案して、地区計画の区域の周辺における市街化を促進することがない等当該都市計画区域における計画的な市街化を図る上で支障がないように定めることとされている。 [R02-10月.問15.4]

☐ **3** 地区計画については、都市計画に、地区施設及び地区整備計画を定めるよう努めるものとされている。 [R02-10月.問15.1]

☐ **4** 地区計画については、都市計画に、地区計画の種類、名称、位置、区域及び面積並びに建築物の建蔽率及び容積率の最高限度を定めなければならない。 [H28.問16.4]

> ▶ 地区計画を定めることができるのは、都市計画区域内。
> ▶ 地区計画については地区計画の種類、名称、位置、区域等は定めなければならない。
> ▶ 地区計画については区域の面積等は定めるよう努めるものとされる。

3 地区計画について定める事項

▼正解

解説 地区計画を定めることができる区域や定める事項について整理しておきましょう。

地区計画の内容は問題文の通り、「**建築物の建築形態、公共施設その他の施設の配置等**からみて、**一体**としてそれぞれの区域の特性にふさわしい態様を備えた良好な環境の各街区を**整備**し、**開発**し、及び**保全**するための計画」です。しかし、地区計画を定めることができるのは、**用途地域**が定められている土地の区域に限りません。用途地域が定められていない土地の区域内における、**相当規模の建築物の建築**、又は**その敷地の整備に関する事業が行われた土地の区域**についても**定めることができます**。

✕

地区計画は、**市街化調整区域**でも定めることができます。市街化調整区域における地区計画については、「**市街化区域**における**市街化の状況等**を勘案して、**地区計画の区域の周辺における市街化を促進することがない等当該都市計画区域における計画的な市街化を図る上で支障がないように定めること**」とされています。

⟳

地区計画について、都市計画に**定めなければならない事項**は次の通りです。
　①**地区計画の種類**、**名称、位置、区域**
　②**地区施設及び地区整備計画**
従って、問題文の「定めるよう努めるものとされている」は誤りです。

✕

地区計画について、**定めるように努めるもの**とされているのは、次の通りです。
　①**区域の面積**
　②**地区計画の目標**
　③**区域の整備・開発・保全に関する方針**
問題文のうち、「**面積**」は、**定めるように努める事項（努力義務）**であり、「定めなければならない」は誤りです。また、「建築物の建蔽率及び容積率の最高限度」については、定める法的義務も努力義務もありません。

✕

問題 都市計画法に関する次の記述の正誤を○×で答えなさい。

☐ **1** 市街化調整区域内の土地の区域について定められる地区計画の地区整備計画においては、建築物の容積率の最低限度、建築物の建築面積の最低限度及び建築物等の高さの最低限度を定めることはできない。 [H11.問17.4]

☐ **2** 地区計画の区域のうち地区整備計画が定められている区域内において、建築物の建築等の行為を行った者は、一定の行為を除き、当該行為の完了した日から30日以内に、行為の種類、場所等を市町村長に届け出なければならない。 [H24.問16.4]

☐ **3** 市町村長は、地区整備計画が定められた地区計画の区域内において、地区計画に適合しない行為の届出があった場合には、届出をした者に対して、届出に係る行為に関し設計の変更その他の必要な措置をとることを勧告することができる。 [H20.問18.4]

☐ **4** 再開発等促進区は、地区計画について土地の合理的かつ健全な高度利用と都市機能の増進とを図るため、一体的かつ総合的な市街地の再開発又は開発整備を実施すべき区域をいう。 [H17.問19.3]

☐ **5** 一定の条件に該当する土地の区域における地区計画については、劇場、店舗、飲食店その他これらに類する用途に供する大規模な建築物の整備による商業その他の業務の利便の増進を図るため、一体的かつ総合的な市街地の開発整備を実施すべき区域である開発整備促進区を都市計画に定めることができる。 [H25.問15.4]

☐ **6** 第二種住居地域における地区計画については、一定の条件に該当する場合、開発整備促進区を都市計画に定めることができる。 [H27.問16.1]

解説 地区施設及び建築物などの整備や、土地利用に関する計画を地区整備計画といいます。また、一定の要件を満たす土地の区域における地区計画には、再開発等促進区や開発整備促進区を定めることができます。

市街化調整区域内で定めることができない事項とは、　①**建築物の**容積率**の最低限度**、②建築物の建築面積**の最低限度**、③建築物等の高さ**の最低限度**です。なお、**地区整備計画**においては、容積率**の最高限度又は最低限度**などは定めることが可能ですが、**市街化区域と市街化調整区域との区分の決定の有無**は定められません。 〇

地区整備計画が定められている地区計画の区域内において、次の①～③の行為を行う場合、**行為着手の30日前**までに、一定の事項（**行為の種類・場所、設計・施行方法、着手・完了予定日**）を**市町村長**に届け出なければなりません。①**土地の区画形質の変更**、②**建築物の建築**、③**政令で定める行為**（**工作物の建設など**）。問題文の「完了した日から30日以内」は誤りです。なお、市町村長の許可は不要です。 ✗

届け出た行為が、地区計画に適合しないとき、**市町村長**は、その**届出をした者**に対し、**設計の変更その他の必要な措置**をとることを勧告をすることができます。 〇

再開発等促進区とは、地区計画について**土地の合理的かつ健全な高度利用と都市機能の増進**とを図るため、**一体的かつ総合的な市街地の再開発又は開発整備を実施すべき区域**をいいます。問題文の記述通りです。 〇

開発整備促進区とは、**劇場、店舗、飲食店その他これらに類する用途に供する大規模な建築物（特定大規模建築物）**の整備による商業その他の業務の利便の増進を図るため、**一体的かつ総合的な市街地の開発整備を実施すべき区域**をいいます。一定の条件に該当する土地の区域における地区計画については、**開発整備促進区を都市計画に定めることができます**。 〇

開発整備促進区を定められる区域とは、第二種**住居地域、準住居地域、工業地域、用途地域が定められていない土地の区域（市街化調整区域を除く）**です。従って、第二種住居地域における地区計画については、一定の条件に該当する場合、**開発整備促進区を都市計画に定めることができます**。 〇

1 都市計画の決定権者／**2** 決定手続きの流れ／**3** 国土交通大臣が定める都市計画／

問題 都市計画法に関する次の記述の正誤を○×で答えなさい。

1 市町村が定めた都市計画が、都道府県が定めた都市計画と抵触する時は、その限りにおいて、市町村が定めた都市計画が優先する。 [H27.問16.4]

2 市町村は、市町村における都市計画の総合的なマスタープランとして、都道府県知事の承認を得て、当該市町村の都市計画に関する基本的な方針を定めることができる。 [H10.問17.3]

3 市町村は、都市計画を決定しようとする時は、あらかじめ、都道府県知事に協議し、その同意を得なければならない。 [H24.問16.3]

4 都市計画の決定又は変更の提案をすることができるのは、当該提案に係る都市計画の素案の対象となる土地の区域について、当該土地の所有権又は建物の所有を目的とする対抗要件を備えた地上権若しくは賃借権を有する者に限られる。 [H19.問18.4]

4 都市計画の決定や変更の提案

▼正解

解説 都市計画の決定までの流れを覚えましょう。

まず、**都市計画の決定**は、原則として、**都道府県又は市町村**が行います。市町村が定める都市計画は、**都道府県が定めた都市計画に適合していなければなりません**。もし、市町村が定めた都市計画が、都道府県が定めた都市計画と抵触するときは、その限りにおいて、市町村ではなく、**都道府県が定めた都市計画が優先されます**。

✕

市町村は、議会の議決を経て定められた当該市町村の建設に関する**基本構想（マスタープラン）**並びに都市計画区域の整備、開発及び保全の方針に即し、当該市町村の**都市計画に関する基本的な方針**を定めます。この場合、**都道府県知事の承認は不要**です。従って問題文の「都道府県知事の承認を得て」は誤りです。なお、市町村は、**基本方針を定めたときは、遅滞なく、これを公表**するとともに、**都道府県知事に通知**しなければなりません。

✕

都市計画を決定する際、**市町村は、市町村都市計画審議会の議を経て、都道府県知事に協議**します。ただしその**同意は不要**です。従って「その同意を得なければならない」は誤りです。

✕

都市計画の決定又は変更の提案をすることができるのは、土地所有者等（都市計画の素案の対象となる**土地の所有者**又は建物の所有を目的とする対抗要件を備えた地上権者・賃借権者）**に限りません**。ほかに、まちづくりの推進を図る活動を行うことを目的とするNPO法人や独立行政法人都市再生機構、地方住宅供給公社なども提案することができます。ただし、これらをすべて覚えておく必要はありません。「土地所有者等」以外にも提案できる者がいるということを覚えておきましょう。

✕

1 開発行為とは ★／2 開発行為の許可

問題 都市計画法に関する次の記述の正誤を○×で答えなさい。なお、この問において「都道府県知事」とは、地方自治法に基づく指定都市、中核市、施行時特例市にあってはその長をいうものとする。

☐ **1** 開発行為とは、主として建築物の建築の用に供する目的で行う土地の区画形質の変更を指し、特定工作物の建設の用に供する目的で行う土地の区画形質の変更は開発行為には該当しない。 [H25.問16.1]

☐ **2** 区域区分の定められていない都市計画区域内の土地において、10,000㎡のゴルフコースの建設を目的とする土地の区画形質の変更を行おうとする者は、あらかじめ、都道府県知事の許可を受けなければならない。 [H21.問17.1]

☐ **3** 市街化調整区域において、野球場の建設を目的とした8,000㎡の土地の区画形質の変更を行おうとする者は、あらかじめ、都道府県知事の許可を受けなければならない。 [R01.問16.3]

☐ **4** 区域区分が定められていない都市計画区域内の農地において、野球場を建設するため2haの規模の開発行為を行う場合は、原則として開発許可を受けなければならない。 [H10.問18.3]

☐ **5** 市街化区域内の既に造成された宅地において、敷地面積が1,500㎡の共同住宅を建築する場合は、当該宅地の区画形質の変更を行わないときでも、原則として開発許可を受けなければならない。 [H10.問18.1]

☐ **6** 二以上の都府県にまたがる開発行為は、国土交通大臣の許可を受けなければならない。 [H28.問17.2]

▶ 開発行為とは、主に建築物の建築や特定工作物の建設の用に供する目的で土地の区画形質の変更を行うこと。

▶ 開発行為を行うには、都道府県知事の許可が必要。ただし例外もあり。

▼正解

解説 許可が必要となる開発行為に当たるかどうかを、その行為の内容や面積要件に照らして判断できるようにしておきましょう。

✗

主として**建築物の建築又は**特定工作物**の建設の用に供する目的で行う土地の**区画形質**の変更**を開発行為といいます。

○

ゴルフコース（ミニコースも含む）は、**面積に関係なく**第二種特定工作物に当たります。また、**区域区分が定められていない都市計画区域内**の場合、3,000㎡以上の土地の区画形質の変更を行う場合に開発許可が必要です。従って、問題文の土地の区画形質の変更には**都道府県知事の許可（開発許可）が必要**となります。

✗

1ha（10,000㎡）以上の野球場・庭球場・遊園地等は、すべて第二種特定工作物に当たります。**特定工作物であれば、開発許可が必要**ですが、問題文は面積が8,000㎡の野球場であるため、「特定工作物」に当たりません。つまり、この野球場建設のために土地の区画形質を変更しても「開発行為」にはならないため、**開発許可も不要**となります。

○

問3と同じ野球場の問題ですが、問題文は2haの規模から、「第二種特定工作物」の開発行為に当たります。また、**区域区分が定められていない都市計画区域内**の場合、3,000㎡以上の土地の区画形質の変更を行う場合に開発許可が必要です。「特定工作物」である点と面積要件から、この野球場の建設には**開発許可が必要**です。

✗

開発行為とは、主として**建築物の建築又は**特定工作物**の建設の用に供する目的で行う土地の**区画形質**の変更**をいいます。問題文の場合、「宅地の区画形質の変更を行わない」のであれば「開発行為」に該当しないため、**開発許可は不要**です。

✗

一定の規模以上の開発行為を行う者は、原則として、**都道府県知事の許可（開発許可）が必要**です。また、開発行為が2つ以上の都府県にまたがる場合は、**それぞれの都府県知事の許可が必要**です。

問題 都市計画法に関する次の記述の正誤を○×で答えなさい。なお、この問において「都道府県知事」とは、地方自治法に基づく指定都市、中核市、施行時特例市にあってはその長をいうものとし、特記事項のない限りにおいて、許可を要する開発行為の面積については、条例による定めはないものとする。

☐ **1** 市街化調整区域において、図書館法に規定する図書館の建築の用に供する目的で行われる3,000㎡の開発行為は、都市計画法による許可を受ける必要がある。 [H24.問17.ア]

☐ **2** 市街化調整区域において、医療法に規定する病院の建築を目的とした1,000㎡の土地の区画形質の変更を行おうとする者は、都道府県知事の許可を受けなくてよい。 [R01.問16.4]

☐ **3** 市街化区域内において、市街地再開発事業の施行として行う1haの開発行為を行おうとする者は、あらかじめ、都道府県知事の許可を受けなければならない。 [R04.問16.1]

☐ **4** 非常災害のため必要な応急措置として開発行為をしようとする者は、当該開発行為が市街化調整区域内において行われるものであっても都道府県知事の許可を受けなくてよい。 [H30.問17.1]

☐ **5** 車庫の建築の用に供する目的で行う開発行為は、あらかじめ都市計画法の開発許可を受けなければならない場合がある。 [H17.問18.3]

☐ **6** 市街化調整区域内において生産される農産物の貯蔵に必要な建築物の建築を目的とする当該市街化調整区域内における土地の区画形質の変更は、都道府県知事の許可を受けなくてよい。 [H23.問17.2]

解説 開発許可の「要」「不要」をしっかりと確認しておきましょう。

すべての区域で**開発許可が不要となる開発行為**があります。その一つが、公益上必要な建築物のうち一定のものを建築するための開発行為です。図書館は「公益上必要な建築物」の一つであり、図書館を建築する目的での開発行為については、いかなる区域においても**開発許可は不要**となります。ほかに、**開発許可が不要となる「公益上必要な建築物」**には、駅舎などの鉄道施設、博物館、公民館、変電所、公園施設などがあげられます。　✕

公益上必要な建築物のうち一定のものを建築するための開発行為については、いかなる区域においても**開発許可は不要**です。ただし、問題文の医療法に規定する**病院**は、この「一定の建築物」に当たらないため、公益上必要な建築物であっても**開発許可が必要**となります。同じように開発許可が必要となる「公益上必要な建築物」には、診療所、学校、社会福祉施設、幼稚園などがあげられます。　✕

開発許可が不要となる2つ目のケースに、**都市計画事業・土地区画整理事業・市街地再開発事業等の施行**として行う開発行為があります。問題文は市街地再開発事業の施行として行う開発行為なので、**開発許可は不要**です。　✕

開発許可が不要となる3つ目のケースです。**非常災害のための応急措置として行う開発行為**であれば、**すべての区域で開発許可（都道府県知事の許可）が不要**となります。　〇

開発許可が不要となる4つ目のケースです。**通常の管理行為**や**軽易な行為**の場合、**開発許可は不要**です。具体的には、仮設建築物や付属建築物（車庫、物置など）の建築は開発許可なしで建築することができます。問題文の「車庫」は、この付属建築物に当たるため、**常に開発許可は不要**です。　✕

市街化区域以外の区域（市街化調整区域、非線引き区域、準都市計画区域並びに都市計画区域及び準都市計画区域外の区域）内で、**農林漁業の用に供する政令**で定める次の①・②の建築物を建築する場合**開発許可は不要**です。①**生産・集荷用の建築物**（温室・畜舎など）、②**生産資材の貯蔵・保管用の建築物**（サイロなど）。問題文の農産物貯蔵施設は①・②のどちらでもないため、**開発許可が必要**となります。　✕

☐ **7** 市街化区域内において、農業を営む者の居住の用に供する建築物の建築の用に供する目的で1,000㎡の土地の区画形質の変更を行おうとする者は、あらかじめ、都道府県知事の許可を受けなければならない。　　　　　[H29.問17.2]

☐ **8** 市街化区域内の土地において、700㎡の開発行為を行おうとする場合、開発行為の面積について、条例による定めがある場合は、都道府県知事の許可が必要となる場合がある。　　　　　　　　　　　　　[H21.問17.2.改]

☐ **9** 首都圏整備法に規定する既成市街地内にある市街化区域において、住宅の建築を目的とした800㎡の土地の区画形質の変更を行おうとする者は、あらかじめ、都道府県知事の許可を受けなければならない。　[R03-10月.問16.2]

☐ **10** 市街化調整区域において、自己の居住の用に供する住宅の建築の用に供する目的で行われる100㎡の土地の区画形質の変更を行おうとする者は、都道府県知事の許可を受けなくてよい。　　　　　　　　[R02-12月.問16.4]

☐ **11** 区域区分が定められていない都市計画区域において、店舗の建築の用に供する目的で行われる2,000㎡の土地の区画形質の変更を行おうとする者は、あらかじめ、都道府県知事の許可を受けなければならない。

[R02-12月.問16.3]

☐ **12** 準都市計画区域において、商業施設の建築を目的とした2,000㎡の土地の区画形質の変更を行おうとする者は、あらかじめ、都道府県知事の許可を受けなければならない。　　　　　　　　　　　　　[R03-10月.問16.3]

☐ **13** 都市計画区域及び準都市計画区域外の区域内において、8,000㎡の開発行為をしようとする者は、都道府県知事の許可を受けなくてよい。[H30.問17.3]

農林漁業者の居住用建築物であれば、**開発許可は不要**です。ただし、**市街化区域以外の区域内**という条件がつきます。問題文は、市街化区域内での建築物です。さらに、**市街化区域内で開発許可が不要となる面積の要件は、1,000㎡未満**です。問題文は、**市街化区域内、1,000㎡の土地の区画形質の変更**であるため、農林漁業者の居住用建築物であっても、**開発許可が必要**となります。

◯

市街化区域内の土地の開発行為について、開発許可が必要となるのは、原則として、**その面積が1,000㎡以上の場合**です。問題文は700㎡の開発行為なので、本来は許可不要です。しかし、①市街化の状況により、条例で許可対象の面積を「300㎡」まで引き下げることができる、②三大都市圏などでは、許可対象の面積が「500㎡以上」に強化される、などにより、開発行為の規模が700㎡であっても、**開発許可が必要となる場合があります**。

◯

市街化区域内における開発許可を必要としない**小規模な開発行為**の面積要件は**1,000㎡未満**です。ただし、首都圏整備法に規定する**既成市街地内**にある**市街化区域**や、**近郊整備地帯等**では、1,000㎡から**500㎡**に規制が**強化**されています。800㎡の土地の区画形質の変更であれば、都道府県知事の許可が必要です。

◯

市街化調整区域では、一定の開発行為を除き、**その開発規模にかかわらず開発許可が必要**です。問題文は、住宅の建築のために行う開発行為であるため、例外に該当せず、100㎡であっても**開発許可が必要**となります。

✕

「**区域区分が定められていない都市計画区域**」とは、すなわち**非線引き区域**のことです。この区域において、**3,000㎡未満の小規模な開発行為**であれば、**開発許可は不要**です。問題文は、2,000㎡の土地の区画形質の変更なので、**都道府県知事の許可（開発許可）は不要**となります。

✕

準都市計画区域内において開発行為を行う場合、**開発許可が不要となる面積要件**は、**3,000㎡未満**です（非線引き区域と同様）。問題文は2,000㎡の土地の区画形質の変更なので、**開発許可は不要**となります。

✕

都市計画区域及び準都市計画区域外の区域内において開発行為を行う場合、**許可が不要となる面積要件**は、**1ha（10,000㎡）未満**です。問題文は、8,000㎡の開発行為なので、**開発許可は不要**です。

◯

❶ 手続きの流れ／❷ 申請前の事前協議 ★／❸ 申請書の提出

問題 都市計画法に関する次の記述の正誤を○×で答えなさい。なお、この問において「都道府県知事」とは、地方自治法に基づく指定都市、中核市及び施行時特例市にあってはその長をいうものとする。

☐ **1** 開発許可を申請しようとする者は、あらかじめ、開発行為又は開発行為に関する工事により設置される公共施設を管理することとなる者と協議しなければならない。 [R02-10月.問16.1]

☐ **2** 開発許可を申請しようとする者は、あらかじめ、開発行為に関係がある公共施設の管理者と協議しなければならないが、常にその同意を得ることを求められるものではない。 [H23.問17.1]

☐ **3** 開発許可を申請しようとする者は、あらかじめ、当該開発区域に隣接する土地について権利を有する者の相当数の同意を得なければならない。 [H11.問19.1]

☐ **4** 開発許可の申請は、自己が所有している土地についてのみ行うことができる。 [H13.問19.2]

☐ **5** 開発許可を受けようとする者が都道府県知事に提出する申請書には、開発区域内において予定される建築物の用途を記載しなければならない。 [H18.問20.2]

☐ **6** 開発許可を受けようとする者は、開発行為に関する工事の請負人又は請負契約によらないで自らその工事を施行する者を記載した申請書を都道府県知事に提出しなければならない。 [R03-12月.問16.1]

☐ **7** 開発行為に関する設計に係る設計図書は、開発許可を受けようとする者が作成したものでなければならない。 [H18.問20.1]

▼正解

解説 開発許可申請には、公共施設の管理者との協議や同意が必要です。

開発許可の申請者は、次の①と②の**管理者とあらかじめ協議**しなければなりません。

　①開発行為に**関係がある公共施設の管理者**

　②開発行為により、（新たに）**設置される公共施設の管理者**

問題文は、②の管理者であるため、**協議が必要**です。

○

開発許可の申請者は、**開発行為に関係がある公共施設の管理者**（問1の解説①の管理者）と**協議**するとともに、その**同意が必要**です。従って、問題文の「常にその同意を得ることを求められるものではない」は誤りです。

✕

開発許可の申請に当たっては、「**開発行為の施行又は開発行為に関する工事の実施の妨げとなる権利を有する者**の相当数の同意」が必要となります。「隣接する土地の権利者」の同意は必要ありません。また、「**相当数**の同意」であって、「**全員の同意**」を得る必要もありません。

✕

開発許可は自己が所有する土地以外でも申請できます。それにより、申請のためにあらかじめ土地の所有権などを取得する必要もありません。

✕

開発許可の申請は、必ず書面で行います。申請書には、**予定される建築物又は特定工作物の用途**のほか、開発区域の位置・区域・規模、**工事施行者**、開発行為に関する**設計**、工事着手や完了の予定年月日、資金計画等を記載します。

○

開発許可申請書の記載事項には、**工事施行者**が含まれます。「開発行為に関する工事の請負人又は請負契約によらないで自らその工事を施行する者」はこの工事施行者に当たるため、これを記載した**申請書を都道府県知事に提出**する必要があります。

○

設計に係る設計図書は、**国土交通省令で定める資格**をもった者が作成したものでなければなりません。「開発許可を受けようとする者」は誤りです。

✕

問題 都市計画法に関する次の記述の正誤を○×で答えなさい。なお、地方自治法に基づく指定都市等の特例については考慮しないものとする。

☐ **1** 市街化区域内における開発行為であっても、その開発区域が市街化調整区域に隣接しているため、市街化調整区域の市街化を促進するおそれがあるものについては、そのことをもって開発許可を受けられないことがある。

[H11.問18.1]

☐ **2** 自己居住用の住宅を建築するために行う開発行為について開発許可を受ける場合は、道路の整備についての設計に係る開発許可の基準は適用されない。

[H10.問19.3]

☐ **3** 地方公共団体は、一定の基準に従い、条例で、開発区域内において予定される建築物の敷地面積の最低限度に関する制限を定めることが可能であり、このような条例が定められている場合は、制限の内容を満たさない開発行為は許可を受けることができない。 [H20.問19.4]

問題 開発行為で、主として、自己の居住の用に供する住宅の建築の用に供する目的で行うものについて、開発許可を受けようとする場合に関する次の記述の正誤を○×で答えなさい。

☐ **4** 開発区域内の土地について、用途地域が定められている場合で、予定建築物の用途がこれに適合していないときは、開発許可を受けることができない。

[H12.問19.3]

☐ **5** 給水施設が、開発区域について想定される需要に支障を来さないような構造及び能力で適当に配置されるように設計が定められていないときは、開発許可を受けることができない。 [H12.問19.1]

☐ **6** 開発区域内に建築基準法第39条第1項に規定する災害危険区域が含まれているときは、開発許可を受けることができない。 [H12.問19.4]

解説 都市計画法第33条に定められている開発許可基準について、覚えましょう。

市街化区域内においては、**開発行為が都市計画法第33条の基準に適合**しており、かつ、申請手続が法令に違反しない限り、都道府県知事は**開発許可をしなければなりません**。従って市街化調整区域の市街化を促進するおそれがあることを理由に、開発許可を受けられないということはありません。

✗

予定建築物等の敷地に接する道路についての基準は、「**主として自己の居住の用に供する住宅の建築の用に供する目的で行う開発行為**」以外の開発行為に適用されます。従って「自己居住用の住宅を建築するための開発行為」では、道路の整備の設計についての基準は**適用**されません。

○

地方公共団体は、良好な住居等の環境の形成又は保持のため必要と認める場合においては、政令で定める基準に従い、条例で、区域、目的又は予定される建築物の用途に限り、**開発区域内において予定される建築物の敷地面積の最低限度に関する制限**を定めることができます。このような条例が定められている場合、条例による制限の内容を満たさない開発行為は許可を受けることは**できません**。

○

解説 自己居住用の住宅に関する開発行為で、第33条の基準が適用されるものについて覚えておきましょう。

用途地域が定められている場合、予定建築物等の**用途がこれに適合**していなければ開発許可を受けることは**できません**。自己居住用住宅の建築という目的で行うものであっても、この基準が適用されます。

○

給水施設についての開発許可基準は、自己居住用の住宅を建築する場合には**適用されません**。そのため、**開発許可を受けることができます**。

✗

「災害危険区域が含まれていないこと」という開発許可基準は、自己居住用の住宅を建築する場合には**適用されません**。従って、**開発許可を受けることができます**。

✗

問題　都市計画法第33条に規定する開発許可の基準のうち、主として自己の居住の用に供する住宅の建築の用に供する目的で行う開発行為に対して適用があるものは○、適用がないものは×で答えなさい。

☐ **7** 予定建築物等の敷地に接する道路の幅員についての基準 ［H17.問20.1］

☐ **8** 開発区域に設置しなければならない公園、緑地又は広場についての基準 ［H17.問20.2］

☐ **9** 排水施設の構造及び能力についての基準 ［H17.問20.3］

☐ **10** 開発許可の申請者の資力及び信用についての基準 ［H17.問20.4］

5 開発登録簿への登録 ★

問題　都市計画法に関する次の記述の正誤を○×で答えなさい。なお、この問における「都道府県知事」とは、地方自治法に基づく指定都市、中核市、施行時特例市にあってはその長をいうものとする。

☐ **1** 都道府県知事は、開発許可の申請があったときは、申請があった日から21日以内に、許可又は不許可の処分をしなければならない。 ［H16.問18.1］

☐ **2** 都道府県知事は、市街化区域内の土地について開発許可をした時は、当該許可に係る開発区域内において予定される建築物の用途、構造及び設備を開発登録簿に登録しなければならない。 ［H12.問20.4］

☐ **3** 都道府県知事は、用途地域の定められていない土地の区域における開発行為について開発許可をする場合において必要があると認めるときは、当該開発区域内の土地について、建築物の敷地、構造及び設備に関する制限を定めることができる。 ［H28.問17.4］

解説 都市計画法第33条の基準のうち、主として自己の居住用の住宅の建築を目的として行う開発行為（以下、「自己居住用の開発行為」）に対して適用される基準について整理しておきましょう。

予定建築物等の敷地に接する道路に関する基準は、自己居住用の開発行為以外の開発行為に適用されます。従って、解答は「適用がない（×）」となります。

✕

開発区域に設置しなければならない公園、緑地、広場についての基準は、自己居住用の開発行為以外の開発行為に適用されるため、「適用がない（×）」です。

✕

排水施設の構造及び能力についての基準は、「自己居住用の開発行為」にも適用されます。

○

開発許可の申請者の資力及び信用についての基準は、自己居住用の開発行為以外の開発行為に適用されるため、「適用がない（×）」が正解です。

✕

解説 開発登録簿の登録内容や、用途地域の定めのない区域の開発許可について、知事が定められる事項を覚えましょう。

都道府県知事は、開発許可の申請があったときは、許可・不許可の処分について、遅滞なく、文書で申請者に通知しなければなりません。正しくは「遅滞なく」なので、「○日以内」と処理期間を具体的に限定するものは誤りです。

✕

都道府県知事は、開発許可をしたときは、許可した土地について、開発許可の年月日、予定建築物等の用途（用途地域等の区域内の建築物を除く）、公共施設の種類・位置・区域、建蔽率等の制限の内容などを開発登録簿へ登録が必要です。問題文では「市街化区域内の土地」であり、用途地域が定められているので「予定建築物の用途」の登録は不要で、「構造及び設備」は登録事項に含まれません。

✕

都道府県知事は、用途地域の定められていない土地の区域における開発行為について、①建築物の建蔽率　②建築物の高さ　③壁面の位置　④その他建築物の敷地、構造及び設備に関する制限を定めることができます。またこれらの事項は開発登録簿に登録されます。

○

□ **4**　都道府県知事は、市街化区域内における開発行為について開発許可をする場合、当該開発区域内の土地について、建築物の建蔽率に関する制限を定めることができる。　　　　　　　　　　　　　　　　　　　　　　　　[H19.問19.3]

6 不服申立て／7 変更・廃止・承継 ★

問題　都市計画法に関する次の記述の正誤を○×で答えなさい。なお、この問における「都道府県知事」とは、地方自治法に基づく指定都市、中核市、施行時特例市にあってはその長をいうものとする。

□ **1**　市街化区域内において開発許可を受けた者が、開発区域の規模を100㎡に縮小しようとする場合においては、都道府県知事の許可を受けなければならない。　　　　　　　　　　　　　　　　　　　　　　　　　　　　[H27.問15.1]

□ **2**　開発許可を受けた者は、開発行為に関する工事の廃止をしようとする時は、都道府県知事の許可を受けなければならない。　　　　　　　[R03-12月.問16.3]

□ **3**　開発許可を受けた者は、開発行為に関する国土交通省令で定める軽微な変更をした時は、遅滞なく、その旨を都道府県知事に届け出なければならない。　　　　　　　　　　　　　　　　　　　　　　　　　　　[R03-12月.問16.2]

□ **4**　開発許可を受けた者の相続人その他の一般承継人は、都道府県知事の承認を受けて、被承継人が有していた開発許可に基づく地位を承継することができる。　　　　　　　　　　　　　　　　　　　　　　　　　　　　[H11.問19.3]

□ **5**　開発許可を受けた者から当該開発区域内の土地の所有権を取得した者は、都道府県知事の承認を受けて、当該開発許可を受けた者が有していた当該開発許可に基づく地位を承継することができる。　　　　　　　[R02-10月.問16.4]

P359 問3の解説で述べたように、都道府県知事が開発区域内の土地について「**建築物の建蔽率**」に関する制限を定めることができるのは、「**用途地域の定められていない土地の区域**」についてです。問題文は「市街化区域内」なので、用途地域が定められています。知事はこの制限を定めることはできません。

解説 開発許可等に関する審査請求に対し、裁決等を行う機関が<u>開発審査会</u>です。

開発許可を受けた者が、許可申請書の記載事項に関する**内容を**<u>変更</u>**する場合**、改めて**都道府県知事の許可が**<u>必要</u>です。ただし、変更後の開発行為が、開発許可を得る必要がない場合には、**許可は**<u>不要</u>です。**市街化区域内**における100㎡の開発行為は、開発許可不要であるため、問題文の場合の**開発行為の変更についての許可は**<u>不要</u>です。

開発許可を受けた者が**開発行為に関する工事を**<u>廃止</u>したときは、遅滞なく、その旨を**都道府県知事に**<u>届け出</u>なければなりません。届出をすればよいのであって、<u>同意や許可は不要</u>です。

開発許可を受けた者が開発許可申請書の記載事項を変更しようとする場合、改めて**都道府県知事の**<u>許可</u>が必要です。例外として①**本来開発許可不要の開発行為に変更**するときや、②**軽微な変更**のときは、変更の許可を受ける必要はありません。ただし②の場合は、**都道府県知事への**<u>届出</u>が必要です。

開発許可を受けた者の**相続人**その他の**一般承継人**※は、**被承継人が有していた開発許可に基づく地位を**<u>承継</u>します。その場合、**知事の承認は**<u>不要</u>です。
※開発許可を受けた個人が死亡した場合の相続人や開発許可を受けた法人を吸収合併した法人など、財産等すべての権利義務を受け継ぐ個人又は法人のこと。

開発許可を受けた者からその土地の**所有権を取得した者**（**特定承継人**）は、**都道府県知事の**<u>承認</u>を受けて、開発許可に基づく**地位を**<u>承継</u>することができます。

Part **3** 法令上の制限　**06** 都市計画法／開発許可の手続き

❶ 開発許可通知後の手続き／❷ 公共施設の管理／

問題 都市計画法の開発許可に関する次の記述の正誤を○×で答えなさい。なお、この問において「都道府県知事」とは、地方自治法に基づく指定都市、中核市及び施行時特例市にあってはその長をいうものとする。

☐ **1** 開発許可を受けた開発行為により公共施設が設置されたときは、その公共施設は、工事完了の公告の日の翌日において、原則としてその公共施設の存する市町村の管理に属するものとされている。　　　　　[R02-10月.問16.3]

☐ **2** 開発許可を受けた開発区域内の土地においては、開発工事完了の公告があるまでの間は、原則として、建築物を建築することができない。[H13.問19.3]

☐ **3** 開発行為に同意していない土地の所有者は、当該開発行為に関する工事完了の公告前に、当該開発許可を受けた開発区域内において、その権利の行使として自己の土地に建築物を建築することができる。　　　[R03-12月.問16.4]

☐ **4** 開発許可を受けた開発区域内において、開発行為に関する工事が完了した旨の公告があるまでの間は、開発許可を受けた者は、工事用の仮設建築物を建築する時、その他都道府県知事が支障がないと認めたとき以外は、建築物を建築してはならない。　　　　　　　　　　　　　[H15.問19.1]

☐ **5** 用途地域等の定めがない土地のうち開発許可を受けた開発区域内においては、開発行為に関する工事完了の公告があった後は、都道府県知事の許可を受けなければ、当該開発許可に係る予定建築物以外の建築物を新築することができない。　　　　　　　　　　　　　　　　　　　[H30.問17.2]

▶ 開発許可通知後は、工事開始→完了の届出→検査→工事完了の公告→完成と進む。

▶ 工事完了の公告前は、原則として、建築物・特定工作物はすべて建てられない。

▶ 工事完了の公告後は、原則として、予定建築物以外のものは建てられない。

3 開発区域内の建築等の制限 ★★★

▼正解

解説 工事完了の公告前と公告後の建築制限について整理しておきましょう。

開発許可を受けた**開発行為又は開発行為に関する工事**により公共施設が設置されたとき、その公共施設は、原則として、**公共施設のある**市町村が、**工事完了の公告日の翌日から管理**します。ただし例外として、①他の法律に基づく管理者がほかにいる場合、②協議により管理者について別段の定めをした場合は、それぞれの管理者が管理します。

開発許可を受けた開発区域内の土地において、**工事完了の公告前**は、原則として開発区域内での**建築物の建築**や**特定工作物の建設**は禁止されています。

工事完了の公告前は、原則として、開発区域内での**建築物の建築や特定工作物の建設**は禁止です。ただし、①**開発行為用の仮設建築物** ②**都道府県知事が支障がないとして認めた建築物** ③**開発行為に同意していない土地**の権利者が建築する**建築物**については例外として**建築が可能**です。問題文は例外③に当たり、権利の行使として自己の土地に建築物を建築することができます。

工事完了の公告前は、原則として**開発区域内での建築物の建築や特定工作物の建設**は禁止されています。ただし、開発行為に関する**工事用の**仮設建築物を建築する場合や、都道府県知事が支障がないとして許可した場合は、例外として**工事完了の公告前**でも建築物の建築ができます。

工事完了の公告後は、開発許可を受けた**予定建築物等以外の建築物の新築・改築・用途変更や、特定工作物の新設**は原則として禁止です。例外は以下の2つの場合です。①**都道府県知事が支障がないと認めて許可したとき** ②**用途地域に適合する建築物を建築、又は特定工作物を建設するとき**。問題文は「用途地域等の定めがない土地」とあるので、②に該当せず、①知事が支障がないと認めて許可したとき以外は予定建築物以外の建築物を新築することはできない、となります。

☐ **6** 開発許可を受けた開発区域内の土地において、当該開発許可に係る予定建築物を建築しようとする者は、当該建築行為に着手する日の30日前までに、一定の事項を都道府県知事に届け出なければならない。 [H27.問15.2]

☐ **7** 開発許可を受けた開発区域内の土地に用途地域が定められている場合には、開発行為が完了した旨の公告があった後、当該開発許可に係る予定建築物以外の建築物を都道府県知事の許可を受けずに建築することができる。 [H16.問19.2]

☐ **8** 開発許可を受けた土地において、地方公共団体は、開発行為に関する工事完了の公告があった後、都道府県知事との協議が成立すれば、当該開発許可に係る予定建築物以外の建築物を建築することができる。 [H19.問19.2]

④ 開発区域以外の建築等の制限 ★

問題 都市計画法に関する次の記述の正誤を○×で答えなさい。なお、この問において「都道府県知事」とは、地方自治法に基づく指定都市、中核市及び施行時特例市にあってはその長をいうものとする。

☐ **1** 市街化調整区域のうち、開発許可を受けた開発区域以外の区域で賃貸住宅を新築する場合、当該賃貸住宅の敷地に4m以上の幅員の道路が接していなければならない。 [H16.問19.1]

☐ **2** 都市計画事業の施行として行う建築物の新築であっても、市街化調整区域のうち開発許可を受けた開発区域以外の区域内においては、都道府県知事の許可を受けなければ、建築物の新築をすることができない。 [R02-10月.問16.2]

☐ **3** 市街化調整区域のうち開発許可を受けた開発区域以外の区域内において、自己の居住用の住宅を新築しようとする全ての者は、当該建築が開発行為を伴わない場合であれば、都道府県知事の許可を受けなくてよい。 [R05.問16.4]

☐ **4** 何人も、市街化調整区域のうち開発許可を受けた開発区域以外の区域内において、都道府県知事の許可を受けることなく、仮設建築物を新築することができる。 [H27.問15.4]

工事完了の公告後は、開発許可を受けた**予定建築物等以外の建築物**の新築・改築・用途変更や特定工作物の新設は、原則として、**すべて**禁止です。問題文は「予定建築物を建築」とあるので、「予定建築物等以外」に当たりません。従って、知事に届ける必要はありません。 ✕

工事完了の公告後は、開発許可を受けた**予定建築物等以外の建築物**の新築・改築・用途変更や特定工作物の新設は、原則として**すべて**禁止ですが、例外として、用途地域に適合する建築物を建築、又は特定工作物を建設するときは、予定建築物等以外の建築物又は特定工作物を**知事の許可なく建築又は建設することが**できます。 〇

国又は都道府県等が行う行為で、国の機関又は都道府県等と都道府県知事との協議が成立した場合、許可があったものとみなされます。しかし、地方公共団体については、そのような規定はないため、問題文は誤りとなります。 ✕

解説 市街化調整区域のうち、開発許可を受けた開発区域以外の区域内の制限を覚えましょう。

市街化調整区域のうち開発許可を受けた開発区域以外の区域内においては、都道府県知事の許可を受けなければ、**建築物等の**新築も新設もできません。この許可基準の中に、問題文のような「接道義務」はないため、この文は誤りです。 ✕

市街化調整区域のうち開発許可を受けた開発区域以外の区域内であっても、例外の一つとして都市計画事業等の施行として行う開発行為については、都道府県知事の許可なしで、建築物等の新築が可能です。 ✕

市街化調整区域のうち**開発許可を受けた開発区域以外の区域内**では、原則として、建築物の新築・改築・用途変更、第一種特定工作物の新設には、**都道府県知事の許可**が必要なため、自己の居住用の住宅を新築する場合の許可不要は誤りです。 ✕

仮設建築物の新築は、市街化調整区域のうち開発許可を受けた開発区域以外の区域内であっても、**都道府県知事の許可なしで建築物の新築ができる例外の一つ**です。 〇

単体規定・集団規定

1 建築基準法とは／2 建築基準法の適用除外 ★／3 単体規定 ★★★★★

問題　建築基準法に関する次の記述の正誤を○×で答えなさい。

☐ **1**　文化財保護法の規定によって重要文化財に指定された建築物であっても、建築基準法は適用される。　　　　　　　　　　　　　　　　　　　[H14.問21.3]

☐ **2**　建築基準法の改正により、現に存する建築物が改正後の規定に適合しなくなった場合、当該建築物の所有者又は管理者は速やかに当該建築物を改正後の建築基準法の規定に適合させなければならない。　　　　　　　[H30.問18.4]

☐ **3**　2階建てで延べ面積が100㎡の鉄骨造の建築物を建築する場合、構造計算は必要としない。　　　　　　　　　　　　　　　　　　　　　　[H17.問21.1]

☐ **4**　延べ面積が1,000㎡を超える準耐火建築物は、防火上有効な構造の防火壁又は防火床によって有効に区画し、かつ、各区画の床面積の合計をそれぞれ1,000㎡以内としなければならない。　　　　　　　　　　[R02-10月.問17.3]

☐ **5**　高さ25mの建築物には、周囲の状況によって安全上支障がない場合を除き、有効に避雷設備を設けなければならない。　　　　　　　[R02-12月.問17.3]

☐ **6**　高さ30mの建築物には、非常用の昇降機を設けなければならない。　　　　　　　　　　　　　　　　　　　　　　　　　　　　　[R02-10月.問17.4]

☐ **7**　地方公共団体は、条例で、建築物の敷地、構造又は建築設備に関して安全上、防火上又は衛生上必要な制限を附加することができる。　　[R04.問17.3]

▶ 「文化財建築物」「既存不適格建築物」は建築基準法が適用されない。

▶ 建築協定の「変更」には所有者等の全員の合意と、特定行政庁の認可が必要。

▶ 建築協定の「廃止」には所有者等の過半数の合意と、特定行政庁の認可が必要。

▼正解

解説 単体規定の中で、「構造耐力」や「防火壁等」「避雷設備」といった、構造・防火等の安全上の規定や、「居室の採光」「トイレ」「建築材料」などの環境衛生に関する規定について、整理しておきましょう。

✕

文化財保護法の規定によって国宝、重要文化財、重要有形民俗文化財、特別史跡、名勝、天然記念物などとして指定されたり、仮指定されたりした建築物については、建築基準法は適用されません。

✕

既存の建築物で、建築基準法の制定やその改正により、法に適合しなくなった建築物を既存不適格建築物といい、建築基準法は適用されません。ただし、その後、建替えや増改築を行う場合は、その時点の建築基準法に従わなければなりません。

✕

木造以外の建築物では、①2以上の階数を有する、②延べ面積200㎡超 のいずれかにあてはまる場合に構造計算が必要です。問題文の建築物は鉄骨造で2階建てであるため、構造計算が必要です。

✕

延べ面積1,000㎡超の建築物は、防火壁又は防火床で区画し、各区画の床面積の合計をそれぞれ1,000㎡以内としなければなりません。ただし、耐火建築物又は準耐火建築物の場合、この規定はありません。

✕

中高層建築物の避雷設備に関する問題です。高さ20m超の建築物は、原則として有効な避雷設備の設置が必要です。問題文の建築物は高さが25mなので、避雷設備の設置が必要です。

◯

問5と同じく、中高層建築物に関する問題です。高さ31m超の建築物は、原則として非常用の昇降機の設置が必要です。問題文は高さ30mなので、設ける必要はありません。ほかに、高さ31m以下の部分にある3階以上の階には、非常用の進入口が必要であるという出題もあります。併せて覚えておきましょう。

✕

地方公共団体は、条例により、建築基準法の単体規定よりさらに厳しい制限を附加することができます。

◯

☐ **8** 住宅の地上階における居住のための居室には、採光のための窓その他の開口部を設け、その採光に有効な部分の面積は、その居室の床面積に対して7分の1以上としなければならない。　　　　　　　　　　　[H26.問17.1]

☐ **9** 換気設備を設けていない居室には、換気のための窓その他の開口部を設け、その換気に有効な部分の面積は、その居室の床面積に対して10分の1以上としなければならない。　　　　　　　　　　　[R03-12月.問17.3]

☐ **10** 居室の天井の高さは、一室で天井の高さの異なる部分がある場合、室の床面から天井の最も低い部分までの高さを2.1m以上としなければならない。　　　　　　　　　　　[R02-10月.問17.2]

☐ **11** 石綿以外の物質で居室内において衛生上の支障を生ずるおそれがあるものとして政令で定める物質は、ホルムアルデヒドのみである。　[H25.問17.ウ]

☐ **12** 下水道法に規定する処理区域内においては、便所は、汚水管が公共下水道に連結された水洗便所としなければならない。　　　　　　[H29問18.3]

☐ **13** 高さ1m以下の階段の部分には、手すりを設けなくてもよい。　　　　　　　　　　　　　　　　　　　[R02-12月.問17.4]

☐ **14** 長屋の各戸の界壁は、原則として、小屋裏又は天井裏に達するものとしなければならない。　　　　　　　　　　　　　　[H29.問18.2]

☐ **15** 4階建ての事務所の用途に供する建築物の2階以上の階にあるバルコニーその他これに類するものの周囲には、安全上必要な高さが1.1m以上の手すり壁、さく又は金網を設けなければならない。　　　　　[H30.問18.3]

☐ **16** 共同住宅の住戸には、非常用の照明装置を設けなければならない。　　　　　　　　　　　　　　　　　　　[R01.問17.4]

住宅の**居室**、学校の**教室**、病院の**病室**等には、床面積に対して**一定割合**（住宅の地上階における居住のための居室であれば**7分の1**）以上の**採光**のための開口部を設けなければなりません。 〇

居室には、**換気のための**開口部を設け、その**有効面積は床面積に対して**、一定割合（原則、**20分の1**）**以上**としなければなりません。問題文では「10分の1以上」としている部分が誤りです。 ✕

居室の天井の高さは、**2.1m以上**としなければなりません。床面から測った天井の高さが**一室で異なる部分がある場合**は、その**平均**の高さが**2.1m以上必要**です。問題文は「床面から天井の最も低い部分まで」としている点が誤りです。 ✕

石綿その他の物質の建築材料からの飛散又は発散による衛生上の支障がないよう、**建築材料に石綿等を添加**してはなりません。石綿以外で衛生上の支障を生ずるおそれがあるものとして政令で定める物質は、**クロルピリホス（シロアリ駆除剤）**や**ホルムアルデヒド**（接着剤）など、複数あります。 ✕

下水道法に規定する処理区域内において、**便所は汚水管が公共下水道に連結された水洗便所**としなければなりません。 〇

階段には手すりを設けなければなりません。ただし、**高さ1m以下**の階段の部分には**手すりは不要**です。 〇

長屋の各戸の界壁は、原則として、**小屋裏又は天井裏に達するもの**としなければなりません。ただし、天井の構造が界壁と同等の遮音性能を持つ場合は、天井裏に達しなくてもよいこととなりました。 〇

問題文の通り、**屋上広場又は2階以上の階にあるバルコニーその他これに類するものの周囲**には、安全上必要な**高さが1.1m以上の手すり壁、さく又は金網**を設けなければなりません。 〇

以下の場所には、**非常用照明装置の設置**が義務付けられています。
　①特殊建築物の居室
　②階数が3以上で延べ面積が500㎡を超える建築物の居室
　③延べ面積が1,000㎡を超える建築物の居室
ただし、**一戸建て住宅や共同住宅の居室**については、**設置が免除**されています。 ✕

□ **17** 倉庫の用途に供する建築物で、その用途に供する3階以上の部分の床面積の合計が500㎡であるものは、耐火建築物としなければならない。

[R02-12月.問17.2]

□ **18** 4階建ての共同住宅の敷地内には、避難階に設けた屋外への出口から道又は公園、広場その他の空地に通ずる幅員が2m以上の通路を設けなければならない。

[R03-10月.問17.2]

4 集団規定／5 建築協定

問題 建築基準法に関する次の記述の正誤を○×で答えなさい。

□ **1** 建築協定においては、建築協定区域内における建築物の用途に関する基準を定めることができない。

[H15.問21.2]

□ **2** 認可の公告のあった建築協定は、その公告のあった日以後に協定の目的となっている土地の所有権を取得した者に対しても、効力がある。[H21.問19.2]

□ **3** 建築協定区域内の土地の所有者等は、特定行政庁から認可を受けた建築協定を変更又は廃止しようとする場合においては、土地所有者等の過半数の合意をもってその旨を定め、特定行政庁の認可を受けなければならない。

[H24.問19.4]

□ **4** 建築協定の目的となっている建築物に関する基準が建築物の借主の権限に係る場合においては、その建築協定については、当該建築物の借主は、土地の所有者等とみなす。

[H27.問18.4]

倉庫は、その用途に供する3階以上の部分の床面積の合計が200㎡以上の場合に、耐火建築物とする必要があります。

○

階数が3以上の建築物等については、**避難階に設けた屋外への出口から道又は公園、広場その他の空地に通ずる幅員が**1.5m以上の通路を敷地内に設けなくてはなりません。従って問題文の「2m以上の通路」は誤りです。

✕

解説 「建築協定」を締結できる区域は、市町村が条例で「建築協定を締結することができる」と定めた一定区域に限られます。

住民の意思により、建築物の敷地、位置、構造、用途、形態、意匠又は建築設備に関して、建築基準法より厳しい制限を定めたルールが建築協定です。従って、建築協定においては、**建築物の用途に関する基準を定めることは**できます。

✕

建築協定は、**土地の所有者等の全員の**合意によって、**建築協定書を作成し、これを**特定行政庁に提出して、その認可を受けます。認可の公告があった日以降に、建築協定区域内の**土地の所有者や**借地権者**となった者**に対しても、原則として、この**建築協定の**効力**は及びます。

○

建築協定を変更**するときは、土地の所有者等の**全員**の合意と特定行政庁の**認可**が必要です。建築協定を**廃止**するときは、土地の所有者等の**過半数**の合意と特定行政庁の**認可**が必要です。問題文は建築協定の変更・廃止、どちらも「土地所有者等の過半数の合意」が必要としている点が誤りです。

✕

問題文は正しい記述です。建築協定の目的となっている建築物に関する基準が建築物の借主の権限に係る場合においては、その建築協定については、**当該建築物の借主は、土地の**所有者等**とみなします。**

○

1 建築基準法上の道路とは ★／2 敷地と道路の関係 ★

問題 建築基準法（以下この問において「法」という。）に関する次の記述の正誤を○×で答えなさい。

☐ **1** 法第68条の9第1項の規定に基づく条例の制定の際、現に建築物が立ち並んでいる道は、法上の道路とみなされる。 [R03-12月.問18.1]

☐ **2** 都市計画区域の変更等によって法第3章の規定が適用されるに至った際現に建築物が立ち並んでいる幅員2mの道で、特定行政庁の指定したものは、同章の規定における道路とみなされる。 [H30.問19.3]

☐ **3** 建築物の敷地は、必ず幅員4m以上の道路に2m以上接しなければならない。 [H12.問24.2]

☐ **4** 敷地が法第42条に規定する道路に2m以上接道していなくても、特定行政庁が交通上、安全上、防火上及び衛生上支障がないと認めて利害関係者の同意を得て許可した場合には、建築物を建築してもよい。 [H18.問21.4]

☐ **5** 地方公共団体は、その敷地が袋路状道路にのみ接する一戸建ての住宅について、条例で、その敷地が接しなければならない道路の幅員に関して必要な制限を付加することができる。 [R01.問18.4]

▶ 幅員4以上で建築基準法が施行された時点で「現に存する道」は「道路」とみなされる。

▶ 建築物は、原則として幅員4m以上の道路にその敷地が2m以上接しなくてはならない。

▶ 地方公共団体は、条例で必要な制限を付加（より厳しく）することができる。

▼正解

解説 建築基準法における「道路」の定義を覚えましょう。

「法第68条の9第1項の規定に基づく条例の制定の際」とは、つまり「集団規定の適用時点」を意味します。集団規定が適用された時点で**現に建築物が立ち並んでいる幅員4m未満の道で、特定行政庁の指定したもの**は、**法上の道路とみなされます**。問題文では「現に建築物が建ち並んでいる道」とあるだけで、特定行政庁の指定がないため、法上の道路とはみなされません。 ✗

建築基準法第3章、第42条では、同法上の「道路」が定義されています。同法が施行された時点で**現に建築物が立ち並んでいる幅員4m未満の道で、特定行政庁の指定したものは「道路」とみなされます**（2項道路）。 ○

敷地に建築物を建てるためには、原則として、**幅員4m以上の道路にその敷地が2m以上接しなければなりません**。これを**接道義務**といいます。ただし、幅員が4m未満でも**特定行政庁**が指定したものについては、**例外的に道路とみなされる**ため、「必ず幅員4m以上」の道路に接する必要はありません。 ✗

道路に2m以上接道していなくても、その**敷地の周囲に広い空地を有する建築物**で、**特定行政庁**が交通上、安全上、防火上及び衛生上支障がないと認めて、**建築審査会の同意を得て許可したもの**については、**建築物の建築が可能**です。問題文では「建築審査会の同意」とすべきを「利害関係者の同意」とした点が誤りです。 ✗

地方公共団体は、次の①～③の建築物と、敷地や道路との関係について、条例で、**必要な制限を付加（より厳しく）する**ことができます。

①特殊建築物　②3階以上、又は延べ面積1,000㎡を超える建築物

③**敷地が袋路状道路にのみ接する延べ面積150㎡超の建築物（一戸建て住宅を除く）**。

問題文は、③に関連しますが、一戸建て住宅は除外されるため、この住宅は要件を満たしておらず、**地方公共団体の条例で制限を付加することはできません**。なお、条例では制限の付加（より厳しく）はできても、緩和はできません。 ✗

□ **6** 地方公共団体は、延べ面積が1,000㎡を超える建築物の敷地が接しなければならない道路の幅員について、条例で、避難又は通行の安全の目的を達するために必要な制限を付加することができる。 [H25.問18.1]

□ **7** 法第42条第2項の規定により道路の境界線とみなされる線と道との間の部分の敷地が私有地である場合は、敷地面積に算入される。 [H18.問21.2]

3 道路に関わる建築制限／4 私道の変更または廃止の制限

問題 建築基準法に関する次の記述の正誤を○×で答えなさい。

□ **1** 地盤面下に設ける建築物については、道路内に建築することができる。 [H27.問18.3]

□ **2** 建築物の壁又はこれに代わる柱は、地盤面下の部分又は特定行政庁が建築審査会の同意を得て許可した歩廊の柱その他これに類するものを除き、壁面線を越えて建築してはならない。 [R02-12月.問18.1]

地方公共団体は、**一定の建築物**（問5の解説①～③）については、以下の項目に関し、**条例で、必要な制限を<u>付加</u>**することができます。①敷地が接しなければならない**道路の<u>幅員</u>**（原則は<u>4m以上</u>）②敷地が**道路に接する部分の<u>長さ</u>**（原則は<u>2m以上</u>）。問題文は、「**延べ面積が1,000㎡を超える建築物**（一定の建築物の中の一つ）」の敷地に接する**道路の<u>幅員</u>**についてなので、地方公共団体はこれに対して、**条例で制限を付加することが<u>できます</u>**。

○

「法第42条第2項の規定による道路」とは、<u>2項道路</u>（現に建築物が立ち並んでいる**幅員4m未満の道**で、**特定行政庁**が指定したもの）のことです。**2項道路の<u>中心線</u>から2m下がった線**※を<u>道路境界線</u>とみなし（**みなし道路境界線**）、道沿いに建築物を建てるときは、この境界線まで下がらなければなりません。これを**2項道路の<u>セットバック</u>**といいます。2項道路のセットバック部分はあくまでも**道路**であるため、たとえ私有地であっても、**敷地面積に算入することは<u>できません</u>**。

✗

※幅員6mと指定された道路の場合は3m。

[解説] 建築基準法上、道路内に建築が許されるものについて覚えましょう。

建築基準法上、建築物は、道路内や道路に突き出して作ることはできません。例外は、①<u>地盤面下</u>に設ける建築物 ②**公衆便所、巡査派出所**その他これらに類する**公益上必要な建築物**で**特定行政庁**が通行上支障がないと認めて<u>建築審査会</u>の同意**を得て許可**したもの ③**公共用歩廊その他政令で定める建築物**で特定行政庁が認めて建築審査会の同意を得て許可したもの です。問題文は①に当たるため、**道路内に建築が可能**です。

○

<u>壁面線</u>とは、建築物の位置を整え、街並みをそろえて環境の向上を図るために指定される建築物の壁・柱・門などの位置を制限する線で、<u>道路境界線</u>から一定の距離を後退したところに引かれる線です。壁面線の

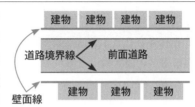

指定がある場合には、この**壁面線を越えて建物の壁・柱・高さ2mを超える門や塀を建築することはできません**。ただし、**特定行政庁**が**建築審査会の同意を得て許可した歩廊の柱等**については、<u>壁面線</u>を越えての建築が可能です。

○

1 用途制限の内容 ★★★★★

問題 建築物の用途制限に関する次の記述のうち、建築基準法の規定による正誤を○×で答えなさい。ただし、用途地域以外の地域地区等の指定及び特定行政庁の許可は考慮しないものとする。

1 第一種低層住居専用地域内においては、延べ面積の合計が60㎡であって、居住の用に供する延べ面積が40㎡、クリーニング取次店の用に供する延べ面積が20㎡である兼用住宅は、建築してはならない。 [R01.問18.1]

2 第一種低層住居専用地域内では、小学校は建築できるが、中学校は建築できない。 [H14.問20.1]

3 第二種低層住居専用地域に指定されている区域内の土地においては、美容院の用途に供する部分の床面積の合計が100㎡である2階建ての美容院を建築することができない。 [H19.問22.1]

4 市街化区域内の宅地（面積250㎡）が都市計画法による第一種住居地域に指定されているときは、建築基準法の規定によると、その宅地に住宅の一部を喫茶店（店舗面積150㎡）として使用する建築物を建築することができる。 [H13.問25.2.改]

5 第一種住居地域内では、ホテル（床面積計3,000㎡以下）は建築できるが、映画館は建築できない。 [H14.問20.2]

▼正解

解説 用途制限では、特定行政庁の許可なく建てられるものと建てられないものを規定しています。

第一種低層住居専用地域においては、**一定の兼用住宅**の建築が許されています。この兼用住宅とは、「住宅で事務所、店舗その他これらに類する用途を兼ねるもののうち政令で定めるもの」を表します。政令では、①**延べ面積の2分の1以上が居住用**、②**店舗の用途に供する部分の床面積が50㎡以内**、③理髪店、美容院、**クリーニング取次店**、質屋、貸衣装屋、貸本屋その他これに類するサービス業であること、の3つの要件を定めています。問題の兼用住宅はこの3つをすべて満たしているため、建築が**可能**です。

✗

次の**3つの用途地域**における学校についての制限を整理しておきましょう。

	第一種低層住居専用地域	第二種低層住居専用地域	田園住居地域
幼稚園、小学校、中学校、高等学校	○	○	○
大学、高等専門学校、専修学校	×	×	×

✗

第二種低層住宅専用地域内において、**店舗**でその用途に供する部分の**床面積の合計が150㎡以内の建築物**（3階以上の部分をその用途としているものは除く）の**建築は可能**です。問題文は、美容院の用に供する部分の床面積が100㎡で、2階建てであるため、**建築することができます**。

✗

第一種住居地域内においては、**喫茶店（飲食店）**はその**用途に供する部分が3,000㎡以下**であれば**建築することができます**。

○

第一種住居地域内では、**床面積が計3,000㎡以下**であれば、**ホテル**、**旅館**、ボウリング場、スケート場、水泳場等の建築はできますが、**映画館**や**劇場**、**カラオケボックス**、**ナイトクラブ**などの**建築はできません**。

○

□ **6** 第二種住居地域内において、工場に併設した倉庫であれば倉庫業を営む倉庫の用途に供してもよい。 [H23.問19.1]

□ **7** 準住居地域内においては、原動機を使用する自動車修理工場で作業場の床面積の合計が150㎡を超えないものを建築することができる。 [H22.問19.2]

□ **8** 近隣商業地域内において、客席の部分の床面積の合計が200㎡以上の映画館は建築することができない。 [R02-10月.問18.2]

□ **9** 近隣商業地域内では、カラオケボックスは建築できるが、料理店は建築できない。 [H14.問20.3]

□ **10** 店舗の用途に供する建築物で当該用途に供する部分の床面積の合計が20,000㎡であるものは、準工業地域においては建築することができるが、工業地域においては建築することができない。 [H20.問21.1]

□ **11** 工業地域内においては、幼保連携型認定こども園を建築することができる。 [R01.問18.2]

□ **12** 工業地域内では、住宅は建築できるが、病院は建築できない。 [H14.問20.4]

□ **13** 第二種中高層住居専用地域内では、原則として、ホテル又は旅館を建築することができる。 [H29.問19.2]

□ **14** 図書館は、すべての用途地域内において建築することができる。 [H12.問23.3]

□ **15** 老人ホームは、工業専用地域以外のすべての用途地域内において建築することができる。 [H12.問23.2]

第二種住居地域内において、**工場に併設した**倉庫を倉庫業を営む倉庫の用途に供することは**できません。** ✗

準住居地域内では、原動機を使用する**自動車修理工場**で作業場の**床面積の合計**が **150㎡を超えないもの**を建築することが**できます。** ○

映画館は、以下の４つの地域で**建築が可能**です。ただし、**床面積の条件が付く**のは、近隣商業地域ではなく、**準住居**地域です。 ✗

	準住居地域	近隣商業地域	商業	準工業
映画館・劇場・ナイトクラブなど	▲	○	○	○

▲：客席及びナイトクラブ等の用途に供する部分の床面積の**合計200㎡未満**。

近隣商業地域内では、カラオケボックスは建築できますが、**料理店**は**建築できません**。料理店が建築できるのは、**商業地域**と**準工業地域のみ**です。 ○

店舗、飲食店等について、その用途に供する部分の**床面積の合計**が**10,000㎡を超えるもの**の建築は、**商業系（近隣商業・商業）**の２つの地域と**準工業地域内**でのみ**可能**であり、**工業**地域・**工業専用**地域内では**建築できません。** ○

工業地域・工業専用地域内には**学校**（幼稚園、小・中・高校）は**建築できません。**ただし、学校の中でも幼保連携型認定こども園は、**すべての地域で建築が可能**です。従って、工業地域内においても、**幼保連携型認定こども園の建築は可能**です。 ○

工業地域内では、住宅や共同住宅、**兼用住宅**（一定規模のもの）は**建築できます**が、**病院**は**建築できません。** ○

第二種中高層住居専用地域内では、特定行政庁の許可を受けない限り、**ホテル**や**旅館**を建築することは**できません。** ✗

図書館や博物館などは、唯一、工業専用地域内では**建築できません。**従って、問題文の「すべての用途地域において建築することができる」は誤りです。 ✗

老人ホームは工業専用地域内では**建築できません。**従って、問題文の「工業専用地域以外のすべての用途地域内において建築することができる」は正しいです。本試験対策として、**工業専用地域でのみ建築不可の建築物**（住宅、共同住宅、老人ホーム、福祉ホーム、図書館、博物館等）を覚えておきましょう。 ○

☐ **16** 病院は、工業地域、工業専用地域以外のすべての用途地域内において建築することができる。 　　　　　　　　　　　　　　　　　　　　　　　　　　　[H12.問23.1]

☐ **17** 特定行政庁が許可した場合、第一種低層住居専用地域内においても飲食店を建築することができる。 　　　　　　　　　　　　　　　　　　　　　　[H28.問19.1]

☐ **18** 一の敷地で、その敷地面積の40％が第二種低層住居専用地域に、60％が第一種中高層住居専用地域にある場合は、原則として、当該敷地内には大学を建築することができない。 　　　　　　　　　　　　　　　　　　　　　[H30.問19.2]

☐ **19** 建築物の敷地が工業地域と工業専用地域にわたる場合において、当該敷地の過半が工業地域内であるときは、共同住宅を建築することができる。
　　　　　　　　　　　　　　　　　　　　　　　　　　　　　　　[H22.問19.1]

2 用途制限の関連知識 ★

問題 建築基準法（以下この問において「法」という。）に関する次の記述の正誤を○×で答えなさい。

☐ **1** 学校を新築しようとする場合には、法第48条の規定による用途制限に適合するとともに、都市計画により敷地の位置が決定されていなければ新築することができない。 　　　　　　　　　　　　　　　　　　　　　　　[H26.問18.2]

☐ **2** 特別用途地区内においては、地方公共団体は、その地区の指定の目的のために必要と認める場合は、国土交通大臣の承認を得て、条例で、法第48条第1項から第13項までの規定による用途制限を緩和することができる。
　　　　　　　　　　　　　　　　　　　　　　　　　　　　[R02-12月.問18.2]

☐ **3** 都市計画区域及び準都市計画区域以外の区域内において、地方公共団体は、建築物の用途に関する制限を条例で定めることはできない。 　　[H15.問21.3]

病院を建築することができない地域には、工業地域、工業専用地域のほか、第一種・第二種低層住居専用地域、田園住居地域も含まれます。　✗

第一種低層住居専用地域内においては、原則として、飲食店を建築することはできません。ただし、あくまでも特定行政庁の許可を考慮しない場合です。特例許可があれば、第一種低層住居専用地域内でも飲食店を建築することは可能です。　○

建築物の敷地が2以上の用途地域にまたがる場合、敷地の過半が属する用途地域の用途制限が敷地全体に適用されます。問題文の敷地は過半が第一種中高層住居専用地域に属しているため、この地域の用途制限により、大学の建築は可能です。　✗

問題文の敷地の過半は工業地域に属しているため、この地域の用途制限を基準に考えます。工業地域内では、共同住宅の建築が可能です。工業専用地域では建築不可ですので、間違えないよう注意しましょう。　○

解説　「卸売市場等の特殊建築物」、「特別用途地区内」「特定用途制限地域内」の用途制限について覚えましょう。

都市計画においてその敷地の位置が決定していなければ、新築・増築ができない建築物とは、卸売市場・火葬場・と畜場・汚物処理場・ごみ焼却場などの特殊建築物に限られます。学校は前述の中に含まれていないため、建築基準法第48条の用途制限に適合していれば、新築が可能です。　✗

特別用途地区内においては、建築物の建築の制限又は禁止に関して必要な規定は、地方公共団体の条例で定めることができます。加えて、その地区において必要と認められる場合、国土交通大臣の承認を得て、条例で、用途地域内の建築物の用途制限を緩和することができます。　○

都市計画区域及び準都市計画区域以外の区域内であっても、都道府県知事が関係市町村の意見を聴いて指定する区域内では、条例で「建築物又はその敷地と道路との関係」や「建築物の容積率、建築物の高さ」等に必要な制限を定めることができます。しかし、この中に建築物の用途に関する制限は含まれていません。　○

1 建蔽率とは／2 建蔽率の制限 ★★★★／3 敷地面積の最低限度の制限

問題　建築基準法（以下この問において「法」という。）に関する次の記述の正誤を○×で答えなさい。なお、この問における「耐火建築物」「準耐火建築物」には、それらの建築物と同等以上の延焼防止性能が確保された建築物を含む。

☐ **1**　都市計画区域又は準都市計画区域内における用途地域の指定のない区域内の建築物の建蔽率の上限値は、原則として、法で定めた数値のうち、特定行政庁が土地利用の状況等を考慮し当該区域を区分して都道府県都市計画審議会の議を経て定めるものとなる。　　　　　　　　　　　　　[H29.問19.1]

☐ **2**　都市計画により建蔽率の限度が10分の8と定められている準工業地域においては、防火地域内にある耐火建築物については、法第53条第1項から第5項までの規定に基づく建蔽率に関する制限は適用されない。

[R02-12月.問18.3]

☐ **3**　商業地域内で、かつ、防火地域内にある耐火建築物については、建蔽率の制限を受けない。　　　　　　　　　　　　　　　　　　　　　　　　[H13.問21.4]

☐ **4**　公園内にある建築物で特定行政庁が安全上、防火上及び衛生上支障がないと認めて許可したものについては、建蔽率の制限は適用されない。

[H28.問19.3]

▼正解

解説 用途地域の指定がある区域では、建蔽率（建築面積の敷地面積に対する割合）の上限値は、建築基準法で定めた数値にそって、都市計画で具体的に定めます。

都市計画区域又は準都市計画区域内における**用途地域の指定のある区域**において、**建蔽率の上限値**は、一定の範囲の中で地域ごとの特性に合わせて都市計画で定めます。一方、問題文のように、**用途地域の指定のない区域内**の場合、建築物の**建蔽率の上限値**は、法で定めた数値（3/10、4/10、5/10、6/10、7/10）のうち、特定行政庁が**都道府県都市計画審議会の議を経て定めます**。

○

次の①〜③の場合、**建蔽率は適用除外（建蔽率が無制限）**となります。

　①建蔽率**10分の8**とされている地域内で、かつ**防火地域内にある耐火建築物等**（耐火建築物またはこれと同等以上の延焼防止性能を有するものとして政令で定める建築物）

　②巡査派出所、**公衆便所、公共用歩廊**など

　③公園、**広場、道路、川**などの内にある建築物で、特定行政庁が安全上、防火上、衛生上支障がないと認めて建築審査会の同意を得て許可したもの。

建蔽率の限度が10分の8と定められている準工業地域は、①に該当するため、**建蔽率の上限は適用**されません。

○

商業地域はもともと、建築基準法で建蔽率が「**10分の8**」と定められています。そのため、「**防火地域内の耐火建築物等**」であれば、建蔽率の制限は受けません。

○

これは、問2で解説した建蔽率の適用除外となる③の場合に当たります。「公園、**広場、道路、川**などの内にある建築物で、特定行政庁が安全上、防火上、衛生上支障がないと認めて建築審査会の同意を得て許可したもの」については、建蔽率の制限は適用されません。

○

5 　建蔽率の限度が10分の8とされている地域内で、かつ、防火地域内にある耐火建築物については、建蔽率の限度が10分の9に緩和される。

[H23.問19.4]

6 　都市計画において定められた建蔽率の限度が10分の8とされている地域外で、かつ、防火地域内にある準耐火建築物の建蔽率については、都市計画において定められた建蔽率の数値に10分の1を加えた数値が限度となる。

[R01.問18.3]

7 　街区の角にある敷地又はこれに準ずる敷地内にある建築物の建蔽率については、特定行政庁の指定がなくとも都市計画において定められた建蔽率の数値に10分の1を加えた数値が限度となる。　　　　[H24.問19.1]

8 　隣地境界線から後退して壁面線の指定がある場合において、当該壁面線を越えない建築物で、特定行政庁が安全上、防火上及び衛生上支障がないと認めて許可したものの建蔽率は、当該許可の範囲内において建蔽率による制限が緩和される。　　　　　　　　　　　　　　　　[H20.問20.4]

9 　建築物の敷地が、法第53条第1項の規定に基づく建築物の建蔽率に関する制限を受ける地域又は区域の二以上にわたる場合においては、当該建築物の敷地の過半の属する地域又は区域における建蔽率に関する制限が、当該建築物に対して適用される。　　　　　　　[R03-12月.問18.4]

10 　用途地域に関する都市計画において建築物の敷地面積の最低限度を定める場合においては、その最低限度は200㎡を超えてはならない。 [H24.問19.3]

建蔽率の限度が10分の8とされている地域内で、かつ、**防火地域内にある**耐火建築物等については、**建蔽率の制限が適用**されません。つまり建蔽率の限度は10分の10（**建蔽率が無制限**）となるわけです。　✗

建蔽率の限度が**10分の8とされている地域以外**で、**防火地域内に耐火建築物等**を建築した場合、制限が緩和され、**建蔽率の数値に10分の1がプラス**されます。しかし問題文は、「防火地域内の準耐火建築物」とあるため、この緩和規定は適用されません。

●建蔽率の緩和規定…10分の1プラスされる場合

次の①②を建築した場合 ①防火地域内（建蔽率の限度が10分の8とされている地域以外）に耐火建築物等 ②準防火地域内に耐火建築物等又は、準耐火建築物等[※]	＋10分の1 （＋10％）
特定行政庁の指定する角地内にある建築物	＋10分の1
上記の両方を満たす場合	＋10分の2

※準耐火建築物又はこれと同等以上の延焼防止性能を有するものとして政令で定める建築物。

✗

特定行政庁が指定する角地内にある建築物は、建蔽率の緩和規定を適用し、建蔽率の数値に10分の1を加えた数値が上限となります。従って、問題文の「特定行政庁の指定がなくとも」とする点は誤りです。　✗

隣地境界線から後退して壁面線の指定がある場合、この**壁面線を越えない建築物**で、**特定行政庁**が安全上、防火上及び衛生上支障がないと認めて許可したものについては、**建蔽率による制限が緩和されます。**　○

建蔽率の異なる2つ以上の地域にまたがって建築物の敷地がある場合、その**敷地の建蔽率の限度**は、各地域に属する敷地の割合に応じて**按分計算により算出された数値**となります。従って「建築物の敷地の過半の属する地域又は区域における建蔽率を適用する」は誤りです。　✗

用途地域に関する**都市計画**において建築物の**敷地面積の最低限度**を定めることができます。この最低限度は**200㎡を超えてはなりません。**　○

Part **3** 法令上の制限 **11** 建築基準法／建蔽率

❶ 容積率とは／❷ 容積率の制限 ★★

問題 建築基準法（以下この問において「法」という。）に関する次の記述の正誤を○×で答えなさい。

☐ **1** 用途地域の指定のない区域内に存する建築物の容積率は、特定行政庁が土地利用の状況等を考慮し、都市計画において定められた数値以下でなければならない。 [H17.問22.4]

☐ **2** 容積率の制限は、都市計画において定められた数値によるが、建築物の前面道路（前面道路が2つ以上あるときは、その幅員の最大のもの。）の幅員が12m未満である場合には、当該前面道路の幅員のmの数値に法第52条第2項各号に定められた数値を乗じたもの以下でなければならない。 [H23.問19.3]

☐ **3** 法第42条第2項の規定により道路とみなされた道は、実際は幅員が4m未満であるが、建築物が当該道路に接道している場合には、法第52条第2項の規定による前面道路の幅員による容積率の制限を受ける。 [H18.問21.3]

☐ **4** 建築物の前面道路の幅員により制限される容積率について、前面道路が2つ以上ある場合には、これらの前面道路の幅員の最小の数値（12m未満の場合に限る。）を用いて算定する。 [H29.問19.4]

☐ **5** 容積率規制を適用するに当たっては、前面道路の境界線又はその反対側の境界線からそれぞれ後退して壁面線の指定がある場合において、特定行政庁が一定の基準に適合すると認めて許可した建築物については、当該前面道路の境界線又はその反対側の境界線は、それぞれ当該壁面線にあるものとみなす。 [H30.問19.4]

▶ 容積率とは、敷地面積に対する建築物の延べ面積の割合のこと。

▶ 指定容積率とは、用途地域ごとの容積率のうちから、地域ごとの特性に合わせ、都市計画でいずれかに定めたもの。

▼正解

解説 用途地域の指定のある区域において、指定容積率は、決められた複数の容積率の中から、地域ごとの特性に合わせて選び、都市計画で定めます。

都市計画区域・準都市計画区域内であっても、**用途地域の指定のない区域**に建てられる**建築物の容積率**は、5/10、8/10、10/10、20/10、30/10、40/10のうち、**特定行政庁が都道府県都市計画審議会の議を経て定める数値以下でなければなりません。**「都市計画において定められた数値以下」は誤りです。　✗

建築物の**前面道路の幅員が12m以上**の場合は、指定容積率が**適用されます。**一方、**12m未満**の場合、その敷地に建てる建築物の容積率は、原則として、その**幅員のmの数値**に、**一定の数値（法定乗数）を掛けたもの以下**でなければなりません。この場合の法定乗数とは、**建築基準法第52条第2項各号に定められた数値（住居系の用途地域**では**10分の4、それ以外の用途地域**では**10分の6）**です。　○

建築基準法第42条第2項の規定により**道路とみなされた道**とは、すなわち「2項道路」を指します。2項道路は、同法上の「道路」とみなされるため、**法第52条第2項の規定による前面道路の幅員による容積率の制限を受ける**ことになります。　○

建築物の**前面道路の幅員**により**制限される容積率**について、**前面道路が2つ以上ある場合**には、これらの道路の幅員のうち**最も広い道路の幅員を基準**として算出します。　✗

壁面線(p.375)の指定を受けると、道路境界線と壁面線の間の土地は、建築物の敷地として利用することができなくなるため、**壁面線の指定以前よりも敷地面積が小さく**なります。しかし、この場合でも、**特定行政庁の許可を受ければ、壁面線を道路境界線とみなすことができます。**これにより前面道路の幅員が広がるため、**幅員による容積率が緩和される**ことになります。　○

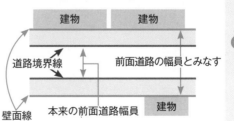

Part **3** 法令上の制限　⑫ 建築基準法／容積率

6 建築物の敷地が、都市計画により定められた建築物の容積率の限度が異なる地域にまたがる場合、建築物が一方の地域内のみに建築される場合であっても、その容積率の限度は、それぞれの地域に属する敷地の部分の割合に応じて按分計算により算出された数値となる。　　　　　　　　　　［H16.問20.3］

問題 下図のような敷地A（第一種住居地域内）及び敷地B（準工業地域内）に住居の用に供する建築物を建築する場合において、当該建築物の容積率に関する記述の正誤を、建築基準法の規定に照らして答えなさい。ただし、他の地域地区等の指定、特定道路及び特定行政庁の許可は考慮しないものとする。

【条件】
● 敷地A：都市計画において定められた
　容積率の最高限度 ➡ 20/10

● 敷地B：都市計画において定められた
　容積率の最高限度 ➡ 40/10

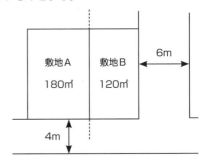

7 敷地Aのみを敷地として建築物を建築する場合、容積率の最高限度は200％となる。　　　　　　　　　　　　　　　　　　　　　　［H10.問22.1.改］

8 敷地Aと敷地Bをあわせて一の敷地として建築物を建築する場合、容積率の最高限度は264％となる。　　　　　　　　　　　　　　　［H10.問22.3.改］

建築物の敷地が、**2つ以上の異なる容積率制限の地域にまたがる場合**、容積率はそれぞれの地域に属する**敷地の面積の割合に応じて按分計算により算出**します。こうした問題で次のような選択肢が出たらすべて誤りです。「制限が厳しい方の容積率を適用」「敷地の過半が属する方の容積率を適用」「各容積率の数値の平均値」。

解説 建築物の前面道路の幅員が12m未満の場合、その敷地に建てる建築物の容積率は、原則として、その幅員のmの数値に、一定の数値（法定乗数）を掛けたもの以下でなければなりません。

● **容積率の最高限度**：敷地Aは**第一種住居地域内**にあり、前面道路の幅員（4m）が**12m未満**であるため、次の法定乗数のうち**住居系の法定乗数10分の4**を掛けて数値を出します。**4×4/10＝16/10 →容積率160%**

住居系の用途地域	前面道路の幅員の10分の4（法定乗数4／10）
住居系以外の用途地域	前面道路の幅員の10分の6（法定乗数6／10）

次に指定容積率の数値と比べ、**制限が厳しい方（数値が小さい方）がその敷地の容積率の最高限度**となります。敷地Aの指定容積率は10分の20で200%。

指定容積率：**200% ＞ 160%**

従って、**敷地Aの容積率の最高限度は160%**。

● 敷地A：敷地Bと合わせて敷地として利用する場合、**敷地の前面道路の幅員は6m**です。従って、**6×4/10＝24/10 →容積率240%**

指定容積率：200% ＜ 240% で、**指定容積率の方が制限が厳しい（数値が小さい）ため、敷地Aの容積率の最高限度は、200%**となります。

● 敷地B：**敷地の前面道路の幅員は6m**。準工業地域内なので、住宅系以外の法定乗数10分の6を掛けます。**6×6/10＝36/10→容積率360%**

指定容積率400% ＞ 360% なので、**敷地Bの容積率の最高限度は360%**。

● 敷地A＋Bの容積率の最高限度：全体に適用される容積率は、各地域の容積率にその地域に含まれている敷地の割合を掛けたものを合計して求めます。

180/300 ×200% ＋ 120/300 ×360%＝264/100→264%

↑ ↑ ↑ ↑
敷地Aの面積 A＋Bの面積 敷地Bの面積 A＋Bの面積

3 容積率の緩和措置 ★

問題 建築基準法に関する次の記述の正誤を○×で答えなさい。

☐ **1** 建築物の容積率の算定の基礎となる延べ面積には、老人ホームの共用の廊下又は階段の用に供する部分の床面積は、算入しないものとされている。

[R02-10月.問18.3]

☐ **2** 建築物の容積率の算定の基礎となる延べ面積には、エレベーターの昇降路の部分又は共同住宅の共用の廊下若しくは階段の用に供する部分の床面積は、一定の場合を除き、算入しない。　　　　　　　　[H27.問18.1]

☐ **3** 建築物の敷地が、幅員15m以上の道路（以下「特定道路」という。）に接続する幅員6m以上12m未満の前面道路のうち、当該特定道路からの延長が70m以内の部分において接する場合における当該敷地の容積率の限度の算定に当たっては、当該敷地の前面道路の幅員は、当該延長及び前面道路の幅員を基に一定の計算により算定した数値だけ広いものとみなす。[H20.問20.2]

☐ **4** 建築物の敷地が都市計画に定められた計画道路（建築基準法第42条第1項第4号に該当するものを除く。）に接する場合において、特定行政庁が交通上、安全上、防火上及び衛生上支障がないと認めて許可した建築物については、当該計画道路を前面道路とみなして容積率を算定する。　　　[H17.問22.3]

解説 容積率には、建築物の延べ面積の計算に算入しない（<u>面積不算入</u>）ことで、制限を緩和する制度があります。

容積率の緩和処置として、容積率を算定する場合、計算の基礎となる延べ面積に以下のものは含みません。

- ●**建築物の延べ面積に算入しないもの**
  - **住宅・<u>老人ホーム</u>等の地階**（最大で延べ面積の<u>3</u>分の<u>1</u>まで不算入）
  - **<u>共同住宅</u>・老人ホーム等の共用の<u>廊下</u>・階段の部分**（**すべて不算入**）
  - **<u>エレベーター</u>の昇降路**（シャフト）の部分（**すべて不算入**）
  - **車庫**（最大で延べ面積の5分の1まで不算入）
  - **宅配ボックス設置部分**（最大で延べ面積の100分の1まで不算入）

上記の例から、問題文の老人ホームの共用の廊下又は階段の用に供する部分の床面積は**面積<u>不算入</u>**です。

容積率の算定の基礎となる延べ面積には、昇降機の**昇降路の部分**又は**共同住宅の共用の廊下**若しくは**階段の用に供する部分の床面積**は<u>算入</u>しません。

問題文は正しいです。図で見ると右のようなイメージとなります。「当該延長及び前面道路の幅員を基に一定の計算により算定した数値だけ広いものとみなす」ので、**敷地の前面道路の幅員が広くなる分、容積率が<u>緩和</u>され**ることになります。

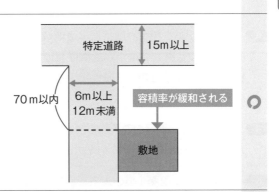

建築物の敷地が都市計画において定められた**計画道路に接する場合**、**特定行政庁**が交通上、安全上、防火上、衛生上支障がないと認めて許可した建築物については、その**計画道路**を<u>前面道路</u>とみなして容積率を算定します。

13

[建築基準法]
高さ制限（斜線制限・日影規制）

1 絶対的高さ制限／**2** 斜線制限 ★／**3** 日影規制

問題 建築基準法（以下この問において「法」という。）に関する次の記述の正誤を○×で答えなさい。

☐ **1** 第二種低層住居専用地域に指定されている区域内の土地においては、高さが9mを超える建築物を建築することはできない。　　　[H19.問22.3]

☐ **2** 第二種低層住居専用地域に指定されている区域内の土地においては、建築物を建築しようとする際、当該建築物に対する法第56条第1項第2号のいわゆる隣地斜線制限の適用はない。　　　[H19.問22.4]

☐ **3** 第二種中高層住居専用地域内における建築物については、法第56条第1項第3号の規定による北側斜線制限は適用されない。　　　[H18.問22.1]

☐ **4** 建築物が第二種中高層住居専用地域及び近隣商業地域にわたって存する場合で、当該建築物の過半が近隣商業地域に存する場合には、当該建築物に対して法第56条第1項第3号の規定（北側斜線制限）は適用されない。
　　　[H25.問18.3]

☐ **5** 日影による中高層の建築物の高さの制限に係る日影時間の測定は、夏至日の真太陽時の午前8時から午後4時までの間について行われる。[R02-10月.問18.4]

☐ **6** 法第56条の2第1項の規定による日影規制の対象区域は地方公共団体が条例で指定することとされているが、商業地域、工業地域及び工業専用地域においては、日影規制の対象区域として指定することができない。　　　[H18.問22.4]

☐ **7** 商業地域内にある建築物については、法第56条の2第1項の規定による日影規制は、適用されない。ただし、冬至日において日影規制の対象区域内の土地に日影を生じさせる、高さ10mを超える建築物については、この限りでない。　　　[H21.問19.3]

▼正解

解説 「絶対高さ制限」「斜線制限」「日影規制」それぞれの適用される用途地域と制限の内容を覚えましょう。

✕

第一種・第二種低層住居専用地域・田園住居地域内の建築物の高さ制限は、10m又は12mに指定されています。いずれの指定でも9m超の建築物の建築は可能です。

用途地域のうち、**隣地斜線制限**の適用のない地域は、**第一種低層住居専用地域**、第二種低層住居専用地域、田園住居地域のみです。

○

北側斜線制限は、第一種・第二種低層住居専用地域・**田園住居地域**、**第一種・二種中高層住居専用地域**で適用されます。ただし**第一種・第二種中高層住居専用地域**で、**日影規制**が適用される場合は**北側斜線制限の適用はありません**。日影規制について特に書かれていない問題文であれば、「**適用される**」と考えましょう。

✕

建築物の敷地が**2つ以上の異なる斜線制限の地域にまたがる場合**は、建築物の各部分ごとに斜線制限の適用の有無を考えます。**第二種中高層住居専用地域→適用あり**、**近隣商業地域→適用なし**。従って、この建物全体に北側斜線制限が「適用されない」は誤りです。

✕

日影規制は、最も日照条件の悪い冬至日の8時〜16時の8時間のうち、建築物が日影になる時間を制限するものです。測定日を「夏至日」とするのは誤りです。

✕

日影規制の対象区域は、**住居系の用途地域**（8地域）や**近隣商業地域**、**準工業地域**のほか、**用途地域の指定のない区域で地方公共団体の条例で指定する区域**です。商業地域、工業地域、工業専用地域は対象区域として指定することはできません。

○

商業地域・工業地域・工業専用地域は、日影規制の対象区域として指定することはできません。ただし、**高さが10mを超え**、**冬至日において、対象区域内の土地に日影を生じさせるもの**については、当該対象区域内にある建築物とみなして、日影規制が適用されます。

○

14

[建築基準法]
防火・準防火地域の制限

1 防火地域内の建築物の制限 ★／2 準防火地域内の建築物の制限 ★

問題 建築基準法の防火地域又は準防火地域に関する次の記述の正誤を○×で答えなさい。なお、この問における「耐火建築物」「準耐火建築物」には、それらの建築物と同等以上の延焼防止性能が確保された建築物を含む。

1 防火地域又は準防火地域以外においても、建築物の高さが15mを超える建築物は、必ず耐火建築物又は準耐火建築物としなければならない。

[H13.問20.4]

2 防火地域内においては、3階建て、延べ面積が200㎡の住宅は耐火建築物又は準耐火建築物としなければならない。 [H23.問18.2]

3 防火地域又は準防火地域において、延べ面積が1,000㎡を超える建築物は、すべて耐火建築物としなければならない。 [H19.問21.3]

4 防火地域内にある建築物に付属する門で、高さ1.5mのものは、必ず耐火建築物としなければならない。 [H13.問20.1]

5 防火地域内にある看板で建築物の屋上に設けるものは、その主要な部分を不燃材料で造り、又はおおわなければならない。 [R01.問17.3]

▼正解

解説 建築物が密集する地域での火災防止のために指定される地域地区が防火地域・準防火地域です。耐火建築物や準耐火建築物を建てるよう規制されます。

耐火建築物等※1又は準耐火建築物等※2にするよう制限されるのは、防火地域又は準防火地域に限られます。これ以外の地域は規制の適用外です。また、防火地域や準防火地域であっても、規制の要件となるのは建築物の階数と延べ面積です。建築物の高さが要件に含まれることはありません。

※1 耐火建築物またはこれと同等以上の延焼防止性能を有するものとして政令で定める建築物。
※2 準耐火建築物またはこれと同等以上の延焼防止性能を有するものとして政令で定める建築物。

✕

防火地域内で建物を建てる場合の制限は以下の表の通りです。3階建て、延べ面積が200㎡であるならば、耐火建築物等としなければなりません。従って、問題文の「又は準耐火建築物としなければならない」は誤りです。

✕

地階を含む階数	延べ面積100㎡以下	延べ面積100㎡超
3階以上	耐火建築物等	耐火建築物等
2階以下	耐火建築物等又は準耐火建築物等	

防火地域で延べ面積が100㎡を超える建築物は、すべて耐火建築物等としなければなりません。しかし、準防火地域において、すべて耐火建築物等としなければならないのは、延べ面積が1,500㎡を超える建築物です。

✕

防火地域内であっても、例外として、①建築物に付属する高さ2m超の門・塀で延焼防止上支障のない構造のもの、②高さ2m以下の門・塀は、耐火建築物等又は準耐火建築物等にしなくてもよいとされています。問題文の場合、高さ1.5mの門なので、②に該当するため、耐火建築物等とする必要はありません。

✕

防火地域内にある看板、広告塔、装飾塔その他これらに類する工作物で、建築物の屋上に設けるもの又は高さ3mを超えるものは、その主要な部分を不燃材料で造り、又は覆わなければなりません。

○

□ **6** 準防火地域内においては、延べ面積が2,000㎡の共同住宅は準耐火建築物としなければならない。 ［H28.問18.3］

□ **7** 準防火地域内にある木造建築物に付属する塀で、高さ3mのものは、必ず延焼防止上支障のない構造としなければならない。 ［H13.問20.2］

□ **8** 準防火地域内において、地階を除く階数が3（高さ12m）、延べ面積が1,200㎡で事務所の用途に供する建築物の屋上に看板を設ける場合においては、その主要な部分を不燃材料で造り、又はおおわなければならない。 ［H11.問22.2］

3 2つの地域共通の建築物の制限 ／4 建築物が複数の区域にまたがる場合

問題 建築基準法に関する次の記述の正誤を○×で答えなさい。

□ **1** 防火地域にある建築物で、外壁が耐火構造のものについては、その外壁を隣地境界線に接して設けることができる。 ［H28.問18.1］

□ **2** 建築物が防火地域及び準防火地域にわたる場合においては、その全部について、敷地の属する面積が大きい方の地域内の建築物に関する規定を適用する。 ［R02-12月.問17.1］

□ **3** 建築物が防火地域及び準防火地域にわたる場合、建築物が防火地域外で防火壁により区画されているときは、その防火壁外の部分については、準防火地域の規制に適合させればよい。 ［H16.問20.4］

準防火地域内では、延べ面積が<u>1,500㎡を超える建築物</u>は階数に関係なく、<u>耐火建築物等</u>とする必要があります（図表参照）。問題文の建築物の**延べ面積は2,000㎡**なので、<u>耐火建築物等</u>としなければなりません。 ✗

地階を除く階数	延べ面積		
	500㎡以下	500㎡超1,500㎡以下	1,500㎡超
4階以上	耐火建築物等		
3階	耐火建築物等又は準耐火建築物等		
2階以下	防火構造の建築物		

準防火地域内において、**木造建築物等に付属する<u>門</u>・塀**については、<u>延焼</u>**防止上支障のない構造**としなければなりません。 ○

防火地域内では、**看板・広告塔・装飾塔**その他これらに類する工作物で、**建築物の<u>屋上</u>に設けるもの**又は**高さ3mを超えるもの**は、その主要な部分を<u>不燃材料</u>で造り、又は**おおわなければなりません**。しかし、準防火地域には、このような規制はありません。 ✗

解説 屋根の構造や外壁に関して、防火地域と準防火地域、2つの地域共通の建築物の制限があります。

防火地域又は**準防火地域内**にある建築物で、**外壁が<u>耐火</u>構造**のものは、その外壁を<u>隣地境界線</u>**に接して設ける**ことができます。 ○

建築物が、**防火地域・準防火地域・これら以外の区域**のうち、**複数の区域にわたる場合**は、その全部について、**最も<u>厳しい</u>区域の規定を適用**します。問題文の場合、最も厳しい区域である<u>防火地域</u>の規定を適用します。 ✗

建築物が防火地域と準防火地域にわたる場合の例外として、その建築物が**防火地域外で<u>防火壁</u>により区画されている**ときは、その**防火壁外の部分**（図の⒜）については、**<u>準防火地域</u>の規定に適合**させればよいとされています。 ○

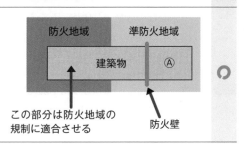

この部分は防火地域の規制に適合させる

Part **3** 法令上の制限 **14** 建築基準法／防火・準防火地域の制限

1 建築確認とは何か／**2** 建築確認の要否 ★★★★／**3** 特殊建築物の用途変更

問題 建築基準法に関する次の記述の正誤を○×で答えなさい。

☐ **1** 　建築確認の対象となり得る工事は、建築物の建築、大規模の修繕及び大規模の模様替であり、建築物の移転は対象外である。 [H26.問17.2]

☐ **2** 　映画館の用途に供する建築物で、その用途に供する部分の床面積の合計が300㎡であるものの改築をしようとする場合、建築確認が必要である。 [H27.問17.4]

☐ **3** 　都市計画区域外において高さ12m、階数が3階の木造建築物を新築する場合、建築確認が必要である。 [H27.問17.2]

☐ **4** 　階数が2で延べ面積が200㎡の鉄骨造の共同住宅の大規模の修繕をしようとする場合、建築主は、当該工事に着手する前に、確認済証の交付を受けなければならない。 [R02-10月.問17.1]

☐ **5** 　準都市計画区域（都道府県知事が都道府県都市計画審議会の意見を聴いて指定する区域を除く。）内に建築する木造の建築物で、2の階数を有するものは、建築確認を必要としない。 [H21.問18.ア]

☐ **6** 　防火地域内にある3階建ての木造の建築物を増築する場合、その増築に係る部分の床面積の合計が10㎡以内であれば、その工事が完了した際に、建築主事又は指定確認検査機関の完了検査を受ける必要はない。 [H30.問18.2]

☐ **7** 　床面積の合計が500㎡の映画館の用途に供する建築物を演芸場に用途変更する場合、建築主事又は指定確認検査機関の確認を受ける必要はない。 [R03-12月.問17.2]

ポ
イ
ン
ト

▶ 特殊建築物・大規模建築物・一般建築物の建築には基本的に建築確認が必要。
▶ 建築確認が必要な建築行為とは、新築、増築、改築、移転、大規模な修繕や模様替、用途変更である。

▼正解

解説 建築確認は、建築物の建築や大規模の修繕、大規模の模様替、そして用途の変更について必要となります。 ✕

建築確認が必要なものの一つ、建築物の「建築」とは、**新築・増築・改築・移転**のことをいいます。従って**建築物の移転**は**建築確認の対象となり得ます**。

映画館は**特殊建築物**です。特殊建築物はその**用途に供する部分の床面積が200㎡を超えると建築確認が必要**になります。この映画館の床面積は300㎡なので、**改築には建築確認が必要**です。 ◯

都市計画区域又は準都市計画区域外の建物であっても、**大規模建築物**に該当する場合には、建築確認の対象となり得ます。木造建築物で、**①階数が3以上、②延べ面積500㎡超、③高さ13ｍ超、④軒高9ｍ超**のいずれかに該当した場合、**大規模建築物に該当**します。従って、木造3階建ての新築には、**建築確認が必要**です。 ◯

「工事に着手する前に、確認済証の交付を受ける」とは、つまり建築確認を要することを意味しています。**木造以外の建築物**で、**階数2以上、延べ面積200㎡超**の建物の修繕には、**建築確認が必要**です。 ◯

都市計画区域・準都市計画区域内の建築物（一般建築物）の建築には、**原則として、建築確認が必要**です。例外として建築確認が不要となるのは、**防火・準防火地域以外**で、**床面積の合計が10㎡以内の建築物の増改築・移転**の場合です。 ✕

「工事完了検査」が必要になるのは、建築確認を受けた場合なので、問題文も建築確認の要否が問われています。**防火地域内の木造の大規模建築物の増築**なので、**規模を問わず建築確認が必要**です。例外として建築確認が不要となるのは、**防火・準防火地域以外**で、**床面積の合計が10㎡以内の建築物の増改築・移転**の場合です。 ✕

映画館も演芸場も特殊建築物であり、**その用途に供する部分の床面積が200㎡を超えている**（500㎡）ため**建築確認が必要**です。ただし、**類似する用途同士**であるため、映画館から演芸場への用途変更には例外的に**建築確認が不要**となります。 ◯

問題 建築基準法に関する次の記述の正誤を○×で答えなさい。

☐ **1** 建築主事又は指定確認検査機関は、建築主から建築物の確認の申請を受けた場合において、申請に係る建築物の計画が建築基準法令の規定に適合しているかを審査すれば足り、都市計画法等の建築基準法以外の法律の規定に適合しているかは審査の対象外である。 [H24.問18.4]

☐ **2** 指定確認検査機関は、確認済証の交付をした時は、一定の期間内に、確認審査報告書を作成し、当該確認済証の交付に係る建築物の計画に関する一定の書類を添えて、これを特定行政庁に提出しなければならない。 [H21.問18.エ]

☐ **3** 都道府県知事は、建築主から構造計算適合性判定を求められた場合においては、原則として、当該構造計算適合性判定を求められた日から1月以内にその結果を記載した通知書を建築主に交付しなければならない。 [H21.問18.ウ.改]

☐ **4** 建築確認を申請しようとする建築主は、あらかじめ、当該確認に係る建築物の所在地を管轄する消防長又は消防署長の同意を得ておかなければならない。 [H14.問21.1]

☐ **5** 用途が共同住宅である3階建ての建築物の工事を行う場合において、2階の床及びこれを支持するはりに鉄筋を配置する工事を終えたときは、中間検査を受ける必要がある。 [H22.問18.4]

☐ **6** 建築主は、工事を完了した場合においては、工事が完了した日から3日以内に到達するように、建築主事に文書をもって届け出なければならない。 [H14.問21.2]

☐ **7** 鉄筋コンクリート造であって、階数が2の住宅を新築する場合において、特定行政庁が、安全上、防火上及び避難上支障がないと認めたときは、検査済証の交付を受ける前においても、仮に、当該建築物を使用することができる。 [H29.問18.1]

解説 建築確認は、建築計画が、建築基準法令等の規定に適合しているかどうかを事前に確認する手続きです。

建築確認の際に適合性をみる建築基準関係規定には、建築基準法のほかにも、**建築物の敷地、構造又は建築設備に関する法律**や都市計画法、盛土規制法なども含まれます。つまり、**建築基準法以外の法律の規定も審査の対象と**なります。

✗

指定確認検査機関とは、国土交通大臣又は都道府県知事の指定を受け、建築主事に代わって、建築確認業務を行う民間の機関です。指定確認検査機関が確認済証を交付したときは、一定期間内に確認審査報告書を作成し、一定の書類を添えて、これを特定行政庁に提出しなければなりません。

○

都道府県知事は、**建築主**から構造計算適合性判定を求められた場合、14**日以内**に通知書を建築主に交付しなければなりません。問題文の「1月以内」は誤りです。

✗

建築主事又は指定確認検査機関は、建築確認を行う場合、原則として、**建築物の工事施行地又は所在地を管轄する消防長又は**消防署長の同意を得なければなりません。つまり、「建築主が消防長・消防署長の同意を得る」は誤りです。

✗

建築主は、建築主事又は指定確認検査機関に対し、特定工程にかかる工事を終えたときは、そのつど中間審査への申請が必要です。そして、この特定工程には、「階数が3以上である共同住宅の床及びはりに鉄筋を配置する工事の工程」が含まれます。

○

建築主は、工事を完了した場合には、**工事完了日から4日以内に建築主事に到達**するように、**工事完了検査への申請が必要**です。「3日以内」「届け出なければならない」はどちらも誤りです。

✗

問題文の建物は**大規模建築物**に当たるため、**新築するには、建築確認が必要**です。建築確認を受けた場合、工事完了後に完了検査を申請し、検査済証の交付を受ける必要があります。**大規模建築物や特殊建築物**は、検査済証の交付後でなければ、**建築物を使用できません。**ただし**特定行政庁が仮使用の**承認をしたときは、検査済証の交付の前に建築物を仮使用することが可能です。

○

１ 国土利用計画法とは／**２** 土地取引の規制（届出制・許可制）／

問題 国土利用計画法第23条の届出（以下この問において「事後届出」という。）に関する次の記述の正誤を○×で答えなさい。

1 Aが所有する都市計画区域外の15,000㎡の土地をBに贈与した場合、Bは事後届出を行う必要がある。 ［RO2-10月.問22.3］

2 Aが所有する都市計画区域外の10,000㎡の土地とBが所有する市街化調整区域内の10,000㎡の土地を交換した場合、A及びBは事後届出を行う必要はない。 ［RO2-10月.問22.4］

3 個人Aが所有する都市計画区域外の12,000㎡の土地に、個人Bが地上権の設定を受ける契約を締結した場合、Bは一定の場合を除き事後届出を行う必要がある。 ［RO3-12月.問22.1］

4 個人Aが所有する市街化区域内の3,000㎡の土地を、個人Bが相続により取得した場合、Bは事後届出を行わなければならない。 ［RO1.問22.2］

5 市街化区域に所在する一団の土地である甲土地（面積1,500㎡）と乙土地（面積1,500㎡）について、甲土地については売買によって所有権を取得し、乙土地については対価の授受を伴わず賃借権の設定を受けたAは、事後届出を行わなければならない。 ［H27.問21.4］

ポイント

▶ 国土法では一定規模以上の土地取引に、「届出制」「許可制」による規制を定めている。

▶ 事後届出は権利取得者が行う（事前届出は当事者全員が行う）。

▶ 事後届出制の届出事項は「対価の額」と「土地の利用目的」など。

❸ 土地売買等の契約 ★★ ▼正解

解説 事後届出制の対象となるのは、土地売買等の契約（売買・交換契約・賃貸借で対価のあるもの等）です。

問題文の土地は、**贈与**をめぐってAB間に対価**の授受**はありません。つまり、この贈与契約は「**土地売買等の契約**」には該当しないため、**事後届出は不要**です。 ✕

「**交換**」による土地の取得は、「対価を得て行われる土地に関する権利の移転又は設定」に相当するため、「**土地売買等の契約**」に**該当**します。次に各面積要件を考えます。Aは、市街化調整区域内の10,000㎡の土地の取得、Bは都市計画区域外の10,000㎡の土地の取得になるので、図表「事後届出の対象面積」に照らしてみると、両者とも**事後届出が必要**です。 ✕

● 事後届出の対象面積

市街化区域内	2,000㎡以上
市街化調整区域・非線引き区域	5,000㎡以上
都市計画区域外	10,000㎡以上

「**賃貸借・地上権の設定契約で**対価があるもの」は「**土地売買等の契約**」に**該当します**（問題文の「一定の場合」とは、対価がないものをいいます）。また、地上権の設定契約をする土地は、**都市計画区域外**の12,000㎡の土地です。問2の図表「事後届出の対象面積」に照らすと、10,000㎡**以上の土地**にあたるので、**事後届出が必要**となります。 ○

事後届出の対象となるのは、「土地売買等の契約」ですが、「**相続**」は「**契約（予約を含む）による土地に関する権利の移転又は設定**」に**該当しません**。つまり、「土地売買等の契約」ではないため、**事後届出は不要**です。 ✕

甲・乙それぞれについて、事後届出の要否を考えます。**甲土地**は、売買による所有権の取得なので、「**土地売買等の契約**」に**該当します**。しかし市街化区域内の1,500㎡の土地は対象面積から外れるため、**事後届出が不要**となります。一方、**乙土地**は、「賃貸借・地上権の設定契約」で対価がないものなので「土地売買等の契約」に該当せず、**事後届出は不要**です。以上から、Aは一団の土地である**甲・乙の両土地について、事後届出は不要**です。 ✕

☐ **6** 宅建業者Aが都市計画区域外の10,000㎡の土地を時効取得した場合、Aは、その日から起算して2週間以内に事後届出を行わなければならない。

[H21.問15.1]

☐ **7** Aが所有する市街化区域内の1,500㎡の土地をBが購入した場合には、Bは事後届出を行う必要はないが、Cが所有する市街化調整区域内の6,000㎡の土地についてDと売買に係る予約契約を締結した場合には、Dは事後届出を行う必要がある。

[R02-10月.問22.1]

---

4 事後届出制の内容 ★★★★★／5 事後届出の必要がない取引 ★

問題 国土利用計画法第23条の届出(以下この問において「事後届出」という。)に関する次の記述の正誤を○×で答えなさい。

☐ **1** 市街化区域を除く都市計画区域内において、一団の土地である甲土地(A所有、面積3,500㎡)と乙土地(B所有、面積2,500㎡)を宅建業者Cが購入した場合、Cは事後届出を行わなければならない。

[R04.問22.3]

☐ **2** 市街化調整区域においてAが所有する面積4,000㎡の土地について、Bが一定の計画に従って、2,000㎡ずつに分割して順次購入した場合、Bは事後届出を行わなければならない。

[H24.問15.2]

☐ **3** 宅建業者Aが、自ら所有する市街化区域内の5,000㎡の土地について、宅建業者Bに売却する契約を締結した場合、Bが契約締結日から起算して2週間以内に事後届出を行わなかったときは、A及びBは6月以下の懲役又は100万円以下の罰金に処せられる場合がある。

[H22.問15.1]

☐ **4** 国土利用計画法によれば、事後届出に当たっては、土地売買等の対価の額についても都道府県知事(地方自治法に基づく指定都市にあっては、当該指定都市の長)に届け出なければならない。

[H26.問22.1]

「**時効取得**」は、契約によるものではないため、「**土地売買等の契約**」に**該当しません**。従って、**事後届出は不要**です。**当事者の一方又は双方が宅建業者**であったとしても、**届出の義務は変わりません**。　✕

事後届出制は、原則として、**権利取得者**が「**土地売買等の契約**」を**締結した日から2週間以内**に、一定の事項を**都道府県知事**に届け出る制度です。Aの所有地の売買による権利取得者はBです。Bが取得した土地は、2,000㎡未満（市街化区域内の1,500㎡）なので、**事後届出は不要**です。一方Cの所有地の権利取得者Dが取得した土地の面積は5,000㎡以上（市街化調整区域内の6,000㎡）であり、**予約は「土地売買等の契約」に含まれる**ため、**事後届出が必要**です。　〇

解説 事後届出制では、原則として、**権利取得者**が一定の事項を都道府県知事に届け出なくてはなりません。

まず、甲土地（3,500㎡）と乙土地（2,500㎡）は、購入者Eのもとで「**6,000㎡の一団の土地**」として利用されます。市街化区域を除く都市計画区域内（つまり、**市街化調整区域内または非線引き区域内**）で**事後届出**の対象となるのは、その面積が**5,000㎡以上**の場合です。本問の土地は6,000㎡（5,000㎡以上）なので、事後届出が必要です。　〇

分割して順次購入した場合でも、**一団の土地の面積が届出対象面積に達していれば事後届出が必要**です。Bが購入する土地は**市街化調整区域内の5,000㎡未満**（4,000㎡）の土地なので、**Bに事後届出は不要**です。　✕

Bが購入する土地は、市街化区域内の5,000㎡の土地なので、事後届出が必要です。ただし、事後届出は**権利取得者であるB**が行うもので、もし、期日内に行わなかった場合、**6か月以下の懲役又は100万円以下の罰金**に処せられるのは、**権利取得者のBのみ**です。従って、「A及びB」とするのは誤りです。　✕

事後届出においては、**土地の利用目的**だけでなく、**土地売買等の対価の額**についても、**都道府県知事に届け出**なければなりません。　〇

☐ **5** 土地売買等の契約による権利取得者が事後届出を行う場合において、当該土地に関する権利の移転の対価が金銭以外のものであるときは、当該権利取得者は、当該対価を時価を基準として金銭に見積もった額に換算して、届出書に記載しなければならない。 ［H24.問15.1］

☐ **6** 国土利用計画法第28条に基づく遊休土地に係る通知を受けた者は、その通知があった日から起算して1月以内に、その通知に係る遊休土地の利用又は処分に関する計画を、都道府県知事に届け出なければならない。 ［R03-12月.問22.2］

☐ **7** 国が所有する市街化区域内の一団の土地である1,500㎡の土地と500㎡の土地を個人Aが購入する契約を締結した場合、Aは事後届出を行う必要がある。 ［R02-12月.問22.3］

☐ **8** 市街化調整区域に所在する農地法第3条第1項の許可を受けた面積6,000㎡の農地を購入したAは、事後届出を行わなければならない。 ［H27.問21.3］

⑥ 一団の土地の取引の場合 ★／⑦ 事後届出の手続きの流れ ★★★★

問題 国土利用計画法第23条の届出（事後届出）に関する次の記述の正誤を○×で答えなさい。なお、地方自治に基づく指定都市の特例については考慮しない。

☐ **1** 宅建業者Aが所有する市街化調整区域内の6,000㎡の一団の土地を、宅建業者Bが一定の計画に従って、3,000㎡ずつに分割して購入した場合、Bは事後届出を行わなければならない。 ［R01.問22.3］

☐ **2** 市街化区域内の甲土地（面積3,000㎡）を購入する契約を締結した者が、その契約締結の1月後に甲土地と一団の土地である乙土地（面積4,000㎡）を購入することとしている場合においては、甲土地の事後届出は、乙土地の契約締結後に乙土地の事後届出と併せて行うことができる。 ［H28.問15.4］

事後届出に必要な事項には、土地に関する権利の移転又は設定に係る土地の**対価の額**や利用目的などが含まれます。土地に関する権利の移転の対価が**金銭以外**のものである場合は、権利取得者は、「**その対価を時価を基準として金銭に見積もった額**」に換算して、**届出書に記載することが必要**です。

〇

「**遊休土地**」とは、取得の際に国土利用計画法の届出・許可が必要だったにもかかわらず、取得後に適正な利用が図られていない土地を意味します。遊休土地に係る通知を受けた者は、その**通知があった日から起算して6週間以内**に、その利用又は処分に関する計画を、**都道府県知事に届け出**なければなりません。

✕

その取引が土地売買等の契約に当たる場合でも、**当事者の一方が、国、地方公共団体その他政令で定める法人**（都市再生機構・地方住宅供給公社など）である場合には、**事後届出は不要**となります。

✕

市街化調整区域内の面積が5,000㎡以上（問題文は6,000㎡）の**土地の売買**であれば、本来は**事後届出が必要**です。しかし、**農地法第3条の許可を受けた農地**である場合には、**事後届出は不要**です。

✕

解説　一**団**の土地（一体として利用することが可能なひとまとまりの土地）の取引であると認められた場合、全体の面積を基準として、事後届出が必要かどうかが判断されます。

事後届出が必要な「**一団の土地**」に当たるかどうかは、権利取得者を基準に考えます。Bは、分割して購入していても、最終的に**市街化調整区域内の5,000㎡以上の一団の土地**（6,000㎡）を取得したため、**事後届出が必要**です。

〇

甲土地は、市街化区域内の2,000㎡以上の土地（3,000㎡）なので、既に単独で事後届出が必要な面積要件に達しています。つまり、**取引後（契約を締結した日から起算して）2週間以内の事後届出が必要**です。**1か月後の乙土地と併せて**事後届出を行うことはできません（届出を行わなかった甲土地について、懲役又は罰金を課される**可能**性もあります）。

✕

□ **3** 宅建業者Aが、自己の所有する市街化区域内の2,000㎡の土地を、個人B、個人Cに1,000㎡ずつに分割して売却した場合、B、Cは事後届出を行わなければならない。 [R01.問22.1]

□ **4** 市街化調整区域において、宅建業者Aが所有する面積5,000㎡の土地について、宅建業者Bが一定の計画に従って、2,000㎡と3,000㎡に分割して順次購入した場合、Bは事後届出を行う必要はない。 [R03-12月.問22.3]

□ **5** 都道府県知事は、事後届出に係る土地の利用目的及び対価の額について、届出をした宅建業者に対し勧告することができ、都道府県知事から勧告を受けた当該業者が勧告に従わなかった場合、その旨及びその勧告の内容を公表することができる。 [R02-12月.問22.1]

□ **6** 都道府県知事は、国土利用計画法第24条第1項の規定による勧告に基づき当該土地の利用目的が変更された場合において、必要があると認めるときは、当該土地に関する権利の処分についてのあっせんその他の措置を講じなければならない。 [H23.問15.1]

□ **7** 停止条件付きの土地売買等の契約を締結した場合には、停止条件が成就した日から起算して2週間以内に事後届出をしなければならない。[H12.問16.3]

□ **8** 宅建業者Aが行った事後届出に係る土地の利用目的について、都道府県知事が適正かつ合理的な土地利用を図るために必要な助言をした場合、Aがその助言に従わないときは、当該知事は、その旨及び助言の内容を公表しなければならない。 [H21.問15.2]

□ **9** 事後届出が必要な土地売買等の契約により権利取得者となった者が事後届出を行わなかった場合、都道府県知事から当該届出を行うよう勧告されるが、罰則の適用はない。 [R02-12月.問22.2]

事後届出が必要な「**一団の土地**」かどうかは、権利取得者側を基準に考えるため、宅建業者Aではなく、個人BとCが取得した土地のそれぞれの面積で判断します。個人BとCが取得した土地の面積はそれぞれ1,000㎡で、**市街化区域内**の場合の**届出対象面積（2,000㎡以上）**に満たないため、**事後届出は**不要となります。 ✕

5,000㎡だった土地を、2,000㎡と3,000㎡に分割し順次購入するので、結局は5,000㎡の「買いの一団の土地」として購入することになります。**市街化調整区域内**で事後届出の対象となるのは、その面積が5,000㎡以上の場合なので、宅建業者Bは、5,000㎡の一団の土地について**事後届出を行う必要があります**。 ✕

都道府県知事は、事後届出があった場合、**届出から原則3週間の審査期間**で「土地の利用目的」について審査し、届出者に対して、その届出に係る**土地の**利用目的**について、必要な変更をすべきことを**勧告することができます。つまり、審査と勧告の対象に、「**対価の額**」は含まれません。なお、勧告に従わなかった宅建業者に対し、**その旨及びその勧告の内容を**公表することができる点は正しい説明です。 ✕

勧告に基づき、**届出者が土地の**利用目的**を変更した場合**、都道府県知事は、必要があると認めたときは、**土地に関する権利の処分**についてのあっせん等の措置を**講ずるよう努めなければなりません**。これはあくまでも**努力義務**であるため、「講じなければならない」という説明は誤りです。 ✕

停止条件付きの土地であっても、売買等の契約を締結した場合は、**契約締結の日から2週間以内に事後届出をしなければなりません**。従って、「停止条件が成就した日から起算して2週間以内」は誤りです。 ✕

都道府県知事は、**届出者**に対して、届出に係る土地の利用目的について、必要な助言ができます。ただし、届出者にその**助言に従う**義務や従わなかった場合の**罰則**はなく、**都道府県知事も助言の内容を公表することは**できません。 ✕

届出者が**事後届出を**怠った**場合**、又は**虚偽の届出をした場合には罰則があり**、6か月以下の懲役又は100万円以下の罰金が適用されます。なお、その**契約自体は**有効です。 ✕

1 注視区域と監視区域の指定／2 事前届出制の対象 ★／

問題 国土利用計画法に関する次の記述の正誤を○×で答えなさい。なお、「都道府県知事」とは、地方自治法に基づく指定都市にあってはその長をいうものとする。

☐ **1** 市町村長は、当該市町村の区域のうち、国土交通大臣が定める基準に該当し、地価の上昇によって適正かつ合理的な土地利用の確保に支障を生ずるおそれがあると認められる区域を、期間を定めて、注視区域として指定することができる。 [H13.問16.2]

☐ **2** 都道府県知事が、監視区域の指定について土地利用審査会の確認を受けられなかったときは、その旨を公告しなければならない。なお、監視区域の指定は、当該公告があったときは、その指定の時にさかのぼって、その効力を失う。 [H23.問15.2]

☐ **3** 注視区域又は監視区域に所在する土地について、土地売買等の契約を締結しようとする場合には、国土利用計画法第27条の4又は同法第27条の7の事前届出が必要であるが、当該契約が一定の要件を満たすときは事後届出も必要である。 [H18.問17.2]

☐ **4** 注視区域内においては、都道府県の規則で定める面積以上の土地売買等の契約を締結する場合に届出が必要である。 [H13.問16.4]

☐ **5** 監視区域内の市街化調整区域に所在する面積6,000㎡の一団の土地について、所有者Aが当該土地を分割し、4,000㎡をBに、2,000㎡をCに売却する契約をB、Cと締結した場合、当該土地の売買契約についてA、B及びCは事前届出をする必要はない。 [H16.問16.1]

3 事前届出の手続きの流れ／4 許可制

▼正解

解説 注視区域内・監視区域内では事前届出制がとられています。事後届出は権利取得者のみが行うのに対して、事前届出は当事者全員が行います。

都道府県知事は、地価が一定期間内に社会的経済的事情の変動に照らして相当な程度を超えて上昇し、又は上昇するおそれがある区域を注視区域に指定することができます。従って、「市町村長が指定できる」とするのは誤りです。

✕

都道府県知事は、地価が急激に上昇し、又は上昇するおそれがある区域を、監視区域として指定することができます。指定する場合は、あらかじめ土地利用審査会や関係市町村長の意見を聴かなくてはなりません。あくまでも「意見を聴く」ことが必要であって、土地利用審査会の「確認」は必要ありません。

✕

注視区域又は監視区域内の土地で土地売買等の契約をしようとする場合、両当事者は土地売買等の契約締結前に、一定の事項を都道府県知事に届け出なければなりません。これを事前届出制といいます。事前届出を行った場合、重ねての事後届出は不要です。なお、注視区域又は監視区域内で規定に違反して届出を怠り、契約を締結した場合、6か月以下の懲役又は100万円以下の罰金に処せられます。

✕

都道府県の規則で定める面積以上の土地売買等の契約を締結する場合に届出が必要となるのは、監視区域です。注視区域においては、国土利用計画法で定められている面積以上の土地売買等の契約について、届出が必要です。

✕

監視区域内では、都道府県の規則で届出必要面積を定めます。この面積要件は注視区域内の場合よりも緩和することはできません。市街化調整区域内の6,000㎡の一団の土地の場合、注視区域内の場合であれば届出の対象となります。従って、監視区域内の取引でも、当事者は事前届出が必要です。なお、監視区域内の土地について事前届出をした場合、届出の日から6週間は原則として、契約を締結することはできません。ただし、勧告又は不勧告の通知を受けたときには、その時から契約の締結が可能です。

✕

1 農地法とは ★★／**2** 農地等の処分制限／**3** 権利移動（第3条の許可）★★★★★

問題 農地法（以下この問において「法」という。）に関する次の記述の正誤を○×で答えなさい。

☐ **1** 山林を開墾し、農地として耕作している土地であっても、土地登記簿上の地目が山林であれば、法の適用を受ける農地に該当しない。

[R02-12月.問21.1]

☐ **2** 市街化区域内の自己所有の農地を駐車場に転用するため、あらかじめ農業委員会に届け出た場合には、法第4条第1項の許可を受ける必要がない。

[R03-12月.問21.4]

☐ **3** 法第3条第1項の許可が必要な農地の売買については、この許可を受けずに売買契約を締結しても所有権移転の効力は生じない。 [R02-10月.問21.1]

☐ **4** 自己所有の農地に住宅を建設する資金を借り入れるため、当該農地に抵当権の設定をする場合には、法第3条第1項の許可を受ける必要がある。

[R03-12月.問21.1]

☐ **5** 耕作を目的として農業者が競売により農地を取得する場合であっても、法第3条第1項の許可を受ける必要がある。 [R02-12月.問21.3]

☐ **6** 親から子に対して、所有するすべての農地を一括して贈与する場合には、法第3条第1項の許可を受ける必要はない。 [R02-12月.問21.2]

☐ **7** 相続により農地を取得する場合は、法第3条第1項の許可を要しないが、相続人に該当しない者が特定遺贈により農地を取得する場合は、同項の許可を受ける必要がある。 [R05.問21.1]

☐ **8** 相続により農地の所有権を取得した者は、遅滞なく、その農地の存する市町村の農業委員会にその旨を届け出なければならない。 [H29.問15.4]

▼正解

解説 農地又は採草放牧地の権利移動（一定の権利を設定したり、移転したりすること）を規制しているのが農地法第3条です。

農地や採草放牧地に該当するか否かは、**その土地の現況を基準に判断**されます。登記簿上の地目が山林であっても、現況が農地又は採草放牧地として利用されていれば、農地法上、**農地又は採草放牧地として扱い**ます。　　✗

農地を駐車場（農地以外の土地）にすることは、「**転用**」に該当します。**市街化区域内の農地を農地以外のものに転用**する場合は、あらかじめ農業委員会に届出をすれば、**許可は**不要です。　　○

許可を受けずに権利移動を行った場合、**権利移動に係る契約は**無効となり、**所有権移転の効力は生じません**。また**罰則も適用**されます。　　○

第3条では、農地または採草放牧地の権利移動を規制しています。「**権利移動**」とは、**農地を使用収益する権利を設定・移転する**という意味で**農業者が自己所有の農地に抵当権を設定する場合**には、**第3条の許可は**不要です。　　✗

権利の設定・移転には、任意の契約だけでなく、**競売によって権利が移転する場合**も含まれます。　　○

相続や遺産分割、遺贈等により権利を取得する場合には**第3条の許可は**不要です。しかし**贈与による取得**の場合には、**第3条の許可が**必要です。　　✗

包括遺贈や相続人に対する**特定遺贈**によって農地を取得する場合、**第3条の許可は**不要です。しかし、「**相続人に該当しない者に対する特定遺贈**」は、これら許可不要の例外に当たらないため、**第3条の許可が**必要です。　　○

相続により農地を農地として取得（権利移動）した場合、**許可は**不要です。ただし、**農業委員会への届出が必要**です。　　○

Part **3** 法令上の制限

⑱ その他の法律／農地法

☐ **9** 農地について法第3条第1項の許可があったときは所有権が移転する旨の停止条件付売買契約を締結し、それを登記原因とする所有権移転の仮登記を申請する場合には、その買受人は農業委員会に届出をしなければならない。

[H26.問21.1]

4 転用（第4条の許可）★★★★

問題 農地法（以下この問において「法」という。）に関する次の記述の正誤を○×で答えなさい。

☐ **1** 市街化区域内の自己の農地を駐車場に転用する場合には、農地転用した後に農業委員会に届け出ればよい。 [R02-10月.問21.2]

☐ **2** 農地を一時的に資材置場に転用する場合は、いかなる場合であってもあらかじめ農業委員会に届出をすれば、法第4条第1項又は同法第5条第1項の許可を受ける必要はない。 [H17.問25.1]

☐ **3** 採草放牧地の所有者がその土地に500㎡の農業用施設を建設する場合、法第4条の許可を受けなければならない。 [H14.問23.2]

☐ **4** 農業者が、自ら農業用倉庫として利用する目的で自己の所有する農地を転用する場合には、転用する農地の面積の規模にかかわらず、法第4条第1項の許可を受ける必要がある。 [H18.問25.4]

☐ **5** 市街化区域以外の区域に存する4haを超える農地を転用する場合には、農林水産大臣の許可を受ける必要がある。 [R02-12月.問21.4]

☐ **6** 土地区画整理法に基づく土地区画整理事業により道路を建設するために、農地を転用しようとする者は、法第4条第1項の許可を受けなければならない。

[H21.問22.1]

☐ **7** 耕作目的で原野を農地に転用しようとする場合、法第4条第1項の許可は不要である。 [R01.問21.1]

第3条の許可があったときは所有権が移転する旨の**停止条件付売買契約**を締結します。問題文の場合、既に許可が下りているので、**仮登記を申請する際**に、改めての**農業委員会への届出**は<u>不要</u>です。

✕

解説 第4条では、権利移動を伴わない転用（<u>自己転用</u>）を規制しています。

市街化区域内の農地を農地以外のものに<u>転用</u>する場合、**第4条の許可は<u>不要</u>**ですが、**あらかじめ**<u>農業委員会</u>に届け出が**必要**です。問題文の「農地転用した後に届け出ればよい」とする点が誤りです。

✕

一時的な**資材置場への転用**であっても、原則として、**第4条又は第5条の許可が必要**です。ただし、**市街化区域の農地**については、**農業委員会への**<u>届出</u>だけで済みます。従って、問題文の「いかなる場合であっても」という点が誤りです。

✕

第4条は、**農地の自己転用**（権利移動を伴わない転用）に関する許可なので、**採草放牧地の転用**については、**第4条の許可は<u>不要</u>**です。

✕

農地を農作物育成・養畜事業のための農業用施設（農業用倉庫、畜舎など）の敷地に転用する場合、<u>2a</u>（200㎡）未満であれば、**第4条の許可は<u>不要</u>**です。

✕

市街化区域以外の農地を転用する場合、その規模にかかわらず、**都道府県知事の許可が必要**です。「農林水産大臣の許可」は誤りです。

✕

土地区画整理法に基づく**土地区画整理事業の施行**により道路や公園など、**公共施設を建設**するため、**農地を農地以外のもの**にする場合には、**第4条の許可は<u>不要</u>**です。

✕

農地法でいう「<u>転用</u>」とは、「**農地を<u>農地</u>以外のものにする**」ことです。問題文の「原野を農地に転用」は転用に該当しないため、**第4条の許可も<u>不要</u>**です。

○

Part **3** 法令上の制限 **18** その他の法律／農地法

問題 農地法（以下この問において「法」という。）に関する次の記述の正誤を○×で答えなさい。なお、「都道府県知事」とは、指定市町村の区域内にあってはその長をいうものとし、以下では合わせて「都道府県知事等」という。

☐ **1** 市街化区域内の農地を宅地とする目的で権利を取得する場合は、あらかじめ農業委員会に届出をすれば法第5条の許可は不要である。 [H30.問22.1]

☐ **2** 砂利採取法による認可を受けた採取計画に従って砂利採取のために農地を一時的に貸し付ける場合、法第5条第1項の許可は不要である。[R01.問21.4]

☐ **3** 市街化区域内にある農地を取得して住宅を建設する場合は、工事完了後遅滞なく農業委員会に届け出れば、法第5条第1項の許可を受ける必要はない。 [H23.問22.4]

☐ **4** 法の適用については、土地の面積は、登記簿の地積によることとしているが、登記簿の地積が著しく事実と相違する場合及び登記簿の地積がない場合には、実測に基づき農業委員会が認定したところによる。 [R04.問21.4]

☐ **5** 都道府県知事等は、法第5条第1項の許可を要する農地取得について、その許可を受けずに農地の転用を行った者に対して、必要な限度において原状回復を命ずることができる。 [H21.問22.4]

☐ **6** 国又は都道府県が市街化調整区域内の農地（1ha）を取得して学校を建設する場合、都道府県知事との協議が成立しても法第5条第1項の許可を受ける必要がある。 [H25.問21.3]

☐ **7** 農地の賃貸借について法第3条第1項の許可を得て農地の引渡しを受けても、土地登記簿に登記をしなかった場合、その後、その農地について所有権を取得した第三者に対抗することができない。 [H25.問21.1]

☐ **8** 賃貸借の存続期間については、民法上は50年を超えることができないこととされており、農地の賃貸借についても、最長50年までの存続期間が認められる。 [H22.問22.4.改]

☐ **9** 法第2条第3項の農地所有適格法人の要件を満たしていない株式会社は、耕作目的で農地を借り入れることはできない。 [H30.問22.3]

解説 第5条は、転用目的の権利移動について定めており、これには一時的な転用目的による権利移動も含まれます。

転用目的（農地を農地以外のものに、採草放牧地を採草放牧地以外のものにする）の権利移動には、**都道府県知事等の許可が必要**です。ただし、**市街化区域内の農地**であれば、**あらかじめ農業委員会に届出**をすれば、**第5条の許可は不要**です。

〇

農地を砂利採取場にするので「**転用**」に該当します。また、農地を貸し付けることは「**権利移動**」に該当します。従って問題文の場合、**第5条の許可が必要**です。

✗

市街化区域内の農地を転用目的で取得する場合、あらかじめ**農業委員会に届出**をすることで**第5条の許可が不要**となります。「あらかじめ」の届出が必要なので、問題文のように「工事完了後」に届け出るのは誤りです。

✗

農地法の適用については、土地の面積は、**登記簿上の地積**によるものとされています。ただし、登記簿の地積と実際の面積が著しく異なる場合や、登記簿の地積がない場合には、実測に基づき**農業委員会が認定した面積**が基準となります。

〇

都道府県知事等は、第5条第1項の許可が必要な農地の取得について、**許可を受けずに農地の転用を行った者**に対して、必要な限度において**原状回復**その他**違反を是正するために必要な措置を命ずることができます**。

〇

国・都道府県等が農地を取得して、学校・医療施設などの敷地に**転用**する場合、**国・都道府県等**と都道府県知事等との協議が成立することをもって許可があったものとみなされます。その場合、**第5条の許可は不要**です。

✗

農地・採草放牧地を賃借した者は、**農地の引渡し**さえ受けていれば、たとえ土地登記簿への登記がない場合でも、**その後に農地の所有権を取得した第三者に対して、賃借権を対抗することができます**。

✗

民法上、賃貸借の存続期間の上限は50年とされています。**農地の賃貸借の存続期間**については、農地法に特別な規定がないため、**民法の規定が適用**され、やはり**上限は50年**ということになります。

〇

農地所有適格法人以外の法人は、**農地を所有することはできません**が、要件を満たすことにより、**農地を借り入れることはできます**。

✗

1 盛土規制法とは ★★★／2 基本方針・基礎調査／

問題 盛土規制法に関する次の記述の正誤を○×で答えなさい。なお、この問において「都道府県知事」とは、地方自治法に基づく指定都市、中核市、施行時特例市にあってはその長をいうものとする。

☐ **1** 宅地を宅地以外の土地にするために行う土地の形質の変更は、宅地造成に該当しない。 [R02-10月.問19.2]

☐ **2** 宅造等規制区域内において、切土であって、当該切土をする土地の面積が400㎡で、かつ、高さ1mの崖を生ずることとなるものに関する工事を行う場合には、一定の場合を除き、都道府県知事の許可を受けなければならない。 [H30.問20.4]

☐ **3** 宅地以外の土地を宅地にするための盛土であって、当該盛土を行う土地の面積が1,000㎡であり、かつ、高さが80cmの崖を生ずることとなる土地の形質の変更は、宅地造成に該当する。 [H16.問23.4]

☐ **4** 都道府県知事又はその命じた者若しくは委任した者は、基礎調査のために他人の占有する土地に立ち入って測量又は調査を行う必要があるときは、その必要の限度において、他人の占有する土地に立ち入ることができる。 [H20.問22.3.改]

☐ **5** 土地の占有者は、都道府県知事又はその命じた者若しくは委任した者が、基礎調査のために当該土地に立ち入って測量又は調査を行う場合、正当な理由がない限り、立入りを拒み、又は妨げてはならない。 [R02-10月.問19.1.改]

▶「宅地以外の土地を宅地にする」ための「土地の形質の変更」で、一定規模を超えるものを宅地造成という。

▶ 宅造等規制区域内で宅地造成等工事を行う場合、原則として、許可が必要。

❸ 宅地造成等工事規制区域 ★

▼正解

解説 盛土規制法における宅地とは、農地等（農地、採草放牧地、森林）や公共施設用地（道路、公園、河川、その他政令で定める公共施設の用に供されている土地）以外のすべての土地のことをいいます。

宅地造成とは、**宅地以外の土地**を宅地にする、**土地の形質の変更**で、一定規模を超えるものをいいます。**宅地を宅地以外の土地にする場合**は、**宅地造成に該当しません**。

○

都道府県知事の許可を要する宅地造成等工事は以下の規模のものに限られます。① **盛土**によって、**高さ1m超の崖ができる工事**　② **切土**によって、**高さ2m超の崖ができる工事**　③ **盛土と切土**を同時に行って、**高さ2m超**の崖ができる工事　④ 崖の高さに関係なく、高さ2m超の盛土工事　⑤ 崖の高さに関係なく、**盛土又は切土をする面積が500㎡を超える**工事　⑥ 高さ2m超の土石の堆積　⑦ 面積が500㎡超の土石の堆積。「切土で面積が400㎡、かつ高さ1mの崖を生じる工事」は上の①〜⑦に該当しないため、工事を行うに当たり、**都道府県知事の許可は不要**です。

✗

盛土を行う土地の面積が1,000㎡とあるので、この工事は、問2の解説の「⑤**崖の高さに関係なく、盛土又は切土をする面積が500㎡を超える工事**」に該当します。従ってこの土地の形質変更は**宅地造成等工事に該当**します。

○

都道府県知事・知事が命じた者・知事が委任した者は、基礎調査のための測量・調査を行う場合、他人の占有する土地に**立ち入ることができます**。

○

都道府県知事等が、基礎調査のために**土地に立ち入って測量や調査を行う**場合、**土地の占有者**は、正当な理由がない限り、**立入り**を拒んだり、妨げたりしてはなりません。なお、他人の占有する土地に立ち入ったことにより、他人に損失を与えた場合、**都道府県**は、その**損失を補償**しなければなりません。

○

6 宅造等規制区域内は、基本方針に基づき、かつ、基礎調査の結果を踏まえ、宅地造成、特定盛土等又は土石の堆積に伴い災害が生ずるおそれが大きい市街地若しくは市街地となろうとする土地の区域又は集落の区域であって、宅地造成等に関する工事について規制を行う必要があるものについて、国土交通大臣が指定することができる。 〔R02-12月.問19.1.改〕

4 宅地造成等工事の許可 ★★★★★

問題 盛土規制法（以下この問において「法」という。）に関する次の記述の正誤を○×で答えなさい。なお、この問において「都道府県知事」とは、地方自治法に基づく指定都市、中核市、施行時特例市にあってはその長をいうものとする。

1 宅造等規制区域及び特定盛土等規制区域外において行われる宅地造成等に関する工事について、工事主は、工事に着手する前に都道府県知事に届け出なければならない。 〔R03-12月.問19.1.改〕

2 宅造等規制区域内において、公共施設用地を宅地に転用する者は、宅地造成等に関する工事を行わない場合でも、都道府県知事の許可を受けなければならない。 〔R02-10月.問19.3.改〕

3 都道府県知事は、法第12条第1項の工事の許可の申請があった場合においては、遅滞なく、申請者に対し、許可の処分をしたときは許可証を交付し、不許可の処分をしたときは文書をもってその旨を通知しなければならない。 〔R03-10月.問19.2.改〕

4 宅造等規制区域内において行われる宅地造成等に関する工事について許可をする都道府県知事は、当該許可に、工事の施行に伴う災害を防止するために必要な条件を付することができる。 〔H30.問20.2.改〕

5 宅造等規制区域内において宅地造成等に関する工事を行う場合、宅地造成等に伴う災害を防止するために行う高さ5mを超える擁壁に係る工事については、政令で定める資格を有する者の設計によらなければならない。 〔R03-12月.問19.3.改〕

6 都道府県知事は、一定の場合には都道府県（指定都市、中核市又は施行時特例市の区域にあっては、それぞれ指定都市、中核市又は施行時特例市）の規則で、宅造等規制区域内において行われる宅地造成等に関する工事の技術的基準を強化することができる。 〔H29.問20.3.改〕

宅造等規制区域は、基本方針に基づき、基礎調査の結果を踏まえて、宅地造成等に伴い災害が生ずるおそれが大きい**市街地または市街地となろうとする土地**で、**都道府県知事**が指定する区域をいいます。「国土交通大臣が指定する」は誤りです。なお、この宅造等規制区域が指定されるのは、都市計画区域内に**限りません**。

✗

解説 宅造等規制区域内で行われる宅地造成等工事には、原則として、都道府県知事の許可が必要です。

✗

宅地造成等工事について、許可や届出が必要になるのは、**宅地造成等工事規制区域**又は**特定盛土等規制区域内**で行う場合に限られます。それらの区域の外において行われる工事であれば、**許可も届出も不要**です。

許可が必要となるのは、**宅地造成等工事**を行う場合です。宅地造成等工事を行わない場合であれば、**都道府県知事の許可は不要**です。

✗

「法第12条第1項の工事」とはつまり「**宅造等規制区域**内において行われる宅地造成等に関する工事」です。都道府県知事は、宅地造成等工事の許可申請があった場合、遅滞なく、申請者に対し、許可の際には**許可証を交付**し、不許可の際には**文書をもって通知**しなくてはなりません。

〇

都道府県知事は、宅地造成等工事についての許可に、**工事の施行に伴う災害を防止するための条件を付すことができます**。

〇

政令で定める**有資格者による設計**が必要になるのは、**高さ5m超の擁壁**や、**盛土・切土の面積**が1,500㎡超の土地における**排水施設を設置する工事**の場合です。問題文の場合、「高さ5mを超える擁壁に係る工事」なので、有資格者による設計でなければなりません。

〇

都道府県知事は、法令の基準では崖崩れや土砂流出防止の目的を達しがたい場合には、**都道府県の規則**で、宅造等規制区域内で行われる宅地造成等に関する工事の**技術的基準を強化**したり、**必要な技術的基準を付加**したりすることができます。

〇

Part **3** 法令上の制限　**19** その他の法律／盛土規制法

□ **7** 法第12条第1項本文の許可を受けた宅地造成等に関する工事が完了した場合、工事主は、都道府県知事の検査を受けなければならない。

[R02-12月.問19.4]

□ **8** 都道府県知事は、宅造等規制区域内において行われる宅地造成等に関する工事の許可に付した条件に違反した者に対して、その許可を取り消すことができる。 [H26.問19.2]

□ **9** 宅造等規制区域内において行われる宅地造成等に関する工事の許可を受けた者は、国土交通省令で定める軽微な変更を除き、当該許可に係る工事の計画の変更をしようとする時は、遅滞なくその旨を都道府県知事に届け出なければならない。 [R01.問19.2]

⑤ 宅地造成等工事規制区域内での届出 ★★

問題 盛土規制法に関する次の記述の正誤を○×で答えなさい。

□ **1** 宅造等規制区域の指定の際に、当該宅造等規制区域内において宅地造成等に関する工事を行っている者は、当該工事について改めて都道府県知事の許可を受けなければならない。 [H27.問19.2]

□ **2** 宅造等規制区域内の土地（公共施設用地を除く）において、高さが2mを超える擁壁を除却する工事を行おうとする者は、一定の場合を除き、その工事に着手する日の14日前までにその旨を都道府県知事に届け出なければならない。 [H28.問20.3.改]

□ **3** 宅造等規制区域内において、公共施設用地を宅地又は農地等に転用した者は、一定の場合を除き、その転用した日から14日以内にその旨を都道府県知事に届け出なければならない。 [H28.問20.4.改]

工事主は、宅地造成等工事の完了後には、**都道府県知事の**検査**を受ける必要があ**ります。検査の結果、工事の技術的基準に適合していると認められる場合、**都道府県知事は**検査済証**を工事主に交付**しなければなりません。

○

都道府県知事は、工事主が**偽りその他不正な手段によって許可を取得**したり、**許可に付した条件に違反**した場合、その**許可を**取り消す**ことができます。また、工事が技術的基準に不適合であった場合に、工事主、工事の請負人等に対して、工事施行の停止等を命ずることができます。

○

宅地造成等に関して都道府県知事の許可を受けた者が、**工事計画の変更を行う場合**には、その内容について、**都道府県知事に**変更の許可**を受ける必要があります。ただし、**軽微な変更**（工事主・設計者・工事施工者の変更や、工事着手・完了予定日の変更）については、届出をするだけでよく、許可は不要です。

✕

解説 宅造等規制区域内で許可不要でも届出が必要な場合を覚えましょう。

宅造等規制区域内において、許可を受ける必要はなくても、**都道府県知事への届出が必要な場合**がいくつかあります。問題文のように、宅造等規制区域が指定された際、既に宅地造成等に関する工事を行っている工事主は、宅造等規制区域の**指定があった日から**21**日以内**に当該工事について**都道府県知事に届け出なければ**なりません（事後届出）。しかし、**改めての許可は**不要です。

✕

宅造等規制区域内での、**高さ**2**m超の**擁壁や排水施設等の除却工事**を行う場合は、工事に**着手する日の14**日前**までに**都道府県知事への届出**が**必要**です（事前届出）。この場合も、問1と同様に、許可は必要なくとも、届出が必要な事例です。

○

宅造等規制区域内で、**公共施設用地を**宅地**又は**農地**等に転用**した場合、**転用した日から**14**日以内**に**都道府県知事への届出**が**必要**です（事後届出）。これは、都道府県知事の許可は不要、届出は必要となる場合の3つ目の事例です。

○

問題 盛土規制法に関する次の記述の正誤を○×で答えなさい。なお、この問において「都道府県知事」とは、地方自治法に基づく指定都市、中核市、施行時特例市にあってはその長をいうものとする。

1 宅造等規制区域内で過去に宅地造成等に関する工事が行われ、現在は工事主とは異なる者がその工事が行われた土地を所有している場合において、当該土地の所有者は宅地造成等に伴う災害が生じないよう、その土地を常時安全な状態に維持するよう努めなければならない。 [R04.問19.3]

2 都道府県知事は、宅造等規制区域内の土地で、宅地造成又は特定盛土等に伴う災害の防止のため必要な擁壁が設置されていないために、これを放置する時は、宅地造成等に伴う災害の発生のおそれが大きいと認められる場合、一定の限度のもとに、当該土地の所有者、管理者又は占有者に対して、擁壁の設置を命ずることができる。 [H29.問20.1]

3 都道府県知事は、宅造等規制区域内の土地の所有者、管理者又は占有者に対して、当該土地又は当該土地において行われている工事の状況について報告を求めることができる。 [R03-12月.問19.2]

4 都道府県知事は、基本方針に基づき、かつ、基礎調査の結果を踏まえ、宅地造成、特定盛土等又は土石の堆積に伴い災害が生ずるおそれが大きい市街地若しくは市街地となろうとする土地の区域又は集落の区域であって、宅地造成等に関する工事について規制を行う必要があるものを、造成宅地防災区域として指定することができる。 [R01.問19.4.改]

5 都道府県知事は、造成宅地防災区域内の造成宅地について、宅地造成等に伴う災害で、相当数の居住者等に危害を生ずるものの防止のため必要があると認める場合は、その造成宅地の所有者のみならず、管理者や占有者に対しても、擁壁等の設置等の措置をとることを勧告することができる。 [H20.問22.4]

6 造成宅地防災区域内の造成宅地の所有者、管理者又は占有者は、災害が生じないよう、その造成宅地について擁壁の設置等の措置を講ずるよう努めなければならない。 [H19.問23.3]

8 造成宅地防災区域とは ★★

解説 宅造等規制区域内の宅地について、都道府県知事は、必要に応じて勧告や改善命令等を行うことができます。

宅造等規制区域内の土地の**所有者**、**管理者**、占有者は、宅地造成等に伴う災害が生じないよう、**その土地を常時安全な状態に維持するように努めなければなりません**。現在の所有者が、過去の宅地造成等工事の際の工事主と異なる者であっても、**土地の所有者**である以上、この**努力義務を負います**。 ○

都道府県知事は、宅造等規制区域内の土地で、災害の防止のため必要な擁壁が設置されておらず、これを放置すると災害の発生のおそれが大きいと認められる場合、**その土地の所有者**、**管理者**、**占有者**、工事主又は**工事施行者**に対し、**擁壁の設置・改造などの工事を命ずることが**できます。 ○

都道府県知事は、宅造等規制区域内の**土地の所有者**、**管理者**、占有者に対して、その工事が**宅地造成等に関する工事であるか否かにかかわらず**、その土地又は土地において行われる**工事の状況に関する報告を求める**ことができます。 ○

都道府県知事が、**基本方針**に基づき、かつ、**基礎調査**の結果を踏まえて、**造成宅地防災区域**として指定することができるのは、「**宅地造成又は宅地における特定盛土等に伴う災害で相当数の居住者等に危害を生ずる災害の発生のおそれが大きい一団の造成宅地の区域**」です。問題文の説明は、宅造等規制区域の指定についてです。間違えないよう、区別して覚えておきましょう。 ✕

造成宅地防災区域における「勧告」「改善命令」は、宅造等規制区域内の規制とほぼ同様です。**都道府県知事**は、**造成宅地防災区域内の造成宅地**について、災害防止のため必要があると認める場合においては、**その造成宅地の所有者・管理者・占有者**に対し、**擁壁の設置等必要な措置**をとることを勧告することができます。なお、都道府県知事は、指定の事由がなくなった場合に指定を解除することもできます。 ○

造成宅地の所有者・管理者・占有者には、擁壁等の設置や改造その他必要な措置を講ずる**努力義務**が課せられます。ただし、「努力義務」であって、「**法的義務**」ではない点に注意しておきましょう。 ○

Part **3** 法令上の制限 **19** その他の法律／盛土規制法

❶ 土地区画整理事業とは／❷ 土地区画整理事業の施行者 ★★★★★／

問題 土地区画整理法に関する次の記述の正誤を○×で答えなさい。なお、この問において「組合」とは、土地区画整理組合をいう。

☐ **1** 土地区画整理事業とは、公共施設の整備改善及び宅地の利用の増進を図るため、土地区画整理法で定めるところに従って行われる、都市計画区域内及び都市計画区域外の土地の区画形質の変更に関する事業をいう。

[H30.問21.1]

☐ **2** 組合の設立認可を申請しようとする者は、施行地区となるべき区域内の宅地について借地権を有するすべての者の3分の2以上の同意を得なければならないが、未登記の借地権を有する者の同意を得る必要はない。[R02-10月.問20.1]

☐ **3** 土地区画整理組合は、定款に別段の定めがある場合においては、換地計画に係る区域の全部について工事が完了する以前においても換地処分をすることができる。

[R04.問20.2]

☐ **4** 組合を設立しようとする者は、事業計画の決定に先立って組合を設立する必要があると認める場合においては、7人以上共同して、定款及び事業基本方針を定め、その組合の設立について都道府県知事の認可を受けることができる。

[H29.問21.3]

☐ **5** 組合施行の土地区画整理事業において、施行地区内の宅地について所有権を有する組合員から当該所有権の一部のみを承継した者は、当該組合の組合員とはならない。

[H18.問24.1]

☐ **6** 土地区画整理組合が施行する土地区画整理事業は、市街化調整区域内において施行されることはない。

[H12.問21.2]

☐ **7** 組合の総会の会議は、定款に特別な定めがある場合を除くほか、組合員の半数以上が出席しなければ開くことができない。 [R02-10月.問20.2]

❸ 土地区画整理事業の流れ ★

▼正解

解説 土地区画整理事業は、都市計画区域内に限定して実施されます。

土地区画整理事業とは、都市計画区域内の土地について、公共施設の整備改善や宅地の利用増進を図るため、**土地の区画形質の変更や公共施設の新設・変更を行う事業**をいいます。「都市計画区域内」と限定されており、都市計画**区域外で実施することはできません**。従って、問題文の「都市計画区域内及び都市計画区域外の土地の区画形質の変更に関する事業」は誤りです。

✕

土地区画整理組合（以下、**組合**）の設立に当たっては、施行地区となるべき区域内の宅地について**権利を有する者（所有権者・借地権者）の同意が必要**です。この借地権者には、未登記の借地権者が含まれます。

✕

原則として、換地処分は、**土地区画整理事業の工事全部の完了後**に行います。ただし、規準や規約などに**別段の定めがある場合**には、全ての工事が完了する前に**部分的な換地処分**をすることが可能です。

◯

組合を設置しようとする者は、まず、施行地区内の**7人以上共同して定款・事業計画を作成**し、**3分の2以上の同意**を得た上で、設立について**都道府県知事の認可を受ける**ことができます。なお、組合が設立されると、**施行地区内の宅地について所有権又は借地権を有する者は、全員がその組合の組合員**となります。

◯

組合員から土地の所有権や借地権を承継した者は、**組合員の地位や組合に対して有する権利義務も承継**します。これは、所有権の一部を譲り受けた場合も含まれるので、**一部を譲り受けた者も組合員**となります。

✕

組合が施行する土地区画整理事業は、都市計画**区域内**ならどこでも**施行可能**なので、市街化調整区域内でも施行されます。

✕

定款に特別な定めがない場合、**組合の総会の定足数**は、「**組合員の半数以上**」とされています。従って、総会の会議は、**組合員の半数以上が出席しなければ開くことはできません**。

◯

□ **8** 組合は、その事業に要する経費に充てるため、賦課金として参加組合員以外の組合員に対して金銭を賦課徴収することができるが、当該組合に対する債権を有する参加組合員以外の組合員は、賦課金の納付について、相殺をもって組合に対抗することができる。 [H17.問23.2]

□ **9** 組合は、事業の完成により解散しようとする場合においては、都道府県知事の認可を受けなければならない。 [H29.問21.1]

□ **10** 土地区画整理組合の組合員は、組合員の3分の1以上の連署をもって、その代表者から理由を記載した書面を土地区画整理組合に提出して、理事又は監事の解任を請求することができる。 [R03-10月.問20.4]

□ **11** 組合の設立の認可の公告があった日後、換地処分の公告がある日までは、施行地区内において、土地区画整理事業の施行の障害となるおそれがある土地の形質の変更を行おうとする者は、当該土地区画整理組合の許可を受けなければならない。 [R03-10月.問20.3]

□ **12** 土地区画整理法による建築行為等の規制に違反して建築された建築物等については、施行者は、事業の施行のため必要となったときは、いつでも移転又は除却をすることができる。 [H16.問22.2]

4 換地計画 ★★★

問題 土地区画整理法に関する次の記述の正誤を○×で答えなさい。

□ **1** 施行者は、施行地区内の宅地について換地処分を行うため、換地計画を定めなければならない。この場合において、当該施行者が土地区画整理組合であるときは、その換地計画について市町村長の認可を受けなければならない。[H26.問20.2]

□ **2** 施行者は、宅地の所有者の申出又は同意があった場合においては、その宅地を使用し、又は収益することができる権利を有する者に補償をすれば、換地計画において、その宅地の全部又は一部について換地を定めないことができる。 [H26.問20.1]

組合は、土地区画整理事業に要する経費として、**参加組合員以外の組合員**に対して賦課金を徴収することができます。しかし、組合に対する債権を有する参加組合員以外の組合員は賦課金の納付について、その債権での相殺をもって組合に対抗することはできません。なお、**賦課金の額**は、組合員が施行地区内に有する宅地又は借地の位置、地積等を考慮して公平に定めます。

✕

組合は、総会の議決や事業の完成により解散しようとする場合、**都道府県知事の認可**が必要です。また、借入金がある場合は、**その債権者の同意も必要**です。

◯

組合員は、組合員の3分の1以上の連署をもって、その代表者から理由を記載した書面を組合に提出して、理事又は監事の解任を請求することができます

◯

施行地区内において、**認可の公告日以後**、換地処分の公告がある日までは、土地区画整理事業の施行の障害となるおそれがある土地の形質の変更や建築物その他の工作物の建築を行おうとする者は、土地区画整理組合の許可ではなく、**都道府県知事**（市の区域内で民間施行者又は市が施行する場合は市の長）の許可が必要です。

✕

規制に違反した場合、国土交通大臣又は都道府県知事等は、**相当の期限**を定めて、土地の原状回復や建築物等の**移転・除却を命ずることが**できます。「必要に応じていつでも」移転・除却できるわけではありません。

✕

解説 換地計画とは、換地処分を行うための計画で、施行者は、その計画について都道府県知事の認可を受ける必要があります。

施行者が個人・組合・区画整理会社・市町村・機構等の場合、**都道府県知事の認可が必要**です。問題文の場合、「市町村長の認可」とする点が誤りです。

✕

宅地所有者の申出や同意があれば、**換地を定めない**こともできます。この場合、宅地の使用収益権を有する者（借地権者など）の同意が必要で、清算金で調整できます。問題文は、「同意」が必要であるにもかかわらず、「補償」をすればできるとしている点が誤りです。

✕

Part **3** 法令上の制限 20 その他の法律／土地区画整理法

☐ **3** 施行者は、仮換地を指定した時に、清算金を徴収し、又は交付しなければ
ならない。　　　　　　　　　　　　　　　　　　　　　　［R02-12月.問20.2］

☐ **4** 換地計画において定められた保留地は、換地処分があった旨の公告があっ
た日の翌日において、施行者が取得する。　　　　　　　　　　［H27.問20.3］

☐ **5** 個人施行者以外の施行者は、換地計画を定めようとする場合においては、そ
の換地計画を2週間公衆の縦覧に供しなければならない。　　［R01.問20.3］

5 仮換地の指定 ★★★

問題 土地区画整理法における次の記述の正誤を○×で答えなさい。

☐ **1** 施行者は、仮換地の指定を行うに当たっては、従前の宅地について抵当権
を有する者に対して、仮換地について仮にその目的となるべき宅地又はその
部分を指定しなければならない。　　　　　　　　　　　　　［H13.問22.2］

☐ **2** 個人施行者は、仮換地を指定しようとする場合においては、あらかじめ、そ
の指定について、従前の宅地の所有者の同意を得なければならないが、仮換
地となるべき宅地の所有者の同意を得る必要はない。　　　　［H25.問20.4］

☐ **3** 土地区画整理事業の施行者は、仮換地を指定した場合において、従前の宅
地に存する建築物を移転し、又は除却することが必要となったときは、当該
建築物を移転し、又は除却することができる。　　　　　　　［H30.問21.3］

☐ **4** 土地区画整理組合は、仮換地を指定しようとする場合においては、あらか
じめ、その指定について、土地区画整理審議会の同意を得なければならない。
　　　　　　　　　　　　　　　　　　　　　　　　　　　　［R05.問20.4］

清算金とは、従前の宅地と換地の**土地価格に**不均衡が生ずる場合、過不足分を清算するために徴収・交付される金銭のことです。清算金の徴収と交付は、**換地処分の公告があったとき**に行います。従って、これを「仮換地の指定時にしなければならない」とする点が誤りです。　✕

土地区画整理事業の施行費用に充てるなどの目的で、**施行者が換地として定めずに保有（確保）しておく土地**を保留地といいます。保留地は、**換地処分の公告日の翌日に施行者が取得**します。　◯

換地計画を定める場合、個人施行者**以外の施行者**は、その換地計画を 2 週間公衆の縦覧に供しなければなりません。　◯

解説　施行者は、換地処分前に、換地計画に基づき換地処分を行うため必要がある場合には、施行地区内の宅地について仮換地を指定することができます。

施行者は、仮換地の指定を行うに当たっては、従前の宅地について**土地の使用収益権を有する者**があるときは、それらの権利の目的となる**宅地又はその部分を指定**しなければなりません。一方、使用収益権を持たない**抵当権者**に対しては、**仮換地の指定は**不要です。　✕

個人施行者は、仮換地を指定しようとする場合においては、あらかじめ、その指定について、**従前の宅地の**所有者、仮換地となるべき宅地の所有者**双方の同意が**必要です。　✕

土地区画整理事業の施行者は、仮換地を指定した場合において、必要であれば、従前の宅地に存する建築物を移転し、又は除却することができます。　◯

土地区画整理組合が**仮換地を指定する場合**の手続きとしては、あらかじめ**総会等の同意が必要**ですが、土地区画整理審議会の同意を得る必要はありません。なお、仮換地の指定手続きにおいて、**施行者が**地方公共団体や国土交通大臣、都市再生機構等の場合は**土地区画整理審議会の意見**を聴かなければなりません。　✕

☐ **5** 土地区画整理事業の施行者は、仮換地を指定した場合において、当該仮換地について使用又は収益を開始することができる日を当該仮換地の効力発生の日と同一の日として定めなければならない。 [H30.問21.4]

☐ **6** 土地区画整理組合が仮換地を指定した場合において、当該処分によって使用し又は収益することができる者のなくなった従前の宅地については、換地処分の公告がある日までは、当該宅地の存する市町村がこれを管理する。 [H14.問22.3]

6 換地処分 ★★★★

問題 土地区画整理法に関する次の記述の正誤を○×で答えなさい。

☐ **1** 個人施行者は、規準又は規約に別段の定めがある場合においては、換地計画に係る区域の全部について土地区画整理事業の工事が完了する以前においても換地処分をすることができる。 [H25.問20.1]

☐ **2** 土地区画整理事業の施行により生じた公共施設の用に供する土地は、換地処分があった旨の公告があった日の翌日において、すべて市町村に帰属する。 [H27.問20.4]

☐ **3** 換地処分の公告があった場合においては、換地計画において定められた換地は、その公告があった日の翌日から従前の宅地とみなされ、換地計画において換地を定めなかった従前の宅地について存する権利は、その公告があった日が終了した時において消滅する。 [R01.問20.4]

☐ **4** 施行地区内の宅地について存する地役権は、土地区画整理事業の施行により行使する利益がなくなった場合を除き、換地処分があった旨の公告があった日の翌日以後においても、なお従前の宅地の上に存する。 [H27.問20.2]

☐ **5** 仮換地の指定があった日後、土地区画整理事業の施行による施行地区内の土地及び建物の変動に係る登記がされるまでの間は、登記の申請人が確定日付のある書類によりその指定前に登記原因が生じたことを証明した場合を除き、施行地区内の土地及び建物に関しては他の登記をすることができない。 [R01.問20.1]

仮換地が工事未完了で使用できないなど、一定の事情がある場合、**施行者は指定の効力発生日とは別に「仮換地の使用・収益の開始日」を定める**ことができます。従って「効力発生の日と同一の日として定めなければならない」は誤りです。 **✕**

仮換地の指定により、使用・収益することができる者のなくなった**従前の宅地の管理**については、**換地処分の公告がある日まで**は、市町村ではなく**施行者**が行います。 **✕**

解説 換地処分は、原則として、換地計画に係る区域の全部について、工事がすべて完了した後、施行者が、関係権利者に通知することで行います。

規準又は規約に別段の定めがある場合は、全部の工事完了以前に**部分的に換地処分を行うことも可能**です。 **○**

土地区画整理事業の施行により**公共施設が設置された場合**、その公共施設は、原則として、**換地処分の公告があった日の翌日**に、**公共施設の管理者に帰属**します。必ずしも市町村に帰属するとは限りません。 **✕**

換地処分の公告があった場合、**換地計画において定められた換地**は、**公告日の翌日から従前の宅地**とみなされます。また、換地計画において換地を定めなかった従前の宅地について存する権利は、**公告日が終了した時に消滅**します。 **○**

施行地区内の宅地に存する地役権（土地区画整理事業の施行により行使する利益がなくなった地役権を除く）は、**換地処分にかかる公告があった日の翌日以後**においても、**なお従前の宅地の上に存します**。 **○**

換地処分の公告があった場合、施行者は、その旨を直ちに**管轄登記所に通知する必要があります**。また、事業により**施行区域内の土地・建物に変動があったとき**は、**遅滞なく、変動に関する登記を申請・嘱託しなければなりません**。なお、施行者による登記がされるまで、その他の登記申請は原則としてできません。問題文は「仮換地の指定があった日後」が誤り。登記ができるのは、換地処分の後です。 **✕**

1 その他の法令の「原則」 ★

問題 次の記述の正誤を○×で答えなさい。

☐ **1** 森林法によれば、保安林において立木を伐採しようとする者は、一定の場合を除き、都道府県知事の許可を受けなければならない。 [H26.問22.2]

☐ **2** 地すべり等防止法によれば、地すべり防止区域内において、地表水を放流し、又は停滞させる行為をしようとする者は、一定の場合を除き、市町村長の許可を受けなければならない。 [H25.問22.1]

☐ **3** 急傾斜地の崩壊による災害の防止に関する法律によれば、急傾斜地崩壊危険区域内において水を放流し、又は停滞させる等の行為をしようとする者は、原則として都道府県知事の許可を受けなければならない。 [H14.問25.4]

☐ **4** 土砂災害警戒区域等における土砂災害防止対策の推進に関する法律によれば、土砂災害特別警戒区域内において都市計画法上の一定の開発行為をしようとする者は、原則として市町村長の許可を受けなければならない。 [H14.問25.1]

☐ **5** 都市緑地法によれば、特別緑地保全地区内において建築物の新築、改築又は増築を行おうとする者は、一定の場合を除き、公園管理者の許可を受けなければならない。 [H26.問22.4]

▼正解

解説 土地等に関するその他の諸法令による制限では、ほとんどの許可権者が「都道府県知事」です。まずは、「原則、<u>都道府県知事</u>の許可が必要な法令」を覚えておきましょう。

O

森林法によれば、保安林においては、一定の例外を除き、**立木を伐採**するには、<u>都道府県知事</u>**の許可**を受けなければなりません。

地すべり防止区域内において、**地表水を放流し、又は停滞させる行為**をしようとする者は、<u>都道府県知事</u>**の許可が必要**です。その他次の①〜④も、許可が必要な行為です。① **地下水を誘致・停滞させる行為で地下水を増加**させるもの、地下水の排水施設の機能を阻害する行為その他地下水の排除を阻害する行為② **のり切又は切土** ③ ため池、用排水路その他の**地すべり防止施設以外の施設又は工作物の新築・改良** ④ その他政令で定めるもの

✕

急傾斜地の崩壊による災害の防止に関する法律によれば、**急傾斜地崩壊危険区域内**において**水を放流し、又は停滞**させる等の行為は、原則として、<u>都道府県知事</u>の許可を受けなければなりません。

O

土砂災害警戒区域等における土砂災害防止対策の推進に関する法律によれば、**土砂災害特別警戒区域内**において、都市計画法上の**一定の開発行為**（特定開発行為）をしようとする者は、原則として、あらかじめ<u>都道府県知事</u>**の許可**を受けなければなりません。「市町村長の許可」は誤りです。

✕

都市緑地法によれば、**特別緑地保全地区内**において、次の①〜④の行為をしようとする者は、原則として、<u>都道府県知事等</u>**の許可**を受けなければなりません。
①**建築物その他の工作物の新築、改築又は増築**
②宅地の造成、土地の開墾、土石の採取、鉱物の掘採その他の土地の形質の変更
③木竹の伐採
④水面の埋立て又は干拓
問題文は、「公園管理者の許可」としている点が誤りです。

✕

2 その他の法令の「例外」 ★★★★

問題 次の記述の正誤を○×で答えなさい。

☐ 1 土壌汚染対策法によれば、形質変更時要届出区域内において土地の形質の変更をしようとする者は、非常災害のために必要な応急措置として行う行為であっても、都道府県知事に届け出なければならない。　[H25.問22.3]

☐ 2 自然公園法によれば、風景地保護協定は、当該協定の公告がなされた後に当該協定の区域内の土地の所有者となった者に対しても、その効力が及ぶ。　[H20.問25.1]

☐ 3 文化財保護法によれば、史跡名勝天然記念物の保存に重大な影響を及ぼす行為をしようとする者は、原則として市町村長の許可を受けなければならない。　[H15.問25.3]

☐ 4 道路法によれば、道路の区域が決定された後道路の供用が開始されるまでの間であっても、道路管理者が当該区域についての土地に関する権原を取得する前であれば、道路管理者の許可を受けずに、当該区域内において工作物を新築することができる。　[H29.問22.4]

☐ 5 河川法によれば、河川区域内の土地において工作物を新築し、改築し、又は除却しようとする者は、河川管理者と協議をしなければならない。[H25.問22.4]

☐ 6 海岸法によれば、海岸保全区域内において土地の掘削、盛土又は切土を行おうとする者は、一定の場合を除き、海岸管理者の許可を受けなければならない。　[H26.問22.3]

☐ 7 港湾法によれば、港湾区域内において、港湾の開発に著しく支障を与えるおそれのある一定の行為をしようとする者は、原則として国土交通大臣の許可を受けなければならない。　[H15.問25.2]

☐ 8 景観法によれば、景観計画区域内において建築物の新築、増築、改築又は移転をした者は、工事着手後30日以内に、その旨を景観行政団体の長に届け出なければならない。　[H29.問22.3]

解説 許可権者が「都道府県知事」以外の例外も整理しておきましょう。

問題文の場合、原則として、**都道府県知事への届出が必要**です。ただし、**非常災害のために必要な応急措置として行う行為**は例外とされており、**事前届出は不要**です。 ✗

自然公園法に基づく**風景地保護協定**は、協定の公告がなされた後にその協定の区域内の土地の所有者となった者に対しても、その**効力が及びます**。なお、建築物の建築や土地の形質変更には、**環境大臣の許可が必要**ですが、国定公園の場合（特別地域・特別保護地区内の建築物の建築や土地の形質変更）は、**都道府県知事の許可が必要**です。 ○

文化財保護法によれば、**史跡名勝天然記念物に関しその現状を変更し、又はその保存に影響を及ぼす行為**をしようとするときは、**文化庁長官の許可**を受けなければなりません。「市町村長の許可」は誤りです。 ✗

道路法によれば、道路の区域が決定された後、道路が供用開始されるまでの間に、①**土地の形質変更** ②**工作物の新築・増改築・大修繕** の行為をする場合、**道路管理者の許可が必要**です。これは、道路管理者が土地に関する権原を取得する前も同様です。従って**許可を受けずに工作物を新築することはできません**。 ✗

河川区域内の土地において、**工作物を新築・改築・除却**しようとする者は、**河川管理者の許可が必要**です。問題文の「河川管理者と協議」は誤りです。 ✗

海岸保全区域内において、①**土石の採取** ②**水面又は公共海岸の土地以外の土地における他の施設等の新設や改築** ③**土地の掘削、盛土、切土**その他政令で定める行為 をしようとする者は、**海岸管理者の許可が必要**です。 ○

港湾法によれば、港湾区域内において、**港湾の開発に著しく支障を与えるおそれのある一定の行為**をしようとする者は、原則として**港湾管理者の許可**を受けなければなりません。「国土交通大臣の許可」は誤りです。 ✗

景観計画区域において建築物の新築・増築・改築・移転をしようとする場合、**あらかじめ景観行政団体の長**（都道府県知事又は市町村長）に届け出なければなりません（**事前届出**）。問題文は、「事後届出」としている点が誤りです。 ✗

税・その他 ▶ 出題回数ベスト30

順位	項目	見出し	回数
1	09 免除科目／住宅金融支援機構法	2 機構の業務	67
2	10 免除科目／景品表示法	6 物件の内容・取引条件等に係る表示基準	44
3	11 免除科目／土地に関する知識	4 低地	31
5	12 免除科目／建物に関する知識	2 木造の特性と工法	30
4	12 免除科目／建物に関する知識	4 鉄筋コンクリート造の特性	27
6	11 免除科目／土地に関する知識	5 地形が原因となる災害	26
7	10 免除科目／景品表示法	4 表示に関する制限	25
8	04 印紙税	5 印紙税の課税標準	24
9	03 登録免許税	3 登録免許税の税率の軽減措置	22
10	11 免除科目／土地に関する知識	3 丘陵地・台地・段丘	18
11	04 印紙税	4 課税文書とは	17
11	12 免除科目／建物に関する知識	1 建築物の基礎知識	17
13	10 免除科目／景品表示法	5 特定事項の明示義務	16
14	01 不動産取得税	6 課税標準の特例	14
14	08 不動産鑑定評価基準	6 取引事例比較法	14
14	12 免除科目／建物に関する知識	6 建物の強化・耐震への取り組み	14
17	01 不動産取得税	3 不動産の取得とは	13
17	02 固定資産税	2 固定資産税の納税義務者	13
19	05 所得税	3 課税標準の特例	12
19	06 贈与税	3 相続時精算課税	12
19	07 地価公示法	6 公示価格の効力	12
22	01 不動産取得税	5 不動産取得税の税額	11
22	07 地価公示法	4 標準地の鑑定評価	11
24	08 不動産鑑定評価基準	7 収益還元法	10
25	02 固定資産税	5 固定資産課税台帳	9
25	07 地価公示法	3 標準値の選定	9
25	08 不動産鑑定評価基準	5 原価法	9
25	11 免除科目／土地に関する知識	2 山地・山麓	9
25	12 免除科目／建物に関する知識	3 鉄骨造の特性	9
30	05 所得税	4 軽減税率の特例	8

©オフィス海調べ（対象：平成10年〜令和4年の宅建試験）

Part 4

税・その他

見出しの★は、平成10年以降
の出題回数を表しています。

★なし	出題 5回未満
★	出題 5回以上
★★	出題10回以上
★★★	出題15回以上
★★★★	出題20回以上
★★★★★	出題25回以上

01 不動産取得税

1 不動産に関する税／2 不動産取得税の概要 ★／3 不動産の取得とは ★★

問題 不動産取得税に関する次の記述の正誤を○×で答えなさい。

☐ **1** 不動産取得税は、不動産の取得があった日の翌日から起算して2か月以内に当該不動産の所在する都道府県に申告納付しなければならない。

[R03-10月.問24.3]

☐ **2** 販売用に中古住宅を取得した場合、不動産取得税は課されない。

[H22.問24.4]

☐ **3** 交換により不動産を取得した場合、不動産取得税は課されない。

[H22.問24.2]

☐ **4** 生計を一にする親族から不動産を取得した場合、不動産取得税は課されない。

[H22.問24.1]

☐ **5** 相続による不動産の取得については、不動産取得税は課されない。

[H30.問24.3]

☐ **6** 不動産取得税は、不動産の取得に対して課される税であるので、法人の合併により不動産を取得した場合にも、不動産取得税は課される。

[H28.問24.2]

☐ **7** 共有物の分割による不動産の取得については、当該不動産の取得者の分割前の当該共有物に係る持分の割合を超えない部分の取得であれば、不動産取得税は課されない。

[R02-10月.問24.4]

☐ **8** 不動産取得税は、独立行政法人及び地方独立行政法人に対しては、課することができない。

[H26.問24.3]

ポ
イ
ン
ト

▶ 不動産取得税は、不動産の取得に対して、都道府県が課する地方税。
▶ 不動産取得税は、「売買・交換・贈与による取得」に対して課税される。
▶ 課税標準は、取得した時の不動産価格（取引価格ではない）。

▼正解

解説　不動産取得税は、不動産の実質的取得には課税、形式的取得には非課税です。

不動産取得税は、**不動産の取得**（売買・交換・贈与・新築・増改築）に対して、不動産の所在する**都道府県が課する地方税**です。徴収方法は、普通徴収（納税通知書をその納税者に交付することにより地方税を徴収すること）です。　✗

不動産取得税は、有償・無償にかかわらず、不動産の「実質**的取得**」に対して課されます。問題文の中古住宅を販売用に取得する、つまり売買による取得は、実質的取得の一つであり、通常通り不動産取得税が課されます。　✗

交換による取得も、「実質**的取得**」ですから、不動産取得税が課されます。　✗

生計を一にする親族から不動産を取得した場合は「実質的所得」であることから、不動産取得税が課されます。　✗

相続（包括遺贈・相続人に対する遺贈を含む）による取得の場合は、「形式的所得」であることから、不動産取得税は課されません。　○

法人の合併による取得の場合は、「形式**的取得**（所有権移転）」として、不動産取得税は課されません。　✗

共有物の分割による取得では、取得分が取得者の分割前の共有物にかかる持分割合を超えなければ、形式**的取得**として、不動産取得税は課されません。　○

国、都道府県、市町村、特別区、地方独立行政法人には不動産取得税を課税することはできません。一方、独立行政法人には課税される場合があります。従って問題文の「課することができない」は誤りです。　✗

4 家屋の建築による不動産の取得 ★／5 不動産取得税の税額 ★★／

問題 不動産取得税に関する次の記述の正誤を○×で答えなさい。

☐ **1** 家屋が新築された日から3年を経過して、なお、当該家屋について最初の使用又は譲渡が行われない場合においては、当該家屋が新築された日から3年を経過した日において家屋の取得がなされたものとみなし、当該家屋の所有者を取得者とみなして、これに対して不動産取得税を課する。[R03-10月.問24.2]

☐ **2** 不動産取得税は、不動産の取得に対して課される税であるので、家屋を改築したことにより、当該家屋の価格が増加したとしても、不動産取得税は課されない。 [R02-10月.問24.3]

☐ **3** 現在保有している家屋を解体し、これを材料として他の場所に同一の構造で再建した場合は、常に不動産の取得はなかったものとみなされる。 [H12.問28.2]

☐ **4** 令和6年に個人が取得した住宅及び住宅用地に係る不動産取得税の税率は3%であるが、住宅用以外の土地に係る不動産取得税の税率は4%である。 [R02-10月.問24.1.改]

☐ **5** 一定の面積に満たない土地の取得に対しては、狭小な不動産の取得者に対する税負担の排除の観点から、不動産取得税を課することができない。 [R02-10月.問24.2]

☐ **6** 不動産取得税の課税標準となるべき額が、土地の取得にあっては10万円、家屋の取得のうち建築に係るものにあっては1戸につき23万円、その他のものにあっては1戸につき12万円に満たない場合においては、不動産取得税が課されない。 [H24.問24.1]

☐ **7** 床面積240㎡である新築住宅に係る不動産取得税の課税標準の算定については、当該新築住宅の価格から1,200万円が控除される。 [H28.問24.3]

☐ **8** 宅地の取得に係る不動産取得税の課税標準は、当該宅地の価格の4分の1の額とされる。 [H24.問24.3.改]

解説　不動産取得税は、家屋を建築（新築・増改築）することで不動産を取得した場合にも課税されます。

家屋が**新築された日**から**6か月を経過**しても、最初の使用又は譲渡が行われない場合は、その**6か月を経過した日**において**家屋の取得があったもの**とみなされて、所有者に**不動産取得税**が**課されます**。　　✗

家屋を改築したことにより、家屋の価格が増加した場合には、**改築により増加した価格**を課税標準として**不動産取得税**が**課されます**。　　✗

保有している家屋を解体し、これを材料として他の場所に同一の構造で**再建した場合**は、**新築による不動産の取得**とみなされます。ただし、課税標準については、「改築」に準じて「**移築により増加した価額**」とされます。　　✗

不動産取得税の税率は、**土地・住宅を取得した場合**は**軽減措置**がとられているため**3**％、**住宅用以外**の**家屋**の場合は**4**％です（**制限税率の規定はなし**）。問題文は「住宅用以外の土地」について、税率を4％としている点が誤りです。　　✗

不動産取得税の免税点は、**課税標準となる金額**を基準に**判断**します。免税点を「一定の面積に満たない土地の取得の場合」として土地の面積を基準とするヒッカケ問題に注意しましょう。　　✗

不動産取得税は、課税標準となるべき額が**免税点に満たない場合**は**課されません**。

●不動産取得税の免税点

土地		10万円
家屋	新築・増築・改築	1戸（一区画）につき23万円
	その他（売買など）	1戸（一区画）につき12万円

〇

床面積が**50㎡以上240㎡以下**の新築住宅を取得した場合、**1,200万円の控除の対象**（課税標準である不動産の価格から**1,200万円**が差し引かれる）になります。　　〇

不動産取得税の課税標準の特例では、宅地を取得した場合、**宅地の価格の2分の1の額**となります。　　✗

02 固定資産税

1 固定資産税の概要 ★／**2** 固定資産税の納税義務者 ★★／**3** 固定資産税の税額 ★

問題 固定資産税に関する次の記述の正誤を○×で答えなさい。

□ **1** 固定資産税の徴収方法は、申告納付によるので、納税義務者は、固定資産を登記した際に、その事実を市町村長に申告又は報告しなければならない。
[H15.問28.4]

□ **2** 固定資産税の納期は、4月、7月、12月及び2月中において、当該市町村の条例で定めることとされているが、特別の事情がある場合においては、これと異なる納期を定めることができる。 [R02-12月.問24.3]

□ **3** 固定資産税を既に全納した者が、年度の途中において土地の譲渡を行った場合には、その譲渡後の月数に応じて税額の還付を受けることができる。
[R02-12月.問24.1]

□ **4** 固定資産税は、固定資産の所有者に対して課されるが、質権又は100年より永い存続期間の定めのある地上権が設定されている土地については、所有者ではなくその質権者又は地上権者が固定資産税の納税義務者となる。[R01.問24.4]

□ **5** 固定資産の所有者の所在が震災、風水害、火災等によって不明である場合には、その使用者を所有者とみなして固定資産課税台帳に登録し、その者に固定資産税を課することができる。 [H20.問28.1]

□ **6** 固定資産税の課税標準は、原則として固定資産の価格であるが、この価格とは「適正な時価」をいうものとされており、固定資産の価格の具体的な求め方については、都道府県知事が告示した固定資産評価基準に定められている。 [H20.問28.3]

□ **7** 固定資産税における土地の価格は、地目の変換がない限り、必ず基準年度の価格を3年間据え置くこととされている。 [H15.問28.2]

ポイント

▶ 標準税率は1.4%。制限税率は設けられていない。

▶ 免税点は土地が30万円、家屋が20万円、償却資産が150万円。

▶ 納税義務者は、固定資産課税台帳を閲覧できる。

▼正解

解説 固定資産税は、固定資産（土地・家屋・償却資産）の所有者に、固定資産の所在する市町村が課する地方税です。

固定資産税の徴収方法は、**普通徴収**です。税額、納期、納付場所などを記載した**納税通知書**（遅くとも納期限前10日までに納税者に交付される）によって納付します。従って、市町村長に申告又は報告する申告納付ではありません。 ✗

納期は、**4月、7月、12月及び2月中**において、**市町村**の条例で定めます。これが**標準納期**です。ただし、特別の事情がある場合には、**これと異なる納期を定めることも**できます。 ◯

固定資産税の納税義務者は、賦課期日である**1月1日時点**で、固定資産課税台帳に**所有者として登録されている者**です。年の途中で固定資産を譲渡しても、**税額の還付を受けることは**できません。 ✗

質権又は100年より永い存続期間の定めのある地上権の目的である土地については、例外の一つとして、所有者ではなく、その土地を実質的に支配しているその**質権者又は地上権者**が**納税義務者**となります。 ◯

震災、風水害、火災等によって相当の努力を払っても、**所有者の所在が不明**である場合、**固定資産の使用者**（あらかじめ固定資産課税台帳に登録が必要）を**納税義務者**として固定資産税を課すことが**できます**。 ◯

固定資産税の課税標準は、賦課期日における**固定資産課税台帳の登録価格**（固定資産税評価額）で、**適正な時価**をいうものとされています。この価格は、**総務大臣が告示する**固定資産評価基準に基づいて**市町村長が決定**し、**毎年3月31日まで**に固定資産課税台帳に登録します。 ✗

固定資産税評価額は、原則として、**基準年度の価格を3年間据え置く**こととされています。しかし、**特別の事情があれば、その変更（評価替え）が可能**です。地目の変更は特別の事情の一例ですが、これに限られるわけではありません。 ✗

☐ **8** 固定資産税の税率は、1.7％を超えることができない。

[RO2-12月.問24.2]

☐ **9** 市町村は、財政上その他特別の必要がある場合を除き、当該市町村の区域内において同一の者が所有する土地に係る固定資産税の課税標準額が30万円未満の場合には課税できない。 [H27.問24.4]

---

4 固定資産税の特例 ★／5 固定資産課税台帳 ★／6 都市計画税

問題 固定資産税に関する次の記述の正誤を○×で答えなさい。

☐ **1** 200㎡以下の住宅用地に対して課する固定資産税の課税標準は、課税標準となるべき価格の2分の1の額とする特例措置が講じられている。

[RO2-12月.問24.4]

☐ **2** 新築された住宅に対して課される固定資産税については、新たに課されることとなった年度から4年度分に限り、2分の1相当額を固定資産税額から減額される。 [H17.問28.4]

☐ **3** 市町村長は、毎年3月31日までに固定資産課税台帳を作成し、毎年4月1日から4月20日又は当該年度の最初の納期限の日のいずれか遅い日以後の日までの間、納税義務者の縦覧に供しなければならない。 [H20.問28.4]

☐ **4** 家屋に対して課する固定資産税の納税者が、その納付すべき当該年度の固定資産税に係る家屋について家屋課税台帳等に登録された価格と当該家屋が所在する市町村内の他の家屋の価格とを比較することができるよう、当該納税者は、家屋価格等縦覧帳簿をいつでも縦覧することができる。 [H29.問24.2]

☐ **5** 固定資産税の納税義務者は、その納付すべき当該年度の固定資産課税に係る固定資産について、固定資産課税台帳に登録された価格について不服があるときは、公示の日から納税通知書の交付を受けた日後1月を経過するまでの間において、文書をもって、固定資産評価審査委員会に審査の申出をすることができる。 [RO3-12月.問24.2]

固定資産税の**標準税率は**1.4%です。ただし、市町村は、標準税率と異なる税率を定めることができます。**固定資産税**では、制限税率は設けられていません。 **✕**

課税標準となるべき額が免税点に満たない場合は、**課税されません。**

● 固定資産税の免税点

土地	30万円
家屋	20万円
償却資産	150万円

← 同一の者が同一市町村内に所有する土地、家屋、償却資産の、それぞれの課税標準の合計額 **◯**

解説 固定資産税には、「住宅用地の課税標準の特例」や「新築住宅の税額控除の特例」などがあります。

固定資産税には、住宅用地のうち200㎡以下の部分は**課税標準を**6分の1に、200㎡超の部分は**課税標準を**3分の1にする**特例措置**があります。問題文は課税標準を「価格の2分の1の額」としている点が誤りです。 **✕**

一定の要件を満たす住宅については、120㎡（課税床面積）までの住宅部分について、**新築後**3年度分（中高層耐火・準耐火建築物は新築後5年度分）に限り、**固定資産税額が**2分の1に減額されます。問題文の「4年度分」は誤りです。 **✕**

市町村長は、**毎年**3月31日までに固定資産課税台帳を作成します。**納税義務者は、**これをいつでも閲覧することができます。市町村長が毎年4月1日から20日又はその年度の最初の納期限の日のいずれか遅い日以後の日までの間、縦覧に供しなければならないのは、土地価格等縦覧帳簿と家屋価格等縦覧帳簿です。 **✕**

固定資産税の納税者は、**自分の**固定資産と同一市町村内の他の固定資産とを比較するため、**毎年**4月1日から、4月20日又はその年度の最初の納期限の日のいずれか遅い日以後の日までの間、縦覧帳簿（家屋価格等縦覧帳簿・土地価格等縦覧帳簿）を縦覧することができます。問題文の「いつでも縦覧できる」は誤りです。 **✕**

固定資産税の納税者が**固定資産課税台帳の登録された**価格について**不服がある場合**、文書をもって、固定資産評価審査委員会に審査の申出をすることができます。審査の申出が可能なのは、公示の日から納税通知書の**交付を受けた日後**3月（3か月）を経過するまでの間です。なお、審査の申出の対象になるのは、固定資産税課税台帳の登録事項のうち「**登録された**価格」のみです。 **✕**

Part **4** 税・その他

02 固定資産税

03 登録免許税

1 登録免許税の概要／2 登録免許税の課税標準

問題 不動産登記に係る登録免許税に関する次の記述の正誤を○×で答えなさい。

☐ **1** 土地の売買に係る登録免許税の納税義務は、土地を取得した者にはなく、土地を譲渡した者にある。 [H14.問27.4]

☐ **2** 「住宅用家屋の所有権の移転登記に係る登録免許税の税率の軽減措置」に係る登録免許税の課税標準となる不動産の価額は、売買契約書に記載されたその住宅用家屋の実際の取引価格である。 [R02-12月.問23.3]

☐ **3** 土地の所有権の移転登記に係る登録免許税の税率は、移転の原因にかかわらず一律である。 [H14.問27.1]

3 登録免許税の税率の軽減措置 ★★★★

問題 住宅用家屋の所有権の移転登記に係る登録免許税の税率の軽減措置に関する次の記述の正誤を○×で答えなさい。

☐ **1** この税率の軽減措置は、住宅用家屋を相続により取得した場合に受ける所有権の移転登記についても適用される。 [R02-12月.問23.2]

▶ 登録免許税の納税義務者は、売主・買主双方。

▶ 登録免許税の課税標準は、固定資産課税台帳の登録価格（固定資産税評価額）。

▶ 売買・競売による所有権移転登記には軽減税率の適用あり。贈与・交換には適用なし。

▼正解

解説 登録免許税は、登記を受ける者が納税義務者となる国税です。

登録免許税の納税義務者は**不動産の登記を受ける者**です。土地の売買でいえば、**売主が登記義務者**、**買主が登記権利者**となり、**売主と買主の双方に連帯して納付する義務があります**。なお、登記を受ける際に、現金で納付しますが、3万円以下の場合には印紙での納付も可能です。

✕

登録免許税の課税標準となる「**不動産の価額**」は、**固定資産課税台帳の登録価格（固定資産税評価額）**です。実際の取引価格ではありません。

✕

登録免許税の税率は、**登記の区分**（所有権保存・所有権移転・抵当権設定）と、**所有権移転の場合はその原因**（売買・贈与・相続等）**によって異なります**。

✕

▼正解

解説 登録免許税の税率の軽減措置について覚えましょう。

登録免許税の税率の軽減措置は、**個人が住宅用家屋を新築又は取得（売買・競売）し、自己の居住の用に供する**場合に適用されます。**相続により取得**した場合は、**適用されません**。

● **住宅用家屋の軽減措置の適用要件まとめ**
（所有権保存登記、所有権移転登記、抵当権設定登記の登録免許税）

① 個人の自己の居住用に供する家屋であること。
② 新築又は取得後1年以内の登記であること。
③ 床面積が50㎡以上であること。
④ 新耐震基準に適合している住宅、または昭和57年以降に建築された住宅であること（築年数は問わない）。
⑤ 以前に適用を受けたことのある者も繰り返し適用が可能。
⑥ 高所得者であっても適用を受けることができる。
※ 登記の申請書に、その家屋が一定の要件を満たす住宅用の家屋であることについての市区町村長の証明書の添付が必要。

✕

2 この税率の軽減措置は、一定の要件を満たせばその住宅用家屋の敷地の用に供されている土地の所有権の移転登記についても適用される。

[R03-12月.問23.3]

3 この税率の軽減措置の適用を受けるためには、やむを得ない事情がある場合を除き、その住宅用家屋の取得後1年以内に所有権の移転登記を受けなければならない。

[R02-12月.問23.1]

4 個人が他の個人と共有で住宅用の家屋を購入した場合、当該個人は、その住宅用の家屋の所有権の移転登記について、床面積に自己が有する共有持分の割合を乗じたものが50㎡以上でなければ、この税率の軽減措置の適用を受けることができない。

[H30.問23.1]

5 所有権の移転登記に係る住宅用の家屋が耐火建築物の場合、築年数25年以内であっても、耐震基準適合証明書により一定の耐震基準を満たしていることが証明されないときは、この税率の軽減措置の適用を受けることができない。

[H30.問23.3]

6 過去にこの税率の軽減措置の適用を受けたことがある者は、再度この措置の適用を受けることはできない。

[R02-12月.問23.4]

7 この税率の軽減措置の適用を受けるためには、登記の申請書に、一定の要件を満たす住宅用家屋であることの都道府県知事の証明書を添付しなければならない。

[R03-12月.問23.4]

8 この税率の軽減措置は、登記の対象となる住宅用の家屋の取得原因を限定しており、交換を原因として取得した住宅用の家屋について受ける所有権の移転登記には適用されない。

[H30.問23.2]

登録免許税の税率の軽減措置の対象になるのは、「**取得した自己の居住の用に供される家屋**」について、所有権の移転登記や保存登記、抵当権設定登記をするケースに限られます。従って「住宅用家屋の敷地」は、対象外です。

✕

登録免許税の税率の軽減措置には、いくつかの適用要件があります。その一つが、「**新築又は取得後1年以内の登記であること**」です。従って、問題文の「その住宅用家屋の取得後1年以内に所有権の移転登記を受けなければならない」は、正しいです。

○

この問題も、**登録免許税の税率の軽減措置**の適用要件に関するものです。個人が、売買又は競売によって住宅用家屋の取得をした場合、その**床面積が50㎡以上**であれば、**軽減措置の適用を受けることができます**。面積は、家屋全体について判断するため、**共有物件**であっても、**建物全体の床面積が50㎡以上**であれば、**軽減措置の対象**となります。

✕

登録免許税の税率の軽減措置の適用要件に関する問題です。軽減税率の適用を受けることができるのは、**新耐震基準に適合している住宅**または**昭和57年以降に建築された住宅**である場合です。この要件を満たしていれば、軽減措置の適用を受けることができます。築年数は問われません。昭和57年以降の建築であることを**登記事項証明書**で示すことができれば、**耐震基準適合証明書**による証明は不要です。

✕

登録免許税の税率の軽減措置は、以前に適用を受けたことのある者も、**繰り返し適用を受けることができます**。

✕

登録免許税の税率の軽減措置の適用を受けるためには、**登記の申請書**に、その家屋が一定の要件を満たす住宅用の家屋であることについての**市区町村長の証明書の添付が必要**です。従って「都道府県知事の証明書の添付」は誤りです。

✕

登録免許税の税率の軽減措置の適用を受けることができるのは、住宅用家屋の取得原因が**売買又は競売**である場合に限られます。**贈与・交換・相続・合併**を原因として取得した場合には、この**軽減措置の適用はありません**。

○

04 印紙税

❶ 印紙税の概要／❷ 印紙税の消印／❸ 印紙税の納税義務者 ★／

問題 印紙税に関する次の記述の正誤を○×で答えなさい。

☐ **1** 土地譲渡契約書に課税される印紙税を納付するため当該契約書に印紙をはり付けた場合には、課税文書と印紙の彩紋とにかけて判明に消印しなければならないが、契約当事者の従業者の印章又は署名で消印しても、消印したことにはならない。　　　　　　　　　　　　　　　　　　　[H25.問23.1]

☐ **2** 土地の売却の代理を行ったA社が「A社は、売主Bの代理人として、土地代金5,000万円を受領した」旨を記載した領収書を作成した場合、当該領収書は、売主Bを納税義務者として印紙税が課される。　　　　[H21.問24.3]

☐ **3** 国を売主、株式会社Aを買主とする土地の売買契約において、共同で売買契約書を2通作成し、国とA社がそれぞれ1通ずつ保存することとした場合、A社が保存する契約書には印紙税は課されない。　　　　[R02-10月.問23.3]

☐ **4** 本契約書を後日作成することを文書上で明らかにした、土地を8,000万円で譲渡することを証した仮契約書には、印紙税は課されない。[H23.問23.2]

☐ **5** 売上代金に係る金銭の受取書（領収書）は記載された受取金額が3万円未満の場合、印紙税が課されないことから、不動産売買の仲介手数料として、現金49,500円（消費税及び地方消費税を含む。）を受け取り、それを受領した旨の領収書を作成した場合、受取金額に応じた印紙税が課される。[H28.問23.4]

❺ 印紙税の課税標準 ★★★★／❻ 過怠税の徴収

問題 印紙税に関する次の記述の正誤を○×で答えなさい。

☐ **1** A社の発行する「土地の賃貸借契約に係る権利金として、B社振出しの令和6年4月1日付No.1234の手形を受領した。」旨が記載された領収書は、記載金額のない売上代金に係る有価証券の受取書として印紙税が課される。

　　　　　　　　　　　　　　　　　　　　　　　　　[H17.問27.3.改]

▶ 印紙税は一定の文書（課税文書）を作成した場合に納付義務が生じる国税。

▶ 契約の成立・更改、契約内容の変更・補充の事実を証すべき文書が課税文書。

▶ 印紙税の課税標準は、文書の記載金額（契約金額や受取金額など）。

４ 課税文書とは ★★★　　　　　　　　　　　　　　　　　▼正解

解説 印紙税は、文書に税額相当の印紙を貼って消印することで納付します。

課税文書に印紙をはり付ける場合には、**課税文書と印紙の**彩紋**とにかけて判明に**消印**しなければなりません。消印は、文書作成者、その代理人、使用人その他の**従業者**のいずれか１人が、印章又は署名によって行います。つまり、従業者の印章・署名で消印することもできる**というわけです。　　✕

印紙税の納税義務者は、課税文書の作成者です。代理人**が課税文書を作成**する場合、**代理人（問題文の場合A社）が印紙税の納税義務者**となります。なお、**同一内容の文書が**２通以上ある場合、それぞれの文書が印紙税の課税対象**となります。　　✕

国を売主、A社を買主とする土地の売買契約で、双方が署名押印して共同で売買契約書を２通作成し、国とA社が各１通ずつ保存することとした場合、**A社が保存する方の契約書**は国**が作成した文書とみなされる**ため、印紙**税は課されません。　　◯

印紙税は、契約の成立・更改、契約内容の変更・補充の事実を証すべき文書であればすべてが課税**文書に該当します。問題文の仮契約書にも印紙税**が課されます。　　✕

売上代金に係る金銭又は有価証券の受取書は、記載された受取金額が５万円未満の場合、**非課税**です。問題文の領収書の記載金額は49,500円（５万円未満）なので、印紙税は課されません。　　✕

▼正解

解説 印紙税の印紙税額は記載金額に応じて決まります。

土地の賃貸借契約に係る権利金の領収書は、**印紙税の課税文書**に当たります。「～日付No.1234の手形」なので、**権利金の額が明らかな領収書**であり、この「**権利金の額」を記載金額として印紙税**が課されます。「記載金額のない受取書」が誤りです。　　✕

Part 4 税・その他

04 印紙税

☐ **2** 1つの契約書に土地の譲渡契約（譲渡金額4,000万円）と建物の建築請負契約（請負金額5,000万円）をそれぞれ区分して記載した場合、印紙税の課税標準となる当該契約書の記載金額は、5,000万円である。 ［H25.問23.3］

☐ **3** 「甲土地を5,000万円、乙土地を4,000万円、丙建物を3,000万円で譲渡する」旨を記載した契約書を作成した場合、印紙税の課税標準となる当該契約書の記載金額は、9,000万円である。 ［H16.問28.4］

☐ **4** 「Aの所有する土地（価額5,000万円）とBの所有する土地（価額4,000万円）とを交換する」旨の土地交換契約書を作成した場合、印紙税の課税標準となる当該契約書の記載金額は4,000万円である。 ［R02-10月.問23.2］

☐ **5** 「契約期間は10年間、賃料は月額10万円、権利金の額は100万円とする」旨が記載された土地の賃貸借契約書は、記載金額1,300万円の土地の賃借権の設定に関する契約書として印紙税が課される。 ［R02-10月.問23.4］

☐ **6** 「令和6年10月1日付建設工事請負契約書の契約金額3,000万円を5,000万円に増額する」旨を記載した変更契約書は、記載金額2,000万円の建設工事の請負に関する契約書として印紙税が課される。 ［H21.問24.1.改］

☐ **7** 当初作成の「土地を1億円で譲渡する」旨を記載した土地譲渡契約書の契約金額を変更するために作成する契約書で、「当初の契約書の契約金額を2,000万円減額し、8,000万円とする」旨を記載した変更契約書は、契約金額を減額するものであることから、印紙税は課税されない。 ［H20.問27.3］

☐ **8** 「建物の電気工事に係る請負代金は1,100万円（うち消費税額及び地方消費税額100万円）とする」旨を記載した工事請負契約書について、印紙税の課税標準となる当該契約書の記載金額は1,100万円である。［R02-10月.問23.1］

☐ **9** 印紙税の課税文書である不動産譲渡契約書を作成したが、印紙税を納付せず、その事実が税務調査により判明した場合は、納付しなかった印紙税額と納付しなかった印紙税額の10%に相当する金額の合計額が過怠税として徴収される。 ［H28.問23.1］

異なる種類の契約（例：譲渡契約と請負契約）に関するそれぞれの金額が、同一書面に記載されている場合、高い方の金額が記載金額として扱われます。問題文の場合は5,000万円が記載金額です。 ○

同じ種類の契約に関する記載金額が複数ある場合、記載金額はそれらの合計額です。問題文の場合、5,000万円＋4,000万円＋3,000万円で、合計1億2,000万円が記載金額として、印紙税の課税標準となります。 ✕

交換対象物の双方の価額が記載されている場合は、高い方の金額が記載金額となります。問題文の場合は、「双方の金額が記載されている場合」なので、高い方の金額（5,000万円）が記載金額として印紙税が課されます。 ✕

「土地の賃貸借領収書」は、印紙税の課税文書に当たります。記載金額として扱われるのは、後日返還されない権利金・礼金・更新料等の金額で、賃料・地代は含まれません。従って、問題文の場合、権利金の額である100万円を記載金額として印紙税が課されます。 ✕

契約金額を変更する契約書については、増加した金額が記載されているときに限り、増加した金額が記載金額として扱われるので、増額分2,000万円を記載金額として印紙税が課されます。 ○

契約金額を減額する旨を記載した変更契約書（契約内容を変更するための契約書）は、記載金額のない契約書とされます（贈与契約書も同様）。こうした契約書には200円の印紙税が課されます。従って、「印紙税は課税されない」は誤りです。 ✕

消費税額を明記している場合、消費税額分には印紙税は課されません。従って、問題文の工事請負契約書の記載金額は、消費税額等を除いた1,000万円です。 ✕

課税文書の作成者が、文書作成のときまでに印紙税を納付しなかった場合、過怠税が徴収されます。その事実が税務調査により判明した場合の過怠税の額は、納付しなかった印紙税の額とその2倍に相当する金額との合計額（本来の印紙税の額の3倍）です。なお、自主的に申告した場合であれば、過怠税は印紙税の額の1.1倍相当額です。 ✕

---

1 譲渡所得とは ★／2 譲渡所得の税額 ★

問題 所得税に関する次の記述の正誤を○×で答えなさい。

☐ **1** 譲渡所得とは資産の譲渡による所得をいうので、不動産業者である個人が営利を目的として継続的に行っている土地の譲渡による所得は、譲渡所得として課税される。　　　　　　　　　　　　　　　　[H29.問23.3]

☐ **2** 建物の全部の所有を目的とする土地の賃借権の設定の対価として支払を受ける権利金の金額が、その土地の価額の10分の5に相当する金額を超えるときは、不動産所得として課税される。　　　　　　[R03-10月.問23.3]

☐ **3** 譲渡所得の金額の計算上、資産の譲渡に係る総収入金額から控除する資産の取得費には、その資産の取得時に支出した購入代金や購入手数料の金額は含まれるが、その資産の取得後に支出した設備費及び改良費の額は含まれない。　　　　　　　　　　　　　　　　　　　　　　[R03-10月.問23.2]

☐ **4** 譲渡所得の長期・短期の区分について、総合課税とされる譲渡所得の基因となる機械の譲渡は、譲渡のあった年の1月1日において所有期間が5年を超えているか否かで判定する。　　　　　　　　　　　[H20.問26.1]

☐ **5** 居住者がその取得の日以後5年以内に固定資産を譲渡した場合には、譲渡益から譲渡所得の特別控除額（50万円）を控除した後の譲渡所得の金額の2分の1に相当する金額が課税標準とされる。　　　　　[R03-10月.問23.4]

---

3 課税標準の特例 ★★★／4 軽減税率の特例

問題 所得税に関する次の記述の正誤を○×で答えなさい。

☐ **1** 譲渡した年の1月1日において所有期間が10年以下の居住用財産を譲渡した場合には、居住用財産の譲渡所得の特別控除を適用することはできない。　　　　　　　　　　　　　　　　　　　　　　　　　[H15.問26.1]

ポイント

▶ 土地・建物の譲渡所得は長期譲渡所得（5年超）、短期譲渡所得（5年以内）に分かれる。

▶ 長期譲渡所得の所得税率は15％。短期譲渡所得は30％。

▶ 一定の要件により、3,000万円の特別控除と軽減税率の特例は併用可。

▼正解

解説 所得税は、個人の所得に対して課せられる国税です。所得は10種類に分類されます。

個人であっても、**営利を目的**として**継続的**に行っている**不動産の譲渡**による所得は、譲渡所得ではなく**事業所得**として課税されます。

✗

土地や建物などの**不動産の貸付け**、**不動産の上に存する権利の設定及び貸付けによる所得**は**不動産所得**です。ただし、賃借権の設定などにより受ける**権利金**が、その土地の**価額の10分の5に相当する金額を超える場合**は、**譲渡所得**となります。

✗

譲渡所得の金額の計算上、資産の譲渡に係る総収入金額から控除する資産の**取得費**には、その資産の取得時に支出した**購入代金**や**購入手数料等**の金額はもちろん、その**資産の取得後に支出した設備費**、**改良費**の額も含まれます。

✗

総合課税とされる**譲渡所得（土地・建物・株式以外）**での所有期間は、**譲渡日が基準日**なので、**譲渡した日において5年を超えていれば長期**、**5年以下であれば短期**です。問題文の「譲渡のあった年の1月1日を基準に判定する」は誤りです。

✗

所有期間が**5年以内**の固定資産の譲渡は**短期譲渡所得**に当たります。**短期譲渡所得の課税標準は譲渡益から特別控除額**を引いた金額です。譲渡所得の金額の**2分の1相当額**が課税標準となるのは、土地・建物・株式以外の**長期譲渡所得**の場合です。

✗

▼正解

解説 譲渡所得の特別控除について覚えましょう。

居住用財産を譲渡した場合、**譲渡所得から3,000万円**が控除されます。これを「**居住用財産の譲渡した場合の3,000万円の特別控除**」といいます。この特例は、**所有期間の長短を問わず適用**できます。

✗

Part **4** 税・その他

05 所得税

☐ **2** 個人が譲渡した年の1月1日において所有期間が11年である土地を譲渡した場合、その土地が居住用財産に該当する場合であっても、居住用財産を譲渡した場合の3,000万円特別控除の適用を受けるときは、特別控除後の譲渡益について居住用財産を譲渡した場合の軽減税率の特例の適用を受けることができない。 [H10.問27.4]

☐ **3** 居住用財産の譲渡所得の特別控除の適用については、居住用財産をその譲渡する時において自己の居住の用に供している場合に限り適用することができる。 [H15.問26.4]

☐ **4** 個人が所有期間が10年を超える居住用財産について、その者と生計を一にしていない孫に譲渡した場合には、居住用財産の譲渡所得の3,000万円特別控除を適用することができる。 [H24.問23.4]

☐ **5** 個人が譲渡した年の1月1日において所有期間が11年である土地を譲渡した場合、その土地が居住用財産に該当するなど所定の要件を満たせば、譲渡年中に特定の居住用財産の買換え及び交換の場合の課税の特例の適用を受けているときでも、居住用財産を譲渡した場合の3,000万円特別控除の適用を受けることができる。 [H10.問27.3]

☐ **6** 個人が譲渡した年の1月1日において所有期間が10年を超える居住用財産を譲渡した場合、その譲渡について収用等に伴い代替資産を取得した場合の課税の特例の適用を受ける場合には、その譲渡があったものとされる部分の譲渡益について、居住用財産を譲渡した場合の軽減税率の特例の適用を受けることができない。 [R01.問23.4]

☐ **7** 個人が譲渡した年の1月1日において所有期間が10年を超える居住用財産について、その譲渡した時にその居住用財産を自己の居住の用に供していなければ、居住用財産を譲渡した場合の軽減税率の特例を適用することができない。 [H24.問23.3]

☐ **8** 居住用財産を譲渡した場合の軽減税率の特例は、その個人が譲渡した年の前年において既にその特例の適用を受けている場合であっても、譲渡した年中の譲渡による譲渡益について適用を受けることができる。 [R01.問23.2]

個人が譲渡した年の1月1日において、**所有期間が10年を超える居住用財産を譲渡**した場合、「居住用財産を譲渡した場合の3,000万円特別控除の特例（以下、**譲渡所得の3,000万円の特別控除**）」と「居住用財産を譲渡したときの軽減税率の特例（以下、**軽減税率の特例**）」の**両方の適用を受けることが**できます。　✗

譲渡所得の3,000万円の特別控除の適用は、「譲渡する時において自己の居住の用に供している場合」に限定されていません。居住の用に供しなくなった日から3年経過する日の属する年の12月31日までに譲渡した場合も適用されます。　✗

譲渡所得の3,000万円の特別控除の「居住用財産の譲渡の要件」には、**親族等への譲渡でないこと**があります。「親族等」には、**配偶者、直系血族**（祖父母・父母・子・孫など）が含まれます。従って、孫への譲渡は適用対象外です。　✗

譲渡所得の3,000万円特別控除の適用要件には、「本年・前年・前々年に居住用財産の買換え特例や収用交換等の場合の5,000万円特別控除などの**適用を受けていないこと**」があります。つまり、所有期間が10年を超える居住用財産を譲渡した場合であっても、**譲渡所得の3,000万円特別控除**と、**特定居住用財産の買換え及び交換の場合の課税の特例の両方の適用を受けることは**できません。　✗

個人が収用等のために居住用財産を譲渡した場合、**収用等に伴い代替資産を取得したときには課税の特例の適用を受けることができます**。ただし、補償金の額よりも代替資産の取得額が少なかった場合、その差額について、**軽減税率の特例の適用を受けることは**できません。　◯

軽減税率の特例は、居住の用に供しなくなった日から3年経過する日の属する年の12月31日までに譲渡した場合にも適用されます。つまり、必ずしも譲渡のときに居住していなくてよいということになります。　✗

軽減税率の特例の要件の一つに、「**譲渡した年の前年及び前々年にこの特例を受けていないこと**」があります。問題文の場合、譲渡した年の前年にこの特例の適用を受けているので、譲渡した年には、**適用を受けることが**できません。　✗

◻ **9** 個人が譲渡した年の1月1日において所有期間が11年である土地が収用事業のために買い取られた場合において、収用交換等の場合の5,000万円特別控除の適用を受けるときは、特別控除後の譲渡益について優良住宅地の造成等のために土地等を譲渡した場合の軽減税率の特例の適用を受けることができる。　　　　　　　　　　　　　　　　　　　　　　　　[H10.問27.1]

5 特定居住用財産の買換え特例 ★

問題 特定の居住用財産の買換え及び交換の場合の長期譲渡所得の課税の特例（以下、「特定居住用財産の買換え特例」という。）に関する次の記述の正誤を○×で答えなさい。

◻ **1** 譲渡資産とされる家屋については、その譲渡をした日の属する年の1月1日における所有期間が5年を超えるものであることが、適用要件とされている。　　　　　　　　　　　　　　　　　　　　　　　　　　　　[H19.問26.3]

◻ **2** 譲渡資産とされる家屋については、その譲渡に係る対価の額が5,000万円以下であることが、適用要件とされている。　　　　　　　　　[H19.問26.1]

◻ **3** 譲渡資産とされる家屋については、居住の用に供しているもの、又は居住の用に供されなくなった日から同日以後5年を経過する日の属する年の12月31日までに譲渡されるものであることが、適用要件とされている。　　　　　　　　　　　　　　　　　　　　　　　　　　　　　　[H14.問26.1]

◻ **4** 買換資産とされる家屋については、その床面積のうち自己の居住の用に供する部分の床面積が50㎡以上のものであることが、適用要件とされている。　　　　　　　　　　　　　　　　　　　　　　　　　　　　[H19.問26.4]

◻ **5** 買換資産とされる家屋については、譲渡資産の譲渡をした日からその譲渡をした日の属する年の12月31日までに取得をしたものであることが、適用要件とされている。　　　　　　　　　　　　　　　　　　　　　[H19.問26.2]

「収用等の際の譲渡所得の**5,000万円特別控除**」と「優良住宅地の造成等のために**土地等を譲渡した場合の軽減税率の特例**」の**両方の適用を受けることは**<u>できません</u>。

	居住用財産の軽減税率	優良住宅地のための軽減税率
収用等による 譲渡5,000万円控除	○	×
居住用財産の 譲渡3,000万円控除	○	×
居住用財産の買換え特例	×	×

✗

解説 特定居住用財産の買換え特例の「譲渡資産の適用要件」と「買換資産の適用要件」をそれぞれ覚えましょう。

居住用財産を売却して、代わりの居住用財産に買い換えたときは、一定の要件のもと、**譲渡益に対する課税を将来に繰り延べる**ことができます。これを**特定居住用財産の買換え**の特例といいます。譲渡資産の**所有期間が譲渡年の**<u>1月1日</u>時点で<u>10年超</u>が要件の一つです。

✗

譲渡資産の適用要件として、**譲渡に係る対価の額**は<u>1億円以下</u>であることとされています。なお、買換資産の代金には制限はありません。

✗

譲渡時期は、居住の用に供しているもの、又は居住の用に供されなくなった日から**同日以後**<u>3年</u>**を経過する日の属する年の**<u>12月31日</u>**までに譲渡されるもの**であることが、適用要件です。従って、問題文の「5年」は誤りです。

✗

特定居住用財産の買換え特例には、買換資産の適用要件もあります。買換資産である家屋の床面積のうち、**自己の居住の用に供する部分が**<u>50㎡以上</u>であることが要件の一つです。

◯

買換資産の取得時期は、**譲渡をした年の**<u>前年</u>**から**<u>翌年</u>**までの**<u>3年</u>**の間に取得した**ものが適用要件になります。従って、「譲渡をした日からその譲渡をした日の属する年の12月31日までに取得」は誤りです。

✗

Part **4** 税・その他

05 所得税

6 譲渡損失の損益通算と繰越控除

問題 特定の居住用財産の買換え等の場合の譲渡損失の損益通算及び繰越控除に関する次の記述の正誤を○×で答えなさい。

☐ **1** 譲渡資産とされる家屋については、譲渡をした年の1月1日における所有期間が10年を超えるものであり、かつ、その居住の用に供していた期間が10年以上であることが適用要件とされている。　　　　　　　　[H13.問26.1]

☐ **2** 買換資産とされる家屋については、租税特別措置法第41条の住宅借入金等を有する場合の所得税額の特別控除の適用を受けないことが適用要件とされている。　　　　　　　　　　　　　　　　　　　　　[H13.問26.2]

☐ **3** 買換資産とされる家屋については、譲渡をした日から同日以後3年を経過する日の属する年の12月31日までに取得するものであることが適用要件とされている。　　　　　　　　　　　　　　　　　　　[H13.問26.3]

7 住宅ローン控除 ★

問題 住宅借入金等を有する場合の所得税額の特別控除（以下、「住宅ローン控除」という。）に関する次の記述の正誤を○×で答えなさい。

☐ **1** 銀行からの住宅借入金等で取得した居住用家屋を令和6年又は令和7年中に居住の用に供した場合には、その居住の用に供した年以後15年間にわたって、その住宅借入金等の年末残高の1％相当額の税額控除の適用を受けることができる。　　　　　　　　　　　　　　　　　　[H11.問26.4.改]

☐ **2** 令和6年中に居住用家屋を居住の用に供した場合において、その前年において居住用財産を譲渡した場合の3,000万円特別控除の適用を受けているときであっても、令和6年分以後の所得税について住宅ローン控除の適用を受けることができる。　　　　　　　　　　　　　　　　　[H18.問26.2.改]

☐ **3** 令和6年中に居住用家屋の敷地の用に供するための土地を取得し、居住用家屋を建築した場合において、同年中に居住の用に供しなかったときは、令和6年分の所得税から住宅ローン控除の適用を受けることができない。　　　　　　　　　　　　　　　　　　　　　　　　[H18.問26.3.改]

解説 居住用財産の買換えによって生じた譲渡損失は、その年の給与所得など他の所得と<u>損益通算</u>できます。また、<u>損益通算</u>しきれなかった損失分は翌年以降 3 年内に<u>繰越控除</u>ができます。 ✕

譲渡年の<u>1 月 1 日時点</u>での**所有期間が**<u>5 年超</u>であることが、この特例の要件とされています。問題文の要件は、長期譲渡所得の課税特例に関するものです。

居住用財産の買換え等の場合の譲渡損失の損益通算の適用を受けているときであっても、「**住宅ローン控除（住宅借入金等特別控除）**」と併用が可能です。 ✕

買換資産については、**譲渡日の**<u>前年</u>1 月 1 日から**譲渡日の**<u>翌年</u>12 月 31 日までに取得し、かつ<u>取得日</u>から翌年 12 月 31 日までに居住の用に供するか、**供する見込みがあることが**<u>必要</u>です。「3 年を経過する日の属する年」は誤りです。 ✕

解説 住宅ローン控除の適用要件を覚えましょう。

住宅ローン控除（住宅借入金等特別控除）は、住宅ローンを利用して住宅を新築、取得又は増改築等した場合、**13 年間にわたって、借入金の年末残高の**0.7%**が所得税から控除される制度**です（居住開始が令和 6 年・7 年の場合の控除期間と控除率）。「15 年間にわたって」は誤りです。 ✕

住宅ローン控除は、居住用財産を譲渡した場合の**3,000 万円特別控除との併用はできません**。従って、令和 6 年分以後の所得税について、**住宅ローン控除の適用を受けることは**<u>できません</u>。 ✕

住宅ローン控除を受けるためには、**新築・購入後 6 か月以内に**<u>居住</u>の用に供している必要があります。問題文では「同年（令和 6 年）中に居住の用に供しなかった」とあるので、同年分の所得税に関し**住宅ローン控除を受けることは**<u>できません</u>。 ○

Part **4** 税・その他

05 所得税

06 贈与税

1 贈与税の概要／2 住宅取得等資金の贈与税の非課税

問題 「直系尊属から住宅取得等資金の贈与を受けた場合の贈与税の非課税」に関する次の記述の正誤を○×で答えなさい。

☐ **1** 直系尊属から住宅用の家屋の贈与を受けた場合でも、この特例の適用を受けることができる。 [H27.問23.1]

☐ **2** 贈与者が住宅取得等資金の贈与をした年の1月1日において60歳未満の場合でも、この特例の適用を受けることができる。 [H27.問23.3]

☐ **3** 受贈者について、住宅取得等資金の贈与を受けた年の所得税法に定める合計所得金額が2,000万円を超える場合でも、この特例の適用を受けることができる。 [H27.問23.4]

☐ **4** 日本国外に住宅用の家屋を新築した場合でも、この特例の適用を受けることができる。 [H27.問23.2]

3 相続時精算課税 ★★

問題 特定の贈与者から住宅取得等資金の贈与を受けた場合の相続時精算課税の特例（相続時精算課税選択の特例）に関する次の記述の正誤を○×で答えなさい。

☐ **1** 相続時精算課税の適用を受けた贈与財産の合計額が2,500万円以内であれば、贈与時には贈与税は課されないが、相続時には一律20％の税率で相続税が課される。 [H22.問23.4]

☐ **2** 自己の配偶者から住宅用の家屋を取得した場合には、この特例の適用を受けることはできない。 [H19.問27.1]

▶ 住宅取得等資金の贈与税の非課税は、贈与者が直系尊属（父母、祖父母等）で年齢制限なし。受贈者が贈与年の1月1日時点で満18歳以上の直系卑属（子、孫等）。

▶ 相続時精算課税は、贈与者ごと受贈者ごとに相続時精算課税か暦年課税かの選択可。

▼正解

解説 贈与税は、個人（贈与者）から贈与を受けた個人（受贈者）に納付義務が生じる国税です。 ✗

この特例が適用されるのは、「住宅取得等資金の贈与」に限られます。「家屋自体の贈与」や「日本国外の住宅の取得資金」には適用されません。

この特例の要件として、贈与者は、直系尊属（父母、祖父母等）に限られますが、贈与者に年齢制限はありません。 〇

この特例の受贈者は、贈与年の合計所得金額が原則として2,000万円以下の満18歳以上（贈与年の1月1日時点）の直系卑属（子、孫等）に限られます。 ✗

この特例では、日本国内の家屋（床面積50㎡以上240㎡以下で、2分の1以上が居住用）のみが対象となります。なお、受贈者の合計所得金額が1,000万円以下の場合、床面積40㎡以上の住宅について、適用を受けることができます。 ✗

▼正解

解説 相続時精算課税は、贈与時点の贈与税を軽減し、後に相続が発生したときに贈与分と相続分を合算して相続税として支払う制度です。

相続時精算課税では、贈与者ごとに累積総額2,500万円までの贈与額が非課税となり、2,500万円を超えた部分について20%が課されます。相続時には、贈与財産と相続財産を合算した額に一定税率（10～55%）を乗じた税額を算出し、そこから贈与時に納付した贈与税額が控除されます。従って、問題文の「相続時には一律20%」は誤りです。 ✗

相続時精算課税選択の特例は、自己の配偶者から住宅用の家屋を取得した場合には適用されません。 〇

□ **3** 住宅取得のための資金の贈与を受けた者について、その年の所得税法に定める合計所得金額が2,000万円を超えている場合でも、この特例の適用を受けることができる。　　　　　　　　　　　　　　　　　[H22.問23.3]

□ **4** 父母双方から住宅取得のための資金の贈与を受けた場合において、父母のいずれかが60歳以上であるときには、双方の贈与ともこの特例の適用を受けることはできない。　　　　　　　　　　　　　　　　　[H22.問23.2]

□ **5** 60歳未満の親から住宅用家屋の贈与を受けた場合でも、この特例の適用を受けることができる。　　　　　　　　　　　　　　　[H22.問23.1.改]

□ **6** 住宅取得のための資金の贈与を受けた年の12月31日までに住宅用の家屋を新築若しくは取得又は増改築等をしなければ、この特例の適用を受けることはできない。　　　　　　　　　　　　　　　　　[H19.問27.4]

□ **7** 床面積45㎡のうち、3分の1を店舗として使用し、残りの部分は資金の贈与を受けた者の住宅として使用する家屋を新築した場合には、この特例の適用を受けることはできない。　　　　　　　　　　　[H19.問27.3.改]

□ **8** この特例の対象となる既存住宅用家屋は、マンション等の耐火建築物である場合には築後30年以内、耐火建築物以外の建物である場合には築後25年以内のものに限られる。　　　　　　　　　　　　　　　[H16.問27.4]

□ **9** 増改築のために金銭の贈与を受けた場合には、増築による床面積の増加が50㎡以上であるか、その工事に要した費用の額が1,000万円以上でなければこの特例の対象とはならない。　　　　　　　　　　　[H16.問27.1]

相続時精算課税選択の特例には、所得制限はありません。従って、合計所得金額が2,000万円超であっても、**この特例の適用を受けることが**できます。

○

相続時精算課税選択の特例は、住宅取得等資金の贈与であることが要件の一つですが、贈与者の年齢は問われません。つまり、「父母のいずれかが60歳以上」であっても、**この特例の適用を受けることが**できます。従って、問題文の「双方の贈与ともこの特例の適用を受けることはできない」は誤りです。

✕

相続時精算課税選択の特例は、あくまでも、住宅取得等資金の贈与について適用されるものです。住宅用家屋自体の贈与を受けた場合は適用外です。

✕

相続時精算課税選択の特例の適用要件の一つは、「贈与を受けた年の翌年3月15日までに取得の資金に充て、居住すること」です。従って、「贈与を受けた年の12月31日までに住宅用の家屋を新築若しくは取得又は増改築」は誤りです。

✕

問7も適用要件に関する問題です。**相続時精算課税選択の特例**は、日本国内の家屋で、床面積が40㎡以上、2分の1以上に相当する部分が居住用であれば、適用を受けられます。問題文の場合、床面積が45㎡で、3分の1が店舗、残りの3分の2が住宅として使用する家屋であることから、**この特例の適用を受けることが**できます。

✕

問8も適用要件に関する問題です。**相続時精算課税選択の特例**の要件の一つが耐震基準に関することです。この特例の適用を受けることができるのは、新耐震基準に適合している住宅または昭和57年以降に建築された住宅である場合です。築年数は問われません。昭和57年以降の建築であることを登記事項証明書で示すことができれば、**耐震基準適合証明書による証明は不要**です。

✕

増改築のために金銭の贈与を受けた場合には、**その工事に要した費用の額が100万円以上**であれば**相続時精算課税選択の特例の適用を受けることが**できます。従って、問題文の「費用の額が1,000万円以上」は誤りです。なお、増築による床面積の増加が50㎡以上という要件はありません。従って、これも誤りです。

✕

Part
4
税・その他

06
贈与税

1 地価公示法の概要／**2** 地価公示のプロセス ★／**3** 標準地の選定 ★

問題 地価公示法に関する次の記述の正誤を○×で答えなさい。

☐ **1** 　土地鑑定委員会は、公示区域内の標準地について、毎年1回、一定の基準日における当該標準地の単位面積当たりの正常な価格を判定し、公示する。
　　　　　　　　　　　　　　　　　　　　　　　　　　　　　　　[H15.問29.1]

☐ **2** 　地価公示法の目的は、都市及びその周辺の地域等において、標準地を選定し、その正常な価格を公示することにより、一般の土地の取引価格に対して指標を与え、及び公共の利益となる事業の用に供する土地に対する適正な補償金の額の算定等に資し、もって適正な地価の形成に寄与することである。
　　　　　　　　　　　　　　　　　　　　　　　　　　　　　[R03-12月.問25.1]

☐ **3** 　不動産鑑定士が土地鑑定委員会の求めに応じて標準地の鑑定評価を行うに当たっては、標準地の鑑定評価額が前年の鑑定評価額と変わらない場合は、その旨を土地鑑定委員会に申告することにより、鑑定評価書の提出に代えることができる。
　　　　　　　　　　　　　　　　　　　　　　　　　　　　　　　[H26.問25.3]

☐ **4** 　土地鑑定委員会は、標準地の正常な価格を判定したときは、標準地の単位面積当たりの価格のほか、当該標準地の価格の総額についても官報で公示しなければならない。
　　　　　　　　　　　　　　　　　　　　　　　　　　　　　[R02-12月.問25.3]

☐ **5** 　公示区域とは、土地鑑定委員会が都市計画法第4条第2項に規定する都市計画区域内において定める区域である。
　　　　　　　　　　　　　　　　　　　　　　　　　　　　　　　[H23.問25.1]

☐ **6** 　土地鑑定委員会は、自然的及び社会的条件からみて類似の利用価値を有すると認められる地域において、土地の利用状況、環境等が特に良好と認められる一団の土地について標準地を選定する。
　　　　　　　　　　　　　　　　　　　　　　　　　　　　　　　[R01.問25.4]

解説　公示区域内から標準地の選定を行うのは<u>土地鑑定委員会</u>です。

国土交通省に置かれる<u>土地鑑定委員会</u>が、地価の指標となる**標準地を選定**し、毎年１回、**標準地の単位面積当たりの正常な**<u>価格</u>**を判定・公示**します。これを<u>地価公示</u>といいます。

⭕

地価公示法の目的は、都市及びその周辺の地域等において、<u>標準地</u>**を選定**し、その<u>正常</u>**な**<u>価格を公示</u>することにより、一般の土地の取引価格に対して指標を与え、公共の利益となる事業用の土地に対する適正な補償金の額の算定等に資し、もって**適正な**<u>地価の形成に寄与</u>することです。問題文の記述は正しいです。

⭕

標準地の鑑定評価は、**２人以上の不動産鑑定士**が行い、**鑑定評価書を**<u>土地鑑定委員会</u>**に提出**しなければなりません。もし、鑑定評価額が前年と変わらないとしても、鑑定評価書の提出を省略し、申告によって**鑑定評価書の提出に代えることは**<u>できません</u>。

❌

土地鑑定委員会は、標準地の正常な価格を判定したとき、「**当該標準地の価格の**<u>総額</u>」の公示は<u>不要</u>です。<u>官報</u>**での公示**が必要なのは、「**所在地・住所**」「**単位面積当たりの**<u>価格</u>」「**価格判定の**<u>基準日</u>」「**地積・形状**」等です。

❌

公示区域とは、都市計画区域その他の土地取引が相当程度見込まれるものとして<u>国土交通省</u>**令で定める区域**のことです（**指定権者は**<u>国土交通大臣</u>）。また、「都市計画区域内」に限られた区域でもありません。よって問題文の「土地鑑定委員会」「都市計画区域内」は誤りです。

❌

標準地は、自然的・社会的条件からみて類似の利用価値を有すると認められる地域において、**土地の**<u>利用</u>**状況・環境等が**<u>通常</u>**と認められる一団の土地について選定するもの**とされています。「特に良好と認められる一団の土地」から選定されるわけではありません。

❌

問題 地価公示法に関する次の記述の正誤を○×で答えなさい。

□ **1** 土地鑑定委員会は、標準地について、2人以上の不動産鑑定士の鑑定評価を求めるものとし、当該2人以上の不動産鑑定士は、土地鑑定委員会に対し、鑑定評価書を連名で提出しなければならない。 [R02-12月.問25.2]

□ **2** 不動産鑑定士は、土地鑑定委員会の求めに応じて標準地の鑑定評価を行うに当たっては、近傍類地の取引価格から算定される推定の価格を基本とし、必要に応じて、近傍類地の地代等から算定される推定の価格及び同等の効用を有する土地の造成に要する推定の費用の額を勘案しなければならない。 [H26.問25.4]

□ **3** 標準地の正常な価格とは、土地について、自由な取引が行われるとした場合におけるその取引（一定の場合を除く。）において通常成立すると認められる価格をいい、当該土地に関して地上権が存する場合は、この権利が存しないものとして通常成立すると認められる価格となる。 [R01.問25.3]

□ **4** 都市及びその周辺の地域等において、土地の取引を行う者は、取引の対象土地から最も近傍の標準地について公示された価格を指標として取引を行うよう努めなければならない。 [R01.問25.1]

□ **5** 不動産鑑定士は、公示区域内の土地について鑑定評価を行う場合において、当該土地の正常な価格を求めるときは、公示価格と実際の取引価格を規準としなければならない。 [R03-12月.問25.2]

□ **6** 公示価格を規準とするとは、対象土地の価格を求めるに際して、当該対象土地とこれに類似する利用価値を有すると認められる1又は2以上の標準地との位置、地積、環境等の土地の客観的価値に作用する諸要因についての比較を行い、その結果に基づき、当該標準地の公示価格と当該対象土地の価格との間に均衡を保たせることをいう。 [H25.問25.3]

解説 「鑑定評価」「正常な価格の判定」「公示価格の基準」について覚えましょう。

2人以上の不動産鑑定士が、**3種の価格**を総合的に勘案して、**標準地の鑑定評価**を行い、**鑑定評価書**を**土地鑑定委員会に提出**します。この提出は、鑑定評価を行った**不動産鑑定士ごと**に行うのであって、**連名で提出するわけではありません。**　✗

不動産鑑定士は、**標準地の鑑定評価**を行うに当たっては、次の**3種の価格を総合的に勘案**して行います。問題文の「近傍類地の取引価格から算定される推定の価格」（下記の①）を優先して勘案するわけではありません。
① 近傍類地の**取引価格から算定**される推定の価格
② 近傍類地の**地代等から算定**される推定の価格
③ 同等の効用を有する**土地の造成**に要する推定の費用の額　✗

標準地の「**正常な価格**」とは、土地について、自由な取引が行われるとした場合におけるその取引において**通常成立すると認められる価格**をいいます。その土地に**使用・収益を制限する定着物や権利が存する場合**には、**これらが存しないもの**として通常成立すると認められる価格を判定します。　◯

土地の取引を行う者は、**取引の対象土地に類似する利用価値**を有すると認められる**標準地**について**公示**された価格を指標として取引を行うよう努めなければなりません。問題文の「最も近傍の標準地について公示された価格を指標とする」は誤りです。　✗

不動産鑑定士が、公示区域内の土地について鑑定評価を行う場合において、当該土地の**正常な価格**を求める場合、**公示**価格を規準としなければなりません。問題文では、「公示価格と実際の取引価格を規準とする」とあり、この「実際の取引価格」を規準にする点が誤りです。　✗

公示価格を規準とするとは、(1) 対象土地の価格を求めるに際して、当該対象土地とこれに類似する利用価値を有すると認められる1又は2以上の標準地との**位置、地積、環境等の土地の客観的価値に作用する諸要因**についての比較を行い、(2) その結果に基づき、当該標準地の**公示**価格と当該対象土地の価格との間に**均衡**を保たせること　です。　◯

1 不動産鑑定評価基準とは／2 不動産の価格形成要因／3 価格の種類 ★

問題 不動産の鑑定評価に関する次の記述の正誤を○×で答えなさい。

1 不動産の価格を形成する要因とは、不動産の効用及び相対的稀少性並びに不動産に対する有効需要の三者に影響を与える要因をいう。不動産の鑑定評価を行うに当たっては、不動産の価格を形成する要因を明確に把握し、かつ、その推移及び動向並びに諸要因間の相互関係を十分に分析すること等が必要である。 ［H24.問25.1］

2 不動産の鑑定評価によって求める価格は、基本的には正常価格であるが、市場性を有しない不動産については、鑑定評価の依頼目的及び条件に応じて限定価格、特定価格又は特殊価格を求める場合がある。 ［H28.問25.1］

3 限定価格とは、市場性を有する不動産について、法令等による社会的要請を背景とする鑑定評価目的のもとで、正常価格の前提となる諸条件を満たさないことにより正常価格と同一の市場概念のもとにおいて形成されるであろう市場価値と乖離することとなる場合における不動産の経済価値を適正に表示する価格のことをいい、民事再生法に基づく鑑定評価目的のもとで、早期売却を前提として求められる価格が例としてあげられる。 ［H30.問25.4］

4 資産の流動化に関する法律に基づく評価目的のもとで、投資家に示すための投資採算価値を表す価格を求める場合は、正常価格ではなく、特定価格として求めなければならない。 ［H17.問29.2］

5 特殊価格とは、一般的に市場性を有しない不動産について、その利用現況等を前提とした不動産の経済価値を適正に表示する価格をいい、例としては、文化財の指定を受けた建造物について、その保存等に主眼をおいた鑑定評価を行う場合において求められる価格があげられる。 ［R02-10月.問25.3］

▼正解

解説 不動産鑑定評価基準は不動産鑑定士が鑑定評価を行うための基準です。

不動産の**価格形成要因**とは、**不動産の効用**、**相対的稀少性**、**不動産に対する有効需要**の三者に影響を与える要因をいいます。不動産の価格は、多数の要因の相互作用の結果として形成されるものですが、要因それ自体も常に変動する傾向があります。そのため、不動産の鑑定評価は、価格形成要因を市場参加者の観点から明確に把握し、かつ、その推移及び動向並びに諸要因間の相互関係を十分に分析して、前記三者に及ぼすその影響を判定することが必要です。なお、**不動産の価格形成要因**は、一般的要因、地域要因、個別的要因に分けられます。

〇

鑑定評価によって求める**不動産の価格**には、**正常価格・限定価格・特定価格・特殊価格**があります。このうち、**市場性を有しない不動産に関するものは、特殊価格です**。問題文は、この市場性を有しない不動産について、「限定価格、特定価格又は特殊価格を求める」としている点が誤りです。

✕

限定価格とは、**市場性を有する不動産**について、正常価格と同一の市場概念のもとにおいて形成されるであろう**市場価値と乖離**することにより、**市場が相対的に限定される場合**における**取得部分の当該市場限定に基づく市場価値を適正に表示する価格**をいいます。問題文は、「特定価格」についてのものであり、誤りです。なお、限定価格の例としては①借地権者の底地併合、②隣接不動産の取得、③経済合理性に反する不動産の分割を前提とする売買の場合などがあげられます。

✕

資産の流動化に関する法律に基づく評価目的のもとで、**投資家に示すための投資採算価値を表す価格**を求める場合は、**正常価格**ではなく、特定価格として求めなければなりません。

〇

特殊価格とは、**文化財等の一般的に市場性を有しない不動産**について、**その利用現況等を前提とした不動産の経済価値を適正に表示する価格**をいいます。

〇

4 不動産の鑑定評価の手法 ★／5 原価法 ★

問題 不動産の鑑定評価に関する次の記述のうち、不動産鑑定評価基準による場合の正誤を○×で答えなさい。

☐ **1** 鑑定評価の基本的な手法は、原価法、取引事例比較法及び収益還元法に大別され、実際の鑑定評価に際しては、地域分析及び個別分析により把握した対象不動産に係る市場の特性等を適切に反映した手法をいずれか1つ選択して、適用すべきである。 [H30.問25.3]

☐ **2** 原価法は、対象不動産が建物及びその敷地である場合において、再調達原価の把握及び減価修正を適切に行うことができるときに有効な手法であるが、対象不動産が土地のみである場合には、この手法を適用することはできない。 [R02-10月.問25.4]

☐ **3** 土地についての原価法の適用において、宅地造成直後と価格時点とを比べ、公共施設等の整備等による環境の変化が価格水準に影響を与えていると認められる場合には、地域要因の変化の程度に応じた増加額を熟成度として加算できる。 [H20.問29.2]

☐ **4** 再調達原価とは、対象不動産を価格時点において再調達することを想定した場合において必要とされる適正な原価の総額をいう。 [H19.問29.3]

☐ **5** 原価法における減価修正の方法としては、耐用年数に基づく方法と、観察減価法の二つの方法があるが、これらを併用することはできない。 [H24.問25.4]

6 取引事例比較法 ★★／7 収益還元法 ★★

問題 不動産の鑑定評価に関する次の記述のうち、不動産鑑定評価基準による場合の正誤を○×で答えなさい。

☐ **1** 取引事例比較法とは、まず多数の取引事例を収集して適切な事例の選択を行い、これらに係る取引価格に必要に応じて事情補正及び時点修正を行い、かつ、地域要因の比較及び個別的要因の比較を行って求められた価格を比較考量し、これによって対象不動産の試算価格を求める手法である。[H13.問29.2]

解説 不動産の鑑定評価の３つの手法のうち、「原価法」ついて覚えましょう。

不動産の鑑定評価の手法には、**原価法**、取引事例比較法、収益還元法があります。鑑定評価では、原則として、市場の特性等を適切に反映した**複数の手法を適用すべき**とされています。従って、問題文の「手法をいずれか１つ選択」は誤りです。　✕

原価法とは、価格時点における対象不動産の**再調達原価を求め**、これについて**減価修正**を行い、対象不動産の**試算価格を求める手法**です。対象不動産が土地のみであっても、再調達原価を適切に求めることができる場合には、**原価法の適用が可能**です。問題文は「この手法を適用することはできない」とする点が誤りです。　✕

土地についての原価法の適用において、**公共施設の整備等による環境の変化が価格水準に影響を与えている場合**には、**地域要因の変化の程度に応じた増加額を熟成度として加算**できます。　〇

再調達原価とは、対象不動産を価格時点（価格の判定の基準日）において再調達することを想定した場合において必要とされる**適正な原価の総額**のことです。　〇

減価修正とは、**不動産の価値の減少となる要因に応じて**再調達原価から控除することです。原則として「耐用年数に基づく方法」と「観察減価法」の**２つの方法を併用するもの**とされています。　✕

解説 不動産の鑑定評価の中の、「取引事例比較法」と「収益還元法」ついて覚えましょう。

取引事例比較法とは、まず多数の取引事例を収集して**適切な事例の選択**を行い、これらに係る取引価格に必要に応じて**事情補正及び時点修正**を行い、かつ、**地域要因の比較及び個別的要因の比較**を行って求められた価格を比較考量し、これによって**対象不動産の試算価格を求める手法**です。　取引事例比較法で試算した価格を比準価格といいます。　〇

Part **4** 税・その他

08 不動産鑑定評価基準

☐ **2** 取引事例比較法においては、時点修正が可能である等の要件をすべて満たした取引事例について、近隣地域又は同一需給圏内の類似地域に存する不動産に係るもののうちから選択するものとするが、必要やむを得ない場合においては、近隣地域の周辺の地域に存する不動産に係るもののうちから選択することができる。　　　　　　　　　　　　　　　　[H24.問25.3]

☐ **3** 鑑定評価の各手法の適用に当たって必要とされる取引事例等については、取引等の事情が正常なものと認められるものから選択すべきであり、売り急ぎ、買い進み等の特殊な事情が存在する事例を用いてはならない。[H28.問25.3]

☐ **4** 取引事例比較法における取引事例は、地域要因の比較を不要とするため、近隣地域に存する不動産に係るもののうちから選択しなければならない。
　　　　　　　　　　　　　　　　　　　　　　　　　　　　　[H17.問29.3]

☐ **5** 不動産の価格は、その不動産の効用が最高度に発揮される可能性に最も富む使用を前提として把握される価格を標準として形成されるが、これを最有効使用の原則という。　　　　　　　　　　　　　　　　　　　[H30.問25.1]

☐ **6** 収益還元法は、学校、公園等公共又は公益の目的に供されている不動産も含めすべての不動産に適用すべきものであり、自用の住宅地といえども賃貸を想定することにより適用されるものである。　　　　　　　[H13.問29.3]

☐ **7** 収益還元法は、対象不動産が将来生み出すであろうと期待される純収益の現在価値の総和を求めることにより対象不動産の試算価格を求める手法であるが、市場における土地の取引価格の上昇が著しいときは、その価格と収益価格との乖離が増大するものであるため、この手法の適用は避けるべきである。　　　　　　　　　　　　　　　　　　　　　　　　　　　　[H28.問25.4]

☐ **8** 収益価格を求める方法には、直接還元法とDCF（Discounted Cash Flow）法とがあるが、不動産の証券化に係る鑑定評価で毎期の純収益の見通し等について詳細な説明が求められる場合には、DCF法の適用を原則とする。
　　　　　　　　　　　　　　　　　　　　　　　　　　　　[H17.問29.4]

取引事例比較法における取引事例については、

① 原則として、近隣地域又は同一需給圏内の類似地域にある不動産の取引

② 必要やむを得ない場合は、近隣地域の周辺地域にある不動産の取引

③ 対象不動産の最有効使用が標準的使用と異なる場合等は、同一需給圏内の代替競争不動産の取引

のうちから、選択することができます。

○

取引事例の要件として、取引事情が正常又は正常なものに補正可能であることが原則です。売り急ぎ、買い進み等の特殊な事情が存在する事例の場合であれば、事情補正を行わなければならないとされています。つまり、こうした特殊な事情が存在する場合は、事情補正をした上でその事例を用いることができます。

✕

取引事例の要件の一つに、地域要因の比較や個別的要因の比較が可能であることがあります。また、原則は「近隣地域又は同一需給圏内の類似地域にある不動産の取引」から選択しますが、例外もあり選択可能です。従って、問題文の「地域要因の比較を不要とする」や「選択しなければならない」は誤りです。

✕

不動産の価格は、その不動産の効用が最高度に発揮される可能性に最も富む使用を前提として把握される価格を標準として形成されます。これを最有効使用の原則といいます。従って問題文は正しいです。

○

収益還元法は、不動産の賃貸を想定して、その賃料等から、不動産の価格を算出する手法です。従って文化財の指定を受けた建造物等の市場性を有しない不動産は除外されます。つまりすべての不動産に適用されるわけではありません。

✕

収益還元法で試算した価格を収益価格といいます。市場における土地の取引価格の上昇が著しいときは、その取引価格と収益価格との乖離が増大します。その場合、先走りがちな取引価格に対する有力な検証手段として、この収益還元法が活用されるべきであるとされています。つまり、「この手法の適用は避けるべき」とする問題文は誤りです。

✕

収益価格を求める方法には、直接還元法とDCF法があります。直接還元法は、一期間の純収益を還元利回りによって還元する方法です。一方、問題文の通り不動産の証券化に係る鑑定評価で毎期の純収益の見通し等について詳細な説明が求められる場合には、DCF法の適用を原則とします。

○

1 住宅金融支援機構とは／2 機構の業務 ★★★★★／3 業務の委託

問題 独立行政法人住宅金融支援機構（以下この問において「機構」という。）に関する次の記述の正誤を○×で答えなさい。

☐ **1** 証券化支援事業（買取型）における民間金融機関の住宅ローン金利は、金融機関によって異なる場合がある。 [R02-12月.問46.2]

☐ **2** 機構は、証券化支援事業（買取型）において、金融機関から買い取った住宅ローン債権を担保としてMBS（資産担保証券）を発行している。 [R02-10月.問46.1]

☐ **3** 機構は、証券化支援事業（買取型）において、バリアフリー性、省エネルギー性、耐震性又は耐久性・可変性に優れた住宅を取得する場合に、貸付金の利率を一定期間引き下げる制度を実施している。 [R01.問46.2]

☐ **4** 証券化支援業務（買取型）において、機構による譲受けの対象となる住宅の購入に必要な資金の貸付けに係る金融機関の貸付債権には、当該住宅の購入に付随する改良に必要な資金は含まれない。 [R02-12月.問46.4]

☐ **5** 機構が証券化支援事業（買取型）により譲り受ける貸付債権は、自ら居住する住宅又は自ら居住する住宅以外の親族の居住の用に供する住宅を建設し、又は購入する者に対する貸付けに係るものでなければならない。 [R03-12月.問46.3]

☐ **6** 機構は、金融機関による住宅資金の供給を支援するため、金融機関が貸し付けた住宅ローンについて、住宅融資保険を引き受けている。 [H30.問46.2]

▼正解

解説 機構は、民間金融機関の住宅ローン融資を支援する独立行政法人です。

証券化支援事業は、**民間金融機関による債権の証券化を支援する業務**です。買取型と保証型があります。機構が支援する住宅ローンの金利は、**金融機関によって異なる場合があります。**

○

証券化支援事業（買取型）は、民間金融機関が貸し付ける住宅ローン債権を機構が譲り受け（買い取り）、その**債権を担保として**MBS（**資産担保証券**）を発行し、**債券市場（投資家）に売却して資金を調達しています。**

○

証券化支援事業（買取型）では、バリアフリー性、省エネルギー性、耐震性、耐久性・可変性で一定基準をクリアしている住宅を対象に、一定期間利率が引下げになる優良住宅取得支援制度を設けて実施しています。

○

債権譲受けの対象となる貸付債権には、住宅建設・購入のための貸付けがあり、それには付随する土地・借地権の取得資金や住宅改良に必要な資金も含まれます。なお、新築・中古住宅のどちらも対象となります。

✗

貸付債権の譲受け（買い取り）の対象となるのは、次の①〜④の要件を満たした債権です。① 住宅建設・購入のための貸付け（付随する土地・借地権の取得資金や住宅改良に必要な資金を含む）、② 申込者本人又は親族が居住する住宅、③ 長期・固定金利の住宅ローン債権であること、④ 償還期間が15年以上50年以内（償還方法は元利均等方式、元金均等方式のどちらもOK）。問題文は、②に該当するため、**貸付債権の譲受けの対象となります。**これに対し、本人や親族が居住せず、賃貸するための住宅は、制度の対象外です。

○

機構の業務の一つに住宅融資保険業務があります。これは、民間金融機関が貸し付けた住宅ローンについて、住宅融資保険を引き受けることにより、民間金融機関による住宅資金の供給を支援する業務です。

○

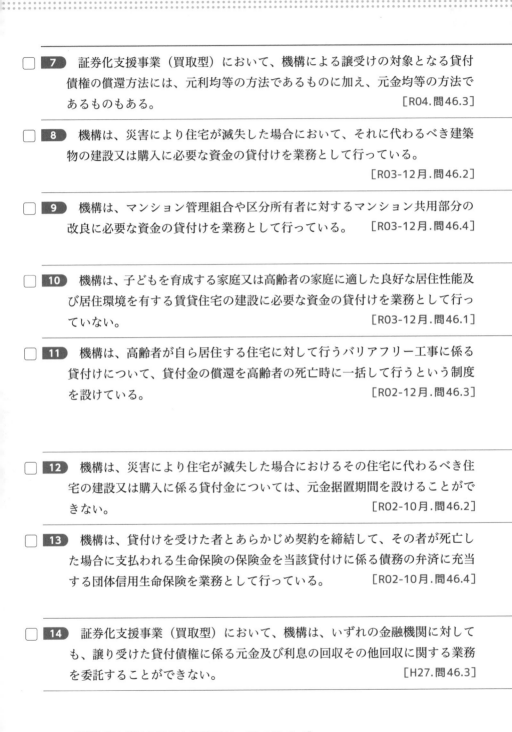

☐ **7** 証券化支援事業（買取型）において、機構による譲受けの対象となる貸付債権の償還方法には、元利均等の方法であるものに加え、元金均等の方法であるものもある。 [R04.問46.3]

☐ **8** 機構は、災害により住宅が滅失した場合において、それに代わるべき建築物の建設又は購入に必要な資金の貸付けを業務として行っている。 [R03-12月.問46.2]

☐ **9** 機構は、マンション管理組合や区分所有者に対するマンション共用部分の改良に必要な資金の貸付けを業務として行っている。 [R03-12月.問46.4]

☐ **10** 機構は、子どもを育成する家庭又は高齢者の家庭に適した良好な居住性能及び居住環境を有する賃貸住宅の建設に必要な資金の貸付けを業務として行っていない。 [R03-12月.問46.1]

☐ **11** 機構は、高齢者が自ら居住する住宅に対して行うバリアフリー工事に係る貸付けについて、貸付金の償還を高齢者の死亡時に一括して行うという制度を設けている。 [R02-12月.問46.3]

☐ **12** 機構は、災害により住宅が滅失した場合におけるその住宅に代わるべき住宅の建設又は購入に係る貸付金については、元金据置期間を設けることができない。 [R02-10月.問46.2]

☐ **13** 機構は、貸付けを受けた者とあらかじめ契約を締結して、その者が死亡した場合に支払われる生命保険の保険金を当該貸付けに係る債務の弁済に充当する団体信用生命保険を業務として行っている。 [R02-10月.問46.4]

☐ **14** 証券化支援事業（買取型）において、機構は、いずれの金融機関に対しても、譲り受けた貸付債権に係る元金及び利息の回収その他回収に関する業務を委託することができない。 [H27.問46.3]

証券化支援事業（買取型）において、償還（返済）方法は、**元利均等方式**、元金均等方式のどちらでも構いません。

○

機構は、災害復興建築物の建設や購入に必要な資金の貸付けを直接融資業務として行います。「災害により住宅が滅失した場合において、それに代わるべき建築物」は、この災害復興建築物に該当します。

○

「マンション管理組合や区分所有者に対するマンションの共用部分の改良」は、**機構**の直接融資**業務の対象**に含まれます。ほかにも、機構の直接融資業務の対象には、合理的土地利用建築物の建設・購入もあげられます。

○

機構は、**子育て世帯・高齢者世帯向けの賃貸住宅の建設・改良**に必要な資金の貸し付けを**業務**として行っています。

✗

機構は、直接融資業務の一つとして、**高齢者（満60歳以上の者）が自ら居住する高齢者家庭住宅の**バリアフリー**工事**を行う場合などに、**必要な資金の貸付け**を行っています。亡くなるまでは**毎月の返済を利息のみ**とし、借入金の元金は申込人の死亡時に、融資住宅及び敷地の売却などにより、**一括返済するという制度**が設けられています。これを「高齢者向け返済**特例制度**」といいます。

○

機構は、経済情勢の著しい変動や災害等で、貸付けを受けた者が元利金の支払いが著しく困難になった場合、**貸付条件や支払方法の変更**、据置期間の設定、償還期間の延長を行うことができます。

✗

団体信用生命保険とは、機構が保険契約者・保険金受取人となり、債務者が被保険者となる団体信用生命保険契約を生命保険会社と締結し、被保険者が死亡した場合や重度障害となった場合に支払われる保険金で、**残りの**住宅ローンを弁済する仕組みです。**機構は、この**団体信用生命保険を業務として行っています。

○

機構は、**業務（情報提供・相談・援助業務を除く）の一部を、**民間金融機関などに委託できます**。債権の元金及び利息の回収、貸付けといった業務も委託できる業務のうちの一つです。

✗

Part **4** 税・その他

09 【免除科目】 住宅金融支援機構法

1 景品表示法とは／2 景品類の制限／3 表示とは／

問題 宅建業者が行う広告等における不当景品類及び不当表示防止法に関して、次の記述の正誤を○×で答えなさい。

☐ **1** 新築分譲マンションを販売するに当たり、契約者全員が四つの選択肢の中から景品を選ぶことができる総付景品のキャンペーンを企画している場合、選択肢の一つを現金200万円とし、他の選択肢を海外旅行として実施することができる。 [H17.問47.2]

☐ **2** 新築分譲マンションの販売において、モデル・ルームは、不当景品類及び不当表示防止法の規制対象となる「表示」には当たらないため、実際の居室には付属しない豪華な設備や家具等を設置した場合であっても、当該家具等は実際の居室には付属しない旨を明示する必要はない。 [H23.問47.2]

☐ **3** 新築分譲住宅を販売するに当たり、予告広告である旨及び契約又は予約の申込みには応じられない旨を明瞭に表示すれば、当該物件が建築確認を受けていなくても広告表示をすることができる。 [R02-10月.問47.3]

☐ **4** 新築分譲マンションの広告において、当該マンションの完成図を掲載する際に、敷地内にある電柱及び電線を消去する加工を施した場合であっても、当該マンションの外観を消費者に対し明確に示すためであれば、不当表示に問われることはない。 [H30.問47.3]

☐ **5** 新築分譲住宅の販売に当たって行う二重価格表示は、実際に過去において販売価格として公表していた価格を比較対照価格として用いて行うのであれば、値下げの日から1年以内の期間は表示することができる。 [R03-10月.問47.4.改]

4 表示に関する制限 ★★★★★

▼ 正解

解説 公正競争規約等における表示とは、顧客を誘引するための手段として事業者が不動産の内容又は取引条件その他取引に関する事項について行う広告その他の表示をいいます。

宅建業者は、**以下の額を超える景品**類を提供することができません。

懸賞・抽選による提供	取引価額の20倍又は10万円の いずれか低い額※
懸賞・抽選によらない提供	取引価額の10分の1又は100万円の いずれか低い額

※景品類の総額は、**取引予定総額の100分の2以内**に限られる。

現金200万円の景品は100万円を超えているので、景品にできません。

「表示」には、「**物件自体による表示及びモデル・ルームその他これらに類似する物による表示**」も含まれます。従って、問題文の「『表示』には当たらない」は誤りです。

宅地造成や建物建築の工事前であっても、**開発許可や建築確認等の処分後**であれば、**売買その他の業務に関する広告は可能です**。問題文は、「建築確認を受けていなくても広告表示はできる」としているため、答えは×。正しくは、「この物件の広告表示はできない」となります。

宅地・建物のコンピュータ・グラフィックス、見取図、完成図、完成予想図は、その旨を明示して用い、当該物件の周囲の状況について表示するときは、**現況と異なる表示をすることはできません**。「敷地内にある電柱及び電線を消去する加工を施した」のであれば、それは現況と異なる表示であり、**不当表示に該当します**。

二重価格表示を行う場合の要件の一つが、「**過去の販売価格の公表日及び値下げした日を明示すること**」です。そして、過去の販売価格を比較対照価格として二重価格表示を行うことができるのは、**値下げの日から6か月以内**に限られます。従って「1年以内」は誤りです。

6 平成18年4月1日に建築され、平成21年4月1日に増築された既存住宅を令和6年4月1日から販売する場合、当該増築日を起算点として「築15年」と表示してもよい。 [H21.問47.1.改]

7 新築分譲住宅の広告において物件及びその周辺を写した写真を掲載する際に、当該物件の至近に所在する高圧電線の鉄塔を消去する加工を施した場合には、不当表示に該当する。 [H18.問47.3]

8 インターネット上に掲載している賃貸物件について、掲載した後に契約済みとなり実際には取引できなくなっていたとしても、当該物件について消費者からの問合せがなく、故意に掲載を継続していたものでなければ、不当表示に問われることはない。 [R02-12月.問47.3]

5 特定事項の明示義務 ★★★

問題 宅建業者が行う広告等における不当景品類及び不当表示防止法に関して、次の記述の正誤を○×で答えなさい。

1 宅地の造成及び建物の建築が禁止されており、宅地の造成及び建物の建築が可能となる予定がない市街化調整区域内の土地を販売する際の新聞折込広告においては、当該土地が市街化調整区域内に所在する旨を16ポイント以上の大きさの文字で表示すれば、宅地の造成や建物の建築ができない旨まで表示する必要はない。 [H28.問47.2]

2 建築基準法で規定する道路に2m以上接していない土地に建築物を建築しようとしても、原則として建築基準法第6条第1項の確認を受けることはできないため、「建築不可」又は「再建築不可」と明示しなくてもよい。 [H21.問47.2]

3 建築基準法第42条第2項の規定により道路とみなされる部分（セットバックを要する部分）を含む土地については、セットバックを要する旨及びその面積を必ず表示しなければならない。 [R02-12月.問47.1]

増築日を起算点として築年数を表示することは、増改築した建物について、建物の全部又は取引しようとする部分が新築したものであると誤認されるおそれがあり、不当表示に当たります。 ✕

物件からの眺望、物件の外観・内部写真、間取り図、周囲の状況などが事実に相違する表示、実際のものより優良であると誤認されるおそれのある表示は不当表示に当たります。 ◯

広告その他の表示の内容に変更があった場合、速やかに修正し、又は表示を取りやめなくてはなりません。問題文のように、インターネット広告において、掲載した時点で空室の物件が、その後、成約済みになった場合は、速やかに情報を更新しなければなりません。 ✕

解説 特定事項（一般消費者が通常予期できない不動産の地勢・形質・立地・環境等に関する事項や、取引相手に著しく不利益な事項）があれば、その旨を具体的かつ明瞭に表示する必要があります。

新聞折込チラシ等やパンフレット等で広告する場合、**市街化調整区域内の土地**については、「**市街化調整区域。宅地の**造成**及び建物の**建築**はできません**」と、16ポイント以上の文字での明示が必要です。従って問題文の「宅地の造成や建物の建築ができない旨まで表示する必要はない」は誤りです。 ✕

「建築基準法で規定する道路に2m以上接していない土地」、つまり接道義務を満たさない土地については、原則として、建築不可であるため、それを表示するために「**建築**不可」又は「**再建築**不可」と明示する必要があります。 ✕

道路とみなされる部分（セットバックを要する部分）を含む土地については、**道路とみなされる部分を含む旨を表示**しなければなりません。しかし、その面積も明示する必要があるのは、**セットバックを要する部分の面積がおおむね10%以上**であるときのみです。従って「必ず表示しなければならない」は誤りです。 ✕

Part **4** 税・その他

10 【免除科目】景品表示法

☐ **4** 傾斜地を含むことにより当該土地の有効な利用が著しく阻害される場合は、原則として、傾斜地を含む旨及び傾斜地の割合又は面積を明示しなければならないが、マンションについては、これを明示せずに表示してもよい。

[H22.問47.3]

☐ **5** 販売しようとしている土地が、都市計画法に基づく告示が行われた都市計画道路の区域に含まれている場合は、都市計画道路の工事が未着手であっても、広告においてその旨を明示しなければならない。 [H27.問47.3]

☐ **6** 建築工事に着手した後に、その工事を相当の期間にわたり中断していた新築分譲マンションについては、建築工事に着手した時期及び中断していた期間を明瞭に表示しなければならない。 [H26.問47.4]

6 物件の内容・取引条件等に係る表示基準 ★★★★★

問題 宅建業者が行う広告等における不当景品類及び不当表示防止法に関して、次の記述の正誤を○×で答えなさい。

☐ **1** 取引態様については、「売主」、「貸主」、「代理」又は「媒介」（「仲介」）の別を表示しなければならず、これらの用語以外の「直販」、「委託」等の用語による表示は、取引態様の表示とは認められない。 [R02-12月.問47.2]

☐ **2** 近くに新駅の設置が予定されている分譲住宅の販売広告を行うに当たり、当該鉄道事業者が新駅設置及びその予定時期を公表している場合、広告の中に新駅設置の予定時期を明示して表示してもよい。 [H28.問47.4]

☐ **3** 1枚の新聞折込みチラシに多数の新築分譲住宅の広告を掲載する場合には、物件ごとの表示スペースが限られてしまうため、各物件の所在地を表示すれば、交通の利便に関する表示は省略することができる。 [H19.問47.3]

☐ **4** 新築住宅を販売するに当たり、当該物件から最寄駅まで実際に歩いたときの所要時間が15分であれば、物件から最寄駅までの道路距離にかかわらず、広告中に「最寄駅まで徒歩15分」と表示することができる。 [R02-10月.問47.2]

次の場合、傾斜地を含むことや傾斜地の割合、面積を明示しなければなりません。
　① 傾斜地が土地面積の約30%以上を占める場合、

　　傾斜地の割合又は面積を明示（マンション・別荘地を除く）。
　② 傾斜地により土地の有効利用が著しく阻害される場合、

　　傾斜地の割合にかかわらず割合又は面積を明示（マンションを除く）
問題文は、②に当たるので、「明示せずに表示してもよい」は正しいです。

○

都市計画道路など都市計画施設の区域内の土地の場合、仮に工事未着手の場合であっても、広告によってその旨を明示しなければなりません。

○

相当期間、建築工事が中断していた新築住宅又は新築分譲マンションについては、工事に着手した時期と中断していた期間を明示しなければなりません。

○

解説　取引態様、交通の利便性、生活関連施設、価格・賃料など、物件の内容や取引条件に関する表示の基準について覚えましょう。

取引態様は、「売主」、「貸主」、「代理」、「媒介」（「仲介」）の別を、これらの用語を用いて表示しなければなりません。これらの用語以外の、「直販」や「委任」等の表示は、取引態様を表示したものとは認められません。

○

新設予定の鉄道や都市モノレールの駅、路面電車の停留場又はバスの停留所は、路線の運行主体が公表したものに限り、新設予定時期を明示して表示ができます。

○

新聞チラシによる新築分譲住宅の広告では、物件の所在地のほか、交通の利便に関する表示が必要です。従って、問題文の「交通の利便に関する表示は省略することができる」は誤りです。

✗

最寄り駅など、各種施設までの徒歩による所要時間は道路距離80mにつき1分間要するものとして算出したものを表示します（端数は切上げ）。従って、実際に歩いたときの所要時間を広告中に表示することはできません。

✗

Part **4** 税・その他　**10**【免除科目】景品表示法

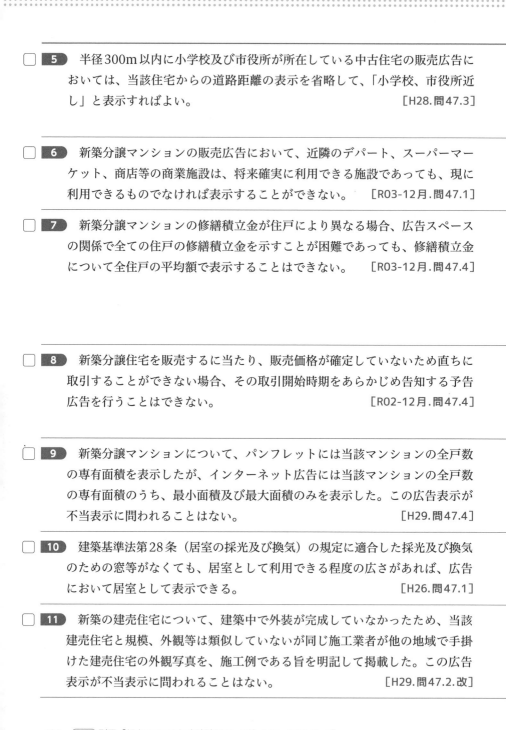

5 半径300m以内に小学校及び市役所が所在している中古住宅の販売広告においては、当該住宅からの道路距離の表示を省略して、「小学校、市役所近し」と表示すればよい。 [H28.問47.3]

6 新築分譲マンションの販売広告において、近隣のデパート、スーパーマーケット、商店等の商業施設は、将来確実に利用できる施設であっても、現に利用できるものでなければ表示することができない。 [R03-12月.問47.1]

7 新築分譲マンションの修繕積立金が住戸により異なる場合、広告スペースの関係で全ての住戸の修繕積立金を示すことが困難であっても、修繕積立金について全住戸の平均額で表示することはできない。 [R03-12月.問47.4]

8 新築分譲住宅を販売するに当たり、販売価格が確定していないため直ちに取引することができない場合、その取引開始時期をあらかじめ告知する予告広告を行うことはできない。 [R02-12月.問47.4]

9 新築分譲マンションについて、パンフレットには当該マンションの全戸数の専有面積を表示したが、インターネット広告には当該マンションの全戸数の専有面積のうち、最小面積及び最大面積のみを表示した。この広告表示が不当表示に問われることはない。 [H29.問47.4]

10 建築基準法第28条（居室の採光及び換気）の規定に適合した採光及び換気のための窓等がなくても、居室として利用できる程度の広さがあれば、広告において居室として表示できる。 [H26.問47.1]

11 新築の建売住宅について、建築中で外装が完成していなかったため、当該建売住宅と規模、外観等は類似していないが同じ施工業者が他の地域で手掛けた建売住宅の外観写真を、施工例である旨を明記して掲載した。この広告表示が不当表示に問われることはない。 [H29.問47.2.改]

学校、病院、官公署、公園等の公共施設については、現に利用できるものを表示し、**物件からの**道路距離**または徒歩所要時間を明示**しなくてはなりません。同じく生活関連施設として、**デパート、スーパー等の商業施設**については、**現に利用できる施設を物件からの**道路距離**または徒歩所要時間を明示する必要があります。**

✗

デパート、スーパー、コンビニ等の商業施設は、現在工事中である等、その施設が**将来確実に利用できると認められるもの**は、整備予定時期**を明示して表示**することができます。

✗

修繕積立金を始め、すべての金額を表示することが困難な場合は、以下の項目のみの表示でも構いません。

※販売戸数（区画数）が10未満の場合は、最多価格帯の表示の省略が可能。

項目	表示事項
新築分譲住宅、新築分譲マンション、土地の価格について※	1戸（1区画）当たりの最低価格、最高価格。最多価格帯及びその価格帯に属する住戸の戸数（販売区画数）
戸建て住宅、賃貸マンション、賃貸アパートの賃料について	最低賃料及び最高賃料
管理費・共益費・修繕積立金	月額の最低額及び最高額

◯

予告広告である旨、**予定**価格**又は予定**賃料、**販売予定**時期その他定められた事項を、見やすい場所に、見やすい大きさ、見やすい色彩の文字により、わかりやすい表現で明瞭に表示する等の所定の要件を満たせば、予告広告**をすることができます。**

✗

新築分譲マンションの専有面積について、**パンフレット等では全戸数の専有面積の表示が必要**です。しかしパンフレット等以外（ネット広告、新聞・雑誌広告、折込チラシなど）では全戸数のうち、最小**面積及び**最大**面積のみの表示でもかまわず、それによって**不当表示**に問われることはありません。

◯

採光・換気のための開口部（窓など）が面積不足の部屋は、建築基準法上、「居室」とは認められません。「居室」ではなく「納戸」として扱い、広告においては、「納戸等」と表示しなくてはなりません。

✗

物件の写真・動画は取引物件自体の写真・動画を使用することが原則です。ただし未完成などの事情がある場合、①取引する建物を**施工する者が過去に施工した**建物であること、②**構造・階数・仕様が同一**であること、③**規模・形状・色等が**類似**していること**などの条件を満たした物件の外観写真の使用が可能です。

✗

☐ **12** 　直線距離で50ｍ以内に街道が存在する場合、物件名に当該街道の名称を用いることができる。 [R05. 問47.2]

☐ **13** 　新築分譲マンションの広告に住宅ローンについても記載する場合、返済例を表示すれば、当該ローンを扱っている金融機関について表示する必要はない。 [H27. 問47.2.改]

---

7 特定用語の使用基準 ★ ／ 8 広告に関する責任主体

問題 　宅建業者が行う広告等における不当景品類及び不当表示防止法に関して、次の記述の正誤を○×で答えなさい。

☐ **1** 　分譲住宅について、住宅の購入者から買い取って再度販売する場合、当該住宅が建築後1年未満で居住の用に供されたことがないものであるときは、広告に「新築」と表示しても、不当表示に問われることはない。 [R01. 問47.4]

☐ **2** 　築15年の企業の社宅を買い取って大規模にリフォームし、分譲マンションとして販売する場合、一般消費者に販売することは初めてであるため、「新発売」と表示して広告を出すことができる。 [H27. 問47.4]

☐ **3** 　広告においてLDK（リビング・ダイニング・キッチン）という文言を用いる場合は、その部屋が居間、食事室兼台所として使用するために必要な広さ及び機能を有しているという意味で用いなければならない。 [H15. 問47.4]

☐ **4** 　物件の所有者に媒介を依頼された宅建業者Aから入手した当該物件に関する情報を、宅建業者Bが、そのままインターネット不動産情報サイトに表示し広告を行っていれば、仮に入手した物件に関する情報が間違っていたとしても不当表示に問われることはない。 [H29. 問47.1]

物件から直線距離で50m以内に**街道その他の道路**（坂を含む）が存在する場合、その名称を**物件の名称**として用いることができます。

〇

広告に住宅ローンについて記載する場合、次の事項を明示して表示します。①**金融機関の名称・商号**、②借入金の利率及び利息を徴する**方式又は返済例**。従って、**ローンを扱っている金融機関の表示は必要**です。

✕

解説 宅建業者が物件の広告を行う際、定義・制限に即して使用しなくてはならない用語を覚えましょう。

「**新築**」と表示できるのは、**建築工事完了後1年未満**であって、**居住の用に供されたことがないもの（未使用）**に限られます。この要件を満たしていれば、問題文のように購入者から買い取り、再度販売する場合でも、「新築」と表示したことで、不当表示に問われることはありません。

〇

「**新発売**」とは、**新たに造成された宅地**、**新築の住宅**、又は**一棟リノベーションマンション**について、一般消費者に対し、**初めて申込みの勧誘を行う場合**にのみ使用できます。「大規模にリフォームし、分譲マンションとして販売」する物件の場合、この「新発売」の概念には当てはまらず、**「新発売」として広告を出すことはできません**。

✕

「**LDK**」とは、**居間と台所と食堂の機能が1室に併存する部屋**をいい、住宅の居室（寝室）数に応じ、その用途に従って**使用するために必要な広さ、形状及び機能を有するもの**をいいます。

〇

広告に対する責任は、広告を行った宅建業者にあります。情報を提供した宅建業者や、広告代理業者等に過失があったとしても、広告を行った宅建業者の責任は回避できません。従って、**物件に関する情報が間違っていた場合、この広告は不当表示に問われる**ことになります。

✕

1 国土の全体像 ★／**2** 山地・山麓 ★★／**3** 丘陵地・台地・段丘 ★★★

問題 土地に関する次の記述の正誤を○×で答えなさい。

☐ **1** 国土を山地と平地に大別すると、山地の占める比率は、国土面積の約75%である。 [H25.問49.1]

☐ **2** 山地は、地形がかなり急峻で、大部分が森林となっている。 [R02-12月.問49.1]

☐ **3** 山麓や火山麓の地形の中で、土石流や土砂崩壊による堆積でできた地形は危険性が低く、住宅地として好適である。 [H28.問49.3]

☐ **4** 山麓部の利用に当たっては、背後の地形、地質、地盤について十分吟味する必要がある。 [H23.問49.2]

☐ **5** 台地、段丘は、水はけも良く、宅地として積極的に利用されているが、自然災害に対して安全度の低い所である。 [R01.問49.3]

☐ **6** 丘陵地帯で地下水位が深く、砂質土で形成された地盤では、地震の際に液状化する可能性が高い。 [H24.問49.3]

☐ **7** 丘陵地や台地の縁辺部の崖崩れについては、山腹で傾斜角が25度を超えると急激に崩壊地が増加する。 [H28.問49.4]

☐ **8** 台地を刻む谷や台地上の池沼を埋め立てた所では、地盤の液状化が発生し得る。 [R01.問49.2]

▶ 山地・山麓・低地は宅地として不適。丘陵地・台地・段丘は宅地に適している。
▶ 土砂災害、液状化現象、断層地形、地盤沈下など、地形が原因で災害が起きる。
▶ 宅地造成の方法として、「切土」と「盛土」がある。

▼正解

解説 日本の国土を構成する「山地・山麓」「丘陵地」「台地」「段丘」について、その特徴や問題点を覚えましょう。

日本の国土は、**国土面積の約75%の**山地と**約25%の**平地に大別することができます。

○

山地の地形は、かなり急峻（傾斜が急）で大部分が森林となっています。また、表土の下に**岩盤又はその風化土が現れる地盤**となっています。

○

山地・山麓の中で、特に**土石流や土砂崩壊による堆積でできた地形**（崩壊跡地）は、**土砂**災害が再び起きる危険があり、一般的に**住宅地として**不適です。

✕

山麓部は、背後の地形・地質・地盤によっては、地すべりや土石流、洪水流などの危険性が高い場合があるため、十分吟味する必要があります。

○

台地、段丘は、水はけも良く、**宅地として積極的に利用されている土地**であり、低地に比べ**自然災害に対して安全度は**高いといえます。

✕

丘陵地帯は、地表面が比較的平坦で、よく締まった砂礫・硬粘土からなり、**地下水位が深くて、**地盤が安定しており、原則として宅地に適しています。**液状化現象は、**粒径のそろった砂地盤で、**地下水位の**高い、**地表から**浅い**地域で発生しやすいため、地下水位が深い丘陵地帯では起こる可能性は**低いとされています。ただし、大都市近郊の**丘陵地での盛土造成**に際しては、**地下水位を**下げるため**排水施設を設け、締め固める等の必要**があります。

✕

丘陵地や台地の縁辺部は、豪雨などによる崖崩れの危険**があります。特に山腹で傾斜角が25度を超えると急激に崩壊地が**増加します。

○

台地は、周囲より一段高くなっていて、周囲を崖で縁取られた台状の地形です。**地盤が安定している**とされる一方で、**埋立部分は**地盤沈下、**排水不良、地震の際に液状化が生じる危険性がある**ともいわれています。

○

4 低地 ★★★★★

問題 土地に関する次の記述の正誤を○×で答えなさい。

☐ **1** 低地は、一般に洪水や地震などに対して弱く、防災的見地からは住宅地として好ましくない。 [R02-12月.問49.2]

☐ **2** 臨海部の低地は、洪水、高潮、地震による津波などの災害が多く、住宅地として利用するには、十分な防災対策と注意が必要である。 [H27.問49.2]

☐ **3** 大都市の大部分は低地に立地しているが、この数千年の間に形成され、かつては湿地や旧河道であった地域が多く、地震災害に対して脆弱で、また洪水、高潮、津波等の災害の危険度も高い。 [H30.問49.3]

☐ **4** 扇状地は、山地から河川により運ばれてきた砂礫等が堆積して形成された地盤である。 [H29.問49.1]

☐ **5** 自然堤防とは、河川からの砂や小礫の供給が少ない場所に形成され、細かい粘性土や泥炭などが堆積した地盤である。 [H18.問50.4]

☐ **6** 谷底平野は、周辺が山に囲まれ、小川や水路が多く、ローム、砂礫等が堆積した良質な地盤であり、宅地に適している。 [H19.問49.1]

☐ **7** 旧河道は、沖積平野の蛇行帯に分布する軟弱な地盤であり、建物の不同沈下が発生しやすい。 [H19.問49.4]

☐ **8** 後背湿地は、自然堤防や砂丘の背後に形成される軟弱な地盤であり、水田に利用されることが多く、宅地としての利用は少ない。 [H19.問49.2]

☐ **9** 三角州は、河川の河口付近に見られる軟弱な地盤である。 [H29.問49.2]

☐ **10** 埋立地は、一般に海面に対して数mの比高を持ち、干拓地に比べ自然災害に対して危険度が高い。 [R02-12月.問49.3]

解説 低地には、比較的に宅地に適している低地（扇状地や自然堤防など）と、適さない低地（谷底平野、旧河道など）があります。 ◯

低地は一般に洪水や津波、高潮、地震などに弱く、**防災的見地からは宅地として好ましいとはいえません**。 ◯

特に臨海部の低地は、水利、海陸の交通に恵まれてはいるものの、**宅地として利用するには十分な防災対策と注意が必要**です。 ◯

我が国の低地はここ数千年の間に形成され、湿地や旧河道であった**若い軟弱な地盤の地域**がほとんどです。地震災害に対して脆弱で、また**洪水、高潮、津波等の災害の危険度も高い**といえます。 ◯

扇状地は、山地から河川により運ばれてきた砂礫などが、**谷の出口に扇状に堆積し平坦地になった土地**です。地盤が堅固で等高線が同心円状になるのが特徴です。 ◯

自然堤防は、氾濫時に、川からあふれた水が運んできた砂礫などが、蛇行する川のカーブの外側に堆積してできた、**細長い堤防状の小高い土地**です。「河川からの砂や小礫の供給が少ない場所」ではありません。問題文は「後背湿地」の定義です。 ✗

こくていへいや
谷底平野は、川の流れにより徐々に左右の谷が削られ、その**堆積物によりできた低地**です。地盤がゆるく、液状化のリスクも高いため、**宅地には適していません**。
※谷底平野のうち、河岸段丘を除いた低地の部分を**谷底低地**とよぶ。 ✗

旧河道は、元は川であったところで、本流から外れてできた**粘土質の土地**です。沖積平野の蛇行帯に分布し、軟弱な地盤なため**建物の不同沈下が発生しやすい**とされています。また、旧河道は地震による地盤の液状化対策が必要な土地です。 ◯

後背湿地は、自然堤防や砂丘の背後に形成される**軟弱な地盤**の土地です。水田に利用されることが多いものの、地震時に**液状化被害が生じやすい**地盤なため、**宅地としての利用は少ない**とされています。 ◯

三角州は、川を流れてきた砂などが、河口付近に堆積してできた**三角形状の地形**で、**軟弱な地盤のため地震時の液状化現象の発生のおそれがある**とされています。 ◯

埋立地は、**海抜数mの比高**があるため、**干拓地よりは安全**とされています。ただし、**高潮等の被害リスク**はあります。 ✗

5 地形が原因となる災害 ★★★★

問題 土地や土地の地形に関する次の記述の正誤を○×で答えなさい。

☐ **1** 平地に乏しい都市の周辺では、住宅地が丘陵や山麓に広がり、土砂崩壊等の災害を引き起こす例も多い。 [R03-12月.問49.4]

☐ **2** 豪雨による深層崩壊は、山体岩盤の深い所に亀裂が生じ、巨大な岩塊が滑落し、山間の集落などに甚大な被害を及ぼす。 [H28.問49.1]

☐ **3** 地すべり地の多くは、地すべり地形と呼ばれる独特の地形を呈し、棚田などの水田として利用されることがある。 [H22.問49.1]

☐ **4** 花崗岩が風化してできた、まさ土地帯においては、近年発生した土石流災害によりその危険性が再認識された。 [H28.問49.2]

☐ **5** 地盤の液状化については、宅地の地盤条件について調べるとともに、過去の地形についても古地図などで確認することが必要である。 [R02-10月.問49.3]

☐ **6** 国土交通省が運営するハザードマップポータルサイトでは、洪水、土砂災害、高潮、津波のリスク情報などを地図や写真に重ねて表示できる。 [R04.問49.4]

☐ **7** 断層地形は、直線状の谷など、地形の急変する地点が連続して存在するといった特徴が見られることが多い。 [H22.問49.4]

☐ **8** 都市の中小河川の氾濫の原因の一つは、急速な都市化、宅地化に伴い、降雨時に雨水が短時間に大量に流れ込むようになったことである。 [R02-10月.問49.1]

解説 地形が原因となる災害には、土砂災害、液状化現象、地盤沈下、不同沈下などがあります。

丘陵は、原則として、宅地に適した土地ですが、丘陵の縁辺部においては、**崖崩れや土砂災害などのリスク**があります。山麓は、そもそも、**土砂災害のリスクが高い場所**です。 〇

斜面崩壊（崖崩れや山崩れ）は、傾斜度のある斜面で土砂が崩れ落ちる現象で、表層土のみ崩落する表層崩壊や、表層土に加えて**山体岩盤の深い所に亀裂**が生じ、**巨大な岩塊が滑落する**深層崩壊があります。どちらも山間の集落などに甚大な被害を及ぼします。 〇

地すべりは、特定の地質や地質構造を持つ地域に集中して分布する傾向が強く、地すべり地形と呼ぶ特有の地形を形成し、棚田などの**水田として利用**されることがあります。 〇

花崗岩が風化してできた、まさ土（真砂土）地帯は、**砂質土で掘削しやすい**反面、**土砂災害が発生しやすい土地**として、危険性が認識されています。 〇

地盤の液状化については、**宅地の地盤条件について調べる**とともに、過去の地形についても古地図**などで確認することが必要**です 〇

ハザードマップポータルサイトは、洪水・土砂災害・高潮・津波のリスク情報、道路防災情報、土地の特徴・成り立ちなどを**地図や写真に自由に重ねて表示**し、**閲覧できるWeb地図サイト**です。 〇

断層地形は、**直線状の谷**、滝その他の地形の急変する地点が連続して存在するといった特徴が見られます。 〇

急速な都市化や宅地化に伴って**地面の舗装化**が進み、降雨時に**雨水が短時間に大量に流れ込む**ようになりました。この雨水が下水の処理能力を超えてしまい、河川に流れ込めなくなることが、**都市の中小河川の氾濫の原因**の一つとされています。 〇

問題 造成された宅地及び擁壁に関する次の記述の正誤を○×で答えなさい。

☐ **1** 盛土をする場合には、地表水の浸透により、地盤にゆるみ、沈下又は崩壊が生じないように締め固める。 [H17.問50.1]

☐ **2** 擁壁の背面の排水をよくするために、耐水材料での水抜き穴を設け、その周辺には砂利等の透水層を設ける。 [H17.問50.3]

☐ **3** 造成して平坦にした宅地では、一般に盛土部分に比べて切土部分で地盤沈下量が大きくなる。 [H17.問50.4]

☐ **4** 切土又は盛土した崖面の擁壁は、鉄筋コンクリート造、無筋コンクリート造又は練積み造とする。 [H17.問50.2]

問題 土地や土地の形質に関する次の記述の正誤を○×で答えなさい。

☐ **5** 河川近傍の低平地で盛土を施した古い家屋が周辺に多いのは、洪水常習地帯である可能性が高い。 [H14.問49.3]

☐ **6** 地表面の傾斜は、等高線の密度で読み取ることができ、等高線の密度が高い所は傾斜が急である。 [H20.問49.1]

☐ **7** 等高線が山頂に向かって高い方に弧を描いている部分は尾根で、山頂から見て等高線が張り出している部分は谷である。 [H20.問49.3]

☐ **8** 地形図の上では斜面の等高線の間隔が不ぞろいで大きく乱れているような場所では、過去に崩壊が発生した可能性があることから、注意が必要である。 [H15.問49.1]

☐ **9** 等高線の間隔の大きい河口付近では、河川の氾濫により河川より離れた場所でも浸水する可能性が高くなる。 [H20.問49.4]

解説 宅地造成の２つの方法として「切土」、「盛土」があります。

土を盛ることによって平地を作るのが盛土です。盛土する場合、地表水の浸透により、地盤にゆるみや沈下、又は崩壊が生じないように締め固めます。

○

擁壁の背面の排水をよくするために、壁面に水抜き穴を設け、水抜き穴の周辺や必要な場所には砂利等の透水層を設けます。

○

元々の地形（地山）を切り崩して平地を造るのが切土です。一般に切土部分に比べて盛土部分で地盤沈下量が大きくなります。問題文の記述は逆になっています。

✕

問題文の記述の通り、擁壁は、鉄筋コンクリート造、無筋コンクリート造又は練積み造とします。

○

解説 地形を読む際に有効な等高線について、その間隔と密度との関係、読み取り方について覚えましょう。

まず、河川近傍の低平地であること自体が、洪水被害の可能性が高い土地といえます。加えて、周辺に盛土を施した古い家屋が多いということなので、洪水常習地帯である可能性が高いです。

○

等高線とは、同じ高さの地点を線で結んだものです。地表面の傾斜は、等高線の密度で読み取ることができます。等高線の「密度が高い（間隔が狭い・小さい）」所は傾斜が急な土地で、逆に、等高線の「密度が低い（間隔が広い・大きい・まばらである）」所は傾斜が緩やかな土地になっています。

○

等高線が山頂に向かって高い方に弧を描いている部分は「谷」で、山頂から見て等高線が張り出している部分は「尾根」です。問題文は説明が逆です。

✕

地形図で、斜面の等高線の間隔が不ぞろいで大きく乱れているような場所は、過去に崩壊が発生した可能性があるため、注意が必要です。

○

等高線の間隔が大きいとは傾斜が穏やかということです。従って河川が氾濫したとき、河川より離れた場所でも浸水する可能性が高くなるといえます。

○

Part **4** 税・その他

11【免除科目】土地に関する知識

12

[免除科目]

建物に関する知識

1 建築物の基礎知識 ★★★

問題 建築物の構造に関する次の記述の正誤を○×で答えなさい。

☐ **1** 直接基礎の種類には、形状により、柱の下に設ける独立基礎、壁体等の下に設けるべた基礎、建物の底部全体に設ける布基礎（連続基礎）等がある。
[R02-10月.問50.3]

☐ **2** 杭基礎には、木杭、既製コンクリート杭、鋼杭等がある。 [H27.問50.3]

☐ **3** 壁式構造は、柱とはりではなく、壁板により構成する構造である。
[H23.問50.4]

☐ **4** アーチ式構造は、スポーツ施設のような大空間を構成するには適していない構造である。 [H23.問50.3]

▼正解

解説 建物の構成は、大きく基礎構造と上部構造からなり、基礎構造は地業と基礎盤から構成されています。

直接基礎とは、**地盤が良好で建物の自重が**軽い**場合に用いる基礎**で、柱の下に設ける「独立基礎」、壁体等の下に設ける「布基礎」、建物の底部全体に設ける「べた基礎」などの種類があります。問題文はべた基礎と布基礎の説明が逆です。

✕

杭基礎は、**地盤が**深く、**支持力が**弱く、**又は建物の自重が**重い**場合に用いる基礎**です。材質による種類には、**木杭**、**既製コンクリート杭**、**鋼杭**などがあります。

○

壁式構造は問題文の説明の通り、柱とはりではなく、**壁板により構成する構造**です。

●壁式構造

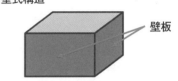

壁板

○

アーチ式構造は、部材を円弧型に組み合わせて構成する構造で、**スポーツ施設やダム等の**大型建築物に適した構造**です。従って、問題文の解説は誤りです。

●アーチ式構造

また、構造の種類については、前問の壁式構造、問題文のアーチ式構造のほかにも、トラス式構造、ラーメン構造などが、出題されています。

✕

●トラス式構造
細長い部材を三角形に組み合わせた構成の構造。体育館やドーム、鉄橋等で使われる。

節点（ボルトやピンで結合する）

●ラーメン構造
柱とはりを組み合わせた直方体で構成する構造。ラーメンはドイツ語で「額縁」の意味。

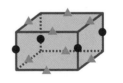

▲ はり
● 柱

2 木造の特性と工法 ★★★★★

問題 建築物や建築材料、建物の構造に関する次の記述の正誤を○×で答えなさい。

☐ **1** 木造建物を造る際には、強度や耐久性において、できるだけ乾燥している木材を使用するのが好ましい。　　　　　　　　　　　　[H30.問50.1]

☐ **2** 在来軸組構法の軸組は、通常、水平材である土台、桁、胴差と、垂直材の柱及び耐力壁からなる。　　　　　　　　　　　　　　[R04.問50.2]

☐ **3** はり、けたその他の横架材の中央部附近の下側に耐力上支障のある欠込みをする場合は、その部分を補強しなければならない。　　　　[H18.問49.4]

☐ **4** 軸組に仕上げを施した壁には、真壁と大壁があり、真壁のみで構成する洋風構造と、大壁のみで構成する和風構造があるが、これらを併用する場合はない。　　　　　　　　　　　　　　　　　　　　　　[R04.問50.4]

☐ **5** 集成木材構造は、集成木材で骨組を構成したもので、大規模な建物にも使用されている。　　　　　　　　　　　　　　　　　[H30.問50.2]

☐ **6** 木造は湿気に強い構造であり、地盤面からの基礎の立上がりをとる必要はない。　　　　　　　　　　　　　　　　　　　　　[H27.問50.1]

☐ **7** 構造耐力上主要な部分である柱、筋かい及び土台のうち、地面から1m以内の部分には、シロアリその他の虫による害を防ぐための措置を講ずるとともに、必要に応じて有効な防腐措置を講じなければならない。[H17.問49.3]

☐ **8** 木造建物を耐震、耐風的な構造にするためには、できるだけ建物の形態を単純にすることが適切である。　　　　　　　　　　　[R02-12月.問50.2]

解説 木材には、自重が軽い、加工組立が容易、火災に弱いなどのほか、さまざまな特性があります。

木造建物の材料となる**木材の強度**は、**含水率の影響を受けます。含水率が小さい**（乾燥している）ほど**強度は高く**なり、**含水率が大きい**（湿っている）ほど**強度は低く**、腐朽やシロアリ等による**被害を受けやすい**とされています。従って、できるだけ乾燥**している木材**を使用するのが好ましいといえます。 ○

在来軸組構法の軸組は、柱と土台、梁、桁などで、骨組みをつくり、筋かいで補強する工法です。**水平材**（地面に対して水平な材）である**土台、桁、胴差**と、**垂直材**（地面に対して垂直な材）である**柱、耐力壁**を組み合わせて構成します。 ○

欠込みとは、**木材の接合のために部材の一部を欠き取ること**をいいます。はり、けた、その他の横架材の中央部附近の下側に、この欠込みをすると、上からの力がその部分に集中してしまい、**曲がりや折れの原因**になります。そのため、欠込みして補強する以前に、**耐力上支障のある欠込みはしてはいけません**。 ✗

軸組に仕上げを施した壁には、真壁（柱や梁が外から見える壁）と大壁（柱や壁が外から見えない壁）があります。**真壁のみで構成するのが和風構造、大壁のみで構成するのが洋風構造**で、併用も可能です。本肢では和風構造と洋風構造の説明が逆です。 ✗

集成材は、単板（薄い木の板）などを積層したもので、伸縮・変形・割れが起こりにくい材質です。**集成材構造**は体育館など**大規模な建築物にも使用されます**。 ○

木造は湿気に弱いため、地盤面から十分な**基礎の立上がり**をとる必要があります。 ✗

サラっと読んだだけでは、間違えてしまう可能性のあるヒッカケ問題です。構造耐力上主要な部分である**柱・筋かい・土台**のうち、**地面から1m以内の木部には、「有効な防腐措置」を講ずる**とともに、**必要に応じて、シロアリその他の「虫による害を防ぐための措置」を講じなければなりません**。つまり、問題文の説明では、「有効な防腐措置」と「虫害防止措置」が逆になっているため、誤りとなります。 ✗

木造建築物の場合、複雑、あるいは特殊な形態だと局所的に地震力・風圧力が加わることになります。できるだけ**建物の形態を単純にする**ことで、**耐震、耐風に優れた構造**となります。 ○

3 鉄骨造の特性 ★

問題 建築物の構造に関する次の記述の正誤を○×で答えなさい。

☐ **1** 鉄骨造は、自重が大きく、靭性が小さいことから、大空間の建築や高層建築にはあまり使用されない。 [H28.問50.1]

☐ **2** 鉄骨構造は、不燃構造であり、耐火材料による耐火被覆がなくても耐火構造にすることができる。 [H30.問50.3]

☐ **3** 鉄骨造は、不燃構造であり、靭性が大きいことから、鋼材の防錆処理を行う必要はない。 [R02-12月.問50.3]

☐ **4** 鉄骨構造の床は既製気泡コンクリート板、プレキャストコンクリート板等でつくられる。 [R03-10月.問50.2]

4 鉄筋コンクリート造の特性 ★★★★★

問題 建築物の構造と材料に関する次の記述の正誤を○×で答えなさい。

☐ **1** 鉄筋コンクリート構造は、耐火性、耐久性があり、耐震性、耐風性にも優れた構造である。 [H29.問50.4]

☐ **2** 鉄筋コンクリート構造は、耐久性を高めるためには、中性化の防止やコンクリートのひび割れ防止の注意が必要である。 [H30.問50.4]

☐ **3** 鉄筋コンクリート構造のかぶり厚さとは、鉄筋の表面からこれを覆うコンクリート表面までの最短寸法をいう。 [H24.問50.3]

解説 鉄骨造は、骨組みに鉄の鋼材を用いて組み立てる建築構造です。

鉄骨造の特性の一つとして、**自重が軽く、強度や靱性が大きい**（変形能力が大きくねばり強い）ことがあげられます。このことから、工場、体育館、倉庫等の**大空間の建築**や**高層建築に適している**とされ、**使用されて**います。

✗

鉄骨構造は、不燃構造ですが、**耐火性が低い**（高温で強度が落ちる）ため、**耐火材料で被覆（耐火被覆）する必要があります**。従って、問題文の「耐火被覆がなくても耐火構造にできる」は誤りです。

✗

鉄骨造が**不燃構造であり靱性が大きい**という部分は正しいです。これにより、火災や地震に強いことは長所といえます。ただし、**腐食しやすい**という欠点があるため、**必ず鋼材の防錆処理が必要**です。

✗

鉄骨構造の床には、主に、**既製気泡コンクリート板**や**プレキャストコンクリート板**（コンクリート部材をあらかじめ工場で量産し現地で組み立てるもの）が用いられます。

○

解説 鉄筋コンクリート造は、鉄筋を入れて補強したコンクリートで骨組みをつくる建築構造です。

鉄筋コンクリート構造は、**耐火性、耐久性、耐震性、耐風性**に優れており、自由な**骨組形態**が可能です。注意点は、**建物の自重が大きく**なること、所定の強度を得るためにコンクリートが固まるのに時間がかかり、**工事期間が長くなること**です。

○

鉄筋コンクリート構造では、コンクリートが強アルカリ性であることにより、サビを防止しています。**コンクリートの中性化**とは、劣化等によって、コンクリート内に空気中の炭酸ガスの侵入を許し、先ほどの**アルカリ性の状態を失って酸性へ傾くこと**をいいます。この**中性化が進む**と、コンクリートは**腐食**し、ついには**ひび割れ**の原因となります。

○

問題文の通り、鉄筋コンクリート構造の**かぶり厚さ**とは、**鉄筋の表面**からこれを覆う**コンクリート表面**までの**最短寸法**のことです。

○

☐ **4** 骨材とは、砂と砂利をいい、砂を細骨材、砂利を粗骨材と呼んでいる。
[H26.問50.3]

☐ **5** 原則として、鉄筋コンクリート造の柱については、主筋は4本以上とし、主筋と帯筋は緊結しなければならない。 [H16.問49.3]

☐ **6** 原則として、鉄筋の末端は、かぎ状に折り曲げて、コンクリートから抜け出ないように定着しなければならない。 [H16.問49.1]

☐ **7** 構造耐力上主要な部分に係る型わく及び支柱は、コンクリートが自重及び工事の施工中の荷重によって著しい変形又はひび割れその他の損傷を受けない強度になるまでは、取り外してはならない。 [H16.問49.2]

☐ **8** 鉄筋コンクリート構造の中性化は、構造体の耐久性や寿命に影響しない。
[H24.問50.1]

☐ **9** 鉄筋は、炭素含有量が多いほど、引張強度が増大する傾向がある。
[H29.問50.2]

☐ **10** コンクリートの引張強度は、一般に圧縮強度の10分の1程度である。
[H13.問50.2]

☐ **11** 常温、常圧において、鉄筋と普通コンクリートを比較すると、熱膨張率はほぼ等しい。 [H29.問50.3]

☐ **12** コンクリートは、打上がりが均質で密実になり、かつ、必要な強度が得られるようにその調合を定めなければならない。 [H17.問49.2]

☐ **13** コンクリートは、水、セメント、砂及び砂利を混練したものである。
[H26.問50.4]

建築材料の一つである**セメントペースト（セメント＋水）に練り混ぜる材料（砂と砂利）を**骨材といいます。骨材のうち、砂を細骨材、砂利を粗骨材といいます。 ◯

原則として、**鉄筋コンクリート造の柱**については、**柱の主筋は4本以上とすること、主筋と帯筋は緊結すること**が必要です。 ◯

原則として、**鉄筋の**末端は、かぎ状に折り曲げて、コンクリートから抜け出ないように定着しなければなりません ◯

構造耐力上主要な部分に係る型わく及び支柱は、コンクリートが自重及び工事の施工中の荷重によって著しい変形又はひび割れその他の損傷を受けない強度になるまでは、**取り外してはなりません。** ◯

鉄筋がさびると、アルカリ性であるコンクリートが中性化し、**コンクリートの強度が**低下します。これにより**構造体の耐久性が**低下し、**寿命も**短くなります。 ✗

鉄の性質は炭素含有量によって変わります。鉄の炭素含有量が多いほど、鉄は硬くなり、引張強度が増大します。 ◯

コンクリートは、**圧縮強度が**大きく、**引張強度が**小さい（**圧縮強度の**10分の1）という特性があるため、引張力に強い鉄筋を入れて強度を増す仕組みとなっています。鉄筋とコンクリートの特徴は、右の表のようにまとめられます。

	圧縮強度	引張強度
鉄筋	小さい（弱い）	大きい（強い）
コンクリート	大きい（強い）	小さい（弱い）

◯

常温、常圧における**鉄筋とコンクリートの**熱膨張率はほぼ等しいとされています。そのため、**気温が変化しても相互が分離しない**という利点があります。 ◯

コンクリートは、**打上がりが均質**で密実になり、かつ、**必要な強度が得られる**ようにその調合を定めなければなりません。 ◯

コンクリートは、水、セメント、砂、砂利を混練したものです。セメントペースト、コンクリート、モルタルの材料を以下にまとめます。

セメントペースト	セメントに水を混ぜて練ったもの
モルタル	セメントペースト ＋ 砂（細骨材）
コンクリート	セメントペースト ＋ 砂 ＋ 砂利（粗骨材）

◯

Part **4** 税・その他

12 【免除科目】建物に関する知識

問題 建築物の構造に関する次の記述の正誤を○×で答えなさい。

☐ **1** 組積式構造を耐震的な構造にするためには、大きな開口部を造ることを避け、壁厚を大きくする必要がある。 [R03-12月.問50.2]

☐ **2** 補強コンクリートブロック造は、壁式構造の一種であり、コンクリートブロック造を鉄筋コンクリートで耐震的に補強改良したものである。 [R03-12月.問50.3]

☐ **3** 既存不適格建築物の耐震補強として、制震構造や免震構造を用いることは適していない。 [H25.問50.4]

☐ **4** 耐震は、建物の強度や粘り強さで地震に耐える技術であるが、既存不適格建築物の地震に対する補強には利用されていない。 [R01.問50.4]

☐ **5** 階数が2以上又は延べ面積が50㎡を超える木造の建築物においては、必ず構造計算を行わなければならない。 [H20.問50.2]

☐ **6** 高さが20m以下の鉄筋コンクリート造の建築物の構造方法を国土交通大臣の認定を受けたプログラムによってその安全性を確認した場合、必ず構造計算適合性判定が必要となる。 [H20.問50.4]

☐ **7** 高さが60mを超える建築物を建築する場合、国土交通大臣の認定を受ければ、その構造方法を耐久性等関係規定に適合させる必要はない。 [H19.問50.4]

解説 鉄骨鉄筋コンクリート構造や組積造のほか、地震対策、構造計算について覚えましょう。

組積式構造は、**石・煉瓦（れんが）・コンクリートブロック**などを積み上げて作る建築物の構造です。遮熱性・遮音性に優れている反面、耐震性が低いという欠点があります。これを補うには、大きな開口部は避け、壁厚を大きくすることが有効です。 ○

組積式構造の弱点である**耐震性の低さを軽減するため**に使われるのが、**補強コンクリートブロック造**です。コンクリートブロックの空間に鉄筋を縦横に通し、モルタルやコンクリートで空間を埋めるというものです。 ○

既存不適格建築物の耐震補強として、**耐震構造**にすることが一般的ですが、**制震構造や免震構造**を用いることも可能で、耐震構造よりも効果が高いとされます。 ✗

建物の地震対策には、次の3つがあります。耐震・免震・制震、いずれの技術も既存不適格建物の補強に利用することができます。 ✗

耐震構造	建物の柱、はり、耐震壁などで建物の剛性を高め、揺れに耐えるようにした構造
免震構造	建物の下部構造と上部構造との間に積層ゴムなどを設置し、揺れを免れる（減らす）構造
制震構造	制振ダンパー（粘弾性ゴムや油圧を使った器具）などを設置して、建物と建物内の揺れを制御する構造

木造建築物において、次の①〜④のいずれかの基準を満たす大規模建築物の建設には、**必ず構造計算が必要**です。① **階数が3以上** ② **延べ面積が500㎡超** ③ **高さが13m超** ④ **軒の高さが9m超** 問題文は①・②の基準に該当しない木造建築物であるため、構造計算を行う必要はありません。 ✗

次の場合は、**構造計算適合性判定が必要**となります。
① **鉄筋コンクリート造**で、高さが**20m超**の場合
② **国土交通大臣**の認定を受けた**プログラム**によって**安全性を確認した場合** ○

建築物の高さが60mを超える場合、必ずその構造方法について国土交通大臣の認定が必要です。また国土交通大臣の認定を受けた場合でも、耐久性等関係規定に適合させる必要があります。 ✗

●著者紹介

オフィス海（おふぃす・かい）

●──資格試験対策本、学習参考書、問題集、辞典等の企画執筆を行う企画制作会社。
1989年設立。「日本でいちばんわかりやすくて役に立つ教材」の制作に心血を注いでいる。
著書：『史上最強の宅建士テキスト』『史上最強のFP2級AFPテキスト』『史上最強のFP2級AFP問題
集』『史上最強の漢検マスター準1級問題集』『史上最強一般常識＋時事一問一答問題集』『史上最強
SPI＆テストセンター超実戦問題集』（ナツメ社）ほか多数。

編集協力　㈱聚珍社、國安誠人、國安陽子、佐伯のぞみ
イラスト　大金丈二
図表作成　catblack 佐々木恵利子
編集担当　田丸智子（ナツメ出版企画株式会社）

本書に関するお問い合わせは、書名・発行日・該当ページを明記の上、下記のいずれかの方法にてお送り
ください。電話でのお問い合わせはお受けしておりません。
・ナツメ社webサイトの問い合わせフォーム
　https://www.natsume.co.jp/contact
・FAX（03-3291-1305）
・郵送（下記、ナツメ出版企画株式会社宛て）
なお、回答までに日にちをいただく場合があります。正誤のお問い合わせ
以外の書籍内容に関する解説・受験指導は、一切行っておりません。あら
かじめご了承ください。

ナツメ社Webサイト
https://www.natsume.co.jp
書籍の最新情報（正誤情報を含む）は
ナツメ社Webサイトをご覧ください。

2024年版　史上最強の宅建士問題集

2024年1月9日　初版発行
2024年8月1日　第2刷発行

著　者　**オフィス海**　　　　　　　　　　　　　　©office kai, 2024
発行者　**田村正隆**
発行所　**株式会社ナツメ社**
　　　　　東京都千代田区神田神保町1-52　ナツメ社ビル1F（〒101-0051）
　　　　　電話　03（3291）1257（代表）　　　FAX　03（3291）5761
　　　　　振替　00130-1-58661
制　作　**ナツメ出版企画株式会社**
　　　　　東京都千代田区神田神保町1-52　ナツメ社ビル3F（〒101-0051）
　　　　　電話　03（3295）3921（代表）
印刷所　**株式会社リーブルテック**

ISBN978-4-8163-7478-4　　　　　　　　　　　　　　Printed in Japan

〈定価はカバーに表示してあります〉
〈落丁・乱丁本はお取り替えします〉

本書の一部または全部を著作権法で定められている範囲を超え、ナツメ出版企画株式会社に
無断で複写、複製、転載、データファイル化することを禁じます。

2024年版

オフィス海 著

頻出
TOP90▶

宅建暗記
カード

2024年版
史上最強の宅建士問題集別冊

ナツメ社

驚異の得点力!!
頻出TOP90▶宅建暗記カード

平成20年以降の宅建試験の合格ラインは、**31〜38点（平均 約70%）**。

別冊の知識でカバーできる得点は、**46〜50点（平均 96.3%）**。

この**別冊を覚えるだけで、宅建試験の「合格ライン」をラクラク突破！**

過去に例を見ない、**最も効率的な宅建教材**といえます。

▼ 本カードに掲載されている知識で獲得できた宅建試験の得点【カバー率】

令和2年	50/50点【100%をカバー】	平均カバー率
令和3年	48/50点【96.0%をカバー】	**96.3**%
令和4年	46/50点【92.0%をカバー】	合格ライン
令和5年	48.5/50点【97.0%をカバー】	約70%

※統計問題1問は、ナツメ社Webサイト「統計問題に出題されるデータ」によって正誤を判定。

MEMO

1 宅建業法

　「宅建業法」からは、宅建試験の全出題数**50問のうち20問**が出題されます。**狭い範囲から最も多くの問題が出題される最重要分野**ですから、すべてのチェック項目を暗記するつもりで学習しましょう。

Contents

見出しの★は、平成10年以降の出題回数を表しています。

★なし	出題 ５回未満
★	出題 ５回以上
★★	出題10回以上
★★★	出題15回以上
★★★★	出題20回以上
★★★★★	出題25回以上

01 宅建業

❶ 宅地建物取引業とは何か

☐ 宅地建物取引業（以下、宅建業）は、宅地又は建物の取引を業として行うこと。

❷ 「宅地」とは何か ★★★

☐ 宅地とは、住宅に限らず、倉庫、工場、店舗など、建物の敷地に供する目的で取引の対象とされた土地のことをいう。用途地域外の土地でも、建物があれば宅地となる。

☐ 都市計画法に規定する用途地域内の土地（第一種低層住居専用地域・工業専用地域・準工業地域など）であれば、建物がない農地などでも宅地とされる。ただし、用途地域内の道路・公園・河川・広場・水路の用に供されている土地は宅地ではない。

❸ 「建物」とは何か

☐ 建物とは、住宅、倉庫、工場、店舗、マンションの専有部分などをいう。リゾートクラブ会員権など、建物施設の所有権を売買する場合でも、宅建業の免許は必要である。

❹ 「取引」とは何か ★★★★★

☐ 取引とは、① 自ら当事者として自己所有の物件の売買・交換を行うこと

☐ 　　　　　② 他人の物件の売買・交換・貸借について代理・媒介（あっせん）を行うこと

☐ 自ら所有する宅地・建物を賃貸すること（転貸を含む）は、取引に当たらない。大家や貸ビル業者に、免許は不要である。

☐ 建設や建築物（ビル）管理を業として行う場合、免許は不要である。

☐ 建設業者、建築物（ビル）管理業者などが、宅建業を行う場合、免許は必要である。

❺ 「業」とは何か ★★★★

☐ 業とは、不特定多数を相手に反復継続して取引を行うことである。不動産を1回だけ、一括で売買する場合などは、免許は不要である。

☐ 不特定多数とは、「一定の範囲に限定されない多くの人」を指す。例えば、取引先を「自社の従業員に限定」した場合、免許は不要である。

❻ 免許がなくても宅建業が営める者 ★★★

☐ 国、地方公共団体（都道府県や市町村）、都市再生機構、地方住宅供給公社には、宅建業法の規定は一切適用されない。免許は不要である。国、地方公共団体等を相手に宅建業を営む場合、免許は必要である。建設業者、管理業者、農業協同組合等に免許は必要である。

☐ 信託会社、信託銀行は免許が不要で、国土交通大臣に宅建業を営む旨の届出をすれば、宅建業者とみなされる。罰則など、宅建業法の規定は一般の宅建業者と同様に適用される。

☐ 免許不要者（国・地方公共団体、信託会社）から代理・媒介を依頼されて宅建業の取引を行う者、免許不要者を相手に宅建業の取引を行う者に、免許は必要である。

☐ 破産管財人が、破産財団の換価のために自ら売主として宅地・建物を売却する場合、免許は不要。破産財団の換価のために、その媒介を業として営む場合、免許は必要である。

02 免許①

1 事務所の定義 ★

- ☐ **本店（主たる事務所）**は、宅建業を<u>営まない</u>本店でも**事務所**とされる。
- ☐ **支店（従たる事務所）**は、宅建業を<u>営む</u>支店のみが宅建業法上の**事務所**とされる。
- ☐ <u>継続</u>的に業務を行うことができる施設を有する場所で、宅建業に係る**契約を締結**する権限を有する使用人（<u>支店</u>長、支配人、営業所長など）を置くところは**事務所**とされる。

2 免許の種類と申請 ★★

- ☐ 都道府県知事免許又は国土交通大臣免許があれば、全国の物件を取引<u>できる</u>。
- ☐ 事務所が<u>1つ</u>の都道府県内にある場合は都道府県知事免許、事務所が<u>2つ以上</u>の都道府県にある場合は国土交通大臣免許となる。
- ☐ 都道府県知事免許を受ける場合、<u>都道府県知事</u>に申請する。国土交通大臣免許を受ける場合、<u>本店（主たる事務所）</u>の所在地を管轄する<u>都道府県知事</u>を経由して申請する。
- ☐ <u>免許権者</u>は、申請・<u>更新</u>を受けた宅建業の免許に、<u>条件</u>を付すことができる。
- ☐ 免許の申請から免許を受けるまでの間は、宅建業を営むことも、宅建業を営む旨の<u>表示</u>をしたり、宅建業の<u>広告</u>をしたりすることも**できない**。

3 免許の有効期間と更新 ★

- ☐ 都道府県知事免許も国土交通大臣免許も、免許の有効期間は<u>5年</u>である。
- ☐ 免許の更新の申請は、有効期間満了日の<u>90日</u>前から<u>30日</u>前までの間に行う。
- ☐ 有効期間満了日から新しい免許が出るまでの間は、<u>従前</u>の免許が効力を有する。
- ☐ 指示処分、<u>業務停止</u>処分の期間中でも、免許の<u>更新</u>申請を行うことはできる。

4 宅地建物取引業者名簿 ★★★★

- ☐ 国土交通大臣や都道府県知事は、**宅地建物取引業者**<u>名簿</u>（以下、宅建業者<u>名簿</u>）を閲覧所に備えて、請求があったときは、**一般の**<u>閲覧</u>に供しなければならない。

　●宅建業者名簿の登載事項
- ☐ ① **免許証番号・免許の年月日** ←<u>変更</u>の届出が不要
- ☐ ② 商号・名称
- ☐ ③ **法人の場合**…役員（<u>非常勤</u>を含む取締役・顧問・相談役など）及び政令で定める使用人（支店の代表者など契約締結権限を有する者）の氏名
- ☐ ④ **個人の場合**…その者及び政令で定める使用人の<u>氏名</u>
- ☐ ⑤ **事務所**（新たに設置した支店含む）の<u>名称</u>・所在地
- ☐ ⑥ **事務所ごとに置かれる**<u>専任</u>の宅地建物取引士の氏名

←30日以内に<u>変更</u>の届出が必要

- ☐ ⑦ <u>指示</u>処分・<u>業務停止</u>処分の年月日と内容 ←<u>変更</u>の届出が不要
- ☐ ⑧ **宅業以外の事業**を行っている場合、その事業の種類 ←<u>変更</u>の届出が不要

02 免許②

5 宅地建物取引業者免許証 ★

☐ 宅地建物取引業者免許証（以下、免許証）の一定の記載事項に変更が生じた場合は、免許証の書換え交付申請が、免許証を亡失・破損した場合は、**免許証の再交付**申請が必要。

☐ 「免許換えにより免許が効力を失ったとき／免許の取消処分を受けたとき／亡失した免許証を発見したとき／廃業等の届出をするとき」は、免許証を返納しなければならない。

☐ 免許の更新を怠って**免許の有効期間が満了**したときは、**免許証を返納**しなくてよい。

☐ 免許証を事務所に掲示する義務はない。

6 免許換え ★

☐ 宅建業者は、**事務所の新設、廃止、移転**により、現在の免許とは別の免許権者による免許が必要になった場合、新たな免許権者に対して免許換えの申請が必要である。免許換えの申請を怠っていることが判明した場合、免許権者は免許を取り消さなければならない。

☐ 甲県だけに事務所を設置（甲県知事**免許**）→乙県にも事務所を新設（国土交通大臣**免許**）

☐ 甲県だけに事務所を設置（甲県知事**免許**）→乙県に事務所を移転（乙県知事**免許**）

☐ 甲県と乙県に事務所を設置（国土交通大臣**免許**）→乙県の事務所を廃止（甲県知事**免許**）

☐ 免許換えでは、**有効期間5年の新たな免許**を受けた時点で、従前の免許が失効する。新たな免許を受けるまでの期間は従前の免許で宅建業を行うことができる。

7 廃業等の届出 ★★★★★

☐ 廃業等の届出は、届出義務者が免許権者に行う。国土交通大臣には、主たる事務所の所在地を管轄する知事を経由して届出を行う。

理由	届出義務者	届出期間	失効時期
個人業者の死亡	相続人	死亡の事実を知った日から30日以内	死亡時
法人が合併で消滅	消滅法人の元代表役員		合併時
破産手続開始	破産管財人	廃業等の原因が発生した日から30日以内	
法人の解散	清算人		届出時
廃業	宅建業者本人、法人の代表役員		

☐ **相続や合併によって免許を承継**することはできない。また、個人業者が自分を代表取締役とする法人を設立した場合も、**個人の免許を法人が承継**することはできない。

☐ **免許を持っていた者（次表のA）が締結した契約に基づく取引を結了**する目的の範囲内において、**Bの者が宅建業者**とみなされて、取引を行うことができる。

A 免許を持っていた者	B 宅建業者とみなされる者
・死亡した宅建業者	一般承継人（相続人）
・合併により消滅した宅建業者	一般承継人（合併後の法人）
・廃業した宅建業者	宅建業者であった者
・免許を取り消された宅建業者	
・免許の効力がなくなった宅建業者 等	

03 免許の欠格要件

1 免許申請者の欠格要件 ★★★★★

☐ 破産手続開始の決定を受けて復権を得ない者は、免許を受けることはできない。破産手続開始の決定を受けた者が復権を得たときは、直ちに免許を受けることができる。

☐ 死刑・懲役・禁錮、一定の犯罪による罰金刑に処せられて、刑の執行が終わり、又は執行を受けることがなくなった日から5年を経過しない者は、免許を受けることはできない。

☐ 科料、拘留は欠格要件ではない。執行猶予期間が満了したとき、また控訴中・上告中で刑が確定しない間は、免許を受けることができる。

☐ 欠格要件となる一定の犯罪による罰金刑…宅建業法違反、背任罪、暴力的な犯罪。

① 宅建業法違反 　　② 傷害罪 　　③ 傷害現場助勢罪

④ 暴行罪 　　⑤ 凶器準備集合・結集罪 　　⑥ 脅迫罪

⑦ 背任罪 　　⑧ 暴力団対策法違反 　　⑨ 暴力行為処罰法違反

☐ 暴力団員、又は暴力団員でなくなった日から5年を経過しない者は、免許を受けることはできない。

☐ 次の①～③の事由により免許取消処分を受けて、その取消処分の日から5年を経過しない者は、免許を受けることはできない。法人の場合、免許取消処分の聴聞の公示の日前60日以内に役員（取締役、相談役、顧問など）であった者も免許を受けることはできない。

☐ ① 不正の手段により免許を取得

☐ ② 業務停止処分事由に該当し情状が特に重い

☐ ③ 業務停止処分に違反

☐ 上の①～③の事由による免許取消処分の聴聞の公示の日から免許取消処分までの間に、相当の理由なく廃業等の届出をし、その届出の日から5年を経過しない者は、免許を受けることはできない。法人の場合、免許取消処分の聴聞の公示の日前60日以内に役員（取締役、相談役、顧問など）であった者も免許を受けることはできない。

2 免許申請者の関係者の欠格要件 ★★★★★

☐ 役員又は政令で定める使用人が欠格要件に該当する者は、免許を受けることはできない。

☐ 専任の宅建士は、役員又は政令で定める使用人に該当しない。

☐ 宅建業に係る営業に関し成年者と同一の行為能力を有しない未成年者であり、かつ法定代理人（法定代理人が法人の場合はその法人の役員）が欠格要因に該当する者は、免許を受けることができない。

☐ その事業活動を支配する者が暴力団員等である者は、免許を受けることができない。

☐ 申請書類に虚偽の記載や記載漏れがある場合、事務所ごとの専任の宅建士の設置要件を欠く場合は、免許を受けることができない。

04 宅建士①

1 宅地建物取引士になるまで

☐ 宅地建物取引士（以下、宅建士）になるまでには、❶～❸が必要である。

❶ 宅地建物取引士資格試験（以下、宅建試験）に合格【宅地建物取引士資格試験合格の有効期間は一生】

❷ 宅地建物取引士資格登録（以下、登録）【宅地建物取引士資格登録の有効期間は一生】

❸ 宅地建物取引士証（以下、宅建士証）の交付【宅地建物取引士証の有効期間は5年】

2 宅地建物取引士資格試験

☐ **宅地建物取引士資格試験**は、都道府県知事が行う試験である。

☐ **宅地建物取引士資格試験**は、年齢・国籍・学歴等に関係なく、**誰でも受験**できる。

☐ 都道府県知事は、不正手段による受験者の合格を取り消し、その者の**受験を最長**3**年間禁止**することができる。

3 宅地建物取引士資格登録 ★

☐ 宅建試験合格後、宅建士として業務に従事しようとする者は、合格した試験地の都道府県知事から**宅地建物取引士資格登録**を受ける必要がある。

☐ 登録を受けられるのは、**宅建業に関し**2**年以上の実務の経験を有する者**又は国土交通大臣指定の登録実務講習を受講した者で、欠格要件がない者に限られる。

4 宅地建物取引士資格登録簿 ★★★

☐ **都道府県知事から登録**を受けた宅建士は、知事が作成・管理する**宅地建物取引士資格登録簿**（以下、資格登録簿）に**氏名・住所等**が登載される。その登載事項に**変更**があった宅建士は、**登録をしている都道府県知事に遅滞なく**変更の登録を申請しなければならない。

● 資格登録簿の登載事項

☐ ・**氏名**、住所、本籍、**性別**

☐ ※ **勤務先宅建業者の**商号又は名称

☐ ※ **勤務先宅建業者の**免許証番号

←変更の登録が必要

※ は宅建業者に勤務している場合

☐ ・その他事項（生年月日、登録番号、登録年月日、合格年月日、合格証書番号）

↑生年月日などは変更がありえない事項なので、変更の登録は不要。

5 死亡等の届出 ★

☐ 宅建士の登録を受けた者が**登録の欠格要件に該当**するようになった場合には、30**日以内**にその旨を登録している都道府県知事に届け出る必要がある。

☐ 宅建士の登録を受けた者が**死亡**した場合には、**相続人が死亡の事実を知った日から**30**日以内**にその旨を登録している都道府県知事に届け出る必要がある。

04 宅建士②

6 宅地建物取引士証 ★★★★★

☐ 登録先の都道府県知事に**宅建士証の交付を申請**する際は、登録先の**都道府県知事が指定する**法定講習を受ける必要がある（**登録の移転では受講は**不要）。

☐ **法定講習は交付の申請前**6**か月以内に受講**しなければならない。宅建試験の合格日から1**年以内の申請と登録の**移転**による交付申請では、法定講習の受講が免除**される。

☐ 宅建士証の有効期間は5**年**なので、5**年**が経過したときに有効期間を更新する必要がある。更新の際は**申請前**6**か月以内の法定講習を受講**する必要がある。

☐ 宅建士は、取引の関係者**から請求があったとき**、**宅建士証を提示**しなければならない。

☐ **氏名又は住所を変更したときには**、遅滞なく、**変更の**登録**とともに宅建士証の**書換え交付**を申請**しなければならない。

☐ 宅建士証を亡失、滅失、汚損、破損したり、盗難にあったりした場合、再交付**の申請が必要**。再交付を受けるまでは**「**7 **宅建士の事務」をすることはできない**。

☐ 宅建士証が効力を失ったとき（宅建士証の有効期間の更新を受けなかった場合など）、また登録消除処分を受けたときは、**速やかに宅建士証を**返納**しなければならない。

☐ 宅建士証の再交付の後で**古い宅建士証を発見**したときは、交付を受けた都道府県知事に**発見した古い宅建士証を速やかに**返納**しなければならない。

☐ 宅建士が事務禁止**処分を受けたときは**、**速やかに**、**交付を受けた**都道府県知事**に宅建士証を提出**しなければならない。これを怠ると10**万円以下の過料**に処せられることがある。

☐ 事務禁止**処分の期間満了後**、宅建士が**宅建士証の**返還**を請求した場合には**、**都道府県知事**は、**直ちに**、**宅建士証を**返還**する義務**を負う。

7 宅建士の事務 ★

● 次の事務は、**宅建士（専任の宅建士である必要はない）でなければできない。**

☐ ・重要事項**の説明**

☐ ・35条書面**（重要事項説明書）への記名**・37条書面**（契約書面）への記名**

8 登録の移転 ★★★★★

☐ 登録先**の都道府県以外にある宅建業者の事務所に勤務**することになった場合のみ、**登録の移転ができる**。ただし、宅建士の事務は登録先**以外の都道府県でも行うことができる**ので、**登録の移転は必ず行わなければならないものではない**。

☐ **登録の移転は**、登録先**の都道府県知事を経由**して、移転先**の都道府県知事に申請**する。

☐ 登録の移転をすると、移転前の都道府県知事から交付を受けた宅建士証を用いて宅建士の業務を行うことはできない。**移転先で有効な宅建士証の**交付**を申請**しなければならない。

☐ **新しい宅建士証は**、古い宅建士証**と引き替えで交付**される。

☐ **移転後の新しい宅建士証の有効期間は**、**古い宅建士証の**有効期間**を引き継ぐ**。

☐ 事務禁止**処分が満了するまでは**、**登録の移転は申請できない**。

05 登録の欠格要件

1 登録の欠格要件（免許の欠格要件と同じ要件）★★★

● 以下の者は、登録を受けることはできない

☐ 破産手続開始の決定を受けて復権を得ない者。復権を得たときは、直ちに登録を受けることができる。

☐ 心身の故障により宅建士の事務を適正に行うことができない者。

☐ 死刑・懲役・禁錮、一定の犯罪による罰金刑（7ページ参照）に処せられて、刑の執行が終わり、又は執行を受けることがなくなった日から5年を経過しない者。
※控訴中・上告中で刑が確定しない間や執行猶予期間が満了したときは登録を受けることができる。

☐ 暴力団員、又は暴力団員でなくなった日から5年を経過しない者。

☐ 次の①〜③の事由により免許取消処分を受けて、その取消処分の日から5年を経過しない者。また、これに該当する法人において、免許取消処分の聴聞の公示の日前60日以内に役員（取締役、相談役、顧問など）であった者。

☐ ① 不正の手段により登録を取得

☐ ② 業務停止処分事由に該当し情状が特に重い

☐ ③ 業務停止処分に違反

☐ ①〜③の事由による免許取消処分の聴聞の公示の日から免許取消処分までの間に、相当の理由なく廃業等の届出をし、その届出の日から5年を経過しない者。法人において、登録取消処分の聴聞の公示の日前60日以内に役員（取締役、相談役、顧問など）であった者。

2 登録の欠格要件（免許の欠格要件と違う要件）★★

● 以下の者は、登録を受けることはできない

☐ ①〜⑤の事由により登録消除処分を受け、登録消除処分の日から5年を経過しない者。

☐ ① 不正の手段により登録を受けた

☐ ② 不正の手段により宅建士証の交付を受けた

☐ ③ 事務禁止処分事由に該当し情状が特に重い

☐ ④ 事務禁止処分に違反した

☐ ⑤ 宅建士証の交付を受けていない者が、宅建士の事務を行い、情状が特に重い

☐ 登録消除処分の聴聞の公示の日から処分決定の日までの間に、相当な理由なく自ら登録消除の申請をして、登録が消除された日から5年を経過しない者。

☐ 事務禁止処分を受け、その事務禁止期間中に自ら登録消除の申請をし、事務禁止期間が満了していない者。

☐ 宅建業に係る営業に関し成年者と同一の行為能力を有しない未成年者。

3 宅建士の行動規範 ★

☐ 宅建業法では、宅建士の行動規範として、「公正かつ誠実に事務を行い、関連業務に従事する者との連携に努める」「宅建士の信用・品位を害するような行為をしてはならない」「必要な知識及び能力の維持向上に努める」ことが規定されている。

06 営業保証金①

1 営業保証金制度 ★★

☐ **営業保証金制度**は、宅建業者が**営業保証金**を供託所に供託し、宅建業に関する取引で損害を被った者（宅建業者除く）に供託所が**営業保証金の範囲内**で還付（弁済）する仕組み。

2 営業保証金の供託 ★★★★★

☐ 宅建業者は、❶ 免許を取得した後、❷ 営業保証金を供託し、❸ 免許権者に供託した旨の届出をするまで は、事業を開始することができない。

☐ 営業保証金は、主たる事務所（本店）の最寄りの供託所に、主たる事務所（本店）については1,000万円、従たる事務所（支店）については1か所につき500万円を供託する。

☐ 事務所（支店）を新設した場合、新設した事務所1か所につき500万円を主たる事務所の最寄りの供託所に供託し、供託書の写しを添付して供託した旨を免許権者に届け出る。

☐ 新設した事務所で事業を開始できるのは、供託した旨を免許権者に届け出た後である。

☐ 金銭のほか、国債、地方債などの有価証券でも供託できる。評価額の割合は次の通り。

国債	額面金額の100%
地方債・政府保証債	額面金額の90%
その他の有価証券	額面金額の80%

☐ 供託物を差し替えることを**営業保証金の変換**という。例えば、「額面金額1,000万円の国債証券」は「額面金額1,000万円の地方債証券＋100万円の金銭」と変換できる。

☐ 変換した際は、遅滞なく免許権者に届出をする必要がある。

3 供託の届出と事業開始 ★

☐ 免許取得の日から3か月以内に宅建業者より**供託した旨の届出**がない場合、免許権者は届出をすべき旨の催告をしなければならない（免許権者の**義務**）。

☐ 催告が到達した日から1か月以内に宅建業者より供託した旨の届出がない場合、免許権者は免許を取り消すことができる（免許権者の**任意**）。

4 主たる事務所の移転 ★

☐ 主たる事務所（本店）の移転によって、その**最寄りの供託所が変更**したときは、従来の供託所に供託されていた営業保証金を新たな最寄りの供託所へ移し替える必要が生じる。

☐ 営業保証金を金銭のみで供託している場合、宅建業者は遅滞なく従来の供託所に対して、**営業保証金を新たな供託所に移し替えることを請求**しなければならない（**保管替え請求**）。

☐ 営業保証金を「有価証券のみ」又は「有価証券＋金銭」で供託している場合は、保管替えはできない（金銭部分だけの保管替えも不可）。この場合、遅滞なく移転後の最寄りの供託所へ営業保証金を新たに供託しなければならない。これを二重供託という。

☐ 二重供託の後、**従来の供託所**に対して**営業保証金の取戻し**の手続きを行い、営業保証金を取り戻すことになる。

06 営業保証金②

⑤ 営業保証金の還付 ★★

☐ 宅建業に関した取引で損害を被った者（宅建業者除く）は、**債権について、相手の業者が供託した営業保証金の範囲内で**還付（弁済）を受ける権利（還付請求権）を持つ。

☐ 還付（弁済）の対象…宅地・建物の売買・交換・貸借の代理・媒介、及び宅地・建物の売買・交換を自ら行うことにかかわる債権（宅建業者の有する債権除く）。

　●還付（弁済）の対象とならない債権の例（過去に出題されたもの）

☐ ・建設業者の請負代金債権
☐ ・電気・外装・内装工事者の工事代金債権
☐ ・広告代金債権、印刷物の代金請求権
☐ ・家賃収納代行業務など、管理委託契約に関する債権

☐ 本店で取引しても、支店で取引しても、相手の宅建業者が**供託した**すべての営業保証金の額が還付の限度額となる。

⑥ 営業保証金の不足額の供託 ★★

　●還付が行われて供託していた**営業保証金に不足が生じると、**

☐ ❶ 免許権者が、**宅建業者に**不足の通知を行う。

☐ ❷ 宅建業者は、不足の通知を受けた日から2週間以内に不足額（金銭又は有価証券）を**供託しなければならない。不足額の供託を怠ると、**業務停止**処分や**免許取消**処分を受ける**ことがある（指示処分の対象でもある）。

☐ ❸ 宅建業者は、**不足額を供託した日から**2週間以内に、供託書の写しを添付して、免許権者に不足額を供託した旨の届出をしなければならない。

⑦ 営業保証金の取戻し ★★★

☐ 取戻し（営業保証金を供託所から返還してもらうこと）には、公告が必要な場合と不要な場合がある。次の①〜④の場合、宅建業者は、還付請求権を持つ者に対して6か月を下らない（＝6か月以上の）一定期間内に申し出るべき旨の公告をしなければならない。期間内に申出がなければ取戻しができる。公告をした場合、遅滞なく、公告した旨を免許権者に届け出なければならない。

☐ ① 免許の有効期間が満了した
☐ ② 廃業等の届出により免許が失効した
☐ ③ 免許取消処分を受けた
☐ ④ 支店の廃止によって営業保証金が法定額を上回った

　※次の①〜③の場合には、**公告しないで取戻しができる。**

☐ ① 主たる事務所の移転による供託所変更で二重供託した
☐ ② 保証協会の社員となった
☐ ③ 取戻し事由が発生してから10年が経過した

07 保証協会①

❶ 弁済業務保証金制度 ★★

- ☐ 任意で加入できる保証協会の社員になると、営業保証金の供託が免除される。保証協会は、宅建業者だけが加入できる一般社団法人である。

- ☐ 弁済業務保証金制度の仕組み…❶ 宅建業者が保証協会に弁済業務保証金分担金を納付し、❷ 保証協会が供託所に弁済業務保証金を供託する。❸ 供託所は、宅建業に関する取引で損害を被った者（宅建業者除く）からの還付（弁済）請求に応じて還付をする。

- ☐ 1つの保証協会の社員は、他の保証協会の社員になることはできない。

❷ 保証協会の業務 ★★

- ☐ 新たに社員が加入した場合、又は社員がその地位を失った場合には、保証協会は、直ちにその社員の免許権者に報告しなければならない。

    ●保証協会の必須業務（義務付けられている業務）

- ☐ ① 苦情の解決…保証協会は、社員の相手方から申出のあった苦情を解決しなければならない。苦情を受けた場合は、社員に対し文書又は口頭による説明を求めることができる。また、解決の申出及びその解決の結果について社員に周知する義務を負う。

- ☐ ② 研修…保証協会は、宅建士の職務に関する研修、その他宅建業の業務に従事し、又はしようとする者に対する研修を実施しなければならない。

- ☐ ③ 弁済業務…保証協会は、社員と宅建業に関し取引した者（社員となる前に取引した者を含む）の有する、その取引により生じた債権に関して弁済をする業務を行う。

    ●保証協会の任意業務（義務付けられていない業務）

- ☐ ① 一般保証業務…宅建業者が受領した支払金又は預り金の返還債務等を負うこととなった場合に、それを連帯して保証する業務。

- ☐ ② 手付金等保管事業…宅建業者自らが売主となる完成物件の売買（未完成物件は不可）に関し、保全措置が必要とされる手付金等を代理受領し、かつ保管する業務。

- ☐ ③ 研修費用の助成…全国の宅建業者を直接又は間接の社員とする一般社団法人による宅建士等に対する研修の実施に要する費用の助成。

❸ 弁済業務保証金分担金の納付 ★★★

- ☐ 宅建業者は、保証協会に加入する日までに、弁済業務保証金分担金（以下、分担金）を金銭で納付しなければならない。分担金の金額は、主たる事務所（本店）が60万円、従たる事務所（支店）が1か所につき30万円である。

- ☐ 保証協会への加入後に、宅建業者が新たに支店を設置した場合、設置した日から2週間以内に、1支店当たり30万円の分担金を納付しなければならない。2週間以内に納付しない場合、保証協会の社員たる地位を失う。

❹ 弁済業務保証金の供託 ★

- ☐ 保証協会は、社員から分担金の納付を受けた日から1週間以内に、納付相当額の弁済業務保証金（金銭又は有価証券）を供託所に供託しなければならない。

07 保証協会②

5 弁済業務保証金の還付 ★★★★

☐ 宅建業に関する取引で**損害を被った者（債権者）**は、保証協会に対して認証申請をし、弁済額について認証を受けてから、供託所に**債権の還付請求**ができる。

☐ **社員が保証協会に加入する前に行われた取引での損害も還付の対象であり、社員は加入前の取引から生じた債務に関して、保証協会から担保の提供を求められることがある。**

☐ **債権者への還付額は、取引をした宅建業者が保証協会の社員でなかった場合に供託しているはずの営業保証金の額に相当する額の範囲内である。**

6 還付充当金の納付 ★★★

● **還付が行われて供託所の弁済業務保証金に不足が生じると、**

☐ ❶ 債権者に還付を実行した供託所は、国土交通大臣にその旨の通知をする

☐ ❷ 国土交通大臣は保証協会に通知をする

☐ ❸ **保証協会は、国土交通大臣から通知を受けた日から2週間以内に、還付額に相当する額（不足額）の弁済業務保証金を供託所に供託する**

☐ ❹ 保証協会は、還付に係る社員又は社員であった者に、還付額に相当する額（実際の還付金額）の還付充当金を保証協会に納付すべきことを通知する

☐ ❺ 社員又は社員であった者は、**通知を受けた日から2週間以内**に、保証協会に還付充当金を納付する。**期限内に納付しない社員は、保証協会の社員たる地位を失う**

7 弁済業務保証金の取戻し ★

☐ 保証協会は、社員が社員たる地位を失った場合、還付請求権を持つ者（債権者）に対して、**6か月を下らない（＝6か月以上の）一定期間内**に申し出るべき旨の公告をしなければならない。期間内に申出がなければ、**供託所から弁済業務保証金を取り戻す**ことができる。

☐ 取戻しを受けた後、社員であった者に分担金の返還をする。保証協会が社員であった者に対して債権を有するときは、その債権に関し弁済が完了した後に分担金を返還する。

☐ **社員が一部事務所を廃止して分担金の額が法定額を超えることになった場合には、公告しないで直ちに取戻しができる。**

8 弁済業務保証金準備金

☐ **保証協会は、弁済業務保証金準備金を積み立てる義務を負う。また、弁済業務保証金から生ずる利息・配当金**や、弁済業務保証金準備金を弁済業務保証金の供託に充てた後に社員から納付された**還付充当金を弁済業務保証金準備金に繰り入れ**なければならない。

☐ 保証協会から**特別弁済業務保証金分担金**（弁済業務保証金の枯渇を防ぐ分担金）を納付するよう通知を受けた社員は、**通知を受けた日から1か月以内**に、特別弁済業務保証金分担金を納付しなければならない。納付しない場合、社員たる地位を失う。

9 社員たる地位を失った場合 ★

☐ **社員たる地位を失った日から1週間以内に供託所に営業保証金を供託し、その旨を免許権者に届け出なければならない。**

08 業務場所ごとの規制①

1 業務を行う場所 ★★

- [ ] 業務場所に関する規制は「**事務所**」「**契約行為**等（契約を締結する、又は契約の申込みを受けること）**を行う案内所等**」「**契約行為**等を行わない案内所等」という区分ごとに異なる。

2 案内所等の届出 ★★

- [ ] 「契約行為等を行う案内所等」を設置する場合は、**設置する宅建業者**が、業務を開始する日の10日前までに、**免許権者**と案内所等の所在地を管轄する都道府県知事に案内所等を設置した旨の届出（法第50条第2項の規定に基づく届出）をしなければならない。**免許権者**が**国土交通大臣**の場合は、案内所等の所在地を管轄する**都道府県知事**を経由して**国土交通大臣**に届出をする。

3 専任の宅建士の設置 ★★★★★

- [ ] 「**事務所**」には、**業務に従事する者**5名につき1名以上の割合で専任の宅建士を設置しなければならない。
- [ ] 「**契約行為等を行う案内所等**」には、1名以上専任の宅建士を設置しなければならない。
- [ ] 設置義務を負うのは案内所を設置した宅建業者で、複数の宅建業者が**共同で**案内所を設置した場合には、**いずれかの宅建業者**から専任の宅建士1名を出せばよい。
- [ ] 専任の宅建士の人数が不足した場合は、2週間以内に必要な措置を執らなければならない。これを怠った場合、指示処分だけでなく、**業務停止**処分や**罰則**の対象ともなる。

4 標識の掲示 ★★★★★

- [ ] 事務所、案内所等（案内所・展示会・モデルルームなど）、物件所在地には、公衆の見やすい場所に国土交通省令で定める標識を掲示する義務がある。

宅地建物取引業者票	
免許証番号	東京都知事 (3)第×××××号
免許有効期間	××年4月1日から ××年3月31日まで
商号又は名称	夏目不動産株式会社
代表者氏名	代表取締役 夏目太郎
この事務所に置かれている 専任の宅地建物取引士の氏名	夏目 一郎
主たる事務所 の所在地	東京都千代田区××1-23 電話番号03 - ××××-××××

- [ ] 標識の掲示義務があるのは、**事務所・案内所等**の場合はそれを設置した**宅建業者**、物件所在地の場合は売主である宅建業者である。
- [ ] 標識には、「免許証番号」「免許有効期間」「商号又は名称」「代表者氏名」「専任の宅建士の氏名（契約行為等を行う場所のみ）」「主たる事務所の所在地」の記載が必要。
- [ ] 分譲の代理・媒介を行う案内所等の標識には、「売主の商号又は名称と免許証番号」の記載が必要。

	設置時の届出	専任宅建士の設置	標識の掲示
[ ] 事務所	変更の届出が必要	5名につき1名以上	必要
[ ] 契約行為等を行う案内所等	案内所等の届出が必要	1名以上	必要
[ ] 契約行為等を行わない案内所等	不要	不要	必要

08 業務場所ごとの規制②

⑤ 事務所に関する規制 ★★★★★

☐ 事務所ごと（主たる事務所、従たる事務所を含むすべての事務所）に、公衆の見やすい場所に国土交通大臣が定めた報酬額の掲示をしなければならない。

☐ 案内所等には、報酬額を掲示する義務はない。

☐ 事務所ごとに、**業務に関する帳簿**（以下、帳簿）を備え付け、取引のあったつど、報酬の額など一定の事項を記載しなければならない。**月末にまとめて記載**することは不可。

☐ 帳簿は、各事業年度末に閉鎖し、**閉鎖後5年間**（自ら売主となる新築住宅に係るものにあっては10年間）保存しなければならない。

☐ 帳簿は必要に応じて紙面にその内容を表示できる状態であれば、**電子媒体に記録して保存**してもよい。

☐ 帳簿は取引関係者から請求があったときに閲覧に供する義務はない。

☐ 事務所ごとに、従業者名簿を備え付け、**取引関係者から請求があったときは、当該名簿**を閲覧に供する義務がある。

☐ 従業者名簿は、**最終の記載をした日から10年間保存**しなければならない。

☐ 従業者名簿の記載事項は、帳簿と同様に**電子媒体に記録して保存**してもよい。また、**ディスプレイの画面に表示**する方法で閲覧に供することもできる。

● 従業者名簿の記載事項

☐ ・従業者（一時的に業務に従事する者も含む）の氏名・性別・生年月日 ←住所不要

☐ ・従業者証明書番号

☐ ・主たる職務内容

☐ ・宅建士であるか否かの別

☐ ・当該事務所の従業者となった年月日

☐ ・当該事務所の従業者でなくなった年月日

☐ 宅建業者は、**業務中の従業者**（アルバイトなど一時的に事務の補助をする者、**非常勤役員、代表取締役を含む**）に**従業者証明書を携帯**させなければならない。

☐ 従業者は、**取引関係者から請求があったとき**は、従業者証明書を提示する義務がある。

☐ **従業者証明書の発行を受けた者**については、従業者名簿に記載しなければならない。

☐ **従業者証明書の提示**は、従業者名簿や宅建士証の提示で代替することはできない。

従業者証明書	従業者証明番号　000000

従業者氏名　夏目 一郎（昭和60年1月1日生）
業務に従事する
事務所の名称　　渋谷支店
及び所在地　　東京都渋谷区××-12
　　　　　　　　ブルービル1F
この者は宅地建物取引業の従業者であることを証明します。
証明書有効期間　××年4月1日から
　　　　　　　　　××年3月31日まで
（××年3月撮影）
免許証番号　東京都知事 (3) 第××××号
商号又は名称　夏目不動産株式会社
主たる事務所の所在地　東京都千代田区××1-23夏目ビル
代表者氏名　代表取締役 夏目太郎

09 業務に関する規制①

☐ 自ら貸主・転貸主となる場合は、そもそも**宅建業に該当しない**ので、以下の**業務に関する規制を受けることはない**。

❶ 誇大広告の禁止 ★★★★★

☐ **誇大広告**とは、**物件の所在・規模**（面積や間取り）・**形質**（地目、構造、新築・中古の別）、現在又は将来の**利用**の制限（都市計画法に基づく利用制限、借地権の有無等）・**環境・交通その他の利便、代金**などについて、**著しく事実に相違する表示**、実際のものよりも**著しく優良・有利であると誤認させるような表示**をいう。

☐ **事実を表示しないこと**で消極的に誤認させる表示も**誇大広告に該当する**。

☐ **取引対象となり得ない物件、取引する意思のない物件、売買契約が成立した物件**の広告は**おとり広告**、**存在しない物件**の広告は**虚偽広告**であり、どちらも**誇大広告に該当する**。

☐ 誇大広告は、**契約の成立や損害の有無にかかわらずそれ自体が禁止**されている。

☐ 誇大広告は、**指示処分、業務停止処分**などの監督処分の対象となるほか、**罰則**（**6か月以下の懲役**若しくは**100万円以下の罰金**又は両者の併科）に処せられることがある。

❷ 広告開始時期の制限 ★★★★★

☐ **業務停止**期間の後に売買契約を締結するものであっても、**業務停止**処分の**期間中**に（新聞折込やチラシ、テレビ・インターネット等での）**広告をすることはできない**。

☐ 宅地の造成、建物の建築に関する**工事の完了前**は、**都市計画法の開発行為の許可、建築基準法の建築確認**など、**工事に必要な許可等の処分を受けるまでは、申請中であっても、工事に係る宅地・建物の売買その他の業務に関する広告をすることはできない**。

☐ **免許の申請期間中**は、宅建業を営む旨の表示、宅建業の**広告はできない**。

❸ 契約締結時期の制限 ★★

☐ 宅地の造成、建物の建築に関する**工事の完了前**は、**開発行為の許可、建築確認**など、**工事に必要とされる許可等の処分があった後**でなければ、**売買・交換の契約をすることはできない**。**自ら当事者**（自ら**売主**、買主又は**交換主**）となる契約のほか、**代理又は媒介をする契約も禁止**されている。

☐ **工事に必要な許可等の処分の前**でも、**貸借契約の代理・媒介を行うことはできる**。

❹ 取引態様の明示 ★★★★

☐ 宅建業者が宅地・建物の売買等の**広告をするとき**は、**取引態様**（自ら当事者・代理・媒介）**の別を明示**しなければならない。

☐ **一団の宅地・建物の販売**について、**数回に分けて広告をするとき**は、**初回だけでなく、各回ごと**の広告に取引態様の明示が必要である。

☐ **注文**を受けたときには、遅滞なく、**改めて口頭や文書で取引態様の明示が必要**である。また、**注文したのが宅建業者であっても、改めて取引態様の明示が必要**である。

09 業務に関する規制②

5 業務に関する諸規定 ★★★★★

☐ 取引の関係者に対して、信義を旨とし、誠実にその業務を行うこと。

☐ 従業者に対し、業務を適正に実施させるため、必要な教育を行うこと。

☐ 登記、引渡し、取引に係る対価の支払を不当に遅延しないこと。

☐ 業務上で知り得た秘密（個人情報等）を正当な理由なく、他に漏らしてはならない。従業者（退職後も含む）も秘密を守る義務を負う。正当な理由とは、本人の承諾がある場合、裁判の証人など法律上秘密事項を告げる場合、取引の相手方に真実（物件の不具合等）を告げなければならない場合をいう。

☐ 取引の相手方の判断に重要な影響を及ぼすこととなる事項（利用制限、環境、交通等の利便、取引条件、取引関係者の資力や信用に関する事項）について、故意に事実を告げなかったり、不実のこと（事実でないこと）を告げたりしてはならない。

☐ 不当に高額な報酬を要求してはならない。実際には不当に高額な報酬を受け取らないことになったとしても、要求した時点で宅建業法に違反する。

☐ 手付の貸付け、手付金に関する信用の供与によって契約の締結を誘引する行為は、実際に契約の締結に至らなくても宅建業法に違反する。

☐ 手付金の貸付け・立替え、分割払い・後払いの承認…違反する

☐ 手付金・代金の減額・手付金の借入について金融機関をあっせん…違反しない

●勧誘に当たっての禁止事項

☐ ・契約の締結を勧誘する際、相手方に利益が生ずることが確実であると誤解させるような断定的判断、取引物件の将来の環境・交通等の利便について誤解を生じるような断定的判断を提供すること。過失によるものであっても、契約の締結に至らなくても違反となる。

☐ ・宅建業者の商号・名称、勧誘を行う者の氏名、勧誘をする目的を告げずに行う勧誘。

☐ ・アンケート調査と偽っての勧誘。

☐ ・相手方等が契約する意思がないことを表示したにもかかわらず、勧誘を継続すること。別の従業者に指示して同じ相手方に勧誘を行うこと。

☐ ・相手方に迷惑を覚えさせるような時間に電話・訪問すること。深夜、長時間の勧誘、その他の私生活又は業務の平穏を害するような方法により困惑させること。

☐ ・相手方を威迫すること。

☐ ・相手方等が契約の申込みの撤回を行うに際し、既に受領した預り金の返還を拒むこと。預り金の一部を申込書の処分手数料、解約手数料、媒介報酬などの名目で受領したまま返還しないこと。預り金を既に売主や貸主に交付していることを理由に返還を拒むこと。

☐ ・相手方等が手付を放棄して契約の解除を行うに際し、正当な理由なく、契約の解除を拒んだり、妨げたりすること。なお、手付放棄による解除をすることができるのは、相手方が契約の履行に着手（売主からは売買物件の引渡し、所有権移転登記の完了など。買主からは手付以外の中間金の支払など）するまでの間に限られる。

10 媒介契約の規制①

1 媒介と代理 ★

☐ **媒介契約の規定**は、宅建業者による**宅地又は建物の**売買・交換が対象で、宅建業者間の媒介契約にも適用される。代理の場合も、**媒介契約の規定が**準用される。

☐ **媒介契約の規定**は、賃貸借の媒介に適用されない。

2 媒介契約の種類

☐ 一般媒介契約…依頼者が**複数の宅建業者に依頼**できる。依頼者が宅建業者Aに対して、宅建業者Bに依頼したことを明示する義務がある明示型の契約と、明示しなくてもよい非明示型の契約がある。依頼者自身が相手方を発見して契約する自己発見取引ができる。

☐ 専任媒介契約…宅建業者と契約した依頼者は、**他の宅建業者に重ねて依頼**できない。依頼者自身が相手方を発見して契約する自己発見取引ができる。

☐ 専属専任媒介契約…専任媒介契約のうち、自己発見取引が禁じられた契約。

3 専任媒介契約の規制 ★★★★★

☐ **専任媒介契約**…契約有効期間は3か月以内。3か月より長い契約を結んだとしても、3か月を超える部分の契約は無効。契約の自動更新はできない（自動更新の特約は依頼者が宅建業者でも無効）。**更新には**依頼者からの申出が必要。更新後の期間も3か月以内。

☐ **売買・交換の**申込みがあったときは、遅滞なく、その旨を依頼者に報告しなければならない（これは**一般媒介契約でも同様**）。

☐ **専任媒介契約は**2週間（休業日含む）に1回以上、専属専任媒介契約は1週間（休業日含む）に1回以上、口頭や電子メールなどで依頼者に業務の処理状況を報告しなければならない。

☐ **専任媒介契約は契約日から**7日以内（休業日除く）、専属専任媒介契約は契約日から5日以内（休業日除く）に、指定流通機構への登録が義務付けられている。

☐ **指定流通機構への登録事項**…物件の所在、規模、形質／物件の売買すべき価額、交換契約の場合の評価額／都市計画法その他の法令に基づく制限で主要なもの／専属専任媒介契約である場合は、その旨。

☐ 指定流通機構への登録をした宅建業者は、**指定流通機構から発行される登録を証する書面を遅滞なく依頼者に**引き渡さなければならない（依頼者の承諾があれば、電磁的方法による提供も可）。

☐ **電磁的方法による提供**（電子メールなど、次の要件を満たす電子書面による提供）
①相手方が出力することにより書面（紙）を作成できること。
②電子書面が改変されていないかどうかを確認することができる措置を講じていること。

☐ **物件について**売買・交換契約が成立した場合には、遅滞なく「登録番号」「取引価格」「契約成立年月日」を指定流通機構に通知しなければならない。

10 媒介契約の規制②

4 媒介契約書の作成 ★★★

☐ 宅建業者が<u>売買・交換</u>の媒介契約を締結したときは、遅滞なく**媒介契約書（宅建業法第34条の2第1項の規定に基づく書面）**を作成し、<u>記名押印</u>して依頼者に交付（依頼者の承諾があれば、<u>電磁的</u>方法による提供も可）する義務がある。

☐ 媒介契約書への<u>記名押印</u>は<u>宅建業者</u>が行う（記名押印は<u>宅建士</u>が行う必要はない）。これに対して、**35条書面・37条書面では、宅建士による<u>記名</u>が必要だが、<u>押印</u>は不要。**

☐ <u>賃貸借</u>の媒介契約については、媒介契約書の作成・交付の**義務がない**。

☐ **依頼者が<u>宅建業者</u>の場合でも、媒介契約書を交付する義務がある。**

☐ 媒介契約書の内容を<u>宅建士</u>に説明させる義務はない。

5 媒介契約書の記載事項 ★★★★★

　　●媒介契約書には下記の事項を記載する必要がある。

☐ ① **物件を<u>特定</u>するために必要な表示**…<u>所在</u>、種類、構造その他

☐ ② **売買すべき価額（交換の場合は評価額）**…宅建業者が売買すべき価額について意見を述べる（<u>口頭</u>で可）ときは、**依頼者の請求がなくともその<u>根拠</u>を明らかにする義務**がある

☐ ③ **媒介契約の<u>種類</u>**…<u>一般</u>媒介・<u>専任</u>媒介・<u>専属専任</u>媒介の別

☐ ④ **契約の<u>有効期間</u>・解除に関する事項**

☐ ⑤ <u>指定流通機構</u>への登録に関する事項

☐ <u>一般</u>媒介契約では、「契約の<u>有効期間</u>」「<u>指定流通機構</u>への登録」の規制はないが、媒介契約書においては④⑤を明示する必要がある。

☐ ⑥ <u>報酬</u>に関する事項

☐ ⑦ **依頼者の契約違反に対する措置**

明示型一般媒介契約	明示以外の業者の媒介で契約した場合の措置
専任媒介契約	他の業者の媒介で契約した場合の措置
専属専任媒介契約	宅建業者が探索した相手方以外と契約した場合の措置

☐ ⑧ 国土交通大臣が定める<u>標準媒介契約</u>約款に基づくか否かの別

☐ ⑨ **建物状況調査（インスペクション）**…<u>既存住宅（中古住宅）</u>であるときは、建物状況調査を実施する者（建築士法第2条第1項に規定する**建築士であって<u>国土交通大臣</u>が定める講習を修了した者**）のあっせんに関する事項（あっせんをするかしないか）を記載

☐ 建物<u>状況調査</u>（法第34条の2第1項第4号に規定する調査）…既存住宅について、**建物の<u>構造耐力上</u>主要な部分又は<u>雨水</u>の浸入を防止する部分の劣化・不具合の有無を調査する**こと。<u>重要事項</u>の説明時には、**建物状況調査の実施の有無（過去1年以内）**、実施されている場合は結果概要、建物の建築・維持保全の状況に関する書類の保存状況を説明（貸借では不要）。建物状況調査の結果などを当事者の双方が確認した場合は、<u>37条書面</u>（<u>契約書面</u>）に、双方が確認した事項を記載。

11 重要事項の説明①

1 重要事項の説明義務 ★★★★★

☐ **宅建業者**は、**契約締結**前に**35条書面（重要事項説明書）を作成・交付**（依頼者の承諾があれば、電磁的方法での提供も可）**する義務**がある。

☐ **宅建士**（**専任**の宅建士、**成年**者の宅建士でなくてもよい）が**35条書面**に**記名**する。

☐ **重要事項を説明する相手**は、**買主・借主**であり、宅建業者から**売主・貸主**への説明は**不要**である。なお、交換の場合は売買と同様に扱われる。

☐ **宅建士が口頭で説明する**。テレビ会議等の**IT**を活用した重要事項の説明（**IT重説**）も可能。

☐ **相手方が宅建業者のとき、説明は不要だが、35条書面の交付は省略できない**。

☐ **宅建士**は重要事項の説明をする際、**相手方の請求がなくても、宅建士証を提示しなければならない**。相手方が**宅建業者**の場合、**請求がなければ宅建士証の提示は不要**。

☐ **35条書面の交付場所、重要事項を説明する場所は、事務所以外の場所でもよい**。

☐ 売主と買主を別の宅建業者が代理・媒介するなど、**複数の宅建業者が関与する場合、35条書面への記名**は、関与する**すべての宅建業者の宅建士**がしなければならない。35条書面の**作成・交付と口頭での説明**は、**いずれかの宅建業者が代表**で行ってもかまわない。

2 35条書面の記載事項〈1 取引物件に関する事項〉★★★★★

☐ ① **所有権、抵当権、賃借権**など、**他人の権利が登記**されている場合、**登記された権利の種類及び内容**と、**登記名義人**又は登記簿の表題部に記録された**所有者（表題部所有者）の氏名**（法人は名称）。**売主・貸主・交換の当事者から告げられていない権利**、物件引渡しまでに抹消される予定の権利について、**記載する義務がある**

☐ ② **都市計画法**による制限（**第一種低層住居専用地域、防火地域等による制限**など）、**建築基準法等**による制限（**容積率、建蔽率、道路斜線制限**など）の概要。建築にかかわる制限（容積率、建蔽率に関する制限、準防火地域内の建築物の制限など）の説明は、建物の**貸借**の場合には記載不要

☐ ③ **歴史的風致形成建造物**であるときの**増改築等**の届出、**流通**業務市街地整備法に規定する**流通業務地区**にあるときは、その**制限の概要等**

☐ ④ **私道負担の有無、私道の面積**、通行使用料等の負担金等、**私道に関する負担 ←建物の貸借**では記載不要

☐ ⑤ **飲用水・電気・ガス等**の供給施設の整備状況、**排水施設**の整備状況。未整備の場合には、**整備の見通し**や整備に関する負担金の説明が必要。ガス配管設備等に関しては、住宅の売買後に配管設備等の所有権が家庭用プロパンガス販売業者に属する場合には、その旨の説明が必要

☐ ⑥ **工事完了時の形状・構造**…造成工事完了前の宅地では、**工事完了時の形状・構造、宅地に接する道路の構造・幅員**。建築工事完了前の建物では、**工事完了時の形状・構造、主要構造部と内装及び外装の構造・仕上げ、設備**の設置・構造について説明する。これらについて、必要に応じて**図面**を交付して説明する

11 重要事項の説明②

本冊問題➡78~85ページ

2 35条書面の記載事項〈1 取引物件に関する事項〉（続き）★★★★★

☐ ⑥ 造成宅地防災区域内にあるときは、その旨

☐ ⑦ 土砂災害警戒区域内、急傾斜地崩壊危険区域にあるときは、その旨

☐ ⑧ 津波災害警戒区域内にあるときは、その旨

☐ ⑨ 水防法施行規則の規定により市町村長が提供する図面（水害ハザードマップ：洪水・雨水出水〔内水〕・高潮）に宅地又は建物の位置が表示されているときは、**すべての図面における宅地又は建物の所在地**。市町村が水害ハザードマップを作成していない、あるいは公表していない場合には、「**提示すべき水害ハザードマップがない**」旨を説明する。

☐ ⑩ 石綿（アスベスト）の使用の調査結果が記録されているときは、その内容。調査結果の記録がない場合、**調査する義務**はない

☐ ⑪ 昭和56年5月31日以前に着工した建物で耐震診断を受けていた場合に、**その内容**。耐震診断を受けていない場合に売主・貸主が耐震診断を行う義務はない

☐ ⑫ 住宅性能評価を受けた新築住宅であるときは、その旨 ←貸借では記載不要

☐ ⑬ 既存住宅の場合

☐ ・過去1年以内に建物状況調査を実施しているかどうか、実施している場合はその結果の概要

☐ ・設計図書、点検記録など住宅の建築や維持保全の状況に関する**書類の保存**状況 ←貸借では記載不要

2 35条書面の記載事項〈2 取引条件に関する事項〉★★★★★

☐ ① 代金・交換差金・借賃以外に授受される金銭の額・授受の目的。代金・交換差金・借賃の額は記載不要

☐ ② **手付解除**や債務不履行による契約解除の要件や方法など、**契約の解除**に関する事項

☐ ③ 損害賠償額の予定・違約金に関する事項

☐ ④ **手付金等の保全**措置の概要 ←貸借では記載不要

☐ ⑤ **支払金・預り金の保全**措置の概要…宅建業者が受領する**支払金・預り金の保全**措置を講じるかどうか、及び措置を講じる場合の措置の概要。50万円未満の場合は支払金・預り金に該当しないので**記載不要**

☐ ⑥ 代金・交換差金に関する**金銭の貸借のあっせん**の内容、それが成立しないときの措置 ←貸借では記載不要

☐ ⑦ **宅地・建物の契約不適合を担保すべき責任**（担保責任）の履行に関して、保証保険契約の締結その他の措置を講ずるかどうか、及びその**措置を講ずる場合におけるその措置の概要** ←貸借では記載不要

☐ ⑧ **割賦販売**の場合には、分割での販売価格、一括で支払う場合の現金販売価格、賦払金の額等 ←貸借では記載不要

11 重要事項の説明③

2 35条書面の記載事項〈3 区分所有建物に関する追加事項〉★★★★★

☐ ① 敷地に関する権利の種類・内容

☐ ② 共用部分に関する規約（その案を含む）があるときは、その内容

☐ ③ 専有部分の用途その他の利用の制限に関する規約の定め（その案を含む）があるときは、その内容 ←貸借の場合にも記載

☐ ④ 専用使用権に関する規約（その案を含む）があるときは、その内容。使用者の氏名・住所は記載不要

☐ ⑤ 特定の者にのみ費用を減免する旨の規約の定め（その案を含む）があるときは、その内容

☐ ⑥ 計画的な維持修繕のための費用の積立てを行う旨の規約の定め（その案を含む）があるときは、その内容。既に積み立てられている額・滞納があるときは、その額。

☐ ⑦ 建物の所有者が負担することになる通常の管理費用の額を記載。滞納があるときは、その額

☐ ⑧ 管理が委託されているときは、委託先の氏名と住所（法人にあっては、商号又は名称・主たる事務所の所在地）。 ←貸借の場合にも記載

☐ ⑨ 1棟の建物の維持修繕の実施状況が記録されているときは、その内容

2 35条書面の記載事項〈4 貸借に関する追加事項〉★★★★★

☐ ① 台所、浴室、便所その他の建物の設備の整備状況（事業用建物含む）

☐ ② 契約期間や契約の更新に関する事項

☐ ③ 定期借地権・定期建物賃貸借・終身建物賃貸借といった、更新がない賃貸借契約をしようとするときは、その旨

☐ ④ 宅地・建物の用途その他の利用の制限に関する事項

☐ ⑤ 敷金など、契約終了時に精算することとされている金銭の精算に関する事項

☐ ⑥ 宅地・建物の管理が委託されているときは、委託先の氏名と住所（法人にあっては、商号又は名称・主たる事務所の所在地）

☐ ⑦ 契約終了時における宅地上の建物の取壊しに関する事項を定めようとするときは、その内容 ←宅地の場合のみ記載

3 供託所等に関する説明 ★

☐ 宅建業者は、契約が成立するまでに、相手方（売主、買主、交換の両当事者、貸主、借主、相手方が宅建業者の場合は説明不要）に営業保証金を供託している主たる事務所の最寄りの供託所・その供託所の所在地を説明しなければならない。また、保証協会の社員である場合は、その旨と保証協会の名称・住所・事務所の所在地、弁済業務保証金を供託している供託所の所在地を説明しなければならない。

12 37条書面（契約書面）①

☐ 35条書面の目的は契約**前**の**判断**材料で、37条書面の目的は契約**後**のトラブル防止。

1 37条書面の交付 ★★★★★

☐ 宅建業者は、契約が成立した後、遅滞なく**37条書面（契約書面）**を作成・交付する義務がある。作成者、交付者は、**宅建士でない従業員**でもよい。

☐ 37条書面も35条書面も、相手方の承諾があれば**電磁的方法で提供**することができる。

☐ 宅建士が37条書面に**記名**する。**専任**、成年者の宅建士である必要は**ない**。

☐ 35条書面と37条書面に**記名**する宅建士は、**同じ宅建士**である必要は**ない**。

☐ 37条書面を交付する相手は、契約**双方**の当事者である。

☐ 37条書面の交付時には説明、宅建士証の提示は**不要**である。

☐ 相手方が宅建業者のとき、また相手方から不要という承諾があるとき、37条書面の交付は省略**できない**。

☐ 売主と買主を別の宅建業者が代理・媒介するなど、**複数の宅建業者が関与**する場合、37条書面への記名は、**すべて**の宅建業者の宅建士がしなければならない。37条書面の作成・交付は、いずれかの宅建業者が**代表**で行ってもかまわない。

☐ 自ら**貸主**となる宅建業者には、**37条書面の交付義務はない**。

2 37条書面の記載事項〈1 必要的記載事項：必ず記載〉★★★★★

☐ ① 当事者の氏名（法人にあっては、その名称）及び**住所**を必ず記載

☐ ② 宅地の所在、地番その他その宅地を**特定**するために必要な表示又は建物の所在、種類、構造その他その建物を**特定**するために必要な表示を必ず記載。**工事完了**前の建物では、重要事項の説明のときに使用した図書を**交付**することにより行う

☐ ③ 代金・交換差金・借賃の額（及び消費税等相当額）・支払**時期**・支払**方法**を必ず記載

☐ ④ 宅地・建物の**引渡し**の時期を必ず記載

☐ ⑤ **移転登記**の申請の時期を必ず記載 ←**貸借**では不要

☐ ⑥ 建物が**既存**住宅であるときは、建物の**構造**耐力上主要な部分等の状況について当事者の双方が確認した事項（**建物状況**調査の調査結果の概要など）を必ず記載 ←**貸借**では不要

37条書面の必要的記載事項…必ず記載しなければならない事項			
記載事項	売買・交換	貸借では	35条書面では
① 当事者の氏名・住所	記載	記載	記載不要
② 宅地・建物を特定するために必要な表示	記載	記載	記載不要
③ 代金・交換差金・借賃の額	記載	記載	記載不要
④ 引渡しの時期	記載	記載	記載不要
⑤ 移転登記の申請の時期	記載	記載不要	記載不要
⑥ 当事者が確認した事項（建物状況調査）	記載	記載不要	※

※35条書面では、建物状況調査の有無と概要、書類の保存の状況を記載（貸借では不要）する。

12 37条書面（契約書面）②

2 37条書面の記載事項〈2 任意的記載事項：定めがあるときに限り、記載〉★★★★★

☐ ① **代金・交換差金・借賃以外の金銭の授受**に関する**定めがあるとき**は、その額（及び消費税等相当額）・授受の目的。及び授受の時期←授受の時期は35条書面では記載不要

☐ ② **契約の解除**に関する**定めがあるとき**は、その内容

☐ ③ **損害賠償**額の予定又は**違約金**に関する**定めがあるとき**は、その内容

☐ ④ **代金又は交換差金についての金銭の貸借（ローン）のあっせん**に関する**定めがあるとき**は、あっせんに係る金銭の貸借が成立しないときの措置（契約解除ができる期限等）←貸借では記載不要

☐ ⑤ **天災その他不可抗力による損害の負担**に関する**定めがあるとき**は、その内容

☐ ⑥ **宅地・建物の契約不適合を担保すべき責任（担保責任）**に関する**定めがあるとき**は、その内容 ←貸借では記載不要

☐ ⑦ **担保責任の履行**に関して講ずべき**保証保険**契約の締結その他の**措置**についての**定めがあるとき**は、その内容 ←貸借では記載不要

☐ ⑧ **宅地・建物に係る租税その他の公課の負担**に関する**定め**（固定資産税に関する定めなど）**があるとき**は、その内容 ←貸借では記載不要

※上記は、定め（特約）がある場合のみ記載する事項である。

37条書面の任意的記載事項…定めがあるときに限り、記載しなければならない事項		売買・交換	貸借では	35条書面では
記載事項				
① 代金・交換差金・借賃以外の金銭に関する定め	その額・授受の目的	定めがあれば記載	定めがあれば記載	記載
	授受の時期	定めがあれば記載	定めがあれば記載	記載不要
② 契約の解除に関する定め		定めがあれば記載	定めがあれば記載	記載
③ 損害賠償額の予定・違約金に関する定め		定めがあれば記載	定めがあれば記載	記載
④ 金銭の貸借のあっせんに関する定め		定めがあれば記載	記載不要	売買…記載 貸借…記載不要
⑤ 天災その他不可抗力による損害の負担に関する定め		定めがあれば記載	定めがあれば記載	記載不要
⑥ 担保責任に関する定め		定めがあれば記載	記載不要	記載不要
⑦ 担保責任の履行措置に関する定め		定めがあれば記載	記載不要	売買…記載 貸借…記載不要
⑧ 租税その他の公課の負担に関する定め		定めがあれば記載	記載不要	記載不要

13 8種制限①

● **8種制限とは** ★★★★★

☐ 8種制限は「**宅建業者が**自ら売主、**宅建業者以外が**買主」である場合の取引に適用される。宅建業者が買主の場合や宅建業者が媒介・代理業者の場合は**適用されない**。

1 クーリング・オフ制度 ★★★★★

☐ 宅建業者の「事務所等」以外の場所で買受けの申込みや売買契約の締結をした場合、申込みの撤回や売買契約の解除ができる。これを**クーリング・オフ**という。

● クーリング・オフできない「事務所等」とは、

☐ ・**契約にかかわる宅建業者の**事務所
☐ ▼①②で、専任の宅建士を設置する義務がある場所
☐ ① 事務所以外の場所で継続的に業務を行うことができる施設を有するもの
　　【例】**営業所**など
☐ ② 一団の宅地建物の分譲を行う案内所等や催しをする場所で、土地に定着するもの
　　【例】モデルルーム、現地案内所、展示会場など
　　※テント張りなど、一時的かつ移動が容易な施設での申込み・契約はクーリング・オフできる。
☐ ・**申込者・買主が**指定した場合の申込者・買主の自宅又は勤務先
　　※喫茶店やホテルのロビーでの申込み・契約はクーリング・オフできる。

☐ 買受けの申込みをした場所と契約の締結をした場所が異なる場合、クーリング・オフができるかできないかは、申込みをした場所が基準となる。

● 以下の場合には、**クーリング・オフできない**。

☐ ・事務所等で申込みを行った場合
☐ ・クーリング・オフ告知書面による告知日から起算して、8日間を経過した場合
☐ ・物件の引渡しを受け、かつ、代金全額を支払った場合

☐ クーリング・オフ告知書面には、クーリング・オフの要件や効果、**売主の商号又は名称**・住所・免許証番号、買主の氏名・住所を記載しなければならない。

☐ 宅建業者からクーリング・オフ告知書面による告知がなかった場合には、申込者又は買主（以下、**申込者等**）は、引渡しを受け、かつ、代金全額を支払うまでならばクーリング・オフができる。

☐ 申込者等から申込みの撤回や売買契約の解除を行う旨を記載した書面を発信した時に、**クーリング・オフの効力が生じる**。この書面には、**決められた書式は**ない。

☐ クーリング・オフがされた場合、宅建業者は速やかに受領した手付金や中間金の全額を返還しなければならない。

☐ 宅建業者はクーリング・オフに伴う損害賠償や違約金の支払を請求することはできない。

☐ クーリング・オフ制度の規定に反するような、**申込者等に不利な特約は**、**申込者等が**了承した特約であっても無効である。**申込者等に有利な特約は**有効である。

『史上最強の宅建士テキスト』➡104〜107ページに対応

13 8種制限②

② 手付の性質と額の制限 ★★★★★

☐ 宅建業者が自ら売主となる宅地・建物の**売買契約について受領した手付**は、**解約**手付の**定めがない場合**でも、**すべてが解約**手付とされる。

☐ **相手方**が契約の履行に着手する（買主が中間金を支払う、売主が所有権移転登記をするなど）までは、**買主はその手付を放棄**することで、**売主はその手付の倍額を現実に提供す**ること（口頭の提供では足らない）で、**違約金を支払うことなく契約の解除**ができる。

☐ 解約手付に関して、「**買主が手付の倍額を支払わないと、契約を解除することができない**」など、**買主に不利な特約は無効**となる。

☐ 買主の承諾があったとしても、また**手付金等の保全措置を講じた**としても、**手付の額**は、代金の額の10分の2（20%）を超えることはできない。

③ 手付金等の保全措置 ★★★★★

☐ 自ら売主となる宅建業者は、一定の保全措置を講じた後でなければ、買主から**手付金等を受領することはできない**。

☐ 売主である宅建業者が、保全措置を講じない場合には、買主は手付金等の支払を拒否することができる。この場合、**買主の債務不履行にはならない**。

☐ 手付金等とは、契約締結日以後、引渡し前に**支払われる手付金・内金・中間金**など、名目にかかわらず代金に充当されるものをいう。契約締結前に支払った申込証拠金でも、代金に充当される場合には手付金等に該当し、**全額が保全の対象**となる。

　　●以下の場合には、**保全措置は不要**である。

☐ ① 手付金等の額が次の場合

未完成物件の場合	手付金等が代金の5%以下、かつ、1,000万円以下
完成物件の場合	手付金等が代金の10%以下、かつ、1,000万円以下

☐ ② **買主への所有権移転の登記**がされたとき、又は**買主が所有権の登記をしたとき**

☐ 未完成物件では、手付金等の保全措置には、保証委託契約により銀行等を連帯保証人とする方法と保険事業者と保証保険契約を締結する方法の2つがある。これらの契約の保証期間は、**契約成立時から宅地・建物の引渡し**までの期間であることが必要とされる。

☐ 完成物件では、保証協会などの指定保管機関に預かってもらう方法も保全措置とされる。

④ 自己の所有に属しない物件の売買契約の制限 ★★★★

☐ 自ら売主となる宅建業者は、原則として他人物売買、未完成物件の売買はできない。

☐ 現在の所有者との間で宅地・建物を取得する契約（予約含む）を締結しているなど、**売主の宅建業者が取得することが確実な場合**は、例外として他人物売買が認められている。

☐ 手付金等の保全措置が講じられている場合は、例外として未完成物件でも契約を締結することができる。

13 8種制限③

5 担保責任についての特約の制限 ★★★★★

☐ **担保責任**について、民法の規定と比べて<u>買主</u>に<u>不利</u>となる特約は**無効**である。

● 民法の規定と比べて買主に不利となるので、無効となる特約

☐ ・契約不適合について<u>担保</u>責任を**一切負わない**とする特約

☐ ・売主の<u>責め</u>に帰すべき事由による不適合についてのみ<u>担保</u>責任を負うとする特約

☐ ・**損害賠償請求**をすることはできるが、**契約の<u>解除</u>はできない**とする特約

☐ ・担保責任の対象を建物の**構造耐力上主要な部分**の不適合に<u>限定</u>する特約

☐ ・担保責任を負う期間を買主がその不適合を知った時から<u>5</u>**年未満**とする特約

☐ ・契約不適合の通知期間を<u>引渡</u>日から**1年**とする特約

☐ ※民法では、「買主が契約不適合を<u>知った</u>時から<u>1年</u>以内に売主に通知すれば売主の責任を追及できる」としている。

▼有効な特約の例

☐ ・契約不適合の通知期間を<u>引渡</u>日から<u>2年以上</u>の期間とする特約

☐ ・<u>重要事項</u>として説明した事実については**担保責任を負わない**とする特約

☐ **売主が<u>知りながら</u>告げなかった事実**については、**担保責任を免れない**。

6 損害賠償額の予定等の制限 ★★★★★

☐ **損害賠償額の予定**を定めていない場合、原則として、<u>実際に発生した損害額</u>を**損害賠償額とする**ことができる。

☐ 当事者の<u>債務不履行</u>を理由とする契約の解除に伴う**損害賠償額の予定**又は<u>違約</u>金は、これらを合算した額が代金の<u>10分の2（20％）</u>を超える定め（特約）をしてはならない。<u>10分の2</u>を超える定めをした場合は、<u>10分の2を超える部分</u>が**無効**となる。

7 割賦販売契約の解除等の制限

☐ 宅地・建物の割賦販売契約について、支払時期の到来していない<u>賦払</u>金（分割支払する際の各回の支払額）の支払を請求することはできない。

☐ 買主からの<u>賦払</u>金の支払が遅延した場合、<u>30日</u>以上の相当の期間を定めて、**支払を<u>書面</u>で催告**し、その期間内に支払われない場合に限り、**契約を<u>解除</u>することができる。**

8 所有権留保等の禁止 ★

☐ 宅建業者は、自ら売主として**割賦販売**を行った場合、その**目的物を引き渡すまでに<u>登記の移転</u>等**をしなければならない。例外として、次の場合は**所有権留保**が認められる。

☐ ① 受領した額が**代金の<u>10分の3</u>以下**である場合

☐ ② 代金の<u>10分の3</u>を超える額を受領していても、**残金を担保する<u>抵当権</u>、保証人等の措置を講じる見込みがない**場合

14 報酬の制限①

1 報酬額に関する規定 ★

☐ 宅建業者は、<u>国土交通大臣</u>の定める額を超えて報酬を受け取ることはできない。

2 消費税等相当額の取扱い ★★★★★

☐ 消費税等<u>10</u>％が課税されない取引は、<u>土地</u>の売買・貸借、<u>居住用建物</u>の貸借である。

☐ 消費税等<u>10</u>％が課税される取引は、<u>建物の売買・貸借</u>（<u>居住用建物</u>除く）である。

3 報酬額の基本計算式 ★★★★★

● 宅建業者が受領できる報酬限度額（税抜き）は、以下の通り。

物件の取引価格（税抜き）	基本計算式
400万円超	価格の3％（価格×0.03）＋6万円
200万円超〜400万円以下	価格の4％（価格×0.04）＋2万円
200万円以下	価格の5％（価格×0.05）

☐ **媒介** ➡ 当事者の一方から受領することができる額は、**基本計算式の報酬額**が限度。売主と買主の**両方**から媒介の依頼を受けている場合、**売主と買主それぞれから基本計算式の報酬額**が限度。宅建業者が受領できるのは、ここに**消費税等相当額<u>10</u>％**を上乗せした額。

☐ **代理** ➡ 当事者の一方から受領することができる額は、**基本計算式の報酬額の<u>2</u>倍**が限度。

☐ 1件の取引について受領できる**報酬限度額**の合計は、複数の宅建業者が関与した場合でも**基本計算式の報酬額の<u>2</u>倍**である。

4 売買の媒介の報酬限度額 ★★★ ※以下、消費税課税事業者の例

宅建業者Aが売主Bから**土地付建物6,500万円**（消費税等相当額を含む。うち**土地代金3,200万円**）の**媒介**を依頼されて、売買契約が成立した場合の**報酬限度額**はいくらか。

☐ ❶ 建物の税抜き代金＝<u>(6,500万円－3,200万円)÷1.1＝3,000</u>**万円**

☐ ❷ 土地付建物の税抜き価格＝<u>3,200万円＋3,000万円＝6,200</u>**万円**

☐ ❸ 基本計算式による報酬限度額＝<u>6,200万円×0.03＋6万円＝192</u>**万円**

☐ ❹ 報酬限度額（税込み）＝<u>192万円×1.1＝211.2</u>**万円**

5 売買の代理の報酬限度額 ★★

宅建業者Aが売主Bから**代金5,200万円の土地付建物**（消費税等相当額を含む。うち土地代金3,000万円）の売却の代理を依頼され、宅建業者Cが買主Dから**購入の媒介**を依頼されて当該物件の売買契約を成立させた。A及びCが受領できる**報酬限度額の合計**はいくらか。

☐ ❶ 建物の税抜き代金＝<u>(5,200万円－3,000万円)÷1.1＝2,000</u>**万円**

☐ ❷ 土地付建物の税抜き価格＝<u>3,000万円＋2,000万円＝5,000</u>**万円**

☐ ❸ 媒介の限度額（税抜き）＝<u>5,000万円×0.03＋6万円＝156</u>**万円**

☐ ❹ 代理の限度額（税抜き）＝<u>156万円×2＝312</u>**万円**

☐ ❺ 報酬限度額の合計（税抜き）＝<u>156万円×2＝312</u>**万円**

☐ ❻ 報酬限度額の合計（税込み）＝<u>312万円×1.1＝343.2</u>**万円** ←1件の取引の報酬限度額

14 報酬の制限②

6 交換の媒介・代理の報酬限度額

☐ 交換する物件の<u>高い</u>方の価格（税抜き）をもとに、売買の場合と同様に計算する。

7 貸借の媒介・代理の報酬限度額 ★★★★★

☐ 貸借で、**1件の取引**について受領できる報酬限度額の合計（貸主と借主の双方から受領する報酬額の合計）は、原則として、**借賃の<u>1</u>か月分＋消費税等相当額**である。

☐ 定期建物賃貸借の**再契約**に関する報酬は、**通常の<u>新規</u>契約と同様に計算する。**

☐ <u>居住</u>用建物の貸借の媒介での報酬限度額は、原則として、依頼者の一方（貸主・借主）から、それぞれ**借賃の<u>0.5</u>か月分以内＋消費税等相当額**。媒介契約時に**依頼者から<u>承諾</u>**を得ている場合は、片方から**借賃の<u>1</u>か月分以内＋消費税等相当額**を受領できるが、この場合も貸主・借主双方を合わせた限度額は借賃の**借賃の<u>1</u>か月分＋消費税等相当額**である。

☐ **事業用建物**（<u>居住</u>用建物以外）の賃貸借の媒介では、**報酬合計額は、借賃の<u>1</u>か月分＋消費税等相当額**が上限で、貸主と借主の負担割合に特段の規制はない。

☐ <u>居住</u>用建物以外の貸借において、**<u>権利金</u>**（返還されないもの）の授受がある場合には、<u>権利金</u>を売買金額とみなして計算した報酬額と借賃の<u>1</u>か月分（＋消費税等相当額）とを比べて<u>高い</u>方を1件の取引当たりの報酬限度額の合計とする。

● 貸主と借主から店舗用建物（居住用建物以外）の貸借の媒介の依頼を受け、1か月の借賃**27.5万円**（税込み）、権利金**220万円**（いずれも税込み）の契約を成立させた。報酬限度額の合計はいくらか。

☐ ❶ 権利金の税抜き価格＝<u>220</u>万円÷<u>1.1</u>＝<u>200</u>万円

☐ ❷ 権利金から計算した報酬限度額＝<u>200</u>万円×<u>0.05</u>＝<u>10</u>万円

☐ ❸ 一方から受領できる報酬限度額（税込み）＝<u>10</u>万円×<u>1.1</u>＝<u>11</u>万円

☐ ❹ 報酬限度額の合計（税込み）＝<u>11</u>万円×<u>2</u>＝<u>22</u>万円

☐ ❺ 借賃27.5万円と<u>22</u>万円を比べて<u>高い</u>方の借賃<u>27.5</u>万円が報酬限度額の合計

8 報酬の範囲 ★★★★

☐ 成約に至らなかった場合には、報酬のみならず、<u>必要経費</u>等も請求・受領できない。

☐ 指定流通機構への情報登録料、重要事項説明料等は請求・受領できない。

☐ 売主があらかじめ受取額を定めた場合の実際の<u>売却</u>額との差額は請求・受領できない。

☐ 相手方が**好意**で支払う<u>謝金</u>は請求・受領できない。「**依頼者の<u>依頼</u>による広告料金**」、「**依頼者の特別の<u>依頼</u>による<u>現地調査</u>や<u>出張</u>等の費用**」は、限度額の報酬とは別に<u>実費</u>を請求、受領できる。依頼者の<u>依頼</u>によらない広告、調査、文書費用等は請求・受領できない。

9 空家等の売買に関する費用 ★

☐ 空家等（価額が税別<u>400</u>万円以下の宅地又は建物）の<u>売買</u>・交換の媒介・代理では、通常の<u>売買</u>・交換の媒介・代理と比較して<u>現地調査</u>等の費用を多く要するものについて、一般の計算方法により算出した金額と<u>現地調査</u>等に要する費用の額を合計した金額以内で売主から報酬を請求できる（売主と事前合意が必要）。この上限は報酬額と合わせて<u>18</u>万円＋消費税（計<u>19.8</u>万円）である。

15 監督処分・罰則①

1 宅建業者に対する監督処分 ★★★★★

☐ 宅建業者に対する**監督処分**には、処分が軽い順に指示処分・業務停止処分・免許取消処分がある。監督処分は、宅建業の業務に関する違反を対象としている。

2 宅建業者に対する指示処分 ★★★

☐ **指示処分の処分権者**（処分を行う権限を有する者）は免許権者又は業務地を管轄する都道府県知事である。**指示処分の事由**は以下の通り。

☐ ① 業務に関し**取引関係者**に損害を与えたとき、又は損害を与えるおそれが大きい

☐ ② 業務に関し取引の公正を害する行為をしたとき、又は取引の公正を害するおそれが大きい

☐ ③ 業務に関し他の法令（建築基準法など）に違反し、宅建業者として不適当であると認められる

☐ ④ 宅建士が監督処分（指示処分・事務禁止処分・登録消除処分）を受けた場合に、宅建業者の責めに帰すべき理由がある

☐ ⑤ 宅建業法又は住宅瑕疵担保履行法に違反した

3 宅建業者に対する業務停止処分 ★★★★★

☐ **業務停止処分**とは、1年以内の期間を定めて、業務の一部又は全部の停止を命ずることで、任意で業務停止処分を行うことができる**処分権者**は、免許権者又は業務地を管轄する都道府県知事である。**業務停止処分の事由**は以下の通り。

☐ ① 業務に関し他の法令（建築基準法など）に違反し、宅建業者として不適当であると認められる

☐ ② 宅建士が監督処分を受けた場合に、宅建業者の責めに帰すべき理由がある

☐ ③ 指示処分に従わなかった

☐ ④ 宅建業法の規定に基づく国土交通大臣又は都道府県知事の処分に違反した

☐ ⑤ 宅建業に関する業務において、不正又は著しく不当な行為をした

☐ ⑥ 宅建業法の一定の規定に違反した

● 主な**違反行為**を以下にあげる。

☐ ・宅建業に係る契約を締結させるために、また契約の解除や申込みの撤回を妨げるために、相手方を威迫した

☐ ・免許を受けている者が、自己の名義をもって、他人に宅建業を営ませたり、営む旨の表示をさせたり、宅建業を営む目的をもって広告をさせたりした（名義貸しの禁止）

☐ ・専任の宅建士の人数が法定数を欠いたにもかかわらず2週間以内に必要な措置をとらなかった

☐ ・誇大広告等の禁止に違反した

☐ ・重要事項の説明を行わなかった。重要事項の説明を宅建士でない者にさせた

☐ ・37条書面（契約書面）の交付をしなかった

☐ ・守秘義務に違反した

☐ ・業務中の従業者に従業者証明書を携帯させなかった

☐ ・媒介契約において、建物を売買すべき価額について意見を述べる場合に、その根拠を明らかにしなかった

☐ ・還付による営業保証金の不足額を2週間以内に供託しなかった

☐ ・取引態様の別を明示すべき義務に違反した

15 監督処分・罰則②

4 宅建業者に対する免許取消処分 ★★★★

☐ 免許取消処分の権限を有するのは、免許権者に限られる。また、免許が取り消されるケースには、**免許を取り消さなければならない場合**（必要的免許取消事由）と、免許権者の判断次第で取り消すことができる場合（任意的免許取消事由）がある。

● **必要的免許取消事由（免許を取り消さなければならない事由）**

☐ ① 不正な手段により免許を取得した

☐ ② 業務停止処分事由に該当し、情状が特に重い

☐ ③ 業務停止処分に従わなかった

☐ ④ 破産手続開始の決定を受けた

☐ ⑤ 心身の故障により宅建業を適正に営むことができなくなった

☐ ⑥ 宅建業法違反、傷害罪、背任罪等で罰金刑に処せられた ── ①〜⑨は、

☐ ⑦ 禁錮刑以上の刑に処された 欠格要件に該当

☐ ⑧ 暴力団員等に該当、暴力団員等が事業活動を支配することとなった

☐ ⑨ 営業に関し成年者と同一の行為能力を有しない未成年者の法定代理人・法人の役員・政令で定める使用人が一定の欠格要件に該当する

☐ ⑩ 免許換えをしなければならない事由に該当しながら、新たに免許を受けていない（免許替えの申請を怠った）ことが判明

☐ ⑪ 免許を受けてから1年以内に事業を開始しない、又は引き続いて1年以上事業を休止した

☐ ⑫ 廃業等の届出がなく、その事実が判明

● **任意的免許取消事由（免許を取り消すことができる事由）**

☐ ① 営業保証金を供託した旨の届出がない

☐ ② 免許を受けた宅建業者の事務所の所在地を確知できない、又は所在を確知できないときに公告し、その公告の日から30日を経過しても申出がない

☐ ③ 免許に付された条件に違反した

5 宅建業者に対する監督処分の手続き ★★★

☐ ❶ **聴聞**…処分権者は、監督処分を行う前に、**宅建業者に通知、公示をして、公開による**聴聞を行わなければならない。

☐ ❷ **国土交通大臣と内閣総理大臣との協議**…**国土交通大臣**が、消費者保護の規定に違反した**大臣免許業者に監督処分**を行うに当たっては、あらかじめ**内閣総理大臣に協議**しなければならない。

☐ ❸ **公告**…業務停止処分又は免許取消処分をしたときは、官報・公報等による公告をしなければならない。指示処分については、**公告の必要はない**。

☐ ❹ **免許権者への通知・報告**…業務地を管轄する都道府県知事が指示処分又は業務停止処分を行った場合は、処分を行った知事が宅建業者の免許権者に通知・報告する。これを受けた免許権者は、宅建業者名簿に処分の年月日と内容を記載する。

6 指導・立入検査等 ★

☐ 国土交通大臣はすべての宅建業者に、また都道府県知事はその管轄区域内で宅建業を営む宅建業者に、必要な指導・助言・勧告、また報告を求め立入検査を行うことができる。

15 監督処分・罰則③

7 宅建士に対する監督処分 ★★★

☐ **監督処分**には、処分が軽い順に、指示処分・事務禁止処分・登録消除処分がある。

☐ **指示処分、事務禁止処分**…登録地の都道府県知事又は業務地を管轄する都道府県知事は、宅建士に指示処分又は事務禁止処分（1年以内の期間）を行うことができる（任意）。処分の事由は以下の通り。

☐ ① 自分が専任の宅建士として従事している事務所以外の宅建業者の事務所で、専任の宅建士である旨の表示を許し、宅建業者がその旨の表示をした

☐ ② 他人に自己の名義の使用を許し、当該他人がその名義を使用して宅建士である旨の表示をした

☐ ③ 宅建士としてすべき事務（重要事項の説明、35条書面への記名、37条書面への記名）に関し不正又は著しく不当な行為をした

☐ ※上の①～③は、指示処分又は事務禁止処分に該当する。さらに、指示処分に従わなかった場合に事務禁止処分の対象となる。

☐ **登録消除処分**…登録地の都道府県知事は、宅建士が登録消除処分の事由に該当する場合、その登録消除処分を行わなければならない。処分の事由は以下の通り。

☐ ① 登録の欠格要件に該当することとなったとき

☐ ② 不正な手段により宅建士の登録を受けたとき

☐ ③ 不正な手段により宅建士証の交付を受けたとき

☐ ④ 事務禁止処分事由に該当し、情状が特に重いとき

☐ ⑤ 事務禁止処分に違反したとき

☐ **宅建士資格者**（登録を受けているが、宅建士証の交付は受けていない者）の登録消除処分の事由

☐ ① 登録の欠格要件に該当することとなったとき

☐ ② 不正な手段により登録を受けたとき

☐ ③ 宅建士としての事務を行い、情状が特に重いとき

☐ **事務禁止処分を受けた宅建士**は、速やかに、**宅建士証を交付をした都道府県知事に提出**しなければならない。登録を消除された宅建士は、速やかに、**宅建士証を交付をした都道府県知事に返納**しなければならない。

☐ **国土交通大臣はすべての宅建士**に対して、また**都道府県知事は登録をした宅建士及びその管轄区域内で事務を行う宅建士**に対して、宅建士の事務の適正な遂行を確保するため必要があると認めるときは、報告を求めることができる。

8 罰則 ★★★

☐ **宅建業法に違反した場合の罰則**は、懲役・罰金・過料という3種類。行為者自身が罰せられるのはもちろん、その者が勤める法人などに対しても罰金刑が科されることがある。

☐ ・誇大広告等の禁止に違反…6か月以下の懲役若しくは100万円以下の罰金又はこれらの併科

☐ ・国土交通大臣・知事の立入検査の拒否・妨害…50万円以下の罰金

☐ ・国土交通大臣・知事から求められた報告を怠った…50万円以下の罰金

☐ ・重要事項の説明をするとき、宅建士証の提示義務を怠った…10万円以下の過料

16 住宅瑕疵担保履行法

1 住宅品質確保法 ★

☐ 住宅品質確保法（品確法）では、●の部分に隠れた瑕疵があるとき、新築住宅の売主に、引渡しの時から10年間の瑕疵担保責任を課している。

☐ ● 構造耐力上主要な部分（基礎、壁、柱、はり等）

☐ ● 雨水の浸入を防止する部分（屋根、外壁等）

2 住宅瑕疵担保履行法 ★★

☐ 特定住宅瑕疵担保責任の履行の確保等に関する法律（以下、住宅瑕疵担保履行法）は、宅建業者が自ら売主となる新築住宅の売買契約について、瑕疵担保責任を確保するための資力確保措置（供託又は保険加入）を義務付けている。買主の承諾や特約がある場合でも、資力確保措置を免除することはできない。宅建業者が、売買の代理・媒介だけをする場合や買主が宅建業者の場合には、資力確保措置の義務は生じない。

3 住宅販売瑕疵担保保証金 ★★★ … 供託により資力確保措置を行う方法

☐ 自ら売主となった宅建業者が、主たる事務所の最寄りの供託所へ住宅販売瑕疵担保保証金を供託する。供託所は、瑕疵によって損害を被った買主に保証金から還付を行う。

☐ 供託する金額は、基準日（3月31日）において、当該基準日前10年間に買主に販売した新築住宅の合計戸数に応じて算定される額（基準額）である。合計戸数の算定に当たって、新築住宅の床面積が55㎡以下であるときは、2戸をもって1戸と数える。

☐ 供託した保証金の額が、基準額を超えることとなった場合、免許権者の承認を受けた上で超過額を取り戻すことができる。

☐ 宅建業者は、住宅販売瑕疵担保保証金の供託をする場合、供託所の所在地等について、売買契約の締結までに、買主に書面を交付し、説明しなければならない。この書面は、相手方の承諾があれば、電磁的方法による提供をすることができる。

4 住宅販売瑕疵担保責任保険 ★★ … ◆ の要件を満たす保険の契約を締結する方法

☐ ◆ 保険金額が2,000万円以上である住宅販売瑕疵担保責任保険

☐ ◆ 引渡しから10年以上の期間にわたって有効である

☐ ◆ 国土交通大臣の承認を受けた場合を除き、変更・解除をすることができない

☐ ◆ 宅建業者が保険料を支払うことを約するものである

☐ 担保責任を履行したことで生じた損害について、宅建業者が保険法人に保険金を請求することができる。

5 資力確保措置に関する届出義務 ★★

☐ 宅建業者は、基準日ごとに、資力確保措置の状況について基準日から3週間以内に免許権者に届け出なければならない。

☐ 宅建業者が資力確保措置を講じず、又は届出をしなかった場合、基準日の翌日から起算して50日を経過した日から、自ら売主となる新築住宅の売買契約はできなくなる。

2 権利関係

　「権利関係」からは、宅建試験の全出題数**50問のうち14問**が出題されます。20問が出題される「宅建業法」と並んで、**宅建試験での出題割合が高い分野**です。

Contents

見出しの★は、平成10年以降の出題回数を表しています。

★なし	出題 5回未満
★	出題 5回以上
★★	出題10回以上
★★★	出題15回以上
★★★★	出題20回以上
★★★★★	出題25回以上

01 意思表示①

1 意思表示と契約

☐ 意思表示をした者を<u>表意者</u>という。

2 意思の不存在

☐ 土地を売る意思がないのに、「売る」と意思表示した場合など、真意と表示が一致しないことを意思の不存在という。民法では、<u>心裡留保</u>と<u>虚偽表示</u>という2つの意思の不存在を規定している。

3 心裡留保

☐ 心裡留保とは、表意者が自分の<u>真意</u>ではないと知りながら行う意思表示のことである。

☐ 心裡留保による意思表示は、原則として<u>有効</u>である。ただし、相手方が表意者の真意でないことを<u>知っていた</u>場合（悪意）、又は知らなかったが知ることが<u>できた</u>場合（善意有過失）は<u>無効</u>となる。この無効は、善意の第三者には主張できない。

☐ 心裡留保による意思表示は、相手方が十分に注意していても知ることが<u>できなかった</u>場合（善意無過失の場合）は<u>有効</u>となる。

☐ 無効…意思表示や契約に<u>当初</u>から効力がないこと。何年たっても主張することができる。

☐ 取消し…一応は<u>有効</u>とされる意思表示や契約を<u>当初</u>にさかのぼって<u>無効</u>とすること。取消権を行使できるのは**一定期間内に限られる**。

4 虚偽表示 ★★★

☐ 売主が差押えを免れるために買主と<u>通謀</u>して売買契約をしたかのように仮装した場合など、相手方と通じ合ってウソの意思表示をすることを<u>虚偽</u>表示（通謀<u>虚偽</u>表示）という。

☐ 虚偽表示による意思表示は、**当事者間では常に**<u>無効</u>である。

☐ 虚偽表示による**買主が所有権移転登記を受けていた**場合、売主は買主に対して契約の無効を主張<u>できる</u>。一旦善意の第三者（法律上の利害関係を有するに至った者）に売却されたり、善意の転得者に転売されたりした場合は、**無効を主張**<u>できない</u>。

☐ ・<u>善意</u>…ある事実について「知らない」。過失の有無を問わない。
☐ ・<u>善意無過失</u>…十分に注意していても知ることができなかった。
☐ ・<u>悪意</u>…ある事実について「知っている」。
☐ ・<u>善意有過失</u>…知らないが、十分に注意していたら知ることができた。
☐ ・<u>当事者</u>…ある法律関係や事項について直接関与している者。売買でいえば売主と買主。
☐ ・<u>第三者</u>…当事者以外の者で、ある法律関係や事項について、関与している者。
☐ ・<u>転得者</u>…第三者から、転売によって購入した者。AがA所有の土地をBに売買した。Bがその土地をCに売却し、CがDに売却した場合、Cを<u>第三者</u>、Dを<u>転得者</u>という。
☐ ・<u>対抗</u>…当事者間の法律関係を第三者に対して主張すること。「所有権を<u>対抗</u>できる」「善意の第三者に<u>対抗</u>できない」というように使われる。

01 意思表示②

5 錯誤 ★★★★★

☐ **錯誤**とは、表意者が自分の真意と表示が<u>違っていること</u>を知らずに行う意思表示のことである。その錯誤が法律行為の目的及び取引上の社会通念に照らして<u>重要</u>なものであるときは、<u>取り消す</u>ことができる。

☐ 錯誤が表意者の**重大な過失（重過失）**によるものであった場合は、意思表示の取消しをすることができない。①・②の場合、表意者は**重過失**があっても**意思表示の取消しができる**。

☐ ① 相手方が**表意者に錯誤があることを知り**、又は<u>重大な過失</u>によって知らなかった

☐ ② 相手方が<u>表意者と同一</u>の錯誤に陥っていた

☐ <u>善意無過失</u>の第三者や転得者に対して、**錯誤による意思表示の取消しを対抗することができない**。

☐ <u>動機</u>の錯誤とは、**法律行為**（契約や解除、遺言など）の**基礎とした事情**についての認識が真実に反する錯誤である。

☐ <u>動機</u>の錯誤を理由に意思表示を取り消すことができるのは、動機となった、**法律行為の基礎とされている事情**が<u>表示</u>されていたときに限られる。

6 瑕疵ある意思表示

☐ <u>自由</u>な意思の形成が妨げられた場合の意思表示を**瑕疵ある意思表示**という。

7 詐欺 ★★

☐ 売主Ａが買主Ｂから詐欺を受けてＢに売却し、Ａが契約を<u>取り消す前</u>に、Ｂから第三者Ｃへと転売…第三者Ｃが詐欺について<u>善意無過失</u>であれば、売主Ａは詐欺による<u>取消し</u>をもってＣに対抗できない。第三者Ｃが詐欺について<u>悪意</u>又は<u>善意有過失</u>であれば、Ａは詐欺による<u>取消し</u>をもってＣに対抗できる。

☐ 売主Ａが買主Ｂから詐欺を受けてＢに売却し、Ａが契約を<u>取り消した後</u>に、Ｂから第三者Ｃへと転売…ＡとＣのうち先に<u>登記</u>をした方がもう一方に所有権を主張できる。

☐ 売主Ａが第三者Ｄから詐欺を受けて買主Ｅに売却…買主Ｅが詐欺について<u>善意無過失</u>であれば、売主Ａは**詐欺による**<u>取消し</u>をもってＥに対抗できない。買主Ｅが詐欺について<u>悪意又は善意有過失</u>であれば、売主Ａは詐欺による取消しをもってＥに対抗できる。

8 強迫 ★

☐ 売主Ａが買主Ｂから強迫を受けてＢに売却し、Ａが契約を<u>取り消す前</u>に、Ｂから第三者Ｃへ転売…Ａは強迫による<u>取消し</u>をもって善意又は悪意のＣに対抗できる。

☐ 売主Ａが買主Ｂから強迫を受けてＢに売却し、Ａが契約を取り消した後に、Ｂから第三者Ｃへ転売…ＡとＣのうち先に<u>登記</u>をした方がもう一方に所有権を主張できる。

☐ 売主Ａが第三者Ｄから強迫を受けて買主Ｅに売却…買主Ｅが**強迫の事実を知って**<u>いたかどうかにかかわらず</u>、売主Ａは**強迫による**<u>取消し</u>をもってＥに対抗できる。

2 権利関係

02 制限行為能力者①

1 民法上の能力 ★

☐ **権利能力**…権利や義務の主体となる能力・資格。出生すれば権利能力を取得するため、**乳児は不動産を所有**できる。一方、**権利能力を有しない団体**などは**不動産を所有できない**。

☐ **意思能力**…自分のした法律行為の結果を判断できる能力。泥酔した人のように、**意思能力のない者を意思無能力者**という。意思無能力者の意思表示による法律行為は、当初から**無効**である。

☐ **行為能力**…単独で有効な法律行為ができる能力。

2 制限行為能力者とは

☐ **制限行為能力者**…行為能力が不十分で**法律行為を制限**される人。制限行為能力者が単独で行った**法律行為**（例えば**不動産の契約**など）は、**取り消すことが**できる。

3 未成年者 ★★★

☐ 未成年者は18歳未満の者。未成年者は**法定代理人**（親権者又は未成年後見人）の同意なく、単独で法律行為をすることはできない。

☐ 未成年者が、**後見人・保佐人・補助人**となることはできない。

☐ 未成年者が単独で行った法律行為は、**取り消すことが**できる。この取消しは、**善意無過失の第三者**を含め、**すべての第三者**に対抗できる。

● **取り消すことができない行為**（未成年者が単独で行うことができる行為）

☐ ① 単に**権利を得る**、又は**義務を免れる**法律行為 ←単に得ること
   ・ただで何かをもらうこと、借金をなくしてもらうことなど

☐ ② **法定代理人**から処分を許された財産を使うこと
   ・**目的を定めたもの**は**目的**の範囲内で自由に処分できる…学費、参考書代など
   ・**目的を定めないもの**は**自由に処分**できる…お小遣いやお年玉など

☐ ③ 法定代理人から**営業の許可**を受けた場合
   ・その**営業**に関する行為の範囲内であれば単独で行うことができる

4 成年被後見人 … 事理を弁識する能力を欠く常況にある者 ★★

☐ **成年被後見人**…**家庭裁判所**から後見開始の審判を受けた者。

☐ 成年被後見人の保護者となる**成年後見人**は、**家庭裁判所**が選任する。

☐ **成年被後見人が単独で行った法律行為**は、事理を弁識する能力がある状態で行われた契約であっても**取り消すことが**できる。なお、**成年後見人には同意権がない**ため、成年後見人の事前の同意があった法律行為であっても**取り消すことが**できる。

☐ 成年被後見人は、日用品の購入など**日常生活に関する行為は自由に**できる（＝取り消すことができない）。それ以外の法律行為は取り消すことができる。

☐ **成年後見人**が、**成年被後見人が居住**の用に供する建物又はその敷地を**売却・賃貸**などする際には、**家庭裁判所の許可**が必要である。

02 制限行為能力者②

5 被保佐人 … 事理を弁識する能力が著しく不十分である者 ★

☐ **被保佐人**…家庭裁判所から**保佐開始**の審判を受けた者。

☐ 被保佐人の保護者となる**保佐人**は、**家庭裁判所**が選任する。

☐ **被保佐人**は、原則として、**単独で法律行為を行うことができる。重要な**財産上の行為を行う場合は、**保佐人の同意**が必要で、**保佐人の同意**がない重要な財産上の行為は、取り消すことができる。

> **● 保佐人の同意を要する「重要な財産上の行為」の例**
>
> ☐ ・不動産等重要な財産の売買をすること
>
> ☐ ・贈与の申し出を拒絶し、遺贈を放棄し、負担付贈与の申込みを承諾し、又は負担付遺贈を承認すること

☐ 被保佐人が保佐人の事前の**同意**を得て土地を売却する**意思表示**を行った場合、保佐人は、**当該意思表示を取り消すことができない**。

6 被補助人 … 事理を弁識する能力が不十分である者

☐ **被補助人**…家庭裁判所から**補助開始**の審判を受けた者。補助開始の審判を**本人以外**が請求した場合は、**本人**の同意が必要。

☐ 被補助人の保護者となる**補助人**は、**家庭裁判所**が選任する。家庭裁判所は、被補助人が選択した、不動産の売却など「**特定の法律行為**」について、審判により補助人に**代理**権又は**同意権**（取消権・追認権）の一方又は双方の権限を付与する。

☐ 同意権付与の審判を受けた「**特定の法律**行為」だけは、補助人の**同意**を要するが、それ以外の場合、**被補助人は単独で法律行為を行う**ことができる。

	未成年者	成年被後見人	被保佐人	被補助人
要件	18歳未満の者	事理弁識能力を欠く常況	事理弁識能力が著しく不十分	事理弁識能力が不十分
能力の範囲	特定の行為以外は単独でできない	日常生活に関する行為を除き、法律行為ができない	重要な財産上の行為だけ単独でできない	同意権付与の審判を受けた行為だけ単独でできない
保護者	法定代理人	成年後見人（法定代理人）	保佐人	補助人
保護者の権限	代理権・同意権・追認権・取消権	代理権・追認権・取消権	同意権・追認権・取消権、付加的に代理権	代理権又は同意権（取消権・追認権）

7 制限行為能力者の相手方の保護

☐ **制限行為能力者**が、自分は制限行為能力者ではないとウソをつく、**保護者の同意書を偽造する**など、**詐術**を用いて法律行為を行った場合には、それらの**行為**を**取り消す**ことはできない。

03 代理制度①

1 代理とは

☐ **代理**とは、<u>本人</u>に代わって契約などの<u>法律行為</u>を行うこと。

☐ 代理人が行った**法律行為**の効果は、<u>本人</u>に帰属する。つまり、**代理人が行った契約**は、<u>本人</u>と<u>相手方</u>の間の契約ということになる。

2 有効な代理行為の要件

☐ 本人から<u>代理</u>権を与えられた代理人が**相手方**に<u>顕名</u>（けんめい）（代理人が「<u>本人の代理人である</u>」と相手方に明かすこと）して、初めて**有効な代理行為**（売買契約の締結）ができる。

☐ 代理人が**顕名しないで代理行為**を行った場合、原則として<u>代理人自身</u>が契約したものとみなされて、**相手方**は<u>代理人自身</u>に契約の履行や<u>損害賠償</u>を請求できる。

☐ 相手方が、代理人が「本人の代理人」だと知っていた場合（<u>悪意</u>）、又は知ることができた場合（<u>善意有過失</u>）には、<u>顕名</u>がなくても法律行為の効果は<u>本人</u>に帰属する。

3 代理行為の瑕疵

☐ **代理人が相手方に対してした意思表示**の効力について、次の①・②の場合に、<u>事実の有無</u>は<u>代理人</u>について（<u>代理人</u>を基準にして）決定される。

☐ ① 意思表示の効力が、**意思の不存在**、<u>錯誤</u>、**詐欺**、<u>強迫</u>によって影響を受けるべき場合。例えば、**代理人の詐欺による契約**は、本人が詐欺の事実について善意無過失の場合でも、相手方は契約を取り消すことが<u>できる</u>。

☐ ② ある事情を<u>知っていた</u>こと又は<u>知らなかった</u>ことにつき<u>過失</u>があったことによって影響を受けるべき場合。

☐ 代理人が相手方の詐欺によって**売買契約**を締結した場合、**本人が**<u>その事情を知りつつ代理人に対して特定の契約を委託</u>したものであるときには、**詐欺による取消しはできない**。

☐ 相手方が代理人に対してした意思表示の効力が、**意思表示を受けた側がある事情を**<u>知っていた</u>こと又は<u>知らなかった</u>ことにつき<u>過失</u>があったことによって影響を受けるべき場合には、その事実の有無は、<u>代理人</u>について（<u>代理人</u>を基準にして）決定される。

☐ 相手方が心裡留保による意思表示によって代理人と契約した場合、**本人が相手方の心裡留保について善意無過失**であっても、**代理人が悪意又は**<u>善意有過失</u>であれば、その契約行為は<u>無効</u>となる。

☐ **特定の法律行為**をすることを委託された代理人がその行為をしたとき、本人は、**自ら知っていた事情について代理人が**<u>知らなかった</u>ことを主張することができない。本人が過失によって知らなかった事情についても同様である。

4 代理人の行為能力 ★

☐ **制限行為能力者**は、その保護者の同意なく代理人となって法律行為を行うことが<u>できる</u>。制限行為能力者が代理人としてした行為は、行為能力の制限による**取消しが**<u>できない</u>。

☐ **制限行為能力者**が、自分とは別の制限行為能力者の法定代理人としてした行為は、取り消すことが<u>できる</u>。

03 代理制度②

5 任意代理と法定代理

☐ **任意代理**…本人の意思により代理権が与えられること。本人の代理である宅建業者など。

☐ **法定代理**…法律の定めにより代理権が与えられること。未成年者と親権者など。

6 代理権の消滅事由 ★

☐ 代理権は、**代理人が**、死亡した時・破産手続開始の決定があった時、後見開始の審判を受けた時に消滅する。

☐ 代理権は、**本人が**、死亡した時・破産手続開始の決定があった時に消滅する。法定代理の場合は本人の破産手続開始の決定では消滅しない。

7 代理権の濫用

☐ **代理権の濫用**…代理人が代理権の範囲内の行為を自己又は第三者の利益を図る目的で行うこと。**相手方がその目的を知っていた場合**（悪意）、**又は知ることができた場合**（善意有過失）、その行為は**無権代理行為**（代理権を有しない行為）**とみなされる**。

8 自己契約と双方代理 ★

☐ **自己契約**…本人の代理人が売買契約などの相手方になって本人と契約すること。

☐ **双方代理**…同じ人が本人と相手方双方の代理人になること。

☐ **自己契約と双方代理**は、原則として**無権代理行為とみなされる**。

● ①・②の場合は利益を害するおそれがないので、**自己契約と双方代理でも有効**となる。

☐ ① **債務の履行**…売買契約が終わって、本人と相手方が所有権移転の登記申請をしないといけないという債務を司法書士が双方の代理で履行する行為など。

☐ ② **本人・当事者があらかじめ許諾**…本人が代理人に自己契約を許諾している場合、**当事者の双方が双方代理を許諾している場合には、本人の責任となるので認められている**。

9 復代理 ★★

☐ **復代理**…代理人が代理権の範囲内の行為を行わせるために、**さらに代理人を選任する**こと。復代理人の行為は本人に帰属する。また、復代理人を選任した場合、**代理人の代理権は消滅しない**。

● 代理人が**任意代理人か法定代理人か**によって、復代理人を選任できるかどうか、選任した場合に代理人がどのような責任を負うかが異なる。

	復代理人を選任できる場合	復代理人の行為についての代理人の責任
任意代理人 （委任による 代理人）	① 本人の許諾を得た場合 ② やむを得ない事由がある場合 ↑本人の許諾がなくてもよい	代理権授与を定める委任契約等に基づく債務不履行責任を原則として負う
法定代理人	どんな場合でも、 復代理人を選任できる	【原則】すべての責任を負う 例外…やむを得ない事由により復代理人を選任したときは、選任・監督についてだけ責任を負う

04 無権代理と表見代理

1 無権代理 ★★…代理権を有しない者が代理人として法律行為をすること

☐ 無権代理人が行った法律行為は**無効**。ただし、**本人が**追認した場合には、**契約時にさか**のぼって有効となる。**本人**が無権代理行為の追認を拒絶すると、無効が確定する。

☐ 追認又はその拒絶は、本人が、**相手方又は無権代理人**に対して行う。無権代理人に対して行った場合は、相手方がその事実を知るまでは効果を主張することができない。

● 無権代理人と契約を結んだ場合、相手方は契約の無効を懸念しなければならない。そこで、**相手方を保護**するため、相手方には次の①〜③の権利が認められている。

☐ ① **催告権**…相手方は、本人に対して相当の期間を定めて、期間内に**契約を追認するか**うか確答を求める催告をすることができる。本人が期間内に確答しないときは、**追認**を拒絶したものとみなされる。

☐ ② **取消権**…善意（有過失でもよい）の相手方は、**本人が追認しない間、無権代理行為に**よる契約を取り消すことができる。悪意の相手方に取消権はない。

☐ ③ **無権代理人に対する責任の追及**…本人が追認しない場合、善意無過失の相手方は無権代理人に対して契約の履行又は損害賠償の請求ができる。悪意、善意有過失の相手方は、責任の追及ができない。ただし、無権代理人が自己に代理権がないことを知っていた場合には、善意有過失の相手方は、無権代理人の責任を追及できる。

2 表見代理 ★ …「表」からは正当な代理権があるように「見」える代理

☐ 次の①〜④の場合、善意無過失の相手方が表見代理を主張して成立すると、その**代理行**為は有効なものとして扱われる。

☐ ① 代理権を与えていないのに、「代理権を与えた」と本人が相手方に表示していた場合。

☐ ② **代理人がその権限外の行為をして、相手方に代理人の権限があると信じるべき正当な**理由がある場合。

☐ ③ 代理権が消滅した後で、代理人だった者が代理行為をした場合。

☐ ④ **重複適用**…①の代理権授与の表示を受けた人や③の代理権消滅後の元代理人が、②の代理権外の行為をした場合。

3 無権代理と相続 ★★

☐ 息子（無権代理人）が父親（本人）の土地を売却し、**父親が死亡して息子が単独相続し**た場合…売買契約は、有効な代理行為となって成立する。息子は追認を拒絶することはできない。

☐ 息子（無権代理人）が父親（本人）の土地を売却し、**息子が死亡して父親が単独相続し**た場合…売買契約は、父親が追認すれば有効、追認を拒絶すれば無効となる。父親が追認を拒絶した場合でも、相手方が無権代理について善意無過失であれば、**父親に対して無権**代理人としての責任追及（契約の履行又は損害賠償の請求）をすることができる。

☐ 本人が死亡し、無権代理人が他の相続人と共同で相続した場合、無権代理行為は、**共同**相続人全員の追認がなければ、無権代理人の相続分についても有効にならない。

05 時効①

❶ 取得時効 ★★★★★

☐ **取得時効**…ある状態が一定期間続いたときに、権利を取得できる制度。

☐ 時効によって取得できる**権利**には、**所有権、地上権、賃借権、地役権**などがある。

☐ **所有権**の取得時効は、所有の意思をもって、**平穏に、かつ、公然**と他人の物を占有して、**一定期間が経過**することで成立する。

占有開始時点で、善意無過失。途中から悪意になっても時効完成	10年間で取得時効が完成
占有開始時点で、善意有過失又は悪意	20年間で取得時効が完成

☐ **賃借人による占有**など、所有の意思なく占有した場合は、**所有権を時効取得することはできない**。

☐ 相続人が借地であることを知らずに相続した場合などは、**所有の意思をもった占有を開始**することがありえるため、**所有権を時効取得することができる**。

☐ 当事者が直接に物を占有（**自己占有**）しなくても、**占有代理人を介して占有（代理占有）**することができる。例えば、**占有している他人の物を賃貸**した場合、**賃借人によって占有が継続**し、時効期間が経過すれば所有権を時効取得することができる。

☐ **占有**は、**売買、相続**などにより**承継**される。占有者の承継人は、**自分の占有のみを主張**するか、又は**前の占有者の占有をあわせて主張**するかを選ぶことができる。

☐ **前の占有者の占有をあわせて主張**する場合には、「善意」「悪意」や「過失の有無」も承継する。

❷ 消滅時効 ★★

☐ **消滅時効**…一定期間、権利を行使しないでいると、その**権利が失われる**制度。例えば、人に貸していたお金を請求しないで一定期間が経過すると、**貸付債権が時効により消滅**する。

☐ 所有権は、時効で消滅することはない。

☐ **債権**は、以下のいずれか**早い**時点で時効消滅する。

主観的起算点	債権者が権利を行使することができると知った時から5年間行使しないとき
客観的起算点	権利を行使することができる時から10年間行使しないとき

☐ **人の生命や身体を侵害**した場合の**損害賠償請求権**は、以下のいずれか**早い**時点で時効消滅する。

	債務不履行を理由とする場合	不法行為を理由とする場合
主観的起算点	債権者が権利を行使することができると知った時から5年間行使しないとき	被害者（その法定代理人）が損害及び加害者を知った時から5年間行使しないとき
客観的起算点	権利を行使することができる時から20年間行使しないとき	不法行為の時から20年間行使しないとき

☐ **確定判決**、又は**裁判上の和解**によって確定した権利の時効期間は、**10年間**である。

2 権利関係

❸ 時効の完成猶予と更新 ★★★

☐ **時効の完成猶予**…完成猶予事由（裁判上の請求、支払督促、催告、天災等）が発生した場合、所定期間の間、時効の完成を先延ばしにすること。猶予期間経過後、更新事由があるときは時効が<u>更新</u>され、そうでないときには時効が<u>完成</u>する。時効の進行は停止しない。

☐ **時効の更新**…更新事由（判決・裁判上の<u>和解</u>等による権利の確定、権利の承認等）が発生した場合、時効期間をリセットして、ゼロから再スタートさせること。

☐ **裁判上の請求**…訴えを裁判所に提起した時点で時効の<u>完成猶予</u>となり、判決や裁判上の<u>和解</u>により権利が確定すると消滅時効が<u>更新</u>される。訴えが却下されたり、訴えを取り下げたりして終了した場合、終了時から<u>6</u>か月が経過するまで時効の完成が<u>猶予</u>される。

☐ **催告**をすると、催告時から<u>6</u>か月が経過するまで時効の完成が<u>猶予</u>される。ここから時効を<u>更新</u>するためには、この<u>6</u>か月の間に、裁判上の請求等、より強力な手段をとる必要がある。

● 債権者と債務者が権利について**協議を行う旨を書面で合意**した場合、①②のいずれか<u>早い</u>時点まで時効の完成が<u>猶予</u>される。

☐ ① 合意から<u>1</u>年を経過した時（<u>1</u>年未満の協議期間を定めた場合は、その期間を経過した時）

☐ ② 当事者の一方が相手方に協議の続行を拒絶する旨の<u>書面による通知</u>をした時から<u>6</u>か月を経過した時

☐ 時効の完成が猶予されている間に、再び**協議について<u>合意</u>**すれば、猶予期間が延長される。延長は、本来時効が完成するはずだった時から**最長<u>5</u>年間**である。

☐ 例えば、借金をした**債務者が支払期限の猶予**を求めたり、一部を返済したり、利息を支払ったりすれば、**債務の存在を<u>承認</u>**したとみなされて、時効が<u>更新</u>される。

❹ 時効の援用 ★

☐ 時効期間が経過しても、**当事者**（時効によって利益を受ける者）が<u>援用</u>（時効による利益を受けるという意思表示）をしない限り時効の効力は生じない。時効は当事者が<u>援用</u>することで起算日にさかのぼって効力を生じる。消滅時効の完成後に債務者が債権を<u>承認</u>した場合には、時効の完成を知らなかったとしても、**時効の<u>援用</u>は許されなくなる。**

❺ 時効の利益の放棄

☐ 当事者が時効による利益を受けないという意思表示をすることを**時効の<u>利益の放棄</u>**という。**時効の完成前**に時効の利益を放棄することはできない。**時効の完成前**に締結された、消滅時効の利益は放棄するという特約は<u>無効</u>である。

☐ 消滅時効完成後に主たる債務者が時効の<u>利益を放棄</u>した場合も、**保証人は時効を<u>援用</u>**することができる。

06 契約

1 契約の分類 ★★

☐ **双務契約**は、売買契約・賃貸借契約のように、**当事者双方が互いに対価的関係に立つ債務を負う契約**、**片務契約**は、贈与契約のように、**当事者の片方のみが債務を負う契約**。

☐ **有償契約**は、売買契約・賃貸借契約のように、**当事者双方が互いに対価的意義を有する給付をなす契約**、**無償契約**は、贈与契約のように、**当事者の片方のみが給付をなす契約**。

☐ **諾成契約**は、**物の引渡しや契約書がなくても、当事者の意思表示が合致するだけで成立する契約**…売買契約・賃貸借契約・贈与契約・使用貸借契約

☐ **要物契約**は、当事者の意思表示の合致に加えて、**一方の当事者からの目的物の引渡し、その他の給付があって初めて成立する契約**…書面によらない消費貸借契約

☐ **要式契約**は、契約書面の作成など、**一定の方式に従って行う必要がある契約**…保証契約・定期建物賃貸借契約・書面による消費貸借契約

2 主な契約の種類

☐ **売買契約、贈与契約、貸借契約、請負契約、委任契約**など。

3 無効と取消し

☐ 契約は、原則として、一方的に解除・解約をすることはできない。

☐ **無効**は意思表示や契約に当初から効力がないこと、**取消し**は一応は有効とされる意思表示や契約を当初にさかのぼって無効と扱うことである。

☐ 民法上、公序良俗違反の契約は無効である。

4 条件・期限 ★★★

☐ **停止条件付法律行為**は、停止条件が成就した時から効力が発生する。例えば、「合格したら贈与する」といった**停止条件付贈与契約**では、合格した時から、契約の効力が発生する。**停止条件の成否未定の間は、契約の効力は発生していない**。従って、**停止条件が成就しなかった場合には、解除の意思表示がなくても契約は効力を失う**。

☐ **解除条件付法律行為**は、解除条件が成就した時から効力が失われる。例えば、「ローンが○日までに成立しないときは、解除される」といった**解除条件付売買契約**では、○日までにローンが成立しない場合、契約は自動的に効力を失う。

☐ 各当事者は、**条件の成否が未定である間は、相手方の期待権を害することができない**。期待権を侵害した場合には、損害賠償義務を負う。

☐ **条件が成就することによって不利益を受ける当事者が、故意にその条件の成就を妨げたとき、相手方はその条件が成就したもの**とみなすことができる。

☐ **条件が成就することによって利益を受ける当事者が、不正にその条件を成就させたとき、相手方はその条件が成就しなかったもの**とみなすことができる。

☐ **条件の成否が未定である間における当事者の権利義務**は、一般の規定に従い、処分し、相続し、若しくは保存し、又はそのために担保を供することができる。**条件付きの契約における権利は、第三者に譲渡することも、相続することもできる**。

07 債務不履行と解除①

1 債権と債務

☐ **債権**とは、相手方に**一定の行為（給付）を請求できる権利**、**債務**とは、一定の行為（給付）をする義務である。双務契約における各当事者の義務（債務）の履行は、同時履行の関係にある。

2 同時履行の抗弁権 ★★★★★

☐ **同時履行の抗弁権**とは、「双務契約の当事者の一方は、**相手方が債務の履行を提供するまで、自分の債務の履行を拒むことができる**という権利」のことである。

- ● **同時履行の抗弁権が認められるケース**
- ☐ ・売買契約に基づく**買主の売買代金支払債務と売主の所有権移転**登記に協力する債務
- ☐ ・売買契約が解除された場合の**売主の代金返還義務と買主の物件返還義務**
- ☐ ・売買契約が取り消された場合における当事者双方の**原状**回復義務
- ☐ ・請負契約における**目的物引渡債務と報酬支払債務**
- ☐ ・成果完成型の委任契約における**成果引渡債務と報酬支払債務**
- ● **同時履行の抗弁権が認められないケース**
- ☐ ・賃貸借終了に伴う**賃貸人の敷金返還債務と賃借人の明渡債務**（明渡しが先）
- ☐ ・造作買取請求権を行使した場合における、**建物賃借人の建物明渡義務と賃貸人の造作代金支払義務**（明渡しが先）
- ☐ ・貸金債務の弁済と当該債務の担保のために経由された**抵当権設定登記の抹消登記手続**（貸金弁済が先）

3 債務不履行 ★★

☐ **債務不履行**とは、債務者が債務（契約によって約束した義務）の本旨に従った履行をしないこと。債務不履行には、履行遅滞・履行不能・不完全履行の３種類がある。

☐ 債務者が**債務を履行できるのに、履行期を過ぎても履行しないこと**を履行遅滞という。

☐ 債務者に**同時履行の抗弁権がある場合**には、**履行遅滞とはならない**。

☐ **不確定期限付債権が履行遅滞となる時期**は、債務者が期限の到来後に履行の請求を受けた時、又は期限到来を知った時のいずれか早い時である。

☐ 債務の履行が契約その他の債務の発生原因及び取引上の社会通念に照らして**不可能になる**ことを履行不能という。

☐ 契約締結前に建物が自然災害によって滅失したような原始的不能も、**契約自体が無効になるわけではなく**、履行不能として扱われる。

☐ **履行不能**の場合、債権者は債務者に債務の履行を請求することはできない。

☐ 債務者が**一応の履行を行ったものの、それが債務の本旨に従った履行とはいえないこと**を不完全履行という。売主が、種類・品質・数量に関して、売買契約に適合しない目的物を引き渡した場合などが、不完全履行に該当する。

☐ **不完全履行**では、債権者は、損害賠償請求、契約の解除、契約内容に適合する物の要求（追完請求権）、代金の減額の請求（代金減額請求権）ができる。

07 債務不履行と解除②

4 損害賠償 ★★★

☐ 債務者に**帰責事由のある債務不履行**の場合に、**債権者は債務者に対して損害賠償請求**をすることができる。

☐ **債務不履行による損害賠償**は、**帰責事由のある債務者**に対するペナルティなので、債務者に**帰責事由**がない場合は、損害賠償請求はできない。

☐ AB間でB所有の甲土地の売買契約を締結した後、Bが甲土地をCに**二重譲渡**してCが登記を具備した場合、AはBに対して**債務の履行**を請求することはできないが、**債務不履行（履行不能）**に基づく**損害賠償**を請求することができる。

☐ **債務不履行による損害賠償**では、**通常生ずべき損害**は**当然**に**請求**できる。

☐ **通常生ずべき損害**…社会通念上、債務不履行によって一般に生じると考えられる損害。

☐ ・買主が目的物を使用して**得ることが確実であった営業利益**

☐ ・売買契約における**通常の転売利益**　など

☐ **債務不履行による損害賠償**では、**特別の事情**によって生じた損害も、当事者が規範的・客観的判断によって**予見**すべきであった場合には請求をすることができる。

☐ **特別の事情**によって生じた損害…通常生ずべき損害以外の特別な事情が加わって発生した損害。

☐ ・不履行後の目的物の**価格の高騰分**

☐ ・**価格高騰**（偶然の事情）による転売利益　など

☐ **債務不履行又はこれによる損害の発生・拡大**に関して、**債権者の方にも過失**があった場合には、**債務者からの主張がなくても**、裁判所が**職権**で債権者の**過失**に応じて**損害賠償責任の有無や額を考慮**する。これを**過失相殺**という。

☐ 契約の当事者間で前もって損害賠償額を決めておくことを**損害賠償額の予定**という。

☐ 債権者は**債務不履行があったことを主張・立証**すれば、損害の有無・多少を問わず、**予定の賠償額を受け取ることができる**。一方、**実際の損害額が予定の賠償額より大きい**ことを証明しても、**予定の賠償額を超えて請求することはできない**。

☐ 宅建業法では、**宅建業者が自ら売主となる売買契約**について、**損害賠償額の予定額と違約金を合算した額**が、**代金の10分の2（20％）を超えることはできない**としている。

5 金銭債務の特則 ★

☐ **金銭債権**については、**債権者は損害の証明をしなくてもよい**。

☐ **金銭債務の支払が遅滞**したときは、**法定利率（年率3％＝3分）**で一律に損害賠償の額（率）を決める。ただし、当事者の**契約で決めた利率（約定利率）**で損害賠償の額（率）を決めることもできる。

☐ 債務者は、**不可抗力をもって抗弁とすることができない**…例えば、取引先から入金がなかったなど、**自分の責めに帰すべき事由**がなくても返済を拒むことはできない。

07 債務不履行と解除③

6 契約の解除 ★★★★★

☐ **契約の解除**とは、契約が成立した後に、**当事者の一方（解除権者）の意思表示**によって、契約を解消し、**初めから契約がなかった状態**にすることである。

☐ **債務不履行**があれば、**債務者に帰責事由がなくても契約の解除ができる**。ただし、**債務不履行が債権者の帰責事由による場合**には、**契約の解除はできない**。

☐ 債務不履行が**契約・取引上の社会通念**に照らして**軽微**であるときは、契約の解除はできない。

● 解除権の行使

☐ ・解除権者が複数人いる場合には、その**全員**の意思表示で解除を行う。
☐ ・相手方が複数人いる場合には、**相手方全員**に対して解除の意思表示を行う。
☐ ・共有物に関する賃貸借契約の解除は、各共有者の持分の価値に従い、その**過半数**で決する。
☐ ・一度解除権を行使すると、**撤回**することはできない。

● 契約解除の効果

☐ ・**履行されていない部分**については、**履行する義務**がなくなる。つまり、売主は目的物を引き渡す義務がなくなり、買主は代金を支払う義務がなくなる。
☐ ・**履行済みの部分**については、各当事者が**同時履行**の**原状回復**義務を負う。

原状回復	金銭	不動産
	受領済み代金に、利息をつけて返還	使用料相当額をつけて返還。目的物を使用して得た利益も返還義務を負う

☐ **債務者に帰責事由**があるときは、**契約の解除**に加えて**損害賠償請求**ができる。

☐ 自らが債務を履行したにもかかわらず、**相手方が期限までに債務を履行しない場合**、相当の期間を定めて履行の**催告**をしその期間内に相手方の**履行**がなければ**契約を解除**できる。

● 催告による契約の解除ができるケース

☐ ・**不相当**な期間を定めた催告でも、客観的に**相当**な期間が経過すれば契約を解除できる。
☐ ・催告時に、催告期間内の履行がなければ契約を解除するという**意思表示**をしておけば、**再び解除の意思表示をしなくても**、解除の効果が生じる。
☐ ・地震など、**売主に帰責性のない事由で目的物が滅失した場合**でも、**買主は契約を解除できる**。

● 催告によらないで契約解除ができるケース

☐ ・債務の**全部**が履行不能である。
☐ ・債務者が債務全部の履行を**拒絶**する意思を明確に表示した。
☐ ・債務の**一部**が履行不能又は債務者が履行**拒絶**の意思を明確に表示した場合で、残存部分のみでは**契約目的**を達成できない。
☐ ・**定期**行為について、債務者が履行をしないでその時期を経過した。
☐ ・催告をしても契約目的を達成できる履行がされる**見込み**がないことが明らかである。

07 債務不履行と解除④

6 契約の解除（続き）★★★★★

☐ 売買契約が売主から解除された前後に、買主が第三者に土地を転売した場合、**第三者は、登記**を備えていれば土地の所有権を主張できる。このとき、契約解除の原因（債務不履行）について、第三者が善意か悪意かは無関係である。

● 債務不履行と帰責事由

債権者の権利	債務者に帰責事由あり	双方に帰責事由なし	債権者だけに帰責事由あり
損害賠償請求	できる	できない	できない
契約の解除	できる	できる	できない

7 危険負担 ★

☐ **危険負担**とは、**一方の債務が双方の責めに帰すべき事由（帰責事由）なく履行不能**となった場合の**危険**（履行不能のリスク）を当事者のどちらが**負担**するのかという問題である。

☐ 民法では、**当事者双方の帰責事由なく履行不能となった債務の債務者**が、その危険を負担するとしている。これを**債務者主義**という。このとき、**もう一方の債務者は債務（反対給付）の履行を拒絶**することができる。

☐ 建物の売買契約で、引渡し前に建物が自然災害によって滅失・損傷してしまった場合、**売主の建物引渡義務は履行不能**となる。このとき、買主は代金支払を拒絶することができる。

☐ **双方**に帰責事由がない履行不能では、**双方から契約解除**することもできる。

☐ 売買契約では、**引渡しの時**をもって危険が移転する。引渡し後に目的物が双方の帰責事由なく滅失・損傷した場合、**買主は、損害賠償請求、契約解除、履行の追完請求、代金減額請求はできない。**

☐ 建物の売買契約においては、**売主が建物引渡義務の履行を遅滞**している間に、**双方の帰責事由なく履行不能**となった場合、その履行不能は**売主の帰責事由による**ものとみなされる。このとき、**買主は、売主に対して損害賠償**を請求することができる。

☐ 買主が建物の受領を拒んでいる間（受領遅滞）に、**双方の帰責事由なく履行不能**となっている場合、その履行不能は**買主の帰責事由による**ものとみなされる。このとき、買主は代金支払債務の履行を拒絶することができず、代金全額を支払う義務を負う。

☐ 売買契約で、**買主の帰責事由**によって目的物が滅失・損傷して、売主の引渡債務が履行不能となった場合、買主は代金支払債務の履行を拒絶できない。

☐ **請負契約（委任契約）**でも、注文者（委任者）の帰責事由によって請負人（受任者）による履行が不能となった場合、請負人（受任者）は残債務を免れる。この場合、請負人（受任者）は、**報酬全額**を請求でき、注文者（委任者）は**報酬全額を支払う義務**を負う。このとき、**請負人（受任者）が自己の債務を免れたことによって得た利益**は、注文者（委任者）に**償還する必要がある**。例えば、請負人が建物を完成させるという債務を免れたことで、**使わないですんだ材料費用**などは、その材料費分を注文者に請求することはできない。

2
権利関係

08 売買①

❶ 売主の義務 ★

☐ 売主は、**登記、登録その他の売買の目的である権利の移転**について、**買主に**対抗要件（自分の権利を第三者に主張するために用意すべき要件。不動産に関しては、登記が対抗要件となる）**を備えさせる義務**を負う。

☐ 他人物売買契約は有効である。

☐ 売主が買主に売却する土地が第三者の所有だったり（**全部他人物売買**）、売却する土地の一部が第三者の所有だったり（**一部他人物売買**）する場合、**売主は、その他人の**権利**を取得して買主に**移転**する義務**を負う。

❷ 契約不適合を担保すべき責任 ★★★★★

☐ 売主の債務不履行による契約不適合が生じたとき、**売主が負う責任のことを契約不適合を**担保すべき責任（担保**責任・契約不適合責任**）といい、買主に次の権利が生じる。

☐ ① 追完請求権…売主に**契約内容に適合するもの**を要求できる

☐ ② 代金減額請求権…**代金の減額**を請求できる

☐ ③ 契約解除…契約の拘束力から逃れたい場合は、**契約を**解除**することができる**

☐ ④ 損害賠償請求…**売主に**帰責事由**がある場合**には、損害賠償請求をすることができる

❸ 契約不適合とは ★★

☐ 契約不適合には、**目的物の**種類・品質**に関する不適合、目的物の**数量**に関する不適合、権利に関する不適合**がある。

❹ 買主の権利① 追完請求権

☐ 引き渡された目的物が契約不適合だった場合、**買主は、履行の追完を請求することができる。追完の方法**には、**目的物の修補、**代替物**の引渡し、不足分の引渡し**という３種類があり、この中で買主が選択する。

☐ 売主は、**買主に**不相当な負担**を課するものでないときは、買主が請求した方法と異なる方法による**履行の追完**をすることができる。

❺ 買主の権利② 代金減額請求権

☐ 買主が相当の期間を定めて履行の追完の催告をし、その期間内に追完がないとき、買主は、**契約不適合の程度に応じて**代金減額**を請求することができる。**

● 以下の場合には催告なしで代金減額請求ができる。

☐ ・履行の追完が不能であるとき

☐ ・売主が履行の追完を拒絶する意思を明確に表示したとき

☐ ・定期行為について、売主が履行の追完をしないで履行時期を経過したとき

☐ ・催告をしても履行の追完を受ける見込みがないことが明らかであるとき

08 売買②

6 買主の権利③ 解除権・損害賠償請求権 ★

☐ **売買契約の契約不適合**についても、**債務不履行**に関する一般的なルールが適用される。

☐ 買主は、**売主の帰責事由**の有無にかかわらず、**債務不履行**があれば、契約を解除できる。ただし、**債務不履行が契約・取引上の社会通念に照らして軽微**であるときは、**契約を解除することはできない**。

☐ 買主は、**売主に帰責事由がある場合**、債務不履行から生じた**損害賠償**請求をすることができる。また、**契約解除に加えて損害賠償**請求をすることもできる。

☐ **売主に帰責事由があれば**、**買主に過失（帰責事由）があっても損害賠償**請求はできるが、裁判所から**過失相殺**をされることがある。

☐ 債務不履行が、**売主の帰責事由ではなく買主の帰責事由**による場合、買主は、**追完請求、代金減額請求、契約の解除ができない**。

7 担保責任の期間の制限 ★

☐ 買主の権利は、以下の**いずれか早い**時点で時効消滅する。

主観的起算点	買主が契約不適合の事実を知った時から、5年間行使しないとき
客観的起算点	引渡しから、10年間行使しないとき

☐ **目的物の種類・品質に関する契約不適合**については、買主は契約不適合の事実を知った時から 1 年以内に売主にその旨を**通知**する必要がある。1 年以内の通知を怠った場合、その契約不適合を理由に責任追及することはできない。

☐ 目的物の引渡し時に売主が契約不適合について**知っていた**場合（**悪意**）、又は**重過失**によって知らなかった（**善意重過失**）という場合、**通知は不要**。

☐ 1 年以内に「**通知**」しておけば、実際の責任追及はその後になってもかまわない。

8 目的物の滅失・損傷に関する危険の移転

☐ 売主が買主に目的物（売買の目的として特定したもの）を引き渡す場合、**引渡し以後**に目的物が**当事者双方の帰責事由によらず滅失・損傷**したとしても、買主は、その滅失・損傷を理由に売主の担保責任を追及することができない。売主が契約の内容に適合する目的物を引き渡そうとしたにもかかわらず、**買主が受領**を拒絶したり、**受領**することができなかったりした場合も同様に扱われる。

9 担保責任を負わない旨の特約

☐ **民法**では、契約不適合について「売主が担保責任を負わない旨の特約」は**有効**である。ただし、その場合であっても、**売主が知っていながら買主に告げなかった事実**については、責任を免れることができない。

☐ **宅建業法**では、通知期間を「引渡しから 2 年以上」とする特約を除いて、**買主に不利な特約**（「契約不適合について売主が担保責任を一切負わない」「売主の責めに帰すべき事由による不適合についてのみ担保責任を負う」など）**を禁じている**（28ページ参照）。

09 物権変動と対抗関係①

1 物権変動

☐ 所有権、抵当権、地上権など、物を直接的に支配する権利のことを物権という。

☐ 民法では、契約が成立したときに物権変動が生じるとしている。従って、売買契約が成立した瞬間に、買主は売主に対して登記がなくても所有権を主張できるようになる。

☐ 当事者間では売買契約で物権変動が生じるが、その物権変動を第三者に対して主張する（対抗する）には対抗要件が必要である。

☐ 不動産に関する物権変動では、原則として、登記が対抗要件となる。

2 二重譲渡と対抗関係 ★

☐ 同一物を複数の者に譲渡することを二重譲渡という。

☐ 不動産の二重譲渡では、買主同士が対抗関係（同様の権利を持つ者同士が争う関係）となり、契約締結日時の先後とは関係なく、先に登記をした方が所有権を主張できる。

3 詐欺、強迫と対抗関係 ★★★

☐ 売主が買主から詐欺を受けて買主に土地を売却し、売主が契約を取り消す前に、買主から第三者へと転売された。売主が詐欺による意思表示の取消しをする場合、悪意又は善意有過失の第三者には対抗できるが、善意無過失の第三者には対抗できない。

☐ 売主が買主から強迫を受けて買主に土地を売却し、売主が契約を取り消す前に、買主から第三者へと転売された。売主が強迫による意思表示の取消しをする場合、善意の第三者にも悪意の第三者にも対抗できる。

☐ 売主が買主から詐欺・強迫を受けて買主に土地を売却し、売主が契約を取り消した後で買主から第三者へと転売された。この場合、売主と第三者は対抗関係となり、先に登記をした方が所有権を主張できる。

4 取得時効と対抗関係 ★

☐ 売主Aが、占有者Bに占有されていた自己所有の土地を買主Cに売却した後で、時効により占有者Bが所有権を取得した場合、土地の所有権は、売買契約により売主Aから買主Cに移転し、取得時効により買主Cから占有者Bに移転したと考えられる。この場合、占有者Bは、買主Cに対して所有権を主張できる。

☐ A所有の土地を占有者Bが占有して時効により所有権を取得した後で、売主Aが買主Cにこの土地を売却した場合、占有者Bと買主Cは対抗関係になる。この場合、占有者Bと買主Cのうち、先に登記をした方が所有権を主張できる。

5 解除と対抗関係 ★

☐ Aから売却された土地をBがさらにCに転売した。AがBの債務不履行を理由にBとの契約を解除した場合、契約解除の時期とBとCの契約時期の前後に関係なく、AとCでは先に登記をした方が所有権を主張できる。このとき、Cが解除の原因（Bの債務不履行）について善意か悪意かは問題にならない。

09 物権変動と対抗関係②

6 相続と対抗関係 ★

☐ Aが自己所有の土地をBに売却した後に死亡し、この土地について相続を原因とする単独相続人Cへの所有権移転登記がされた場合、CはAの権利義務をすべて承継するため、CとBは売買契約の当事者同士の関係となる。Bは登記がなくてもCに所有権を主張できる。

☐ Aが自己所有の土地をBに売却した後に死亡し、この土地について相続を原因とするCへの所有権移転登記がなされた後、CがDに土地を売却した。この場合、（A＝）Cを起点として、土地がBとDに二重譲渡されている。この場合、BとDは対抗関係となり、先に登記をした方が所有権を主張できる。

☐ 相続財産である不動産では、遺産分割前に単独の所有権移転登記をした共同相続人から移転登記を受けた第三取得者に対しては、他の共同相続人は自己の持分を登記なしで対抗できる。

7 第三者に当たらない者 ★★★

☐ 第三者に当たらない者に対しては、登記なしで対抗できる。

☐ 文書偽造をして本来の所有者に無断で自己名義の登記をした者などは、無権利者であり、第三者に当たらない。本来の所有者は、無権利者や無権利者からの譲受人に対して、登記なしで所有権を主張できる。

☐ 事情を知っていた（悪意）だけでなく、相手に積極的に損害を与えるためや自分が利益を得るため、故意に悪だくみをした者などは背信的悪意者であり、第三者に当たらない。

☐ 詐欺・強迫によって買主の登記申請を妨げた上で自らに登記移転した者、買主から登記手続きを委任されたにもかかわらず自らに登記移転した者は、背信的悪意者と同様に扱われる。ただし、背信的悪意者からの譲受人（転得者）は第三者に当たり、他方当事者（この場合の買主）と対抗関係となる。

☐ Aと売買契約を締結して甲土地の所有権を取得したBは、正当な権原なく甲土地を占有している不法占拠者に対して、甲土地の明渡しを請求できる。

8 賃借人と賃貸人 ★

☐ 建物賃借権の対抗要件は建物の引渡しである。建物に居住している賃借人は、建物の譲受人（新所有者）に建物を賃借する権利があることを主張できる。

☐ 賃貸中の土地の譲受人は、所有権の登記がなければ、土地上に登記ある建物を有する土地の賃借人に対して賃貸人の地位を主張できない。所有権が移転されれば、賃貸人の地位は、賃借人の承諾なしに旧所有者から新所有者に移転する。

10 不動産登記法①

1 登記記録 ★★

☐ 登記は、登記官が登記簿に**登記事項を電磁的に記録**することによって行う。この**電磁的記録（コンピュータのデータ）**を登記記録という。登記記録は、登記所に保管される。

☐ 登記記録（登記簿）は、**一筆**_{いっぴつ}の土地、一個の建物ごとに、表題部と権利部に区分して作成される。

☐ 表題部は、表示（不動産の物理的な状況）に関する登記で、土地の所在・地番・地目（用途）・地積（面積）、建物の所在・名称・家屋番号・構造・床面積などが記録される。

☐ 権利部の甲区には、所有権に関する事項が記録される。

☐ 権利部の乙区には、**抵当権・地上権・賃借権**など、所有権以外の権利に関する事項が記録される。

☐ 表示に関する登記には**申請義務がある**。権利に関する登記には**申請義務がない**。

☐ 登記は、当事者の申請又は官庁（国）・公署（地方公共団体）の嘱託によって行われる。

☐ 建物の滅失の登記など、表示に関する登記は、登記官の職権によってすることができる。

☐ 登記事項証明書は、誰でも請求できる。登記事項証明書とは書面による証明書であり、電磁的記録によって作成された登記事項証明書の交付は**請求できない**。

☐ 登記事項証明書の請求には、① 登記所での窓口請求、② 郵送による請求、③ インターネットでのオンライン請求（電子情報処理組織を使用した請求）という方法がある。

2 表題部（表示に関する登記）★★

☐ 不動産の物理的現況が変動した場合、表題部所有者又は所有権の登記名義人は、**1か月以内**に表示に関する登記について申請をする義務がある。

	表題登記（最初の登記）	変更の登記	最後の登記
土地	・新たに生じた土地を取得した場合の登記 ・表題登記がない土地を取得した場合の登記	・地目 ・地積	滅失
建物	・新築した建物を取得した場合の登記 ・表題登記がない建物（区分建物除く）を取得した場合の登記	・所在 ・名称 ・種類・構造・床面積	滅失

☐ 池沼は、土地の表題登記が**できる**。

☐ 満潮時に海に没する土地、土地に定着していない建物は、表題登記が**できない**。

☐ マンションなど、**区分建物の床面積**は、内法_{うちのりめんせき}面積（壁その他の内側線で囲まれた部分の水平投影面積）で算出される。

☐ **区分建物以外の建物の床面積**は、壁芯_{へきしんめんせき}面積（壁その他の区画の中心線で囲まれた部分の水平投影面積）で算出される。

10 不動産登記法②

3 分筆・合筆の登記 ★★★

☐ 表題登記のある**一筆の土地を二筆以上の土地に分割することを分筆**、表題登記のある**二筆以上の土地を一筆の土地にすることを合筆**という。

☐ **分筆・合筆の登記**は、表題部所有者又は所有権の登記名義人でなければ申請できない。

● 以下の土地は**合筆の登記ができない**。

☐ ① 相互に接続していない土地

☐ ② 地目又は地番区域が相互に異なる土地

☐ ③ 表題部所有者又は所有権の登記名義人が相互に異なる土地

☐ ④ 表題部所有者又は所有権の登記名義人が相互に持分を異にする土地

☐ ⑤ 所有権の登記がある土地とない土地

☐ ⑥ 所有権以外の権利に関する登記がある土地。ただし、**承役地についてする地役権**（所有権のある特定の土地【要役地】の利便性を高めるために、他人の土地【承役地】を利用する権利）**の登記の場合は例外的に合筆が認められている**

4 権利部（権利に関する登記）

☐ 「所有者である」「抵当権をもっている」ということを**第三者に対抗（主張）**するためには、権利に関する登記をしておく必要がある。**相続登記を除いて申請義務はない**。

5 不動産登記の共同申請 ★★★

☐ 権利に関する登記をする場合、**登記義務者と登記権利者が共同で申請する義務**を負う。例えば、所有権移転登記は、**売主（登記義務者）**と**買主（登記権利者）の共同申請**となる。

● 以下の場合は、**登記権利者が単独で申請できる**。

☐ ① 「相続・相続人に対する遺贈」による権利の移転の登記（相続登記・遺贈登記）

☐ ② 法人の合併による権利の移転の登記

☐ ③ 登記名義人の氏名・名称・住所の変更・更正の登記

☐ ④ 所有権の保存の登記

☐ ⑤ 所有権の登記の抹消 ←所有権移転の登記がない場合に限る

☐ ⑥ 確定判決による登記 ←判決で登記を命じられた者の相手方による単独申請

☐ ⑦ 不動産の収用による所有権の移転の登記 ←起業者による単独申請

※収用…公共の利益となる事業のために、私有財産を強制的に取得する措置。事業のために土地を収用する者を起業者と呼ぶ。

☐ ⑧ 信託の登記…信託の登記の申請は当該信託による権利の移転又は保存・設定の登記の申請と同時にしなければならない。←受益者又は委託者が受託者に代わって申請できる

● 以下の場合は、**合同で申請する必要がある**。←単独申請はできない

☐ ① 共有物分割禁止の定めの登記 ←すべての登記名義人が合同申請しなければならない

☐ ② 抵当権の順位の変更の登記 ←名義人が合同申請しなければならない（59ページ参照）

10 不動産登記法③

⑥ 所有権の保存の登記 ★

☐ 所有権の登記（権利部甲区）のない不動産について**初めてされる**所有権の登記を所有権の保存の登記（所有権保存登記）という。

☐ 所有権の保存の登記は、**権利**に関する登記なので、**申請義務がない**。

☐ **表題部**所有者は所有権の保存の登記によって、**所有権を第三者に対抗できる**ようになる。

☐ ●**区分建物**以外の場合、所有権の保存の登記を申請できるのは①〜③の者だけである。

☐ ① **表題部**所有者又はその相続人その他の**一般承継人**

☐ ② 所有権を有することが**確定判決**によって確認された者

☐ ③ **収用**によって所有権を取得した者

☐ 所有権の保存の登記のない不動産（区分建物除く）の売買契約を結んだ場合、売主（**表題部所有者**）が単独で所有権の**保存**の登記をした後で、売主（登記義務者）と買主（登記権利者）が**共同**で所有権の**移転**の登記（所有権移転登記）の申請をすることになる。

⑦ 区分建物と登記 ★

☐ 最初にマンションなどの区分建物を新築した**原始取得**者（デベロッパーなど、最初の所有者）が、**一棟の建物について表題登記する義務を負う。**

☐ 原始取得者は、すべての区分建物について**同時に表題**登記をしなければならない（一括申請方式）。

☐ 原始取得者の所有者の相続人などの一般承継人は、被承継人を**表題部所有者とする表題**登記を申請することができる。

☐ **表題登記がない区分建物を取得した者**は、当該区分建物の表題登記を申請する義務は**ない**（区分建物以外の表題登記がない建物の所有権を取得した者は、その所有権の取得の日から**1か月以内**に、**表題**登記を申請しなければならない）。

☐ マンションなどの**敷地権**について表題部に最初に登記がなされると、**登記官は職権で敷地権の目的たる土地の登記記録の権利部の相当区に、敷地権である旨の登記をしなければ**ならない。

☐ 専有部分を所有するための建物の敷地に関する権利のことを**敷地利用権**という。不動産登記法上、**登記された敷地利用権で分離処分が禁止されるものを敷地権**という。

☐ 区分建物の各専有部分の登記は、一棟全体の**表題**部、次に**各専有**部分の表題部と権利部によって構成される。

☐ 規約共用部分（集会室など）については、当該区分建物の登記記録の**表題**部にそこが**規約による共用部分である旨**が登記される。

☐ 区分建物の表題部所有者から所有権を取得した者も、所有権の保存の登記を申請することが**できる**。この場合において、当該建物が**敷地権付き区分建物**であるときは、**当該敷地権の登記名義人**の承諾を得なければならない。

10 不動産登記法④

8 その他の登記事項

● 賃借権、地上権、抵当権を設定する際の主な**登記事項**

☐ **賃借権設定登記**…**賃料**、**存続期間**と賃料の**支払時期**、地代と地代の**支払時期**、**敷金**があるときはその旨、**定期借地権**や**定期建物賃貸借**の定めがあるときはその定め。

☐ **地上権設定登記**…**地代と支払時期**、**存続期間**の定めがあるときはその定め、**事業用定期借地権に基づく建物の所有**である時はその旨。

☐ **抵当権設定登記**…**順位**番号、**債権額**、所有権以外の権利を目的とするときは当該権利。

9 仮登記 ★★★

☐ **仮登記**…本登記をするための要件が完備しないときに、**登記簿上**の**順位**を確保する。

☐ **仮登記**申請は、原則として**仮登記権利者**と**仮登記義務者**が共同でしなければならない。ただし、次の場合には**仮登記権利者**が単独で申請できる。

☐ ① **仮登記義務者の承諾**がある場合

☐ ② **裁判所**による仮登記を命ずる処分がある場合

☐ **所有権**に関する仮登記に基づく本登記は、登記上の利害関係を有する**第三者**がある場合、その**第三者の承諾**があるときに限り、申請することができる。

☐ **仮登記の抹消**は、原則として、**仮登記権利者**と**仮登記義務者**が共同で申請する。ただし、次の場合には**単独で申請**することができる。

☐ ① **仮登記名義人**（**仮登記権利者**）が申請する場合

☐ ② 仮登記上の**利害関係人**（仮登記義務者を含む）が仮登記**名義人の承諾**を得て申請する場合

10 登記申請で必要な情報 ★★★

☐ 登記の申請では、1つの不動産ごとに**申請情報**を登記所に提供しなければならない。

☐ 権利に関する登記の申請に当たっては、**登記原因を証する情報**（売買契約書のコピー等）を登記所に提供しなければならない。

☐ 次の(1)(2)の場合には、**登記識別情報**（登記所が無作為に選んだ12桁の英数字。暗証番号と同様、これを知っていることが本人証明となる）の**提供が必要**となる。

☐ (1) 登記権利者・登記義務者（又は司法書士など資格者代理人）が共同で**権利**に関する登記を申請する場合

☐ (2) 登記名義人（又は司法書士など資格者代理人）が①～④の登記を申請する場合

☐ ① 土地の**合筆**、建物の**合体・合併**の登記

☐ ② 抵当権の**順位の変更**の登記

☐ ③ 所有権移転登記がない場合における所有権の登記（保存登記）の**抹消**

☐ ④ 仮登記の登記名義人が**単独**で申請する仮登記の**抹消**

☐ 不動産の所在地がその登記所の管轄に属しないなど、**登記申請に補正できない不備がある**場合、**登記官**は、当該申請を**却下**しなければならない（補正できる不備は申請可能）。

☐ 登記の申請書の閲覧は、請求人が**利害関係**を有する部分に限り、することができる。

11 抵当権①

1 抵当権とは ★

☐ **抵当権**…債務不履行があった場合、**担保にした土地や建物を競売にかけ**、抵当権者が、競売代金から**担保のない債権者（一般債権者）に優先して弁済を受ける権利**のこと。抵当権を設定したことを第三者に対抗するには、**抵当権の登記（抵当権設定登記）が必要**である。

☐ 不動産以外に、地上権、永小作権も、抵当権の目的とすることができる。

☐ 抵当権を持つ債権者を抵当権者、抵当権が設定された財産の所有者を抵当権設定者（債務者又は物上保証人）、担保の対象になった債権（貸金債権など）を被担保債権という。

☐ 将来発生する可能性のある債権も、一定要件のもと、被担保債権とすることができる。

2 抵当権の性質

☐ 抵当権には、付従性、随伴性、不可分性、物上代位性が認められている。

☐ **付従性**…被担保債権が存在しなければ抵当権も存在しないという性質。弁済や時効によって被担保債権が消滅すれば、**抵当権も消滅する**。

☐ ・弁済等により被担保債権が消滅した場合、抵当権の登記を抹消しなくても、抵当権は消滅する。

☐ ・抵当権は、債務者・抵当権設定者に対しては、被担保債権と同時でなければ時効消滅しない。

☐ **随伴性**…被担保債権を第三者に譲渡すると、抵当権も一緒に移転するという性質。

☐ **不可分性**…債権全部の弁済を受ける（被担保債権がすべて消滅する）までは、担保物権の全体について抵当権を行使できるという性質。

3 物上代位性 ★★★★

☐ **物上代位性**…抵当権の目的である不動産が売却、賃貸、滅失又は損傷し、その代わりに**抵当権設定者が金銭その他の物を受ける請求権を取得した場合**、**抵当権者がこの請求権に対して抵当権を行使できる**という性質。

☐ 抵当権を設定した建物が火災で滅失し、**抵当権設定者が火災保険金請求権を取得した**場合、抵当権者はこの保険金請求権に**物上代位することができる**。物上代位をするには保険金が払い渡される前に保険金請求権の差押えをする必要がある。

☐ 債務者の債務不履行があった場合には、抵当権者は抵当権を設定した不動産の賃料債権に対して物上代位することができる。抵当権設定登記がある建物の賃料債権について、他の一般債権者が差押えをした場合でも、**抵当権者は当該賃料債権に物上代位することができる**。

☐ 賃貸借契約が終わった時に残っている**未払の賃料債務は敷金から弁済される**ので、抵当権者が賃料債権を差し押さえても、権利を行使できるのは残っている敷金の範囲に限られる。

☐ 抵当権を設定した不動産が賃貸されている場合、**抵当権者はその不動産の賃貸借契約を解除することができない**。

11 抵当権②

4 妨害排除請求権

☐ 第三者が抵当不動産を不法占拠している場合、**抵当権者**は「**所有者の不法占有者に対する妨害排除請求権**」を**代位行使**（他人の法律上の地位に代わって、その地位の権利を行使すること）**できる**（89ページ参照）。

5 抵当権の効力の及ぶ範囲

● 抵当権の効力が及ぶ… ◯　　抵当権の効力が及ばない… ✗

☐ 不動産の**付加一体物**…付加して一体となっている物（**増築部分や雨戸など**）… ◯

☐ 抵当権設定当時に存在した従物（取り外しのできる**庭石など**）… ◯

☐ 賃借地上の建物に抵当権を設定した場合の土地の賃借権（借地権）… ◯

☐ 債務不履行後の**不動産の果実**（賃料債権など）… ◯

☐ 土地に抵当権を設定した場合の土地上の建物 … ✗

☐ 建物に抵当権を設定した場合の**土地** … ✗

6 被担保債権の範囲

☐ 抵当権者が抵当権の優先弁済を受ける場合、**利息その他の定期金、遅延損害金**については、**最後の2年分**についてのみ抵当権を行使することができる。ただし、後順位抵当権者その他の利害関係者がいない場合、2年分という制限はない。

7 抵当権の順位 ★

☐ 1つの不動産に**複数の抵当権**を設定できる。この抵当権の順位は登記の順序で決まる。

☐ 抵当権の順位は、**各抵当権者の合意**によって変更できる。この順位の変更は登記をしなければ効力が生じない（55ページ参照）。

☐ 順位の変更には利害関係者（債務者や抵当権設定者は含まれない）の承諾が必要である。

8 抵当権の処分 ★

☐ **転抵当**…抵当権者がその抵当権を他の債権の担保とすること

☐ **抵当権の譲渡・放棄**… 抵当権者が同一の不動産について、一般債権者の利益のために、**抵当権を譲渡又は放棄**すること

☐ **抵当権の順位の譲渡・放棄**… 抵当権者が自分より順位が後ろの抵当権者の利益のために、**抵当権の順位を譲渡又は放棄**すること

● 競売に基づく**売却代金5,400万円**の配当額

☐ AがCの利益のために抵当権の順位をCに譲渡…Cに3,000万円、Bに2,400万円を配当

☐ AがCの利益のために抵当権の順位を放棄…同順位になり、**債権額の割合に応じて配分**。Aに1,000万円、Cに2,000万円、Bに2,400万円を配当

権利者	債権額	元の配当額
1番抵当A	2,000万円	2,000万円
2番抵当B	2,400万円	2,400万円
3番抵当C	4,000万円	1,000万円
担保権なしD	2,000万円	0

11 抵当権③

9 抵当不動産の第三取得者の保護 ★★

☐ 抵当不動産を買い受けた第三取得者が、債権者（抵当権者）の請求に応じて、その代価を債権者に弁済（代価弁済）すれば抵当権が消滅する。

☐ 抵当不動産の第三取得者は、抵当権者に一定の代価を支払うことで抵当権を消滅するよう書面を送付して請求（抵当権消滅請求）できる。抵当権者は、2か月間の熟慮期間に、抵当権消滅請求を承諾するか競売の申立てをするかを判断しなければならない。競売の申立てがない場合、抵当権者が抵当権消滅請求を承諾したものとみなされる。

☐ 全額を弁済すべき立場にある主たる債務者、保証人及びこれらの者の承継人は、第三取得者になった場合でも、一定の金額で抵当権を消滅させる機会を与えることになる抵当権消滅請求をすることはできない。

☐ 抵当権消滅請求は、抵当権の実行としての競売による差押えの効力が発生する前にしなければならない。

☐ 第三取得者が登記をした債権者に送付する抵当権消滅請求のための書面について、事前に裁判所の許可を受ける必要はない。

☐ 第三取得者は、抵当権消滅請求の手続きが終わるまで、抵当不動産の代金の支払を拒むことができる。

10 抵当権と賃借権の関係 ★

☐ 抵当権設定前に賃貸借契約が締結されていた場合、賃借人は対抗要件（土地賃借権の登記又は借地上に登記した建物の所有、建物賃借権の登記又は建物の引渡し）を備えていれば抵当権者に対抗できる。賃借人は、抵当権者に土地や建物を明け渡さないでよい。

☐ 抵当権設定後に賃貸借契約が締結され、賃借人が対抗要件を備えている場合、原則として賃借人は抵当権者に対抗できない。建物が競売された場合、賃借人には明渡しまで6か月の猶予が与えられる。

11 法定地上権 ★★

☐ 法定地上権…土地と土地上の建物が同一の所有者に属する場合、土地又は建物に設定された抵当権が実行されて、土地と建物の所有者が異なることとなったとき、建物について建物の所有者の地上権を認める制度。

☐ 法定地上権の成否（成立要件）は、一番抵当権設定時の状況を基準に判断される。例えば、一番抵当権の設定当時は土地が更地で、二番抵当権の設定当時に建物が建築されていた場合、地上建物について法定地上権は成立しない。

  ● 法定地上権の成立要件

☐ ① 抵当権設定当時、土地上に建物が存在していたこと（登記はなくてもよい）

☐ ② 抵当権設定当時、土地と建物の所有者が同一であったこと

☐ ③ 土地と建物の一方又は双方に抵当権が設定されていること

☐ ④ 抵当権設定後に、土地と建物の所有者が別々になったこと

11 抵当権④

⑫ 抵当地の上の建物の一括競売

☐ **一括競売**…抵当権が設定された土地に**後から建物が建てられた場合**、土地の抵当権者が**土地と建物を一括して競売**することができる制度。抵当権者は、土地の売却代金についてのみ優先弁済を受ける。

⑬ 根抵当権 ★★★

☐ **根抵当権**…一定範囲内の不特定の債権を極度額（貸し出せる上限額）の限度内で担保するために不動産に設定される権利。

☐ **【根抵当権の例】**商店の経営者が、所有する不動産を担保として、**極度額を3,000万円、債権の種類を「商売の仕入れに関するもの」**として銀行に対して根抵当権を設定した場合、商店の経営者は**極度額3,000万円までを限度**として、仕入れのお金の借入れと返済を繰り返すことができる。普通抵当権（根抵当権以外の抵当権）では借入れのたびに設定をしなければならないが、**根抵当権なら1回の設定で済む**という利点がある。

● 根抵当権の性質

☐ ・**付従性がない**。被担保債権が消滅した場合でも、**根抵当権は消滅**しない。

☐ ・**随伴性がない**。元本確定前に個々の被担保債権が譲渡された場合、**根抵当権は随伴（移転）しない**。

☐ ・「商品供給取引」「銀行取引」など、**債務者との一定の種類の取引**によって生じる債権などに**限定**される。

☐ ・**元本確定前**であれば、**後順位抵当権者の承諾がなくても**根抵当権の被担保債権の範囲（どんな債権を被担保債権に含めるか）を**変更**することができる。

☐ ・**極度額の範囲内**であれば、「**元本や利息等の全部**」が担保される。逆に、**極度額を超えた部分**については「**最後の2年分の金利**」であっても**担保されない**。

☐ ・**元本確定前**、同一債務者に対する他の債権者の利益のために「根抵当権又は根抵当権の順位」を**譲渡・放棄することができない**。ただし、**元本確定前**において、**根抵当権設定者の承諾を得て、その根抵当権の一部を譲り渡すことはできる**。

☐ ・**利害関係者の承諾を得れば**、**根抵当権の極度額の変更**をすることができる。

☐ ・**根抵当権を第三者に対抗**するには、普通抵当権と同様、**登記が必要**。

☐ **元本確定**…根抵当権において、**担保される元本が一定のものに特定**されること。元本確定には、あらかじめ確定期日を定める場合と確定期日を定めない場合がある。

☐ **確定期日を定めない**場合、**根抵当権設定時から3年を経過**すると、根抵当権設定者は元本確定を請求でき、**請求時から2週間後**に担保すべき元本が確定する。

☐ **根抵当権設定者**は、**元本の確定後**はその**根抵当権の極度額**について**減額請求**することができる。

2 権利関係

12 保証と連帯債務①

1 保証と保証人

☐ **保証人**は、「主たる債務者が弁済しない場合には、**代わりに自分が弁済**すること」を保証する。

2 保証債務の成立 ★★

☐ **保証債務**は、**債権者と保証人**との保証契約によって成立する。保証人になる人が、**主たる債務者の委託を受けないまま債権者に対して保証**した場合でも、**保証契約は有効に成立する。**

☐ **保証契約**は要式契約である。保証契約は、書面か、その内容を記録した**電磁的記録**でなければ**効力を生じない。**

3 保証債務の性質 ★★

☐ **保証債務の付従性①**…主たる債務があって初めて、保証債務が成立する。従って、主たる債務が無効・不成立だった場合、**保証債務も無効・不成立**となる。

☐ **保証債務の付従性②**…主たる債務者に生じた事由は、保証人に効力を及ぼす。例えば、主たる債務者が債務を承認すれば、消滅時効が更新される。そして、保証人の保証債務の消滅時効も更新される。

☐ **保証債務の付従性③**…主たる債務者が債務の免除を受ければ、保証人の債務も免除される。保証人に生じた事由は、**保証人の弁済等による債務の消滅事由を除いて**、主たる債務者に効力を及ぼさない。

☐ **保証債務の随伴性**…主たる債務者に関する**債権が第三者に譲渡**されれば、それに伴って**保証債務も一緒に**移転する。

☐ **保証債務の補充性**…保証債務は、主たる債務の不足を補ってみたすものなので、**保証人が弁済するのは、主たる債務者が弁済できない場合に限られる**。保証人には催告の抗弁権と検索の抗弁権が認められている（連帯保証人には認められていない）。

☐ **催告の抗弁権**…保証人が債権者から**債務の履行を請求**されたとき、まず**先に主たる債務者に催告するよう主張できる権利**。

☐ **検索の抗弁権**…保証人は**主たる債務者に弁済する資力**があり、かつ**執行が容易**なことを証明すれば、まず**先に主たる債務者の財産から執行するように主張することができる権利**。

4 保証債務の範囲

☐ 保証人が責任を負う範囲は、保証契約締結**当時**の主たる債務と利息、違約金、損害賠償、既払代金の返還、その他その債務に従たるすべてのものである。

☐ 契約締結の後で債権者と主たる債務者との合意で**債務が増額**された場合、**保証人は増額部分について責任を**負わない。

☐ **根保証契約**とは、一定の範囲に属する不特定の債務を主たる債務とする**保証契約**をいう。また、**個人**の根保証契約では、極度額の定めのない契約は無効である。

12 保証と連帯債務②

5 求償権 ★
- 保証人が債権者に弁済した場合、主たる債務者に求償できる。

6 分別の利益 ★
- 分別の利益…共同保証（同一の債務について2人以上が保証人となること）の各保証人は、主たる債務の額を保証人の数で割った額についてのみ保証債務を負う。債権者Aから1,000万円を借りているBに、保証人CとDがいる場合、共同保証人であるCとDは、それぞれ500万円ずつの保証債務を負う。
- 保証人の1人が債権者に全額弁済した場合には、他の保証人に対して主たる債務の額を保証人の数で割った額についてのみ求償することができる。

7 連帯保証 ★★
- 連帯保証人について生じた事由は、原則として主たる債務者に効力が及ばない。ただし、「弁済」「更改」「相殺」「混同」は債務者に効力が及ぶ（連帯保証には、連帯債務の絶対効に関する規定が準用される）。
- 連帯保証人には催告の抗弁権がない。債権者から債務の履行を請求されたとき、連帯保証人より先に主たる債務者に請求するよう主張できない。
- 連帯保証人には検索の抗弁権がない。連帯保証人より先に主たる債務者の財産から執行するよう主張できない。
- 連帯保証人には分別の利益がない。主たる債務が300万円で、連帯保証人が3人いるとき、連帯保証人それぞれは300万円の保証債務を負う。

8 連帯債務 ★
- 連帯債務では、複数の債務者が、同一の内容の債務について、独立して全責任を負う。
- 債権者は、連帯債務者の誰に対しても、同時又は順次に、全額又は一部の額について、履行を請求できる。
- 連帯債務者の1人が弁済したときは、他の連帯債務者に対し、各自の負担部分に応じて求償権を有する。弁済の日以後の法定利息、費用、その他の損害賠償も求償できる。
- 連帯債務者間での債務に対する負担額を負担部分という。別段の定めがなければ、負担部分は各自均一である。
  【例】A、B、Cの3人が別段の定めなく、3,000万円を連帯して負担する（1人の負担部分は1,000万円）と定めた。この場合、
- Aが全額の3,000万円を弁済したとき、AはB・Cそれぞれに対して負担部分1,000万円を求償することができる。Aが600万円を弁済したとき、AはB・Cそれぞれに対して弁済した600万円のうち、B・Cの負担部分に応じた200万円を求償できる。
- 3人のうちの1人が債権者から3,000万円を請求された場合、請求された1人は3,000万円を支払わなければならない。

12 保証と連帯債務③

9 相対効 ★★

☐ 連帯債務者の１人に生じた事由は、原則として、他の連帯債務者に影響を及ぼさない。これを相対効という。

【例】Ａ、Ｂ、Ｃの３人が3,000万円の債務を連帯して負担（各自の負担部分は1,000万円）している場合の相対効。

☐ 連帯債務者Ａが債権者に対して自分の債務の承認をすると、Ａの消滅時効は更新される。連帯債務者ＢとＣの消滅時効は更新されない。

☐ 債権者がＡに対して履行の請求をすると、Ａに対する消滅時効は完成が猶予される。ＢとＣの消滅時効は完成が猶予されず、そのまま進行を続ける。

☐ 債権者がＡの債務を免除すると、Ａの債務は消滅する。ＢとＣの3,000万円の債務は消滅しないが、ＢとＣはＡの負担部分の範囲（1,000万円）でＡに求償することができる。

☐ Ａについて消滅時効が完成すると、Ａの債務は消滅する。ＢとＣの3,000万円の債務は消滅しないが、ＢとＣはＡの負担部分の範囲（1,000万円）でＡに求償することができる。

10 絶対効 ★

☐ 連帯債務者の１人に生じた事由が他の連帯債務者にも影響を及ぼすことを絶対効という。

☐ 各連帯債務者に生じた事由は原則として相対効だが、例外として絶対効になる事由に、「弁済（代物弁済・供託等）」、「相殺」、「混同」、「更改」の４つがある。

☐ 連帯債務者の１人が債務を弁済（代物弁済・供託等）すれば、弁済した範囲で他の連帯債務者の債務も消滅する。3,000万円をＡ、Ｂ、Ｃの３人が連帯して負担しているとき、Ａが1,200万円を弁済すると、３人の残りの債務は1,800万円になる。

☐ 債権者に対して連帯債務者の１人が反対債権（債務者が債権者に対して有する債権）をもって相殺すると、相殺した範囲で他の連帯債務者の債務も消滅する。

☐ 連帯債務者の１人が債権者に対して反対債権を有しており、その反対債権をもって相殺しない場合、他の連帯債務者は反対債権を有する連帯債務者の負担部分の限度において、債務の履行（弁済）を拒むことができる。

【例】3,000万円をＡ、Ｂ、Ｃの３人が連帯して負担（負担部分は均一）している。Ａが債権者に対して「1,800万円の反対債権」を有している場合の絶対効。

☐ Ａが債権者に対して有する「1,800万円の反対債権」をもって相殺した場合、３人の残りの債務は1,200万円になる。この場合、Ａは、ＢとＣにそれぞれ600万円を求償できる。

☐ Ａが債権者に対して有する「1,800万円の反対債権」をもって相殺しない場合、Ｂ又はＣはＡの負担部分1,000万円の限度において、債務の履行を拒むことができる。

☐ 混同とは、相対立する法律的地位が同一人に帰属することである。連帯債務者の１人が債権者の債権を相続すると、混同が生じて他の連帯債務者の債務が消滅する。

☐ 更改とは、従前の債務者が第三者と交替する場合などに、契約により債務の要素を変更し、旧債務を消滅させて新債務を成立させることである。

☐ 連帯債務者の１人が債権者と更改契約を行うと、他の連帯債務者の債務は消滅する。

13 債権譲渡と債務引受

1 債権譲渡

☐ 債権者は、債務者の意向にかかわらず、債権を第三者に有償・無償で譲渡できる。

☐ まだ発生していない将来債権も譲渡をすることができる。

2 譲渡制限の意思表示 ★★

☐ 債権者と債務者との間で、譲渡禁止特約、譲渡制限特約など、譲渡制限の意思表示をした場合でも、譲渡人から譲受人への債権譲渡は有効である。

☐ 譲受人（転得者含む）が譲渡制限の意思表示の存在について善意無重過失の場合、債務者は譲受人に対して債務の履行を拒絶することができない。

☐ 譲受人が譲渡制限の意思表示の存在について悪意又は善意重過失の場合、債務者は譲受人に対して債務の履行を拒絶し、譲渡人に弁済することができる。

☐ 譲受人は、債務者に対して、相当期間を定めて譲渡人へ弁済等の履行をするよう催告することができる。この期間内に債務者が譲渡人に対して債務を履行しない場合は、債務者の履行拒絶権が消滅する。

3 債権譲渡の対抗要件 ★★★

☐ 債権譲渡（現に発生していない債権の譲渡を含む）は、譲渡人が債務者に通知をするか、又は債務者が承諾をしなければ、債務者その他の第三者に対抗することができない。

☐ 債権譲渡の効力を債務者以外の第三者に対抗するには、①確定日付のある証書による譲渡人の債務者に対する通知又は②確定日付のある証書による債務者の承諾を必要とする。

☐ 債権者AがCに債権を譲渡した後で、Dにも譲渡し、両方の譲渡を確定日付のある証書で債務者Bに通知した場合、債務者Bに通知が到達した日時の早い方が優先される。

☐ 債務者は、対抗要件具備時（譲渡人の通知又は債務者の承諾の時点）までに譲渡人に対して生じた事由（弁済、譲渡人に対する債権による相殺、同時履行の抗弁権、取消権、解除、消滅時効など、債務の履行を拒絶できる事由）を譲受人に対抗できる。

4 債務引受

☐ それまでの債務者に加えて、債務者（引受人）が追加され、両者が連帯債務者となることを併存的債務引受という。併存的債務引受が成立するのは、以下のケースである。

☐ ① 債権者・債務者・引受人の3者が合意した場合

☐ ② 債権者と引受人が契約した場合

☐ ③ 債務者と引受人が契約し、債権者が引受人に対して承諾した場合

☐ それまでの債務者が債権債務関係から離脱し、以降は引受人のみが債務者となることを免責的債務引受という。免責的債務引受が成立するのは、以下のケースである。

☐ ① 債権者・債務者・引受人の3者が合意した場合

☐ ② 債権者と引受人が契約し、債権者が債務者に通知した場合

☐ ③ 債務者と引受人が契約し、債権者が引受人に対して承諾した場合

14 弁済と相殺①

1 弁済 ★

☐ 貸金債務の場合、債務者が債権者に借りていた**金銭の全額を差し出す行為を弁済の**提供といい、**債権者が受領すれば**弁済となる。

☐ 貸金に関して、返済場所について別段の定めがない場合、債務者は**債権者の現在**の住所で返済しなければならない。

☐ 債務者は、**弁済の提供さえ行っておけば、**債務不履行責任を負わないし、相手方の同時履行の抗弁権を奪うこともできる。

☐ 弁済の提供は、原則として**債務の本旨に従って現実**にしなければならない（**現実の提供**）。しかし、**債権者があらかじめ受領を拒んでいる場合などは、**口頭の提供でよいとされる。

☐ 金銭債務では、現金ではなく、**銀行の自己宛**小切手や銀行の支払保証のある**小切手**でも弁済できる。自分振出しの小切手は**弁済の提供にならない。**

☐ 借りていた金銭を返す代わりに不動産や動産で弁済するなど、**本来の給付の代わりに別の給付をすることを**代物弁済という。

☐ 代物弁済は、弁済をすることができる者（弁済者）が債権者との間で、**債務者の負担した給付に代えて他の給付をすることにより債務を消滅させる旨の**契約をした時に成立する（**諾成契約**）。そして、**弁済者が給付を**完了した時に、**弁済と同一の効力を生じる。**

☐ 不動産を代物弁済の目的物とする場合は、原則として登記その他の引渡行為の完了によって、弁済の効力が生じる。

2 供託

☐ **供託**とは、**債務者が金銭や有価証券を**供託所に差し出し、**保管してもらうことである。**

☐ 債務者は、**供託することによって**弁済したのと同じ効果を主張できる。供託ができるのは、次の場合に限られている。

☐ ① 弁済の提供をしたのに**債務者が**受領を拒んでいるとき（**受領**遅滞）

☐ ② 債権者が**弁済を受領することができない**とき

☐ ③ 弁済者が過失なく債務者を確知できないとき

3 第三者弁済 ★

☐ 弁済をするについて**正当な利益を有する第三者**（物上保証人、抵当不動産の第三取得者、借地上の建物の賃借人）は、**債務者の意思に反しても弁済をすることができる。**

☐ **正当な利益を有しない第三者**（債務者の親兄弟や友人など）は、**債務者の意思に反して弁済をすることが**できない。ただし、**債務者の意思に反することを**債権者が知らなかった場合、その弁済は有効である。

☐ **正当な利益を有しない第三者は、債権者の意思に反して弁済をすることが**できない。ただし、**その第三者が**債務者の委託を受けて弁済することを債権者が知っていた場合、その弁済は有効である。

本冊問題➡244～247ページ

14 弁済と相殺②

4 弁済の受領者 ★

- □ 受領する権限のない者に対して行われた弁済は、債権者がこれによって利益を受けた限度においてのみ、その効力を有する。
- □ 受領権者としての外観を有する者（債権者の代理人・相続人と称する者など）に対して行った弁済は、弁済者がその者の無権限について善意無過失であれば有効となる。

5 弁済による代位 ★

- □ 弁済した第三者が債権者に代わって同じ立場に立つことを弁済による代位（だいい）という。
- □ 弁済をするについて正当な利益を有しない第三者が弁済した場合、弁済による代位を債務者に対抗するためには、債権譲渡の対抗要件である「債権者から債務者への通知」又は「債務者からの承諾」のいずれかを備えておく必要がある。

6 相殺 ★★

- □ 一方当事者の意思表示により、互いに持っている同種の債権を対当額だけ消滅させることを相殺（そうさい）という。相殺を働きかけた側の債権を自働債権、働きかけられた側の債権を受働債権という。

● **相殺できる場合**

- □ 相殺適状であれば、債権者の意思表示によって、一方的に相殺できる。

・相殺適状の要件

- □ ① 債権が対立していること
- □ ② 双方の債権の目的が同種であること（原則は、どちらも金銭債権）
- □ ③ 双方の債権の弁済期が到来していること…ただし、自働債権について弁済期が到来していれば、受働債権の弁済期が到来していなくても相殺をすることができる。弁済期の定めのない債権はいつでも相殺することができる（債権成立時から弁済期にある）。
- □ ④ 双方の債権が有効に存在していること…ただし、時効完成前に相殺適状に達していた債権を自働債権として、時効消滅後に相殺することはできる。

● **相殺できない場合**

・次の場合には、相殺することはできない。

- □ ① 相手方に同時履行の抗弁権がある場合
- □ ② 当事者が相殺を禁止・制限する旨の意思表示をした場合
- □ ③ 受働債権が以下の行為から生じた損害賠償請求権である場合
  - ・悪意（積極的に他人を害する意思）による不法行為
  - ・生命又は身体の侵害（交通事故、医療事故、労災事故など）
- □ ④ 受働債権の差押え後に取得した債権を自働債権とする場合

15 賃貸借①

◼ 賃貸借とは

☐ **賃料**が伴う物の貸し借りを**賃貸借**という。**賃貸借契約**を結ぶと、**賃貸人**には使用・収益させる義務が生じ、**賃借人**には賃料を支払う義務と目的物を返還する義務が生じる。

☐ 一時使用目的の建物賃貸借は、借地借家法の対象外で民法のみが適用される。

☐ 民法では不動産の賃料は後払いが原則だが、現状、前払いの特約をすることが多い。

◙ 賃貸借の存続期間と解約 ★★

☐ **民法**では、**賃貸借の存続期間は**最長50年。50年を超える存続期間の契約は50年とされる。50年より短い存続期間の契約は有効である。契約更新後の期間も最長50年である。

☐ 民法上、**賃貸借の期間を定めた場合**、双方の合意がなければ契約期間内に中途解約することはできない。中途解約できるという特約を設けている場合（期間内に解約する権利を留保した場合）は、**中途解約ができる**。

☐ 民法上、**賃貸借の期間を定めなかった場合**、賃貸人又は賃借人はいつでも解約の申入れができ、解約申入れの日から、建物の所有を目的としない土地の賃貸借なら1年、一時使用目的の建物の賃貸借なら3か月を経過すると**賃貸借が終了**する。

☐ **賃借人又は賃貸人が死亡**した場合、賃貸借契約は終了しない。賃借権は、相続人に承継される。また、**賃貸人の地位は**相続人に承継される。

◛ 賃貸人と賃借人の関係 ★★★★

☐ **賃貸人**は、**賃貸物の**使用・収益に必要な修繕をする義務がある。ただし、賃借人の責めに帰すべき事由によって修繕が必要となったときは例外である。賃貸人が義務を履行しない場合、賃借人は賃借物の使用・収益を妨げられた範囲で賃料の支払を拒むことができる。

☐ **賃貸人が賃貸物の保存に必要な修繕をしようとして修繕工事のため使用・収益に支障が生じた場合、賃借人は拒むことが**できない。

☐ **賃借人が**必要費を支出したときは、賃貸人に対し、直ちにその償還を請求することができる。また、必要費の償還を受けるまで、留置権（他人の物の占有者がその物に関して生じた債権の弁済を受けるまで、その物を一定の場所に留めておくことができるという権利）に基づいて建物などの返還を拒否できる。

☐ **賃借人が**有益費（賃貸物の価値を増加させる費用）を支出したときは、賃貸借契約の終了時に賃貸物の価格の増加が現存する場合に限り、「有益費として支出した金額」又は「価値の増加額」を償還請求することができる。賃貸人は、「有益費として支出した金額」又は「価値の増加額」のいずれかを選択して賃借人に償還しなければならない。

☐ **賃借物の一部が滅失**その他の事由によって使用・収益ができなくなった場合、賃借人の責めに帰することができない事由によるときは、使用・収益ができなくなった部分の割合に応じて、賃料が当然に減額される。残りの部分だけでは賃借した目的を達することができない場合、賃借人は賃貸借契約を解除することができる。

15 賃貸借②

❸ 賃貸人と賃借人の関係（続き）★★★★

☐ 契約の本旨に反する使用収益によって賃貸物に損害が生じた場合、賃貸人が損害賠償請求をするときは、物件の返還を受けた時から1年以内にしなければならない。

☐ 賃借物の通常損耗や経年変化による損傷の場合、又は損傷について賃借人の帰責事由がない場合、賃借人は原状回復義務を負わない。

❹ 不動産の賃借権の対抗要件 ★

☐ 民法は、不動産の賃借権の対抗要件を賃借権の登記と定めている。二重に賃貸された場合、先に賃借権の登記をした賃借人の方が他方に対して賃借権を対抗できる。

☐ 建物所有を目的とする土地の賃貸借契約では、民法に加えて借地借家法が適用され、対抗要件として借地上の建物の登記が追加される。

☐ 建物の賃貸借契約では、民法の定める賃借権の登記と、借地借家法が定める建物の引渡しが対抗要件となる。

❺ 賃借権の譲渡と転貸 ★★★★★

☐ 賃借人が賃借権の譲渡・転貸をするには、賃貸人の承諾が必要。賃借人が無断で譲渡・転貸をした場合、賃貸人は賃貸借契約を解除することができる。ただし、背信的行為と認めるに足りない特段の事情があるときは契約の解除はできない。

☐ 借地上の建物を譲渡する場合、借地権の譲渡を伴うので土地の賃貸人の承諾が必要。

☐ 借地上の建物を賃貸する場合、土地の賃貸人の承諾は不要。

☐ 賃貸人は直接、転借人に賃料を請求できる。賃貸人が転借人に請求できる金額は、賃料と転借料のうち、どちらか低い方の金額が限度である。

● 賃借人が、賃貸人の承諾を受けて、転借人に不動産を転貸しているケース

☐ 賃借人が賃貸人との間で賃貸借契約を合意解除した場合、賃貸人は解除の効果を転借人に対抗できない。従って、賃貸人は転借人に不動産の明渡しを請求できない。ただし、合意解除の当時、賃貸人が賃借人の債務不履行による解除権を有していた場合、明渡しを請求できる（転貸借は終了する）。

☐ 賃貸借契約が、賃借人の債務不履行により解除された場合、転貸借契約における賃借人（転貸人）の債務も履行不能となり、転貸借契約は当然に終了する。賃貸人は転借人に対して、解除の効果を対抗できるし、不動産の明渡しを請求できる。このとき、転借人に対して、賃借人（転貸人）に代わって賃料を支払う機会を与える必要はない。

❻ 賃貸人たる地位の移転 ★

☐ 賃貸人が賃貸している不動産を譲渡すると、賃貸人たる地位は譲受人（新賃貸人）に移転する。この場合、賃借人の承諾を得る必要はない。

☐ 譲渡人と譲受人との間で、賃貸人たる地位を譲渡人に留保する旨及び譲受人が譲渡人に当該不動産を賃貸する旨の合意をすれば、賃貸人たる地位を譲渡人のもとに留保できる。

15 賃貸借③

7 敷金 ★★★★

☐ **敷金**とは、賃借人の**賃料**債務や**原状回復**義務に基づく債務を担保する目的で、賃借人が賃貸人に交付する金銭のことである。

☐ **敷金契約**は賃貸借契約に**付随**するものだが、**賃貸借契約とは別個**の契約である。

☐ 敷金は、賃貸借の終了後、賃借人の**明渡し**が完了するまでの賃貸人の賃借人に対する**すべての債権を担保**するものである。

☐ 賃貸借の終了後、賃借人が明け渡すときには、**未払賃料などを控除した残額**について、賃借人の**敷金返還**請求権が発生する。

☐ 賃借人は目的物を**明け渡した後**でなければ、敷金の返還請求をすることができない。つまり、**賃貸人の敷金返還債務と賃借人の明渡債務**は、**同時履行**の関係に**ない**。**明渡しが先、敷金の返還が後**である（46ページ参照）。

☐ **賃貸人**は、敷金を賃貸借契約終了時までの滞納家賃、賃料相当損害金、保管義務違反による修理費用、**原状回復**費用などに**充当できる**。賃借人の方から、未払の賃料を敷金から充当するよう請求することは**できない**。

☐ 賃借人が賃貸借の対抗要件を備えている場合、**賃貸借契約中に目的物が譲渡される**と、賃貸人の地位も譲受人（新賃貸人）に承継され、敷金に関する権利義務も**当然**に新賃貸人に承継される。賃借人の**承諾**を得る必要はない。

☐ **賃貸人の承諾を受けて賃借権が譲渡された場合**、敷金に関する権利義務は新賃借人に**承継されない**。

8 使用貸借契約 ★★★★ … ただで一時的に別荘を貸すなど、無償で物を貸し借りする契約

☐ **必要費**…使用貸借契約では、借用物を**保存・管理**するための必要費は**借主**が負担する。

☐ **貸主の引渡義務**…**贈与**契約の規定が準用される。貸主は、使用貸借の目的物を**特定**した時の状態で引き渡すことを約したものと推定される。つまり、貸主は**特定**時点の状態で引き渡せば、契約不適合を担保すべき責任などの**債務不履行**責任を負わない。

☐ **使用貸借の終了・解除**…契約に定めた期間が満了した時又は目的に従い使用・収益を終わった時に、**使用貸借は終了**する。また借主が使用・収益をするのに足りる期間を経過した時、貸主は契約を解除できる。契約期間も使用・収益の目的も定めなかった場合、貸主は**いつでも返還請求**できる。一方、借主はいつでも契約を解除することが**できる**。

☐ **相続**…借主の死亡によって、使用貸借は**終了**する。使用借権を相続することは**できない**。一方、**貸主**の死亡は、使用貸借契約に影響を与えない。借主は、**貸主の相続人**に対して、使用借権を主張**できる**。

☐ **対抗要件**…使用借権を第三者に対抗するための対抗要件は**存在しない**。貸主が目的物を第三者に譲渡した場合、借主は譲受人に対して使用借権を主張することが**できない**。

☐ **転貸**…借主は、**貸主の承諾**がなければ、目的物を転貸することはできない。無断転貸があった場合、**貸主**は契約を**解除**できる。

16 借地借家法：借地①

1 借地借家法とは

☐ 借地借家法は、土地や建物の賃貸借契約に適用される法律で、賃借人に不利になりやすい民法の規定を補い、賃借人を保護するための規定が定められている。

☐ 民法と借地借家法では、借地借家法が優先的に適用される。

2 借地権 ★★★

☐ 借地権とは、建物の所有を目的とする地上権又は土地の賃借権をいう。青空駐車場、資材置場の用地、ゴルフ場経営や庭としての使用を目的とした土地などの賃借権は、建物の所有を目的としないため、民法のみが適用される。

☐ 借地権を設定した人（土地を貸した人、地主）を借地権設定者、借地権を有する人（土地を借りた人、建物の所有者）を借地権者という。

3 借地権の存続期間 ★★★

☐ 借地借家法では、**借地権の存続期間は最短30年**。期間を定めなかった場合や特約で30年より短い期間を定めた場合は30年とされる。30年より長い期間を定めた場合は契約期間が存続期間となる。借地の場合、必ず期間が定まるため、解約権留保特約がない限り、中途解約は認められない。

☐ 契約更新後の存続期間は、1回目が更新の日から最短20年、2回目以降は更新の日から最短10年である。契約時に更新1回目に関して20年より長い期間を定めた場合、契約期間が存続期間となる。20年より短い期間を定めた場合、契約期間は20年となる。

4 借地契約の更新 ★

☐ 借地権者が契約更新の請求をしたとき、又は、借地権者が存続期間満了後も土地の使用を継続するときは、従前の契約と同一の条件で契約を更新したものとみなされる。これを法定更新といい、借地権設定者の承諾は不要である。

☐ 借地契約が法定更新されるのは、借地上に建物が存在する場合に限られる。

☐ 借地権者の更新請求に対して、借地権設定者が遅滞なく異議を述べたときは、借地契約の更新を拒絶できる。異議には、正当事由（土地使用の必要性など）が必要で、正当事由による異議であると認められない場合、借地契約は法定更新される。

5 建物の滅失と再築 ★

☐ 借地権の当初の存続期間中に建物が滅失した場合、借地権は消滅しない。従って、借地権設定者は、建物滅失を理由に地上権消滅請求や賃貸借の解約申入れをすることができない。また、借地権者は、地上権の放棄や土地の解約の申入れをすることはできない。

☐ 借地権者が再築を通知し、借地権設定者の承諾があった場合、借地権は承諾日又は建物の築造日のいずれか早い日から20年間存続する。

☐ 契約の更新後、借地権者が、借地権設定者の承諾を得ないで無断で残存期間を超えて存続すべき建物を築造した場合、借地権設定者は地上権の消滅請求又は土地の賃貸借の解約申入れをすることができる。

6 借地条件変更等の裁判所の許可

☐ **建物の種類・構造・用途を制限する借地条件**があった場合で、**借地条件の変更について当事者間に協議が調わないとき**は、当事者（借地権設定者又は借地権者）の申立てによって、裁判所がその借地条件を変更することができる。

☐ **増改築を禁止する借地条件**があった場合で、**借地条件の変更について当事者間に協議が調わないとき**は、借地権者の申立てによって、裁判所がその借地条件を変更することができる。

7 建物買取請求権 ★

☐ **借地権の存続期間が満了して、契約が更新されない場合**、借地権者は借地権設定者に対して、**建物などを**時価**で買い取るように請求できる**。この権利を建物買取請求権という。

☐ **建物買取請求権が行使**されると、所有権は直ちに借地権者から借地権設定者に移転するが、借地上に建っている建物などの代金が支払われるまで、**借地権者は**建物の引渡し**を拒むことができる**。

☐ 地代又は土地の借賃の不払いなど、**借地権者の債務不履行を理由として借地契約が解除された場合には、建物買取請求は**行使できない。

☐ 借地権者が存続期間満了前に借地権設定者の承諾を得ないで、残存期間を超えて存続する建物を築造した場合でも、**建物買取請求権を行使することは**できる。

8 借地権の対抗力 ★★★★

☐ 借地借家法では、**借地上に**借地権者**が自己を所有者として**登記**した建物を所有していれば第三者に借地権を対抗できる**としている。転借人は賃借人の借地権を援用できる。

☐ 借地上の建物の登記は、借地権者自身の名義**のものでなければならない**。家族名義で建物を登記した場合、第三者に借地権を対抗できない。

☐ 借地上の建物の登記の種類は、権利に関する登記（所有権の保存登記又は移転登記）でも、表示に関する登記でもかまわない。

☐ **借地上の建物の登記が、錯誤又は遺漏により、建物所在地番の表示において実際と多少相違していた場合、**建物の同一性**が確認できる程度の軽微な相違であれば、第三者に借地権を対抗できる**。

☐ **借地上の建物が滅失**した場合には、借地借家法に規定する事項を土地の上の見やすい場所に掲示することで、**滅失日から**2年間**は第三者に借地権を対抗**することができる。

● 借地上の建物が滅失した場合、土地上に掲示する借地借家法に規定する事項

☐ ① **滅失建物を**特定するために必要な事項

☐ ② **滅失があった**日

☐ ③ 建物を新たに築造する旨

16 借地借家法：借地③

9 借地権の譲渡 ★

- ☐ 借地権者が、借地上の建物を譲渡すると、同時に借地権が譲渡される。

- ☐ 借地権が地上権である場合、借地権設定者（地主）の承諾なく、借地権者の意思で自由に売買や建替えができる。

- ☐ 借地権が賃借権である場合、譲渡に関して借地権設定者の承諾が必要である（69ページ参照）。

- ☐ 借地権設定者に不利になるおそれがないにもかかわらず、借地権設定者が第三者への賃借権の譲渡を承諾しない場合、借地権者の申立てにより、裁判所が借地権設定者の承諾に代わる許可を与えることができる。

- ☐ 第三者が競売によって借地上の建物を取得した場合、土地の賃借権を得るためには借地権設定者の承諾が必要である。

- ☐ 借地権設定者に不利になるおそれがないにもかかわらず、借地権設定者がその賃借権の譲渡を承諾しない場合、競売により借地上の建物を取得した第三者の申立てにより、裁判所が借地権設定者の承諾に代わる許可を与えることができる。

- ☐ 無断譲渡や競売などで建物を第三者が取得し、借地権設定者が承諾しなかったり、裁判所の承諾に代わる許可もない場合、第三者は借地権設定者に対して、建物買取請求権を行使し、建物を時価で買い取るよう請求することができる。

10 定期借地権等 ★★★★

- ☐ 当初定められた契約期間で終了し、更新がない借地権のことを定期借地権という。

- ☐ 定期借地権には、一般定期借地権、事業用定期借地権、建物譲渡特約付借地権がある。

	一般定期借地権	事業用定期借地権	建物譲渡特約付借地権
存続期間	50年以上	10年以上50年未満	30年以上
要式性	書面による	公正証書による	限定なし、口頭可
概要	・次の特約を定めることができる。 ① 契約の更新がない ② 建物の築造による存続期間の延長がない ③ 建物買取請求権がない	・専ら事業の用に供する建物の所有を目的とする。 ・次の特約を定めることができる。 ① 契約の更新がない ② 建物の築造による存続期間の延長がない ③ 建物買取請求権がない	・契約期間満了時に、借地権者の建物を地主が買い取ることにより借地権が消滅するという特約を定めた契約。 ・建物が譲渡されたとき、その建物に住んでいる借地権者又は建物の賃借人が賃借の継続を請求したときは、「期間の定めのない建物賃貸借（法定借家権）」が地主との間で締結されたものとみなされる。
	契約終了時に建物を撤去。建物譲渡特約付借地権を併用することができる。		

- ☐ 一時使用目的の借地権では、契約の存続期間や更新、建物の築造による存続期間の延長、建物買取請求権の規定は適用されない。契約の更新をしない特約は有効である。

17 借地借家法：借家①

1 建物賃貸借の存続期間と更新 ★★★

☐ 住居、店舗、事務所、倉庫など、一時使用目的以外の建物の賃貸借については、借地借家法が適用される。

☐ 建物の賃貸借では、存続期間に制限はない。契約期間を1年未満と定めた場合、期間の定めのない契約とみなされる（定期建物賃貸借除く）。

民法の賃貸借	借地借家法（借地）	借地借家法（借家）
建物の所有を目的としない土地 最長50年：50年超の契約は50年になる。 ・期間の定めのない契約もできる。最短限度はない。	建物の所有を目的とする土地 最短30年：30年未満の契約は30年になる。 ・期間を定めない契約は30年になる。	期間の制限なし：期間の定めのない契約もできる。最長限度はない。 ・1年未満の契約は期間の定めのない契約になる。

☐ 期間の定めがある建物の賃貸借では、当事者（賃貸人又は賃借人）が期間満了の1年前から6か月前までの間に、相手方に更新拒絶の通知をしなかったときは、従前の契約と同一の条件で契約を更新したものとみなされる。賃貸人から更新拒絶をするには、正当事由が必要となる。賃借人に正当事由は不要である。

☐ 賃貸人の拒絶通知に正当事由がある場合でも、契約期間が満了して、建物の賃借人が使用を継続している場合、賃貸人がこれに対して遅滞なく異議を述べなければ、従前の契約と同一の条件で契約は更新される。

☐ 立退料を支払うなどの財産上の給付だけでは、賃貸人に正当事由があることにならない。

☐ 当事者の合意によらず借地借家法の規定によって契約が更新されることを法定更新という。法定更新後の契約は、契約期間について定めがないものとなる。

2 建物賃貸借の解約 ★

☐ 建物賃貸借で期間の定めがない場合は、当事者からいつでも解約の申入れをすることができる。賃貸人から解約申入れをするには、正当事由が必要で通知日から6か月で賃貸借が終了する。賃借人から解約申入れをするのに正当事由が不要で通知日から3か月で賃貸借が終了する。

3 建物賃貸借の対抗力 ★

☐ 借地借家法では、賃借人への建物の引渡しがあれば、賃借人は賃借権の登記がなくても新所有者などの第三者に対抗できるとしている。賃借人自らは建物に居住せず、賃貸人の承諾の上で転貸して居住させている場合、第三者に対して賃借権を対抗できる。

民法の賃貸借	借地借家法（借地）	借地借家法（借家）
賃借人は、賃借権の登記がなければ第三者に対抗できない。	賃借人は、借地上の建物の自己名義の登記があれば第三者に対抗できる。	賃借人は、建物の引渡しがあれば第三者に対抗できる。

17 借地借家法：借家②

④ 造作買取請求権 ★

☐ 建具、畳、エアコンなど、**賃借人が**賃貸人の同意**を得て付加した**造作（ぞうさく）は、建物の賃貸借が終了するとき、**賃貸人が**時価**で買い取る**よう、賃借人から請求することができる。

☐ 造作の買取りを請求しないという旨の特約は有効である。

☐ 賃料不払など**賃借人の**債務不履行**や背信行為のために賃貸借が解除された場合、賃借人は造作買取請求権を行使**できない。

☐ 賃借人は、契約終了時に造作買取代金が支払われないことを理由に、建物の返還を拒否できない（46ページ参照）。

⑤ 建物賃借権の譲渡と転貸借 ★★

☐ 建物の賃借人は、賃貸人の承諾を得なければ、**賃借権の**譲渡・転貸**はできない。

　● **建物を適法に転借した者**には、**建物の賃借人と同様の保護**（①～③）が与えられる。

☐ ① 賃貸人の更新拒絶の正当事由の判断において、転借人の事情も考慮する。

☐ ② 転借人が建物の使用を継続している場合、**賃貸人が遅滞なく**異議**を述べなければ、従前の契約と同一の条件で契約は更新される（法定更新）。

☐ ③ 転借人は造作買取請求権を行使できる。

☐ 期間満了・解約申入れで賃貸契約が終了した場合、賃貸人が転借人に契約終了の通知をすれば、その**終了を転借人に対抗**できる。通知がされた場合、通知日から6か月経過後に転貸借が終了する。

⑥ 定期建物賃貸借 ★★★★★

☐ 当初定められた契約期間で終了し、更新ができない建物賃貸借を定期建物賃貸借という。

☐ **定期建物賃貸借契約の締結**では、賃貸人は賃借人に対して、契約書とは別に「**契約の更新がなく期間満了により賃貸借が**終了**すること」を記載した事前説明書面を交付して説明しなければならない。契約書と事前説明書面は、賃借人の承諾があれば、電磁的方法による提供も可能。

☐ 普通建物賃貸借で契約期間を1年未満と定めた場合は、期間の定めのない契約とみなされる。定期建物賃貸借では、**1年未満と定めた契約は有効**である。

☐ 期間が1年以上の定期建物賃貸借契約では、賃貸人は賃借人に対し、**期間満了の**1年前**から**6か月**前までの間に期間満了で賃貸借が終了する旨の通知をしなければ、期間満了による終了を賃借人に対抗することができない。

☐ 賃借建物の居住部分の床面積が200㎡未満で、かつ転勤、療養、親族の介護その他の**やむを得ない事情**により、賃借人が建物を自己の生活の本拠として使用することが困難となった場合、契約期間の途中でも、**賃借人から解約の申入れ**をすることができる。賃貸人からの中途解約はできない。

2

権利関係

17 借地借家法：借家③

6 定期建物賃貸借（続き）★★★★★

☐ 定期建物賃貸借でも、造作買取請求権を排除する特約は<u>有効</u>である。

☐ 法令・契約で建物を取り壊すことが明らかな建物の場合、<u>取壊し事由</u>を記載した書面で契約をすれば、建物の取壊し時に更新なく賃貸借契約が終了する旨の特約は<u>有効</u>である。

☐ 定期建物賃貸借では、賃料の改定に関する特約がない場合、賃料の増減額請求権が行使<u>できる</u>。

7 一時使用目的の建物の賃貸借 ★

☐ 一時使用目的の建物賃貸借の場合、<u>借地借家法</u>の規定は適用されず、<u>民法</u>のみが適用される。

● 普通建物賃貸借・定期建物賃貸借・一時使用建物賃貸借の違い

契約	普通建物賃貸借	口頭での契約が有効
	定期建物賃貸借	書面による契約のみ有効
	一時使用建物賃貸借	口頭での契約が有効
契約期間	普通建物賃貸借	契約期間の限定なし。1年未満＝期間の定めなし
	定期建物賃貸借	契約期間の限定なし。1年以上も1年未満も有効
	一時使用建物賃貸借	契約期間の最短制限なし

8 賃料増減額請求 ★★

☐ 賃料（借賃）が経済事情の変動などにより近隣の土地・建物と比べて<u>不相当</u>になった場合などに、当事者（賃貸人・賃借人）は<u>将来</u>に向かって賃料の増額・減額を請求できる。

☐ 一定の期間、賃料を<u>増額</u>しない旨の特約がある場合、その期間は<u>増額</u>の請求はできない。賃料を<u>減額</u>しない旨の特約は、<u>賃借人</u>に不利となるため<u>無効</u>である。

☐ 定期建物賃貸借では、賃料を増額しない旨の特約も、減額しない旨の特約も<u>有効</u>である。

☐ 契約に基づく<u>使用収益</u>の開始前の段階では、<u>減額</u>請求はできない。

☐ 賃料の増減について当事者間に協議が調わず裁判になった場合、その請求を受けた者は、請求を受けた時点から裁判が確定されるまで、<u>自己が相当と認める</u>額の建物の賃料を支払えばよい、又は請求すればよいことになっている。

☐ 増減額を正当とする裁判が確定した場合には、請求を受けた時点から増減額を正当とする裁判が確定するまでの間に支払った、又は**受け取った金額との差額に<u>年1割</u>の利息**を付けて支払わなくてはならない。

賃貸人の増額請求	裁判確定まで	賃借人は<u>相当と認める</u>額の建物の賃料を支払う
	裁判確定後	賃借人は不足額に<u>年1割</u>の利息を付けて支払う
賃借人の減額請求	裁判確定まで	賃借人は<u>相当と認める</u>額の建物の賃料を請求できる
	裁判確定後	賃貸人は超過額に<u>年1割</u>の利息を付けて返還する

18 請負と委任①

❶ 請負契約 ★★★

☐ **請負人が注文者から依頼を受けて仕事を完成**させることを約し、**注文者がその仕事の結果に対して報酬**を支払う契約を請負契約という。

☐ 請負契約の請負人には完成した目的物を引き渡す義務が、注文者には報酬を支払う義務が生じる。**目的物引渡債務と報酬支払債務**は、同時履行の関係に立つ。

☐ 注文者の責めに帰することができない事由によって**請負人が仕事を完成することができなくなったとき**、請負人は注文者が受ける利益の割合に応じて**報酬を請求できる**（注文者と請負人双方に帰責事由がない場合も、**請負人に帰責事由がある場合**も**報酬を請求できる**）。

☐ 請負が仕事の完成前に解除されたとき、請負人は、注文者が受ける利益の割合に応じて**報酬を請求できる**。請負人の債務不履行を理由に解除した場合、注文者と請負人が**合意**により解除した場合、請負人は注文者が受ける利益の割合に応じて**報酬を請求**できる。

☐ **注文者の帰責事由**によって仕事を完成できなくなった場合、**請負人は報酬全額を請求できる**。ただし、請負人が**自己の債務**を免れたことによって得た利益は注文者に償還する必要がある。

☐ 請負契約では、**注文者は、請負人が仕事を完成しない間であれば、いつでも損害を賠償して契約を解除**できる。

☐ 目的物が請負契約の内容に適合しない場合（契約不適合の場合）、注文者は、請負人に対して契約不適合を担保すべき責任を追及することができる。

● **請負契約の注文者ができる契約不適合を担保すべき責任の追及①〜④**

☐ ① 追完請求権（修補請求権）…注文者は履行の追完を請求することができる。具体的には、**目的物の修補を請求する**ことになる。債務の発生原因及び取引上の社会通念に照らして修補が不能であるとき、注文者は修補を請求することはできない。

☐ ② 報酬減額請求権…請負人が追完に応じない場合、**注文者は契約不適合の程度**に応じて報酬の減額を請求することができる。

☐ ③ 解除権…注文者は契約不適合を理由に契約解除ができる。契約不適合が契約・取引上の社会通念に照らして軽微であるときは、**契約を解除することはできない**。

☐ ④ 損害賠償請求権…**請負人に帰責事由がある場合**、注文者は契約不適合から生じた損害について賠償請求することができる。また、請負人から損害の賠償を受けるまでは、報酬の支払を拒むことができる。

☐ 注文者は、注文者が供給した材料の性質又は注文者の与えた指図によって生じた不適合を理由として、**請負人の契約不適合を担保すべき責任を追及することはできない**。ただし、請負人がその材料又は指図が不適当であることを知りながら注文者に告げなかったとき、注文者は請負人の契約不適合を担保すべき責任を追及することができる。

☐ 注文者は、目的物の種類・品質に関する契約不適合について、契約不適合の事実を知った時から1年以内に、その旨を請負人に通知する義務を負う。期間内の通知を怠った場合、**請負人の契約不適合を担保すべき責任を追及することはできなくなる**。

18 請負と委任②

1 請負契約（続き）★★★

☐ **請負人**は、契約不適合について担保責任を負わない旨の特約ができる。ただし、**請負人が知りながら注文者に告げなかった事実**については、**その責任を免れることはできない。**

☐ 注文者が請負人に依頼した仕事について、**請負人の不法行為**により他人に損害を与えた場合、**請負人が損害賠償責任を負う。**ただし、注文者の注文又は指図に過失がある場合には、注文者にも責任が生じる。

2 委任契約 ★★★★

☐ 当事者の一方が法律行為をすることを相手方に委託（依頼）し、相手方がこれを承諾することによって成立する契約を委任契約という。

☐ 委託する側を委任者、委託される側を受任者という。

☐ 受任者は、委任者の許諾を得たとき、又はやむを得ない事由があるときでなければ、**復受任者**（受任者から選任された受任者）を選任することができない。

☐ 委任契約は、原則として無償契約である。有償の合意（契約）がない限り、受任者は報酬の請求をすることができない。

● 委任契約の報酬について特約する場合、次の2つの定め方がある。

☐ ① **履行割合型委任**…マンション管理に対する報酬など、**事務処理の実行に対して報酬を**支払う契約。以下の場合、**受任者は**履行の割合に応じて報酬を請求することができる。

☐ ・委任者の責めに帰することができない事由で委任事務の履行ができなくなったとき

☐ ・委任が履行の中途で終了したとき

☐ ② **成果完成型委任**…宅建業者の媒介報酬など、成果が得られた場合にのみ報酬を支払うという契約。以下の場合、**受任者は**履行の割合に応じて報酬を請求することができる。

☐ ・委任者の責めに帰することができない事由で成果を得ることができなくなったとき

☐ ・成果を得る前に委任契約が解除されたとき

☐ 無償の委任契約でも、**受任者は委任事務のために使った費用とその利息を請求できる。**

☐ 受任者は、報酬の有無にかかわらず、**善良な管理者の注意をもって委任事務を処理する**義務を負う。この義務を善管注意義務という。受任者が善管注意義務を怠ると、債務不履行ということになり、**委任者は損害賠償請求や契約の解除ができる。**

☐ **委任契約**は、委任者又は受任者のどちらからでも、いつでもその解除ができる。

● 委任の解除をした者は、やむを得ない事由があったときを除いて、以下の場合に**相手方の損害を賠償する必要**がある。

☐ ① 当事者の一方が、相手方に不利な時期に委任を解除したとき

☐ ② 受任者の利益を目的とする委任を委任者が解除したとき

☐ **委任契約**は、「**委任者又は受任者が死亡**」、「**委任者又は受任者が破産手続開始の決定を受けたとき**」、「**受任者が後見開始の審判を受けたとき**」に終了する。

19 不法行為①

❶ 不法行為とは ★★★★★

☐ **不法行為**…故意又は過失によって、他人の権利又は法律上保護される利益を侵害する行為。**不法行為を行った者**は、その侵害によって生じた損害を賠償しなければならない。

☐ **被害者側に過失があった場合**、加害者からの主張がなくても、裁判所は被害者側の過失に応じて損害賠償額の減額を考慮できる。これを過失相殺という。

☐ **不法行為による損害賠償債務**は、その損害発生時から履行遅滞となり、遅延損害金が発生する。損害賠償請求権（遅延損害金債権）は、

☐ ① 被害者又はその**法定代理人**が損害及び加害者を知った時から 3 年間（人の生命・身体を害する不法行為の場合は 5 年間）行使しないとき

☐ ② **不法行為時**から 20 年経過したとき
のいずれかに達したとき、時効によって消滅する。

☐ 精神的苦痛など、**財産権以外の損害**について賠償請求ができる権利を慰謝料請求権という。慰謝料請求権は、被害者が不法行為によって即死した場合でも発生し、被害者が生前に意思を表明しなくとも相続される。

❷ 特殊の不法行為① 使用者責任 ★★★

☐ 使用者に雇用されている被用者が職務行為によって被害者に不法行為による損害を与えた場合、使用者が負担する賠償責任のことを使用者責任という。

☐ 被用者の行為が**職務行為**であれば、**使用者の指示によるものでない場合**でも、**使用者責任**は生じる。

☐ 被用者の行為が**職務外の行為**であるときでも、**外形から見て**職務の範囲内と認められる場合、**使用者は損害賠償義務**を負う。
【例】従業員が私用のために会社所有の自動車を運転中に交通事故を起こしたなど。

☐ 被用者の職務権限内において適法に行われたものではなく、かつ**被害者**がその事情について悪意又は重大な過失があるとき、**使用者は被害者に対して使用者責任**を負わない。
【例】被用者が使用者の事業の執行につき被害者との間の取引において不法行為を行った。そのことにつき被害者に重大な過失があったなど。

☐ 使用者が被用者の**選任及び事業の監督**について、相当の注意を払っていたときは、**使用者は使用者責任を免れる**ことができる。

☐ 被害者は、加害者である**被用者と使用者の両方**に、**全額の損害賠償請求ができる**。

☐ 使用者と被用者は被害者に対し連帯債務を負う。例えば、被用者の損害賠償義務が時効消滅しても、使用者の被害者に対する損害賠償義務が当然に消滅するものではない。

☐ 被害者に損害を賠償した使用者は、信義則上相当と認められる限度で被用者に求償できる。使用者の事業の執行について被害者に損害を与え損害を賠償した被用者は、損害の公平な分担という見地から相当と認められる額について使用者に求償できる。

19 不法行為②

❸ 特殊の不法行為② 土地工作物責任 ★★

☐ 土地の工作物の瑕疵によって**他人に損害を与えた場合**、工作物の占有者・所有者が負う賠償責任を土地工作物責任（工作物責任）という。

☐ 賃借物である建物の塀が倒れて通行人にケガをさせた場合、**第一次的に**占有者（借家人などその建物に住んでいる人）が損害賠償責任を負う。占有者が損害発生防止に必要な注意を払っていた場合、占有者は責任を負わず、第二次的に建物の所有者が責任を負う。

☐ 建物の所有者は、故意及び過失がなくても**土地工作物責任**を免れることができない（無過失責任）。

☐ 損害賠償をした占有者・所有者は、**損害の原因について責任がある者**（例えば施工者、設計者、請負人、以前の占有者など）が他にいた場合、その者に求償することができる。

● 注文者Aが請負人Bに建築させた建物をCに売却した。所有者CはDに賃貸し、Dが建物を占有していた。建物の建築の際におけるBの過失により生じた瑕疵により、屋根の一部が剥離して落下し、通行人が重傷を負った場合の不法行為責任は、下表の通りである。

加害者	責任の種類
注文者Aの責任	原則、責任なし 注文・指図について過失がある場合のみ責任あり
請負人Bの責任	過失責任（不法行為責任）。過失があるので責任あり
所有者Cの責任	無過失責任。故意・過失がなくても責任あり（占有者に責任がある場合は所有者の責任は発生しない）。過失のある請負人に求償できる
占有者Dの責任	過失責任。必要な注意を払っていた場合には責任なし

❹ 特殊の不法行為③ 共同不法行為 ★

☐ **複数人**が共同で不法行為を行うことを共同不法行為という。

☐ 共同不法行為者は被害者に対して、**連帯して**損害賠償責任（不法行為者全員が被害者の損害全額を賠償すべき義務）を負う。

☐ 共同不法行為者のうち**1人が損害全額を賠償**した場合は、過失割合に従って、他の不法行為者に求償できる。

☐ 加害者の債務は、使用者責任と同様、**連帯**債務である。被害者が加害者の1人に履行を請求しても、**他の加害者に対して履行を請求したことにはならない**。

☐ 不法行為者を教唆した者及び幇助した者は、共同不法行為者とみなされる。

❺ 事務管理 ★

☐ **法律上の義務のない者**が、**他人の事務を管理**する行為を事務管理という。

☐ 事務管理では、管理者が、**本人のために有益な費用を支出したとき**、本人に対して償還を請求できる。例えば、本人Bが倒れかかっている自宅の塀の倒壊防止の措置をとらないため、隣に住むAが海外旅行中のBのために、Bの承諾なく最小限度の緊急措置をとった場合、管理者AはBに**費用全額を請求**できる。なお、**AはBに報酬を請求**できない。

☐ Aは、**Bからの請求があったとき**には、いつでも**本件事務処理の状況**をBに報告しなければならない。

20 相続①

① 法定相続人 ★

☐ **相続**とは、被相続人（死亡した人）の財産（資産及び負債）を、相続人（配偶者、子など）が引き継ぐことである。

☐ 民法上、被相続人の財産を相続する権利がある者を法定相続人という。法定相続人は、被相続人の配偶者（法律上の婚姻をした者）と、卑属、尊属など、一定の血属に限られる。

☐ 配偶者は、必ず法定相続人となる。配偶者に加えて、第1順位…直系卑属（子）、第2順位…直系尊属（父母）、第3順位…兄弟姉妹のうち、最上位の血族だけが法定相続人となる。

☐ 相続する権利のある**子**が亡くなっている場合には**孫・ひ孫**が、父母が亡くなっている場合には祖父母が、兄弟姉妹が亡くなっている場合には兄弟姉妹の子（被相続人の甥姪）が相続する。

② 代襲相続 ★★

☐ **死亡、欠格、廃除**によって相続人の相続権がなくなっている場合、その**相続人の子や孫**が**代わって相続**することを**代襲相続**という。代襲相続人は被代襲者の相続分を引き継ぐ。

☐ ① **被相続人を虐待**、② **その他の著しい非行**を理由として、被相続人が家庭裁判所に申し立て、**相続人の相続権を奪う**ことを**廃除**という。

☐ 相続人が子の場合には、子の「**子→孫→ひ孫…**」が代襲相続できる。

☐ 相続人が兄弟姉妹の場合には、**兄弟姉妹の子**までが代襲相続できる。

☐ 相続を放棄した者を代襲相続することは認められない。

③ 相続の承認と放棄 ★★★★

☐ 相続人は、**相続開始を知った日から3か月**の熟慮期間内に、単純承認、限定承認、相続放棄を選び、家庭裁判所に申述しなければならない（申述しない場合は単純承認となる）。

単純承認	被相続人の「資産及び負債」をすべて無制限に相続する。 ● 相続財産を処分（保存行為除く）、隠匿、消費すると、単純承認となる。 ● 存在を知らなかった借入金債務も相続する。
限定承認	被相続人の資産の範囲内で負債も相続する。 ● 相続人全員が共同で家庭裁判所に申述する必要がある。
相続放棄	被相続人の資産及び負債をすべて相続しない。 ●相続人各自が単独で家庭裁判所に申述できる。

④ 相続分 ★★★

☐ 相続人が**配偶者のみ**なら、法定相続分はすべて配偶者が相続する。

☐ 相続人が**配偶者と子**なら、法定相続分は**配偶者が2分の1、子が2分の1**を相続する。子が複数人いたら、**2分の1**を子の数で頭割して相続する。

☐ 相続人が**配偶者と直系尊属**なら、法定相続分は**配偶者が3分の2、直系尊属が3分の1**を相続する。直系尊属が複数人いたら、**3分の1**を直系尊属の数で頭割して相続する。

☐ 相続人が**配偶者と兄弟姉妹**なら、法定相続分は**配偶者が4分の3、兄弟姉妹が4分の1**を相続する。兄弟姉妹が複数人いたら、**4分の1**を兄弟姉妹の数で頭割して相続する。

2 権利関係

20 相続②

4 相続分（続き）★★★

☐ 複数の相続人が相続することを<u>共同</u>相続、それらの相続人を<u>共同</u>相続人という。

☐ <u>共同</u>相続する嫡出子、非嫡出子、養子、胎児の相続分は、すべて同じ割合で計算する。

☐ 父母の一方のみを同じくする兄弟姉妹の相続分については、父母の双方を同じくする兄弟姉妹の相続分の<u>2</u>分の1とする。

☐ 共同相続では、相続財産はその共有に属し、<u>遺産分割</u>前でも各相続人が自己の<u>共有持分</u>を自由に処分することができる。このとき自由に処分できるのは、<u>持分</u>権であって具体的な個々の財産（不動産・動産・負債・預貯金）を自由に処分することはできない。

☐ 遺産である不動産から発生した賃料（賃料債権）は、遺産分割協議の成立前は<u>法定相続</u>人が<u>法定相続</u>分に従って取得し、遺産分割後は<u>その不動産を取得した相続人</u>が取得する。

☐ 被相続人にお金を貸していた人や銀行など、被相続人に対して債権を持っていた者のことを<u>相続債権者</u>という。相続債権者は、遺言による相続分の指定がある場合でも、<u>指定</u>相続分ではなく<u>法定相続分</u>に応じて権利を行使することができる。相続債権者が相続分の指定の効力を承認した場合は、<u>指定</u>相続分に応じて権利を行使することになる。

☐ **不動産等の財産**が遺産分割、遺言による相続分の指定、相続させる旨の遺言等によって、<u>法定</u>相続分と異なる割合の財産が承継される場合、<u>法定</u>相続分を超える部分については、<u>登記</u>などの対抗要件を備えなければ相続人は第三者に対抗できない。

5 遺産分割 ★★

☐ 相続財産を各相続人で分ける**遺産分割**には、**被相続人の遺言による**<u>指定</u>分割と共同相続人の協議で決める<u>協議</u>分割があり、**遺産分割では**<u>協議</u>分割よりも<u>指定</u>分割が優先される。

☐ 遺言者は、**遺言によって遺産分割の方法を指定**することができ、また、**相続開始の時から**<u>5</u>年を超えない期間内で遺産の分割を禁ずることができる。

☐ **遺言がない場合の遺産分割協議**では、共同相続人全員が分割内容について合意し、**遺産分割協議書を作成して署名・押印する必要**がある。協議が成立しない場合、各共同相続人は、その分割を<u>相続開始</u>地の家庭裁判所に請求することができる。遺産分割の効力は、第三者の権利を害しない範囲で<u>相続開始</u>の時にさかのぼって生じる。

☐ **生前贈与などの**<u>特別受益</u>は、相続財産の前渡しと考えられ、遺産分割で特別受益を相続財産に含めて計算する（持ち戻す）必要がある。持戻しを<u>免除</u>するためには、原則として、被相続人の意思表示が必要だが、「婚姻期間が<u>20</u>年以上あり、かつ居住の用に供する建物又はその敷地の<u>遺贈・贈与</u>を受けた配偶者相続人」については、**持戻し**<u>免除</u>の意思表示があったものと推定され、**持戻しを**<u>免除</u>して配偶者相続人が**居住建物と敷地を確保**できる。

☐ **預貯金は遺産分割の対象**なので、<u>相続人全員の合意</u>がなければ**引き出すことができない**が、急な支払いに困る場合などがあるため、他の相続人の同意を必要としない仮払い制度が設けられている。**金融機関ごとに1人**<u>150</u>万円が限度で、口座ごとに次式で計算される。

☐ 預貯金債権額×<u>1/3</u>×その相続人の法定相続分

20 相続③

6 遺言 ★★★

- 満15歳以上で意思能力があれば、**父母の同意を得**なくても遺言ができる。
- 遺言は、遺言者の死亡の時からその効力を生ずる。
- 遺言書は、いつでも**変更・撤回**ができ、日付の新しいものが有効となる。**遺言者が遺言と異なる財産処分をした場合、遺言を撤回**したものとみなす。
- 受遺者が遺言者より先に死亡した場合、特段の事情のない限り、**遺贈の効力は生じない**。
- 遺言には、自筆証書遺言（証人不要）、公正証書遺言、秘密証書遺言の３種類がある。
- 相続人は、遺言執行者による執行を妨げることはできない。これに違反する相続財産の処分行為は無効だが、この無効は、善意の第三者に対抗することはできない。

7 配偶者の居住の権利 ★

- **遺産分割、遺贈、死因贈与、家庭裁判所の審判**により配偶者居住権（登記可）を取得すれば、配偶者相続人は、無償で居住建物を使用・収益することができる。配偶者居住権の存続期間は、原則として配偶者の終身の間だが、遺産分割協議、遺言、家庭裁判所の審判によって存続期間を設定でき、配偶者の死亡や存続期間の満了等によって権利が消滅する。
- **配偶者居住権**が設定された場合、居住建物の所有者は配偶者に登記を備えさせる義務を負い、登記することで、第三者に対抗することができるようになる。
- 配偶者が、被相続人の財産である建物に相続開始の時に無償で居住していた場合には、「遺産分割により居住建物の帰属が確定した日」又は「相続開始の時から6か月を経過する日」のいずれか遅い日まで、従来どおり無償で居住することができる。これを配偶者短期居住権（登記不可）といい、配偶者に当然に認められる権利となっている。

8 相続登記

- 相続で不動産を取得した相続人は**所有権を取得したことを知った日**から、遺産分割で不動産を取得した相続人は**遺産分割成立の日**から、3年以内に相続登記を申請する義務がある。

9 遺留分 ★★

- 遺留分は、遺言の内容にかかわらず**相続財産の一定割合が法定相続人**（兄弟姉妹除く）に留保される制度である。**遺留分を侵害する遺言自体は**有効だが、遺留分を侵害された者は遺贈や贈与を受けた者に対し、**遺留分侵害額に相当する**金銭の請求をすることができる。
- **遺留分侵害額請求の権利**は、相続開始及び遺留分の侵害を知った日から1年、また**相続開始を知らなかった場合は相続開始から**10年のいずれかを過ぎると、時効で消滅する。
- 遺留分の放棄をするには、**相続開始前は**家庭裁判所の許可を得る必要があるが、相続開始後は意思表示を行うだけで放棄できる。**遺留分を放棄した場合でも、相続権は**失わない。
- 遺留分の割合は、遺留分権利者が直系尊属（父母・祖父母）のみなら相続財産の3分の1で、それ以外の場合は相続財産の2分の1である。
- ある相続人の遺留分＝相続財産×遺留分の割合×法定相続分の割合

10 特別の寄与

- 相続人以外の親族で、被相続人に対して無償で療養看護などの労務を提供し、それによって被相続人の財産の維持・増加について特別の寄与（貢献）をした特別寄与者は、相続人に対し、寄与に応じた額の金銭（特別寄与料）の支払いを請求できる。

21 共有

❶ 共有と持分

☐ 2人以上が1つの物を共に所有することを共有、各共有者の共有物に対する所有権の割合を持分という。

❷ 持分の処分

☐ 各共有者は、他の共有者の同意を得ずに自己の持分（共有持分権）を自由に処分できる。

❸ 持分の放棄と共有者の死亡 ★

☐ 共有者の1人が持分を放棄した場合、その持分は他の共有者に帰属する。

☐ 共有者の1人が死亡して相続人がいない場合、その持分は特別縁故者に対する財産分与の対象になる。この財産分与がされないとき、持分は他の共有者に帰属する。

❹ 共有物の使用と占有 ★

☐ 共有者は、共有物の全部について、その持分に応じた使用をすることができる。

☐ 共有者は、他の共有者との協議に基づかないで、当然に共有物を排他的に占有する権原は有していない。他の共有者との協議に基づかないで、共有物全部を占有する共有者がいるとき、他の共有者は単独で共有物の明渡しを請求することはできない。

☐ 共有者の1人から占有使用を承認された者は、承認者の持分の限度で占有使用できる。

❺ 共有物の管理と変更 ★

☐ 保存行為…共有物の修繕や所有権の保存登記など、現状を維持する行為。共有物の不法占拠者に明渡し請求、不法占拠によって生じた損害の賠償請求（持分の範囲に限る）も、保存行為に当たる。他の共有者の同意を得ずに各共有者が単独で行うことができる。

☐ 管理行為…共有物の賃貸借契約の締結又は解除など、共有物を利用する行為。また外壁塗装、温水洗浄便座の設置など、共有物を改良する行為。持分価格の過半数の同意で行うことができる。各共有者は、その持分に応じて管理費を負担しなければならない。

☐ 変更行為…共有物の建替え、増改築など、物理的損傷や改変を行う行為。共有物の売却、売買契約の解除など法律的な処分行為も含まれる。形状や効用の著しい変更を伴わない軽微変更は持分価格の過半数の同意、それ以外の変更行為は共有者全員の同意が必要。

❻ 共有物の分割請求 ★

☐ 各共有者は、いつでも共有物の分割請求をすることができる。共有者間で分割の協議を行い、協議が調わない場合は裁判所に分割請求することもできる。

☐ 裁判所による分割の方法には、共有物をそのまま分割する現物分割、現物分割することができないとき、又は分割によってその価格を著しく減少させるおそれがあるときに、共有物を売却、競売してその代金を分割する代金分割、共有者の1人が共有物全部を取得し、その他の共有者には持分の価格を賠償する全面的価格賠償の3つがある。

☐ 5年を超えない期間内であれば、分割をしない旨の特約（共有物分割禁止の定め）をして、その旨の登記（すべての登記名義人による合同申請）をすることができる（55ページ参照）。

☐ 共有物の分割による取得では、取得分が取得者の分割前の共有物に係る持分割合を超えなければ、形式的取得となり不動産取得税は課されない（130ページ参照）。

22 区分所有法①

1 区分所有法とは

☐ 分譲マンションのように、各部分が構造上、利用上区分されている建物に関する法律が、**建物の**区分所有**等に関する法律**（以下、区分所有**法**）である。**建物の各部分**について、別個の所有権である区分所有権が成立しているとき、その建物を区分所有建物という。

2 専有部分と共用部分 ★

☐ 区分所有権の目的となる独立した各部分（例：マンションの各住戸の内部）のことを専有部分、この専有部分を所有する者のことを区分所有者という。

☐ 区分所有者が共同で利用する建物の部分を共用部分という。**共用部分**は、**登記できない法定**共用部分（廊下・階段など）と、**登記できる規約**共用部分（集会室・管理人室など）に分かれる。法定共用部分を除き、共用部分は規約で特定の区分所有者の所有にできる。

☐ 数個の専有部分に通ずる廊下又は階段室、その他構造上区分所有者の全員又はその一部の共用に供されるべき建物の部分は、**区分所有権の目的と**ならない。

☐ 一部共用部分（住居と店舗が共存するマンションにある、住居部分用の出入り口や階段・店舗専用の出入り口や階段など）は、これを**共用すべき区分所有者の**共有に属する。規約で定めることで、区分所有者全員の共有に属するとすることもできる。

3 共用部分の持分割合

☐ 共用部分は、原則として区分所有者全員で共有する。各共有者の持分は、規約に別段の定めがない限り、**専有部分の床面積（内法面積）の割合**による。

☐ 共用部分に係る費用は、規約に別段の定めがない限り、**共有者の**各持分**割合で負担する。

4 共用部分の管理と変更 ★

☐ **保存行為**…清掃など、**現状を維持する行為**。保存行為は集会の決議が不要で、各区分所有者が単独で行うことができる。規約で別段の定めをすることもできる。

☐ **管理行為**…共用駐車場の賃貸借契約など、**収益を図る行為**。また廊下に夜間灯を設置するなど、**使用価値・交換価値を増加する行為**。管理行為は普通決議（区分所有者及び議決権の各過半数の賛成による集会の決議）で決定する。

☐ **変更行為**…外壁の補修や鉄部塗装工事など、**その形状又は効用の著しい変更を伴わない**軽微な変更は、普通決議で決定する。規約で別段の定めをすることもできる。

☐ 階段からエレベーターへの変更、集会室の増築など、**形状又は効用の著しい変更を伴う**重大な変更は、特別決議（区分所有者及び議決権の各4分の3以上の賛成による集会の決議）で決定する。議決要件については、規約により区分所有者の定数を過半数まで減ずる（緩和する）ことができる。**議決権に関しては**4分の3から緩和できない。

5 敷地利用権

☐ 専有部分を所有するための建物の敷地に関する権利を敷地利用権という。**敷地利用権の割合**は、規約で別段の定めがない限り、各共有者の有する専有部分の床面積の割合による。

☐ 専有部分とその専有部分に係る敷地利用権は、分離して処分できない。ただし、**規約で別段の定めをすれば、分離処分が可能になる。

22 区分所有法②

6 管理組合と管理者 ★★★

☐ **区分所有者**は、その**意思**にかかわらず、**当然**に管理組合の構成員となる。**管理組合**は、区分所有者が2人以上であるとき、所定の手続きを経て管理組合法人となることができる。

☐ **区分所有者**は、規約に別段の定めがない限り、**集会の決議**によって、**管理者を選任、解任**することができる。**管理者**は、個人（自然人）でも法人でも、区分所有者でも区分所有者以外の者でもなることができる。

☐ **管理者**は、その職務に関し、**区分所有者の代理人**として、保存行為、集会の決議の実行、**規約で定めた行為**を行う。各区分所有者は、規約に定めがない限り、**管理者の行為**について共用部分の持分割合に応じて責任を負う。

☐ **管理者**は、規約又は集会の決議があれば、区分所有者のために原告・被告となれる。規約により原告又は被告となった管理者は、**その旨を区分所有者に通知**しなければならない。

☐ 管理者がより円滑に共用部分を管理できるよう、**規約により特別の定めがある**場合には、**管理者が共用**部分を所有できる。この場合の管理者を**管理所有者**という。

7 規約 ★★★

☐ **規約の設定・変更・廃止**は、**集会の特別決議**（区分所有者及び議決権の各4分の3以上の賛成による集会の決議）で決定する。加えて、**規約の設定・変更・廃止**が一部の区分所有者の権利に特別の影響を及ぼすときは、**その承諾**を得る必要がある。

☐ **一部共用**部分に関する事項で区分所有者全員の利害に関係しないものは、区分所有者全員の規約に定めがなければ、これを**共用すべき区分所有者**の規約で定めることができる。

☐ 最初に建物の**専有部分**の全部を所有する者（分譲業者等）は、**公正証書**によって、**建物の共用部分**を定めるなど、一定の事項に限り、**規約を設定**することができる。

☐ 他の区分所有者から区分所有権を譲り受け、建物の専有部分の全部を所有することとなった者は、**公正証書**による規約の設定を行うことはできない。

☐ **規約**は**管理者**が保管しなければならない。**管理者**がないときは、建物を使用している区分所有者又はその代理人で規約又は**集会の決議**で定める者が保管しなければならない。

☐ 建物内の見やすい場所に、規約を**保管している場所**を掲示しなければならない。

☐ 規約を保管する者は、**利害関係人**の請求があったときは、正当な理由がある場合を除いて、規約の**閲覧**を拒んではならない。閲覧を拒絶した場合は20万円以下の過料に処される。

8 集会の招集 ★★★

☐ **集会**は、区分所有者によって構成される**管理組合の最高意思決定機関**である。

☐ **管理者**は、少なくとも**毎年1回**は集会を招集しなければならない。また、**区分所有者**の5分の1以上で議決権の5分の1以上を有するものは、**管理者**に対し、会議の目的たる事項を示して、集会の招集を**請求**することができる。**5分の1以上という定数は規約で減ずる**ことができる。

☐ **管理者がないとき**は、**区分所有者**の5分の1以上で**議決権**の5分の1以上を有するものは、**集会を招集**することができる。**5分の1**以上という定数は**規約**で減ずることができる。

22 区分所有法③

8 集会の招集（続き）★★★

☐ 集会の招集に当たっては、集会の日の少なくとも<u>1週間</u>前（**規約で伸縮**できる）までに、会議の目的事項を示して**各区分所有者に通知**しなければならない。区分所有者が管理者に対して**通知を受け取る場所**をあらかじめ通知した場合には、その場所に通知する。通知しない場合には、<u>専有部分</u>がある場所に通知する。また、**規約で特別に定めれば**、建物内の<u>見やすい場所</u>に掲示して通知することができる。

☐ <u>区分所有者全員</u>の同意があるときには、**招集手続きを省略**して集会を開くことができる。

9 集会での報告と議事録 ★

☐ **管理者**は、集会において、**毎年**<u>1</u>**回一定の時期**に、その<u>事務</u>に関する報告をしなければならない。

☐ 集会の議事録が書面で作成されているときは、**議長及び集会に出席した区分所有者**<u>2</u>人（計<u>3</u>人）がこれに署名しなければならない。集会の議事録の保管場所は建物内の<u>見やすい場所</u>に掲示しなければならない。

10 集会の決議 ★★

☐ 集会では、原則として**招集時に通知した**<u>会議の目的</u>たる事項についてのみ、**決議**することができる。ただし、**規約で別段の定め**をすれば、集会の決議につき**特別の定数が定められている事項を除いて**、通知した事項以外のことも決議することができる。

☐ **議決権**は、各区分所有者の**共用部分の持分割合**（原則、<u>専有部分の床面積</u>の割合）による。

☐ **専有部分を数人で共有**している場合は、**議決権を行使すべき者**<u>1</u>人を定めなければならない。この場合、**集会の招集通知は議決権行使者**<u>1</u>人にするが、定められていない場合は、**共有者の**<u>いずれか1人</u>に通知すればよいことになっている。

☐ 区分所有者の承諾を得て**専有部分を占有する者**は、会議の目的たる事項につき<u>利害関係</u>を有する場合には、**集会に出席して意見を述べる**ことができる。ただし、**議決権**は<u>ない</u>。

☐ 集会において決議すべき場合でも、<u>区分所有者全員</u>の**承諾**があるときは、**書面又は電磁的方法による決議**をすることができる。

☐ 集会の決議の効力は、区分所有者の特定<u>承継</u>人や<u>賃借</u>人などの<u>占有</u>者に対して<u>も及ぶ</u>。

11 特別の定数が定められている事項 ★

☐ **特別決議**は、**区分所有者及び議決権の各**<u>4</u>**分の**<u>3</u>**以上**で決定する。→ 共用部分の重大な変更（規約により<u>区分所有者</u>の定数のみ<u>過半数</u>まで緩和可）／規約の**設定・変更・廃止**／<u>管理組合</u>法人の設立・解散／義務違反者に対する専有部分の<u>使用禁止</u>請求、<u>競売</u>請求、引渡し請求／<u>大規模滅失</u>（建物<u>価格</u>の<u>2</u>分の<u>1</u>を超える滅失）の復旧

※<u>小規模</u>滅失の場合、各区分所有者は、復旧する旨の決議・建替え決議の<u>前</u>であれば、単独で自己の<u>専有</u>部分及び滅失した<u>共用</u>部分の復旧工事ができる。

☐ **建替え決議**は、**区分所有者及び議決権の各**<u>5</u>**分の**<u>4</u>**以上**で決定する。

23 権利関係・その他①

1 用益物権と担保物権 ★★★★★

☐ 物を直接に支配して利益を享受する排他的な権利を<u>物権</u>という。**物権は本権と占有権に**分かれ、**本権は<u>所有</u>権と制限物権に分かれる。制限物権は<u>用益</u>物権と<u>担保</u>物権に分かれる。**

☐ **用益物権は、**他人が所有する土地を一定の目的のために使用・収益するための権利で、<u>地上</u>権、永小作権、<u>地役権</u>、入会権がある。

☐ **地上権は**他人の土地を利用できる権利で、**地主の承諾なく<u>譲渡</u>ができる。**また、**地上権を設定した土地の賃貸も<u>できる</u>。賃借権は賃貸人の承諾なく譲渡・転貸が<u>できない</u>。**

☐ <u>地役</u>権は、**特定の土地（<u>要役</u>地）の利便性を高めるために、**他人の土地（<u>承役</u>地）を利用する権利である。**通行地役権は、**公道から自分の土地（<u>要役</u>地）に出入りするために他人の土地（<u>承役</u>地）を通行する権利である。

☐ **地役権者は、<u>要役</u>地である土地の<u>所有</u>権を有している必要があり、要役地の所有権と切り離して単独で譲渡することが<u>できない</u>。**また**地役権は、<u>継続</u>的に行使され、**かつ<u>外形</u>上認識することができるものに限り、<u>時効</u>によって取得できる。

2 相隣関係 ★★★★

☐ 土地の所有者は、次の①～③の目的のため必要な範囲内で**隣地を使用**できる。
①<u>境界</u>・障壁、建物その他の工作物の築造・収去・修繕。②<u>境界</u>標の調査又は<u>境界</u>に関する測量。③越境してきている竹木の<u>枝</u>の切取り。

☐ 電気、ガス、水道等の<u>ライフライン</u>を自己の土地に引き込むために、導管等の**設備を他人の土地に設置したり、他人が所有する設備を使用**することができる。

☐ 隣地の使用、<u>ライフライン</u>設備の設置の際には、**目的・日時・場所・方法をあらかじめ**隣地所有（使用）者に通知し、その**損害が最も少ない方法**等にしなければならない。また、<u>住家</u>についてはその家の居住者の承諾がなければ立ち入ることはできない。

☐ **境界線上**に設けた境界標・囲障・障壁・溝・堀は、**相隣者の<u>共有</u>に属する**ものと推定される。

☐ **袋地**（他の土地に囲まれて公道に通じない土地）**の所有者は、**公道に至るため、**囲繞地**（袋地を囲んでいる他の土地）**を通行**できる。通行の場所・方法は、通行権を有する者のために必要であり、**他の土地のために損害が最も少ないもの**を選ばなければならない。**共有物分割によって袋地が生じた場合は、<u>償金</u>を支払わずに、他の分割者の土地を通行できる。**

☐ 境界線を越えてきた隣地の竹木の<u>枝</u>は、**所有者に枝を切除させることができる。**ただし、次の①～③の場合には、**自ら枝を切除**することができる。①竹木の所有者に枝を切除するよう催告したが相当の期間内に切除されないとき。②竹木の所有者不明・所有者所在不明のとき。③急迫の事情があるとき。

☐ 境界線を越えてきた隣地の竹木の<u>根</u>は、**自らその<u>根</u>を切り取ることができる。**

☐ 境界線から<u>1 m</u>未満の距離において他人の宅地を見通すことのできる**窓又は縁側**（ベランダを含む）を設ける者は、<u>目隠し</u>を付けなければならない。

☐ 土地の所有者は、隣地から**雨水が自然に流れてくる**ことを妨げることはできない。

☐ <u>高地</u>の所有者は、その高地が浸水した場合にこれを乾かすため、**公の水流又は下水道に至るまで、<u>低地</u>に水を通過させることができる。**

23 権利関係・その他②

❸ 債権者代位権 ★

☐ **債権者代位権**とは、**債権**者が自身の債権を保全するために、**債務**者に代わって債務者の<u>第三債務者</u>（債務者に対して、さらに債務を負う者）**に対する権利を行使**（代位行使）できる権利である。

● **債権者代位を行使できる要件**

☐ ① **債務者に債務を**<u>弁済</u>**するだけの**<u>財産</u>**がないこと**（無資力要件）

【例外】債権者代位権の転用の場合、無資力要件は不要

☐ ② **債務者自らがまだ**<u>第三債務者</u>**に対する債権を**<u>行使</u>**していないこと**

☐ ③ <u>一身専属権</u>（権利の行使を権利者の意思に委ねるべき権利）**でないこと**

【例】**夫婦間の契約取消権**、<u>慰謝</u>**料請求権**など

☐ ④ <u>差押え</u>**を禁じられた債権でないこと**

☐ ⑤ **被保全債権**（債権者が法律的に確保しようとしている債権）**の**<u>弁済</u>**期**（履行期）**が到来していること**

【例外】保存行為…債務者の財産の現状を維持する行為

☐ ⑥ <u>強制執行</u>**により実現することのできない債権でないこと**

☐ 債務者の責任財産保全という目的以外で債権者代位権を行使することを債権者代位権の<u>転用</u>という。債権者代位権の<u>転用</u>には、次のようなものがある。

☐ ① **不動産の**<u>移転登記</u>**請求**…例えば、土地がAからB、BからCへと譲渡された場合、登記がなおAにあるときは、**Cは、BのAに対する**<u>移転登記</u>**請求権を代位行使できる**

☐ ② **所有権の**<u>保存</u>**登記手続き** …例えば、**未登記建物の買主**は、売主に対する建物の移転登記請求権を保全するため、**売主に代位して当該建物の所有権**<u>保存</u>**登記手続きを行うことができる**

☐ ③ <u>妨害</u>**排除・明渡し請求**…例えば、**抵当権者は抵当不動産の所有者の**<u>妨害</u>**排除請求権を**<u>代位</u>**行使できる**。また、不法占有者に対し不動産を直接自己に明け渡すよう請求できる

☐ ④ <u>消滅</u>**時効の援用**…例えば、**金銭債権の債権者は、債務者に代位して他の債権者に対する債務の**<u>消滅</u>**時効を援用することができる**

❹ 贈与契約 ★★

☐ 贈与契約は<u>諾成</u>契約で、<u>書面</u>によらなくても**法的な効力を生じる。**

☐ **書面によらない贈与**は、解除することができるが、<u>履行</u>が終わった部分については解除できない。**書面による贈与**は、履行前でも解除<u>できない</u>。

☐ **書面による死因贈与**は、履行前に解除<u>できる</u>。

☐ <u>負担</u>**付贈与**では、**受贈者が**<u>負担</u>**を履行しないとき**は、贈与者はその贈与契約を解除できる。<u>負担</u>**付贈与の贈与者**は、<u>負担</u>**の限度において、売主と同様の担保責任**（契約不適合責任）**を負う**（50ページ参照）。

MEMO

3 法令上の制限

　「法令上の制限」からは、宅建試験の全出題数**50問のうち8問**が出題されます。**問題数は少ないものの確実に得点しておきたい分野**です。

Contents

見出しの★は、平成10年以降の出題回数を表しています。

★なし	出題 5回未満
★	出題 5回以上
★★	出題10回以上
★★★	出題15回以上
★★★★	出題20回以上
★★★★★	出題25回以上

01 ■都市計画法
区域区分・用途地域①

1 都市計画法とは

☐ 都市計画法は、土地利用、都市施設の整備及び市街地開発事業についての計画等を定めている。

2 都市計画区域の指定 ★

☐ 都市計画法では、都市計画の一つとして、都市計画区域・準都市計画区域を定めている。

☐ 都市計画区域は、一体の都市として総合的に整備・開発・保全する必要がある区域、又は新たに住居都市、工業都市その他の都市として開発・保全する必要がある区域として、原則として、都道府県が指定する。指定の際には、関係市町村及び都道府県都市計画審議会の意見を聴くとともに、国土交通大臣に協議し、その同意を得なければならない。（2つ以上の都府県にわたる場合は、国土交通大臣が指定）。

☐ 準都市計画区域とは、都市計画区域外での乱開発防止のため、一定の区域に指定される区域をいう。

3 区域区分 ★

☐ 区域区分とは、都市計画区域について無秩序な市街化を防止し、計画的な市街化を図るため、必要があるときに都市計画に、市街化区域と市街化調整区域との区分を定めることをいう。また、区域区分を定めて都市計画区域を2つに分けることを線引きという。

☐ 市街化区域とは、既に市街地を形成している区域、または、おおむね10年以内に優先的かつ計画的に市街化を図るべき区域をいう。

☐ 市街化調整区域とは、市街化を抑制すべき区域をいう。

☐ 非線引き区域とは、区域区分が定められていない都市計画区域をいう。

4 地域地区

☐ 地域地区とは、土地を利用目的別に区分し、その目的に沿ったまちづくりを行う都市計画、またはその区分された地域、地区、街区をいう。

5 用途地域 ★★

☐ 用途地域とは、地域にふさわしい街並みをつくるために、建物の用途（使い道）を統一し、規制等を行う地域をいう。

☐ 市街化区域では、少なくとも（必ず）用途地域を定める。市街化調整区域では、原則として、用途地域を定めない。

☐ 用途地域は全部で13種類あり、市町村が定める。

● 用途地域（全13種類）

住居系（8種類）	
第一種低層住居専用地域	第二種低層住居専用地域
田園住居地域	第一種中高層住居専用地域
第二種中高層住居専用地域	第一種住居地域
第二種住居地域	準住居地域

商業系（2種類）
近隣商業地域
商業地域

工業系（3種類）
準工業地域
工業地域
工業専用地域

01 区域区分・用途地域②

6 補助的地域地区 ★★★★★

☐ **用途地域内**にのみ定めることができる補助的地域地区。

① 高度地区…市街地の環境維持、又は土地利用の増進を図るため、建築物の高さの最高限度又は最低限度を定める地区

② 高度利用地区…市街地における土地の合理的で健全な高度利用と都市機能の更新とを図るため、建築物の容積率の最高限度・最低限度、建蔽率の最高限度、建築面積の最低限度、壁面の位置の制限を定める地区

③ 高層住居誘導地区…住居と住居以外の用途とを適正に配分し、利便性の高い高層住宅の建設を誘導するため一定の用途地域（第一種・第二種住居地域、準住居地域、近隣商業地域、準工業地域）のうち、容積率が400%又は500%と定められた地域における、容積率の最高限度、建蔽率の最高限度及び敷地面積の最低限度等を定める地区

④ 特例容積率適用地区…一定の用途地域内において建築物の容積率の限度からみて、未利用となっている建築物の容積の活用を促進して土地の高度利用を図るため定める地区

⑤ 特別用途地区…用途地域内の一定の地区における当該地区の特性にふさわしい土地利用の増進、環境の保護等の特別の目的の実現を図るため当該用途地域の指定を補完して定める地区

☐ **用途地域外**にのみ定めることができる補助的地域地区。

特定用途制限地域…用途地域が定められていない土地の区域（市街化調整区域を除く）内において、その良好な環境の形成又は保持のため当該地域の特性に応じて合理的な土地利用が行われるよう、制限すべき特定の建築物等の用途の概要を定める地域。

☐ **用途地域の内外問わず**、定めることができる補助的地域地区。

① 特定街区…市街地の整備改善を図るため街区の整備又は造成が行われる地区について、その街区内における建築物の容積率や、高さの最高限度及び壁面の位置の制限を定める街区

② 防火地域・準防火地域…市街地における火災の危険を防除するため定める地域

③ 風致地区…都市の風致（自然美）を維持するため定める地区。建築物の建築について一定の基準に従い、地方公共団体の条例で規制が可能

④ 景観地区…市街地の良好な景観の形成を図る地区→都市計画区域・準都市計画区域に定める

⑤ 臨港地区…港湾を管理運営するため定める地区

☐ 準都市計画区域では、都市計画に、**用途地域、特別用途地区を定めることはできる**が、区域区分、**高度利用**地区、高層住居誘導地区、特例容積率適用地区、特定街区、**防火地域・準防火地域**、臨港地区を**定めることは**できない。

7 用途地域で都市計画に定める事項 ★

☐ 容積率の限度と建蔽率の限度は、すべての用途地域で定めなければならない。※商業地域の建蔽率の限度は、80%と決まっており、都市計画で定める必要はない。

☐ 敷地面積の最低限度は、必要に応じて、すべての用途地域で定めることができる。

☐ 建築物の絶対的高さ制限と外壁の後退距離の限度は、第一種・第二種低層住居専用地域、田園住居地域でのみ、必要に応じて定めることができる。

☐ 都市計画では、建築物の外壁又はこれに代わる柱の面から敷地境界線までの距離の限度を1.5m又は1mとして定めることができる。

02 都市計画事業①

本冊問題➡338～339ページ

1 都市計画事業とは

- ☐ **都市計画施設**の整備に関する事業及び**市街地開発事業**を**都市計画事業**という。
- ☐ 都市計画事業は、原則として**市町村が施行**するが、一定の要件のもと**国が行う**場合もある。
- ☐ **都道府県知事又は国土交通大臣**が**認可と承認**を行う。
- ☐ **土地収用法の規定による事業の認定**（基準に適合していると判断すること）**は行わず**、都市計画法における**事業の認定の告示**をもって、**認可又は承認の告示**とみなす。

2 都市計画施設

- ☐ 道路や公園、上下水道などの**公共施設**を**都市施設**という。
- ☐ 都市計画において定められた**都市施設**を**都市計画施設**という。
- ☐ **都市施設**は、原則として、**都市計画区域内**に定めるが、特に必要があるときは、**都市計画区域外**にも定めることも**できる**。
- ☐ 次の区域や地域には、**必ず定めなければならない都市施設**がある。

市街化区域・非線引き区域	少なくとも道路・公園・下水道
住居系の用途地域	道路・公園・下水道・義務教育施設

3 市街地開発事業

- ☐ **市街地開発事業**は、**市街化区域**又は**区域区分**が定められていない都市計画区域内において、**一体的に開発又は整備**する必要がある**土地の区域**について定められる。従って、**市街化調整**区域、準都市計画区域、都市計画区域及び**準都市計画**区域外の区域には定めることは**できない**。
- ☐ 市街地開発事業に関する都市計画は、**原則として都道府県**が定め、政令で定める小規模なものについては、**市町村**が定める。

4 都市計画事業の流れ

- ☐ 都市計画事業は、通常、次のようなプロセスで進められ、各段階で異なる制限が設けられている。

計画段階		事業段階		
都市計画事業の決定の告示 ・都市計画施設の区域 ・市街地開発事業の施行区域	➡	都市計画事業の認可・承認の告示 ・都市計画事業の事業地	➡	都市計画事業の完成

- ☐ 大規模な都市計画事業は、予定の段階で**市街地開発事業等予定区域**が定められ、「予定段階→事業段階」という２段階で制限がかけられる。

予定段階
市街地開発事業等予定区域決定の告示 ・市街地開発事業等予定**区域**

- ☐ 市街地開発事業等予定区域に係る**市街地開発事業**又は都市施設に関する**都市計画**には、**施行予定者**を定めなければならない。

02 都市計画事業②

5 都市計画事業にかけられる制限 ★★★

☐ 次の行為を行う場合、都道府県知事（市の区域内の場合は市長）の許可が必要となる。

	計画段階	事業段階	予定段階
	都市計画施設の区域 市街地開発事業の施行区域	都市計画事業 の事業地	市街地開発事業等 予定区域
建築物の建築	必要	必要※	必要
工作物の建設	不要	必要※	必要
土地の形質の変更	不要	必要※	必要
5トン超の物件の 設置・堆積	不要	必要	不要
許可不要の例外	以下については許可は不要 ・政令で定める軽易な行為 ・非常災害のため必要な応急 　措置として行う行為 ・都市計画事業の施行として 　行う行為	例外はなし （いずれの場合も 許可が必要）	以下については許可は不要 ・政令で定める軽易な行為 ・非常災害のため必要な応急 　措置として行う行為 ・都市計画事業の施行として 　行う行為

※都市計画事業の施行の障害となるおそれのあるものに限る。

☐ **都道府県知事**は、都市計画事業の認可・承認の告示後、許可の申請を受けて、その許可を与えようとするときは、あらかじめ施行者の意見を聴かなければならない。ただし、**事業施行者の許可や同意を受ける必要はない。**

☐ 都市計画事業の認可・承認の告示があった後、この認可に係る事業地内の**土地建物等を有償で譲渡**しようとする者は、事前に、譲渡価格、**譲渡の相手方その他の事項**を当該事業の施行者に届け出なければならない。

6 田園住居地域における建築制限

☐ **田園住居地域**内の農地で次の行為を行う場合、市町村長の許可が必要となる。

● **許可が必要となる行為**

☐ ① 建築物の建築、その他工作物の建設

☐ ② **土地の形質の変更**

☐ ③ 土石などの堆積（例：資材置き場などに利用する）

● **例外として許可不要となる行為**

☐ ① 通常の管理行為、軽易な行為

☐ ② 非常災害のため必要な応急措置として行う行為

☐ ③ 都市計画事業の施行として行う行為

☐ ④ 国又は地方公共団体が行う行為←あらかじめ、市町村長に協議する必要がある。

3

法令上の制限

03 ■都市計画法 地区計画

1 地区計画とは何か

☐ 小規模な地区ごとに、**各特性に合わせたまちづくりを行う都市計画**を地区計画という。

☐ 地区計画は、**建築物の建築形態、公共施設その他の施設の配置等**からみて、**一体として**それぞれの区域の特性にふさわしい態様を備えた良好な環境の各街区を整備し、開発し、及び保全するための計画とされ、すべて市町村が定める。

2 地区計画を定めることができる区域

☐ 都市計画区域内で、用途地域が定められている土地の区域では地区計画を定めることができる。用途地域が定められていない土地でも、一定の条件を満たしていれば、地区計画を定めることができる。

3 地区計画について定める事項

☐ 地区計画について、都市計画に定めなければならない事項は、① **地区計画の種類**、名称、位置、区域 ② 地区施設及び地区整備計画 である。

☐ 地区計画について、都市計画に定めるように努めるものとされている事項は、① **区域の面積** ② 地区計画の目標 ③ 区域の整備・開発・保全に関する方針 である。

4 地区整備計画 ★

☐ 地区施設及び建築物などの整備や、土地利用に関する計画を地区整備計画という。

☐ **地区整備計画に定めることができる事項**…① 地区施設の配置及び規模 ② 建築物等の用途の制限 ③ 建蔽率の最高限度 ④ 容積率の最高限度又は最低限度 ⑤ 建築物の敷地面積の最低限度の制限等 ⑥ 建築物等の高さの最高限度又は最低限度、建築物の建築面積の最低限度等、建築物の形態の制限
※市街化区域と市街化調整区域との区分の決定の有無を定めることはできない。

☐ **市街化調整区域内で定めることができない事項**… 建築物の容積率の最低限度、建築物の建築面積の最低限度及び建築物等の高さの最低限度

☐ **地区計画区域内の建築制限**…地区整備計画が定められている地区計画の区域内において、① 土地の区画形質の変更 ② 建築物の建築 ③ 政令で定める行為（工作物の建設など）を行う場合、着手の30日前までに一定の事項を市町村長への届け出る必要がある。

☐ **市町村長の勧告**…届け出た行為が、地区計画に適合しないとき、**市町村長**は、その届出をした者に対し、**設計の変更等の勧告**をすることができる。

5 再開発等促進区・開発整備促進区

☐ 地区計画には、再開発等促進区や開発整備促進区を定めることができる。

☐ **再開発等促進区**…地区計画について**土地の合理的かつ健全な高度利用と都市機能の増進**とを図るため、一体的かつ総合的な市街地の再開発又は開発整備を実施すべき区域。

☐ **開発整備促進区**…劇場、店舗、飲食店等の**大規模な集客施設の整備**による商業その他の業務の利便の増進を図るため、一体的かつ総合的な市街地の開発整備を実施すべき区域。

☐ **開発整備促進区を定められる区域**…第二種住居地域、準住居地域、工業地域、用途地域が定められていない土地の区域（市街化調整区域を除く）。

04 都市計画の決定手続き
■都市計画法

1 都市計画の決定権者

- [ ] **都市計画の決定**は、原則として、都道府県又は市町村が行う。
- [ ] **市町村が定める都市計画**は、都道府県が定めた都市計画に適合していなければならない。
- [ ] **市町村が定めた都市計画**が、都道府県が定めた都市計画と抵触するときは、その限りにおいて、都道府県が定めた都市計画が優先される。

2 決定手続きの流れ

都市計画は、次のような手続きを経て定められる。

- [ ] **❶ 都市計画の原案作成**は、都道府県又は市町村が作成する。また、市町村は議会の議決を経て基本構想（マスタープラン）を定める義務を負う。
- [ ] **❷** 都道府県又は市町村は、必要があるときに、公聴会の開催等、住民の意見を反映させるために必要な措置を講ずる。
- [ ] **❸** 都市計画を決定しようとするとき、都道府県又は市町村はその旨を公告し、公告の日から2週間、都市計画案を公衆の縦覧に供しなければならない。
- [ ] **❹** 公告・縦覧された都市計画案について、住民や利害関係者は意見書を提出することができる。**提出可能**なのは、2週間の縦覧期間内に限られる。
- [ ] **❺** 都市計画を決定する際の手順は、**都道府県と市町村では異なる**。
  - ● 都道府県が定める場合
- [ ] ① 関係市町村の意見を聴く
- [ ] ② 都道府県都市計画審議会の議を経る
- [ ] ③ 国土交通大臣に協議し、同意を得る（都市計画が国の利害に重大な関係がある場合）
  - ● 市町村が定める場合
- [ ] ① **市町村都市計画審議会の議を経る**（この審議会が置かれていない市町村の場合は、都道府県都市計画審議会の議を経る）
- [ ] ② **都道府県知事に協議する**（同意を得る必要はない）
- [ ] **❻** 都市計画は、**総括図、計画図、計画書**によって表示される。これらの**図書又はその写し**は、当該都市計画が定められている土地の存する**都道府県又は市町村の事務所**に備え置かれ、**閲覧その他適切な方法で**公衆の縦覧に供しなければならない。

3 国土交通大臣が定める都市計画

- [ ] **2つ以上の都府県**の区域にわたる都市計画区域に係る都市計画は、**国土交通大臣及び市町村**が定める。

4 都市計画の決定や変更の提案

- [ ] **土地所有者等**（都市計画の素案の対象となる土地の所有者又は**建物の所有を目的とする**対抗要件を備えた地上権者・賃借権者）は、都道府県又は市町村に対し、**都市計画の決定や変更について提案**することができる。→土地所有者等の3分の2以上の同意が必要。

3
法令上の制限

05 開発許可制度

■都市計画法

1 開発行為とは ★

- [ ] 主として**建築物の建築又は特定工作物の建設**の用に供する目的で行う**土地の区画形質の変更**を**開発行為**という。
- [ ] **土地の区画形質の変更**とは、土地の「区画」「形」「質」を変更することである。
- [ ] **区画の変更**…従来の敷地の境界の変更を行うこと。
- [ ] **形の変更**…土地の盛土や切土により、土地の形状を変えること。
- [ ] **質の変更**…宅地以外の土地（農地や山林、雑種地）を宅地にすること。
- [ ] 周辺地域の環境に悪化をもたらすおそれのある工作物や大規模な工作物を特定工作物という。特定工作物は、**第一種特定工作物と第二種特定工作物**に分けられている。
- [ ] **第一種特定工作物**…コンクリートプラント、アスファルトプラントなど。
- [ ] **第二種特定工作物**…ゴルフコース（面積は問わない）、1ha（10,000㎡）以上の野球場、庭球場、陸上競技場、遊園地、動物園、その他の運動・レジャー施設、墓園など。

2 開発行為の許可

- [ ] 都市計画区域の内外を問わず、**一定の規模以上の開発行為を行う者**は、原則として、**都道府県知事の許可（開発許可）**を受ける必要がある。
- [ ] 開発許可の特例として**国・都道府県等が行う開発行為**については、国の機関又は都道府県等と都道府県知事との**協議**が成立することで、**開発許可があったもの**とみなされる。

3 開発許可が不要となるケース ★★★★★

例外的に、次の①〜③のケースについては、**開発許可は不要**となる。

- [ ] ① **すべての区域で許可が不要となる開発行為**
- [ ] ・公益上必要な建築物のうち一定のもの（鉄道施設、図書館、公民館、変電所、公園施設など）を建築するための開発行為。※**診療所、病院、学校、幼稚園**等は開発許可が必要
- [ ] ・都市計画事業・土地区画整理事業・市街地再開発事業等の施行として行う開発行為
- [ ] ・非常災害のための応急措置として行う開発行為
- [ ] ・通常の管理行為、軽易な行為…仮設建築物、付属建築物（車庫、物置など）の建築
- [ ] ② **市街化区域以外の区域内で農林漁業用の建築物を建築するための開発行為**
- [ ] ・農林漁業の用に供する建築物…生産・集荷用の建築物（温室・畜舎など）、生産資材の貯蔵・保管用の建築物（サイロなど）。※農産物貯蔵施設・農産物加工施設は許可が必要
- [ ] ・農林漁業者の居住用建築物
- [ ] ③ **開発許可が不要となる面積の要件**
  ①や②の要件に該当しない場合でも、右表の面積の要件を満たした場合、開発許可は不要。※1既成市街地等では500㎡未満。※2条例で300㎡まで引き下げ可。

都市計画区域	市街化区域	1,000㎡未満※1※2
	市街化調整区域	すべて許可が必要
	非線引き区域	3,000㎡未満※2
	準都市計画区域	
都市計画区域及び準都市計画区域外の区域		1ha（10,000㎡）未満

06 開発許可の手続き①

1 手続きの流れ

☐ **開発許可の手続き**は、次の手順で進行する。

❶ 申請前の事前協議
- 事前協議は申請者と公共施設の管理者間で行う。
- 同意書・協議書を作成する。

❷ 開発許可申請書の提出

❸ 許可・不許可の審査
- 都道府県知事が行う。

❹ 許可・不許可の処分

許可	不許可
❺ 開発登録簿への登録	不服申立て
工事開始	審査請求
内容変更の許可	処分取消しの訴え
廃止の届出	・許可・不許可の処分は、必ず書面で申請者に通知される。
承継の承認など	

2 申請前の事前協議 ★

☐ 開発許可を申請する場合、あらかじめ、**他者と協議**したり、**同意**を得る必要がある。

● 公共施設の管理者との協議・同意

☐ 開発行為に関係がある公共施設がある場合…① 管理者と協議し、同意を得る ② 同意書を作成し、申請書に添付する

☐ 開発行為により、新たに公共施設を設置する場合…① あらかじめ、**管理者となる者との協議**が必要。同意は不要 ② 協議の経過を示す書面を作成し、申請書に添付する

● 土地所有者等の同意

☐ 開発行為の施行又は開発行為に関する工事の実施の妨げとなる権利を有する者の相当数の同意（全員の同意でなくてよい）が必要。同意を得た場合、同意書を作成し、申請書に添付する。開発許可は自己が所有する土地以外でも申請が可能。

3 申請書の提出

☐ 開発許可の申請は、次の事項を記載し、**必ず書面**で行う。

① 開発区域の位置・区域・規模　　② 予定される建築物又は特定工作物の用途
③ 工事施行者　④ 設計（**国土交通省令で定める資格を有する者**が作成したもの）
⑤ その他（工事着手予定日、完了予定日、資金計画等）

4 開発許可の審査基準 ★★

☐ 都道府県知事は、**都市計画法第33条・第34条**（以下、第33条・第34条）に定められている開発許可基準に従って審査し、**開発の許可・不許可を決定する。

☐ すべての区域の開発許可について第33条の基準（技術基準）に適合するか審査される。

☐ 市街化調整区域内においては、第33条の基準を満たし、かつ、**34条の基準（立地基準）のいずれか1つに該当していなければ、許可されない。

☐ ただし、**第二種特定工作物**を建設するための開発行為は、**市街化調整区域内**であっても第33条の基準のみで審査される。

4 開発許可の審査基準（続き）★★

☐ **第33条の許可基準の主なポイント** ※「自己居住用の住宅に関する開発行為」については①〜③の基準のみ適用。

① 予定建築物等の用途が用途地域等に適合している　② 土地の所有者などの相当数の同意を得ている　③ 排水施設が構造及び能力上適当に配置されるよう設計されている　④ 申請者に開発行為を行う「資力及び信用」がある　⑤ 関係権利者の相当数の同意を得ている　⑥ 予定建築物等の敷地に接する道路の幅員についての基準に適合している　⑦ 公園、緑地又は広場が規模及び構造上適当に配置されている　⑧ 水道その他の給水施設が構造及び能力上適当に配置されるよう設計されている　⑨ 予定建築物等の敷地に接する道路基準に適合している　⑩ 災害危険区域等（土砂災害特別警戒区域、地すべり防止区域、浸水被害防止区域、急傾斜地崩壊危険区域の4区域）の土地が含まれていない。

☐ **第34条の許可基準の主なポイント** ※第34条の許可は、市街化調整区域にのみ適用。

① 周辺地域の居住者の日常生活に必要な物品販売店舗の建築を目的とする開発行為である
② 農産物等の加工に必要な建築物等の用に供する目的で行う開発行為である
③ 都道府県知事が開発審査会の議を経て、開発区域の周辺における市街化を促進するおそれがなく、かつ、市街化区域内において行うことが困難又は著しく不適当と認める開発行為である

5 開発登録簿への登録 ★

☐ 都道府県知事は、**開発許可・不許可の処分**について、遅滞なく文書で申請者に通知する。
☐ 都道府県知事は、開発行為を許可した土地について、次の事項を開発登録簿に登録する。
① **開発許可の年月日**　② **予定建築物等の用途**（用途地域等の区域内の建築物を除く）
③ 公共施設の種類・位置・区域　④ ①〜③以外の開発許可の内容
⑤ 建蔽率等の制限の内容（用途地域の定められていない土地の区域に限る）
☐ 開発登録簿は常に公衆が閲覧できるよう保管し、請求があれば写しを交付する。
☐ **都道府県知事**は、**用途地域の定めのない土地の区域で開発許可を行う場合**、必要があると認めるときは、当該開発区域内の土地について、次の事項を定めることができる。
① **建築物の建蔽率**　② **建築物の高さ**　③ **壁面の位置**
④ **建築物の敷地、構造及び設備に関する制限**

6 不服申立て

☐ 開発行為の許可又は不許可の処分に対して**不服のある者**は、開発審査会に対する審査請求や、裁判所に対する処分取消しの訴えを提起できる。どちらを選ぶかの**選択は自由**。
☐ 裁判所への処分取消しの訴えは、**審査請求に対する**開発審査会の裁決を待たずに提起可能。

7 変更・廃止・承継 ★

● 開発許可後、事情の変更があった場合の手続き

☐ 許可内容の変更…開発許可を受けた者が、許可申請書の記載事項に関する**内容を変更**する場合、原則として、改めて都道府県知事の許可が必要。
☐ 例外として、本来開発許可不要の開発行為に変更する場合や、軽微な変更の場合は、変更の許可を受ける必要はない。ただし、軽微な変更の場合、都道府県知事への届出は必要。
☐ 開発行為の廃止の届出…開発許可を受けた者が開発行為に関する工事を廃止したときは、遅滞なく、その旨を都道府県知事に届け出なければならない。
☐ 開発許可に基づく地位の承継…開発許可を受けた者の相続人その他の一般承継人は、被承継人が有していた開発許可に基づく地位を承継する。一方、特定承継人は、都道府県知事の承認を受けて、開発許可に基づく地位を承継することができる。

07 建築等の制限

1 開発許可通知後の手続き

☐ **開発許可の通知・工事開始**…<u>都道府県知事</u>から開発許可の通知を受けて、**開発許可の<u>申請者</u>**が工事を開始する。

☐ **工事完了の届出**…開発許可を受けた者は、**工事が<u>完了</u>し次第**、その旨を<u>都道府県知事</u>に届け出る必要がある。

☐ **工事完了後の検査・検査済証の交付**…<u>都道府県知事</u>は、開発行為に関する工事完了の届出があった場合、**工事完了後の<u>検査</u>**を行い、その工事が開発許可の内容に**適合していると**認めたときは、<u>検査済証</u>を交付しなければならない。

☐ **工事完了の公告**…検査済証の交付後、<u>都道府県知事</u>は、**遅滞なく工事完了の<u>公告</u>**を行う。

2 公共施設の管理

☐ 開発許可を受けた開発行為又は開発行為に関する工事により**公共施設が設置**されたとき、その公共施設は、原則として、**公共施設の存する<u>市町村</u>**が、**工事完了の<u>公告日</u>の翌日**から管理する。ただし、例外として以下の場合は、**それぞれの<u>管理者</u>**が管理する。

① 他の法律に基づく<u>管理者</u>がほかにいる場合

② 協議により管理者について<u>別段の定め</u>をした場合

3 開発区域内の建築等の制限 ★★★

● 工事完了の公告前と公告後の建築等の制限（開発許可を受けた開発区域内の土地）

☐ **工事完了<u>公告前</u>の制限**…【原則】開発区域内での建築物の建築や特定工作物の建設は<u>禁止</u>。【例外】① 開発行為に関する工事用の<u>仮設建築物</u>を建築、又は**特定工作物を建設する**とき　② **都道府県知事**が支障がないとして認めたとき　③ 開発行為に<u>同意</u>していない土地の<u>権利者</u>が建築物を建築、又は特定工作物を建設するとき

☐ **工事完了<u>公告後</u>の制限**…【原則】開発許可を受けた**予定建築物等以外の建築物の<u>新築</u>・改築・<u>用途変更</u>**や、特定工作物の新設はすべて**禁止**。【例外】① **都道府県知事**が支障がないと認めて許可したとき　② <u>用途地域</u>に適合する建築物を建築、又は特定工作物を建設するとき　③ **国又は<u>都道府県</u>等**が行う行為で、国の機関又は都道府県等と<u>都道府県知事</u>との協議が成立した場合、<u>許可</u>があったものとみなされる

4 開発区域以外の建築等の制限 ★

● 開発許可を受けた開発区域以外の区域内で行われる建築等の制限（市街化調整区域内）

☐ 【原則】建築物の**新築・<u>改築</u>・用途変更**、第一種特定工作物の<u>新設</u>には、<u>都道府県知事</u>の許可が<u>必要</u>。

☐ 【許可不要の例外】① <u>公益</u>上必要な建築物の建築（学校・病院等は除く）　② **都市計画事業等**の<u>施行</u>として行う行為　③ 非常災害のために必要な<u>応急措置</u>として行う行為　④ <u>仮設建築物</u>の新築、通常の管理行為、軽易な行為　⑤ <u>農林漁業</u>用の建築物の新築　⑥ 建築物の改築で床面積の合計が<u>10㎡以内</u>である場合

3 法令上の制限

08 単体規定・集団規定①

1 建築基準法とは

☐ 建築基準法は、建築物を建築する際の最低限の基準を定めたもので、単体規定と集団規定に大別できる。

☐ 単体規定…個々の建築物の安全性等を確保するための規定。全国で適用。

☐ 集団規定…人口や産業が集中する都市において、生活環境や都市機能の低下を防止するための規定。原則として、都市計画区域・準都市計画区域内等で適用。

2 建築基準法の適用除外

次の建築物には、建築基準法が適用されない。

☐ 文化財建築物

① 文化財保護法により国宝・重要文化財等として指定又は仮指定された建築物

② ①の建築物の原形を再現する建築物で、特定行政庁が建築審査会の同意を得て、その原形の再現がやむを得ないと認めたもの

☐ 既存不適格建築物…既存の建築物で、建築基準法の制定やその改正により法に適合しなくなった建築物。建替えや増改築を行う場合はその時点の建築基準法に従う必要がある。

☐ 建築基準法が適用されない建築物の場合、たとえ大規模な修繕をする場合であっても、建築主事の確認を受ける必要はない。

3 単体規定 ★★★★★

● 建築物の構造・防火など、安全上の規定

☐ 構造耐力…次の🅰・🅱の建築物の構造方法は、政令で定める基準に従った構造計算で、国土交通大臣が定めた方法等により、安全性が確かめられなければならない。

🅰 高さ60m超の建築物…必ずその構造方法について国土交通大臣の認定を受ける。

🅱 高さ60m以下の建築物

① 木造（次のア〜エのいずれかに当てはまる建築物）

ア. 階数3以上 イ. 延べ面積500㎡超 ウ. 高さ13m超 エ. 軒高9m超

② 木造以外…階数2以上、又は延べ面積200㎡超

③ 主要構造部（床、屋根、階段を除く）が石造、れんが造、コンクリートブロック造等の構造とした建築物で、高さ13m超又は軒高9mの建築物

☐ 耐火構造…床、屋根、階段以外の主要構造部に、可燃材料（木材、プラスティックなど）を用いた建築物で、延べ面積3,000㎡超、高さ13m超、軒高9m超のいずれかを満たす建築物は、原則として、その主要構造部を耐火構造等としなければならない。

☐ 防火壁等…耐火・準耐火建築物を除き、延べ面積1,000㎡超の建築物は、防火壁又は防火床で区画し、各区画の床面積の合計をそれぞれ1,000㎡以内としなければならない。

☐ 中高層建築物の避雷設備・昇降機・進入口

・高さ20m超の建築物→原則として有効な避雷設備の設置が必要。

・高さ31m超の建築物→原則として非常用の昇降機の設置が必要。

・高さ31m以下の部分にある3階以上の階には、非常用の進入口が必要。

08 単体規定・集団規定②

❸ 単体規定（続き）★★★★★

● 環境衛生に関する規定

☐ **居室の採光・換気・天井の高さ**…① 住宅の居室、学校の教室、病院の病室等には、床面積に対して一定割合（**住宅の地上階における居住のための居室であれば原則として 1/7**。1/10 まで緩和可能）以上の採光のための開口部を設ける。② 居室には、**換気のための開口部**を設け、その**有効面積**は床面積に対して、一定割合（原則、1/20）以上とする。③ **居室の天井の高さ**（床面から測った天井の高さが一室で異なる部分がある場合は、その**平均の高さ**）は、**2.1 m 以上**とする。

☐ **石綿その他の物質の飛散・発散に対する衛生上の措置**…① 居室を有する建築物は、**住宅等の特定の用途に供する場合に限らず**、建築材料及び換気設備について**一定の技術的基準に適合**しなければならない。② 建築材料に**石綿等を添加してはならない**。③ 衛生上の支障を生ずるおそれがあるとして**政令で定める物質**は、**クロルピリホス、ホルムアルデヒド**。

☐ **地階における住宅等の居室**…住宅の居室、学校の教室、病院の病室又は寄宿舎の寝室で地階に設けるものは、**壁及び床の防湿の措置等**の事項について、衛生上必要な**一定の技術的基準に適合するもの**としなければならない。

☐ **便所**…① 原則として採光及び換気のため、**直接外気に接する窓**を設けなければならない。※**水洗便所**でこれに代わる設備をした場合は除外。② 下水道法に規定する処理区域内においては、便所は**汚水管が公共下水道に連結された水洗便所**としなければならない。

☐ **階段**…階段には**手すり**を設けなければならない（高さ **1 m 以下**の階段の部分には**不要**）。

☐ **その他の規定**…① 敷地は、原則として、これに接する道の境より、また**建築物の地盤面**はこれに接する周囲の土地より、**高く**なければならない。② 長屋の各戸の**界壁**は、原則として、**小屋裏又は天井裏に達するもの**としなければならない。③ **屋上広場又は 2 階以上の階にあるバルコニーその他これに類するものの周囲**には、安全上必要な**高さが 1.1 m 以上の手すり壁**、さく又は**金網**を設けなければならない。④ **災害危険区域内**において、住居の用に供する建築物の建築を禁止などの制限を課す場合、その内容は、**災害危険区域を指定する条例**で具体的に定める。

☐ **地方公共団体**は、**条例**で、建築物の敷地、構造又は建築設備に関して安全上、防火上又は衛生上必要な**制限を附加**することができる。

❹ 集団規定

☐ 集団規定は、原則として、**都市計画区域及び準都市計画区域内の区域**に限って適用される。

❺ 建築協定

☐ 建築協定の締結には、その地域の**土地所有者や借地権者全員の合意**が必要。

☐ 建築協定の締結手続きでは、土地の所有者等の全員の合意によって、**建築協定書**を作成し、これを**特定行政庁に提出して、その認可**を受ける。

☐ **認可の公告があった日以降**に、**建築協定区域内の土地の所有者や借地権者**となった者に対しても、原則として、この**建築協定の効力**は及ぶ。

☐ 建築協定を**変更**するには、**土地の所有者等の全員の合意と特定行政庁の認可**が必要。

☐ 建築協定を**廃止**するには、**土地の所有者等の過半数の合意と特定行政庁の認可**が必要。

☐ 建築協定は、当該建築協定区域内の**土地の所有者が 1 人**の場合でも定めることができる。

☐ 建築協定の目的となっている**建築物に関する基準が建築物の借主の権限**に係る場合においては、その建築協定については、**当該建築物の借主は、土地の所有者等**とみなす。

09 道路規制
■ 建築基準法

1 建築基準法上の道路とは ★

主に次の①・②のいずれかに当たるものを、**建築基準法上の**「道路」という。

☐ ① **幅員4m以上の道路**のうち、主に以下に該当するもの

☐ ・ 道路法、都市計画法、土地区画整理法、都市再開発法等による道路

☐ ・ 建築基準法が施行された時点、又は**都市計画区域**や**準都市計画区域**に入った時点で**現に存在する道**

☐ ② **2項道路**…**幅員4m未満**の道だが、都市計画区域・準都市計画区域が指定される前から建物が立ち並んでいた道で、**特定行政庁**が指定したもの。※**幅員1.8m未満**の道を指定する場合は、あらかじめ**建築審査会**の同意が必要。

☐ 特定行政庁が必要と認め、都道府県都市計画審議会の議を経て指定する区域内においては、「道路」と扱うのに必要な幅員を6m以上と定めることができる。

2 敷地と道路の関係 ★

☐ 敷地に建築物を建てるとき、原則として、**幅員4m以上の道路**にその敷地が2m以上接しなければならない。これを接道義務という。
【例外】① その敷地が農道その他これに類する公共の用に供する道（幅員4m以上）に2m以上接する延べ面積200㎡以内の建築物で、特定行政庁が交通上、安全上、防火上及び衛生上支障がないと認めるもの
② その敷地の周囲に広い空地を有する建築物で、**特定行政庁**が交通上、安全上、防火上及び衛生上支障がないと認めて、建築審査会の同意を得て許可したもの

☐ 地方公共団体は、**特殊建築物・3階以上又は延べ面積1,000㎡を超える建築物・敷地が袋路状道路にのみ接する延べ面積が150㎡超の建築物**（一戸建て住宅を除く）については、接道義務や接する道路の幅員などの制限を条例で付加（より厳しく）できる。

☐ **2項道路**では、**道路の中心線から2m**（幅員6mと指定された道路の場合は3m）下がった線を境界線とみなし、道沿いに建築物を建てるときは、この**みなし道路境界線**まで下がらなければならない。これを**2項道路のセットバック**という。

☐ **2項道路**において、「道路」と「みなし道路境界線」との間のセットバック部分は道路であるため、たとえ私有地であっても、敷地面積に算入できない。

3 道路に関わる建築制限

☐ 建築基準法上、**建築物は、道路内や道路に突き出して作ってはいけない。**
【例外】① 地盤面下に設ける建築物（地下街や地下駐車場など）
② **公衆便所、巡査派出所**、その他これらに類する**公益上必要な建築物**で、**特定行政庁**が通行上支障がないと認めて建築審査会の同意を得て許可したもの

☐ 建築物の壁又はこれに代わる柱は、地盤面下の部分又は特定行政庁が建築審査会の同意を得て許可した歩廊の柱等を除き、壁面線を越えて建築してはならない。

4 私道の変更または廃止の制限

☐ 私道の所有者が私道を廃止や変更する場合、その私道に接する敷地に与える影響のいかんによっては、**特定行政庁**から、その廃止・変更を禁止、又は制限されることがある。

10 ■建築基準法 用途制限①

- [ ] **都市計画法**では、建物の用途を統一し、規制等を行う<u>用途地域</u>を定めている。用途地域において、建てられる建築物の種類や制限について定めているのが<u>用途制限</u>である。

1 用途制限の内容 ★★★★★

- [ ] **すべての用途地域に建築可能な建物**…<u>神社</u>、<u>寺院</u>、<u>教会</u>、<u>保育所</u>、<u>幼保連携型認定こども園</u>、<u>診療所</u>、<u>公衆浴場</u>、<u>巡査派出所</u>、<u>公衆電話所</u>、老人福祉センター（ただし、600㎡超の場合は第一種・第二種低層住居専用地域、田園住居地域での建築不可）

- [ ] <u>工業専用</u>地域以外のすべての用途地域で建築できるもの…<u>住宅</u>、<u>共同住宅</u>、<u>寄宿舎</u>、<u>図書館</u>、<u>博物館</u>、<u>老人ホーム</u>、**福祉ホーム等**、<u>住宅</u>兼用の事務所又は<u>店舗</u>（※規模に関する制限あり）

- [ ] **教育関連の施設**…① <u>幼稚園</u>、<u>小・中学校</u>、**高等学校**は、<u>工業・工業専用地域</u>では**建築できない**。② <u>大学</u>、<u>高等専門学校</u>、<u>専修学校</u>は、**第一種・第二種**<u>低層住居専用</u>地域、<u>田園住居</u>地域、工業・工業専用地域では建築できない。

● その他の主な用途地域内の用途制限 特定行政庁の許可なく ◯：建てられる ✘：建てられない ❶〜❹、▲：面積、階数等の制限あり

3 法令上の制限

用途地域 / 建築物の用途	住居系								商業系		工業系		
	第一種低層	第二種低層	田園住居	第一種中高	第二種中高	第一種住居	第二種住居	準住居	近隣商業	商業	準工業	工業	工業専用
病院	✘	✘	✘	◯	◯	◯	◯	◯	◯	◯	◯	✘	✘
レジャー・娯楽 — ホテル・旅館	✘	✘	✘	✘	✘	▲¹	◯	◯	◯	◯	◯	✘	✘
レジャー・娯楽 — カラオケボックス、ダンスホール	✘	✘	✘	✘	✘	▲²	▲²	◯	◯	◯	◯	▲²	▲²
レジャー・娯楽 — 劇場、映画館、演芸場、観覧場、ナイトクラブ	✘	✘	✘	✘	✘	✘	✘	▲³	◯	◯	◯	✘	✘
レジャー・娯楽 — 料理店、キャバレー	✘	✘	✘	✘	✘	✘	✘	✘	✘	◯	◯	✘	✘
店舗・飲食店 — 床面積150㎡以下	✘	❶	❶	❷	❸	◯	◯	◯	◯	◯	◯	◯	❹
店舗・飲食店 — 床面積150㎡超1,500㎡以下	✘	✘	▲⁴	❷	❸	◯	◯	◯	◯	◯	◯	◯	❹
店舗・飲食店 — 床面積10,000㎡超	✘	✘	✘	✘	✘	✘	✘	✘	◯	◯	◯	✘	✘
自動車修理工場 — 作業場の床面積の合計50㎡超150㎡以下	✘	✘	✘	✘	✘	✘	✘	◯	◯	◯	◯	◯	◯
自動車修理工場 — 作業場の床面積の合計150㎡超300㎡以下	✘	✘	✘	✘	✘	✘	✘	✘	◯	◯	◯	◯	◯
工場 — 作業場の床面積の合計が50㎡超で、原動機を使用する工場	✘	✘	✘	✘	✘	✘	✘	✘	◯	◯	◯	◯	◯
倉庫・車庫 — 自動車車庫・営業用倉庫（3階以上又は300m超）	✘	✘	✘	✘	✘	✘	✘	✘	◯	◯	◯	◯	◯

▲1…3,000㎡以下　　▲2…10,000㎡以下

▲3…客席及びナイトクラブ等の用途に供する部分の床面積の合計200㎡未満　　▲4…農産物直売所、農家レストランのみ。2階以下

❶ 日用品販売店舗、喫茶店、理髪店、美容院、建具屋等のサービス業用店舗のみ。2階以下

❷ ❶に加えて、物品販売店舗、飲食店、損保代理店・銀行の支店・宅建業者等のサービス業用店舗のみ。2階以下　　❸ 2階以下（3階以上の部分をその用途に供するものを除く）　　❹ 物品販売店舗及び飲食店を除く

10 ■建築基準法 用途制限②

1 用途制限の内容（続き）★★★★★

☐ 建築物の**敷地**が2**以上の用途地域**にまたがる場合、敷地の**過半**が属する用途地域の用途制限が**敷地全体**に適用される。

☐ 用途地域内の用途制限により、禁止されている用途の建築物であっても、**特定行政庁の許可（特例許可）**を受ければ、建築が可能となる。例えば、特定行政庁が許可した場合、第一種低層住居専用地域内においても飲食店を建築することができる。

☐ 特定行政庁は、**特例許可**をする場合には、あらかじめ、**利害関係者の出頭**を求めて**公開により意見を聴取**し、かつ、**建築審査会の同意を得る**必要がある。

☐ ただし、次の行為について特例許可をするケースに関しては、**利害関係者の意見聴取又は建築審査会の同意取得**の一方又は双方が**不要**となる。

● 意見聴取、同意取得の一方又は双方が**不要**なケース

	意見聴取	同意取得
特例許可を受けた建築物の増築・改築・移転	不要	不要
日常生活に必要な政令で定める建築物（以下a〜c） （騒音・振動等による住環境の悪化防止に必要な措置が講じられている場合）	必要	不要

		一低	二低	田住	一中	二中	一住	二住	準住
a	日用品販売を主目的とする店舗	↻	↻						
b	共同給食調理場				↻	↻	↻	↻	↻
c	自動車修理工場						↻	↻	↻

↻：意見聴取のみで建てられる

2 用途制限の関連知識 ★

☐ **卸売市場・火葬場・と畜場・汚物処理場・ごみ焼却場**は、都市計画においてその**敷地の位置**が決定しているものでなければ、**新築・増築**ができない。ただし、**特定行政庁**が都道府県都市計画審議会の議を経て**その敷地の位置**が**都市計画**上支障がないと認めて許可した場合、または**政令**で定める規模の範囲内であれば、**新築・増築**が可能。

☐ **特別用途地区内**においては、建築物の建築の制限又は禁止に関して必要な規定は、**地方公共団体の条例**で定めることができる。

☐ 地方公共団体はその地区の指定の目的のために必要と認める場合において、**国土交通大臣**の承認を得て、建築基準法第48条の規定による建築物の**用途制限を緩和**できる。

☐ **特定用途制限地域内**の建築物の用途制限は、特定用途制限地域に関する都市計画に即し、政令で定める基準に従って、**地方公共団体の条例**で定める。

☐ **都市計画区域及び準都市計画区域外**の区域内において、地方公共団体は、**建築物の用途に関する制限を条例**で定めることは**できない**。

11 建蔽率

1 建蔽率とは

☐ 建築物の**建築面積の敷地面積に占める割合**を建蔽率という。

$$建蔽率 = \frac{建築面積}{敷地面積}$$

☐ 建蔽率は、用途地域ごとに**都市計画において定められた数値**を超えてはならない。

2 建蔽率の制限 ★★★★

☐ **建蔽率の最高限度**…用途地域の指定のある区域における建蔽率は、地域ごとの特性に合わせて**都市計画**で具体的に定める。

【例】・第一種・第二種低層住居専用地域、田園住居地域等 → $\frac{3}{10}$, $\frac{4}{10}$, $\frac{5}{10}$, $\frac{6}{10}$ (30%〜60%)
　　　・第一種・第二種住居地域、準工業地域等 → $\frac{5}{10}$, $\frac{6}{10}$, $\frac{8}{10}$ (50%〜80%)
　　　・**商業地域**（※建築基準法で定められているため、都市計画で定める必要がない）→ $\frac{8}{10}$ (80%)
　　　・用途地域の指定のない区域 → $\frac{3}{10}$, $\frac{4}{10}$, $\frac{5}{10}$, $\frac{6}{10}$, $\frac{7}{10}$ (30%〜70%)
　　　（※特定行政庁が都道府県都市計画審議会の議を経て定める。）

☐ **建蔽率の適用除外**…次の建築物については、建蔽率の制限は適用されない。

① 建蔽率 10分の 8 とされている地域内で、かつ**防火地域内にある**耐火建築物等※

※耐火建築物等…耐火建築物又はこれと同等以上の延焼防止性能を有するものとして政令で定める建築物。

② 巡査派出所、公衆便所、公共用歩廊など

③ 公園、広場、道路、川などの内にある建築物で、**特定行政庁が安全上、防火上、衛生上支障がないと認めて**建築審査会の同意を得て許可したもの

☐ **建蔽率の緩和規定**…次の建築物については**建蔽率の制限が**緩和される。

次の①②を建築した場合 ① 防火地域内（建蔽率の上限が10分の8とされている地域以外）に耐火建築物等 ② 準防火地域内に耐火建築物等又は、準耐火建築物等※	+10分の1 （プラス10%）
特定行政庁の指定する角地内にある建築物	+10分の1（プラス10%）
上記の両方を満たす場合	+10分の2（プラス20%）

※準耐火建築物等…準耐火建築物又はこれと同等以上の延焼防止性能を有するものとして政令で定める建築物。

☐ 建築物の構造上やむを得ない場合、特定行政庁の特例許可を受ければ、**建蔽率・容積率の制限を超える次の工事**が可能

　① 省エネ性能向上のため必要な外壁に関する工事
　② 省エネ性能向上のため必要なひさし等を設ける工事
　③ 再エネ設備を外壁に設ける工事

☐ 隣地境界線から後退して壁面線の指定がある場合には、この壁面線を越えない建築物で、特定行政庁が安全上、防火上、衛生上支障がないと認めて許可したものについては、当該許可の範囲内において**建蔽率による制限が**緩和される。

☐ **建蔽率の異なる 2 つ以上の地域にまたがって建築物の**敷地がある場合、その敷地の建蔽率の限度は、各地域に属する敷地の割合に応じて**按分計算により算出された数値**となる。

3 敷地面積の最低限度の制限

☐ 用途地域に関する都市計画において**建築物の敷地面積の**最低限度を定めることができるが、この最低限度は 200㎡ を超えてはならない。

12 ■建築基準法 容積率

1 容積率とは

☐ 容積率とは、<u>敷地面積</u>に対する建築物の<u>延べ面積</u>の割合をいう。**都市計画区域又は準都市計画区域内**で建物を建てる場合、容積率による制限を受ける。

$$容積率 = \frac{延べ面積}{敷地面積}$$

2 容積率の制限 ★★

☐ **指定容積率**…都市計画において、<u>用途地域</u>ごとに地方自治体により定められる容積率を<u>指定容積率</u>という。**用途地域の指定のない区域**においては、<u>特定行政庁</u>が定める。

☐ 建築物の**前面道路の幅員が12m以上**の場合は、<u>指定容積</u>率が適用される。しかし**12m未満**の場合、その敷地に建てる建築物の容積率は、原則として、その幅員の**m**の数値に、**一定の数値（法定乗数）を掛けたもの以下**でなければならない。

☐ 上記の場合の**法定乗数**とは、**建築基準法第52条第2項各号**に定められた数値である。

● 前面道路の幅員による容積率

住居系の用途地域 （法定乗数4/10）	前面道路の幅員の10分の4 ① 幅員8mの場合…8×4/10で、**容積率320%**
住居系以外の用途地域 （法定乗数6/10）	前面道路の幅員の10分の6 ② 幅員8mの場合…8×6/10で、**容積率480%**

☐ 建築物の前面道路の幅員により制限される容積率について、**前面道路が2つ以上ある場合**には、これら道路の幅員のうち**最も<u>広い</u>道路の幅員を基準**として算出する。

☐ 建築物の敷地が、**2つ以上の異なる容積率制限の地域にまたがる場合**、容積率はそれぞれの地域に属する敷地の<u>面積</u>の割合に応じて<u>按分</u>計算により算出する。なお、**建築物が一方の用途地域内のみに建築される場合**であっても、その**容積率の限度**は、同様に<u>按分計算</u>により算出された数値となる。

3 容積率の緩和措置 ★

☐ **面積不算入**…建築物の延べ面積の計算に算入しないことで、制限を緩和する制度。

【例】 ・住宅・老人ホーム等の地階（最大で延べ面積の**3分の1**まで不算入）
・共同住宅・老人ホーム等の共用の廊下・階段の部分（すべて不算入）
・エレベーターの昇降路（シャフト）の部分（すべて不算入）

☐ **特定道路に関する緩和の特例**…建築物の敷地が、幅員<u>15m以上</u>の道路（<u>特定</u>道路）に接続する幅員<u>6m以上</u><u>12m</u>未満の前面道路のうち、当該特定道路からの延長が<u>70m以内</u>の部分に接する場合、当該敷地の容積率の限度の算定に当たっては、当該敷地の前面道路の幅員は、**当該<u>延長</u>及び前面道路の<u>幅員</u>を基に一定の計算により算定した数値だけ広いもの**とみなされる。

☐ 建築物の敷地が都市計画において定められた<u>計画</u>道路に接する場合、特定行政庁が交通上、安全上、防火上、衛生上支障がないと認めて許可した建築物については、その<u>計画</u>道路を前面道路とみなして容積率を算定する。

13 高さ制限（斜線制限・日影規制）

■建築基準法

1 絶対的高さ制限

☐ **第一種低層住居専用地域、第二種低層住居専用地域、田園住居地域**内では、10 m又は12 mのうち**都市計画において定められた建築物の高さの限度**を超えてはならない。ただし、**建築審査会**が同意して**特定行政庁が許可**した場合には、例外として建築が可能。

2 斜線制限 ★

☐ 斜線制限は、敷地内の建築物について、上空に斜めの線を引き、その斜線を超えないよう建築を制限するものである。**道路斜線制限、隣地斜線制限、北側斜線制限**の３つがある。

☐ 用途地域によって適用される斜線制限は異なる。

● **斜線制限の対象区域** ◯＝適用あり ✗＝適用なし ※日影規制の適用がない場合にのみ適用。

	適用される用途地域	道路斜線制限	隣地斜線制限	北側斜線制限
都市計画区域・準都市計画区域	第一種・第二種低層住居専用地域 田園住居地域	◯	✗	◯
	第一種・第二種中高層住居専用地域	◯	◯	◯※
	第一種・第二種住居地域・準住居地域 近隣商業地域・商業地域・準工業地域 工業地域・工業専用地域	◯	◯	✗
	用途地域の定めのない区域	◯	◯	✗

☐ 建築物の敷地が２つ以上の異なる斜線制限の地域にまたがる場合は、**建築物の各部分**ごとに斜線制限の適用の有無を考える。

3 日影規制

☐ 日影規制は、中高層建築物が周囲に落とす日影を一定の時間内に制限するものである。最も日照条件の悪い**冬至日**の８時～16時の８時間のうち、**日影になる時間**を制限する。

☐ 日影規制は、**住居系の用途地域（8地域）、近隣商業地域、準工業地域、用途地域の指定のない区域**で地方公共団体の条例で指定する区域において**適用される**。**商業地域、工業地域、工業専用**地域には**適用されない**。

● 日影規制が適用される建築物

☐ ① **第一種・第二種低層住居専用地域、田園住居地域**→**軒の高さ**が7 m超の建築物、又は**地階を除く階数**が3以上の建築物

☐ ② 上記以外の**住居系用途地域、近隣商業地域、準工業地域**→ **高さが10 m超**の建築物

☐ ③ **用途地域の定めのない区域**→ 上記①、②のうちから、**地方公共団体**がその地方の気候及び風土、その区域の土地利用の状況等を勘案して**条例で指定**する。

☐ **冬至日**に日影規制の適用対象区域に日影を生じさせる建築物で、**高さが10 mを超える**場合は、その建築物は適用対象区域内にある建築物とみなされ、**日影規制が適用**される。

☐ 同一の敷地内に2つ以上の建築物がある場合は、これらの建築物は1つの建築物とみなして日影規制の対象になるかどうかを判断する。

☐ **日影規制の緩和**…① 建築物の敷地が、**道路、水面、線路敷、その他これらに類するもの**に接する場合、② 建築物の敷地とこれに接する隣地との高低差が著しい場合、③ その他これらに類する特別の事情がある場合　この３つの場合は日影規制が緩和される。

14 防火・準防火地域の制限
■建築基準法

1 防火地域内の建築物の制限 ★

☐ 都市計画により、**防火、防災のため指定された地域地区**が**防火地域・準防火地域**である。

☐ 防火地域内で以下の建築物を建てる場合、**耐火建築物等**※又は**準耐火建築物等**※としなければならない。

地階を含む階数	延べ面積100㎡以下	延べ面積100㎡超
3階以上	耐火建築物等	耐火建築物等
2階以下	耐火建築物等又は準耐火建築物等	

※耐火建築物等…耐火建築物又はこれと同等以上の延焼防止性能を有するものとして政令で定める建築物。
※準耐火建築物等…準耐火建築物又はこれと同等以上の延焼防止性能を有するものとして政令で定める建築物。

☐ 例外として、① 建築物に附属する**高さ2m超の門・塀**で延焼防止上支障のない構造のもの ② **高さ2m以下の門・塀**は、耐火建築物等又は準耐火建築物等にしなくてもよい。

☐ **防火地域内**にある看板、広告塔、装飾塔その他これらに類する工作物で、建築物の屋上に設けるもの又は高さ3mを超えるものは、その主要な部分を**不燃材料で造り**、又は**覆わ**なければならない。

2 準防火地域内の建築物の制限 ★

☐ 準防火地域内で建築物を建築する場合は次の制限を受ける。

地階を除く階数	延べ面積		
	500㎡以下	500㎡超 1,500㎡以下	1,500㎡超
4階以上	耐火建築物等		
3階	耐火建築物等 又は準耐火建築物等	耐火建築物等 又は 準耐火建築物等	耐火建築物等
2階以下	• 防火構造の建築物 • 木造建築物等：外壁・軒裏で延焼のおそれのある部分を防火構造とし、外壁開口部に片面防火設備を設けた建築物 • 木造建築物等以外：外壁開口部に片面防火設備を設けた建築物		

3 2つの地域共通の建築物の制限

☐ 防火地域又は準防火地域内の建築物の**屋根**の構造は、市街地における火災を想定した**火の粉**による建築物の火災の発生を防止するために必要な、**一定の性能に関する技術的基準に適合するもの**でなければならない。

☐ 防火地域又は準防火地域内の建築物は、その外壁の開口部で延焼のおそれのある部分に**防火戸**その他の政令で定める**防火設備**を設けなければならない。

☐ 防火地域又は準防火地域内の建築物で、**外壁が耐火構造**のものについては、**その外壁を隣地境界線**に接して設けることができる。

4 建築物が複数の区域にまたがる場合

☐ 建築物が、**防火地域・準防火地域・これら以外の区域**のうち、**複数の区域にわたる場合**は、その全部について、**最も厳しい区域の規定を適用**する。

☐ 建築物が防火地域と準防火地域にわたる場合、建築物が**防火地域外で防火壁**により区画されているときは、その**防火壁外の部分**については**準防火**地域の規定に適合させてよい。

15 建築確認①

1 建築確認とは何か

☐ 建築計画が建築基準法等の規定に適合しているかどうかを、事前にチェックすることを**建築確認**という。建築確認が必要な建築行為とは、**新築、増築、改築、移転、大規模な修繕や模様替、用途変更**である。

2 建築確認の要否 ★★★★

次の建築物に建築確認が**必要**となる。

☐ **特殊建築物**…その用途に供する部分の**床面積の合計**が**200㎡超**の劇場、**映画館**、病院、診療所、**ホテル**、**旅館**、下宿、**共同住宅**、寄宿舎、学校、体育館、集会場、公衆浴場、火葬場、百貨店、マーケット、展示場、倉庫、自動車車庫他、これらの用途に供する建築物。

☐ **大規模建築物**…木造かそれ以外かで規定が異なる。

① 木造…**階数3以上、延べ面積500㎡超、建築物の高さ13m超、軒の高さ9m超**のいずれかを満たす建築物。② 木造以外…**階数2以上、延べ面積200㎡超**のいずれかを満たす建築物。

☐ **一般建築物**…**都市計画区域・準都市計画区域**内の建築物は**規模を問わず**建築確認が**必要**。

区域	建築物の種類	建築物の規模	新築	増築・改築・移転（10㎡超）	大規模な修繕・模様替	用途変更
				建築行為		
全国	特殊建築物	用途に供する床面積の合計200㎡超	必要	原則として必要※	必要	必要
	大規模建築物（木造）	・階数3以上（地下含む） ・延べ面積500㎡超 ・高さ13m超 ・軒高9m超 4つのいずれかに該当				不要
	大規模建築物（木造以外）	・階数2以上（地下含む） ・延べ面積200㎡超 2つのどちらかに該当				不要
都市計画区域・準都市計画区域	一般建築物	規模を問わない	必要	原則として必要※	不要	不要

※防火・準防火地域以外で床面積の合計が10㎡以内の建築物の増改築・移転は建築確認不要。逆に防火・準防火地域内ならば、床面積の合計が10㎡以内であっても、建築確認が必要。

3 特殊建築物の用途変更

☐ 建築物の用途を変更することを**用途変更**という。原則として、特殊建築物に用途を変更する場合には**建築確認が必要**となる。

☐ 例外として、**類似する用途同士間での用途変更**では、**建築確認は不要**。

● 類似する用途同士の例（建築確認不要）

・公会堂⟷集会場　・旅館⟷ホテル　・下宿⟷寄宿舎　・診療所⟷児童福祉施設等

・劇場⟷映画館⟷演芸場　・博物館⟷美術館⟷図書館　・百貨店⟷マーケット

3

法令上の制限

15 建築確認②

4 建築確認手続きの流れ ★★

☐ **❶ 申請から使用開始まで**…まず、工事着手前に建築主は**建築確認の申請書**を提出し、建築主事又は指定確認検査機関の審査と確認を受け、確認済証の交付を受ける。

☐ 指定確認検査機関が確認済証を交付したときは、一定期間内に確認審査報告書を作成し、一定の書類を添えて、特定行政庁に提出しなければならない。

☐ **❷ 構造計算適合性判定**…建築物が一定規模以上であり、構造計算に係る基準に適合するか否かを判定する必要がある場合、**建築主**は、**都道府県知事**、又は**指定構造計算適合性判定機関等**に申請書を提出して、**都道府県知事の**構造計算適合性判定を受けなければならない。また、その結果を記載した**通知書（適合判定通知書）の**交付を受ける必要がある。

☐ 都道府県知事は、建築主から構造計算適合性判定を求められた場合、14日以内に通知書を建築主に交付しなければならない。

☐ **❸ 消防長又は消防署長の同意**…建築主事は、建築確認を行う場合、原則として、建築物の工事施行地又は所在地を管轄する消防長又は消防署長の同意を得なければならない。ただし、**防火地域又は準防火地域以外の区域で行う住宅建築（共同住宅は除く）**の場合は、**同意は不要**。

☐ **❹ 中間検査**…建築物の工事の途中でも、① 階数が3階以上の共同住宅で、床・はりに鉄筋を配置する工事の工程のうちの政令が定める工程、②特定行政庁が指定する工程が含まれる場合、の①と②いずれかの特定工程が含まれる場合、**建築主は**中間検査（工事途中の検査）を申請し、合格証を受けてからでなければ、その先の工事に進むことができない。

☐ **❺ 完了検査**…建築主は、工事を完了した場合、**工事完了日から4日以内に建築主事に**到達するように、**工事完了の検査を**申請しなければならない。

☐ **❻ 建築物の使用開始**…一般建築物は、完了検査申請書の提出と同時に使用を開始できる。

☐ **特殊建築物や大規模建築物**は、原則として完了検査済証の交付を受けた後でなければ**使用することができない。**

● 【例外】完了検査済証の交付前に仮使用や使用が認められる例

☐ ① 特定行政庁が、**安全上、防火上及び避難上支障がないと認めて仮使用の**承認をしたとき

☐ ② 建築主事又は指定確認検査機関が、安全上、防火上及び避難上支障がないとして国土交通大臣が定める基準に適合していることを認めた時

☐ ③ 完了検査の申請が受理された日から7日を経過した時

5 処分に不服がある場合

☐ 建築確認が下りないなど、特定行政庁、建築主事又は指定確認検査機関の処分に対して不服がある場合、**申請者は建築審査会に対して審査請求を**することができる。

☐ 建築審査会の裁決に対しても不服がある場合は、国土交通大臣に再審査請求できる。

☐ 裁判所に対して、処分取消しの訴えを提起することもできる。行政上の不服申立てと訴訟のどちらの方法を選ぶかの選択は自由。

16 ■国土利用計画法
事後届出制①

1 国土利用計画法とは

☐ **国土利用計画法**（以下、**国土法**）は、総合的で計画的な国土の利用を図ることを目的とする法律で、適切な土地利用の妨げとなる取引や、地価高騰を抑制するために、さまざまな規制を定めている。

2 土地取引の規制（届出制・許可制）

☐ **国土法**では、一定の規模以上の土地取引に対して、「届出制」「許可制」による規制を定めている。また、**地価高騰の可能性が高い順に**、規制区域、監視区域、注視区域の３つの区域が定められており、この区域ごとに、届出制又は許可制による規制がかかる。

☐ **届出制**…一定の面積以上の土地取引について、都道府県知事への届出を義務付ける制度。「事後届出制」と「事前届出制」の２種類がある。

☐ 売買契約を例にとると、**事後届出制では権利取得者（買主）のみ**が、**事前届出制では当事者全員（売主・買主）が届出の義務を負う**。

☐ **事後届出制**…土地の利用目的や対価の額等を契約の締結後に、都道府県知事への届出を義務付けるもの。適用区域は、**規制区域、監視区域、注視区域を除くすべての区域**（未指定区域）。

☐ **事前届出制**…契約の締結前に都道府県知事への届出を義務付けるもの。適用区域は、注視区域と監視区域。

☐ **許可制**…規制区域の土地について売買契約などを締結する場合、都道府県知事の許可取得を義務付ける制度。

3 土地売買等の契約 ★★

☐ **土地売買等の契約**とは、「権利性」「対価性」「契約性」の３つの要件を満たすものをいう。事後届出制、事前届出制又は許可制の対象となるのは、この土地売買等の契約である。

● 「土地売買等の契約」の要件（届出又は許可取得が必要）

☐ ① 権利性…**土地に関する権利**（所有権・地上権・賃借権の３つ）の移転又は**設定**であること。

☐ ② 対価性…**対価を得て行われる**土地に関する権利の移転又は設定であること。

☐ ③ 契約性：**契約**（予約を含む）**による**土地に関する権利の移転又は設定であること。

● 「土地売買等の契約」に該当するもの・該当しないものの例

	該当しない（届出又は許可取得が不要）	該当する（届出又は許可取得が必要）
権利性	・抵当権の設定 ・不動産質権の設定	・売買契約 ・交換契約 ・賃貸借・地上権の設定契約で対価があるもの
対価性	・贈与契約 ・賃貸借・地上権の設定契約で対価がないもの	
契約性	・相続（対価性もなし） ・遺産分割（対価性もなし） ・時効取得（対価性もなし）	

16 事後届出制②

4 事後届出制の内容 ★★★★★

☐ **事後届出制**では、一定の面積以上の土地売買等の契約をした場合、権利取得者は、原則として、**契約を締結した日から 2 週間以内**に、一定の事項を都道府県知事に届け出なくてはならない。

☐ 届出が必要な土地売買等の契約を締結したにもかかわらず、所定の期間内にこの届出をしなかった者は、 6 か月以下の懲役又は 100 万円以下の罰金に処せられることがある。

☐ **届出対象面積**…届出が必要となる面積は、エリアによって異なる。なお、**共有者が持分を売却**するとき、それぞれの持分相当の面積で面積要件を判断する。

市街化区域内	2,000㎡以上
市街化調整区域・非線引き区域	5,000㎡以上
都市計画区域外	10,000㎡以上

※準都市計画区域は「都市計画区域外」に該当する。

☐ **届出事項**…契約に係る土地の対価の額や土地の利用目的などを届け出る必要がある。

5 事後届出の必要がない取引 ★

● **事後届出の必要がない取引の例**

☐ ① 当事者の一方又は双方が国等である場合 ←国・地方公共団体・都市再生機構・地方住宅供給公社

☐ ② 農地法第 3 条の許可を受けた場合

☐ ③ 届出が必要な面積未満である場合

6 一団の土地の取引の場合 ★

☐ **一団の土地**…一体として利用することが可能なひとまとまりの土地。物理的・計画的に一体性のある土地のこと。※物理的な一体性の例→ＡとＢ２つの土地が隣り合って繋がっている。計画的な一体性の例→ＡとＢの両地にまたがった建築物の建設予定がある。

☐ 個々には届出対象面積に満たない土地の取引であっても、それらが一団の土地の取引であると認められた場合、**全体の面積を基準**として、**事後届出が必要**かが判断される。

☐ 一団の土地であるか否かの判断は、権利取得者を基準にして行われる。

☐ 複数の売主から取得する土地の合計（**買いの一団**）が面積要件を満たす場合は届出が必要。分割された一団の土地（**売りの一団**）の一部を取得して面積要件に満たない場合は届出が不要。

● **買いの一団と売りの一団（例：市街化区域内）**

権利取得者Cは2,000㎡の土地を取得するので、事後届出は必要。

権利取得者EとFが取得した土地の面積はそれぞれ1,000㎡で、届出対象面積に満たないため、事後届出は不要。

16 事後届出制③

7 事後届出の手続きの流れ ★★★★

☐ 事後届出の手続きは次の手順で行われる。

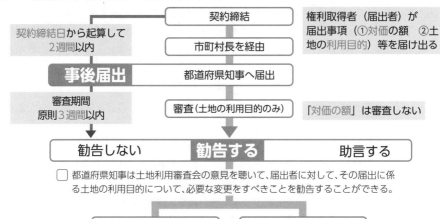

権利取得者（届出者）が届出事項（①対価の額 ②土地の利用目的）等を届け出る

「対価の額」は審査しない

☐ 都道府県知事は土地利用審査会の意見を聴いて、届出者に対して、その届出に係る土地の利用目的について、必要な変更をすべきことを勧告することができる。

☐ 都道府県知事は、土地に関する権利の処分についてのあっせん等の措置を講ずるよう努めなければならない。

☐ 都道府県知事は、勧告の内容を公表できるが、公表の義務はない。また、勧告に従わなくても、届出者に対する罰則はない。

●事後届出手続きの主なポイント

☐ **届出期間**…契約締結日から起算して2週間以内。

☐ **審査期間**…原則3週間以内。**【例外】**…都道府県知事は、勧告をすることができない合理的な理由がある場合は最大3週間延長できる。

☐ **勧告に従う場合**…勧告に基づき、届出者は土地の利用目的を変更→都道府県知事は必要があると認めた場合、**土地に関する権利の処分についてのあっせん等の措置を講ずるよう努めなければならない。**→都道府県知事に買取義務はない。

☐ **勧告に従わない場合**

　① **公表**…都道府県知事は、勧告に従わない旨・勧告 の**内容を公表**できる。→ただし公表の義務や罰則はない。 ② **契約自体は無効にならない。** ③ 都道府県知事は**契約を取り消す**ことはできない。

☐ **助言**…**都道府県知事は、届出者**に対して、届出に係る土地の利用目的について、必要な助言ができる（公表する制度はない）。 →届出者にその助言に従う義務や罰則はない。

☐ **違反行為に対する措置**…届出者が事後届出を怠った、または虚偽の届出をした場合は罰則がある。 →ただし、その**契約自体は有効。**

17 事前届出制・許可制

1 注視区域と監視区域の指定

☐ **都道府県知事**は、地価が一定期間内に社会的経済的事情の変動に照らして**相当な程度を超えて上昇**したり上昇するおそれがある区域を、注視区域として指定することができる。

→注視区域…地価上昇により適正かつ合理的な土地利用の確保に支障を生ずるおそれがある区域。

☐ **都道府県知事**は、地価が急激に上昇し、又は上昇するおそれがある区域を、監視区域として指定することができる。

→監視区域…地価上昇によって、適正かつ合理的な土地利用の確保が困難となるおそれがある区域。

☐ 都道府県知事があらかじめ土地利用審査会や関係市町村長の意見を聴いて注視区域、監視区域を指定し、公告する。

2 事前届出制の対象 ★

☐ 注視区域内又は監視区域内の土地において、土地売買等の契約をしようとする場合、両当事者は、土地売買等の契約締結前に一定の事項を都道府県知事に届け出なければならない。

☐ 一定の事項とは、契約に係る土地の予定対価の額や土地の利用目的などである。

☐ 事前届出を行った場合、重ねての事後届出は不要。

☐ ● **事前届出が必要となる対象面積**

注視区域内	市街化区域	2,000㎡以上
	市街化調整区域・非線引き区域	5,000㎡以上
	都市計画区域外	10,000㎡以上
監視区域内	都道府県知事が、都道府県の規則により定める（小規模の土地でも指定が可能）→この面積要件は注視区域内の場合よりも緩和することはできない	

☐ **国や地方公共団体等**が契約の当事者であるなど、**事後届出が不要な例に該当するケース**については、事前届出制でも、届出は不要とされている。

☐ 買いの一団又は売りの一団のいずれかとして届出対象面積に達している場合、当事者全員が事前届出を行う必要がある。

3 事前届出の手続きの流れ

☐ 都道府県知事への届出➡審査（予定対価の額・土地の利用目的を審査。期間6週間以内）

審査➡ ① 勧告しない場合➡契約
　　　 ② 勧告する（中止又は変更）場合

② 勧告➡ ① 従う場合➡知事はあっせん等の努力義務が課される
　　　　 ② 従わない場合➡知事は勧告内容を公表する（罰則なし。契約自体は有効）

4 許可制

☐ 規制区域内で一定の土地売買等の契約を行う場合、当事者は一定の手続きを経て、都道府県知事の許可を受ける必要がある。これを土地取引の許可制という。

18 農地法①

1 農地法とは ★★

☐ 限りある資源である農地を確保することで、国内の農業生産の増大を図り、食糧自給を促すことを目的として定められた法律が<u>農地法</u>である。

☐ 農地法では、**農地や<u>採草放牧地</u>をそれ以外のものにすること**を制限したり、**効率的な利用を促進するための規制**が定められている。

☐ 田や畑など、耕作のための土地（**耕作地**）・不耕作地、遊休農地、休耕地はすべて<u>農地</u>である。家庭菜園や<u>畜舎</u>建設のための敷地は**農地に当たらない**。

☐ 農地や採草放牧地に該当するかどうかは、その土地の<u>現況</u>を基準に判断される。登記簿上の<u>地目</u>が山林、原野又は雑種地などであっても、<u>現況</u>が農地又は採草放牧地として利用されていれば、農地法上、**農地又は採草放牧地として扱う**。

2 農地等の処分制限

☐ 農地法は、農地又は採草放牧地の処分を制限しており、処分には、<u>権利</u>移動、<u>転用</u>、転用目的の<u>権利</u>移動の3つがある。これら処分を行うためには、それぞれ、農地法第3条・第4条・第5条（以下、**第3条・第4条・第5条**）の<u>許可</u>が必要となる。

3 権利移動（第3条の許可）★★★★★

☐ **農地又は採草放牧地**について、**所有権などの移転や使用収益を目的とする権利（賃借権など）を設定・移転**させることを<u>権利移動</u>という（ただし、<u>抵当権</u>の設定は含まれない）。

☐ 農地などを売却するなど、権利移動を行う場合には、原則として、**当事者が<u>農業委員会</u>の許可を受けなければならない**。

☐ 第3条では、農地又は採草放牧地の権利移動を規制している。**第3条の許可を受けずに権利移動を行った場合、権利移動に係る契約は<u>無効</u>となり、<u>罰則</u>も適用される**。

☐ 第3条に関して、許可が必要な行為、不要な行為、権利移動に当たらない行為がある。

　● **農業委員会の許可が必要な行為**

☐ ① **農地又は採草放牧地の権利移動**（<u>競売</u>や贈与による権利移動を含む）

☐ ② <u>市街化区域内</u>の権利移動（第4条・第5条の場合は、農業委員会への届出によって許可が不要となる特例がある）

　● **許可が不要な行為**

☐ ① **国や<u>都道府県</u>等への権利移動**（取得目的は問わない）

☐ ② 土地収用法等により、農地が強制的に収用又は使用される場合

☐ ③ <u>民事</u>調停法による農事調停による権利移動

☐ ④ <u>相続</u>、遺産分割、相続人への特定<u>遺贈</u>、包括遺贈、法人の合併
　　→ただし、<u>農業委員会</u>へ取得した旨の届出が<u>必要</u>

　● **権利移動に当たらない行為**

☐ 「**農地以外**」の土地を取得して、<u>農地</u>として造成する場合

18 農地法②

4 転用（第4条の許可）★★★★

☐ 農地を農地以外の土地にすることを**転用**という。第4条では、**権利移動を伴わない転用**（**自己転用**）を規制しており、これには**一時的**な転用も含まれる。

☐ 農地を転用する場合、当事者は、**都道府県知事又は指定市町村の長**（以下、**都道府県知事等**）の**許可**を受ける必要がある。無許可の転用行為には、罰則が適用される。

● 許可が不要な場合

☐ ① **市街化区域内の農地の転用**（市街化区域内の特例）←あらかじめ**農業委員会**への届出が必要

☐ ② **2a**（アール）（**200㎡**）未満の農地を農作物育成・養畜事業のための**農業用施設**（農業用倉庫、畜舎など）の敷地に転用する場合

● 転用に当たらない場合 ・「**山林原野**」を造成して、**農地**とする場合

5 転用目的の権利移動（第5条の許可）★★★★★

☐ 第5条は、転用目的の権利移動について定めている。**転用目的の権利移動**とは、**農地**を**農地**以外のものにする、又は**採草放牧地**を**採草放牧地**以外のものにする目的で**権利移動**を行うことをいう。

☐ 農地又は採草放牧地を**転用する目的での権利移動**（**競売**による権利移動、**一時的**な転用目的による権利移動を含む）を行うには、**都道府県知事**等の許可が**必要**。

☐ 転用目的の権利移動を無許可で行った場合、**その契約は無効**となり、**罰則**も適用される。

☐ **都道府県知事等**は、第5条第1項の許可が必要な農地の取得について、**許可を受けずに農地の転用を行った者**に対して、必要な限度において**原状回復**その他違反を**是正**するために必要な措置を命ずることができる。

☐ **原状回復等の措置**の対象者（違反転用者等）は、①第4条・第5条に違反した者、②許可に付した条件に違反している者、③**違反者から違反に係る土地について工事等を請け負った者**、④不正の手段で許可を受けた者。

● 許可が不要な場合

☐ ① **市街化区域内の農地の転用**（市街化区域内の特例）←あらかじめ**農業委員会**への届出が**必要**。

☐ ② **国・都道府県**等の「**一定の転用**」による権利移動 【例】①道路・農業用排水施設等の敷地に転用 ② ①以外（学校、医療施設など）の敷地に転用

6 その他の関連事項 ★

☐ 農地・採草放牧地の**賃貸借**については、登記を受けていなくても、**引渡し**さえ受けていれば、その後に農地の所有権を取得した**第三者に対して、賃借権を対抗することが**できる。ただし、**使用貸借**については、**第三者に対抗することは**できない。

☐ 農地法に規定された一定の要件を満たし、**農業経営を行うために農地を取得できる法人**を**農地所有適格法人**という。

☐ 農地法により、**農地所有適格法人以外の法人が農地を所有すること**は、原則として、**許可されない**。しかし、一定の要件を満たせば、一般法人であっても、**耕作**目的での農地の**借り入れ**は可能である。

☐ 農地法の適用については、土地の面積は、**登記簿上の地積**によるとされているが、登記簿の地積と実際の面積が著しく異なる場合や、登記簿の地積がない場合には、**実測に基づいて、農業委員会が認定した面積**によるとされる。

19 盛土規制法①

1 盛土規制法とは ★★★

☐ **宅地造成及び特定盛土等規制法**（以下、**盛土規制法**）とは、宅地造成等に伴う崖崩れや土砂流出による災害を防止するための規制を定めた法律である。

☐ 盛土規制法における宅地とは、<u>農地</u>、**採草放牧地**、<u>森林</u>、<u>道路</u>、**公園**、**河川**、その他政令で定める<u>公共施設</u>の用に供されている土地以外のすべての土地のことをいう。

☐ **工場用地**、**ゴルフ場**、**民間経営の墓地**などは<u>宅地</u>であり、**果樹園**、**公立学校の用地**などは<u>宅地</u>ではない。

☐ **宅地造成**、**特定盛土等**、**土石の堆積**の３つをまとめて、**宅地造成等**という。

 宅地以外の土地を宅地にする、土地の形質の変更で、一定規模を超えるもの

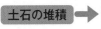 宅地または農地等において行う、土地の形質の変更で、一定規模を超えるもの

土石の堆積 ➡ 宅地または農地等において行う一時的な土石の堆積で、一定規模を超えるもの

● **一定規模に該当する工事**（①〜⑦のいずれかに該当する工事が<u>宅地造成等</u>工事）

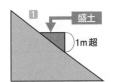
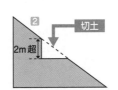
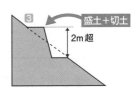

> **土地の形質の変更（盛土・切土）**
> ① **盛土**によって、**高さ<u>1</u>m超の崖**ができる工事
> ② **切土**によって、**高さ<u>2</u>m超の崖**ができる工事
> ③ **盛土と切土**を同時に行って、**高さ<u>2</u>m超の崖**ができる工事
> ④ 崖の高さに関係なく、**高さ<u>2</u>m超の<u>盛土</u>工事**
> ⑤ 崖の高さに関係なく、**盛土または切土をする面積が<u>500</u>㎡を超える工事**
> **土石の堆積**
> ⑥ **高さ<u>2</u>m超のもの**　　　⑦ **面積が<u>500</u>㎡超のもの**

☐ 宅地を宅地以外の土地にする場合は、<u>宅地造成</u>に当たらない。

☐ 造成した結果、<u>宅地</u>ではなくなる場合は「<u>宅地造成等工事</u>」に当たらず、**許可**は<u>不要</u>。

19 盛土規制法②

2 基本方針・基礎調査

☐ **基本方針**…主務大臣（国土交通大臣および農林水産大臣）は、宅地造成、特定盛土等または土石の堆積に伴う災害の防止に関する**基本的な方針**を定めなければならない。

☐ **基礎調査**…都道府県は、基本方針に基づき、**おおむね5年ごと**に、宅地造成等工事規制区域の指定、特定盛土等規制区域の指定、造成宅地防災区域の指定などのために必要な基礎調査として、**地形、地質の状況**などの調査を行う必要がある。

☐ 都道府県知事・その命じた者・委任した者は、基礎調査のための**測量・調査**を行う場合、**土地に立ち入ること**ができる。

☐ 土地の**占有者又は所有者**は、正当な理由がない限り**立入り拒否**や妨害をしてはならない。

☐ 測量・調査を行うために土地に立ち入ったことにより、他人に損失を与えた場合、都道府県は、その**損失を補償**しなければならない。

3 宅地造成等工事規制区域 ★

☐ 宅地造成等工事規制区域（以下、宅造等規制区域）とは、**宅地造成に伴う災害**が生ずるおそれが大きい**市街地**又は**市街地**となろうとする土地で、都道府県知事（指定都市、中核市及び施行時特例市の長を含む）が指定する区域をいう。都市計画区域内に限らない。

4 宅地造成等工事の許可 ★★★★★

☐ 宅造等規制区域内で**宅地造成等工事**を行う場合、工事主は、原則として、**工事着手前**に都道府県知事の**許可が**必要。ただし、**都市計画法の開発許可**を受けた宅地造成等に関する工事についての許可は不要。

☐ **工事主**…宅地造成等に関する**工事の請負契約の注文者**、又は**自ら宅地造成等に関する工事を行う者**。土地の所有者。工事の請負人である**工事施行者**は、**申請義務者ではない**。

☐ **許可申請前の流れ**…工事主は、宅地造成等工事を施行する土地の周辺住民に対し、工事の内容を**事前周知する必要がある**。また、その土地について、所有権、地上権、賃借権など使用収益を目的とする権利を有する者すべての**同意**を得なければならない。

☐ **許可申請の流れ**…許可申請→都道府県知事の処分（遅滞なく、**文書**をもって許可又は不許可の処分を行う）→工事開始→**完了検査**→**検査済証の交付** となる。

☐ 都道府県知事は、宅地造成等に関する工事についての許可に、工事の施行に伴う災害を防止するための条件を付すことができる。

☐ 宅造等規制区域内の宅地造成等工事では、**政令で定める技術的基準**に従い、**擁壁**、排水施設の設置、その他**宅地造成等に伴う災害**（崖崩れや土砂流出等）を防止するために必要な措置を行わなければならない。

☐ **擁壁**…盛土や切土を行った結果、斜面の土砂が崩れるのを防ぐために設ける土留めの構造物。石やブロック、コンクリートなどが使われる。

☐ **高さ5m超**の擁壁や、盛土・切土の面積が**1,500㎡超**の土地における排水施設を設置する工事は、**一定の有資格者の設計**によらなければならない。

☐ 都道府県知事は、一定の場合には都道府県の規則で、宅造等規制区域内で行われる宅地造成等に関する工事の**技術的基準を強化**したり、必要な**技術的基準を付加**したりすることができる。

19 盛土規制法③

- ☐ 工事中、**工事主**は工事現場の見やすい場所に、氏名または名称など必要事項を記載した**標識**を掲げなければならない。

- ☐ **工事の施行状況**については、**3か月ごと**に**都道府県知事**に報告する必要がある。また、宅地造成または特定盛土等が一定規模を超える場合、**中間検査**を受ける義務を負う。

- ☐ **工事完了後の流れ**…申請義務者である**工事主**は、**工事完了後**、**都道府県知事の検査**を受けなければならない。検査の結果、工事の技術的基準に適合していると認められる場合、**都道府県知事**は**検査済証**を工事主に**交付**する必要がある。

- ☐ 都道府県知事は、工事主が偽りその他**不正な手段**によって許可を取得したり、許可に付した条件に**違反**した場合、その許可を**取り消す**ことができる。

- ☐ 都道府県知事は、工事が**技術的基準**に**不適合**であった場合に、**工事主**、工事の**請負人**等に対して、**工事施行の停止**等を命ずることができる。

- ☐ 宅地造成等に関して都道府県知事の許可を受けた者が、**工事計画の変更**を行う場合には、その内容について、**都道府県知事に変更の許可を受ける必要**がある。ただし、**軽微な変更**（工事主・設計者・工事施工者の変更や、工事着手・完了予定日の変更）については、**届出**をするだけでよく、**許可を受ける必要**はない。

⑤ 宅地造成等工事規制区域内での届出 ★★

- ☐ **宅造等規制区域内**において、許可を受ける必要はなくても、以下の場合は**都道府県知事への届出**が必要となる。

届出の事由	届出期間
宅造等規制区域が指定された際、**既に宅地造成等に関する工事を行っている場合**	宅造等規制区域の指定があった日から**21日以内**（事後届出）
宅造等規制区域内での、**高さ2m超の擁壁や排水施設等の除却工事を行う場合**	工事に着手する日の**14日前まで**（事前届出）
宅造等規制区域内で、公共施設用地を**宅地又は農地等に転用した場合**	転用した日から**14日以内**（事後届出）

⑥ 土地の保全義務・勧告等 ★★

- ☐ **保全の努力義務**…宅造等規制区域内の**土地の所有者**、**管理者**、**占有者**は、宅地造成等に伴う災害が生じないよう、その土地を常時**安全な状態に維持**するように努めなければならない。そのため、**都道府県知事**は必要に応じて**勧告**や**改善命令**等を行うことができる。

- ☐ **現在の所有者**が、過去の宅地造成等工事の際の**工事主と異なる場合**であっても、その所有者には**その宅地を常時安全な状態に維持**するための**努力**義務が課せられる。

- ☐ **勧告**…**都道府県知事**は、宅造等規制区域内の土地の所有者、管理者、占有者、工事主、工事施行者に対して、**擁壁**等の設置又は**改造**その他宅地造成等に伴う災害の防止のため必要な措置をとることを**勧告**することができる。

- ☐ **改善命令**…宅造等規制区域内の土地で宅地造成等に伴う災害の防止のため、**都道府県知事**は、一定の限度のもとに、**宅造等規制区域内の宅地又は擁壁等の所有者**、**管理者**、占有者、工事主、工事施行者に対して、**擁壁の設置・改造**などの工事を命ずることができる。

19 盛土規制法④

6 土地の保全義務・勧告等（続き）★★

☐ **報告の徴取**…都道府県知事は、宅造等規制区域内の宅地の所有者、管理者、占有者に対して、その土地又は土地において行われる工事が、**宅地造成等に関する工事であるか否かにかかわらず**、工事の状況に関する報告を求めることができる。

7 特定盛土等規制区域

☐ **特定盛土等規制区域の指定**…都道府県知事は、基本方針に基づき、基礎調査の結果を踏まえて、宅造等規制区域以外の土地で、土地の傾斜度、渓流の位置その他の自然的条件及び周辺地域における土地利用の状況その他の社会的条件からみて、**特定盛土等または土石の堆積が行われた場合**には、これに伴う災害により市街地等区域などの**居住者等の生命または身体に危害を生ずるおそれが特に大きいと認められる区域**を、特定盛土等規制区域として指定することができる。

☐ 市街地から離れた森林や農地でも、**盛土や土石の堆積をすれば人家に危害を及ぼすような区域**が指定の対象となる。

☐ 特定盛土等規制区域で一定規模を超える特定盛土等や土石の堆積を行う場合、事前に**都道府県知事の許可を受ける必要が**ある。

> **土地の形質の変更（盛土・切土）**…① 盛土によって、高さ2m超の崖ができる工事　② 切土によって、高さ5m超の崖ができる工事　③ 盛土と切土を同時に行って、高さ5m超の崖ができる工事　④ 崖の高さに関係なく、高さ5m超の盛土工事　⑤ 崖の高さに関係なく、**盛土または切土をする面積が3,000㎡を超える工事**
> **土石の堆積**…⑥ 高さ5m超かつ面積1,500㎡超のもの　⑦ 面積が3,000㎡超のもの

☐ 許可が必要な規模に達していなくても、**特定盛土等や土石の堆積をする場合には、都道府県知事への届出が必要。**

8 造成宅地防災区域とは ★★

☐ 都道府県知事は基本方針に基づき、基礎調査の結果を踏まえて、宅地造成または特定盛土等に伴う災害で相当数の居住者その他の者に危害を生ずる発生のおそれが大きい**一団の造成宅地の区域**を、造成宅地防災区域として指定できる。ただし宅造等規制区域内の土地を重ねて指定はできない。

☐ 造成宅地防災区域の指定が可能な区域とは、①盛土をする前の地盤面が水平面に対し20度以上の角度をなし、かつ、**盛土の高さが5m以上であるもの**、または、②盛土をした土地の面積が3,000㎡以上であり、かつ、盛土をしたことにより、その土地の地下水位が盛土をする前の地盤面の高さを超え、盛土の内部に浸入しているもの、など。

☐ 都道府県知事は、指定の事由がなくなった場合に指定を解除することができる。造成宅地の所有者、管理者、占有者には、擁壁等の設置や改造その他必要な措置を講ずる努力義務が課せられる。

☐ 造成宅地防災区域における「勧告」「改善命令」は、宅造等規制区域内の規制とほぼ同じである。

20 ■その他の法律
土地区画整理法①

1 土地区画整理事業とは

☐ 土地区画整理法は、宅地の形や道路を整理し、公園や公共施設を整備するなどにより、健全な市街地の造成を図り、公共の福祉に資することを目的に定められた法律である。

☐ **土地区画整理事業**…**都市計画区域内の土地**について、公共施設の整備改善や宅地の利用増進を図るため、**土地の区画形質の変更や公共施設の新設・変更を行う事業**をいう。

☐ 土地区画整理事業は、減歩と換地という2つの手法で行われる。これにより、施行地区内の土地買収（収用）をせずに、土地区画整理が可能となる。

☐ **減歩**…道路や公園などの公共施設の用地や、土地区画整理事業費用の捻出のための**保留地**にあてるため、土地の所有者の土地を一定割合（減歩率）で減少させること。

☐ **換地**…従前の宅地と引き換えに、事業の施行後、**新たな宅地（換地）を交付すること。**

2 土地区画整理事業の施行者 ★★★★★

☐ **土地区画整理事業を施行する者を施行者**という。土地区画整理事業は、施行者によって、**民間施行と公的施行**に大別される。

	施行者		認可の要件等	施行可能な区域
民間施行	個人施行者（単独・共同）	宅地の所有者、借地権者、これらの同意を得た者	事業計画等の作成と都道府県知事の認可が必要	都市計画区域内ならどこでも可能（市街化調整区域内可）
	土地区画整理組合	宅地の所有者、借地権者が7人以上で共同設立する組合		
	土地区画整理会社	宅地の所有者、借地権者を株主とする株式会社		
公的施行	・都道府県・市町村　・国土交通大臣・独立行政法人都市再生機構・地方住宅供給公社		市町村や機構等の施行は知事の認可、都道府県の施行は国土交通大臣の認可が必要	都市計画法の市街地開発事業の一つとして、施行区域でのみ施行可

☐ 組合は、次の流れにそって設立される。

❶ 施行地区内の7人以上が共同して定款・事業計画を作成し、3分の2以上の同意を得る

❷ 都道府県知事に認可申請→知事は2週間、公衆の縦覧に供する→関係権利者に意見書提出の機会

❸ 認可がおりれば、組合は成立

❹ 組合が設立されると、施行地区内の宅地について所有権又は借地権を有する者は、全員がその組合の組合員となる

❺ 組合員から土地の所有権や借地権を承継した者は、組合員の地位も承継する。組合に対して有する権利義務も承継者に移転する

☐ 組合は、土地区画整理事業に要する経費として、**参加組合員以外の組合員に対して賦課金を徴収**することができる。賦課金の徴収について、**都道府県知事の認可は不要。**

☐ 参加組合員以外の組合員は賦課金の納付について、**組合に対する債権での相殺をもって支払いを拒絶**することはできない。

② 土地区画整理事業の施行者（続き）★★★★★

☐ 組合の**総会の会議を開く**には、定款に特別な定めがある場合を除いて、**組合員の半数以上が出席**が必要である。

☐ 組合は、総会の議決や事業の完成により**解散**しようとする場合、**都道府県知事の認可**を受けなければならない。また、**借入金がある場合**は、その**債権者の同意も必要**となる。

③ 土地区画整理事業の流れ ★

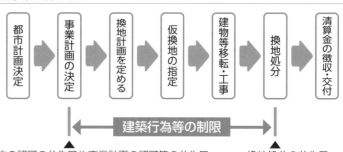

建築行為等の制限

組合設立の認可の公告日や事業計画の認可等の公告日 ←→ 換地処分の公告日

● 土地区画整理事業を行う期間での制限

☐ 施工地区内で一定の期間内に次の行為を行う場合は、**都道府県知事の許可が必要**（市の区域内で民間施行者又は市が施行する場合は**市の長**）

① 土地区画整理事業の施行の障害となるおそれがある**土地の形質**の変更、建築物その他の工作物の**新築**・改築・増築などを行う。

② 重量が5トンを超える物件の設置・堆積を行う。

☐ **国土交通大臣が施行者**となる場合は**国土交通大臣の許可が必要**。

☐ 建築行為等が制限される期間は、組合設立の認可公告や事業計画の認可等の**公告**があった日から、**換地処分の公告**がある日まで。

④ 換地計画 ★★★

☐ **換地計画**とは、換地処分を行うための計画で、**施行者**（都道府県、国土交通大臣を除く）は、その計画について**都道府県知事の認可**を受けなければならない。

☐ 換地計画では**換地**・**清算金**・**保留地**を定める。

☐ 換地を定める場合は、**位置**・**地積**・**土質**・**水利**・**利用状況**・**環境等**が従前の宅地と照応するようにしなければならない。これを**換地照応の原則**という。

☐ **公共施設用地等の宅地**に対しては、位置や地積等について、**特別の考慮**をして定めることができる。

☐ **清算金**とは、**従前の宅地と換地の土地価格に不均衡**が生ずる場合、過不足分を清算するために**徴収**・**交付**される金銭のことである。その場合、この金額に関することを**換地計画**に定める必要がある。清算金の徴収と交付は、**換地処分の公告**の翌日に確定する。

4 換地計画（続き） ★★★

☐ 土地区画整理事業の施行費用に充てるなどの目的で、<u>施行者</u>が換地として定めずに保有（確保）しておく土地を<u>保留地</u>という。

☐ 保留地は、換地処分の<u>公告日</u>の翌日に施行者が<u>取得</u>する。

☐ 保留地を定めるに際して、公的施行の場合に限っては、設置される「<u>土地区画整理審議会</u>」の<u>同意</u>が<u>必要</u>となる。個人施行の場合は土地区画整理審議会の同意は不要。

☐ <u>換地計画</u>を定める場合、<u>個人施行者以外の施行者</u>は、その換地計画を<u>2</u>週間公衆の<u>縦覧</u>に供しなければならない。

☐ 施行者が個人施行者、<u>組合</u>、区画整理会社、<u>市町村</u>又は<u>機構</u>等であるときは、その換地計画について施行地区を管轄する<u>市町村長</u>を経由して<u>都道府県知事</u>の<u>認可</u>を受ける必要がある。

5 仮換地の指定 ★★★

☐ 土地区画整理事業の工事期間中、従前の宅地について<u>使用収益</u>権を持つ者に対して、**仮に使用する土地**として指定されるのが<u>仮換地</u>である。

☐ 施行者は、**換地処分を行う前**において、① 土地の区画形質の変更工事、② 公共施設の新設・変更工事、又は③ 換地処分を行うため、必要がある場合に仮換地を<u>指定</u>できる。

☐ <u>使用収益権</u>を持たない抵当権者に対しては、**仮換地の指定**は<u>不要</u>。

☐ **仮換地の指定**は、その<u>仮換地</u>となるべき土地の所有者と<u>従前</u>の宅地の所有者に対し、施行者が仮換地の<u>位置</u>、地積、仮換地の指定の<u>効力発生日</u>を通知して行う。

☐ 土地区画整理事業の施行者は、仮換地を指定した場合において、必要であれば、**従前の宅地に存する建築物**を<u>移転</u>し、又は<u>除却</u>することができる。

☐ 仮換地指定の際の手続きは、施行者によって以下のように異なる。

	施行者	必要となる手続き
民間施行	個人施行者（単独・共同）	従前の宅地の所有者、仮換地となるべき宅地の所有者等の同意
	土地区画整理組合	総会等の同意
	土地区画整理会社	所有権者・借地権者のそれぞれ3分の2以上の同意
公的施行	地方公共団体、国土交通大臣、都市再生機構等	土地区画整理審議会の意見聴取

☐ 仮換地の指定の<u>効力発生</u>日から換地処分の<u>公告</u>がある日まで、従前の宅地の所有権が使用収益権と処分権に<u>分離</u>された状態として扱われることになる。

☐ 仮換地が工事未完了で使用できないなど、一定の事情がある場合、**施行者は指定の効力発生日とは別に**「仮換地の使用・収益の<u>開始日</u>」を定めることができる。

☐ 施行者は、工事や換地処分を行うため必要があれば、**換地計画において換地を定めないとされる宅地の**<u>所有者</u>に対して、期日を定めて、その宅地について使用・収益を<u>停止</u>させることができる。

☐ 仮換地の指定により、**使用・収益することができる者のなくなった従前の宅地の**<u>管理</u>については、**換地処分の**<u>公告</u>がある日までは、<u>施行者</u>が行う。

6 換地処分 ★★★★

☐ 土地区画整理事業の工事終了後、従前の宅地の代わりに新たな宅地を割り当てることを換地処分という。

☐ 換地処分は、原則として、換地計画に係る区域の全部について、**工事がすべて完了した後、施行者**が、関係権利者に通知することで行う。

☐ 例外として、別段の定めがある場合は、**全部の工事完了以前に部分的な換地処分**も可能。

☐ **施行者**（国土交通大臣と都道府県を除く）は、換地処分があった旨を都道府県知事に遅滞なく**届け出て**、都道府県知事はそれを公告しなければならない。

☐ 換地処分の公告があった場合、施行者は直ちにその旨を管轄登記所に通知する必要がある。

☐ **国土交通大臣又は都道府県が施行者**の場合、**届出は不要**。この場合、公告は施行者である国土交通大臣又は都道府県が行う。

☐ 土地区画整理事業の施行により公共施設が設置された場合、その公共施設は、原則として、換地処分の公告のあった日の翌日に、**公共施設の管理者**に帰属する。

● 換地処分の効果と発生日　　✗=消滅　　○=発生または確定

	換地処分の公告があった日の		効果
	終了時	翌日	
換地計画に定められた換地		○	従前の宅地とみなされる※1
換地を定めない従前の宅地に存する権利	✗		消滅する
仮換地指定の効力	✗		消滅する
行使する利益がなくなった地役権	✗		消滅する※2
換地計画に定められた清算金		○	確定する
換地計画に定められた保留地		○	施行者が取得する
新設された公共施設		○	原則、市町村が管理※3
参加組合員に与えるべきと定められた宅地		○	参加組合員が取得する

※1 従前の宅地に存した所有権・地上権・抵当権等も、同時に換地へ移動する。
※2 ただし、原則として、地役権は従前の宅地上にそのまま残る。
※3 公共施設用地は、原則として、公共施設を管理すべき者に帰属する。

☐ **地役権**（土地の利便のために他人の土地を利用する権利のこと）は、原則として、**換地処分の公告後も従前の宅地の上に存続**する。例外として、**行使する利益がなくなった場合は消滅**する。

☐ **換地処分の公告**があった場合、施行者はその旨を直ちに管轄登記所に通知する必要がある。

☐ 換地処分後に換地の所有権を別の人に譲渡しても、**清算金の徴収または交付に関する権利義務**は新しい所有者に移転しない。

☐ 事業により施行区域内の土地・建物に変動があったときは、遅滞なく、**変動に関する登記を申請・嘱託しなければならない。

☐ **施行者による登記**がされるまで、**その他の登記申請は原則としてできない。

21 ■ その他の法律
その他の法令上の制限

1 その他の法令の「原則」★

☐ 都道府県知事が許可権者である主な法令と制限内容

法令	適＝適用地区（対象）　制＝制限内容
大都市地域における住宅及び住宅地の供給の促進に関する特別措置法※1	適 土地区画整理促進区域内・住宅街区整備促進区域内 制 土地の形質変更・建築行為
都市再開発法※1	適 市街地再開発促進区域内　制 一定の建築
森林法	適 地域森林計画の対象民有林、保安林等 制 開発、伐採・採掘等
地すべり等防止法	適 地すべり防止区域等 制 地下水の排水施設の機能阻害行為等
急傾斜地の崩壊による災害の防止に関する法律	適 急傾斜地崩壊危険区域内 制 水の放流や停滞させる行為等
土砂災害警戒区域等における土砂災害防止対策の推進に関する法律	適 土砂災害特別警戒区域内 制 一定の開発行為（特定開発行為）
都市緑地法※1	適 特別緑地保全地域内　制 新築や増改築等
津波防災地域づくりに関する法律※2	適 津波防護施設区域内 制 工作物の建設・土地の掘削等

※1 市の区域内では、当該市長への届出となる。　※2 許可権者は、津波防護施設管理者（都道府県知事または市町村長）。

2 その他の法令の「例外」★★★★

☐ 都道府県知事への届出となる場合

法令	適＝適用地区（対象）　制＝制限内容
土壌汚染対策法	適 形質変更時要届出区域内　制 土地の形質変更
公有地の拡大の推進に関する法律※1	適 都市計画区域内　制 一定の土地等の有償譲渡
自然公園法（国定公園※2・自然公園）	適 普通地域内　制 工作物の建設等

※1 市の区域内では、当該市長への届出となる。　※2 国定公園の特別地域内で工作物の新築を行う場合は、知事の許可が必要。

☐ 都道府県知事以外の者が許可する場合

法令	適＝適用地区（対象）　制＝制限内容	許可権者
自然公園法（国立公園）	適 特別地域・特別保護地区内 制 建築や土地の質質変更	環境大臣
文化財保護法	適 重要文化財　制 現状保存の変更行為	文化庁長官
道路法	適 道路予定区域内　制 建築行為や土地の形質変更	道路管理者
河川法	適 河川区域内　制 土地の掘削・工作物の建設等	河川管理者
海岸法	適 海岸保全区域内　制 土石（砂）の採取・工作物の建設等	海岸管理者
港湾法	適 港湾区域内と隣接地域　制 土石（砂）の採取等	港湾管理者
生産緑地法	適 生産緑地地区内　制 建築や土地の形質変更等	市町村長

☐ その他への届出　　　　※地方自治法の指定都市・中核市・その他の区域では、都道府県。

法令	適＝適用地区（対象）　制＝制限内容	届出先
景観法	適 景観計画区域内 制 建築や外観の変更・修繕、景観重要樹木の伐採・移植等	景観行政団体※の長

MEMO

4 税・その他

　「税・その他」からは、全出題数**50問のうち8問**が出題されます。出題内容は、「税金」と「その他」の２つに分けられ、特に「税金」については、**基本知識だけで点が取れる分野です**のでとりこぼしのないようにチェックしておきましょう。

Contents

見出しの★は、平成10年以降の出題回数を表しています。

★なし	出題 5回未満
★	出題 5回以上
★★	出題10回以上
★★★	出題15回以上
★★★★	出題20回以上
★★★★★	出題25回以上

01 不動産取得税①

1 不動産に関する税

☐ 「不動産に関する税」の**基本用語**と**税の種類**は次の通りである。

● 基本用語

用語	説明
課税主体	税金を課す主体→国・都道府県・市町村
納税義務者	税を納める義務を負う者→不動産の取得者、固定資産の所有者等
課税標準	課税の基準となる金額→不動産の価格、文書の記載金額等
税額	課税標準×税率＝税額
特例	課税標準、税率、税額について、それぞれ軽減される特例がある
免税点	課税標準が一定金額に満たない場合に、**免税とする**価額、数量
普通徴収	税額、納期、納付場所などを記載した納税通知書によって納付
申告納付	納税者が、自分で納める税額を計算し、申告して納付

● 不動産に関する税の種類

税の種類	課税客体（課税の対象）	課税主体
不動産取得税	不動産の取得	都道府県
固定資産税	所有する固定資産→土地・家屋・償却資産	市町村
登録免許税	不動産の登記	国
印紙税	契約書など、課税文書の作成	国
所得税	不動産の譲渡で発生した所得。譲渡所得	国
贈与税	個人から個人への贈与	国

2 不動産取得税の概要 ★

☐ 不動産取得税は、不動産の取得（**売買・交換・贈与・新築・増改築**）に対して、不動産の所在する都道府県が課する地方税である。徴収方法は普通徴収で、送られてくる**納税通知書に指定された日**が納期限となる。

3 不動産の取得とは ★★

☐ **有償・無償にかかわらず**、不動産の実質的取得に対して課税される。
  ● 実質的取得（実質的な所有権移転）→**課税**される。
☐ **売買による取得** 【例】販売用に中古住宅を購入した。
☐ **交換による取得**
☐ **贈与による取得** 【例】生計を一にする親族から不動産を贈与された。
  ● 形式的取得（形式的な所有権移転）→**課税**されない。
☐ 相続（包括遺贈、相続人に対する特定遺贈による取得）による取得
☐ **法人の合併による取得**
☐ **共有物の分割による取得** 不動産の取得者の分割前の共有物に係る**持分割合を超えなければ、不動産取得税は課**されない。
☐ **不動産取得税**は、不動産を取得すれば、登記をしていなくても**課税**される。
☐ **国、都道府県、市町村、特別区、地方独立行政法人には課税**されない。
  ※独立行政法人には課税される場合がある。

01 不動産取得税②

4 家屋の建築による不動産の取得 ★

☐ 家屋を新築・増改築した場合も不動産取得税が課税される。

- ● 新築による不動産取得の場合

☐ 最初の使用又は譲渡が行われた日を取得日とし、所有者又は譲受者に課税される。

☐ 新築された日から6か月を経過しても、最初の使用又は譲渡が行われない場合、その6か月を経過した日が取得日とみなされ、所有者に課税される。

- ● 改築による不動産取得の場合

☐ 改築により家屋の価格が増加した場合には、増加した価格を課税標準として課税される。

☐ 保有している家屋を解体し、これを材料として他の場所に同一の構造で再建した場合は、新築による不動産の取得とみなされる。課税標準については、「改築」に準じて「移築により増加した価額」とされる。

5 不動産取得税の税額 ★★

☐ 課税標準…不動産を取得した時の価格。

☐ 税額の計算…不動産の価格×税率＝不動産取得税の税額

※不動産の価格とは固定資産課税台帳に登録されている価格。実際の取引価額ではない。

☐ 税率…土地・住宅を取得した場合は3％（軽減税率）、住宅以外の家屋の場合は4％。制限税率は設定されていない。

☐ 免税点…課税標準となるべき額が免税点に満たない場合、課税されない。

☐ 不動産取得税の免税点は以下の通り。

土地		10万円
家屋	新築・増築・改築	1戸（一区画）につき23万円
	その他（売買など）	1戸（一区画）につき12万円

6 課税標準の特例 ★★

☐ 不動産取得税の課税標準が軽減される特例には次のものがある。

- ● 住宅の特例

☐ 床面積が50㎡以上240㎡以下の住宅を取得した場合に適用される。

☐ 新築住宅の場合、1,200万円が控除される（不動産の価格から1,200万円が差し引かれる）。

☐ 中古住宅の場合、個人が自己の居住用に供する場合のみ適用される（控除額は経過年数等によって異なる。平成9年4月1日以降の新築であれば、控除額は1,200万円）。

☐ 法人の場合、新築住宅には特例が適用されるが、中古住宅には特例が適用されない。

- ● 宅地の特例

☐ 宅地を取得した場合、課税標準は宅地の価格の2分の1の額とされる。

02 固定資産税

1 固定資産税の概要 ★

☐ 固定資産（土地・家屋・償却資産）の所有者に、その所在する市町村が課す地方税。

☐ 徴収方法は、普通徴収。納期は、4月、7月、12月及び2月中において、市町村の条例で定める（標準納期）。ただし、特別の事情がある場合には、これと異なる納期を定めることも可能。遅くとも納期限前10日までに納税通知書が納税者に交付される。

2 固定資産税の納税義務者 ★★

☐ 賦課期日である1月1日時点で、固定資産課税台帳に所有者として登録されている者が固定資産税の納税義務者となる（賃借権者には課されない）。ただし、次の例外がある。

☐ ・質権又は100年より永い存続期間の定めのある地上権の目的である土地…納税義務者はその土地を実質的に支配しているその質権者又は地上権者

☐ ・震災、風水害、火災等によって相当の努力を払っても、所有者の所在が不明である場合…納税義務者は固定資産の使用者（登録前にあらかじめ通知が必要）

3 固定資産税の税額 ★

☐ 課税標準…賦課期日における固定資産課税台帳の登録価格（固定資産税評価額）で適正な時価をいう。総務大臣が告示する固定資産評価基準に基づいて市町村長が決定し、毎年3月31日までに固定資産課税台帳に登録されるもの。

☐ 固定資産税評価額は、地目の変換、家屋の改築等、特別の事情がない限り、基準年度（評価替え年度）の価格を3年間据え置く。

☐ 税額の計算…固定資産税評価額×税率（標準税率1.4%）＝固定資産税の税額（制限税率はなし）

☐ 免税点…①土地 30万円／②家屋 20万円／③償却資産 150万円 ←同一の者が同一市町村内に所有する土地、家屋、償却資産の、それぞれの課税標準の合計額。課税標準となるべき額が免税点に満たない場合、課税されない。

4 固定資産税の特例 ★

☐ 住宅用地（賦課期日1月1日時点）の課税標準の特例…右の要件で軽減される。

敷地面積	課税標準
200㎡以下の部分（小規模住宅地）	× 1/6
200㎡超の部分（一般住宅用地）	× 1/3

☐ 新築住宅の税額控除の特例…床面積120㎡までの住宅部分について、新築後3年度分（中高層耐火・準耐火建築物は新築後5年度分）に限り固定資産税額が2分の1に減額。

5 固定資産課税台帳 ★

☐ 固定資産課税台帳、土地価格等縦覧帳簿及び家屋価格等縦覧帳簿は、毎年3月31日までに市町村長が作成する。

☐ 閲覧…納税義務者、借地人・借家人は閲覧し、記載事項の証明書の交付を受けられる。

☐ 縦覧…毎年4月1日から、4月20日又はその年度の最初の納期限の日のいずれか遅い日以後の日までの間、縦覧帳簿の縦覧ができる。

☐ 登録価格に不服がある場合、文書で、固定資産評価審査委員会に審査の申出ができる。

6 都市計画税

☐ 都市計画税は、主に市街化区域内の土地・建物の所有者に課せられる市町村税（地方税）。

☐ 固定資産税の課税評価額をもとに普通徴収される。制限税率は0.3%。

03 登録免許税

1 登録免許税の概要

☐ **不動産を登記する際**に課税される**税金**（国税）が**登録免許税**である。

☐ 売買による所有権移転登記の場合、**売主と買主に連帯**して納付する**義務**がある。

☐ 登録免許税は原則として、**現金**で納付する。ただし税額が**3万円以下の場合**には、その税額に相当する金額の収入印紙を申請書に貼って納付することもできる。

2 登録免許税の課税標準

☐ **課税標準**…課税標準となる「不動産の価額」は、**固定資産課税台帳の登録価格**（固定資産税評価額）である。※実際の取引価格ではない。

☐ 不動産の価額は、登記する不動産の上に**所有権以外の権利**（地上権、貸借権等）その他処分の制限（差押え等）があるときは、**それらがないもの**とした場合の価額による。

☐ **税率**…登記の区分（所有権保存・所有権移転・抵当権設定）と、**所有権移転**の場合はその原因（売買・贈与・相続等）によって異なる。

3 登録免許税の税率の軽減措置 ★★★★

☐ **個人**が**住宅用家屋**を新築又は**取得**（売買・競売）し、**自己の居住の用**に供する場合、登録免許税の税率の軽減措置が**適用される**。

● **住宅用家屋の登録免許税の軽減措置…適用要件**

☐ ・個人の自己の**居住用**に供する家屋であること
☐ ・新築又は取得後**1年以内**の登記であること
☐ ・**床面積が50㎡以上**であること
☐ ・**新耐震基準に適合している住宅**、または昭和57年以降に建築された住宅であること（**築年数は問わない**）
☐ ・以前に適用を受けたことのある者も**繰り返し**の**適用可**
☐ ・**高所得者**であっても適用可
☐ ・登記の申請書に、その家屋が一定の要件を満たす住宅用の家屋であることについての**市区町村長の証明書の添付が必要**

☐ この軽減措置は、**敷地**については**適用されない**。

☐ 個人が新築又は取得するものであっても、**経営する会社の従業員社宅として使用**する場合は**適用されない**。

● **住宅用家屋の本則税率と軽減税率**

登記の種類		課税標準	本則税率	軽減税率
所有権保存		不動産の価格	0.4%	0.15%
所有権移転	売買・競落	不動産の価格	2.0%	0.3%
	贈与・交換	不動産の価格	2.0%	軽減なし
	相続・合併	不動産の価格	0.4%	軽減なし
抵当権設定		債権金額	0.4%	0.1%

☐ 不動産の価額が**100万円以下の土地**を相続した場合、以下の登記に関する**登録免許税が免税**になる。①**相続による所有権移転登記**を受ける場合。②**表題部所有者の相続人**が所有権保存登記を受ける場合

4

税・その他

04 印紙税①

1 印紙税の概要

☐ 印紙税は、**課税文書（売買契約書や贈与契約書等）** を作成した場合に納付義務が生じる国税である。

☐ 納付方法は、作成した文書に**税額相当**の印紙を貼って消印する。

2 印紙税の消印

☐ 消印は文書作成者、その**代理人**、使用人その他の**従業者**のいずれか1人が、印章又は署名によって行い、**課税文書と印紙の彩紋**とにかけて判明に消印しなければならない。

3 印紙税の納税義務者 ★

☐ 印紙税の**納税義務者**は、**課税文書**の作成者である。

☐ **代理人**が課税文書を作成する場合、代理人が**印紙税の納税義務者**となる。

☐ **国**・地方公共団体**等**が作成した文書は**非課税**。

【例】国を売主、A社を買主とする土地の譲渡契約で、双方が署名押印して共同で土地譲渡契約書を2通作成し、国とA社がそれぞれ1通ずつ保存することとした場合、A社が保存する方の契約書には**印紙税は課税**されない。

4 課税文書とは ★★★

☐ 次の文書について印紙税が課税される。

☐ ① **契約の**成立**・更改、契約内容の**変更**・補充の事実を証すべき文書。**

☐ ② 表題が契約書ではない、**仮契約書、**協定**書、約定書、**覚**書。**

☐ **同一**内容の文書が2**通以上ある場合、それぞれの文書**が印紙税の課税対象となる。

【例】不動産の売買契約書を3通作成し、売主A、買主B及び媒介した宅建業者Cがそれぞれ1通ずつ保存する場合、媒介したCが保存する契約書にも印紙税が課される。

● 印紙税の課税文書

☐ ・**不動産の**譲渡**に関する契約書**　【例】売買契約書・交換契約書・贈与契約書
☐ ・**地上権・土地の**賃借権**の設定や譲渡に関する契約書**　【例】土地賃貸借契約書
☐ ・**請負に関する契約書**　【例】宅地造成・工事請負契約書
☐ ・**消費貸借に関する契約書**　【例】金銭消費貸借契約書
☐ ・**記載金額が**5**万円以上の**領収書**・受取書**

● 印紙税の非課税文書

☐ ・建物や施設、物品などの賃貸借契約書【例】駐車場としての設備のある土地の賃貸借契約書　←建物の賃貸借契約に関する書面でも、敷金の領収書は課税文書。
☐ ・**委任に関する契約書**　【例】委任状・媒介契約書
☐ ・**質権・抵当権の設定や譲渡に関する契約書**
☐ ・記載金額が1**万円未満の契約書**
☐ ・記載金額が5**万円未満の**領収書**・受取書**
☐ ・営業**に関しない受取書**　【例】給与所得者が自宅の土地建物を譲渡した場合の領収書

04 印紙税②

5 印紙税の課税標準 ★★★★

☐ 印紙税の課税標準は、文書の**記載**金額（契約金額や受取金額等）である。

☐ **記載金額のない文書**（契約金額が未定の場合を含む）の場合、**印紙税額は200**円となる。

● 課税文書ごとの記載金額

課税文書の種類	課税標準となる記載金額
売買契約書	売買金額 • 一通の契約書に売買契約と請負契約それぞれの金額が記載されている場合、高い方の金額 • 同じ種類の契約に関する記載金額が複数ある場合、それらの合計額
交換契約書	• 交換対象物の双方の価額が記載されている場合は、高い方の金額 • 交換差金だけが記載されている場合は交換差金の額
土地賃貸借契約書 地上権設定契約書	• 後日返還されない権利金・礼金・更新料等の金額 ※後日返還される予定の敷金・保証金等は記載金額に含まれない。賃料・地代も記載金額に含まれない。
贈与契約書	記載金額がないものとして印紙税200円が課される
変更契約書 （契約内容を変更するための契約書）	• 契約金額の増額の場合、増額部分だけが記載金額となる • 減額の場合は、記載金額がないものとして印紙税額200円となる • 変更後の契約金額の総額が同じ変更契約書には、記載金額がない文書として印紙税200円が課される ※契約期間を変える覚書や念書も重要な事項を変更するものとして、課税対象となる。

※消費税額を明記している場合、消費税額分には**課税**されない。

6 過怠税の徴収

☐ 課税文書の作成者が、**文書作成のときまでに印紙税を納付しなかった場合**、過怠税が徴収される。

☐ 過怠税の額は、納付しなかった**印紙税の額**とその**2**倍に相当する金額との合計額（**本来の印紙税額の3**倍）となる。

☐ 税務調査により判明する前に**自主的**に**申告**した場合、過怠税額は当初に納付すべき税額の**1.1**倍に軽減される。

☐ 貼り付けた印紙を所定の方法によって**消印**しなかった場合は、消印されていない印紙の**額面に相当する金額**の過怠税が徴収される。

☐ 過怠税はその全額が法人税の損金や所得税の**必要経費**には算入されない。

☐ 過怠税が課せられた文書に記載された契約であっても、**契約自体は有効**。

05 所得税①

☐ **所得税**は、個人の所得（10種類）に対して課せられる**国税**である。

1 譲渡所得とは ★

☐ **譲渡所得**…土地、建物、株式、ゴルフ会員権などの**資産の譲渡**によって生ずる所得。

☐ **譲渡所得ではない所得**…① 宅建業者や不動産業者である**個人が販売**の目的で所有している不動産を譲渡した場合の所得→**事業所得**。② 土地や建物などの不動産の**貸付け**、不動産の上に存する権利の設定及び貸付けによる所得→**不動産所得**。※借地権の設定等で受ける**権利金**が、その土地の価額の10分の5に相当する金額を超える場合は**譲渡**所得。③ 山林を譲渡した場合の所得→**山林所得**。

2 譲渡所得の税額 ★

☐ **課税標準**…譲渡所得の課税標準は、土地・建物等を譲渡した際の**総収入金額**から取得費と譲渡費用、特別控除額を差し引いて求める。

☐ **総収入金額**…収入から必要経費などを引く前の収入の合計額。土地や建物の譲渡価額。

☐ **取得費**…売却した土地や建物を過去に取得した時の**建築代金や購入代金**、購入手数料、設備費や改良費など。

☐ **譲渡費**…土地や建物を売るために**直接かかった費用**。仲介手数料、印紙税、立退料等。

☐ **譲渡所得税額の計算式**…譲渡所得の課税標準×税率

☐ 土地・建物の譲渡所得は、譲渡年の1月1日における所有期間が5年超であれば、**長期譲渡所得**、所有期間が5年以内であれば、**短期譲渡所得**。

☐ 土地・建物・株式以外の譲渡所得は、譲渡日を基準に所有期間が5年超であれば、**長期譲渡所得**、所有期間が5年以内であれば、**短期譲渡所得**。

☐ 土地・建物の譲渡所得の**課税**標準（申告分離課税）… 総収入金額－（取得費＋譲渡費用）－特別控除額で求める。税率は、**長期**譲渡所得→15%、**短期**譲渡所得→30%。

☐ 土地・建物・株式以外の譲渡所得の**課税**標準（総合課税）… 総収入金額－（取得費＋譲渡費用）－特別控除額（最高50万円）で求める。特別控除額はまず短期譲渡所得から控除し、控除しきれない場合には、長期譲渡所得から控除する。長期譲渡所得はその2分の1の金額が、短期譲渡所得は全額が、それぞれ課税標準となる。

3 課税標準の特例 ★★★

☐ **居住用財産の譲渡所得の3,000万円特別控除**…居住用財産を譲渡した場合、譲渡所得から3,000万円が控除される。「居住用財産の軽減税率の特例」との併用ができる。
　　● 居住用財産の譲渡の要件
☐ ① **居住用財産の譲渡**であること　② 親族等への譲渡でないこと
　　● 3,000万円特別控除の適用要件
☐ ① **本年・前年・前々年**にこの特例の適用を**受けていないこと**（適用は3年に1度）
☐ ② **本年・前年・前々年**に特定居住用財産の買換え特例や収用交換等の場合の5,000万円特別控除などの適用を**受けていないこと**（適用は3年に1度）

05 所得税②

- [ ] ③ 住宅ローン控除の適用を受けていないこと
- [ ] 被相続人の居住用財産（空き家）に係る譲渡所得の特別控除の特例…被相続人の空き家や空き家取壊し後の敷地の売却について、一定の要件のもと 3,000 万円が控除される。
- [ ] 収用交換等の場合の 5,000 万円特別控除…土地・建物が公共事業のために収用・買取りされた場合、譲渡所得から 5,000 万円が控除される。「居住用財産の軽減税率の特例」「住宅ローン控除」との併用が できる。「優良住宅地造成のために土地を譲渡した場合の軽減税率の特例」との併用は できない。
- [ ] 収用等に伴い代替資産を取得した場合の課税の特例…土地・建物を収用交換等により譲渡し、補償金等の交付を受けて代替資産を取得した場合、譲渡がなかったものとすることができる。「居住用財産の軽減税率の特例」との併用は できない。

4 軽減税率の特例

- [ ] ① 居住用財産の軽減税率の特例…譲渡した年の 1 月 1 日における所有期間が 10 年超の居住用財産を譲渡した場合、譲渡益 6,000 万円以下の部分について、長期譲渡所得の税率 15%が 10%に軽減される（6,000 万円超の部分は 15%のまま）。
- [ ] ①の特例は、「居住用財産の譲渡所得の 3,000 万円特別控除」「収用交換等の場合の 5,000 万円特別控除」との併用が できる。「特定居住用財産の買換え特例」「収用等に伴い代替資産を取得した場合の課税の特例」との併用は できない。
- [ ] 売った年の前年及び前々年にこの特例を受けていないことが要件の一つ。
- [ ] ② 優良住宅地造成のために土地を譲渡した場合の軽減税率の特例…優良住宅地の収用による造成等のために、所有期間が 5 年超の土地等を譲渡した場合、譲渡益 2,000 万円以下の部分について、長期譲渡所得の税率 15%が 10%に軽減される（2,000 万円超の部分は 15%のまま）。
- [ ] ②の特例は「居住用財産の譲渡所得の 3,000 万円特別控除」「収用交換等の場合の 5,000 万円特別控除」との併用は できない。

5 特定居住用財産の買換え特例 ★

- [ ] 特定の居住用財産の買換えの特例…居住用財産を売却して、代わりの居住用財産に買い換えたときは、一定の要件のもと、譲渡益に対する課税を将来に繰り延べることができる。
- [ ] 譲渡資産の要件…① 居住用財産の譲渡である、② 居住期間…10 年以上（譲渡年の 1 月 1 日時点）、③ 所有期間…10 年超（譲渡年の 1 月 1 日時点）、④ 譲渡金額…1 億円以下 ← 買換資産の代金には制限はない、⑤ 親族等への譲渡ではない。
- [ ] 買換資産の要件…① 家屋の床面積…50㎡以上（自己の居住の用に供する部分）、② 敷地面積…500㎡以下、③ 取得時期…譲渡年の前年から翌年までの 3 年の間に取得、④ 居住時期…取得日から翌年 12 月 31 日までに、居住の用に供するか、又は居住の用に供する見込みがあること、⑤ 築年数…中古住宅の場合は、取得の日以前 25 年以内に建築。ただし新耐震基準に適合していれば築年数は問わない。

税・その他 4

05 所得税③

本冊問題➡462～463ページ

6 譲渡損失の損益通算と繰越控除

☐ 居住用財産の買換えによって生じた譲渡損失は、その年の**給与所得や事業所得など他の所得**と損益通算できる。また、損益通算しきれなかった損失分は**翌年以降3年内**に繰越控除ができる。これを**居住用財産の買換え等の場合の譲渡損失の損益通算及び繰越控除の特例**という。ただし、**合計所得額が3,000万円超**となる年は、繰越控除が適用されない。この特例は、「住宅ローン控除」との併用ができる。

- **特例の適用要件**
- ① 譲渡資産の要件

☐ **居住**用財産の譲渡であること
☐ 所有期間…**5年超**
☐ **親族**等への譲渡でないこと

- ② 買換資産の要件

☐ 取得時期…譲渡の年の**前年の1月1日**から売却の年の**翌年12月31日**までの間に日本国内にある資産で、**家屋の床面積が50㎡以上**であるものを取得すること
☐ 居住時期…買換資産を**取得した年の翌年12月31日**までに、**居住の用に供する**か、又は居住の用に供する**見込み**があること
☐ **住宅ローン**…買換資産を取得した年の12月31日において買換資産について**返済期間が10年以上の住宅ローン**を有すること

7 住宅ローン控除 ★

☐ **住宅ローン控除（住宅借入金等特別控除）**…住宅ローンを利用して住宅を新築、取得又は増改築等した場合、**13年間**にわたって、**借入金の年末残高の0.7%**が所得税から控除される制度。
☐ 住宅ローン控除は、「収用交換等の場合の**5,000万円特別控除**」「居住用財産の買換え等の場合の譲渡損失の損益通算及び繰越控除の特例」との併用が**できる**。

- **住宅ローン控除の要件**

☐ ① 住宅ローンの**返済期間が10年以上**で、借入先は、原則として、**金融機関**であること
☐ ② 取得日から**6か月以内に入居**し、各年の**12月31日**まで引き続いて**居住**していること
☐ ③ 控除を受ける年の**合計所得金額が2,000万円以下**であること
☐ ④ 住宅の**床面積が50㎡以上**。※合計所得金額1,000万円以下の者の場合は、床面積が40㎡以上であれば控除の適用可。
☐ ⑤ **居住**の用に供した年と、その**前後の2年ずつの5年間**に、以下の特例の適用を受けていないこと。
☐ ・ 居住用財産の譲渡所得の**3,000万円特別控除**
☐ ・ 居住用財産の**軽減税率**の特例
☐ ・ 特定居住用財産の**買換え**特例

06 贈与税

1 贈与税の概要

☐ 個人（贈与者）から贈与を受けた個人（受贈者）に対して課される**税金（国税）**が贈与税である。

☐ 贈与税は、原則として、**暦年課税**（１年間に受けた贈与財産に対して課税される課税方式）である。ただし、**受贈者が推定相続人である子・孫の場合、相続時精算課税**を利用することもできる。

2 住宅取得等資金の贈与税の非課税

☐ 直系尊属から住宅取得等資金の贈与を受けた場合、**一定金額が非課税**となる特例を直系尊属から住宅取得等資金の贈与を受けた場合の贈与税の非課税という。

● 特例の適用要件

☐ ① 贈与者…直系尊属（父母、祖父母等）←年齢制限なし

☐ ② 受贈者…贈与年の１月１日時点で満18歳以上の直系卑属（子、孫等）

☐ ③ 贈与年の合計所得…原則として、2,000万円以下

☐ ④ 日本国内の家屋で床面積50㎡以上240㎡以下（2分の1以上が居住用）
※年間の合計所得金額が1,000万円以下の人の場合は、床面積40㎡以上に引き下げ。

3 相続時精算課税 ★★

☐ 相続時精算課税は、贈与時点の贈与税を軽減し、後に相続が発生した時に贈与分と相続分を合算して相続税として支払う制度である。

☐ 相続時精算課税では、**贈与者ごとに累積総額2,500万円までの贈与額が非課税**となり、2,500万円を超えた部分について20%が課税される。

☐ 相続時には、贈与財産と相続財産を合算した額に一定税率（10〜55%）を乗じた税額を算出し、そこから贈与時に納付した贈与税額が控除される。

● 相続時精算課税の要件

☐ ① 贈与者…贈与年の１月１日時点で60歳以上の父母・祖父母

☐ ② 受贈者…贈与年の１月１日時点で満18歳以上の推定相続人である子・孫

☐ ③ 贈与者ごと、受贈者ごとに、相続時精算課税か暦年課税かを個別に選択できる

☐ 60歳未満の父母又は祖父母から住宅取得等資金が贈与された場合、相続時精算課税制度が選択できる。これを**特定の贈与者から住宅取得等資金の贈与を受けた場合の相続時精算課税の特例**（相続時精算課税選択の特例）という。

● 相続時精算課税選択の特例が適用できる家屋の要件

☐ ① 贈与を受けた年の翌年3月15日までに取得の資金に充て、居住すること

☐ ② 日本国内の家屋で床面積40㎡以上（2分の1以上が居住用）

☐ ③ 新耐震基準に適合している住宅、または昭和57年以降に建築された住宅であること（築年数は問わない）。

☐ 住宅用家屋自体の贈与を受けた場合は適用対象外。

4

税・その他

07 地価公示法①

1 地価公示法の概要

☐ 国土交通省に置かれる<u>土地鑑定委員会</u>が、**地価の指標**となる<u>標準地</u>を選定し、**毎年**1回、土地の正常な<u>価格</u>を判定、<u>公示</u>することを<u>地価公示</u>という。

● 地価公示法の目的

☐ 都市及びその周辺の地域等において、<u>標準地</u>を選定し、その正常な価格を公示することにより、**一般の土地**の<u>取引価格</u>に対して指標を与え、及び公共の利益となる事業の用に供する土地に対する**適正な**<u>補償金</u>の額の算定等に資し、もって**適正な**<u>地価</u>の形成に寄与することを目的とする。

2 地価公示のプロセス ★

地価公示の手順は以下の通りである。

☐ ❶ **土地鑑定委員会**が、**公示区域内**から<u>標準地</u>を選定する。

☐ ❷ <u>2</u>人以上の不動産鑑定士が価格を<u>鑑定</u>し、**鑑定評価書**を<u>土地鑑定委員会</u>に提出。

☐ ❸ 土地鑑定委員会が<u>審査・調整</u>を行い、<u>基準日</u>における、**標準地**の<u>単位面積</u>当たりの正常な価格を判定。

☐ ❹ 土地鑑定委員会が「<u>所在地・住所</u>」「<u>単位面積</u>当たりの価格」「価格判定の<u>基準日</u>」「地積（土地の面積）・形状」「標準地及び周辺の土地の利用の<u>現況</u>」等の事項を**官報**で<u>公示</u>する。

☐ ❺ 土地鑑定委員会が、**関係**<u>市町村</u>の長へ当該市町村が属する都道府県にある<u>標準地</u>に関する書面や<u>図面</u>を送付する。

☐ ❻ 関係<u>市町村</u>の長は、送付を受けた書面等を当該**市町村**の事務所で**一般の**<u>閲覧</u>に供する。

☐ 公示価格の**変化率**や標準地の**価格の総額**は、<u>公示</u>事項ではない。

3 標準地の選定 ★

☐ **土地鑑定委員会**は、**公示区域内**から<u>標準地</u>を選定する。

☐ <u>公示区域</u>とは、「**都市計画区域**その他の土地取引が相当程度見込まれるものとして**国土交通省令で定める区域**（国土利用計画法の規制区域を除く）」をいう。

☐ 都市計画区域外の区域を<u>公示区域</u>に指定することもできる。

☐ 国土交通省令では、**公示区域**は<u>国土交通大臣</u>が定めるとされている。

☐ <u>標準地</u>は、**自然的・社会的条件**からみて<u>類似</u>の**利用価値**を有すると認められる地域において、**土地の**<u>利用状況</u>・環境等が通常と認められる<u>一団の土地</u>について選定するものとされている。

07 地価公示法②

4 標準地の鑑定評価 ★★

☐ **2人以上の不動産鑑定士**が、各々次の**3種の価格**を総合的に勘案して、標準地の**鑑定評価**を行い、それぞれの**鑑定評価書**を**土地鑑定委員会**に提出する。

● **標準地の鑑定評価のもとになる3種の価格**

☐ ① **近傍類地の取引価格**から算定される推定の価格

☐ ② **近傍類地の地代等**から算定される推定の価格

☐ ③ **同等の効用**を有する土地の**造成**に要する**推定の費用**の額

5 正常な価格の判定 ★

☐ 土地鑑定委員会は、鑑定評価書を審査し、必要な調整を行って、**毎年1回**、基準日（**1月1日**）における、**標準地**の**単位面積当たり**の**正常な価格**を判定する。

☐ **正常な価格**とは、土地について、**自由な取引**が行われるとした場合におけるその取引において通常**成立**すると認められる**価格**をいう。

☐ 「取引」には、農地、採草放牧地又は森林の取引は含まれない。ただし、「**農地、採草放牧地及び森林以外のもの（住宅地等）とするための取引**」は含まれる。

☐ **正常な価格**は、標準地に定着物があったり、使用収益権が設定されている場合には、**定着物**（建物など）や**権利**（地上権など）が**存しないもの**として**判定**を行う。

6 公示価格の効力 ★★

☐ 土地の取引を行う者は、**取引の対象土地に類似する利用価値**を有すると認められる**標準地**について**公示された価格**を**指標**として取引を行うよう**努め**なければならない。

● **公示価格を規準としなければならない場合**

☐ ① **不動産鑑定士**が、公示区域内の土地について鑑定評価を行う場合において、当該土地の**正常な価格**を求める場合

☐ ② **土地収用**ができる事業を行う者が、公示区域内の土地を取得する場合において、**取得価格**を定める場合

☐ ③ 土地収用の際、**相当な補償価格を算定する**場合

● **公示価格を「規準とする」とは、次の①・②の通り**

☐ ① 対象土地の価格を求めるに際して、その**対象土地**とこれに**類似する利用価値**を有すると認められる**1又は2以上の標準地**との位置、地積、環境等の土地の**客観的価値**に作用する諸要因についての**比較**を行う

☐ ② ①の結果に基づき、**当該標準地の公示価格**と当該**対象土地の価格**との間に**均衡**を保たせること（必ずしも、**公示価格と同額**にしなければいけないわけではない）

08 不動産鑑定評価基準①

❶ 不動産鑑定評価基準とは

☐ 不動産鑑定士が不動産の鑑定評価を行うに当たっての統一的基準として国土交通省が定めたルールが不動産鑑定評価基準である。

❷ 不動産の価格形成要因

☐ 不動産の価格形成要因とは、**不動産の効用及び相対的稀少性並びに不動産に対する有効需要の三者に影響を与える要因**をいう。

☐ 価格形成要因は、一般的要因、地域要因及び個別的要因に分けられる。

一般的要因	一般経済社会における不動産のあり方及びその価格の水準に影響を与える要因。自然的要因、社会的要因、経済的要因及び行政的要因に大別される
地域要因	一般的要因の相関結合によって規模、構成の内容、機能等にわたる**各地域の特性**を形成し、その地域に属する不動産の価格の形成に全般的な影響を与える要因
個別的要因	不動産に個別性を生じさせ、その価格を個別的に形成する要因。土地、建物等の区分に応じて分析する必要がある

☐ 対象不動産の価格への影響の程度を判断するための**事実の確認が困難な特定の価格形成要因**がある場合、鑑定評価書の利用者の利益を害するおそれがないと判断されるときに限り、当該価格形成要因について調査の範囲に係る条件を設定することができる。

❸ 価格の種類 ★

☐ 鑑定評価によって求める不動産の価格には、正常価格・限定価格・特定価格・特殊価格がある。基本的に、不動産の鑑定評価によって求める価格は正常価格である。

種類	説明	具体例
正常価格	**市場性を有する不動産**について、現実の社会経済情勢のもとで合理的と考えられる条件を満たす市場で形成されるであろう市場価値を表示する適正な価格	・通常の取引価格
限定価格	**市場性を有する不動産**について、正常価格と同一の市場概念のもとにおいて形成されるであろう市場価値と乖離（はなれること）することにより、**市場が相対的に限定される場合**における取得部分の当該市場限定に基づく市場価値を適正に表示する価格	・借地権者の底地併合 ・隣接不動産の取得 ・経済合理性に反する不動産の分割を前提とする売買 に関連する場合
特定価格	**市場性を有する不動産**について、法令等による社会的要請を背景とする鑑定評価目的のもとで、正常価格の前提となる諸条件を満たさないことにより正常価格と同一の市場概念のもとにおいて形成されるであろう市場価値と乖離することとなる場合における不動産の経済価値を適正に表示する価格	・会社更生法 ・民事再生法 ・**資産の流動化に関する法律** に基づく評価
特殊価格	文化財等の一般的に**市場性を有しない不動産**について、その利用現況等を前提とした不動産の経済価値を適正に表示する価格	・文化財

08 不動産鑑定評価基準②

④ 不動産の鑑定評価の手法 ★

☐ 不動産の鑑定評価の手法には、原価法、取引事例比較法、収益還元法がある。

☐ 鑑定評価では、原則として、**市場の特性等を適切に反映した複数の手法を適用すべき**とされている。

☐ 対象建築物に関する**工事が完了していない場合**でも、その**工事の完了**を前提として鑑定**評価を行うことがある**（未竣工建物等鑑定評価）。

⑤ 原価法 ★

☐ 原価法とは、**価格時点における対象不動産の**再調達**原価を求め、これについて**減価**修正を行い、対象不動産の**試算**価格を求める手法**である。原価法で試算した価格を積算**価格**という。

| 再調達原価 | − | 減価修正による減価額 | = | 積算価格 |

☐ **原価法は、主に建物に適用されるが、土地に関しても適用**できる。

☐ 土地について公共施設の整備等による環境の変化が価格水準に影響を与えている場合には、**地域要因の変化の程度に応じた増加額を**熟成度**として加算できる**。

☐ 再調達**原価**…対象不動産を価格時点（不動産の価格の判定の基準日）**において**再調達**することを想定した場合**において必要とされる**適正な**原価**の総額**。対象不動産の再調達原価を求めることが困難な場合、**対象不動産と同等の**有用性**を持つものに置き換えて求めた原価を**再調達**原価とみなす**。

☐ 減価修正…不動産の価値の減少となる要因に応じて再調達**原価から控除すること**。原則として「耐用年数に基づく方法」と「観察減価法」の２つの方法を併用する。

⑥ 取引事例比較法 ★★

☐ 取引事例比較法とは、まず多数の取引事例を収集して適切な事例の選択を行い、これらに係る取引価格に必要に応じて**事情補正及び時点修正を行い、かつ、**地域**要因の比較及び**個別的**要因の比較を行って求められた価格を比較考量し、これによって**対象不動産の試算**価格を求める手法**である。

☐ **取引事例比較法で試算した価格を**比準**価格という**。

| 取引事例の収集 | → | 取引事例の選択 | → | 事情補正・時点修正 | → | 地域要因・個別的要因の比較 | → | 比準価格 |

● **取引事例の選択**

☐ ① 原則として、近隣**地域又は同一需給圏**（一般に対象不動産と代替関係が成立して、その価格の形成について相互に影響を及ぼすような関係にある他の不動産の存する圏域）**内の**類似**地域にある不動産の取引**。

☐ ② 必要やむを得ない場合は、近隣**地域の**周辺**地域にある不動産の取引**。

☐ ③ **対象不動産の最有効使用が標準的使用と異なる場合**等は、同一需給圏内の代替競争不動産の取引。

08 不動産鑑定評価基準③

6 取引事例比較法（続き）★★

☐ **最有効使用**…その不動産の<u>効用</u>が最高度に発揮される可能性に最も富む使用。これを前提として把握される価格を**標準として**<u>不動産価格</u>が形成されることを<u>最有効使用</u>の原則という。ただし、不動産についての現実の使用方法は、当該不動産が十分な効用を発揮していない場合があることに留意すべきである。

● 取引事例の要件

☐ ① 取引事情が**正常又は正常なものに補正可能**であること。

☐ ② <u>売り急ぎ</u>、**買い進み等**の特殊な事情が存在する事例は<u>事情補正</u>を行わなければならない。<u>投機</u>的取引であると認められる事例は**用いることが**<u>できない</u>。

☐ ③ <u>時点修正</u>が可能であること。

☐ ④ <u>地域</u>要因の比較及び<u>個別</u>的要因の比較が可能であること。

☐ **事情補正**…売り急ぎ、買い進み等、特殊な<u>事情</u>を含み、これが価格に影響を及ぼしているときに適切な補正をすること。

☐ **時点修正**…取引事例の時点から価格水準に変動があると認められる場合、**時間の経過による変動を考慮して**、<u>取引</u>事例の価格を<u>価格</u>時点の価格に修正すること。

7 収益還元法 ★★

☐ 対象不動産が将来生み出すであろうと期待される<u>純収益</u>の**現在価値**の<u>総和</u>を求めることにより**試算価格**を求める手法が<u>収益還元</u>法である。

☐ **現在価値**…将来の価値を一定の割引率を使って現在時点まで割り戻した価値。

☐ 収益還元法で試算した価格を<u>収益</u>価格という。

● 収益還元法のポイント

☐ 文化財の指定を受けた建造物等の、一般的に市場性を有しない不動産を除き、**あらゆる不動産に適用すべきもの**である。

☐ マイホームなど、**自用の不動産についても**<u>賃貸</u>を想定することにより**適用**<u>できる</u>。

☐ 市場における**不動産の**<u>取引</u>価格の上昇が著しいときは、<u>取引</u>価格と<u>収益</u>価格との乖離が拡大する。この場合、先走りがちな<u>取引</u>価格に対する有力な**検証手段**として活用されるべきものである。

☐ 収益価格を求める方法には、<u>直接還元</u>法（一期間の<u>純収益</u>を還元利回りによって還元する方法）と<u>DCF</u>法がある。

直接還元法	・一期間の純収益を還元利回りによって還元する方法。
DCF法	・連続する複数の期間に発生する純収益及び復帰価格を、その発生時期に応じて現在価値に割り引き、それぞれを合計する方法 ・不動産の証券化に係る鑑定評価で毎期の純収益の見通し等について詳細な説明が求められる場合には、DCF法の適用を原則とする ※DCFはDiscount Cash Flowの略

09 【免除科目】住宅金融支援機構法

1 住宅金融支援機構（以下、機構）とは

☐ 機構は、民間金融機関の住宅ローン融資を支援する独立行政法人である。

2 機構の業務 ★★★★★

☐ 証券化支援業務…民間金融機関による債権の証券化を支援する業務で買取型と保証型がある。機構が支援する住宅ローンの金利は、金融機関によって異なる。

☐ ① 証券化支援事業（買取型）…民間金融機関が貸し付ける住宅ローン債権を機構が譲り受け（買い取り）、その債権を担保としてMBS（資産担保証券）を発行し、債券市場（投資家）に売却して資金を調達する業務。バリアフリー性、省エネルギー性、耐震性、耐久性・可変性で一定基準をクリアしている住宅を対象に、一定期間利率が引下げになる優良住宅取得支援制度を設けている。

> 債権譲受けの対象となる貸付債権…① 住宅建設・購入のための貸付け（付随する土地・借地権の取得資金や住宅改良に必要な資金を含む）② 申込者本人又は親族が居住する住宅 ③ 長期・固定金利の住宅ローン債権であること ④ 償還期間が15年以上50年以内（償還方法は、元利均等方式、元金均等方式のいずれでも可）
> ※ 新築・中古住宅はともに債権譲受けの対象となるが賃貸住宅は対象外。

☐ ② 証券化支援事業（保証型）…民間金融機関が融資・証券化した住宅ローンについて、機構が債務保証する業務。

☐ 住宅融資保険業務…民間金融機関が貸し付けた住宅ローンについて住宅融資保険を引き受けることにより、民間金融機関による住宅資金の供給を支援する。

☐ 情報提供・相談・援助業務…必要な資金の調達又は良質な住宅の設計若しくは建設等に関する情報の提供、相談その他の援助を行う。

☐ 直接融資業務…災害関連等に限り、直接融資を行う。

☐ 主な融資対象…① 災害復興 ② 耐震性向上のための住宅改良資金の融資 ③ 合理的土地利用建築物の建設・購入 ④ マンションの共用部分の改良 ⑤ 子育て世帯・高齢者世帯向けの賃貸住宅の建設・改良 ⑥ 高齢者家庭住宅のリフォーム ⑦ 財形住宅貸付業務

☐ 高齢者向け返済特例制度…高齢者（満60歳以上の者）が自ら居住する住宅に対して行うバリアフリー工事又は耐震改修工事について、毎月の返済を利息のみとし、借入金の元金は申込人の死亡時に、融資住宅及び敷地の売却などにより、一括返済する制度

☐ 貸付条件の変更等…元利金の支払いが著しく困難な場合、貸付条件や支払方法の変更、据置期間の設定、償還期間の延長を行う。また、災害によって住宅が滅失した場合、代替住宅の建設・購入に係る貸付金について、一定の元金返済の据置期間を設ける

☐ 団体信用生命保険業務…機構が保険契約者・保険金受取人となり、被保険者の死亡や重度障害の場合に支払われる保険金で、残りの住宅ローンを弁済する仕組み。

3 業務の委託

☐ 機構は、業務（情報提供・相談・援助業務を除く）の一部を、民間金融機関などに委託できるが、「貸付けの決定」を委託することはできない。

☐ 業務委託先…委託できる業務…① 一定の金融機関➡債権の元金及び利息の回収、貸付け、② 一定の債権回収会社➡債権の元金及び利息の回収、③ 地方公共団体・その他政令で定める法人➡審査

4 税・その他

10 【免除科目】景品表示法①

1 景品表示法とは

☐ 一般消費者の利益が損なわれないよう、**過大な景品の提供や誇大広告**等の表示を制限・禁止した法律が**不当景品類及び不当表示防止法**（以下、**景品表示法**）である。

2 景品類の制限

☐ **宅建業者**は、以下の額を超える景品類を**提供**することができない。

☐ ① 懸賞・抽選による提供…取引価額の**20**倍又は**10**万円のいずれか**低い**額
   ※景品類の総額は、取引予定総額の**100分の2**以内に限られる。

☐ ② 懸賞・抽選によらない提供…取引価額の**10分の1**又は**100**万円のいずれか**低い**額

3 表示とは

☐ 公正競争規約等における**表示**とは、顧客を誘引するための手段として**事業者が不動産の内容又は取引条件その他取引に関する事項**について行う**広告**その他の表示をいう。

   ● 規制対象となる主な「表示」

☐ ① **インターネット**による広告表示

☐ ② **チラシ、ビラ、パンフレット**、小冊子、説明書面、電子記録媒体その他これらに類似する物による広告表示、及び**口頭**による広告表示（電話によるものを含む）

☐ ③ **ポスター**、看板、のぼり、**垂れ幕**、ネオン・サイン、**アドバルーン**その他これらに類似する物による広告及び**陳列物**又は**実演**による表示

☐ ④ **新聞紙**、雑誌その他の**出版物、放送、映写、演劇**又は**電光**による広告

☐ ⑤ 物件自体による表示及び**モデル・ルーム**その他これらに類似する物による表示

4 表示に関する制限 ★★★★★

☐ **広告表示の開始時期の制限**…宅地造成や建物建築の**工事完了前**には、**開発許可や建築確認**等の処分後でなければ、**売買その他の業務に関する広告**は**できない**。

☐ **不当表示の禁止**…不当な表示は**それ自体が禁止**である。不当表示につき**故意や過失**があったか否か、実際に損害を受けた人や誤認した人がいたか否かは問わない。

☐ (1) **不当な二重価格表示**…次の要件を満たさない場合、二重価格表示を行うことはできない。①過去の販売価格の**公表日**及び値下げした日を明示すること。②過去の販売価格は、**値下げの直前の価格**であって、**値下げ前2か月以上**にわたり実際に販売のために公表していた価格であること。③値下げの日から**6か月以内に表示**するものであること。

☐ (2) **おとり広告**…①物件が存在せず、取引できない物件に関する表示。物件は存在するが、**実際には取引の対象となり得ない物件**に関する表示（【例】売約済みの物件）。②物件は存在するが、**実際には取引する意思がない物件**に関する表示（【例】物件に案内することを拒否、物件の難点を指摘して取引に応じないで顧客に他の物件を推奨）。

☐ (3) **その他の不当表示**…①建物の居住性能が実際のものより**優良である**と誤認されるおそれのある表示（【例】試験結果やデータがなければ**住宅としての遮音性能が優れている**という表示は禁止）。②増改築した建物を、**新築**したものと誤認されるおそれのある表示。③物件からの**眺望**、物件の外観・内部写真、**間取り図、完成予想図**、周囲の状況などが**事実に相違**する表示、実際のものより**優良**であると誤認されるおそれのある表示。④完成していないのに**完売**したと誤認されるおそれのある表示。

☐ 広告その他の表示の**内容に変更**があった場合、速やかに**修正**し、又は表示を**取りやめ**なくてはならない。インターネット広告の場合は**速やかに情報を更新**しなければならない。

10 【免除科目】景品表示法②

5 特定事項の明示義務 ★★★

☐ 一般消費者が**通常予期できない**不動産の<u>地勢</u>・<u>形質</u>・<u>立地</u>・<u>環境</u>等に関する事項や、取引相手に著しく<u>不利益</u>な事項があれば、その旨を具体的かつ明瞭に表示しなくてはならない。

事項	表示すべき内容
道路とみなされる部分(セットバックを要する部分) を含む土地	道路とみなされる部分を含む旨を表示。セットバックを要する部分の面積がおおむね10％以上の場合は、その面積も明示
都市計画施設の区域内の土地	都市計画道路など、都市計画施設の区域内の土地である旨を明示 (工事未着手の場合でも)
接道義務を満たさない土地	建築基準法に規定する道路に2ｍ以上接していない土地については、「建築不可」又は「再建築不可」と明示
市街化調整区域内の土地	「市街化調整区域。宅地の造成及び建物の建築はできません」と、16ポイント以上の文字で明示
古家・廃屋等がある場合	古家・廃屋等がある旨を明示
路地状部分 (敷地延長部分)のみで道路に接する土地	その路地状部分の面積が当該土地面積のおおむね30％以上を占める場合には、路地状部分を含む旨及び路地状部分の割合又は面積を明示
傾斜地を含む土地	傾斜地が土地面積の約30％以上を占める場合、傾斜地の割合又は面積を明示 (マンション・別荘地を除く)。傾斜地により土地の有効利用が著しく阻害される場合は、傾斜地の割合にかかわらず明示 (マンションを除く)
著しい不整形画地等、特異な地勢の土地である場合	著しい不整形画地等、特異な地勢の土地である旨を明示
高圧電線路下にある場合	高圧電線路下にある旨と、そのおおむねの面積を表示すること。建物等の建築が禁止されている場合は、その旨もあわせて明示
建築工事が、相当期間、中断していた場合	新築住宅・新築分譲マンションについては、工事に着手した時期と中断していた期間を明示

※特異な地勢の土地…旗竿形や三角形の土地、崖地や高低差のある土地等の不整形地。

6 物件の内容・取引条件等に係る表示基準 ★★★★★

☐ (1) **取引態様**…売主、貸主、代理、媒介 (仲介) の別をこれらの用語を用いて表示。
☐ (2) **交通の利便性**…①新設予定の鉄道や都市モノレールの駅、路面電車又はバスの停留所→路線の運行主体が公表したものに限り、新設予定時期を明示して表示可。②交通機関の所要時間→特急・急行等の種別、朝の通勤ラッシュ時の所要時間、乗換えを要するときは、その旨を明示する (所要時間には乗換えに概ね要する時間を含める)。
☐ (3) **各種施設までの距離・所要時間**…徒歩の場合→道路距離80ｍにつき1分間要するとして算出したものを表示 (端数は切上げ)。※信号待ち時間、歩道橋の昇降時間を考慮しない。
☐ (4) **生活関連施設**…①学校、病院、官公署、公園等の公共施設→物件からの道路距離または徒歩所要時間を明示。②デパート、スーパー、コンビニ等の商業施設→現に利用できる施設と物件からの道路距離または徒歩所要時間を明示 (現在工事中のものは、整備予定時期を明示して表示)。③団地と駅・施設との距離→各施設ごとに、その施設から最も近い区画を起点として算出した数値とともに、最も遠い区画を起点として算出した数値も表示。

10 【免除科目】景品表示法③

6 物件の内容・取引条件等に係る表示基準（続き）★★★★★

☐ (5) **価格・賃料**…①住宅価格→**1戸当たり**の価格。②土地の価格→原則：**1区画当たり**の価格。例外：1区画当たりの土地面積を示してこれを基礎として算出する場合に限っては、**1㎡当たり**の価格。③**賃貸住宅の賃料**→**1か月**当たりの賃料。④すべてを表示することが困難な場合は、以下の項目のみの表示も可。

> ・新築分譲住宅、新築分譲マンション、土地の価格→1戸（1区画）当たりの**最低価格と最高価格**。**最多価格帯**及びその価格帯に属する住戸の戸数（販売区画数）
> ・戸建て住宅、賃貸マンション、賃貸アパートの賃料→**最低賃料**及び**最高賃料**
> ・管理費・共益費・修繕積立金→月額の**最低額**及び最高額

☐ (6) **面積**…①建物は**延べ**面積を表示。車庫、地下室等（地下居室は除く）の面積を含むときは、その旨とその面積を表示。②新築分譲マンションのパンフレット等では**全戸数の専有面積**を表示。それ以外（ネット広告、新聞・雑誌広告、折込チラシなど）では全戸数のうち、**最小面積**及び最大面積のみの表示も可。③住宅の居室の広さを**畳数**で表示する場合には、畳1枚当たりの広さは**1.62㎡**（各室の壁心面積を畳数で除した数値）**以上の広さがある**という意味で用いる。

☐ (7) **物件の形質**…①採光・換気のための開口部（窓など）が**面積不足の部屋**は、建築基準法上、「**居室**」と認められないため、「**納戸**」等と表示する。②**地目**は**登記簿に記載されている**ものを表示する（現況と異なるときは、**現況の地目を併記**する）。

☐ (8) **リフォーム、リノベーションした建物**…建物を増築、改築、改装又は改修したことを表示する場合は、**その内容及び時期**を明示する。

☐ (9) **物件の写真・動画**…未完成などの事情がある場合は、次の①～③の条件を満たした場合に表示できる。①**過去に施工**した建物であること。②**構造・階数・仕様**が**同一**であること。③**規模・形状・色等**が**類似**していること。

☐ (10) **私道負担**…私道負担を含む土地は、**その旨**と、**負担部分**の面積を表示する。

☐ (11) **住宅ローン等**…次の①・②を明示して表示する。①金融機関の**名称・商号**（又は都市銀行、地方銀行、信用金庫等の種類）②借入金の利率及び利息を徴する方式（固定金利型、変動金利型など）又は**返済例**（ボーナス併用払いのときは、**ボーナス時に加算される返済額**）

☐ **建築条件付土地**は、取引の対象が土地であること、条件の内容、条件が成就しなかったときの措置の内容を明らかにして表示しなければならない。

7 特定用語の使用基準 ★

☐ 宅建業者が物件の広告を行う際、用語は，定義・制限に即して使用しなくてはならない。

用語	定義・制限
完全・万全・絶対など	合理的な根拠を示す資料を現に有する場合を除き、全く欠けるところがないことを意味する用語を使用してはならない
新築	建築工事完了後1年未満であって，居住の用に供されたことがないもの（未使用）であること
新発売	新たに造成された宅地、新築の住宅、又は一棟リノベーションマンションについて、一般消費者に対し、初めて申込みの勧誘を行うこと
リビング・ダイニング・キッチン（LDK）	居間と台所と食堂の機能が1室に併存する部屋で、使用に必要な広さや形状・機能を有するもののこと

8 広告に関する責任主体

☐ **広告に対する責任**は、広告を行った**宅建業者**にある。情報を提供した宅建業者や、広告代理業者等に**過失**があったとしても、**広告を行った宅建業者の責任は回避**できない。

11 【免除科目】土地に関する知識①

1 国土の全体像 ★

☐ 日本の国土は、山地（国土面積の約75％）と平地（約25％）に大別できる。

2 山地・山麓 ★★

☐ 山地の地形は、急峻（傾斜が急）で大部分が森林となっている。また、表土の下に岩盤又はその風化土が現れる地盤となっている。

☐ 山地・山麓は、一般的に住宅地として不適。特に、崩壊跡地（土石流や土砂崩壊による堆積でできた地形）は、土砂災害が再び起きる危険がある。

☐ 山麓部は、背後の地形・地質・地盤によっては、地すべりや土石流、洪水流などの危険性が高い場合がある。

3 丘陵地・台地・段丘 ★★★

☐ なだらかな丘陵地・台地・段丘は、地表面が比較的に平坦で、よく締まった砂礫・硬粘土からなり、地下水位が深くて、地盤が安定しており、原則として宅地に適している。ただし、台地の上の浅い谷は、豪雨時には一時的に浸水することがあるため、注意が必要。

● 丘陵地・台地・段丘で注意が必要な例

☐ ① 丘陵地や台地の縁辺部（周辺）…豪雨などによる崖崩れの危険がある。山腹で傾斜角が25度を超えると急激に崩壊地が増加する。

☐ ② 埋立部分…地盤沈下、排水不良、地震の際に液状化が生じる危険性がある。

☐ ③ 丘陵地を切土と盛土により造成した地盤…不同沈下が起こりやすい。

4 低地 ★★★★★

☐ 低地は一般に洪水や津波、高潮、地震などに弱く、防災的見地からは宅地として好ましくない。宅地として利用するには十分な防災対策と注意が必要である。

● 宅地に適している低地

☐ 扇状地や自然堤防などは、排水性が良く、乾燥していて宅地として良好とされる。

☐ ① 扇状地…山地から河川により運ばれてきた砂礫などが、谷の出口に扇状に堆積し、平坦地になった土地で、地盤が堅固、等高線が同心円状になるのが特徴。
※扇状地でも、谷の出口に当たる部分は、土石流などの危険性が高い。

☐ ② 自然堤防…扇状地と同様に砂礫などが堆積してできた、細長い堤防状の小高い土地。

● 宅地に適さない低地

☐ 低地部で、次の①～⑤は災害等の危険性が高く、宅地に適さない。

☐ ① 谷底平野…地盤がゆるく、液状化のリスクも高い。

☐ ② 谷底低地…地盤が軟弱なため、地震動による被害が発生しやすい。

☐ ③ 旧河道…沖積平野の蛇行帯に分布し、軟弱な地盤なため建物の不同沈下が発生しやすい。

☐ ④ 後背湿地（後背低地）…自然堤防や砂丘の背後に形成される軟弱な地盤で、液状化被害が生じやすく、水田に利用されるが宅地としての利用は少ない。

☐ ⑤ 三角州（デルタ地域）…川砂などが、河口付近に堆積してできた三角形状の地形。軟弱な地盤なため、地震時の液状化現象の発生のおそれがある。

☐ ⑥ 干拓地・埋立地…干拓地は地盤沈下や液状化現象を起こしやすい。埋立地は海抜数ｍの比高があるため、干拓地よりは安全とされるが、高潮等の被害リスクはある。

4

税・その他

11 【免除科目】土地に関する知識②

5 地形が原因となる災害 ★★★★

地形が原因となる災害には、次のものがある。

☐ **土砂災害**…台風来襲時や梅雨時の豪雨や長雨、地震などが引き金となり、**山間の集落や都市周辺の**山麓・丘陵**に広がった住宅地で起こる**場合がある。

● 土砂災害の種類と主な特徴

☐ ① 斜面崩壊（崖崩れや山崩れ）…傾斜度のある斜面で土砂が崩れ落ちる現象

☐ ・ 表層崩壊（表層土のみ崩落）や深層崩壊（表層土に加えて山体岩盤の深い所に亀裂が生じ、巨大な岩塊が滑落する）。

☐ ・ 傾斜角が **25**度を超えるとリスクが急増する。

☐ ・ 樹木の根が土層と堅く結合している斜面地であっても、**根より深い位置の**斜面崩壊に対しては、**樹木による安定効果を期待**できない。

☐ ・ 破砕帯や崖錐等の上の杉の植林地は、豪雨に際して**崩壊することがある**。

☐ ② 地すべり…土地の一部が徐々に下方に移動する現象

☐ ・ 宅地予定地周辺の**擁壁や**側溝、道路等にひび割れが見られる場合、**地すべり**が活動している可能性が高い。

☐ ・ 特定の地質や地質構造を有する地域に集中して分布する傾向が強く、**地すべり地形**と呼ばれる特有の地形を形成し、**棚田**などの水田として利用されることがある。

☐ ・ 崖錐（崖や急斜面が崩れて堆積した緩やかな半円錐状の地形）は、**透水性が高い**ため、崩落や地すべりが発生しやすい。

☐ ③ 土石流…石や土砂、雨水等が一体になって一気に下流に流れる現象

☐ ・ 急勾配の渓流に多量の不安定な砂礫の堆積がある所や流域内など、豪雨に伴う斜面崩壊の危険性の大きい場合や、小河川の出口で堆積物の多い所に起こりやすい。

☐ ・ 花崗岩が風化してできた、まさ土（真砂土）地帯は、土砂災害が発生しやすい。

☐ 液状化現象…地中の水分と砂粒が地震の揺れで混ざり合い、**地盤が液体のようになる現象**。粒径のそろった砂地盤で、地下水位が高い（地下水の水面が地表から浅い）地域で発生しやすい。

☐ 断層地形…ある面を境とした地層同士が上下又は水平方向にずれているもの。断層面周辺の部分の地層強度は著しく低下し、崩壊や地すべりが発生する危険性が高い。

☐ ・断層地形は、直線状の谷、滝その他の地形の急変する地点が連続して存在するといった特徴が見られる。

☐ 地盤沈下…軟弱地盤に起こりやすい現象。不同沈下（不等沈下）…軟弱地盤で、建物や構造物が不均一な沈下を生じる現象。

☐ ・地盤沈下や不同沈下は、旧河道、丘陵地や台地内の小さな谷を埋め立てた所、切土・盛土の造成地、後背湿地、高含水性の粘性土等が堆積している場所で起きやすい。

☐ 都市化・宅地化による災害…都市の中小河川の氾濫の原因の一つは、**急速な都市化、宅地化**に伴い、降雨時に雨水が**短時間に大量に流れ込む**ようになったことである。

☐ 国土交通省が運営するハザードマップポータルサイトでは、洪水、土砂災害、高潮、津波のリスク情報などを地図や写真に重ねて表示できる。

11 【免除科目】土地に関する知識③

6 造成地での注意点 ★

☐ 宅地の造成には、**元々の地形（地山）を切り崩して平地を造る**切土と、今まで斜面や谷だったところに、**土を盛って平地を造る**盛土という２つの方法がある。

☐ 切土・盛土の両方とも、**造成によってできた斜面部分（法面）は、擁壁（土留め）の設置**、石張り、芝張りなどの措置を講じて、**崩壊を防止する必要がある。**

● 切土・盛土に関する注意点

☐ ① 急傾斜の谷を盛土して造成する場合、盛土前の地盤と盛土が接する面がすべり面となって崩壊するおそれがあるので、段切り等をして斜面崩壊を防ぐ

☐ ② 盛土の際は締め固めて**地表水の浸透による**地盤のゆるみ、沈下又は崩壊を防ぐ

☐ ③ 河川近傍の低平地で盛土を施した古い家屋が周辺に多い場合、洪水**常習地帯である可能性が高い**

☐ ④ 後背湿地は、**軟弱な地盤であることが多く、盛土の**沈下**が問題になりやすい**

☐ ⑤ 崖錐堆積物におおわれた地域は、切土をすると、崩壊や地すべりを起こしやすい

☐ ⑥ 一般に切土部分に比べて**盛土部分で**地盤沈下**量が大きくなる**

☐ ⑦ 斜面を切土と盛土により造成した地盤の場合は、その**境目やまたがる区域では地盤の**強度や沈下**量が異なるため、**不同沈下**が起こりやすい**

● 法面を保護する擁壁の注意点

☐ 擁壁の背面の排水をよくするために、壁面に水抜き穴を設け、水抜き穴の周辺や必要な場所には砂利等の透水層を設けなければならない。

7 等高線による地形の読み方 ★

☐ 宅地として適否を判断する際、地形図や航空写真からの情報が不可欠である。特に地表面の傾斜を見分ける場合には、**等高線の**密度**を読み取ることが有効である。**

☐ 等高線とは、同じ高さの地点を線で結んだもので、**等高線の間隔が**狭い**所は傾斜が急な土地で、等高線の間隔が**広い**所は傾斜が**緩やかな**土地になっている。**

● 等高線の読み取り方

☐ ① 山頂から見て**等高線が張り出している所が「尾根」で、等高線が山頂に向かって高い**方に弧を描いている部分が「谷」である

☐ ② 地形図で、**斜面の等高線の間隔が**不ぞろい**で大きく乱れている**ような場所は、過去に崩壊が発生した可能性がある

☐ ③ 扇状地は山地から平野部の出口で、勾配が急に緩やかになる所に見られ、**等高線が**同心円状**になるのが特徴である**

☐ ④ 等高線の間隔の大きい河口付近では、河川の氾濫により河川より離れた場所でも浸水する可能性が高くなる

☐ ⑤ 地すべり地については、上部は急斜面、中部は緩やかな斜面、下部には末端部に相当する急斜面があり、等高線は乱れて表れることが多い

『史上最強の宅建士テキスト』➡602～603ページに対応

12 【免除科目】建物に関する知識①

1 建築物の基礎知識 ★★★

☐ 建物の構造…<u>上部</u>構造と**基礎**構造からなり、**基礎**構造は<u>上部</u>構造を<u>支持</u>する役目を負う。

☐ 上部構造…重力、風力、地震力等の荷重に耐える役目を負う**主要**構造と、屋根、壁、床等の<u>仕上げ</u>部分等から構成されている

☐ 建物の基礎の種類…地盤で構造物を直接支える<u>直接</u>基礎、地盤に杭を打ち込み構造物を支える<u>杭</u>基礎（**地盤の**<u>支持力</u>**が弱い**、又は**建物の**<u>自重</u>**が重い**場合に用いる）等がある。

● 建築物の主な構造の種類

壁式構造	柱とはりではなく、壁板により構成する構造。
トラス式構造	細長い部材を三角形に組み合わせた構成の構造。体育館やドーム、鉄橋等。
アーチ式構造	部材を円弧型に組み合わせて構成する構造で、大型建築物に適した構造。
ラーメン構造	柱とはりを組み合わせた直方体で構成する構造。

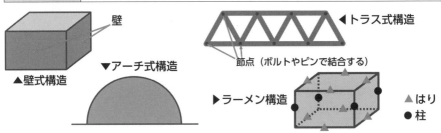

壁　▲壁式構造　▼アーチ式構造　▲トラス式構造　節点（ボルトやピンで結合する）　▶ラーメン構造　▲はり　●柱

☐ 建築物は、**木造**、**鉄骨造**（鉄骨構造・S造）、**鉄筋コンクリート造**（鉄筋コンクリート構造・RC造）、**鉄骨鉄筋コンクリート造**（鉄骨鉄筋コンクリート構造・SRC造）といった材質の違いによって種類分けができる。

2 木造の特性と工法 ★★★★★

☐ 木造は、**骨組みに木材を用いて**組み立てる建築構造で、材料となる木材には、次のような特性がある。

☐ ① **自重が軽く**、<u>加工</u>**組立**が容易

☐ ② **火災**に弱い

☐ ③ 含水率が<u>小さい</u>（乾燥している）と強度は<u>大きく</u>（強く）なり、含水率が<u>大きい</u>（湿っている）と強度は<u>小さく</u>（弱く）なる

☐ ④ 腐朽や<u>シロアリ</u>等による被害を受けやすい

☐ ③・④より、木材の**乾燥状態**や**防虫**対策が寿命に影響を及ぼす。

☐ ⑤ 辺材より<u>心材</u>の方が強い（耐久性がある）

☐ ⑥ 圧縮に対する強度は、**繊維方向**に比べて繊維に<u>直角</u>方向の方が弱い

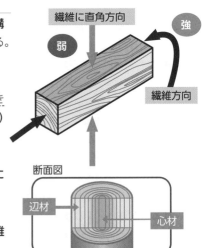

繊維に直角方向　弱　強　繊維方向　断面図　辺材　心材

12 【免除科目】建物に関する知識②

● 木造の主な工法

☐ **軸組工法（在来工法）**…柱と土台、はり、桁などで、骨組みをつくり、筋かい（斜めに入れる部材。**木材又は鉄筋を使う**）で補強する工法。主要構造は、一般に**軸組、小屋組、床組**からなる。**水平材**である土台、桁、胴差と、**垂直材**である柱、耐力壁を組み合わせて構成する。

欠込み

はり

桁

柱

土台

筋かい

基礎

※ はり、桁、その他の横架材の中央部附近の下側に**耐力上支障のある欠込み**をしてはならない。

※ 原則として、**筋かいに欠込みは禁止**。ただし、筋かいを**たすき掛け**にするためにやむを得ない場合において、**必要な補強**を行えば可能。

☐ **小屋組**には小屋梁、小屋束、母屋、垂木等の部材を組み合わせた「**和小屋**」と、陸梁、束、方杖等の部材で形成するトラス構造の「**洋小屋**」がある。

☐ **枠組壁工法（ツーバイフォー工法）**…木枠に構造用合板等を打ち付けた壁や床で建物を組み立てる工法。耐震性が軸組工法より大きいとされている。

☐ **集成木材工法**（集成材で骨組みをつくる工法）…集成材は、単板（薄い木の板）などを積層したもので、材質は**伸縮・変形・割れが起こりにくい**。体育館など大規模な木造建築物に使用される。

☐ 軸組に仕上げを施した壁には、**真壁**（柱や梁が外から見える壁）と**大壁**（柱や壁が外から見えない壁）がある。**真壁のみで構成されたもの**が**和風**構造、大壁のみで構成されたものが**洋風**構造である。

● 木造の弱点を補強する方法

☐ ① 湿気に弱いため、地盤面から十分な**基礎の立上がり**をとる必要がある

☐ ② **土台**は、原則として、**基礎に緊結**しなければならない

☐ ③ 柱・筋かい・土台のうち、**地面から1m以内の木部**には、有効な**防腐措置を講ずる**とともに、必要に応じて**シロアリ**その他の虫による害を防ぐための措置を講じる

☐ ④ 木材の品質は、**節、腐れ、繊維の傾斜、丸身**等による耐力上の欠点がないものにする

☐ ⑤ 軸組工法では、**軸組に筋かいを入れる、合板を打ち付ける**などで**耐震性を向上**させる

4

税・その他

12 【免除科目】建物に関する知識③

❸ 鉄骨造の特性 ★

☐ 鉄骨造は、骨組みに鉄の**鋼材**を用いて組み立てる建築構造である。

● 鉄骨造の特性

☐ ① **自重**が軽く、強度や**靱性**が大きい（変形能力が大きくねばり強い）

☐ ② **錆**による腐食劣化があるため、**防錆**処理が必須である

☐ ③ **大空間**の建築や**高層建築**に適する

☐ ④ **不燃構造**だが、**耐火性**が低い（高温で強度が落ちる）ため、**耐火材料で被覆**（耐火被覆）する必要がある

☐ 鉄骨に使用する鋼材は、ボルト又は**溶接**等で接合する。

☐ 鉄骨構造の床は**既製気泡**コンクリート板、**プレキャスト**コンクリート板等でつくられる。

● 鉄の特性

☐ ① **炭素含有量**が多いほど、**引張**強さや硬さが増大し、伸びが減少する。そのため、**鉄骨造には、一般に炭素含有量が少ない鋼**（炭素含有量が約２％以下の鉄）が用いられる

☐ ② 圧縮力に弱い

❹ 鉄筋コンクリート造の特性 ★★★★★

☐ 鉄筋コンクリート造は、**鉄筋**を入れて補強したコンクリートで**骨組み**をつくる建築構造。

● 鉄筋コンクリート造の特徴

☐ ① 骨組の形式は**ラーメン**構造が一般に用いられる

☐ ② **耐火性**、**耐久性**があり、**耐震性**、**耐風性**にも優れた構造で骨組形態を**自由**にできる。ただし自重が大きくなることで、解体や移築が困難になる

☐ ③ **コンクリートの中性化**が進むと、**構造体の耐久性**が低下し**寿命**が短縮する。また、**コンクリートがひび割れ**を起こしたりする

☐ ④ 鉄筋に対するコンクリートの**かぶり厚さ**（鉄筋の表面からこれを覆うコンクリート表面までの最短寸法）は、耐力壁・柱・はりは３cm以上、耐力壁以外の壁・床は２cm以上と定められている

☐ ⑤ 近年、**コンクリートと鉄筋の強度向上**により、鉄筋コンクリート造の**超高層**共同住宅建物もみられる

● 鉄筋コンクリート造の注意点

☐ ① 原則として、柱の主筋は**4本以上**で、主筋と帯筋は**緊結**しなければならない

☐ ② 鉄筋の末端は、**かぎ状**に折り曲げて、コンクリートから抜け出ないように定着させる

☐ ③ 鉄筋コンクリート造に使用される**骨材、水、混和材料**は、鉄筋をさびさせたり、又はコンクリートの凝結及び硬化を妨げるような**酸、塩、有機物又は泥土**を含んではならない

☐ ④ 構造耐力上主要な部分に係る**型わく及び支柱**は、コンクリートが著しい変形又はひび割れその他の損傷を受けない強度になるまでは、**取り外し不可**

☐ ⑤ コンクリートが固まって所定の強度が得られるまでに日数がかかり、現場での施工も多いため、**工事期間が長く**なる

● 鉄筋とコンクリートの関係

☐ ① コンクリートは、**圧縮強度が大きく、引張強度が小さい**（圧縮強度の**10分の1**）ため、引張力に強い鉄筋を入れて強度を増す仕組みとなっている

12 【免除科目】建物に関する知識④

- [ ] ② 常温、常圧における鉄筋とコンクリートの**熱膨張**率がほぼ等しいため、気温が変化しても相互が分離しないという利点がある
- [ ] ③ 鉄筋は、<u>炭素含有量</u>が多いほど、引張強度が<u>増大</u>する傾向がある

5 その他の建築構造

- [ ] **鉄骨鉄筋コンクリート造**…鉄筋コンクリートに鉄骨を組み合わせて骨組みをつくる建築構造。鉄筋コンクリート造よりさらに優れた強度、**靭性**（粘り強さ）があり、超高層建築も可能。
- [ ] **組積造**…石・煉瓦・コンクリートブロックなどを積み上げて作る建築構造。耐震性が低いため、**壁体の底部を鉄コンクリートの<u>布</u>基礎にして、頂部を<u>臥梁</u>（鉄筋コンクリート製のはり）で固める**などの方法がある。組積造の建築物の**はね出し窓、はね出し縁**は、鉄骨や鉄筋コンクリートで<u>補強</u>しなければならない。

6 建物の強化・耐震への取り組み ★★

- [ ] <u>地震</u>対策…耐震補強として、**既存不適格建築物**（建築基準法の適用外の建物）を<u>耐震構</u>造にすることが一般的だが、<u>制震</u>構造や<u>免震</u>構造を用いることも可能で<u>耐震</u>構造よりも効果が高いとされている。

耐震構造	建物の柱、はり、耐震壁などで建物の<u>剛性</u>を高め、揺れに耐えるようにした構造
免震構造	建物の下部構造と上部構造との間に積層ゴム等を設置し、揺れを免れる（減らす）構造
制震構造	制振ダンパー（粘弾性ゴムや油圧を使った器具）などを設置して、建物と建物内の揺れを制御する構造

- [ ] **構造<u>耐力</u>**…建築物の構造部が力学的に耐えられる、**最大限の<u>荷重</u>**のことをいい、構造耐力上主要な部分とは、<u>柱</u>、**はり**、<u>壁</u>などを指す。
- [ ] 建築基準法では、安全対策として、**構造耐力の数倍**を、設計上の<u>想定荷重</u>としている。
- [ ] **構造<u>計算</u>**…建築物の構造部分にかかる自重や積載荷重、風圧や水圧、地震などの衝撃によって発生する変形や応力（構造物に外力が加わったときに、それに抵抗する内部の力）を計算することをいう。
  - ● 構造計算のポイント
- [ ] **木造の<u>大規模建築物</u>は必ず構造計算**を行わなければならない。
- [ ] 次の①・②の場合は、<u>構造計算適合性判定</u>が必要となる。
- [ ] ① 鉄筋コンクリート造で、**高さが<u>20</u>m超**の場合
- [ ] ② <u>国土交通大臣</u>の認定を受けたプログラムによって安全性を確認した場合
- [ ] **建築物の高さが<u>60</u>mを超える**場合、政令で定める技術的基準に適合させた上で、必ずその構造方法について<u>国土交通大臣</u>の認定を受けなければならない。
- [ ] 建築物に異なる構造方法による基礎を併用してはならない。しかし、建築物の基礎について<u>国土交通大臣</u>が定める基準に従った構造計算によって構造耐力上安全であることが確かめられた場合においては、**異なる構造方法による基礎を<u>併用</u>**することができる。

MEMO